# THE
# LATIN AMERICAN
# SHORT STORY

# THE LATIN AMERICAN SHORT STORY

## An Annotated Guide to Anthologies and Criticism

COMPILED BY

DANIEL BALDERSTON

*Bibliographies and Indexes in World Literature, Number 34*

***GREENWOOD PRESS***

New York • Westport, Connecticut • London

**Library of Congress Cataloging-in-Publication Data**

Balderston, Daniel, 1952-
    The Latin American short story : an annotated guide to anthologies
and criticism / compiled by Daniel Balderston.
        p.   cm.—(Bibliographies and indexes in world literature,
    ISSN 0742-6801 ; no. 34)
    Includes bibliographical references and indexes.
    ISBN 0-313-27360-X (alk. paper)
    1. Short stories, Latin American—Bibliography.   2. Short stories,
Latin American—History and criticism—Bibliography.   I. Title.
II. Series.
Z1609.F4B35   1992
[PQ7082.S5]
016.863'010898—dc20        92-7336

British Library Cataloguing in Publication Data is available.

Library of Congress Catalog Card Number: 92-7336
ISBN: 0-313-27360-X
ISSN: 0742-6801

First published in 1992

Greenwood Press, 88 Post Road West, Westport, CT 06881
An imprint of Greenwood Publishing Group, Inc.

Printed in the United States of America

The paper used in this book complies with the
Permanent Paper Standard issued by the National
Information Standards Organization (Z39.48-1984).

10 9 8 7 6 5 4 3 2 1

# Contents

SECONDARY MATERIALS:  CRITICISM

# Acknowledgments

I am grateful above all to three people who helped me in important ways in the course of this project. Laura Podalsky made most of the interlibrary loan requests and did a vast amount of photocopying in the early stages of the project; she also started on the input of the contents of the anthologies. Esther Kissling entered most of the rest of the contents of the anthologies with inimitable speed and accuracy. Charlotte Ann Brown compiled the indexes and produced the camera-ready copy; I am grateful for her help with the fine art of desktop publishing. The interlibrary loan departments of the Tulane and University of Nevada-Reno libraries were most helpful, and I am grateful also to the staffs at the libraries of Stanford University, the University of California-Berkeley, Georgetown University, the Hispanic Division of the Library of Congress and the Widener Library at Harvard. Thanks also to John Brooke and Oscar Chong for sending the contents of two anthologies. Clea Rameh and Jorge Schwartz offered their contrary views on the alphabetization of Brazilian surnames. Raúl Antelo and Irene Vegas García helped photocopy for several hours each, and Gwen Kirkpatrick and my parents tolerated my obsession with this project. Perhaps my greatest debt is to all the kind patrons of the libraries I turned upside down in the course of this, particularly those in line at the photocopiers.

# Introduction

In recent years, much critical attention has turned to the roles that cultural institutions (literary magazines, universities, foundations, ministries of culture and so forth) play in the constitution of literature and to the relations between producers and consumers in the cultural field. Somewhat surprisingly, though, much less attention has been paid to the literary anthology than to the literary magazine. My surprise is due to the immense and rather obvious importance of the anthology in schools and universities and in other kinds of literary markets. Clearly if one wants to study canon formation, the constitution of literary groups, the struggles over genres and subgenres and a variety of other questions that loom large in critical discourse today, the study of anthologies is important. And two kinds of anthologies are of special importance: the poetry anthology and the short story anthology. Due to the relative brevity of the lyric poem and the short story, these have been the preferred matter for anthologists in the twentieth century (though in earlier centuries there were also numerous anthologies of sermons, essays, riddles, beast fables and other forms).

In the nineteen countries of Spanish America and in Brazil, various factors combined to make the anthology one of the most important literary commodities: struggles over questions of national identity, the rapid increase in literacy due to urbanization, public education and improved mass communications, the prominent role played by literary contests and writing workshops (particularly in recent years), and constant struggles for cultural (and other kinds of) recognition by marginalized groups. The enormous body of short story anthologies (1302 in all) studied here and the perhaps equally formidable group of poetry anthologies (a few of which have been studied by Gustav Siebenmann in an article in La Torre in 1989) would only have been published if they responded to the felt needs of writers, editors, readers and cultural institutions of all kinds. But to collect and study this corpus is extremely difficult, because it varies greatly in quality, distribution and format. While there have been some surveys of the anthologies of individual national literatures, and a few very superficial guides to the larger corpus, there are no accessible reference guides to this material. This book, then, is my attempt to gather the material so that it can be studied more systematically; in this introduction I will try to describe the corpus in some detail and to indicate directions of possible future study.

In 1927, in a footnote to La Trahison des clercs, the French critic Julien Benda noted the importance of poetry anthologies in struggles for national identity in the small nations of Eastern Europe. More recently, Benedict Anderson in his widely read Imagined Communities (1983) has commented on the parallels between the rise of the modern novel and the rise of the modern nation-state, and has explained the coincidence in the creation of an embryonic national "imagined community" of citizen-readers. Because the study of national literatures has been central to the project of the forging of a national consciousness, it is not surprising that a great number of anthologies of national literatures have been published, often for use in public schools and national universities. Furthermore, in societies marked by profound political, social, racial, gender, regional and class struggles, these works have often become the focus of polemics and controversies; the inclusions and the exclusions have been fought over because of the significance of the groups and issues they represent. One has only to look at some of the critical articles listed in the final section of this book (Muñoz's "'El verdadero cuento en Chile'" [GG 19] for instance, or Iñiguez Arteaga's Rectificación a "El nuevo relato" [LL 8]) to see how heated these discussions can become. And, of course, when such polemics get started, new anthologies are compiled to redress what was found wanting in the older ones; this explains, for instance, the great number of anthologies of the Chilean short story between 1940 and 1955, when a new group of writers challenged prevailing views of what the short story should be in Chile.

Thus, for example, Edmundo Desnoes's Los dispositivos en la flor (a work excluded from this bibliography because it mixes poetry, fiction and non-fictional prose) was the subject of heated discussion a few years ago because Desnoes quite consciously transgressed the unspoken rule that no anthology should include both revolutionary Cuban writing and Cuban exile writing, and he also challenged some definitions of "literature" by including excerpts from testimonial works, speeches by Fidel Castro and a variety of other texts. Another important work excluded here, again because I have limited the scope of this bibliography to short story anthologies, was important in the canonization of a body of emergent literature that fell outside the traditional thematic concerns of high literature in Spanish America: the Antología de la literatura fantástica, edited in 1940 by Jorge Luis Borges, Adolfo Bioy Casares and Silvina Ocampo, recognized and promoted a new literature of fantasy and science fiction with such success that by the time of the second edition (in 1965), the editors found much more material to choose from in their own continent than they could have imagined twenty five years earlier. And to give a third example, excluded here (because of space constraints and with considerable unhappiness on my part) along with other anthologies of folk, traditional and oral narrative, Johnny Payne, in Cuentos cusqueños, eloquently argues that the study of narrative literature in highland Peru must include the study of oral narrative, both traditional and innovative.

This book comprises annotated bibliographies of short story anthologies grouped in the following categories: those (in Spanish and Portuguese) that include stories from most or all of the countries in the continent (items prefixed with letter A), those of similar broad scope in English (B prefixes), those focusing on regional groupings of countries such as the Andean countries, the River Plate, Central America, the Caribbean (prefix C), and then the national literatures (prefixes D to

W). Some items in English appear in the latter sections; these are identified in the final index. The volume is rounded out with a briefer bibliography of general criticism (that is, excluding studies of single authors), broken down in roughly parallel categories, and keyed by prefix letter to corresponding to those in the primary section (thus, the anthologies of the Bolivian short story are numbered E 1, E 2, E 3 and so forth, and the criticism is similarly numbered EE 1, EE 2, EE 3.) The volume ends with a series of indexes: of authors of the stories, of editors of anthologies and authors of essays, introductions and other critical material, of titles of anthologies and critical works, and of themes.

I have excluded anthologies of folktales (except for a very few that are ambiguous in that they are organized in the same way as the short story anthologies, with authorship assigned to the individual texts) because folktales are usually anonymous and are often organized according to a standardized universal theme and motif system, a system so different from that employed in the material included here that the combination would be confusing. Also, the folktale anthologies are catalogued using a completely different classification in the Library of Congress cataloguing system than the short story anthologies included here. As the primary audience for this book is assumed to be students of literature rather than students of anthropology, the exclusion of the folktale anthologies seemed to make sense. However, the "short story" in Latin America often has obvious roots in the folk and oral traditions, and there are many stories included in the anthologies surveyed here, the most famous being José María Arguedas's "El sueño del pongo," that also appear in the folktale anthologies, though sometimes in versions different from the "authored" ones. Besides the Payne anthology of Cuzco oral stories (which contains an important introductory essay, "La traducción de relatos populares: Hacia una metodología estética"), students of literature will find a number of the other folktale anthologies of particular interest: Antonio Paredes-Candia's Cuentos populares bolivianos (de la tradición oral) (which includes delightfully irreverent stories about priests, generals and presidents), Samuel Feijoo's several collections of Cuban oral stories and humor, Susana Chertudi's volumes of Argentine folklore, Yolanda Pino Saavedra's collections of folklore from Chile, and Luis da Câmara Cascudo and Sílvio Romero's collections of Brazilian folklore. The most important anthologist of the folktale who was also a writer of short stories (and of longer fiction) was the great Peruvian ethnographer and writer José María Arguedas, editor of Mitos, leyendas y cuentos peruanos, first published in 1947.

Another large body of material excluded here are those anthologies that include various genres, usually mixing poetry, essays and short stories. Some of the more significant items in this category, besides the anthology of fantastic literature and the Desnoes anthology mentioned earlier, are: José Olivio Jiménez and Antonio R. de la Campa, Antología crítica de la prosa modernista hispanoamericana, Francisco Monterde, Antología de poetas y prosistas hispanoamericanos modernos, José Promis and Jorge Román-Lagunas, La prosa hispanoamericana (evolución y antología), Nataniel Aguirre, Trozos selectos de la literatura andina, Eliseo Colón Zayas, Literatura del Caribe, Pablo Neruda et al., Buenos Aires, Santiago de Chile: Ida y vuelta, Hortense Carpentier and Janet Brof, Doors and Mirrors: Fiction and Poetry from Spanish America, 1920-1970, J. M. Cohen, Latin American Writing Today, José Donoso and William Henkin, The TriQuarterly Anthology of Contemporary Latin American Literature, Darwin J. Flakoll and Claribel Alegría, New Voices of Hispanic America, Doris Meyer and Margarite Fernández Olmos, Contemporary Women Authors of Latin America: New Translations, Winston Leyland, Now the Volcano:

<u>An Anthology of Latin American Gay Literature</u>, Alicia Partnoy, <u>You Can't Drown the Fire: Latin American Women Writing in Exile</u>, and a wealth of similar material on the various national literatures.

I have also excluded stories by very young children, though there is a fascinating Venezuelan example entitled <u>El sol cambia de casa</u> that classifies the stories by Caracas neighborhood (and hence by social class). Yet I have included some Spanish textbooks and "readers" from the English-speaking world, and some secondary school textbooks on the national literatures from the countries in question, when it seemed to me that these focused on short stories; however, these are very large classes of books and I have not looked at everything.

I have left in a small number of items that are not anthologies of the short story in some critics' idea of the strict sense of the term, but that are of great importance in the development of the genre in Latin America: anthologies of <u>costumbrista</u> sketches and <u>tradiciones</u>, journalistic <u>crónicas</u> (or <u>crônicas</u>) and humor. There are also a number of anthologies of "narrative" (e. g. Christopher Domínguez Michael's anthology of Mexican narrative [O 55] or Paul Verdevoye's anthology of Spanish American narrative [A 139]) that include both short stories and fragments of novels; I have indicated this whenever possible in the annotation. There are also a few anthologies of short novels or long short stories or novellas; I have included all of these that I found. The questions of definition--the distinctions between the short story and the novel, between the short story and the <u>costumbrista</u> sketch or the <u>tradición</u> or the <u>crónica</u>--are often taken up in the introductions to the anthologies or in the critical books and articles listed in the final section of the bibliography. There has been much critical writing around the questions of the precise limits and definition of the Latin American short story.

The earliest examples of short story anthologies are, not surprisingly, anthologies of legends, <u>tradiciones</u> and <u>costumbrista</u> sketches, such as the Ibáñez anthology listed in the Peru section (1864, item S 52), the collection of Colombian <u>costumbrismo</u> listed under Madiedo (1866, item H 36), the Argüelles collection listed in the first section of the bibliography (1893, item A 12), or the anonymous <u>Selecta colección</u> (1895) in the same section (A 125). The first item that is an anthology of short fiction with designated authors is listed under Pelliza de Sagasta in the first section of the bibliography (1877, A 103); the texts included there are of a length that would now be considered novellas or short novels. The earliest examples for each country (leaving aside the early collections of <u>costumbrismo</u> already mentioned) are:

> Argentina: Gálvez, 1919 (D 96)
> Bolivia: Botelho, 1940 (E 6)
> Brazil: Galpi, 1897 (F 73); Oliveira, 1920 (F 136)
> Chile: Cabrera, 1898 (G 17)
> Colombia: Gómez, 1925 (H 26)
> Costa Rica: Menton (I 6) and Portuguez (I 7), both 1964
> Cuba: Ibarzábal, 1937 (J 35)
> Dominican Republic: Pérez Echevarría, 1948 (K 17)
> Ecuador: Barrera, 1947 (L 2)
> Guatemala: Orantes, 1947 (M 10)
> Honduras: Acosta, 1968 (N 1)
> Mexico: Agüeros (O 3) and Pesado (O 100), both 1901

Nicaragua: Fiallos, 1957 (P 3)
Panama: Moore, 1938 (Q 8, in English); Ruiz Vernacci, 1946 (Q 10)
Paraguay: Pérez Maricevich, 1969 (R 3)
Peru: Wiesse, 1936 (S 99, for children); Jimenes, 1940 (S 53)
Puerto Rico: Carreras, 1924 (T 3)
El Salvador: Barba Salinas, 1959 (U 1)
Uruguay: Fernández y Medina, 1895 (V 35)
Venezuela: Pedro, 1923 (W 35)

The items become more and more numerous throughout our century.  Whereas I have listed nine items for the nineteenth century, the number of items by decade in the twentieth century is as follows:

    1900-1909: 2
    1910-1919: 5
    1920-1929: 19
    1930-1939: 23
    1940-1949: 60
    1950-1959: 109

After 1960 the number of anthologies continued to expand; the total number surveyed here is 1302.  I have done counts by year for the last three decades for the first file (general Latin American anthologies) and for Argentina.  The general file doubled from an average of 2 new anthologies per year in the 1960s to 4 per year in the 1970s and 1980s (total per decade: 21, 45, 38), while the Argentina file went from a average of 5 per year in the 1960s to 7 or 8 more recently (totals: 51, 86, 63); the slight dip for the 1980s is no doubt due to the incompleteness of the listings for the end of the decade (due to the lag between publication of the works and their acquisition and cataloguing by the libraries I consulted).


    There is no obvious correlation between the size of the countries and the number of anthologies produced, but there must be a correlation with the size of the publishing industry in the various countries.  Argentina and Brazil have consistently produced the greatest numbers of anthologies, with the other countries in the following order: Mexico, Peru, Chile, Colombia, Cuba, Uruguay, Venezuela, Bolivia, Ecuador, Puerto Rico, Dominican Republic, Guatemala, Costa Rica, Paraguay, Nicaragua, El Salvador, Panama and Honduras.  When it is further taken into account that many of the entries in the first big file of general (Latin American) anthologies are produced in Argentina, Mexico, Cuba, Chile and Uruguay, the size of the publishing industry in each country is clearly the major factor.  It should be further observed that a few publishing houses have dominated the anthology business: Casa de las Américas (Cuba), Monte Avila (Venezuela), Arca, Lectores de la Banda Oriental (Uruguay), Instituto Latino-Americano de Vinculación Cultural, Patronato del Libro Latinoamericano (Lima), Jorge Alvarez, Orión, Centro Editor de América Latina, Editorial Universitaria de Buenos Aires (Argentina) and Quimantu and Zig-Zag (Chile).

The anthologies in the first (general) section express the various meanings of "Latin America": geographical, pan-American and pan-Latin American, international and internationalist. Thus, they bear the marks of the successive projects of unification at the supranational level in Latin America. It is easy to read in these anthologies of the sometimes troubled relations between Brazil and Spanish America, between Spain and Spanish America, between the United States and Latin America: very few of the volumes cross those lines, and when they do it is usually with some self-consciousness. In the annotations I have quoted a number of the justifications for the various positions taken.

This survey includes about thirty of the so-called "readers" produced in the English-speaking world (mostly in the United States) for students of Spanish. Most of these are distinguished from the other anthologies by the inclusion of Spanish-English glossaries, notes, and sometimes study guides and introductory materials in English. The most influential of these is Crow (A 47), since many of the later readers follow his selections (presumably because they are by now familiar to large numbers of Spanish teachers). I have not had time to study the "readers" systematically, but have tested one complaint against the larger group of anthologies. A story found in Crow and in many of the subsequent readers is Gregorio López y Fuentes's "Una carta a Dios," a story that perpetuates the worst U. S. stereotypes of the Mexican campesino. This story is not included in a single one of the anthologies produced in Latin America, and in none of the anthologies of the Mexican short story published anywhere (although of course many other works by López y Fuentes are included). A better story, also familiar to generations of students of Spanish, is "Espuma y nada más" by Hernando Téllez; when will it occur to some editor to have a footnote explaining that the title is taken from a romantic Colombian song? I hope that editors of future "readers" will pay some attention to the selections in the Latin American anthologies surveyed here, and eliminate some of the outdated and stereotyped material in the current "readers."

I have also surveyed the English-language anthologies. Of interest is the fact that a much higher proportion of these focus on issues of interest to the U. S. and British public, notably the status of women in Latin America (21% of the English-language anthologies focus on women writers) and the Central American conflicts. There are only two English-language anthologies that survey the production from the various linguistic populations of the Caribbean area (Howes [B 15] and Mordecai [B 21]), and the representation of Brazilian authors in the English-language anthologies is very inadequate. I should note that I have included the single-country anthologies in English with the rest of the works in that national literature (thus, Lewald's The Web, an anthology of short fiction by Argentine women, is listed under Argentina [D 124]). Also, I have excluded from this survey all anthologies of translations into languages other than English, Spanish and Portuguese, and have therefore omitted important anthologies in French, German and various other languages. With regard to the question of anthologies of translated works, it should be noted that very few Spanish-language anthologies of Brazilian stories and Portuguese-language anthologies of Spanish American stories are listed; others may exist but are not represented in the libraries I consulted in the United States.

The bulk of the book consists of annotated lists of anthologies to the regional and national literatures. The "regional" grouping includes a few items that focus on blocs of countries: the Andean pact, Central America, the River Plate and southern cone regions, the Caribbean. The national literatures include the nineteen republics and Puerto Rico. I have included "exile" or "diaspora" literatures with the national literature of origin, though this decision will no doubt seem controversial to some: thus, Puerto Rican writing in the United States is grouped with Puerto Rican writing in Puerto Rico, Cuban exile writing with Cuba, and Chicano writing with Mexico. In grouping the works in this way I have chosen to ignore the question of what language the works were written in, and of course have blundered through the delicate question of the relations between the "diaspora" writing and the national literature.  I hope that reference works on U. S. literature will also encompass a number of the same works and that more specialized reference works will focus on short story and other literary production in these areas.  I am sorry not to be able to include what promises to be an important contribution to the English-language anthologies on the Puerto Rican diaspora, the forthcoming collection of urban short fiction edited by the late Manuel Ramos Otero (to be published shortly by Waterfront Press).

The anthologies grouped under the national rubrics include not only panoramic views of the national literature but also--and very often--works focused on the short stories of a province or state, city or region.  To give a couple of examples: in the Argentina section, 20% of the anthologies are anthologies of the national literature, 17% are anthologies of some region (most frequently of the interior: Córdoba, Santa Fe, Tucumán and so forth), while only 2% focus explicitly on the capital city of Buenos Aires.  The "low" numbers for Buenos Aires and the comparatively high numbers for the interior regions are inversely correlated to the real situation: most of the "national" anthologies focus on the writing of Greater Buenos Aires, and the "regional" anthologies from Córdoba and the northwest are declarations of cultural independence.  In Bolivia the situation is not as polarized, but the total number of anthologies is much smaller: 36% are "national," 10% are "regional," 7% are focused on the capital city.  The countries that suffer the most from tensions between a centralized capital and somewhat independent provincial centers--countries including Mexico, Venezuela, Colombia and Peru--have (like Argentina) high numbers of "regional" anthologies.  In Uruguay, there are a number of anthologies of stories by writers from the "interior," but ironically almost all of them are published in Montevideo.  Brazil has a very high number of anthologies from states and cities besides the former and present capital cities, Rio de Janeiro and Brasília.  São Paulo (city and state) is of course strongly represented, as are the states of Santa Catarina and Rio Grande do Sul in the south and Pernambuco and Bahia in the north.  This diversity obviously reflects the high degree of regional cultural autonomy in Brazil. A large number of anthologies in some of the most highly urbanized countries (e. g. Uruguay and Argentina) focus on rural life, no doubt because of the powerful mythologies that root national identity in the land.  Similarly, there are anthologies of stories about the sea for Chile and the Brazilian state of Santa Catarina, and stories in these anthologies were probably not written by or produced for sailors or fishermen, except perhaps weekend fishermen.

So far I have focused on the anthologies that take up questions of continental, regional and national identity.  This is far from the whole picture, however.  The bibliographies of the national literatures include large numbers of thematic anthologies, anthologies comprised of selected works from contests, works that come from literary workshops and vanity presses, and publications by schools, unions, banks and government agencies.  Some of the anthologies have been organized according to the professions of the writers: thus, there are anthologies of stories by psychoanalysts, Brazilian senators, people in advertising and journalism and banking. There are even special short story contests for civil servants, for employees of a given bank, for listeners to a particular radio station. The cultural institutions in Latin America have frequently sought to foster group identity through literature, and the existence of this group of anthologies is important evidence of their approach.

In the annotations I have tried to quote from introductions and blurbs to give some feeling for the astonishing variety of this material. I particularly recommend the anthology of Argentine science fiction by psychoanalysts (D 172), the anthology of stories about the ten commandments (A 83), the various groupings of erotic stories by men about women, by women about men, and so forth (Denser [F 59, F 60] and Andrade [F 10] for Brazil, Rama [V 54] and Arregui [V 8] for Uruguay), and the clever Uruguayan anthology of erotic fiction (Cuentos de nunca acabar [V 11]) which leaves it up to the reader to pair authors with titles (a fascinating puzzle under the circumstances).

Obviously the diverse thematic anthologies, ranging from stories by Bolivian veterans of the War of the Pacific (E 17) and the literary production of Brazilian anarchists (F 149) to stories about a bar in São Paulo (F 150), stories by Chilean writers of Yugoslav descent (G 77), Cuban stories about agrarian reform (J 38), and even stories about houses of prostitution (D 16) and about soccer (A 50, C 9, F 51, O 28), have important implications for our consideration of literary markets and cultural institutions. The thematic anthologies begin to appear in significant numbers about 1965, and they range from the sublime and the serious to the ridiculous and the ribald. The production of thematic anthologies is most intense in Argentina, Uruguay and Brazil, and the undercurrent of irreverence suggests that these anthologies were compiled in opposition to the official anthologies of the national literature and grew out of a variety of cultural projects by political, social and sexual minorities. There are also thematic anthologies in Mexico and Cuba in the same years, but they tend to be rather more solemn, and, of course, they have tended to be published by government-sponsored publishing houses, whereas the group of thematic anthologies from the southern countries are mostly published by small private companies. The relation of these thematic anthologies to the national anthologies parallels the oppositional stance of some of the local and regional anthologies, though the thematic anthologies have been compiled with more imagination and a lighter touch than any other grouping of works surveyed here.

There are also a large number of anthologies of the various subgenres of the short story: crime fiction, science fiction, the fantastic, espionage. The earliest of these date to the 1940s, but they have become much more frequent in the last two decades. As in Europe and the United States, these have lately become more specialized, particularly in the areas of crime fiction, fantasy and science fiction: the finest recent examples are those edited by Souto (D 196) and Rivera (D 171) for the Editorial Universitaria de Buenos Aires. Some of the recent anthologies also have information on a variety of specialized magazines in these areas.

The bibliography of the criticism of the short story in Spanish America excludes studies of single authors. In addition, I have not included unpublished theses or some of the more ephemeral newspaper articles. I have included some general works on narrative fiction when it seemed to me that a substantial portion of the discussion was concerned with the short story; when listing works of this kind, I have generally pointed out which portions focus on the short story (see, for instance, the listings for

Ratcliff's <u>Venezuelan Prose Fiction</u> [WW 19] and Suárez Calimano's "Directrices de la novela y el cuento argentino" [DD 25]).

It should be noted that there is a relative paucity of general criticism of the kind listed here. For every hundred articles on Borges or García Márquez, there may be one article on the Argentine short story or the Colombian short story. The critical bibliography here lists some excellent theoretical and literary historical works and others lacking in any evident purpose or value. Much of the best critical work on the literary history of the genre in the various countries has been published in the form of introductions to the anthologies listed in the earlier sections of the bibliography (see, for instance, the excellent introductions to Oviedo's anthology of the nineteenth century short story [A 101] and Latcham's general anthology [A 77], and the various important introductions by Salvador Bueno to a number of his Cuban anthologies [as for instance J 7, J 8 and J 9]). The second index at the end of the book includes editors of anthologies and authors of critical introductions, epilogues, articles and books, so as to allow the reader to trace the participation of critics through the myriad works.

At the beginning of the bibliography of criticism, I have separated secondary literature that focuses on theoretical questions (section AA) from secondary literature that focuses on questions of literary history (section BB). In the first section I have included the numerous "how to" pieces by practitioners of the genre (Quiroga [AA 42], Cortázar [AA 13, AA 14], D'Halmar [AA 19], Sáenz [AA 46], Bosch [AA 7] and others). The division was of course rather difficult in some cases, and I would not claim that the distinction I am making is in any way absolute. Looking over the corpus of material, however, I determined that there were at least two kinds of critical pieces, and it seemed clear that items such as Silvina Bullrich's <u>Carta a un joven cuentista</u> (AA 9) needed to be listed in an initial general section and not under Argentina.

The last general survey of short story anthologies was published in 1950 (!): Bernice D. Matlowsky, <u>Antologías del cuento hispanoamericano: guías bibliográficas</u> (BB 35). There are good surveys available for a few of the countries: Celuta Moreira Gomes, <u>O Conto Brasileiro e sua crítica: Bibliografia (1841-1974)</u> (FF 15), Emmanuel Carballo, <u>Bibliografía del cuento mexicano del siglo XX</u> (OO 8), Pedro Lastra, "Registro bibliográfico de antologías del cuento chileno: 1876-1976" (GG 15), Lillian Quiles de la Luz, <u>El cuento en la literatura puertorriqueña</u> (TT 16). Jerald Foster's "Towards a Bibliography of Latin American Short Story Anthologies" (BB 18) surveys too small a portion of the field to be useful, and its usefulness is further limited by the lack of contents of the anthologies and of indexing.

In the course of working on this project, many possibilities for future research have occurred to me. Since I am unlikely to work on all of them, I wanted to share the ones that seemed to me to grow most directly out of the corpus collected here.

1. The first and perhaps most obvious is the study of canon formation and challenges to canons, using the introductions to the anthologies (and contemporaneous critical articles and books) to focus on the critical debates and using the variations in the authors and texts included in the anthologies to study how these debates work out in practice. Kenneth Fleak, in his recent study of the

Chilean short story of the "generation of 1950," has worked along lines similar to what I am suggesting here (though his focus is not limited to short story anthologies of the period); studies of the other national literatures would be very useful.

2. The anthologies could be used in studying literary markets: of charting the size and shape of the reading public, of examining the circuits of production and consumption, and of exploring the roles played by mass education and communications. Of particular interest is the fact that two contrary phenomena coincide: there is the mass readership created by public education, largely fed a relatively stable diet of canonical works and standard assertions about national identity (and other important matters deemed worthy of inculcation in the masses); yet there are also ever more specialized readerships (as, for example, for science fiction by psychoanalysts). An examination of the careers of specific anthologists and publishers (for instance Julia Constenla's work for Jorge Alvarez on the "crónicas" series that started in 1965 or the career of Angel Rama as anthologist) might prove particularly fruitful. It would be important to examine the size of print runs and the variety of distribution networks (book clubs and newspaper stands as well as bookstores). Though there may be some moulding and shaping "from above" in many of the more didactic anthologies, it is clear that in other cases publishers were hard pressed to keep up with the demand for anthologies and that the public for such books was demanding and precise in making its needs felt. We need to study this process in greater depth, especially in the case of the mass circulation anthologies (published by Jorge Alvarez, Centro Editor, Quimantú, Mercado Aberto and so forth).

3. We need to study the genre of the anthology itself. The editors of these works display a high degree of self-consciousness about the genre of the anthology, and critics could study this phenomenon by studying prefaces and blurbs, the design of the volumes, and the playing with the categories of "literature," "nation" and "theme." Especially through the study of prefatory material and blurbs it would be possible to study tradition and rupture in the anthology itself, since there are frequent references to the question of what makes an anthology, its function, its ideal form and so forth, and sometimes criticism of earlier anthologies for not measuring up.

4. It would be possible to consider the "commodification" of literature through this vehicle and the relations of the short story anthology to other features of mass society.

5. We need careful considerations of the relations of anthologies to other vehicles of studying literary culture in formation, especially the literary magazine (to which there has been more scholarly attention). What are the relations between the two kinds of enterprises? How does each one function in relation to the younger or less established writer? How do power (or even financial) relations function in the two contexts?

6. Some of these anthologies have obviously been published by vanity presses or by literary workshops that charge a price for admission. Though these institutions are important (and powerful) parts of the literary scene in some Latin American countries, they have probably been found distasteful as subjects of serious scholarship; clearly, however, they merit study.

7. Though much of the material is unexciting, it would be very important to consider the function of literary contests, especially their proliferation in recent years, and their great importance in some (but not all) of the countries surveyed here. They are very important, for instance, in the Dominican Republic, Peru, Cuba and

Mexico, in some cases because of government sponsorship, in others due to the support of banks, oil companies and multinational corporations (for instance, the "Premios Coca Cola" in Argentina or the Life en Español contest that was won by Marco Denevi thirty years ago). The contests lend themselves to studies of how the "culture industry" is funded and how it is organized. Few of the writers whose stories are published as a result of these contests end up proving significant, but an examination of the material here will show early publications for Augusto Monterroso and Osvaldo Soriano among others. Several of the most important contests--those sponsored by Casa de las Américas in Cuba, by the Instituto Nacional de Bellas Artes and the national university in Mexico, by Casa de Teatro in the Dominican Republic and by Petroperú in Peru--certainly merit study, on their own or in a comparative context.

The sometimes tedious nature of the material included here is relieved by the opportunity to study the emergence of new writers and trends, the formation of literary groups, the sometimes raw exercise of cultural power, the relations between dominant elites and marginal groups. This collection should also prove helpful to the study of a variety of other questions: the history of crime fiction in a given country, the relations between literary circles in provincial cities and those in the national capitals, the struggle of marginalized groups for inclusion in the canon. And the thematic anthologies are worthy of attention for those interested in the sociology of literature: it would be possible, for instance, to write a study of love and sex in the River Plate region using Prostibulario, Cuentos de nunca acabar, Aquí la mitad del amor and La otra mitad del amor (D 16, V 11, V 8, V 54), and the material from Brazil on the same theme is equally interesting.


A few final--and rather mundane--observations. First, it would make the lives of future compilers of works like this one much easier if editors and publishers of anthologies would be sure to provide tables of contents (lacking in quite a number of items surveyed here and compiled laboriously by flipping the pages) and clear indications about who was responsible for what. A number of the anthologies surveyed here had no stated editor, and sometimes the author of the introduction disclaimed responsibility for the whole (or passed it off on someone not mentioned on the title page). In cases where no editor was explicitly named, I have listed the volume under the first author included in the anthology: hence the numerous entries that start "Carrasquilla, et al." or "García Márquez, et al." This is an imperfect system because not all libraries or catalogues will list the works the same way; the index of titles at the end of the volume should provide another means of accessing these items.

In the indexes of authors of stories and authors of critical material, I have tried to consolidate the various forms of personal names used in the anthologies themselves under the most common form of the name and to provide cross-referencing in the case of pseudonyms. However, no doubt my efforts along these lines have been imperfect.

The initial list of anthologies was generated out of the holdings of the Tulane University library and out of the footnotes and bibliographies of existing critical and reference works; similarly, the initial list of criticism was derived from the same sources and from the MLA Bibliography. The astonishing fact that the number of anthologies was several times larger than the existing reference works suggested became clear after a trip to the Benson Latin American Collection at the University of Texas, soon followed by two more trips to Austin, a trip to the Library of Congress and the Harvard library, and several trips to the Berkeley, Davis and Stanford libraries. I have no doubt that there are many more items lurking in the national libraries of the various countries, but do not have the resources to find more. Furthermore, I doubt that my editor, so generous thus far, would tolerate a book much bigger--or much farther behind schedule--than this one.

I made every effort to examine all of the items myself, but limited time and resources prevented consultation of every item. Hence, some of the items (including most of the newspaper articles) are marked "Unable to annotate."

A final note. There are a few journals that specialize in the Latin American short story, though most of them appear to have been very short-lived. It is obviously beyond the scope of this volume to provide an index to the longest running of these journals, Valadés's El cuento. Here are entries on the journals I am aware of:

1. Contracuentos: Revista de narrativa (Buenos Aires, 1978-?): the one issue in the University of Texas Library includes an interview with Marta Lynch, stories by Fernando Sorrentino and Néstor Perlongher, a note by Alejo Carpentier and three reviews.

2. Cuentalia: Revista de cuentos mexicanos inéditos (Mexico City, 1952). Contents unknown.

3. Cuentos ecuatorianos (Quito, 1964). Only one issue is held in the University of Texas library. Contents for that issue are listed in the bibliography of Ecuadoran anthologies.

4. El cuento ilustrado (Buenos Aires, 1918). Journal edited by Horacio Quiroga. Each issue contains one story. The three issues in Berkeley Library contain the following: no. 1: Horacio Quiroga, "Un drama de la selva: El imperio de las víboras"; no. 2: Elsa Jerusalem, "¡Puerto deseado!"; no. 3: Víctor Pérez Petit, "Un sabandija."

5. El cuento: Revista de imaginación (Mexico City: GV Editores). A journal specializing in the short story that has been published since about 1965, directed by Edmundo Valadés.

6. Cuentos mexicanos: Colección de autores exclusivamente mexicanos. (Mexico City, 1940). 2 issues (119 + 135 pp.) in Library of Congress. Apparently a short-lived periodical. Contents for these two issues are listed under Rojas González in the bibliography of Mexican anthologies.

7. El gato sin botas (Santiago de Chile, 1986-?). Edited by Ramón Díaz Eterovic and Sonia González V. University of Texas library has only one issue. Includes an interview with Benedetti, stories by Fernando Jerez, Jorge Asís, Ramiro Rivas, Pía Barros and others, and assorted notes and reviews.

8. Lucanor (1988?- ). Published in Spain. Includes Spanish and Spanish American short stories, and criticism of the short story.

9. Puro cuento (Buenos Aires, 1976-79?). The Berkeley library has five issues, the last published in November 1979. Edited by José Losada and others. Includes stories by Libertad Demitropulos, Santiago Grimani, Julio Azzimonti, Marta Nos, Mario Lancelotti and others.

10. Puro cuento (Buenos Aires, 1986-?). Edited by Mempo Giardinelli. A journal specializing in the short story, initially rather derivative of the Valadés journal. The first issue includes an interview with Antonio Skármeta, stories by Héctor Libertella, Katherine Mansfield, Horacio Quiroga, René Avilés Fabila and others, and--inevitably--announcements of a "Taller abierto" and of a "Concurso de cuento breve."

# PRIMARY
# MATERIALS:
# ANTHOLOGIES

# A. Latin America: General Anthologies

**A 1** Acosta, Oscar, et al. <u>Primera antología de ciencia ficción latinoamericana</u>. Buenos Aires: Rodolfo Alonso, 1970. 135 pp.

> Alicia Suárez, Samantha. Clovis García, El paraíso perdido. Antonio Olinto, El niño y la máquina. René Rebetez, Rocky Lunario. Alberto Cañas, El planeta de los perros. Angel Arango, El planeta negro. Manuel Herrera, El pirotécnico Li-Shiao. Juan Luis Herrero, No me acaricies, venusino. Germán Pinilla, Las montañas, los barcos y los ríos del cielo. Pablo Palacio, La doble y única mujer. Alvaro Menén Desleal, El hombre y su sombra. Oscar Acosta, La búsqueda, El regresivo. Orlando Henríquez, Nacimiento último. René Avilés Fabila, Hacia el fin del mundo. José Adolph, Tesis. Eugenio Alarco, La magia de los mundos.

Includes science fiction by authors from Argentina, Brazil, Colombia, Costa Rica, Cuba, Ecuador, El Salvador, Honduras, Mexico and Peru. No intro.

**A 2** Aguilar, Manuel, Laura Espín, Clotilde Espín, and Fanny Lucio, eds. <u>Cuentos de América Latina</u>. Intro. María Luisa de Félix. Quito: Ministerio de Educación y Cultura, 1986. 133 pp.

> Eduardo Mallea, Conversación. Oscar Cerruto, La estrella de agua. Murilo Rubiao, El antiguo mago de la Taberna Miñota. Gabriel García Márquez, La siesta del martes. Carmen Lyra, Los diez viejitos de Pastor. Luis Felipe Rodríguez, Riguiñola. Nicomedes Guzmán, El pan bajo la bota. Eugenia Viteri, Los zapatos y los sueños. Jorge Dávila Vásquez, Aurora. Salvador Salazar Arrué, La botija. Carlos Samayoa Chinchilla, El novillo careto. Víctor Cáceres Lara, Paludismo. Armando Olivares Carrillo, Tiempo de aguas. Hernán Robleto, La mascota de Pancho Villa. Enrique Jaramillo León, Las palomas. Augusto Roa Bastos, La excavación. César Vallejo, Paco Yunque. Pedro Juan Soto, Campeones. Juan Bosch, La mujer. Horacio Quiroga, El hombre muerto. Dinorah Ramos, La carretera.

Includes two stories from Ecuador and one story from each of the other Spanish American countries and Brazil.

**A 3** Aguilera Malta, Demetrio, and Manuel Mejía Valera, eds., intro. and notes. <u>El cuento actual latinoamericano</u>. Mexico City: Ediciones de Andrea, 1973. 339 pp.

> Enrique Anderson Imbert, ¿Qué voy a hacer yo con una guitarra? Héctor Tizón, Petróleo. Abel Alarcón, Los predestinados. Oscar Ichazo, La reunión. Machado de Assis, Misa de Gallo. Geraldo Carvalho, El retrato. Hernando Téllez, Sangre en los jazmines. Oscar Collazos, El verano también moja las espaldas. Fabián Dobles, Los toros. Samuel Rovinski, La aventura. Antonio Benítez, La tijera. Lizandro Otero, El Ford azul. Fernando Alegría, A veces, peleaba

con su sombra. Jorge Edwards, Los domingos en el hospicio. José de la Cuadra, Banda de pueblo. Pablo Palacio, El antropófago. Alvaro Menén Desleal, Aquiles y la tortuga. Waldo Chávez Velasco, El descubrimiento. Miguel Angel Asturias, Extraña ciencia de curar. Augusto Monterroso, Mr. Taylor. Oscar Acosta, El regresivo. Marcos Carías, Vuelta. Julio Torri, El héroe. Juan José Arreola, Apuntes de un rencoroso. Pablo Antonio Cuadra, Agosto. Lizandro Chávez Alfaro, Jueves por la tarde. Rogelio Sinán, A la orilla de las estátuas maduras. Augusto Roa Bastos, El y el otro. Gabriel Casaccia, El ansia secreta. José María Arguedas, Orovilea. Eugenio Buona, La entrega. José Luis González, El arbusto en llamas. Pedro Juan Soto, La cautiva. Angel Rafael Lemarche, Pero él era así. Miguel Alfonseca, El enemigo. Enrique Amorim, La doradilla. Carlos Martínez Moreno, El salto del tigre. Arturo Uslar Pietri, Barrabás. Salvador Garmendia, Sábado por la noche.

Includes two stories from each of the Spanish American countries and Brazil.

**A 4**  Alape, Arturo, et al. Nueve cuentistas. Havana: Casa de las Américas, 1970. 168 pp.

Arturo Alape, La candela, Domingo del difunto. Nicolás Pérez Delgado, Y guardó la pistola. Policarpo Varón, El festín. Poli Délano, Las arañas. Roberto Ruiz Rojas, El portero del hotel mientras cambia la radio a medianoche. Mauricio Wacquez, El papá de la Bernardita. Julio Ortega, Un lector y los hechos. Carlos Ossa, La cultura de la pobreza. Haydée Pérez García, El caso del señor Sáens.

Stories from the Casa de las Américas contest in 1970.

**A 5**  Albizúrez Palma, Francisco, Elizabeth Alvarez Herrera, Roberto Carrera, Marta Corado, Amílcar Echeverría, and Ruth Alvarez de Scheel, eds. Algunos cuentos de autores hispanoamericanos contemporáneos. Guatemala City: Universidad de San Carlos, 1970. 207 pages.

Miguel Angel Asturias, El espejo de Lida Sal. Julio Cortázar, La puerta condenada. Juan José Arreola, El guardagujas. Arturo Uslar Pietri, La lluvia. Carlos Fuentes, La muñeca reina. Juan Bosch, La mujer. Mario Vargas Llosa, Día domingo. Agustín Yáñez, Las avispas o la mañana de ceniza. Jorge Luis Borges, Tema del traidor y del héroe. Guadalupe Dueñas, La tía Carlota. Juan Rulfo, El hombre. Gabriel García Márquez, La siesta del martes.

An anthology prepared for use by the students of language and literature at the Universidad de San Carlos in Guatemala City.

**A 6**  Albizúrez Palma, Francisco, Elizabeth Alvarez, Ruth Alvarez de Scheel, Amílcar Echeverría, and Marta Sánchez Mendoza, eds. Antología de narrativa hispanoamericana. Colección Textos, 1. Guatemala City: Editorial Universitaria, Universidad de San Carlos, 1980. 184 pp.

Augusto Monterroso, El camaleón que no sabía de qué color ponerse. Gabriel García Márquez, En este pueblo no hay ladrones, Un día de éstos. Carlos Fuentes, Un alma pura. Juan Rulfo, Acuérdate. Ricardo Estrada, El remolino. Juan Carlos Onetti, Bienvenido, Bob. Julio Cortázar, Una flor amarilla. Jorge Luis Borges, La forma de la espada. Francisco Méndez, El clanero. Mario Vargas Llosa, El desafío. Mario Benedetti, Péndulo. Raúl Carrillo, El vuelo de la Jacinta. Juan José Arreola, El guardagujas. Alejo Carpentier, Los fugitivos. Marco Denevi, La cicatriz, Los juramentos de las mujeres.

An anthology prepared for literature students at the Universidad de San Carlos in Guatemala City. Different contents from previous item.

**A 7**  Alegría, Fernando, ed. and intro. Novelistas contemporáneos hispanoamericanas. Boston: D. C. Heath, 1964. 323 pp.

Carlos Martínez Moreno, El simulacro. Ernesto Sabato, El dragón y la princesa. Carlos Droguett, Magallanes. Juan Rulfo, Luvina, No oyes ladrar los perros, Paso del Norte. Carlos Fuentes, 1947: Septiembre 11. Augusto Roa Bastos, Madera y carne. René Marqués, En la popa hay un cuerpo reclinado, La hora del dragón. Mario Benedetti, Familia Iriarte,

Corazonada. Marco Denevi, Boroboboo, El Emperador de la China, La cola del perro. Adalberto Ortiz, Ojos de aroma y la madre del agua. Rogelio Sinán, Lulú ante los tribunales. Includes short stories and excerpts from novels. Spanish-English glossary at the end.

**A 8**  Amado, Jorge, et al. "Antología de cuentos." Sur 330-331 (1972): 1-375.

Jorge Amado, En el muelle. Francisco Ayala, Baile de máscaras. Ricardo Bacchelli, La verdad sobre el pavoroso caso del "Mary Bonfield." Adolfo Bioy Casares, Homenaje a Francisco Almeyra. Jorge Luis Borges, El muerto. Alberto Camus, La mujer adúltera. Rosa Chacel, Fueron testigos. MArco Denevi, La abeja. José Donoso, Paseo. Pierre Drieu la Rochelle, Relato secreto. Gisela Elsner, El ejemplo. William Faulkner, Septiembre ardido. Macedonio Fernández, Cirugía plástica de extirpación. Carmen Gándara, La fiesta infantil. André Gide, El arte bitrario. Graham Greene, El inocente. Nathaniel Hawthorne, Wakefield. Felisberto Hernández, Las dos historias. Juan José Hernández, El disfraz. Hermann Hesse, El cortaplumas perdido. Eduardo Mallea, Sumersión. Henry James, El amigo de los amigos. Yasunari Kawabata, El lunar. Mario A. Lancelotti, El ídolo. H. A. Murena, Fragmento de los anales secretos. Hector Hugh Munro, Svedni Vashtar. Vladimir Nabokov, Escenas de la vida de un monstruo doble. Silvina Ocampo, La inauguración del monumento. Elvira Orphée, La calle de luna. André Pieyre de Mandiargues, Los cuerpos platónicos. Virgilio Piñera, La gran escalera del palacio legislativo. Alfonso Reyes, Los dos augures. Jean-Paul Sartre, El aposento. Jules Supervielle, Un potentado de este mundo. Rabindranath Tagore, El amaestramiento del loro. James Thurber, Fábulas para nuestro tiempo. Mario Vargas Llosa, Pichula Cuéllar. Evelyn Waugh, El hombre que admiraba a Dickens. Juan Rodolfo Wilcock, El caos.

A selection of stories from the many that appeared in Sur over the decades. Includes many authors from outside of Latin America, in keeping with the magazine's intended role as an international forum.

**A 9**  Anderson Imbert, Enrique, et al. Crónicas fantásticas. Buenos Aires: Editorial Jorge Alvarez, 1966. 133 pp.

Enrique Anderson Imbert, El leve Pedro. Alejo Carpentier, Viaje a la semilla. Felisberto Hernández, El balcón. Carlos Fuentes, La muñeca reina. Bernardo Kordon, Sin mañana. Abelardo Castillo, La garrapata.

No intro. Also contains Truman Capote's "Miriam."

**A 10**  Anderson Imbert, Enrique, and Lawrence B. Kiddle, eds. Veinte cuentos hispanoamericanos del siglo XX. New York: Appleton Century Crofts, 1956. 242 pp.

Unable to annotate.

**A 11**  Andreano, Vicente Roberto, ed., intro. and notes. Cuentos célebres. Buenos Aires: Ediciones Orión, 1974. 233 pp.

Spanish-American author included: Esteban Echeverría, El matadero.

Also contains stories by Maupassant, Oscar Wilde, Poe, Mark Twain, Bret Harte, Chehov, Averchenko, Kafka, Boccaccio and part of Lazarillo de Tormes.

**A 12**  Argüelles, Tomás, et al. Narraciones americanas. Intro. A. R. Ll. Barcelona: Durán y C. Editores, 1893.

Tomás Argüelles, Angel o la hidalgo heroína de Tzintzuntzan. Ricardo Fernández Guardia, Tapaligui. Ricardo Palma, Una vida por una honra. José Caicedo Rojas, El fiscal (tradición bogotana). Honorato Vázquez, Constancia filial. E. Posada, Natalia. B. Fernández Medina, Una china presumida.

The first two stories are grouped under the heading "Alegoría de la época indígena," the third and fourth under the heading "Alegoría de la época colonial," and the last three under the heading "Alegoría de la época moderna." One of the earliest short story anthologies in Latin America.

**A 13**  Arias-Larreta, Abraham, ed. and intro. El cuento indoamericano. Barcelona: Editorial Indoamérica, 1978. 413 pp.

> Popol Vuh (fragment). El pastor Acoytrapa y la ñusta Chuquillanto. Relatos aztecas. Inca Garcilaso de la Vega, La historia de Pedro Serrano. Enrique López Albújar, Ushanan Jampi. Tulio Cescero, Sangre solar. Roberto Jorge Payró, Cuentos de Pago Chico. José de la Cuadra, Carlos de Yunca. Salarrué, Cuentos de barro. Arturo Croce, Surimán. José León Sánchez, Cuando ataca el tiburón. Manuel Mejía Vallejo, La venganza. Mariano Latorre, La desconocida. Carlos Eduardo Zavaleta, Juana la Campa, te vengaré. Eraclio Zepeda, Benzulul.

The intro. (1-172) consists of discussions of costumbrismo, the development of the genre of the short story, and a discussion of "El ciclo afirmativo" (on mundonovismo).

**A 14**  Arratia, Alejandro, and Carlos Hamilton, eds., intro. and notes. Diez cuentos hispanoamericanos. New York: Oxford University Press, 1958. 187 pp.

> Ricardo Palma, El mejor amigo . . . un perro. Rafael Delgado, El desertor. Rubén Darío, El rey burgués. Baldomero Lillo, La compuerta número 12. Horacio Quiroga, Nuestro primer cigarro. José Vasconcelos, La cacería trágica. Alfonso Hernández Catá, La galleguita. Manuel Rojas, El vaso de leche. Jorge Luis Borges, La forma de la espada. Arturo Uslar Pietri, El venado.

Includes Spanish-English glossary.

**A 15**  Arreola, Juan José, et al. Zoo en cuarta dimensión. Coyoacán: Editorial Samo, 1973. 148 pp.

> Juan José Arreola, El rinoceronte. Jorge Luis Borges, Animales esféricos. Julio Cortázar, Circe. Lisandro Chávez, El zoológico de papá. Miguel Donoso Pareja, Krelko. José Lorenzo Fuentes, Después de la gaviota. Juan Carlos Ghiano, Los cobayos. Eduardo González Viaña, Toro. Felisberto Hernández, El cocodrilo. Augusto Monterroso, El dinosaurio. Arturo Uslar Pietri, El venado. Renato Prada, El combate. Horacio Quiroga, El almohadón de plumas. Alfredo Rivas Castillo, Los siervos se rebelan. Salarrué, La arañita Tupulcú que por poco se queda viva. Antonio Skármeta, Pajarraco. Luisa Valenzuela, Alirka, la de los caballos.

Stories about animals.

**A 16**  Aura, Alejandro, et al. El presente es perpetuo. Intro. Miguel Donoso Pareja. Puebla: La Red de Jonás/ Premia Editora, 1981. 119 pp.

> Alejandro Aura, Los baños de Celeste. José A. Aguilar, Visita nocturna. Raúl Navarrete, Olas del mar mudo. Eug¡io Rosasco, Pata de perro. Ramón Plaza and Pablo Bergel, Entrenamiento en el parque. Carlos Martínez Moreno, La máscara. Humberto Costantini, Cacería sangrienta o la daga de Pat Sullivan. Oscar de Jesús Castro García, Constancia.

Stories from the "Concurso Latinoamericano de Cuento (1972-1980)."

**A 17**  Bareiro Saguier, Rubén, and Olver de León, eds., intro. and notes. Antología del cuento latinoamericano. Montevideo: ASESUR [Asociación de Escritores del Uruguay]/PIT-CNT [Central Unica de Trabajadores del Uruguay], 1989. 5 vols. 101 + 103 + 95 + 111 + 107 pp.

> Vol. 1: Harold Conti, La balada del álamo Carolina. Julio Cortázar, Manuscrito hallado en un bolsillo. Antonio Di Benedetto, Málaga-Paloma. Daniel Moyano, El monstruo. Juan José Saer, El intérprete. Renato Prada Oropeza, El encuentro. Gabriel García Márquez, El último viaje del buque fantasma. Manuel Mejía Vallejo, El alazán. Policarpo Varón, El festín.
> Vol. 2: Alfonso Chase, El hilo del viento. Onelio Jorge Cardoso, Un brindis por el zonzo. Alejo Carpentier, Viaje a la semilla. Manuel Cofiño, Un pedazo de mar y una ventana. Poli Délano, La misma esquina del mundo. Antonio Skármeta, Pescado. Iván Egüez, El triple salto. Raúl Pérez Torres, Las vendas.
> Vol. 3: Augusto Monterroso, No quiero engañarlos. Eduardo Bahr, Yo sería incapaz de tirarle una piedra. Juan José Arreola, El guardagujas. Rolando Hinojosa, Griegos y romanos. José

Revueltas, Dios en la tierra. Juan Rulfo, La vida no es muy seria en sus cosas. Sergio Ramírez, El centerfielder. Rogelio Sinán, La boina roja.
Vol. 4: Rubén Bareiro Saguier, De cómo el tío Emilio ganó la vida perdurable. Augusto Roa Bastos, Contar un cuento. René Marqués, La muerte. Luis Rafael Sánchez, Tiene la noche una raíz. José María Arguedas, El sueño del pongo. Eduardo González Viaña, Batalla de Felipe en la casa de las palomas. Julio Ramón Ribeyro, La solución. René Del Risco Bermúdez, Ahora que vuelvo, Ton.
Vol. 5: Alvaro Menén Desleal, La batalla. Alfonso Quijada Urías, I lost my heart in San Francisco. Mario Benedetti, Los pocillos. Enrique Estrázulas, Un cuento de ladrones. Eduardo Galeano, Lo demás es mentira. Juan Carlos Onetti, Presencia. Cristina Peri Rossi, El Museo de los Esfuerzos Inútiles. Alfredo Armas Alfonzo, La espalda de la muerte. Luis Britto García, Helena. Salvador Garmendia, Muñecas de placer. Osvaldo Trejo, Escuchando al idiota.

Arranged in alphabetical order by country, from Argentina to Venezuela. One woman writer, Peri Rossi, and one Chicano, Hinojosa, are included. According to the intro., "el cuento es el género literario de mayor difusión e impacto en América Latina." Brief bio-bibliographical notes at end of each vol.

**A 18**   Batchelor, C. Malcolm, ed. and intro. <u>Cuentos de acá y de allá</u>. Boston: Houghton Mifflin, 1953. xx + 192 pp.
Manuel Rojas, El vaso de leche. Antonio Soto ["Boy"], El timbre del ascensor. Juan Bosch, La mujer. Vicente Blasco Ibañez, El ogro, Hombre al agua. Rugino Blanco-Fombona, El canalla San Antonio. Juan Natalicio González, La muerte desviada. Enrique Ruiz de la Serna, El hogar. Azorín (José Martin Ruiz). Ricardo Jaimes Freyre, Justicia india. Baldomero Lillo, La compuería número 12. Gabriel Miró, El señor maestro. Ramón del Valle-Inclán, Mi bisabuelo. Artemio de Valle-Arizpe, El alacrán de Fray Anselmo. Ventura García Calderón, El alfiler. Gregorio López y Fuentes, Hombre de monte. Tomás Hernández Franco, El asalto de los generales.
Contains study guides, vocabulary, suggestions for further reading.

**A 19**   Battilana, Beatriz G. de, and Néstor Alfredo Noriega, eds., intro. and notes. <u>17 cuentos hispanoamericanos</u>. Santa Fe, Argentina: Editorial APIS, 1974. 309 pp.
Jorge Luis Borges, Las ruinas circulares. Gabriela Mistral, La raíz del rosal. Juan Bosch, La mujer. Juan Natalicio González, La muerte desviada. Demetrio Aguilera Malta, El cholo que se vengó. Salvador Salazar Arrué, La botija. Pedro Emilio Coll, El paraíso de Alonso Herrán. Carmen Lyra, Los diez "viejecitos" de Pastor. Rubén Darío, El velo de la reina Mab. Alejo Carpentier, Viaje a la semilla. Flavio Herrera, La lente milenaria. Mario Flores, Un cuento. José María Sánchez, Lalú. Fernán Silva Valdés, El yaguarete. Tomás Vargas Osorio, Encrucijada. Ventura García Calderón, El alfiler. Salvador Elizondo, La historia según Pao Cheng.
Contains study guides.

**A 20**   Becco, Horacio Jorge, and Carlota María Espagnol, eds. and intro. <u>Hispanoamérica en cincuenta cuentos y autores contemporáneos</u>. Los libros populares, 5. Buenos Aires: Ediciones Latinprens Latinoamericanas, 1973. 226 pp.
Ismael H. Abreu, Hambre. Demetrio Aguilera Malta, El cholo que se vengó. Fernando Alegría, La cacería. Arturo Ambrogi, La caza de la serpiente. Santiago Argüello, El mejor de los regalos. Miguel Angel Asturias, El hermano Pedro. Luis Azurduy, El hombre que cobraba el tributo a la noche. Mario Benedetti, Tan amigas. Jorge Luis Borges, La casa de Asterión. Juan Bosch, La mujer. Manuel del Cabral, Galo. Marcial Cabrera Guerra, El rifle. Salvador Calderón R., ¡Coman . . . coman oro! Alejo Carpentier, El entierro de Henri Christophe. Enrique A. Carrillo, La ciudad de las viejas. Jesús Castellanos, La agonía de "La Garza." Pedro Emilio Coll, El diente roto. Julio Cortázar, Los amigos. Rubén Darío, La muerte de la emperatriz de la China. Rafael Delgado, El desertor. Joaquín Díaz Garcés, Juan Neira. Porfirio Díaz Machicao, Quilco en la raya del horizonte. Samuel Feijóo, Del milagro sobre un toro. Fabio Fiallo, El príncipe del mar. Ventura García Calderón, El despenador. Gabriel

García Márquez, Un día de éstos. Joaquín García Monge, El loquito. Juan Natalicio González, La muerte desviada. Manuel González Zeledón, El clis de sol. Manuel Gutiérrez Nájera, Historia de un peso falso. Felisberto Hernández, La pelota. Juana de Ibarbourou, Angeles pintados. Enrique A. Laguerre, El Baquiné. Baldomero Lillo, El chiflón del diablo. Lobodon Garra, Una cacería. Octavio Méndez Pereira, El cacique Careta. José Oller, La india Chagira. Sergio Pitol, Hora de Nápoles. Alfonso Reyes, La reina perdida. Alberto Rodó Pantoja, El bientefue. Salvador Salazar Arrué, La botija. Sebastián Salazar Bondy, El niño dormido. Carlos Samayoa Chinchilla, La Chabela. Fernando Sorrentino, Mi amigo Lucas. Victorino Tejera, Santagrama. Froilán Turcios, La mejor limosna. Abraham Valdelomar, El caballero Carmelo. Javier de Viana, La rifa del pardo Abdón. Carlos Zubizarreta, Pesebres de Navidad.

Contains extensive final biblio. of short story anthologies.

**A 21**  Benedetti, Mario, and Antonio Benítez Rojo, eds.  Quince relatos de la América Latina. Intro. Antonio Benítez Rojo. Havana: Casa de las Américas, 1971. 525 pp.

Manuel Rojas, Lanchas en la bahía. Alejo Carpentier, El camino de Santiago. João Guimarães Rosa, La oportunidad de Augusto Matraca. Juan Carlos Onetti, El pozo. José María Arguedas, Amor mundo. Julio Cortázar, El perseguidor. Carlos Martínez Moreno, Los aborígenes. Augusto Roa Bastos, Kurupí. Arturo Echeverri Mejía, Bajo Cauca. José Donoso, La puerta cerrada. Emilio Carballido, El norte. Rodolfo Walsh, Fotos. Gabriel García Márquez, El coronel no tiene quien le escriba. Carlos Fuentes, Aura. Mario Vargas Llosa, Los cachorros.

Most of the selections are long enough to be called novellas or short novels.

**A 22**  Benedetti, Mario, and Antonio Benítez Rojo, eds.  Un siglo del relato latinoamericano. Intro. Antonio Benítez Rojo. Havana: Casa de las Américas, 1976. 750 pp.

José Joaquín Fernández de Lizardi, Vida y hechos del famoso caballero Don Catrín de la Fachenda. Pedro José Morillas, El Ranchador. Esteban Echeverría, El matadero. Ramón de Palma y Romay, Una Pascua en San Marcos. José María Roa Bárcena, Lanchitas. Machado de Assis, El alienista. Eduardo Acevedo Díaz, El combate de la tapera. José Veríssimo, El crimen de tapuio. Tomás Carrasquilla, En la diestra de Dios Padre. Roberto J. Payró, El casamiento de laucha. Javier de Viana, Gurí. Amado Nervo, El diamante de la inquietud. Rafael Arévalo Martínez, El hombre que parecía un caballo. Arturo Cancela, El cocobacilo de Herrlin. Gregorio López y Fuentes, Tierra. José Santos González Vera, El conventillo. Salarrué, El Cristo negro. Marta Brunet, Montaña adentro. José de la Cuadra, Barraquera. Guillermo Meneses, La ɔalandra Isabel llegó esta tarde. José María Arguedas, Agua.

The selections from recent writers do not include Borges, Rulfo, Cortázar and a number of the more obvious names; instead, the last few decades are represented by Salarrué, Brunet, Cuadra, Meneses and Arguedas.

**A 23**  Bignami, Ariel, ed.  Fantásticos e inquietantes. Buenos Aires: Grupo Editor de Buenos Aires, 1980.  114 pp.

Leonardo Acosta, El tío. Carlos Casacuberta, Atlántida (a modo de epístola). Alvaro Cepeda Zamudio, Todos estábamos a la espera. Poli Délano, La lluvia sobre el metal. Jorge Di Paola Levin, Umbrales. Carlos María Federici, Tercer grado. Elvio Gandolfo, Estrategía. Angélica Gorodischer, Propósitos matinales bajo las frondas. Amalia Jamilis, A la hora de siempre. Rogelio Llopis, Licantropía. Jorge Mauricio Neveleff, Tres, los primeros y los últimos. Fernando Sorrentino, Para defenderse de los escorpiones. Enrique Wernicke, Los oficiales de Chejov.

Stories of the fantastic and the uncanny by a variety of authors, mostly from Argentina. No intro.

**A 24**   Bolívar Vélez, Ricardo, ed. and intro.   Clamor de justicia: Concurso internacional de cuento breve en castellano sobre derechos humanos: En homenaje a Olof Palme.   Bogotá: Ediciones Ricardo Bolívar Vélez, 1988.   120 pp.

> Fernanda A. Aguilar Razzeto, Eran los tiempos (o la historia de Jesús Santos Titancayocc, el último deicida de Ayacucho). Miryam de Flores, La última sorpresa. Anastasio Fernández Sanjosé, Balada del pequeño palestino. Adela Gago Valersi, En un espacio y tiempo concedidos por Dios. Alberto Hernández Chulvi, Despertar en el infierno. Ariel Wálter González, Homenaje. Beatriz Celina Doallo López, Que a veces muere sin florecer. Juan Manuel Luco, La ciudad en un lugar extraño. Gregorio Mena, La sombra. Jaime G. Reyero, Rosas, canciones y balas. Eduardo Labarca, Santo y seña. Lorenzo Carri, Perfume de magnolias. Luis Enrique Arce Navarro, Nocturno agudo. Vicente Carrión Arregui, Caso particular. Cristina Marcano, Cancerbero de piedra. Diego Gil Pérez, Las botas negras. Angel Hernando Saudán, Encarnadura del sueño. José Paz Saz, La tercera. Alvaro Ernesto Rivera, Historia para poder volar. Mario Menéndez González, Juan. Antonio Pons, Pascual. Blanca A. Flores, Pensamientos homicidas. Simón Kennedy Bolívar M., Pacto sutil. Enrique Novick, Tiempo tormentoso. Ricardo O'Richard Bolívar, Los enemigos del presidente.

Stories about human rights, from a contest in honor of the slain Swedish president.

**A 25**   Borges, Jorge Luis, and Adolfo Bioy Casares, eds. and intro.   Cuentos breves y extraordinarios.   1st ed., 1955.   Buenos Aires: Editorial Losada, 1973.   152 pp.

> Francisco Acevedo, Der Traum ein Leben. Alfonso Reyes, El intuitivo. León Rivera, Muerte de un jefe. Estanislao González, Omne admirari. Celestino Palomeque, La sombra de las jugadas. Luis L. Antuñano, Polemistas. Marco Denevi, El gran Tamerlán de Persia. Manuel Peyrou, La confesión. Fra Diavolo, Otra versión del Fausto. Marcial Tamayo, Hallazgo de un tesoro. Silvina Ocampo, La raza inextinguible. Santiago Dabove, El tren. Aguirre Acevedo, Prestigieux, sans doute. Adolfo Bioy Casares, La salvación. Virgilio Piñera, En el insomnio. Clemente Sosa, Un retrospectivo. Jorge Luis Borges and Delia Ingenieros, Odín. B. Suárez Lynch, El mundo es ancho y ajeno.

I have listed the purported Latin American selections in the anthology, although a number of them are inventions of the editors. Many of the works are extracted from longer works, not always works of fiction.

**A 26**   Borges, Jorge Luis, and Adolfo Bioy Casares, eds. and intro.   Los mejores cuentos policiales.   1st ed., 1943.   Madrid: Alianza Editorial, 1972.   331 pp.

> Only Latin American authors included: H. Bustos Domecq, Las doce figuras del mundo. Manuel Peyrou, Julieta y el mago.

Important early anthology of crime fiction focuses on Anglo-American tradition.

**A 27**   Borges, Jorge Luis, and Adolfo Bioy Casares, eds. and intro.   Los mejores cuentos policiales: segunda serie.   1st ed., 1951.   Madrid: Alianza Editorial, 1983.   240 pp.

> Latin American authors included: Jorge Luis Borges, La muerte y la brújula. Manuel Peyrou, La espada dormida. Silvina Ocampo, El vástago. Adolfo Luis Pérez Zelaschi, Las señales.

Continuation of previous item, again emphasizing Anglo-American authors.

**A 28**   Brotherston, Gordon and Mario Vargas Llosa, eds. and intro.   Seven Stories from Spanish America.   Oxford: Pergamon Press, 1968.   98 pp.

> Gabriel García Márquez, La prodigiosa tarde de Baltazar. Julio Cortázar, La isla a mediodía. Jorge Edwards, La experiencia. Juan Rulfo, ¡Diles que no me maten! Mario Benedetti, Los novios. Augusto Roa Bastos, El baldío. Alejo Carpentier, Viaje a la semilla.

Note that despite the English title of the book the texts are in Spanish.   With Spanish-English glossary.

**A 29** Bunge, Carlos Octavio, et al. <u>Prosistas modernos: Antología de escritores de habla castellana</u>. Buenos Aires: Editorial Albatros, 1954. 253 pp.

> Carlos Octavio Bunge, El gaucho. Nicolás Avellaneda, Rivadavia. José Mármol, Regreso del poeta. Juan Bautista Alberdi, Peregrinación de luz del día. José Enrique Rodó, Mirando jugar un niño. José Ingenieros, La envidia. Juan Montalvo, Elogio de la pobreza. Belisario Roldán, Los niños pobres. José Martí, Un cuento de elefantes. Jorge Isaacs, La caza del tigre. Bartolomé Mitre, La abdicación de San Martín. Ricardo Palma, La pantorrilla del comandante. Domingo Faustino Sarmiento, El rastreador. Amado Nervo, Las nubes. Eduardo Wilde, El poder de la imaginación. Rubén Darío, Palimpsesto. Miguel Cané, Primeros días de colegio. Joaquín V. González, El cóndor. Roberto J. Payró, Don Juan Manuel en Pago Chico. Lucio V. Mansilla, Una excursión a los indios ranqueles. Lucio V. López, Las tiendas de antaño. Marcos Sastre, Un paseo por las islas. Santiago Estrada, Mis aficiones.

Also contains texts by a variety of authors from Spain. Mostly short stories, with inclusion of other varieties of prose.

**A 30** Cabezas, Miguel, et al. <u>Quince cuentistas</u>.    Habana: Casa de las Américas, 1974. 262 pp.

> Miguel Cabezas, El dato, Una cierta ventana enloquecida. Luis Fernando Lucena, Mono. Renato Prada Oropeza, Milagros vienen. José Neira Vilas, El ahorro. Justo Esteban Estevanell, El caramelero. Luis Arturo Ramos, Estela escucha voces en el armario. Santiago Ramiro Merino Acevedo, Alguien cruza la calle. Germán Santamaría, Una mujer para la segunda madrugada. Manuel Cofiño López, Andando por ahí, por esas calles. Alejandro Machado, El abuelo. Jorge Asís, Nuestro tren. Jorge Suárez, La soledad. Rafael Montes de Oca Martínez, El encandilador de zamuros. Magali García Ramis, La viuda de Chencho el loco. Rosendo Alvarez Morales, El comienzo, La pistola, El artillero, El miedo, El prisionero, El dirigente.

Stories from the Casa de las Américas contest in 1974.

**A 31** Cañelles, Ramón, ed., intro. and notes. <u>Relatos fantásticos latinoamericanos</u> 1. Madrid: Editorial Popular, 1989. 96 pp.

> Eduardo Galeano, La noche, El sol y la luna, El conejo, El murciélago, Los mosquitos. Mario Benedetti, El otro yo, Los bomberos, Beatriz (La polución), Beatriz (Una palabra enorme), La noche de los feos. Augusto Monterroso, La tela de Penélope, o Quién engaña a quién, La oveja negra, La rana que quería ser una rana auténtica, Origen de los ancianos, La buena conciencia, El zorro es más sabio. Julio Cortázar, El diario a diario, Propiedades de un sillón, Lucas, sus compras. Silvina Ocampo, La soga. Juan José Arreola, El rinoceronte, La migala. Octavio Paz, Encuentro, El ramo azul. Virgilio Piñera, La carne, Unas cuantas cervezas. César Vallejo, Las dos soras, Viaje alrededor del porvenir.

"El criterio selectivo de esta antología es ante todo el de la brevedad y lo sorprendente." Some of the stories, according to the editor, are so short that they could provoke discussions of whether they belong to the genre of the short story or to that of the telegram. The second vol. is listed under Henríquez.

**A 32** Carpentier, Alejo, et al. <u>Narradores de América</u>. Buenos Aires: Editorial El Mangrullo, 1976. 95 pp.

> Alejo Carpentier, Los fugitivos. João Guimarães Rosa, Contraperiplo. Carlos Drummond de Andrade, Flor, teléfono, muchacha. Juan Carlos Onetti, La total liberación. Héctor Tizón, El que vino de la lluvia. Augusto Céspedes, Epílogo para el diablo. Felisberto Hernández, Genealogía, Domingo de mañana mientras Destoc pinta. Salvador Garmendia, Viejos conocidos. Carlos Droguett, Adán y Eva. Mario Benedetti, Transparencia. Manuel Scorza, De la partida que por orden de don Raymundo Herrera emprendó el común de Yanacocha. Gabriel García Márquez, Ojos de perro azul.

Includes an interesting unsigned intro. attacking the idea of the "Boom" of the 1960s.

**A 33**   Carrasquilla, Tomás, et al. <u>Diez cuentos americanos</u>. Bogotá: Editorial Litografía Colombia, n. d. 94 pp.

> Tomás Carrasquilla, En la diestra de Dios padre. Efe Gómez, Un Zarathustra maicero. Samuel Velásquez, Prisión de colores. Arturo Uslar Pietri, La lluvia. Ventura García Calderón, El afiler. Ciro Alegría, La uta y el puma azul. José de la Cuadra, Ayoras falsos. Ostria Gutiérrez, Satuco. Armando Latorre, La leyenda del gaucho. Manuel Ugarte, La miel del río.

No intro. or table of contents.

**A 34**   Carter, E. Dale, ed. and intro. <u>Antología del realismo mágico: Ocho cuentos hispanoamericanos</u>. New York: Odyssey Press, 1970. xv + 176 pp.

> Silvina Ocampo, La casa de azúcar. Juan José Arreola, El guardagujas. Juan Rulfo, Luvina. Adolfo Bioy Casares, En memoria de Paulina. Julio Cortázar, La noche boca arriba. Jorge Luis Borges, El sur. Enrique Anderson Imbert, El grimorio. Alejo Carpentier, Viaje a la semilla.

Includes Spanish-English glossary.

**A 35**   Castillo-Feliú, Guillermo I., ed. and intro. <u>Cuentos y microcuentos: Una antología de la narrativa breve</u>. New York: Holt, Rinehart and Winston, 1978. xii + 227 pp.

> El Inca Garcilaso de la Vega, El origen de los Incas, reyes del Perú. Domingo Faustino Sarmiento, Facundo: civilización y barbarie. Jorge Luis Borges, Los dos reyes y los dos laberintos. Enrique Anderson Imbert, Sala de espera, El crimen perfecto, Las estatuas, Espiral, La muerte, Tabú, La pierna dormida, El príncipe, La araña, Casi, Sadismo y masoquismo. Marco Denevi, Apocalipsis, El emperador de la China, El maestro traicionado, Dulcinea del Toboso, Génesis. Amado Nervo, Una esperanza I, Una esperanza II, Una esperanza III. Augusto Monterroso, Mr. Taylor. Manuel Rojas, El vaso de leche. Gregorio López y Fuentes, Una carta a Dios. Hernando Téllez, Espuma y nada más. Julio Cortázar, Continuidad de los parques.

Also includes works by a variety of Spanish authors from Don Juan Manuel to Ana María Matute, as well as selections from the Bible and the Popol Vuh. A reader for U. S. college students of Spanish.

**A 36**   Castro Arenas, Mario, ed. and intro. <u>El cuento en Hispanoamérica</u>. Lima: Studium, 1974. 349 pp.

> Adolfo Bioy Casares, De los dos lados. Jorge Luis Borges, Funes el memorioso. Julio Cortázar, Los buenos servicios. Silvina Ocampo, Autobiografía de Irene. Jorge Amado, La muerte y la muerte de Quincas Berro d'agua. João Guimaraes Rosa, El Caballo que bebía cerveza. Clarice Lispector, Lazos de familia. Gabriel García Márquez, Los funerales de Mamá Grande. Alejo Carpentier, Viajo a la semilla. José Lezama Lima, Juego de las decapitaciones. Lino Novás Calvo, El otro Cayo 2. José Donoso, Ana María. Jorge Edwards, La jaula de los monos. Manuel Rojas, El vaso de leche. Augusto Monterroso, El eclipse. Juan José Arreola, El rinoceronte. Carlos Fuentes, Las dos elenas. Juan Rulfo, El hombre. Rogelio Sinán, Lulú ante los tribunales. José María Arguedas, La fuerza. Julio Ramón Ribeyro, Al pie del acantilado. Mario Vargas Llosa, El desafío. Mario Benedetti, Familia Iriarte. Carlos Martínez Moreno, El simulacro. Juan Carlos Onetti, Bienvenido, Bob. Adriano González León, Madam Clotilde. Salvador Garmendia, Doble fondo. Arturo Uslar Pietri, El baile de tambor.

Although the title refers to Spanish America, the anthology also includes Brazil.

**A 37**   Chávez Alfaro, Lizandro, et al. <u>Exilio</u>. Mexico City: Tinta Libre, 1977. 206 pp.

> Lizandro Chávez Alfaro, Ultima ofrenda. Poli Délano, Como la hiena, En la misma esquina del mundo, Marionetas. Pedro Orgambide, Fiesta en el jardín, Yuri, No hagas tango. José

> Luis González, Historia de vecinos, La noche que volvimos a ser gente. Miguel Donoso Pareja, La ventana, Tendrías que estar aquí. Dimas Lidio Pitty, La noche de las arañas.

Stories of exile.

**A 38**  Coester, Alfred, ed. <u>Cuentos de la América Española</u>. Boston: Ginn, 1920. 236 pp.

> Lucio V. Mansilla. Manuel Fernández Juncos. Francisco de Sales Pérez. Luis Orrego Luco. Gonzalo Picón Febres. Javier de Viana. Federico Gana. Martín Gil. Jesús Castellanos. Eufemio Romero. Ricardo Palma. Clorinda Matto de Turner. Rufino Blanco Fombona. Rubén Darío. Baldomero Lillo.

Unable to annotate.

**A 39**  Coleman, Alexander, ed., intro. and notes. <u>Cinco Maestros: cuentos modernos de Hispanoamérica</u>. New York: Harcourt, Brace and World, 1969.  318 pp.

> Jorge Luis Borges, Borges y yo, Deutsches Requiem, El milagro secreto, La muerte y la brújula, El sur, La intrusa. Julio Cortázar, La salud de los enfermos, Axolotl, La noche boca arriba, Las babas del diablo. Juan Rulfo, Es que somos muy pobres, El hombre, ¡Diles que no me maten!, Luvina, No oyes ladrar los perros. José Donoso, Paseo, Santelices. Gabriel García Márquez, Los funerales de la Mamá Grande, La prodigiosa tarde de Baltazar, La viuda de Montiel, La siesta del martes.

A reader for U. S. college students.  With Spanish-English glossary.

**A 40**  Constenla, Julia, ed., intro. and notes. <u>Crónicas bastante extrañas</u>. Buenos Aires: Editorial Jorge Alvarez, 1965.  125 pp.

> Luis Guillermo Piazza, Acapulco. César Fernández Moreno, Nunca más mataré a mi padre. Mario Vargas Llosa, El abuelo. Mario Benedetti, El olvido. Calvert Casey, La ejecución.

Also contains Charlie Chaplin's "Ritmo" and Paul Bowles's "La hiena."  Brief intro.

**A 41**  Constenla, Julia, ed. and intro. <u>Crónicas de América</u>. Buenos Aires: Editorial Jorge Alvarez, 1965.  127 pp.

> Ernest Hemingway, Nunca nadie muere nada. João Antonio, Busca. Augusto Roa Bastos, Extraño como la verdad. Julio Cortázar, Reunión. Miguel Angel Asturias, La galla. Mario Benedetti, Retrato de Elisa.

Very brief intro. asserts: "Cualquier posibilidad, cualquier intento de sintetizar América supone postergaciones, opciones, malentendidos.  No parece haber forma de lograr esa síntesis, por otra parte obvia."

**A 42**  Constenla, Julia, ed. and notes. <u>Crónicas de la violencia</u>. Buenos Aires: Jorge Alvarez, 1965.  123 pp.

> Fernando Quiñones, Las viñas de Navalcarnero. Noé Jitrik, El espejo. Gabriel García Márquez, Un día de éstos. Juan Bosch, La nochebuena de Encarnación Mendoza. Francisco Urondo, Luna llena. Lisandro Otero, Mabuya regresa. Abelardo Castillo, Réquiem para Marcial Palma. Ricardo Piglia, Las dos muertes.

Stories by authors from Spain (Quiñones), Colombia (García Márquez), Dominican Republic (Bosch), Cuba (Otero), Argentina (Jitrik, Castillo, Piglia).

**A 43**  Correas de Zapata, Celia, and Lygia Johnson, eds. and intros. <u>Detrás de la reja: Antología crítica de narradoras latinoamericanas del siglo XX</u>. Caracas: Monte Avila, 1980.  402 pp.

> Teresa Porzencanski, Historia de una gata. Marta Traba, La amiga. Beatriz Guido, La mano en la trampa. Marta Brunet, La raíz del sueño. Armonía Somers, El hombre del túnel. Julieta Pinto, Trópico. Amparo Dávila, Detrás de la reja. Lygia Fagundes Telles, Antes del baile verde. Rosario Castellanos, La rueda del hambriento. Luisa Mercedes Levinson, El abra. Antonia Palacios, Un caballero en el tren. Ana María Simo, La fiesta. Elena Poniatowska, El

inventario. María Luisa Bombal, El árbol. Silvina Ocampo, La oración. Elvira Orphée, Su demonio privado. Ulalume González de León, E.S.V.M. y un miriápodo, arácnido o insecto. Elena Garro, La culpa es de los tlaxcaltecas. Nélida Piñón, Cosecha. Carmen Lyra, Ramona, mujer de la brasa. Sylvia Lago, Días dorados de la señora Pieldediamante. Inés Arrendondo, La sunamita. Clarice Lispector, En busca de la dignidad.

"Los cuentos escogidos representan a varias escritoras de Latinoamérica frente al conflicto de la libertad en la mujer. . . . En forma real y figurativa, cada una y todas las protagonistas se ven atrapadas dentro de su condición de mujer." Good selection, intros., notes.

**A 44** Cortázar, Julio, et al. Cuentos del continente. Buenos Aires: Editora del Angel, 1977. 123 pp.

> Julio Cortázar, Los amigos. Jorge Luis Borges, El etnógrafo. Alejo Carpentier, El entierro de Henri Christophe. Demetrio Aguilera Malta, El cholo que se vengó. Fernando Alegría, La cacería. Miguel Angel Asturias, El hermano Pedro. Gabriel García Márquez, Amargura para tres sonámbulos. Guillermo Cabrera Infante, Abril es el mes más cruel. Juan Rulfo, Un pedazo de noche. Carlos Fuentes, El señor visita sus tierras. Mario Vargas Llosa, Un visitante. José María Arguedas, Warma Kuyay. Juan Carlos Onetti, Justo el treintaiuno. Mario Benedetti, Tan amigos.

No intro. or notes.

**A 45** Couselo, Andrés B., ed. Noveletas criollistas latinoamericanos. Intro. Antonio Benítez Rojo. Havana: Editorial de Arte y Literatura, 1975. 233 pp.

> Manuel Rojas, Lanchas en la bahía. Jorge Amado, Cacao. Augusto Roa Bastos, Kurupí.

Interesting selection of novellas.

**A 46** Crow, John A., ed. Cuentos hispánicos. New York: Henry Holt, 1939. 204 pp.

> Contains the following Spanish-American writers: Manuel Gálvez. Amado Nervo. Alfonso Hernández-Catá. José Antonio Campos. Rubén Darío. Horacio Quiroga. Manuel Rojas. Javier de Viana.

Unable to annotate.

**A 47** Crow, John A., and Edward J. Dudley, eds. and intro. El cuento. New York: Holt, Rinehart and Winston, 1966. vii + 380 + xcii pp.

> Horacio Quiroga, Silvina y Montt, Los tres besos, El síncope blanco, La muerte de Isolda. Hernando Téllez, Espuma y nada más. Héctor Velarde, Sociales, "In corium." Gregorio López y Fuentes, Una carta a Dios. Alfonso Hernández-Catá, El maestro, La culpable, La galleguita. Manuel Beingolea, Mi corbata. Baldomero Lillo, "Inamible." Enrique Amorim, Miss Violet March. Juan José Arreola, El guardagujas. Manuel Rojas, El hombre de la rosa. Augusto D'Halmar, En provincia. Manuel Rojas, El vaso de leche. Manuel Gutiérrez Nájera, La mañana de San Juan, Rip-rap. María Luisa Bombal, El árbol. Jorge Luis Borges, Emma Zunz, El milagro secreto. Carlos Eduardo Zavaleta, La rebelde. Mario Benedetti, Sábado de gloria. Eduardo Mallea, El capitán. Ricardo Güiraldes, Rosaura. Rafael Arévalo Martínez, El hombre que parecía un caballo.

A reader for U. S. college students, with stories by Spanish and Spanish-American writers. The Spaniards include Pío Baroja, Pardo Bazán, Azorín, Clarín, Blasco Ibáñez and Unamuno.

**A 48** Denevi, Marco, et al. Ceremonia secreta y otros cuentos de América Latina premiados en el Concurso Literario de Life en Español. Intro. Arturo Uslar Pietri. Garden City: Ediciones Interamericanas, Doubleday and Company, 1961. 135 pp.

> Marco Denevi, Ceremonia secreta. Carlos Martínez Moreno, Los aborígenes. Alfonso Echeverría Yáñez, Nausícaa. Tomás Mojarro, El arpa. Laura del Castillo, Una ciruela para

Coco. Faustino González-Aller, El yugo. Carlos Rozas Larraín, Barco negro. Haroldo Pedro Conti, La causa. Juan Carlos Onetti, Jacob y el otro. Ramón Ferreira López, Sueño sin nombre. Rolando Venturini, Domingo para un arquitecto.

There is also an English version of this work (listed separately in next section, B 4).

**A 49**   Domínguez, Mignón, ed., intro. and notes.   Cuentos fantásticos hispanoamericanos. Buenos Aires: Huemul, 1980. 440 pp.

Leopoldo Lugones, La estatua de sal. Pilar de Lusarreta, El okapi. Jorge Luis Borges, Utopía de un hombre que está cansado. Enrique Anderson Imbert, Viento Norte. Fernando Díez de Medina, El llamo blanco. Lydia Cabrera, El sabio desconfía de su misma sombra. Manuel Rojas, El hombre de la rosa. Hernán del Solar, Rododendro. Matilde de Ortega, El coche. Juan José Arreola, El guardagujas. José M. Sánchez, Lalú. José Miguel Oviedo, El Redentor. Felisberto Hernández, La mujer parecida a mí. Arturo Uslar Pietri, La cara de la muerta. Miguel Angel Asturias, Venado de las Siete-rozas.

Also contains an extensive (60 pp.) intro. on theories of the fantastic. Stories are accompanied by notes and study guides.

**A 50**   Donoso Pareja, Miguel, ed. and intro.   Area chica: Antología literaria del fútbol. Quito: Editorial El Conejo, 1982. 133 pp.

Demetrio Aguilera Malta, Una pelota, un sueño y diez centavos. Fernando Alegría, A veces, peleaba con sus sombra. Carlos Béjar Portilla, Segundo tiempo. Mario Benedetti, Puntero izquierdo. José Pedro Díaz, Partes de naufragios. Silvia Lago, Recibir al campeón. Raúl Pérez Torres, Cuando me gustaba el fútbol. Eloy Pineda, Crack. Néstor Sánchez, Siberia Blues. Edwin Ulloa, El terremoto y el rey. Umberto Valverde, Un faul para el pibe. Mario Vargas Llosa, Los cachorros. Jorge Velasco Mackenzie, Lejano círculo del cielo.

The intro. is entitled "Fútbol: enajenación y algo más."

**A 51**   Donoso Pareja, Miguel, ed. and intro.   Prosa joven de América Hispana. SepSetentas 53-54.   Mexico City: Secretaría de Educación Pública, 1972.   2 vols. 295 + 293 pp.

Vol. 1: Pedro Orgambide, Un adolescente. Manuel Puig, Porque la casa. Romeo Medina, Encuentros. Néstor Sánchez, Empieza con una carga. Eduardo Gudiño Kieffer, Flor de Irupé, Robbie, Sebastián, Ana, El Rulo, Sebastián, la madre, Paola. Héctor Libertella, El estilo es el médano. Héctor Sánchez, Tres hombres luchan. Darío Ruiz Gómez, Los ecos de la noche. Fernando Cruz Kronfly, Por estos tiempos santos. Umberto Valverde, Los inseparables. Ambrosio Fornet, Yo no vi ná. Lisandro Otero, En el Ford azul. Manuel Cofiño López, La Habana es linda. Miguel Cossío Woodward, Cuando Alejandro el Grande. Reinaldo Arenas, Parto para Pamplona. José Miguel Varas, Un "as" de la gran época. Jorge Edwards, Después de la procesión. Hernán Lavín Cerda, Golpe de Estado. Antonio Skármeta, El ciclista del San Cristóbal. J. E. Eielson, Empleo sólo las palabras. Julio Ramón Ribeyro, El balance de esta frustrada orgía. Eduardo González Viaña, Vuelas en redondo, ángel de mi guarda. Edmundo de los Ríos, Fue en ese tiempo. Salvador Garmendia, De pronto se encontró. Adriano González León, El restaurante, cerca del . . . Luis Britto García, Helena.

Vol. 2: José Pedro Díaz, En la habitación. María Inés Silva Vila, El enojo de Bernarda. Cristina Peri Rossi, Los trapecistas. Alsino Ramírez Estrada, Se ha indicado. Carlos Béjar Portilla, Teófilo. Vladimiro Rivas, El segundo descubrimiento de América. Luis de Lión, El inventor. Danilo Rodríguez, El guerrero. Mario Roberto Morales, El jardín de Italia. José Luis González, Una caja de plomo que no se podía abrir. Pedro Juan Soto, El edificio emergía. Emilio Díaz Valcárcel, Sol negro. José León Sánchez, Me dice usted que ya. Lizandro Chávez Alfaro, Tirado a lo largo. Sergio Ramírez, Charles Atlas también muere. Néstor Taboada Terán, Esta es la casa. Renato Prada Oropeza, La muerte primero. Manlio Argueta, La mañana entre los agujeros. Miguel Alfonseca, Los trajes blancos han vuelto. Enrique Chuez, La mecedora. Pedro Rivera, Peccata minuta. Bertalicia Peralta, Cuando me paro a contemplar mi estado. Fernando Caballero, ¡Qué diablos . . . ! Lincoln Silva, El veinticinco de diciembre. Julio César Escoto, Resistir.

Besides a long intro. ("Conciencia de nuestro subdesarrollo"), the first vol. includes stories from Argentina, Colombia, Chile, Cuba, Peru and Venezuela. The second vol. contains another intro. ("La literatura como 'competencia'") and stories from the remaining countries. Some of the texts included are excerpts from novels.

**A 52** Emmerich, Fernando, ed. and intro. <u>Cuentos iberoamericanos</u>. Santiago: Editorial Andrés Bello, 1983. 198 pp.

> Roberto Arlt, Ester Primavera. Jorge Luis Borges, La intrusa. Benito Lynch, El potrillo roano. Eduardo Mallea, Conversación. Lima Barreto, La canción vivida. João Guimarães Rosa, Los hermanos Dagobé. Joaquim Maria Machado de Assis, La misa del gallo. José Medeiros e Albuerque, Los pantalones de Raposo. Guillermo Blanco, Adiós a Ruibarbo. María Luisa Bombal, El árbol. Oscar Castro, Lucero. Luis Durand, La picada. Baldomero Lillo, El chiflón del diablo. Salvador Reyes, La Nochebuena de los vagabundos. Enrique López Albújar, Los tres jircas. Roberto J. Payró, El diablo on Pago Chico. Horacio Quiroga, La insolación.

Brief intro. Stories from Argentina, Brazil, Chile, Peru and Uruguay.

**A 53** Eoff, Sherman H., and Paul C. King, eds. <u>Spanish American Short Stories</u>. New York: Macmillan, 1946. 204 pp.

> Daniel de la Vega. Jesús Millán. Benito Lynch. Enrique Méndez Calzada. Dr. Atl. Javier de Viana. Mario E. Dihigo. César Carrizo. Horacio Quiroga. Guillermo Koenenkampf Cisternas. Justo P. Sáenz. Juan Pablo Echagüe. Enrique Avellán Ferrés.

Unable to annotate.

**A 54** Escalera Ortiz, Juan, ed., intro. and notes. <u>Antología del cuento español, hispanoamericano y puertorriqueño: siglo XX</u>. Madrid: Playor, n. d. 656 pp.

> Jorge Luis Borges, Funes el memorioso, La intrusa. Lino Novás Calvo, La noche de Ramón Yandía, La primera lección. Enrique Labrador Ruiz, El gallo en el espejo, Mármol maduro. Alejo Carpentier, Viaje a la semilla, Semejante a la noche. Arturo Uslar Pietri, La lluvia, El gallo. Juan Bosch, Dos amigos, La mujer. Julio Cortázar, Circe, Casa tomada. Augusto Roa Bastos, El trueno entre las hojas, Galopa en dos tiempos. Juan Rulfo, Diles que no me maten, El llano en llamas. Carlos Fuentes, Fortuna, lo que ha querido, La muñeca reina. Gabriel García Márquez, Un señor muy viejo con unas alas enormes, Isabel viendo llover a Macondo. Mario Vargas Llosa, Día domingo, Los jefes. Abelardo Díaz Alfaro, El Josco, Los perros. José Luis González, La noche que volvimos a ser gente, Historia de vecinos. René Marqués, Purificación en la Calle del Cristo, Tres hombres junto al río. Pedro Juan Soto, Los inocentes, Campeones. Emilio Díaz Valcárcel, El sapo en el espejo, El asalto. Luis Rafael Sánchez, Tiene la noche una raíz, Responso de un bolitero de la 15. Manuel Ramos Otero, Noches de asma, Romance de Clara Gardenia Otero. Rosario Ferré, La muñeca menor, Mercedes Benz 220 SL. Ana Lydia Vega, Encancaranublado, Letra para salsa y tres soneos por encargo.

Spanish authors included are: Cela, Delibes, Aldecoa, Martín Gaite, Matute, Laforet, Fernández Santos and Sueiro. Includes extensive commentaries and bibliography.

**A 55** Estébanez Calderón, Serafín, et al. <u>Cuentistas españoles e hispanoamericanos: Antología</u>. Madrid: Ediciones Atlas, 1944. 158 pp.

> Ricardo Palma, El alacrán de Fray Gómez. Vicente Riva Palacio, Las mulas de Su Excelencia. Manuel Ugarte, El curandero. Rafael Delgado, Justicia popular. Rubén Darío, La muerte de la emperatriz de la China.

Spanish authors included are: Estébanez Calderón, Clarín, Alarcón, Pardo Bazán, Valera and Echegaray. No intro. or notes.

**A 56** Feierstein, Ricardo, ed. and intro. <u>Cuentos judíos latinoamericanos</u>. Buenos Aires: Proyectos Editoriales, 1989. 241 pp.

> Samuel Eichelbaum, Una buena cosecha. José Rabinovich, El extranjero. Bernardo Verbitsky, Es difícil empezar a vivir. Simja Sneh, El cheque. Bernardo Kordon, El padre. Samuel Pecar,

El Rusito, Fichas de dominó. Humberto Costantini, Don Iudá. Pedro Orgambide, El tío Ezra y su sobrina Orquídea. Isidoro Blaisten, Violín de fango. Alicia Steimberg, Músicos y relojeros. Margo Glantz, Las genealogías. Marcos Aguinis, Profeta en Nínive. Germán Rozenmacher, Tristezas de la pieza de hotel. Elisa Lerner, El suplicio de una madre, Cómo llegué a ser una niña gorda. Moacyr Scliar, El ejército de un solo hombre. Aída Bortnik, Por la vida, El corazón de Celeste, Buscando. José Luis Nagenson, Parábola neojasídica. Gerardo Mario Goloboff, La pasión según San Martín. Isaac Chocrón, Rómpase en caso de incendio. Esther Seligson, La morada en el tiempo. Ricardo Feierstein, Ejercicio de escalas. Mario Szichman, A las 20.25 la señor entró en la inmortalidad. Isaac Goldemberg, La vida a plazos de don Jacobo Lerner. Teresa Porzecanski, Rojl Eisips. Antonio Elio Brailovsky, El nombre.

Includes numerous fragments of novels. Good discussion in intro. of Jewish identity in Latin America: "Judíos latinoamericanos: Una nueva forma del mestizaje."

**A 57** Flores, Angel, ed., intro. and notes. <u>Historia y antología del cuento y la novela en Hispanoamérica</u>. New York: Las Américas Publishing Co., 1959. 696 pp.

J. J. Fernández de Lizardi, El periquillo sarniento. Esteban Echeverría, El matadero. Cirilo Villaverde, Cecilia Valdés. Alberto Blest Gana, Un drama en el campo. Jorge Isaacs, María. Ricardo Palma, Tradiciones peruanas. Nataniel Aguirre, La bellísima Floriana. Juan L. Mera, Las desgracias del indio Pedro. José Milla, El embrollón. Eugenio Cambaceres, Sin rumbo. Rubén Darío, La matuschka. Eugenio Acevedo Díaz, El combate de la tapera. Emilio Rabasa, La guerra de tres años. Tomás Carrasquilla, En la diestra de Dios Padre. Rafael Delgado, Para los toros del jaral. Baldomero Lillo, El grisú. Rufino Blanco Fombona, El "Catire." Leopoldo Lugones, Yzur. Roberto J. Payró, El diablo en Pago Chico. Enrique Larreta, La gloria de don Ramiro. Javier de Viana, La rifa del pardo Abdón. Julio Posada, El machete. Augusto D'Halmar, En provincia. Abraham Valdelomar, El caballero Carmelo, Mi amigo tenía frío. Mariano Azuela, Los de abajo. Eduardo Barrios, ¡Pobre feo! Horacio Quiroga, Los mensú. Enrique López Albújar, Ushapan-Jumpi. José Rafael Pocaterra, Panchito Mandefúa. Ventura García Calderón, El alfiler. Alcides Arguedas, Venganza aymará. Benito Lynch, El potrillo roano. José E. Rivera, La vorágine. Ricardo Güiraldes, Don Segundo Sombra. Luis Durand, Vino tinto. José Diez-Canseco, Jijuna. Rómulo Gallegos, Cantaclaro. José de la Cuadra, Banda de pueblo. Carlos Reyles, El gaucho Florido. Juan Bosch, El alzado. Jorge Luis Borges, Hombre de la esquina rosada, El jardín de senderos que se bifurcan. José María Arguedas, Agua. Augusto Céspedes, El pozo. Mariano Latorre, Domingo Persona. Ciro Alegría, La serpiente de oro. Salarrué, Semos malos. Francisco A. Coloane, Cabo de Hornos. Enrique Amorim, La fotografía. Jorge Icaza, Media vida deslumbrados. Agustín Yáñez, Episodio del cometa que vuela. Felisberto Hernández, El balcón. Marta Brunet, La soledad de la sangre. Lino Novás Calvo, "Aliados" contra "alemanes." Arturo Uslar-Pietri, Los herejes. J.S. González Vera, El tabernero catalán. Juan José Arreola, El guardagujas. Juan Rulfo, La cuesta de las comadres. Eduardo Mallea, La sala de espera. Miguel Angel Asturias, Kinkajú.

An ample selection of stories and fragments of novels from Lizardi to Asturias, organized by generations. Introductory notes on each generation and author.

**A 58** Flores, Angel, ed. and intro. <u>Narrativa hispanoamericana 1816-1981. Historia y antología</u>. Mexico City: Siglo XXI, 1981-85. 8 vols. 249 + 321 + 439 + 532 + 503 + 370 + 414 + 370 pp.

Vol. 1: <u>De Lizardi a la generación de 1850-1879</u>. José Joaquín Fernández de Lizardi, El periquillo sarniento. Esteban Echeverría, El matadero. Eugenio Díaz, Manuela. Felipe Pardo, Un viaje. Cirilo Villaverde, Cecilia Valdés. Juana Manuela Gorriti, Fantasma de un rencor. José Milla y Vidaurre, El embrollón. José María Roa Bárcena, Lanchitas. Alberto Blest Gana, Un drama en el campo. Juan León Mera, Las desgracias del indio Pedro. Ricardo Palma, Don Dimas de la Tijereta. Jorge Isaacs, María. Nataniel Aguirre, La bellísima Florencia.
Vol. 2: <u>La generación de 1880-1909</u>. Eugenio Cambaceres, Sin rumbo. Mercedes Cabello Carbonera, Profesiones de un porvenir. Eduardo Acevedo Díaz, El combate de la tapera. Clorinda Matto de Turner, Malccoy. Adela Zamudio, El velo de la Purísima. Manuel Zeno Gandía, La charca. Emilio Rabasa, La guerra de tres años. Daniel Riquelme, El perro del regimiento. José Sixto Alvarez, Después del recibo. Tomás Carrasquilla, San Antoñito. Baldomero Lillo, El grisú. Roberto J. Payró, El diablo en Pago Chico. Carlos Reyles, El

gaucho Florido. Manuel Díaz Rodríguez, Cuento gris. Enrique López Albújar, Ushanan-jampi. Leopoldo Lugones, Yzur. Horacio Quiroga, Los mensú. Mariano Azuela, Los de abajo. Enrique Larreta, La gloria de don Ramiro.

Vol. 3: <u>La generación de 1910-1939</u>. Benito Lynch, El potrillo roano. Augusto D'Halmar, En provincia. Eduardo Barrios, ¡Pobre feo! Rómulo Gallegos, Cantaclaro. Ricardo Güiraldes, La estancia vieja. Mariano Latorre, El piloto Oyarzo. Ventura García Calderón, El alfiler. Juan Carlos Dávalos, El viento blanco. Abraham Valdelomar, El caballero Carmelo. José Rafael Pocaterra, Los come-muertos. José Eustasio Rivera, La vorágine. Teresa de la Parra, Blanca Nieves y compañía. Luis Durand, Vino tinto. Marta Brunet, Soledad de la sangre. José Santos González Vera, El tabernero catalán. Salvador Salazar Arrué, Semos malos. Miguel Angel Asturias, Ocelote. Enrique Amorim, La fotografía. Felisberto Hernández, El balcón. José de la Cuadra, Banda de pueblo. Eduardo Mallea, La sala de espera. Augusto Céspedes, El pozo. Agustín Yáñez, Episodio del cometa que vuela. Arturo Uslar-Pietri, Los herejes. Gabriel Casaccia, El crimen perfecto. Ciro Alegría, Los perros hambrientos.

Vol. 4: <u>La generación de 1940-1969</u>. Ezequiel Martínez Estrada, La inundación. Jorge Luis Borges, Hombre de la esquina rosada, El jardín de senderos que se bifurcan. Roberto Arlt, Ester Primavera. Alejo Carpentier, Viaje a la semilla. Jorge Icaza, Barranca Grande. Hernando Téllez, Espuma y nada más. Juan Carlos Onetti, Un sueño realizado. Giselda Zani, La casa de la Calle del Socorro. José María Argedas, Agua. Julio Cortázar, Cartas de mamá. Augusto Roa Bastos, Nonato. Carlos Martínez Moreno, Palo de rosa. Juan Rulfo, La Cuesta de las Comadres. Mario Benedetti, La vecina orilla. José Donoso, Dinamarquero. José Luis González, La noche que volvimos a ser gente. Gabriel García Márquez, Un día de éstos. Carlos Fuentes, El hijo de Andrés Aparicio. Mario Vargas Llosa, El desafío.

Vol. 5: <u>La generación de 1939 en adelante: Centroamérica, Colombia, Cuba, Ecuador, Puerto Rico, República Dominicana, Venezuela</u>. Miguel Alfonseca, Los trajes blancos han vuelto. Jorge Eduardo Arellano, Kid Tamariz. Arturo Arias, Después de las bombas. Eduardo Bähr, Yo sería incapaz de tirarle una piedra. José Balza, Ella. Miguel Barnet, Canción de Rachel. Luis Britto García, Rubén, Muerte de un rebelde. Andrés Caicedo, El atravesado. Eliécer Cárdenas, Quiroz. Víctor Casaus, En la noche. Oscar Collazos, Contando. Fernando Cruz Kronfly, Las alabanzas y los acechos. Alfonso Chase, Con la música por dentro. Jorge Dávila Vázquez, Angélica o el amor. Jesús Díaz, El cojo. Rubén Echavarría, ¡No ombe, no qué va! Iván Egüez, La Linares. David Escobar Galindo, Los sobrevivientes. Julio César Escoto, El fotógrafo loco. Rosario Ferré, La Bella Durmiente. Magali García Ramis, La viuda de Chencho el Loco. Fernando Gordillo, Ordenes, Fiestas patrias. Enrique Jaramillo Levi, Te amo, Silvia, Es él. Antonio Lockward Artiles, ¡Hemos regresado! Francisco Massiani, Un regalo para Julia. Humberto Mata, Luces. Carlos Noguera, Tríptico. Senel Paz, Bajo el sauce llorón. Bertalicia Peralta, Encore. Manuel Pereira, El comandante Veneno. Raúl Pérez Torres, Era martes, digo, acaso que me olvido. Dimas Lidio Pitty, La casa muda. Francisco Proaño Arandy, El pasado empezaba a desdibujarse. Ednodio Quintero, Sobreviviendo. Sergio Ramírez, A Jackie, con nuestro corazón. Juan Antonio Ramos, Pacto de silencio. Vladimiro Rivas Iturralde, Papá. Marco Antonio Rodríguez, Ojo seco. Armando José Sequera, La ubicua muerte de Madame Charlotte. Abdón Ubidia, Tren nocturno. Diógenes Valdez, El enigma. Umberto Valverde, La calle mocha. Jorge Velasco Mackenzie, Ojo que guarda.

Vol. 6: <u>La generación de 1939 en adelante: México</u>. Beatriz Espejo, La modelo. Jesús Gardea, El mueble, Como el mundo. José Emilio Pacheco, Las batallas en el desierto. René Avilés Fabila, Mirabel, Hacia el fin del mundo. Gustavo Sainz, Fantasmas aztecas. Agustín Monsreal, Viraje sentimental. Juan Tovar, La niña junto al estanque. Hugo Hiriart, El viajero en el paisaje, escritos del canónigo Rapuz. José Agustín, Transportarán un cadáver por exprés. María Luisa Puga, Una, dos, tres por mí. Silvia Molina, La casa nueva. Robert o Bravo, Día domingo. Carlos Montemayor, El retorno VI. Luis Arturo Ramos, El visitant e. Humberto Guzmán, Seductora melancolía. Guillermo Samperio, Nuestro pequeño gigante, Las sombras. Marco Antonio Campos, La desaparición de Fabricio Montesco. David Ojeda, Bar Conejo. David Martín del Campo, El Cerro del Ruido. Bernardo Ruiz, Behemut. Daniel Sada, Lampa vida. Ethel Krauze, Intermedio para mujeres. Alessandra Luiselli, Los novios de mi hermana. Gerardo María, Impune. Juan Villoro, Huellas de caracol. Josefina Estrada, Panegírico.

Vol. 7: <u>La generación de 1939 en adelante. Bolivia, Chile, Perú</u>. Alfredo Bryce Echenique, Un poco a la limeña. Hernán Lavín Cerda, Otros tiempos, Maldonado y Gabriela. Adolfo Couve, La lección de pintura. Pedro Shimose, Napoleón en el país de los mosquitos. Osvaldo Salazar,

La ópera de los fantasmas. Antonio Skármeta, Pescado. Luis Urteaga Cabrera, Una voz en las tinieblas. Andrés Gallardo, Deposición. Ariel Dorfman, En familia. ˙Gregorio Martínez, El aeropuerto. Jaime Nisttahuz, Las calles de Sergio. Rodrigo Quijada, Tango para forasteros. Raúl Teixidó, La puerta que da al camino. Carlos Olivárez Vera, No estacionar toda la cuadra. Constanza Lira, Campo minado, Estante cama. Isaac Goldenberg, El bautismo del cholo Marquitos Drasinover. Augusto Higa Oshiro, Que te coma el tigre. Juan Armando Epple, Rosa gentil. Félix Salazar González, Pequeño contrabandista. José Leandro Urbina, El pasajero del aire. Alfonso Gumucio Dagrón, Asalto. Jorge Marchant Lazcano, Diario de vida de Beatriz Ovalle. Ramón Rocha Monroy, El péndulo. René Bascopé Aspiazu, La noche de los turcos. Manuel Vargas, Tormenta. Antonio Ostornol, El obsesivo mundo de Benjamín. Guillermo Niño de Guzmán Cortés, Caballos de medianoche. [This volume also includes an essay entitled "Una generación en el camino" by Antonio Skármeta.]
Vol. 8: La generación de 1939 en adelante. Argentina, Paraguay, Uruguay. Juan José Saer, Sombras sobre vidrio esmerilado. Eduardo Galeano, La canción de nosotros. Mario Levrero, La casa de pensión. Juan Carlos Martini, La rutina y los días. Cristina Peri Rossi, La muerte de mi padre. Ricardo Piglia, Las actas del juicio. Jesús Ruiz Nestosa, Las musarañas. Gabriel Saad, Hermano Hem. Enrique Estrázulas, Las claraboyas. Osvaldo González Real, Epístola para ser dejada en la tierra. Nelson Marra, Los herederos. Liliana Heker, Los que viven lejos. Osvaldo Soriano, Cuarteles de invierno. Miguel Briante, Habrá que matar los perros. Luis Gusman, La dama española. Teresa Porzecanski, Maternales y otros. Héctor Libertella, La leyenda de A. Pigafetta. Lincoln Silva, Rebelión después. Mario Szichman, El día de muertos. Guido Rodríguez Alcalá, Libertad condicionada. Jorge Asís, Ser madre es lo más bello. Mempo Giardinelli, El paseo de Andrés López. Jorge Aguade, La cacería. Rodolfo Fogwill, Memoria de paso. César Aira, Moreira. Fernando Butazzoni, En torno. [This volume also includes an article by Héctor Libertella entitled "Argentina: Otra generación de prosistas."]

Some of the selections are fragments of novels. Updated and greatly expanded version of previous item.

**A 59** Galassi, Batista and Edgardo Pantigosos, eds. Cuentos esperante. Intro. Bernardo Blanco González. San José: Editorial Universitaria Centroamericana, 1986. 298 pp.

Alberto Carlier Castro, Erase una vez. Jesús García Juanes, La urna. Alejandro Ferrer Fernández, El compañero de Santiago. Osvaldo J. Barbieri, Dibujando a Dios en el tiempo. John J. Betancur, La segunda independencia. Juan Martín Carvajal Ramírez, La pernada. Oscar de la Borbolla, El canto de las sirenas. Enriqueta Flores Arredondo, La animita. Manuel Jara Sandoval, Te quise desde que te desarrugaste. Elena Pérez de Mazar, El rescoldo. Martha Rodarte Rivas, Penélope criolla. Francisco Rojas Salazar, Deber antes que vida. Agustín F. Ruiz Robledo, El paseo. Eduardo Santa, La muerte del viejo Oñate. Raúl Teixidó, Off side. Carlos Tern Navia, Redención. Pepita Turina, Tres tiempos en la vida de Sergia. Jota Mario Valencia, Vue viva el partido. David Fabián Venegas, Los diez minutos. Mario Zaldívar Rivera, La inmortalidad de Purificación Alvarado.

Stories from the Concurso de Cuentos ESPERANTE. Intro. includes a complex study of stories by theme, type and so forth.

**A 60** Gandolfo, Elvio E., ed., intro. and notes. Cuentos fantásticos y de ciencia ficción en América Latina. Buenos Aires: Centro Editor de América Latina, 1981. 170 pp.

Macedonio Fernández, Cirugía psíquica de extirpación. Adolfo Bioy Casares, El gran Serafín. Angélica Gorodischer, La lucha de la familia González por un mundo mejor. Murilo Rubião, Los tres nombres de Godofredo. André Carneiro, Trasplante de cerebro. Virgilio Piñera, El viaje. Alejo Carpentier, Viaje a la semilla. Juan Emar, El Hotel MacQuice. Hugo Correa, Meccano. Carlos Fuentes, Chac Mool. Marco A. Almazán, La vida amorosa de los robots. Mario Levrero, La calle de los mendigos.

Includes stories from Argentina, Brazil, Cuba, Chile, Mexico and Uruguay. Excellent intro.

**A 61**  García Calderón, Ventura, ed. and intro. <u>Los mejores cuentos americanos</u>. Barcelona: Casa Editorial Maucci, n. d. 285 pp.

> Javier de Viana, Los amores de Gentos Sagrera. Ricardo Palma, El alacrán de fray Gómez. José Martí, Nené traviesa. José Sixto Alvarez ["Fray Mocho"], La casa del cóndor. Juan de D. Restrepo ["Emiro Kastos"], Una botella de brandy y otra de ginebra. Vicente Riva Palacio, Las mulas de su excelencia. Rufino Blanco-Fombona, Democracia criolla. Juan Montalvo, El otro monasticón. Martiniano Leguizamón, El forastero. Javier de Viana, La baja. Augusto D'Halmar, Gatita. Gertrudis Gómez de Avellaneda, Una anécdota de la vida de Cortés. Clemente Palma, Un paseo extraño. Alfredo Gómez Jaime, Por un alma vengo. Ricardo Jaimes Freyre, En las montañas. Alberto Olivaldo, Postrer fulgor. Manuel de la Cruz, Fidel Céspedes. Martiniano Leguizamón, El tiro de gracia. Magón, La propia. Javier de Viana, La rifa del pardo Abdón. Jesús Castellanos, Naranjos en flor. Rafael Delgado, El desertor, Justicia popular. Enrique A. Carrillo, La traición del claro de luna. Manuel Ugarte, El curandero. Alcides Arguedas, Venganza criolla. Manuel Gutiérrez Nájera, Historia de un peso falso. Enrique Hernández Miyares, El padre franciscano o el ardid de una madre. Isidro Fabela, Justino y sus mujeres. José Antonio Campos ["Jack the Ripper"], Los tres cuervos.

Intro. answers a Spanish critic who had written on the death of Darío that Spanish America had produced good poetry but still no good fiction, "que es ya un arte superior y más perfecto." Important early anthology.

**A 62**  García Márquez, Gabriel, et al. <u>Seis cuentos latinoamericanos</u>. Montevideo: Editores Sandino, 1969. 79 pp.

> Gabriel García Márquez, Un hombre con unas alas muy enormes. José María Arguedas, El lagarto. Alejo Carpentier, Los fugitivos. Juan Bosch, En un bohío. Carlos Fuentes, Chacmool. Mario Benedetti, El altillo.

No intro. or notes.

**A 63**  Garcini, María del Carmen, and Eugenio Matus, eds. <u>Antología del cuento hispanoamericano</u>. Intro. Eugenio Matus. Havana: Editora del Ministerio de Educación, 1963. 240 pp.

> Baldomero Lillo, El chiflón del diablo. Roberto J. Payró, El diablo en Pago Chico. Manuel Díaz Rodríguez, Cuento gris. Enrique López Albújar, Ushanan Jampi. Rufino Blanco Fombona, El Catire. Horacio Quiroga, Los mensú. Ventura García Calderón, El alfiler. Mariano Latorre, El piloto Oyarzo. Hernán Robleto, La mascota de Pancho Villa. Salvador Salazar Arrué, La botija. Miguel Angel Asturias, Ocelote 33. Jorge Luis Borges, El hombre en el umbral. Francisco Espínola, María del Carmen. Enrique Labrador Ruiz, El gallo en el Espejo. Augusto Céspedes, El pozo. Arturo Uslar Pietri, El baile del tambor. Hernando Téllez, Espuma y nada más. Félix Pita Rodríguez, El despojado. Francisco Coloane, De cómo murió el Chilote Otey. Nicomedes Guzmán, El pan bajo la bota. Adalberto Ortiz, Mis prisioneros. Onelio Jorge Cardoso, Hierro viejo. Augusto Roa Bastos, La excavación. Juan José Arreola, El guardagujas. Juan Rulfo, ¡Diles que no me maten!

Note the presence of Borges, omitted from later Cuban anthologies.

**A 64**  Ghiraldo, Alberto, ed. and intro. <u>Autores americanos: sus mejores cuentos</u>. Madrid: V. H. de Sanz Calleja, 1917. 260 pp.

> Rubén Darío, El fardo. Manuel Gutiérrez Nájera, Un 14 de Julio. Emilio Bobadilla "Fray Candil," La negra. Vargas Vila, El maestro. Luis Bonafoux, El capitalista. Amado Nervo, Los dos claveles. Rufino Blanco Fombona, Un alzamiento. Alberto Insúa, La sabia. Pedro Emilio Coll, Opoponax. Felipe Sassone, Pizarro en la Isla del Gailo. Luis G. Urbina, Hijos de cómica. Alberto Ghiraldo, La raza vencica, "Milache."

Said to be the first vol., but I have found no trace of subsequent ones.

**A 65**  Gómez Benoit, Abelardo, ed., intro. and notes. <u>Antología contemporánea del cuento hispanoamericano</u>. Lima: Instituto Latino-Americano de Vinculación Cultural, 1964. 253 pp.

Juan Rulfo, El llano en llamas. Alejo Carpentier, Viaje a la semilla. Juan Bosch, Maravilla. René Marqués, Dos vueltas de llave y un arcángel. Miguel Angel Asturias, Ocelotle 33. Carmen Lyra, Los diez "viejitos" de Pastor. José María Sánchez, Lalú. Arturo Uslar-Pietri, El conuco del Tío Conejo. Gabriel García Márquez, Los funerales de la Mamá Grande. Pedro Jorge Vera, Luto eterno. Enrique Congrains Martín, Domingo en la jaula de estera. Manuel Rojas, El delincuente. Augusto Céspedes, El pozo. Augusto Roa Bastos, La excavación. Mario Benedetti, Corazonada. Jorge Luis Borges, El muerto, Las ruinas circulares.

Brief intro. on history of Spanish American literature.

**A 66**  Gómez Carrillo, Enrique, ed., intro. and notes. <u>Cuentos escogidos de los mejores autores castellanos contemporáneos</u>. Paris:    Casa Editorial Garnier Hermanos, n. d. 434 pp.

Emilio Bobadilla, La vejez de un joven. Julián del Casal, La última ilusión. Rubén Darío, La muerte de la emperatriz de la China. Isidoro Fernández Guardia, La princesa Lulú. Manuel Gutiérrez Nájera, Rip-Rip. José Ortega Munilla, La cuenta de la vida. Manuel Osorio y Bernard, La leyenda del millón. Nicanor Rey Díaz, Los cabellos blancos. Antonio Sánchez Pérez, El señor Gómez. Luis Taboada, Modelo de esposas. José Tible Machado, Visitha. Miguel de Toro, El aparecido. Elías Zerolo, La esclava de su padre.

Spanish authors include Clarín, Dicenta, Oller, Pardo Bazán, Pereda, Picón, Rueda, Taboada and Valera. Some of the authors listed above are very obscure, so I cannot be sure of their nationality.

**A 67**  González, Emiliano, ed. and intro. <u>Miedo en castellano, 28 relatos de lo macabro y lo fantástico</u>. Coyoacán: Editorial Samo, 1973.  186 pp.

Latin American authors included are: Salvador Elizondo, La puerta. Mario Benedetti, Miss Amnesia. José Emilio Pacheco, Totenbuch. Julio Cortázar, No se culpe a nadie. Horacio Quiroga, El almohadón de plumas. Virgilio Piñera, En el insomnio. Vicente Barbieri, Dos veces el mismo rostro. Augusto Mario Delfino, El teléfono. Alfonso Hernández Catá, Los ojos. H. A. Murena, El sombrero de paja. Antón Arrufat, El cambio. Octavio Paz, El ramo azul. Manuel Mujica Lainez, La galera. Manuel Peyrou, Pudo haberme ocurrido. Germán Piniella, Las montañas, los barcos y los ríos del cielo.

Also includes Spanish authors such as Baroja, Blasco Ibáñez, Azorín and Gimferrer. Curious intro. on the pleasures of horror.

**A 68**  Goorden, Bernard, and A. E. Van Vogt, eds. and intros. <u>Lo mejor de la ciencia ficción latinoamericana</u>. Barcelona: Ediciones Martínez Roca, 1982. 220 pp. [Identical 2nd ed.: Buenos Aires: Hyspamérica Ediciones Argentina/Ediciones Orbis, 1988.]

Carlos María Federici, Primera necesidad. Marie Langer, El cambio. André Carneiro, La oscuridad. Eduardo Goligorsky, Un aroma de flores lascivas. Mario Levrero, Caza de conejos. Alberto Vanasco, La muerte del poeta. Angel Arango, El cosmonauta. Luis Britto García, Futuro. Angélica Gorodischer, Los embriones del violeta. José B. Adolph, Persistencia. Magdalena Moujan Otaño, Gu ta gutarrak. Hugo Correa, Alguien mora en el viento. Emilio Rodrigué, Plenipoencia.

An anthology for the international science fiction market, versions of which are said to have appeared in English and French. Useful biblio. includes info. on science fiction magazines.

**A 69**  Grismer, Raymond L. and Nicholson B. Adams, eds. <u>Tales from Spanish America</u>. New York: Oxford University Press, 1944. vv + 179 pp.

Horacio Quiroga, Nuestro primer cigarro. Enrique Serpa, Contra el deber. Rubén Darío, La muerte de la emperatriz de la China. Ricardo Palma, El alacrán de fray Gómez. Gonzalo Mazas Garbayo, El valle. Federico de Ibarzábal, El ladrón novato. Horacio Quiroga, Tres cartas . . . y un pie. Ricardo Palma, Las orejas del alcalde, Una aventura del virrey-poeta.

Armando Leyva, ¡Arre, caballo! Manuel Rojas, El vaso de leche. Ricardo Palma, La camisa de Margarita. Eduardo Barrios, Como hermanas. Rubén Martínez Villena, Un nombre.
Includes Spanish-English glossary. Note that the texts are in Spanish and the title in English.

**A 70** Guimarães Rosa, João, et al. <u>Los grandes cuentan</u>. Montevideo: Ediciones América Nueva, n. d.

João Guimarães Rosa, La tercera orilla del río. Alejo Carpentier, Semejante a la noche. José Lezama Lima, Juego de las decapitaciones. Juan Rulfo Vizcaíno, Luvina. Juan Carlos Onetti, El otro yo de un pequeño burgués. Miguel Angel Asturias, El espejo de Lida Sal.

Brief bio-bibliographical notes precede each selection.

**A 71** Hahn, Oscar, ed. and intro. <u>El cuento fantástico hispanoamericano en el siglo XIX</u>. Mexico City, Premiá Editora, 1978. 183 pp.

Juan Montalvo, Gaspar Blondín. Juana Manuela Gorriti, Quien escucha su mal oye, Coincidencias. Miguel Cané, El canto de la sirena. Eduardo Blando, El número 111. Eduardo Ladislao Holmberg, El ruiseñor y el artista, Horacio Kalibang o los autómatas. J. María Roa Bárcena, Lanchitas. Eduardo Wilde, Alma callejera. Rubén Darío, D.Q., El caso de la señorita Amelia, Verónica.

Extensive (98 pp.) intro. material. Includes an article on the work of each author.

**A 72** Henríquez, José, ed., intro. and notes. <u>Relatos fantásticos latinoamericanos</u> 2. Madrid: Editorial Popular, 1987. 95 pp.

Augusto Monterroso, El eclipse. Horacio Quiroga, El hombre muerto. Julio Cortázar, Continuidad de los parques. Jorge Luis Borges, El libro de arena. Manuel Rojas, El hombre de la rosa. Augusto Roa Bastos, La escavación. Gabriel García Márquez, El ahogado más hermoso del mundo. Juan José Arreola, El guardagujas. Alejo Carpentier, Semejante a la noche.

The brief intro. contrasts the tradition of fantastic narrative in Spanish America to the social realist currents, and calls "magic realism" a "fórmula publicitaria con la que la industria editorial europea englobó a una serie de escritores y obras del ámbito fantástico, muy diferentes entre sí, en los años sesenta." The previous vol. is listed under Cañelles.

**A 73** Hernández Miyares, Julio E., and Walter Rela, eds. and intro. <u>Antología del cuento modernista hispanoamericano</u>. Buenos Aires: Editorial Plus Ultra, 1987. 236 pp.

José Martí, Bebé y el señor don Pomposo. Manuel Gutiérrez Nájera, La caperucita color de rosa. Francisco Gavidia, La loba. Julián del Casal, La viudez eterna. José Asunción Silva, La protesta de la musa. Rubén Darío, Cuento de Pascuas. Ricardo Jaimes Freyre, En las montañas. Amado Nervo, El del espejo. Darío Herrera, Betty. Manuel Díaz Rodríguez, Cuento gris. Clemente Palma, El quinto evangelio. Leopoldo Lugones, La metamúsica. Julio Herrera y Reissig, El traje lila. Froylán Turcios, La mejor limosna. Rafael Angel Troyo, Las turquesas de la princesa Eugenia. Fabio Fiallo, Flor de lago. Luis Lloréns Torres, El caballo de la vida y de la muerte. Augusto D'Halmar, En provincia. Enrique Gómez Carrillo, La canción del silencio. Eloy Fariña Núñez, Las vértebras de Pan.

Includes extensive bio-bibliographical notes.

**A 74** Jofre Barroso, Haydée M., ed. and intro. <u>Así escriben los latinoamericanos</u>. Buenos Aires, Ediciones Orión, 1974. 243 pp.

Short stories included are: Benito Lynch, El potrillo roano. Felisberto Hernández, El balcón. Carlos Droguett, Los asesinados del seguro obrero. Severo Sarduy, Junto al río de cenizas de rosa. Augusto Roa Bastos, Bajo el puente. Antonio Di Benedetto, Mariposas de Koch.

Guillermo Cabrera Infante, Delito por bailar el chachachá. Clarice Lispector, El huevo y la gallina.

Also includes parts of novels by Benedetti, Carpentier, Fuentes, García Márquez, Rulfo and Vargas Llosa.

**A 75**  Jofre Barroso, Haydée M., and María Angélica Bosco, eds. and intro. Antología del joven relato latinoamericano. Buenos Aires: Fabril, 1972. 268 pp.

Carlos Begué, ¡Pobre Crespo! Antonio Di Benedetto, Caballo en el salitral. Elvira Orphée, Círculo. Raúl Teixidó, Claroscuro: ideas y formas tenaces. Renato Prada, Larga hora: la vigilia. João Guimarães Rosa, El emperador. Gustavo Alvarez Gardeazábal, Ana Joaquina Torrentes. Héctor Sánchez, La maroma. Pedro Bovi-Guerra, Lluvia en noviembre. Fausto Maso, C. C. El 11 de octubre. Miguel Arteche, El Corolo. David Valjalo, "Blue-jean." Alvaro Menén Desleal, La batalla. Joan Tovar, Misemi. Jorge López Páez, El silencio de Aristeo. Enrique Jaramillo Levi, Brujalinda. José Luis Appleyard, La calumnia. Ana Iris Chaves de Ferreiro, El guerrillero. José Bernardo Adolph, Nosotros, no. Manuel del Cabral, Cuentos fosforescentes. Adrián Capurro, Los Trepadores. Jesús Alberto León, Fiestas de guardar. Antonio Stembel Paris, El regreso.

Includes writers from all of the Spanish American countries and Brazil. The intro. gives the title as Antología del nuevo relato latinoamericano, and clarifies that "nuevo" here refers not to the age of the authors but to the freshness of language, theme and technique.

**A 76**  Lagos, Belén, María Luisa López, and Estrella Cartín, eds. Antología de cuentos hispánicos. San José de Costa Rica: Editorial Nueva Década, 1985.

Carlos Fuentes, La muñeca reina, Un alma pura. Gabriel García Márquez, En este pueblo no hay ladrones, Un día de estos. Fernando Durán Ayanegui, Cuestion de categorías, Un otoño verde y rojo. Don Juvencio, Yolando Oreamuno.

No intro. or notes.

**A 77**  Latcham, Richard, ed. and intro. Antología del cuento hispanoamericano 1910-56. Santiago: Zig-Zag, 1958. 450 pp.

Juan de la Cabada, El Tejón y las gallinas. Francisco Rojas González, Una cáscara en la banqueta. José Revueltas, El encuentro. Juan José Arreola, El silencio de Dios. Edmundo Valadés, Asunto de dedos. Carlos Samayoa Chinchilla, El venado de la joya grande. Mario Monteforte Toledo, Un hombre y un muro. Salarrué, Matapalo. Arcos Carías Reyes, El entierro. Carmen Lyra, Los diez "viejitos" de Pastor. Hernán Robleto, La mascota de Pancho Villa. Rogelio Sinán, Hechizo. Juan O. Díaz Lewis, Carta a un psiquiatra. José María Sánchez, Lalú. Luis Felipe Rodríguez, Chipojo. Carlos Montenegro, La mar es así. Enrique Labrador Ruiz, El viento y la torre. Lino Novás Calvo, "Aliados" y "Alemanes." Félix Pita Rodríguez, La recompensa. Juan Bosch, Dos pesos de agua. René Marqués, El miedo. Mariano Picón-Salas, Los batracios. Arturo Uslar Pietri, La siembra de ajos. Guillermo Meneses, El duque. Oscar Guaramato, Paredón. Antonio Márquez Salas, El hilo. Gustavo Díaz Solís, Arco secreto. Héctor Mujica, Las tres ventanas. Efe Gómez, La tragedia del minero. José Restrepo Jaramillo, Cinco minutos de castidad. Adel López Gómez, El brazo cortado. Hernando Téllez, Debajo de las estrellas. Pedro Gómez Valderrama, El rostro perdido. Gabriel García Márquez, Monólogo de Isabel viendo llover en Macondo. José de la Cuadra, Una oveja perdida. Joaquín Gallegos Lara, La fauce. Enrique Gil-Gilbert, El puro de "ño Juan." Adalberto Ortiz, Mis prisioneros. Pedro Jorge Vera, Lealtad. José María Arguedas, Warma Kuyay. Carlos E. Zavaleta, La rebelde. Enrique Congrains Martin, El niño de junto al cielo. Augusto Guzmán, El tapado. Augusto Céspedes, El pozo. María Luisa Bombal, El árbol. Francisco Coloane, Tempano sumergido. Maité Allamand, El minueto de las sombras. Nicomedes Guzmán, El pan bajo la bota. Juan Donoso, El viejo Miguel. Teresa Hamel, El forastero de sí mismo. Marta Jara, La camarera. Herbert Müller, El canario. José Donoso, Dinamarquero. Claudio Giaconi, Aquí no ha pasado nada. Luis Gudiño Kramer, Muerte de un personaje. Jorge Luis Borges, Funes el memorioso. Antonio Stöll, Los bebedores de sangre. Angel María Vargas, Una vieja contra reembolso. Adolfo Pérez

Zelaschi, Seca en el oeste. Juan José Morosoli, Arenero. Enrique Amorim, La plaza de las carretas. Francisco Espínola, El hombre pálido. Juan Carlos Onetti, Bienvenido, Bob. Carlos Martínez Moreno, El careo. Mario Benedetti, Familia Iriarte. Augusto Roa Bastos, La excavación.

Organized by country, with notes on each author grouped at the beginning after the introduction. One of the most influential (and one of the best) anthologies of the short story in Spanish America.

**A 78** Leal, Luis, ed. and intro. <u>Cuento hispanoamericano contemporáneo</u>. Mexico City: UNAM, 1988. 175 pp.

Gabriel García Márquez, Un día de éstos. José Revueltas, Preferencias. Felisberto Hernández, El cocodrilo. Arturo Uslar Pietri, La lluvia. Miguel Angel Asturias, Juan Hormiguero. Juan Rulfo, El hombre. Jorge Luis Borges, El Sur. Carlos Fuentes, Chac Mool. Julio Cortázar, La noche boca arriba. Alejo Carpentier, Viaje a la semilla. Juan José Arreola, El prodigioso miligramo. José Emilio Pacheco, El viento distante. María Luisa Bombal, El árbol. Juan Carlos Onetti, Un sueño realizado. Augusto Monterroso, Leopoldo (sus trabajos). Elena Poniatowska, Cine Prado.

Good short intro. and notes. Organized by type, with three stories per category (except for the last, which has four): "El realismo social," "El realismo mágico," "Lo fantástico," "Lo maravilloso," "Lo psicológico."

**A 79** Leavitt, Sturgis E., ed., intro. and notes. <u>Tres cuentos sud-americanos</u>. New York: F. S. Crofts, 1935. 163 pp.

Manuel Ugarte, La sombra de la madre. Mariano Latorre, El piloto Oyarzo, El finado Valdés.

Contains Spanish-English glossary.

**A 80** Leñero, Vicente, ed. and intro. <u>Cuentos de la fe cristiana</u>. Mexico City: PEPSA Editores, 1975. 159 pp.

Latin American writers included are: Daniel Moyano, Mi tío sonreía en Navidad, Hombre junto al muelle. Artemio de Valle-Arizpe, La paga del fraile. Juan José Arreola, Starring all people. Eduardo Gudiño Kieffer, La nochebuena del lazarillo.

Brief intro. explains that the majority of the stories are not stories of religious propaganda but of religious conflict. Also includes stories by Clarín, Unamuno, Andreyev, Capek, Green and Böll.

**A 81** León, Olver Gilberto de, ed. and intro. <u>Cuentistas hispanoamericanos en la Sorbona</u>. Bogotá: Biblioteca Luis-Angel Arango/Banco de la República, 1982. 508 pp.

Susana Aguad, Paloma. Horacio Cabral-Magnasco, Bautismo de fuego. Marcelo Cohen, De noche, al lado del agua. Antonio Di Benedetto, Málaga. Alicia Dujovne Ortiz, La torre violada. César Fernández Moreno, Aniversario y reverso, La efervescencia, La gioconda, El horóscopo, La vocación, o la versatilidad. Marta Gavensky, Los cinco sentidos. Silvia Adela Kohan, Yo, la tejedora. Gregorio Manzur, La cabeza, El aguaterito, Toro sentado. Daniel Moyano, Lila. Federico Undiano, La ventanilla. Luisa Valenzuela, Crónicas de Pueblorrojo. Sixto Vásquez Zuleta, Gato mocho. Saúl Yurkievich, Con el más allá, Supinamente. Helena Araujo, Temerosa de pecar. Manuel Mejía Vallejo, Una canción. Carlos Orlando Pardo, Yo siempre se lo dije muchas veces. Jorge Eliécer Pardo, Pasajero de sueños. Flor Romero de Nohra, El motilón y el gallinazo. César Valencia Solanilla, Empezando a caminar. Alicia Miranda Hevia, El camino a San Isidro. Antonio Benítez Rojo, Fruta verde. Sergio Chaple, Vida, pasión, y muerte de Ciso V. Antonio Avaria, Entremesa del General. Ariel Dorfman, A la escondida. Carlos Droguett, Perdona si recién has comido. Carlos Santander, La abuela en su sitio. Antonio Skármeta, La mancha. Augusto Monterroso, El paraíso. Arturo Taracena Arriola, La velocidad de las llamas. Daniel Leyva, La mula de seises. Alvaro Uribe, Casti Conubii. Rubén Bareiro-Saguier, Natación de la víbora plateada y resurrección de su sangre. Augusto Roa Bastos, Chepé Bolívar. Alfredo Bryce Echenique, Apples. José Manuel

Gutiérrez Sousa, Soy inocente. Carlos Meneses Cárdenas, El juego de los autógrafos, El juego de ser madre. Julio Ramón Ribeyro, La solución. Manuel Scorza, Donde el zahorí lector oirá hablar de cierta celebérrima moneda. Manuel Abreu Adorno, Para complacernos. Enrique Estrázulas, Los ahogados. Eduardo Galeano, Algunos nacimientos. Norah Giraldi de Dei-Cas, Todo. Raquel Lubartowski, En transparencia. Juan Carlos Onetti, Presencia. Cristina Peri-Rossi, Monna Lisa. Teresa Porzecanski, Construcciones. Luis Britto García, El campeonato mundial de pajaritas, La canción, I & II, Carpión milagrero, El compadre, ¿Dónde está Doñana?, Rubén, Rubén no, Scorpio contra neutra. Adriano González León, Dama de siempre. Gustavo Morales Piñango, Ardid.

Stories from the "Coloquio Internacional sobre el cuento latinoamericano actual" held at the Sorbonne in May 1980.

**A 82**  León, Olver Gilberto de, and Rubén Bareiro Saguier, intro. "Antología del cuento hispanoamericano." Plural 12.1 (1982): 124-26.
Able only to annotate the intro., as the contents of the anthology itself were not sent in the inter-library loan. Editors assert their desire to include representation of all of the "cultural communities" making up Spanish America, including indigenous groups, Chicano and Puerto Rican writing, and all of the national literatures. May be similar in contents to entry listed above under Bareiro Saguier.

**A 83**  Lugones, Piri, ed. Los diez mandamientos. 2nd ed. Buenos Aires: Editorial Jorge Alvarez, 1966. 159 pp.

Rodolfo Walsh, La máquina del bien y del mal (Amar a Dios sobre todas las cosas). Manuel Mujica Láinez, El espejo desordenado (No tomar su santo nombre en vano). David Viñas, Santificar las fiestas (Santificar las fiestas). Silvina Bullrich, Honrar padre y madre (Honrar padre y madre). Augusto Roa Bastos, No matar (No matar). Marta Lynch, La cita (No fornicar). Gabriel García Márquez, En este pueblo no hay ladrones (No hurtar). Mario Benedetti, Tan amigos (No levantar falso testimonio ni mentir). Dalmiro Sáenz, Noveno mandamiento (No desear la mujer de tu prójimo). Pedro Orgambide, No codiciar los bienes ajenos (No codiciar los bienes ajenos).

Clever anthology of stories about the ten commandments, some of them evidently written especially for the occasion.

**A 84**  Maggio, Hebe, and Alicia Farina de Veiga, eds. and intro. Antología de cuentistas hispanoamericanos. Buenos Aires: Editorial Colihue, 1986. 368 pp.

Jorge Luis Borges, La otra muerte. Julio Cortázar, Lucas, sus compras. Néstor Taboada Terán, El canón de punta grande. Carlos Drummond de Andrade, En la escuela, En el ómnibus. Gabriel García Márquez, Un día de éstos. Adolfo Herrera García, Los novios. Mirta Yáñez, Por la mañanita Fifita nos llama. José Donoso, El hombrecito. Juan Bosch, En un bohío. Iván Egüez, Gabriel garboso. Salarrué, Semos malos. Miguel Angel Asturias, Leyenda del tesoro del lugar florido. Philippe and Pierre Thoby Marcelin, Sango. Víctor Cáceres Lara, La quema. Edmundo Valadés, La muerte tiene permiso. Ernesto Cardenal, El sueco. Ramón H. Jurado, El hilo de sangre. Augusto Roa Bastos, Niño-azote. Mario Vargas Llosa, Día domingo. José Luis González, En el fondo del caño hay un negrito. Mario Benedetti, El reino de los cielos. Arturo Uslar-Pietri, Gavilán colorado.

Includes one story (two, in the cases of Argentina and Brazil) from each of the Spanish American countries, Brazil and Haiti. Main intro. includes well-known texts on the short story genre by Quiroga and Cortázar. Extensive study guides, maps, illustrations and intros.

**A 85**  Manzor, Antonio R., ed. Antología del cuento hispanoamericano. Intro. Víctor Domingo Silva. Santiago de Chile: Zig-Zag, 1939. 413 pp.

José S. Alvarez, La caza del cóndor. Roberto J. Payró, El diablo en Pago Chico. Mateo Booz, El milagro. Hugo Wast, La yegua mora. Alberto Gerchunoff, La lechuza. Ricardo Güiraldes,

Al rescoldo. Víctor Juan Guillot, Bajo la tormenta. Juan Carlos Dávalos, Noche campestre. Benito Lynch, El potrillo roano. Enrique Méndez Calzada, Jesús en Buenos Aires. Fermín Estrella Gutiérrez, La viajera. Eduardo Mallea, El capitán. Juan Francisco Bedregal, La madre de Satanás. Augusto Céspedes, El pozo. Ricardo Fernández Guardia, Un santo milagroso. María Isabel Carvajal, El tonto de las adivinanzas. Alfonso Hernández-Catá, La galleguita. Luis Felipe Rodríguez, El despojo. Juan Bosch, La mujer. Máximo Soto Hall, La Tzehua. Carlos Wyld Ospina, Juan Barrabás. Francisco Barnoya Gálvez, La mariposa negra. Arturo Mejía Nieto, La culebra. Salarrué, La brusquita. Clímaco Soto Borda, El judío errante. Enrique Otero D'Costa, El tesoro de Buzagá. Antonio García, Porvenir. Federico Gana, La Maiga. Baldomero Lillo, Cañuela y Petaca. Augusto D'Halmar, La última noche de bodas. Víctor Domingo Silva, Empampado. Rafael Maluenda, La Pachacha. Mariano Latorre, Sangre de cristiano. Luis Durand, Vino tinto. Manuel Rojas, El vaso de leche. Salvador Reyes, El matador de tiburones. Marta Brunet, Don Florisondo. José de la Cuadra, Calor de yunca. Joaquín Gallegos Lara, ¡Era la mamá! Enrique Gil Gilbert, Juan del Diablo. Demetrio Aguilera Malta, El cholo que se vengó. Rafael Delgado, El desertor. Angel de Campo, El Pinto. José Vasconcelos, La cacería trágica. Alfonso Reyes, Primera confesión. Julio Torri, El celoso. Eloy Fariña Núñez, Bucles de oro. Teresa Lamas Carísimo de Rodríguez Alcalá, Apuro-pe mané. Enrique López Albújar, Los tres jircas. Clemente Palma, Los ojos de Lina. Ventura García Calderón, El alfiler. Abraham Valdelomar, El Hipocampo de oro. Javier de Viana, La última campaña. Horacio Quiroga, Los mensú. Antonio Soto, El timbre del ascensor. Adolfo Montiel Ballesteros, El botín. Francisco Espínola, María del Carmen. Manuel Díaz Rodríguez, Cuento blanco. Pedro Emilio Coll, El diente roto. Alejandro Fernández García, La bandera.

The anthology is divided by countries and regions.

**A 86** Marañón, Gregorio, ed. and intro. <u>Cuentos y narraciones de Hispanoamérica</u>. Valencia: Ediciones Prometeo, 1969. 654 pp.

Adolfo Bioy Casares, Los afanes. César Fernández Moreno, Nunca más mataré a mi padre. Jorge Luis Borges, El milagro secreto. Luisa Mercedes Levinson, El abra. Manuel Mujica Láinez, El salón dorado. María Angélica Bosco, El más acá. María de Villarino, La rosa no debe morir. Ricardo A. R. Ríos Ortiz, El juez. Adolfo Costa du Rels, La Miskki-Simi. Alberto Ostria Gutiérrez, Satuco. Augusto Guzmán, El autor. Humberto Guzmán Arze, Siringa. Porfirio Díaz Machicao, Castrados, La muerte de Tomás en noche de luna. Gilberto de Mello Freyre, En busca de una mantilla dorada. Eduardo Caballero Calderón, Los Rojas murieron de muerte natural. Jorge Rojas, Convalescencia en una isla del Pacífico. Carlos Salazar Herrera, Un matoneado. Diego Fernández Cuervo, El rey. Enrique Labrador Ruiz, Un violín le llamaba. Enrique Serpa, Ta Pancho. Félix Pita Rodríguez, Tobías. José Lezama Lima, Cangrejos, golondrinas. Onelio Jorge Cardoso, El caballo de coral. Guillermo Blanco, Adiós a Ruibarbo. Hugo Correa, El herido. Hugo Montes Brunet, La palabra poética de Gabriela Mistral. José Donoso, Santelices. Benjamín Carrión, Esos hombres blancos y barbudos. Alberto Rivas Bonilla, El último amor de Juan Pérez. Eugenia de Valcácer, María Cristina. Hugo Lindo, La novela mecánica. José María Méndez, Las mormonas. José Roberto Cea, De perros y hombres. Napoleón Rodríguez Ruiz, El sol nace al poniente. Carlos Samayoa Chinchilla, El nacimiento del maíz. Rafael Arévalo Martínez, Regresión. Eliseo Pérez Cadalso, Los caminos de la carne, Sufragio libre, Miel de palo. Víctor Cáceres Lara, El lepasil, Monotonía, Conejo blanco. Alberto Bonifaz Nuño, La imagen y el tiempo. Amparo Dávila, Moisés y Gaspar. Guadalupe Dueñas, Historia de Mariquita, Tiene la noche un árbol. Pablo Antonio Cuadra, Agosto. Carlos Francisco Changmarín, La vaca. Darío Herrera, La sorpresa. José María Núñez Quintero, La carta. José María Sánchez, Lalú. Mario Augusto Rodríguez, Sequía. Nacho Valdés, ¿Qué hago yo con eso? Ricardo Miró, El Jesús malo. Rogelio Sinán, A la orilla de las estatuas maduras, Los pájaros del sueño. Luis Alberto Sánchez, El emigrado. Emilio S. Belaval, Leyenda. Enrique A. Laguerre, El enemigo. René Marqués, Otro día nuestro. Tomás Francisco Blanco, Naufragio. Juan Bosch, En un bohío. Ramón Emilio Reyes, La cena. Emilio Oribe, Los cisnes, El triángulo, La cicatriz. Francisco Espínola, Pedro Iglesias, Yerra, María del Carmen. Juana de Ibarbourou, Juan Soldado. Arturo Uslar Pietri, El rey Zamuro.

Organized by country. "Esta Antología es, por decirlo así, la Cuarta Carabela. Los escritores más justamente ilustres de Iberoamérica aportan con esta obra su mejor homenaje a Blasco Ibáñez. Nos traen aquí, con sus cuentos y narraciones, el alma y el corazón de las Américas."

**A 87**    Marini-Palmieri, Enrique, ed. and intro.    Cuentos modernistas hispanoamericanos. Madrid: Clásicos Castalia, 1989. 319 pp.

José Asunción Silva, La protesta de la musa. Manuel Gutiérrez, Nájera, Rip-Rip el aparecido. Julián del Casal, El amante de las torturas. Amado Nervo, El ángel caído, La misa de seis. Manuel Díaz Rodríguez, Cuento áureo. Enrique Gómez Carrillo, El triunfo de Salomé. Froilán Turcios, Salomé, Pareja exótica. Francisco Gavidia, La loba. Horacio Quiroga, Los perseguidos, La tortuga gigante. Leopoldo Lugones, La fuerza Omega, El origen del diluvio. Fabio Fiallo, El beso, Alfonso Hernández Catá, La verdad del caso de Iscariote, Una fábula de Pelayo González. Rafael Barrett, La visita, Baccarat, La muñeca. Rubén Darío, Cuento de Pascuas. Clemente Palma, La granja blanca. Eloy Fariña Núñez, Las vértebras de Pan, La muerte de Pan. Rafael Arévalo Martínez, El hombre que parecía un caballo. Ricardo Güiraldes, Al rescoldo. Pedro Emilio Coll, Cuento del Espíritu Santo.

Extensive intro., biblio. and notes.

**A 88** Meléndez, Concha, ed. and notes. Cuentos hispanoamericanos. Mexico City: Editorial Orión, 1953. 201 pp.

Rubén Darío, Mis primeros versos. Amado Nervo, El final de un idilio. Manuel José Othón, Encuentro pavoroso. Luisa Israel de Portela, El indio Tayahue. Abraham Valdelomar, El caballero Carmelo. José de la Cuadra, Olor a cacao. Manuel Rojas, El vaso de leche. Horacio Quiroga, A la deriva. Luis M. Urbaneja Achelpohl, Ovejón. Ciro Alegría, La piedra y la cruz. Oscar Castro Z., Lucero. Juan Bosch, Dos amigos. Abelardo Díaz Alfaro, El boliche. Manuel del Toro, Mi padre. María de Villarino, La noche del lago. Arturo Uslar Pietri, La lluvia. Héctor Eandi, Una tropilla de ruanos.

Stories chosen for their suitability to secondary school students in Puerto Rico: "una serie de cuentos adecuados por su asunto y sentido a la capacidad intelectual y emocional que suponemos en los que van a estudiarlos." The stories are said to be in ascending order of complexity.

**A 89**    Menton, Seymour, ed., intro. and notes.    El cuento hispanoamericano: antología crítico-histórica. 1st ed., 1964. 3rd ed.: Mexico City: Fondo de Cultura Económica, 1986. 734 pp.

Esteban Echeverría, El matadero. Manuel Payno, Amor secreto. José Victorino Lastarria, Rosa. José López Portillo y Rojas, Reloj sin dueño. Tomás Carrasquilla, San Antoñito. Manuel González Zeledón, El clis de sol. Javier de Viana, Los amores de Bentos Sagrera. Baldomero Lillo, La compuerta número 12. Augusto D'Halmar, En provincia. Manuel Gutiérrez Nájera, Después de la carreras. Rubén Darío, El rubí. Rafael Arévalo Martínez, La signatura de la esfinge. Ricardo Jaimes Freyre, Justicia india. Horacio Quiroga, El hombre muerto. Martín Luis Guzmán, La fiesta de las balas. Jorge Ferretis, Hombres en tempestad. José Reveltas, Dios en la tierra. Joaquín Gallegos Lara, ¡Era la mamá! Demetrio Aguilera Malta, El cholo que se vengó. Enrique Gil Gilbert, El malo. Salvador Salazar Arrué, La botija. Víctor Cáceres Lara, Paludismo. Juan Bosch, La mujer. Manuel Rojas, El vaso de leche. Jorge Luis Borges, El jardín de senderos que se bifurcan. María Luisa Bombal, El árbol. Ramón Ferreira, Cita a las nueve. Rogelio Sinán, La boina roja. Juan Rulfo, ¡Diles que no me maten! Arturo Uslar Pietri, La lluvia. Juan José Arreola, El guardagujas. Eduardo Mallea, Conversación. Lino Novás Calvo, La noche de Ramón Yendía. Augusto Roa Bastos, El prisionero. Pedro Juan Soto, Campeones. Enrique Congrains Martín, El niño de junto al cielo. Julio Cortázar, Cartas de mamá. Humberto Arenal, El caballero Charles. Alvaro Menéndez Leal, Fire and ice. José Agustín, Cuál es la onda. Luis Britto García, Usted puede mejorar su memoria, Muerte de un rebelde, Grupo, El monopolio de la moda. Luisa Valenzuela, Aquí pasan cosas raras. Ana Lydia Vega, Letra para salsa y tres soneos por encargo. Emiliano Pérez Cruz, Todos tienen premio, todos.

The most widely consulted anthology of the short story in Spanish America. Divided into the following sections: "El romanticismo," "El realismo," "El naturalismo," "El modernismo," "El criollismo," "El cosmopolitismo: surrealismo, cubismo, realismo mágico, existencialismo," "El neorealismo," "La década del 'Boom': 1960-1970" and "El feminismo y la violencia: 1970-1985." This edition only differs from the previous editions in two volumes in that the notes and bibliographies have been updated and the new section on feminism and violence has been added, containing the last four authors. Extensive biblio. and notes.

**A 90**  Millán, María del Carmen, ed., intro. and notes. Cuentos americanos. Biblioteca Enciclopédica Popular, 94. Mexico City: Secretaría de Educación Pública, 1946. 95 pp.

> Ricardo Güiraldes, Al rescoldo. José Benito de Monteiro Lobato, Negrita. Carmen Lyra, Uvieta. Luis Felipe Rodríguez, El despojo. Pedro Prado, Cuando comienzan a florecer las rosas. Manuel Gutiérrez Nájera, Historia de un peso falso. Angel de Campo ["Micrós"], El Pinto. Ricardo Palma, Dónde y cómo el diable perdió el poncho. Horacio Quiroga, La patria. Rómulo Gallegos, ¡Peguja!

Also includes one story from the United States, Sherwood Anderson's "Hands."

**A 91**  Molina A., Alicia, ed. and intro. Del aula y sus muros, cuentos. Mexico City: Secretaría de Educación Pública, 1985. 158 pp.

> César Vallejo, Paco Yunque. Guadalupe Dueñas, Agueda. Mario Vargas Llosa, Los jefes. Vicente Leñero, Arbol que crece torcido. Juan de la Cabada, La conjura. José de la Colina, Excalibur. Juan Tovar, El lugar del corazón. Efrén Hernández, Tachas. Héctor Sandro, Modificación de último momento. Mauricio Magdaleno, Cuarto año.

Also includes one story from Spain, Ana María Matute's "Noticia del joven K."

**A 92**  Monges, Hebe, and Alicia Farina de Veiga, eds. and intro. Antología de cuentistas latinoamericanos. Buenos Aires: Ediciones Colihue, 1986. 368 pp.

> Jorge Luis Borges, La otra muerte. Julio Cortázar, Lucas, sus compras. Néstor Taboada Terán, El cañón de punta grande. Carlos Drummond de Andrade, En la escuela, En el ómnibus. Gabriel García Márquez, Un día de éstos. Adolfo Herrera García, Los novios. Mirta Yáñez, Por la mañanita Fifita nos llama. José Donoso, El hombrecito. Juan Bosch, En un bohío. Iván Egüez, Gabriel garboso. Salarrué, Semos malos. Miguel Angel Asturias, Leyenda del tesoro del lugar florido. Philippe and Pierre Thoby Marcelín, Sango. Víctor Cáceres Lara, La quema. Edmundo Valadés, La muerte tiene permiso. Ernesto Cardenal, El sueco. Ramón H. Jurado, El hilo de snagre. Augusto Roa Bastos, El niño-azote. Mario Vargas Llosa, Día domingo. José Luis González, En el fondo del caño hay un negrito. Mario Benedetti, El reino de los cielos. Arturo Uslar Pietri, Gavilán colorao.

Includes extensive study guides for students, including introductions to countries and authors by Eugenia Krizan, Marcela V. Díaz and Alicia Farina de Veiga.

**A 93**  Mullen, Edward J., and John F. Garganigo. El cuento hispánico (A Graded Literary Anthology). New York: Random House, 1980.
Unable to annotate.

**A 94**  Nazoa, Aquiles, ed. and intro. Cuentos contemporáneos hispanoamericanos. La Paz: Ediciones Buriball, 1957. vii + 303 pp.

> Ezequiel Martínez Estrada, La inundación. Augusto Céspedes, El pozo. Augusto Guzmán, Cruel Martina. Fernando Díez de Medina, El llamo blanco. Oscar Soria, El saldo. Jaime Sáenz, Sobre el espanto en los jardines bajo la lluvia. Octavio Amórtegui, La espera. Carmen Lyra, Uvieta. Alejo Carpentier, Viaje a la semilla. Manuel Rojas, El delincuente. Pedro Juan Vera, Luto eterno. Salarrué, De pesca, El negro. Trigueros de León, La flor del venado. Carlos Samayoa Chinchilla, La lagartija de Esmeraldas. Froylán Turcios, Katie. Luis Córdova,

Día de muertos. Fernando Benítez, Otoño. Emilio Quintana, La señorita. José Ramón Orozco, Cosmapa. José María Núñez, ¡Tata! Natalicio González, La montonera colorada. Enrique López Albújar, Ishanan-Jampi. Emilio Belaval, Se enciende la lámpara de Aladino. Juan Bosch, Maravilla. Ildefonso Pereda Valdés, El sueño de Carlitos Chaplin. Felisberto Hernández, La mujer parecida a mí. Arturo Uslar Pietri, Maichak. José Rafael Pocaterra, De cómo Panchito Mandefuá cenó con el niño Jesús. Julio Garmendia, Las dos Chelitas.
Organized alphabetically by country.

**A 95**  Nolla, Eduardo, ed. and intro. Narraciones hispanoamericanas de tradición oral: Antología. Madrid: Novelas y Cuentos, EMESA, 1972. 296 pp.

Samuel Ruiz Luján, Un oidor en andas en la Semana Santa. Gerardo Rojas Bueno, El puente del diablo. Tulia María Quintero Concha, La Viuda. Carlos Villasis Endara, Cuyana. Ricardo Llopesa, El hombre de los ojos de buey. Elmo Ledesma Zamora, El banquete en el cielo. Luis Fernando Vélez Vélez, El entierro de Don Vélez. Carlos Agudelo Chavarriaga, Renato Orokal. Rosa Cerna Guardia, La misa de medianoche, Boda a caballo, La mujer de las patas de gallina, La negrita servidora, La fortuna de una señora millonaria, La sonrisa del diable, El Padre Palomita. Rubén Fidel Aguilar Amarilla, Karáú. Fernando Valdés, La Tirana del Tamarugal. Samuel G. Armistead, Joseph H. Silverman, Don consejas sefardíes. Darío Guevara Mayorga, La creación de la tierra y el cielo, El pájaro de fuego. Mario Halley Mora, La leyenda del Pájaro Campana. Celso Arneldo Lara Figueroa, El Carro de Piloto, Los rezadores de la noche, Casos anímísticos. Pedro Vargas Luna, La casa del hombre que no podía morir. Fanny Buitrago, Los espectros de la calle de Canta Rana. Lina Schiavetti de Gómez, El lago de Cucao. Beatriz Miranda, viuda de Cabal, La huida del hijo de Balsá, La sierpe. Juan Francisco Alarcón López, Leyendas del Tolima. Juan de Dios Arias, La barbacoa. Elizabeth de Col de Céspedes, Fiesta de Todos los Santos en el altiplano boliviano. Manuel del Pino, El quinde, La laguna de Ozogoche, El inticuyuna. Flor de Durazno, Idilio en roca. Hernán Altuzarra del Campo, Bulira, Ibasnaca. Diego Antero Melgar Vega, Leyenda de la laguna de Angaskocha. Esther Mandujano de Cubillo, Missa del Niño. Zonia Raudales, Ña Chica Juanes, La desaparecida, El enamorado, "La Burrera," El sacerdote aparecido, La chancha que acometía a la gente, La carreta de los ajusticiados, "El Embrión," "El Cadejo," La Siguanabana, Panchita Pleitez, El pacto con el diablo, El puente Mayol, Cosas del tiempo pasado. Julio Flores, Origen del "Moai Kavakava." Luis Edmundo Heredia, El "Kallaguaya" y la Montaña Nocturna. Armando Peña Sarria, Leyendas de Sotara. Rafael Cobo Espinoza, El diamante azul de la Guacamaya. Augusto Casola, El padre del Luisón. Juan Alvarez Garzón, El Chutun. Luis D. Leigue Castedo, El personaje legendario "Guaniam." Antonio Paredes Candia, La Cantuta, Cóndor Jipiña, El Jichi de Isirere. Rosana Mella Villar, El río Uruguay. Jaime R. Enríquez, La leyenda de Guáytara.

"Textos seleccionados en el concurso convocado por el INLE en el Año Internacional del Libro." There is no explanation provided for how the contest was organized or who the "authors" listed are.  A number of them are well-known folklorists, but others are writers.

**A 96**  Novo, Salvador, ed. Antología de cuentos mexicanos e hispanoamericanos. Biblioteca Universo, 1.2. Mexico City: Editorial Cultura, 1923. 176 pp.

Guillermo Prieto, Un San Lunes de Fidel. Justo Sierra, Marina. Angel de Campo, El pinto. Gutiérrez Nájera, Rip-Rip. Amado Nervo, Los dos claveles. Alfonso Reyes, La primera confesión. Genaro Estrada, El oidor. José Martí, La muñeca negra. Rubén Darío, El fardo. Joaquín García Monge, El loquito. Rufino Blanco Fombona, La ciudad: El cadáver de D. Juan. Juan Montalvo, El otro monasticón. José Antonio Campos, Los tres cuervos. Ricardo Palma, Dónde y cómo el diablo perdió el poncho. Pedro Prado, Cuándo comienzan a florecer las rosas. Enrique Larreta, Artemis. Leopoldo Lugones, Dos ilustres lunáticos. Roberto Payró, El desquite de Don Inacio. Horacio Quiroga, El loro pelado. José Enrique Rodó, El rey hospitalario. Javier de Viana, La vergüenza de la familia.

Organized by country, in the following order: Mexico, Cuba, Central America, Venezuela, Ecuador, Peru, Chile, Argentina and Uruguay. No intro.

**A 97** Núñez, Estuardo, ed. and intro. <u>Tradiciones hispanoamericanas</u>. Caracas: Biblioteca Ayacucho, 1979. 490 pp.

> Florencio Escardo, Ni Dios ni naides la pisa. Bernardo Frías, La encomienda del obispo. Pastor S. Obligado, Casamiento a puñaladas, La primera sangre. Juan Pablo Echagüe, Estomba, el héroe loco. Juana Manuela Gorriti, Coincidencias. Nataniel Aguirre, La bellísima Floriana. José Gutiérrez, La Virgen del Carmen, reo de rebelión. Julio Lucas Jaimes, Donde se prueba el cómo el diablo es un eximio arquitecto. Abel Alarcón, Auto de fe. Raúl Botelho Gosálvez, La calavera. José María Cordovez Moure, Villeta. Luis Capella Toledo, Un ordenanza infame. Camilo S. Delgado, La monja alférez. Enrique Otero D'Acosta, No hay deuda que no se pague. José Antonio León Rey, Las campanas de Fomeque. Ricardo Fernández Guardia, Versos y azotes, Palabra de caballero. Alvaro de la Iglesia, Papelito "jabla" lengua. Vicente Pérez Rosales, Tierras auríferas. Miguel Luis Amunátegui, Por ser cristiano. Manuel Concha, Un cura vencido por un mocho. Enrique del Solar, Don Lorenzo de Moraga, el emplazado. Julio Abel Rosales, Animas, diablos y fantasmas del puente de Cal y Canto. Aurelio Díaz Meza, ¡Es mía! Yo la espanté . . . ¡Es mía! Yo la cogí. Hermelo Arabena Williams, A moda coqueta, basquiña suelta; y a viejo oidor, corto calzón. César Nicolás Pensón, El santo y la colmena. M. de. J. Troncoso de la Concha, El cura de los ingenios y el ingenio de los curas. Nicolás Augusto González, La predicción cumplida. Modesto Chávez Franco, Robinson Crusoe estuvo en Guayaquil. Cristóbal de Gangotena y Jijón, La Virgen de la empanada. J. Gabriel Pino Roca, La procesión de ánimas. Antonio Batres Jáuregui, Las fantasmas del palacio. Manuel Diéguez, La cuestión de las almohadas. Agustín Mencos Franco, Hermano enfermo y jubilado. Miguel Angel Asturias, Leyenda del Sombrerón. Rafael Heliodoro Valle, La virreyna de la esmeralda. J. M. Tobías Rosa, Leyenda del puento Mallol. Vicente Riva Palacio, El voto del soldado. Luis González Obregón, El barbero de su Excelencia, tradición del palacio nacional. Artemio del Valle-Arizpe, La ejecución de un difunto. Enrique Cordero y T. Los camotes de Santa Clara. Gustavo A. Prado, El paquete de la cinta negra de Fray Antonio de la Herta Casso. Salomón Ponce Aguilera, La apuesta. Teresa Lamas de Rodríguez Alcalá, Junta a la reja, Un episodio de la residenta. Ricardo Palma, La gatita de Mari-Ramos, que halaga con la cola y araña con las manos, Pan, queso y raspadura. José Antonio de Lavalle, El vivo se cayó muerto y el muerto partió a correr, Nuestra Señora del Milagro de Corongo. Clorinda Matto de Turner, El santo y la limosna, ¡Vaya un decreto! Aníbal Gálvez, La presa y la Calderón. Ventura García Calderón, El escultor de la virgen, Los males del señor Obispo. Carlos Camino Calderón, El brujo de Chicama. Manuel Fernández Juncos, La garita del diablo. Cayetano Coll y Toste, La casa encantada. Francisco Gavidia, El encomendero. Francisco Herrera Velado, El volcán. Isidoro de María, El pavo de la boda. Víctor Arreguine, Artigas y los perros cimarrones. Arístides Rojas, Más malo que Guardajumo. Juan Vicente Camacho, La Virgen de la Soledad. Andrés A. Silva, Cada uno tiene su modo de matar pulgas. Tulio Febres Cordero, Un trabucazo a tiempo, Los calzones del Canónigo.

Excellent selection and presentation of "tradiciones" by Palma and many others.

**A 98** Orgambide, Pedro, et al. <u>Crónicas para las fiestas</u>. Buenos Aires: Jorge Alvarez Editor, 1965.

> Pedro Orgambide, Un brindis por la felicidad. Ricardo Güiraldes, Esta noche, noche buena. Alberto Ciria, Entre ustedes y yo. Drummond de Andrade, Pasaje del año.

Also contains Truman Capote's "Recuerdo navideño," O. Henry's "El regalo de los magos" and Antonio Gramsci's "Carta desde la cárcel." Brief intro.

**A 99** Ortega, Julio, ed. and intro. <u>El muro y la intemperie, el nuevo cuento latinoamericano</u>. Hanover: Ediciones del Norte, 1989. 572 pp.

> Oscar de la Borbolla, Los locos somos otro cosmos. Homero Carvalho, Epígrafe. Horacio Castellanos Moya, Percance. Juan Villoro, 1985. Alejandro Sánchez Aizcorbe, Tríptico. Francisco Hinojosa, La familia de Damasco o el acontecer de un fauno. Daniel Sada, Animalidades. Alvaro Uribe, El cuento de nunca acabar. Gilda Holst, Una palpitación detrás de los ojos. Mariella Sala, Barcelona. Franz Galich, El ratero. Ana María Shua, Fiestita con animación. Edgardo Sanabria Santaliz, El libro. Alfonso Gumucio Dagrón, Minuto de silencio. Senel Paz, No le digas que la quieres. David Ojeda, Dentro de un laberinto. Luis López

Nieves, Seva. Diamela Eltit, Diez noches de Francisco Lombardo. Dante Liano, La joben
Aurora y el niño cautivo. Jorge Velasco Mackenzie, Maroma con piratas. Rodolfo Enrique
Fogwill, Reflexiones, Juan Antonio Ramos, Jogging. Guillermo Samperio, Tiempo libre.
Marcial Souto, La nevada. Cristina Siscar, Al andén. Mempo Giardinelli, Apassionatta número
cero. Silvia Molina, La casa nueva. Teresa Porzecanski, Inoportuno. Héctor Libertella, Nínive.
Héctor Manjarrez, Nicaragua. María Luisa Puga, La naturalidad. Joaquín-Armando Chacón,
Los pequeños cuervos. Fernando Sánchez Sorondo, La vida real. Sergio Ramírez, El
centerfielder. Oscar Collazos, Los vecinos nunca sospechan la verdad. Gregorio Martínez,
Como matar al lobo. Jesús Díaz, El polvo a la mitad. Agustín Monsreal, Deja de hacer el
tonto, infeliz. Ricardo Piglia, El fluir de la vida. Jairo Mercado, Domingo de suerte. Cristina
Peri Rossi, Atlas. Policarpo Varón, El festín. Mario Levrero, Apuntes de un "voyeur"
melancólico. Antonio Skármeta, Nupcias. Luis Britto García, Vuelco. Eduardo Galeano,
Tener dos piernas me parece poco. Alfredo Bryce Echenique, El Papá Guido sin número.
José Balza, La mujer de espaldas. José Emilio Pacheco, La fiesta brava. Luisa Valenzuela,
Pantera ocular. Severo Sarduy, Para que nadie sepa que tengo miedo. Hebe Uhart, La gente
de la casa rosa. Fernando Aínsa, Los destinos de Héctor. Edgardo Rivera martínez, Angel de
Ocongate. Luis Loayza, Enredadera. Alejandro Rossi, El cielo de Sotero. Carmen Naranjo,
El truco florido. Antonio Benítez, Gran arena. Miguel Donoso Pareja, La mutilación. Rubén
Bareiro Saguier, Ojo por diente. Julio Ramón Ribeyro, El ropero, los viejos y la muerte.

Useful compilation of younger writers (and some not so young).

**A 100** Osborne, Robert E. Cuentos del mundo hispánico. New York: American
Book Co., 1952. 200 pp.
Unable to annotate.

**A 101** Oviedo, José Miguel, ed. and intro. Antología crítica del cuento
hispanoamericano 1830-1920. Madrid: Alianza Editorial, 1989. 419 pp.

Esteban Echeverría, El matadero. Pedro José Morillas, El ranchador. Juan Montalvo, Gaspar
Blondín. Juana Manuela Gorriti, Quien escucha su mal oye. José María Roa Bárcena,
Lanchitas. Ricardo Palma, Traslado a Judas. Eduardo Wilde, La lluvia, Novela corta y
lastimosa. Eduardo Acevedo Díaz, El combate de la tapera. Federico Gana, Un carácter.
Javier de Viana, En las cuchillas. Baldomero Lillo, La compuerta número 12. Augusto
D'Halmar, En provincia. Roberto J. Payró, Metamorfosis. Manuel Gutiérrez Nájera, La
novela del tranvía. Rubén Darío, El rey burgués, D. Q. Manuel Díaz Rodríguez, Rojo pálido.
Darío Herrera, La zamacueca. Amado Nervo, El diamante de la inquietud. Clemente Palma,
Los ojos de Lina. Leopoldo Lugones, La lluvia de fuego. Abraham Valdelomar, Hebaristo el
sauce que murió de amor. Rafael Arévalo Martínez, Nuestra Señora de los locos. Horacio
Quiroga, La insolación, A la deriva.

An exemplary anthology, with an engaging and informative intro., excellent notes and
biblio., and a fresh selection of stories from the period.

**A 102** Paley de Francescato, Martha, ed. and intro. Bestiario y otras jaulas. Buenos
Aires: Editorial Sudamericana, 1977. 204 pp.

Gonzalo Fernández de Oviedo y Valdés, Del animal llamado hutía, Del animal llamado quemí,
é de su forma, Del animal llamado mohuy, Del animal llamado corí. Joseph de Acosta, De los
ganados ovejuno y vacuno, De algunos animales de Europa que hallaron los españoles en
Indias, De aves que hay de acá y cómo pasaron allá en Indias, Cómo sea posible haber en
Indias animales que no hay en otra parte del mundo. Alberto Salas, Sirenas, Unicornios. José
Durand, Ocaso de sirenas, Gatos bajo la luna. Jorge Luis Borges and Margarita Guerrero, El
dragón, El basilisco, Fauna de los Estados Unidos, El fénix chino, El minotauro, Sirenas.
Rafael Arévalo Martínez, Las fieras del trópico. José Emilio Pacheco, Los pájaros, Los ojos
de los peces, Obra maestra, Ballenas, Langosta, Las hormigas, Morituri, Zopilotes, Las moscas,
Caballo muerto, Temas y variaciones: Los insectos, La sirena. Augusto Monterroso, El
dinosaurio, Vaca, El fabulista y sus críticos, La oveja negra, El zorro es más sabio. Nicolás
Guillén, Aviso, El Caribe, El hambre, Institutriz, Ave-Fénix, Monos, K K K, Gorila, Salida.
Fernando Sorrentino, El imperio de las cotorritas. Julio Cortázar, Paseo entre las jaulas. José
Juan Tablada, El burrito, Garza, Caimán, Un mono, Jaguar, Perico. Juan José Arreola, El

rinoceronte, El sapo, El bisonte, Aves de rapiñ, El avestruz, Insectiada, El carabao, Felinos, El buho, El oso, El elefante, Topos, Camélidos, La boa, La cebra, La jirafa, La hiena, El hipopótamo, Cérvidos, Las focas, Aves acuáticas, El ajolote, Los monos. Enrique Anderson Imbert, Bestiario.

A collection of beast fables.    The first several items are derived from colonial chronicles.

**A 103**  Pelliza de Sagasta, Josefina, et al. <u>Novelas americanas</u>. Buenos Aires: La Ondina del Plata, 1877. 116 pp.
> Josefina Pelliza de Sagasta, La Chiriguana. Temístocles Avella, Anacoana. Ricardo Fossel, La roca de la viuda.

"Regalo de <u>La Ondina del Plata</u> a sus subscritores de 1877." The earliest anthology of Latin American short fiction that I have found.

**A 104**  Piglia, Ricardo, ed. and intro. <u>Crónicas de Latinoamérica</u>. Buenos Aires: Editorial Jorge Alvarez, 1968. 239 pp.
> Juan Rulfo, El día del derrumbe.  Gabriel García Márquez, Un día después del sábado. Guillermo Cabrera Infante, Josefina, atiende a los señores. José Donoso, Una señora. Augusto Roa Bastos, La excavación. João Guimarães Rosa, Duelo. Jorge Edwards, La experiencia. José Revueltas, Dios en la tierra. Mario Benedetti, Ganas de embromar.  Carlos Fuentes, Chac Mool. Alejo Carpentier, Los fugitivos. Juan Carlos Onetti, El infierno tan temido.

The intro. is entitled "De la traición, a la conquista."

**A 105**  Quijano, Aníbal, ed. <u>Los mejores cuentos americanos</u>. Lima: Mejía Baca & P. L. Villanueva, 1957. 151 pp.
> Jorge Luis Borges, Hombre de la esquina rosada. Juan José Arreola, El guardagujas. Jorge Icaza, Barranca Grande. Julio Cortázar, Las puertas del ciclo. Uslar Pietri, El baile del tambor. Julio Ramón Ribeyro, Los gallinazos sin plumas. Augusto Roa Bastos, El trueno entre las hojas. Juan Rulfo, ¡Diles que no me maten! José Diez Canseco, El trompo. Alfonso Enrique de Lima Barreto, El hombre que sabía javanés. Baldomero Lillo, Sub-sole.

A good selection, but lacks intro. and notes.

**A 106**  Quiñones, Fernando, ed. <u>Viento sur: antología de relatos</u>. Intro. Jorge Luis Borges. Madrid: Alianza, 1987. 298 pp.
Unable to annotate.

**A 107**  Rama, Angel, ed. and intro. <u>Primeros cuentos de diez maestros latinoamericanos</u>. Mexico City: Editorial Mosaico, 1975. 278 pp.
> Mário de Andrade, El coquito y la Rosa. Alejo Carpentier, Oficio de tinieblas. Arturo Uslar Pietri, Barrabás. João Guimarães Rosa, San Marcos. Juan Carlos Onetti, El posible Baldi. José Lezama Lima, Fugados. José María Arguedas, Los comuneros de Ak'ola. Julio Cortázar, Las puertas del cielo. Juan Rulfo, No oyes ladrar los perros. Gabriel García Márquez, La mujer que llegaba a las seis.

Interesting intro., and very extensive essays on each author.

**A 108**  Rama, Angel, ed. and intro. <u>Novísimos narradores hispanoamericanos en Marcha 1964-1980</u>. 1st ed., 1975. 3rd ed. Mexico City: Marcha Editores, 1981. 349 pp.
> Manuel Puig, Maldición eterna a quien lea estas páginas. Juan José Saer, Atridas y labdacidas Filocles. Mario Szichman, A las 20:25 la señora entró en la eternidad. Osvaldo Soriano, Cuarteles de invierno. Plinio Apuleyo Mendoza, Retrato de García Márquez.  Rafael Humberto Moreno-Durán, El toque de Diana. Reinaldo Arenas, Adiós a mamá. Antonio Skármeta, La insurrección. Iván Egüez, Este es el jet-art. Jorge Ibargüengoitia, Los conspiradores. Fernando del Paso, Camarón, camarón. Gustavo Sainz, Autorretrato en un

espejo humeante. José Agustín, La rueda de la fortuna. Jorge Aguilar Mora, Don Juan. Sergio Ramírez, ¿Te dio miedo la sangre? Alfredo Bryce Echenique, El breve retorno de Florence, este otoño, Apples. Rosario Ferré, Maldito amor. Eduardo Galeano, Lo demás es mentira. Cristina Peri Rossi, Monna Lisa, Sesión. Luis Britto García, El conquistador, El juego.

A number of the selections are fragments from novels. This ed. differs somewhat from the previous eds., called simply Novísimos narradores.

**A 109**  Rest, Jaime, et al., eds. and intros. El arte del cuento. Buenos Aires: Centro Editor de América Latina, 1973. N. pag.

> Edgar Allan Poe, El pozo y el péndulo. Guy de Maupassant, Mademoiselle Fifí. Jorge Luis Borges, La muerte y la brújula. Julio Cortázar, Final del juego.

Commentaries by Jaime Rest (Poe), Eduardo Romano (Maupassant), Beatriz Sarlo (Borges), Aníbal Ford (Cortázar).

**A 110**  Rivero García and González Jiménes, eds. Cuentistas jóvenes. 1978. Unable to annotate.

**A 111**  Rodríguez Fernández, Mario, ed. and intro. Cuentos hispanoamericanos. Santiago: Editorial Universitaria, 1970. 279 pp.

> Daniel Riquelme, El perro del regimiento. Rubén Darío, Thanathpia, El fardo. Baldomero Lillo, Cañuela y Petaca. Horacio Quiroga, El hombre muerto. Olegario Lazo Baeza, El padre. Rafael Maluenda, Los dos. Jorge Luis Borges, El sur. Manuel Rojas, Un espíritu inquieto, El hombre de la rosa. Alejo Carpentier, Viaje a la semilla. Arturo Uslar Pietri, La lluvia. Juan Bosch, Dos pesos de agua. Francisco Coloane, El flamenco. Julio Cortázar, Una flor amarilla, La noche boca arriba. Augusto Roa Bastos, El prisionero. Juan José Arreola, El prodigioso miligramo, El guardagujas. Juan Rulfo, No oyes ladrar los perros, El hombre. Mario Benedetti, Puntero izquierdo. Guillermo Blanco, Adiós a Ruibarbo. Gabriel García Márquez, Un día después del sábado, La siesta del martes. Mario Vargas Llosa, Día domingo.

Brief intro. Divided into two sections: "El cuento naturalista: 1890-1934" (subdivided into "criollismo," "modernismo" and "mundonovismo") and "El cuento superrealista: 1935-   " (subdivided into "superrealismo," "neorrealismo" and "irrealismo"). Borges is classified as "superrealista," Benedetti as "irrealista." Exasperating.

**A 112**  Rodríguez Lobato, Oliva, ed. Un cuento de elefantes: Selección de cuentos y fábulas. Mexico City: Edición Pepsa, n. d. 159 pp.

> José Martí, Un cuento de elefantes. Olegario Lazo Baeza, El padre. Gregorio Martínez Sierra, Cuento de lobos. Ventura García Calderón, La sopa de piedras. Bruno Traven, Aritmética indígena. Ermilo Abreu Gómez, Pescadores. Juana de Ibarbourou, Angeles pintados. Francisco Rojas González, Nuestra señora Denequeteje. José de la Cuadra, Olor de cacao. Francisco Ayala, Días felices. Arturo Uslar Pietri, El venado. Enrique Wernicke, Los caracoles. Edmundo Valadés, La muerte tiene permiso. Salvador Reyes Nevares, La carabina de Ambrosio. Ricardo Garibay, Aduana. René Espinosa Olvera, La banda municipal. Don Juan Manuel, De lo que hacen las hormigas para mantenerse. Tomás de Iriarte, Los dos loros y la cotorra. José Joaquín Fernández de Lizardi, El dromedario y el camello. José Rosas Moreno, El centzontle y el magnate. Gregorio López y Fuentes, El pacto. Juan José Arreola, El diamante. Pablo González Casanova, El zorrito y el lobo.

Brief intro. and biographical notes. Includes some Spanish writers.

**A 113**  Rodríguez Lobato, Oliva, ed. and intro. Justicia india: Antología de prosa descriptiva y narrativa. Mexico City: Pepsa [Promotora de Ediciones y Publicaciones], 1974. 159 pp.

> Manuel Gutiérrez Nájera, Memorias de un paraguas. Baldomero Lillo, La puerta número doce. Federico Gana, Candelilla. Ricardo Jaimes Freyre, Justicia india. María Enriqueta, El

tulipán. Horacio Quiroga, La abeja haragana. Abraham Valdelomar, El alma de la quena. Augusto Roa Bastos, El prisionero. Efrén Hernández, Tachas. Juan Rulfo, Diles que no me maten. Enrique Congrains Martín, El niño de junto al cielo. Vicente Leñero, Cómo sacarse la lotería. David Alizo, Cirilo Madhav no ha muerto.

Also contains a poem by Rubén Darío and prose by Juan Ramón Jiménez and Ana María Matute. The selections are categorized in the intro. as "lecturas positivas y constructivas."

**A 114** Rodríguez Lobato, Oliva, ed. and intro. <u>Todos los caminos del Universo: Cuentos de imaginación</u>. Mexico City: Ediciones Pepsa [Promotora de Ediciones y Publicaciones], n. d.  159 pp.

> Juan Bosch, La bella alma de don Damián. Manou Dornbierer de Ugarte, La grieta. Alfredo Cardona Peña, La niña de Cambridge. Gustavo Cruz, Los fantasmas. Santiago Martín Subirats, La cosecha. Francisco Fe Alvarez, La línea. José Angel Crespo, El seguro de muerte. Salvador Elizondo, La historia según Pao Cheng. Hugo Correa, Los invasores. Alberto Cañas, Dos asesinatos sin conexión entre sí. Jorge Campos, La otra luna. Alvaro Menén Desleal, El malthusiano. Carlos Fuentes, Chac-Mool. Pedro Juan Edmunds, Los Bolicotes.

Science fiction.

**A 115** Rogers, Paul, ed. and intro. <u>Florilegio de cuentos hispanoamericanos</u>. New York: Macmillan, 1968.

> Roberto J. Payró, Celos, En la policía. Horacio Quiroga, El soldado, El solitario, A la deriva, La miel silvestre. Javier de Viana, ¡Dame tiempo, hermano!, La baja, La tísica, El crimen del viejo Pedro, El domador. Rufino Blanco Fombona, El maestro de Latín, Democracia criolla. Fidel Céspedes, Manuel de la Cruz. Sabine Ulibarrí, El relleno de Dios. Rosendo Villalobos, Sor Natalia. Manuel Millares Vásquez, Razón de padre. Carlos Octavio Bunge, La cabeza del lobo. Alfonso Hernández Catá, Página antigua. Rubén Darío, Sor Filomena. Manuel Rojas, Una carabina y una cotorra. Ricardo Güiraldes, Cuentos de muerte y de sangre. Jorge Luis Borges, El milagro secreto.

Includes Spanish-English glossary.

**A 116** Rojas González, Francisco, ed.  <u>Antología del cuento americano contemporáneo</u>.  Intro. Arturo García Formentí.  Mexico City: Secretaría de Educación Pública, 1953.  280 pp.

> Jorge Luis Borges, La escritura del dios. Porfirio Díaz Machicao, Mamoré. Joaquim Maria Machado de Assis, Cuento de escuela. Julio Posada, El machete. Alfredo Cardona Peña, El suicida. Félix Pita Rodríguez, San Abul de Montecallado. Luis Durand, Los afuerinos. Demetrio Aguilera Malta, El cholo que se vengó. Gilberto González y Contreras, La zanja. Langston Hughes, Los blues que estoy tocando. Mario Monteforte Toledo, El joven pájaro. Remy Bastien, La flor mágica. Arturo Mejía Nieto, La culebra. Martín Luis Guzmán, Kinchil. Hernán Robleto, El hijo de la primera novia. José María Sánchez B., Nada. Juan Natalicio González, La batalla de los muertos. Ventura García Calderón, El alfiler. Juan Bosch, La mujer. Yamandú Rodríguez, Domingo. Arturo Uslar Pietri, La misa de gallo.

One story from each of the American republics of the time, including the United States, Brazil and Haiti.

**A 117** Rojas González, Francisco, ed.  <u>Cuentos hispanoamericanos</u>.  3rd ed. Santiago: Editorial Universitaria, 1972.  279 pp.

Unable to annotate.  May be the same as the previous item.

**A 118** Rovere, Susana Inés, ed., intro. and notes.  <u>Cuentos hispanoamericanos del siglo XX</u>.  Buenos Aires: Editorial Huemul, 1979.  321 pp.

> Ricardo Güiraldes, Trenzador. Jorge Luis Borges, Biografía de Tadeo Isidoro Cruz (1829-1874). Augusto Céspedes, El pozo. Luis Durand, Cobardía. Miguel Angel Asturias, Leyenda

del sombrerón. Amado Nervo, El "ángel caído." Juan José Arreola, Un pacto con el diablo. Santiago Argüello, El mejor de los regalos. María Concepción Leyes de Chaves, Ñandutí. Abraham Valdelomar, El caballero Carmelo. Manuel del Cabral, El centavo. Felisberto Hernández, Mi primer concierto. José Rafael Pocaterra, La i latina. Leoncio Martínez, Marcucho, el modelo.

Includes extensive notes, study guides, bibliographies and so forth for students.

**A 119** Sainz, Gustavo, and Alessandra Luiselli, eds. and intros. Ritos de iniciación: Una antología de cuentos de adolescencia. Barcelona: Ediciones Océano, 1982. 343 pp.

Latin American authors included are: José Emilio Pacheco, El principio del placer. José de la Colina, La lucha con la pantera. Ulises Carrión, Graciela. Antonio Skármeta, Primera preparatoria. Gerardo María, Nos vemos a las cuatro en casa de Mónica. Clarice Lispector, El mensaje. Rael Lamb, Una rosa para la tumba de la tía Victoria. Marta Brunet, La raíz del sueño. Juan Villoro, La época anaranjada de Alejandro. Beatriz Guido, La mano en la trampa. Parménides García Saldaña, El rey criollo. Marta Traba, La amiga. Emiliano Pérez Cruz, ¿Qué no vez que soy Judas? Alberto Huerta, Ojalá estuvieras aquí. Poli Délano, Lloró la milonga. Juan Tovar, El lugar del corazón. Alfredo Bryce Echenique, Con Jimmy en Paracas. José Revueltas, La palabra sagrada.

Also includes works by writers from other parts of the world: John Bell Clayton, John Wain, Grace Paley, Carson McCullers, Virginia Moriconi, Terenci Moix and Pamela Frankau.

**A 120** Sanz y Díaz, José, ed. and intro. Antología de cuentistas hispanoamericanos. Colección Crisol, 152. Madrid: Aguilar, 1946. 772 pp.

Domingo Faustino Sarmiento, El rastreador. Fray Mocho [José Sixto Alvarez], Calandria. Manuel Ugarte, El curandero. Ricardo Güiraldes, Güele. Eduardo Mallea, El capitán. Rosendo Villalobos, Sor Natalia. Ricardo Jaimes Freyre, Justicia india. Alcides Arguedas, Venganza aymara. Juan Francisco Bedregal, La madre de Satanás. Soledad Acosta de Samper, Luz y sombra. Jesús del Corral, Que pase el aserrador. Eduardo Arias Suárez, Los pijamas. Noel Ramírez, El hombre de Sumatra. Ricardo Fernández Guardia, La botija. Manuel González Zeledón, La propia. Joaquín García Monje, El loquito. Eduardo Carrasquilla-Mallarino, Cuento agreste. Jesús Castellanos, Naranjos en flor. Alfonso Hernández-Catá, El pagaré. Martín Arrillaga, Jugar con fuego. Baldomero Lillo, El chiflón del diablo. Federico Gana, La señora. Rafael Maluenda, Perseguido. Juan Marín, En el límite. José Antonio Campos, Los tres cuervos. Juan León Mera, Las desgracias del indio Pedro. José de la Cuadra, La vuelta de la locura. José María Peralta, La boleta número 15873. Arturo Ambrogi, La caza de la serpiente. Salarrué, La brasa. Eugenia de Valcácer, La botija. Rafael Arévalo Martínez, La segunda boda de Juana. Flavio Herrera, La lente milenaria. Miguel Angel Asturias, El hermano Pedro. Froilán Turcios, La mejor limosna. Marcos Carías Reyes, Vidas rotas. Manuel Gutiérrez Nájera, Historia de un peso falso. Amado Nervo, El horóscopo. María Enriqueta, La línea divisora. Artemio de Valle-Arizpe, El alacrán de fray Anselmo. Alfonso Reyes, La reina perdida. Guillermo Jiménez, La canción de la lluvia. Jorge de Godoy, Perfume de antaño. Rubén Darío, Sor Filomena. Santiago Argüello, El mejor regalo. Pablo Antonio Cuadra, Pastorela. Guillermo Andreve, Montañesa. José Oller, La india Chagira. Octavio Méndez Pereira, El cacique Careta. Salvador Calderón R., ¡Coman, coman oro! Juan Natalicio González, La muerte desviada. Carlos Zubizarreta, Los pesebres de Navidad. Ricardo Palma, Un camarón. Enrique López Albújar, Ushanan-Jampi. Abraham Valdelomar, El hipocampo de oro. Ventura García Calderón, El alfiler. José Diez-Canseco, Jijuna. Cayetano Coll y Toste, El matón de Bermejales. A. Collado Martell, Los espectros del río Casey. Fabio Fiallo, El castigo. Tulio M. Cesteros, La sangre del poeta. Tomás Hernández Franco, El asalto de los generales. Javier de Viana, La rifa del pardo Abdón. Horacio Quiroga, Los cazadores de ratas. José Luis Antuña, La sombra del ahué. Tulio Febres Cordero, La regla del carpintero. Luis M. Urbaneja Achelpohl, ¡Ovejón! Rufino Blanco-Fombona, El "Catire." Arturo Uslar Pietri, La lluvia. Julián Padrón, Candelas de verano. W. C. Retana, Por veinte pesos. Adelina Gurrea, El tic-tic.

This first ed. includes stories from 19 Spanish American countries, and two from the Phillipines (Retana and Gurrea). Because the second and subsequent editions are substantially different, I have designated them as a separate entry, which follows.

**A 121** Sanz y Díaz, José, ed. and intro. <u>Antología de cuentistas hispanoamericanos</u>. 4th ed. Madrid: Aguilar, 1964. 826 pp.

This edition differs from the previous item in that the following texts are omitted: Domingo Faustino Sarmiento, El rastreador. Juan Francisco Bedregal, La madre de Satanás. Noel Ramírez, El hombre de Sumatra. José María Peralta, La boleta número 15873. Jorge de Godoy, Perfume de antaño. Arturo Uslar Pietri, La lluvia. W. C. Retana, Por veinte pesos. The following texts are added: Yamandú Rodríguez, Cimarrón. Oscar Cerruto, La araña. José Francisco Socarrás, El coronel. Belisario Betancúr, Media vuelta a la derecha. Francisco Vallhonrat y Villalonga, Evocación. José Santos González Vera, El preceptor bizco. Alfonso Cuesta, Cantera. Pedro Jorge Vera, La Nueva. Carlos Samayoa Chinchilla, La Chabela. José Mancisidor, El destino. Antonio Mediz Bolio, Los ojos brujos. Manuel González Ramírez, El rosario de ébano y plata. Hernán Robleto, Juan Muñones. Emilio Serta, Magia. [Pedro?] Casaccia Bibolini, Víspera de bodas. Julio Ramón Ribeyro, La insignia. Manuel del Cabral, Nabuco. Francisco Espínola, Rancho en la noche. Rómulo Gallegos, Marina. Arturo Uslar Pietri, La posada del humo. Luis Peraza, La Güira.

The second and later editions, though called "ampliadas," actually contain both additions and deletions.

**A 122** Sanz y Díaz, José, ed. and intro. <u>Narradores hispanoamericanos</u>. Barcelona: Ediciones Hymsa, 1942. 493 pp.

Ignacio Manuel Altamirano, El Zarco. Rafael Delgado, Amparo. María Enriqueta, La ermita. Francisco de A. Loayza, El origen de la luna. Tulio Febres Cordero, El violinista popular. Otilia Meza, El nopal. Valentín Abascal, Calderas humeantes. Enrique Gómez Carrillo, El convento de San Sabas. Miguel Marsicovétere y Duran, Mangoré, el indio guatemalteco. Salarrué, Entrevista con el Diablo. Francisco Luarca, Siembran ayotes. Manuel Mayora, Díptico narrativo. Carlos Armenteros, Hidalga caída. Froilán Turcios, La parábola de Subirana. Rubén Darío, En el país encantado. Francisco Amighetti, Nicoya. Carlos M. Salazar Herrera, El manglero. E. G. Calleja, La carta fatídica. Agustín del Saz, Fiesta india. Jesús Castellanos, La bandera. Alfonso Hernández Catá, La mala vecina. Enrique Hernández Miyares, La condesa de Jibacoa. Carlos Martí, Por no saber leer. Tulio M. Cesteros, Santo Domingo, la ciudad romántica. Pedro Meléndez del Toro, Los fantasmas del arroyo. Cayetano Coll y Toste, El capitán Salazar, Lucecita azul. Manuel Fernández Juncos, El retrato de Juan Cintrón. Romualdo Criado, Bendita sordera. Jesús Roure Pérez, Los humildes caminos. Rufino Blanco Fombona, Los idilios de Montearriba. Olga Briceño, Adoración a Chía. Pedro Emilio Coll, El diente roto. Rómulo Gallegos, El blanco del hato. Ramón Hurtado, Noche de pesca y de perdón. Teresa de la Parra, De Macuto a Caracas. Gonzalo Picón Febres, Importantizarse. Francisco de Sales Pérez, Artículo de comercio. José A. Ramos Sucre, Geórgicas. Arturo Uslar Pietri, El mulato Presentación. Tomás Carrasquilla, Una escuela colombiana. Jorge Isaacs, El valle del Cauca. José Manuel Marroquín, La noche en tierra caliente. Juan de Dios Restrepo, El lago de las serpientes. José Eustasio Rivera, EL mito de la india Maripipana, Las tambochas. José de la Cuadra, Ayoras falasa. Víctor H. Escala, Estampas del cerro de Santa Lucía. Humberto Salvador, Aguafuerte quiteño. Jaime Sánchez Andrade, La muerte de Naún Briones. Rosa Arciniega, Iceberg de fuego. Ventura García Calderón, Coca. Ricardo Palma, La gruta de las maravillas. Felipe Sassone, Pizarro en la isla del Diablo. Julio Aquiles Munguía, Chuqi-Wayna. Alcides Arguedas, Venganza criolla. Adolfo Costa du Rels, El Mataral, en las lindes del Gran Chaco. Armando Chirveches, Hacia el altiplano. Ricardo Jaimes Freyre, Entre montañas. Diómedes de Pereyra, Inti-Cancha. Alberto Blest Gana, Un drama en el campo. Luis Durand, La última noche. Joaquín Edwards Bello, El bandido. Plinio Enríquez, Tumaco, el paraíso de las hadas negras. Baldomero Lillo, El oro. Juan Marín, Nupcial. Luis Orrego Luco, Realidades. Jenaro Prieto, El socio. Joaquín Vallejo, El provinciano renegado. Eva Luján, Un estreno en Asunción. Carlos Zubizarreta, La Virgen azul de Caacupe. Clemento Alberto Moreno, Los dos Goyena. Rosa Bazán de la Cámara, Lágrimas. Fausto Burgos, La vuelta del espíritu. Luis Castelló, Gaucho pobre. Juan

Pablo Echagüe, La lechuza. Alberto Ghiraldo, Milache. Benito Lynch, La torta. Eduardo Mallea, Viaje a una ciudad del interior. Lucio V. Mansilla, Cómo se formaban los caudillos. Lorenzo Stanchina, Solterón. Manuel Ugarte, Los caballos salvajes. Humberto de Campos, La vida por un beso. Nené Cascallar, Y la vida se burla. Gastón Figueira, Leyendas del alfarero y del colibrí. Horacio Maldonado, Juan. Carlos Reyles, El gaucho florido. Juan José de Soiza Reilly, La historia de mi traje. Javier de Viana, Aura. Alberto Zum Felde, Primer tiempo de Alción.

Organized by geographical region: North America, Central America, Caribbean, South America.

**A 123** Schultz de Mantovani, Fryda, ed. and intro. <u>Cuentos infantiles de América</u>. Buenos Aires: Ministerio de Educación y Justicia, 1961  236 pp.

Benito Lynch, El potrillo roano. Berta E. Vidal de Battini, Mediopollo. Victoria Ocampo, Los tres príncipes. Teresa de la Parra, María Moñitos. Monteiro Lobato, Aparece el burro. Maité Allamand, Alamito el largo. Chela Reyes, Historia de una negrita blanca. José Martí, Los dos ruiseñores. Anita Arroyo y Antonio Ortega, Niño malo y gorrión. Claudia Lars, Regalo de cumpleaños. Claribel Alegría, La historia del sauce inconforme. Miguel Angel Asturias, Palomo limón. Tomás Blanco, Una glosa de Epifanía. Ester Feliciano Mendoza, La muñeca de trapo. Ricardo Palma, Los mosquitos de Santa Rosa. Pedro Henríquez Ureña, El peso falso. Horacio Quiroga, La abeja haragana. Carlos Rodríguez Pintos, La princesa que perdió el color de sus ojos. Jules Supervielle, La huída a Egipto.

Important collection of stories for children.

**A 124**      Sefchovich, Sara, ed. and intro.      <u>Mujeres en espejo: narradoras latinoamericanas, siglo XX</u>. Mexico City: Folios Ediciones, 1983. 2 vols. 223 + 297 pp.

Vol. 1: Teresa de la Parra, Blanca Nieves y compañía. Norah Lange, Cuadernos de infancia. Esther Seligson, Infancia. Syria Poletti, Alas mojadas. Elsa Mujica, Angela y el diablo. Carmen Rosenzweig, Juventud. Alicia Dujovne, Jacinta. Elena Garro, El anillo. Emma Dolujanoff, La cuesta de las ballenas. Elena Poniatowska, La felicidad. María Eugenia Paz y Miño, Persecución. Elvira Orphée, Su demonio privado. María Luisa Bombal, El árbol. Armonía Somers, El desvío. Rosario Castellanos, Lección de cocina. Dora Alonso, Una. Nélida Piñon, Cosecha. María Luisa Puga, Joven madre. Mercedes Valdivieso, La brecha. Luisa Mercedes Levinson, A la sombra del búho. Julieta Pinto, La vieja casona. Moravia Ochoa López, Madrecita. María Virginia Estenssoro, El hijo que nunca fue. María Luisa Mendoza, Tercera cultura. Surama Ferrer, Las ratas. Carmen Lyra, La mujer de la casa. Vol. 2: Silvina Bullrich, El amante. Amalia Jamilis, Un día diferente. Amalia Puga de Losada, El jabón de hiel. Argentina Díaz Lozano, El bandido de Sensentí. Yolanda Oreamuno, Valle alto. Inés Arredondo, En la sombra. Margarita Aguirre, El desalojo. Antonia Palacios, La llegada. Mariela Alvarez, En común. Teresa Porzecanski, Tercera apología. Clarice Lispector, Mientras tanto. Alicia Steimberg, La flor de lis. Amparo Dávila, Tina Reyes. Silvina Ocampo, La paciente y el médico. Margo Glantz, Historia de una virgen. Julieta Campos, Todas las rosas. Cristina Peri Rossi, Gambito de reina. Adela Zamudio, El velo de la purísima. Fabiola Solís de King, Todo un acontecimiento. Marta Brunet, Humo hacia el sur. Teresa López de Vallarino. Lygia Fagundes Telles, Al muchacho del saxofón. Guadalupe Amor, Raquel Rivadeneira, Guadalupe amor. Teresinca Pereira, Enarcisada. Fanny Buitrago, Mammy deja el oficio. Rosario Ferré, Cuando las mujeres quieren a los hombres. Beatriz Guido, Usurpación. Rosa Arciniega, Playa de vidas. Marta Lynch, Cuentos de colores. María Wiesse, El milagro. Leonor Paz y Paz, Suicidio. Ana Iris Chaves de Ferreiro, El guerrillero.

Very extensive intro. to both volumes, totally almost one hundred pages, on women's writing in Latin America.

**A 125** <u>Selecta colección de historias y cuentos</u>. Valparaíso: Imprenta Europa, 1895. 98 pp.

Titles: Historia de un ladrón. Las brujas. El amigo. El hijo de la otra. La Pava. Una conversación agradable. Donde hai para uno hai para dos. El caballero de la escudilla. Tontos i Listos. Un susto de muerte. Así paga el Diablo a quien bien le sirve. La fuente de hermosura. "Este era un rei." Estratajema celestial. Un buen rei. El hombre tímido. Los tres ladrones.

The stories are all anonymous. No editor or intro. One of the earliest anthologies of short stories from Latin America, but does not much resemble later anthologies.

**A 126**  Silva-Velázquez, Caridad L., and Nora Erro-Orthman, eds., intro. and notes. Puerta abierta: La nueva escritora latinoamericana. Mexico City: Joaquín Mortiz, 1986. 348 pp.

> Margarita Aguirre, Operación Carmelo. Inés Arredondo, Mariana. Lydia Cabrera, La tesorera del diablo. Julieta Campos, La casa. Aida Cartagena Portalatín, La llamaban Aurora. Rosario Castellanos, Cabecita blanca. Amparo Dávila, El último verano. Isabel Edwards, Los versos del bibliotecario. Lygia Fagundes Telles, La cacería. Rosario Ferré, Mercedes Benz 220 SL. Lucía Fox-Lockert, Detrás del telón. Elena Garro, Perfecto luna. Angélica Gorodischer, Bajo las jubeas en flor. Sylvia Lago, Vida de hogar. Marta Lynch, Recién casados. Cristina Peri Rossi, La estampida. Syria Poletti, El tren de medianoche. Elena Poniatowska, La hija del filósofo. Armonía Somers, La inmigrante. Gloria Stolk, Grillos y mariposas. Marta Traba, Pasó así. Luisa Valenzuela, Cambio de armas. Rima Vallbona, Penélope en sus bodas de plata.

Brief intro. on the "boom" in women's writing in Latin America.

**A 127**  Sorrentino, Fernando, ed. and intro. Treinta cuentos hispanoamericanos (1875-1975). 3rd ed. Buenos Aires: Editorial Plus Ultra, 1978. 288 pp.

> Adolfo Bioy Casares, En memoria de Paulina. Jorge Luis Borges, El etnógrafo. Julio Cortázar, Pequeña historia. Marco Denevi, En honor de Yayá. Horacio Quiroga, Los inmigrantes. Porfirio Díaz Machicao, Quilco en la raya del horizonte. Gabriel García Márquez, Un día de éstos. Manuel González Zeledón, El clis de sol. José Martí, La muñeca negra. Federico Gana, La señora. Baldomero Lillo, La compuerta No. 12. Juan Bosch, La mujer. Demetrio Aguilera Malta, El cholo que se vengó. Salvador Salazar Arrué, Trasmallo. Miguel Angel Asturias, El hermano Pedro. Froilán Turcios, La mejor limosna. Juan José Arreola, Una reputación. Manuel Gutiérrez Nájera, Historia de un peso falso. José López Portillo y Rojas, Reloj sin dueño. Rubén Darío, El fardo. Octavio Méndez Pereira, El cacique Careta. Juan Natalicio González, La muerte desviada. Ricardo Palma, El cigarrero de Huacho. Sebastián Salazar Bondy, El niño dormido. Abraham Valdelomar, El hipocampo de oro. Enrique A. Laguerre, El Baquiné. Mario Benedetti, Esa boca. Felisberto Hernández, La pelota. Javier de Viana, ¡Lindo Pueblo! Pedro Emilio Coll, El diente roto.

Includes stories from all nineteen Spanish-American countries, though the selections are rather cautious. The long time span covered, combined with the inclusion of countries in alphabetical order, makes the whole rather incoherent.

**A 128**  Stoudemire, Sterling A., ed. Cuentos de España y de América. Boston: Houghton Mifflin, 1942. 237 pp.

> Spanish-American writers included are: Rafael R. Muñoz. J. M. Puig Casauranc. Luis Garrido. Horacio Quiroga. Gerardo Gallegos.

Unable to annotate.

**A 129**  Subero, Efraín, ed. and intro. Narradores latinoamericanos: Antología. Caracas: Equinoccio, Editorial de la Universidad Simón Bolívar, 1976. 542 pp.

> Jorge Luis Borges, La muerte y la brújula. Julio Cortázar, La autopista del sur. Augusto Céspedes, El pozo. Renato Prada Oropeza, El regreso. Adonías Filho, El túmulo de las aves. João Guimarães Rosa, La oportunidad de Augusto Matraga. Gabriel García Márquez, Isabel viendo llover en Macondo. Manuel Mejía Vallejo, Tiempo de sequía. Fabián Dobles, El gato con zapatos. Alejo Carpentier, Viaje a la semilla. Edmundo Desnoes, Una aventura en el trópico. José Donoso, Ana María. Manuel Rojas, El vaso de leche. Enrique Gil Gilbert, Cometierra. Ardón Ubidia Madrid, La consumación. Pedro Jorge Vera, Luto eterno.

Salvador Salazar Arrué ["Salarrue"], Hasta el cacho.  Miguel Angel Asturias, El espejo de Lida Sal.  Luc B. Innocent, La hijastra.  Alejandro Castro, Confesiones de un niño descalzo.  Juan José Arreola, El guardagujas.  José Emilio Pacheco, La reina.  Juan Rulfo, Nos han dado la tierra.  Pablo Antonio Cuadra, Agosto.  Rogelio Sinán, A la orilla de las estátuas maduras.  Gabriel Casaccia, El ansia secreta.  Augusto Roa Bastos, Encuentro con el traidor.  José María Arguedas, La agonía de Rasu Ñiti.  Alfredo Bryce Echenique, Con Jimmy en Paracas.  Julio Ramón Ribeyro, Al pie del acantilado.  René Marqués, Otro día nuestro.  Juan Bosch, Maravilla.  Marcio Veloz Maggiolo, El coronel Buenrostro.  Mario Benedetti, El presupuesto.  Juan Carlos Onetti, El posible Baldi.  Julio Garmendia, Manzanita.  La mano junto al muro.  Arturo Uslar Pietri, La lluvia.

Subero says that the whole literature department of the Universidad Simón Bolívar, fifteen people in all, participated in the selection of the stories.

**A 130**  Terc, Nemen Michel, et al.  <u>Premios León Felipe de cuento</u>.  Mexico City: Finisterre, 1972.  147 pp.

Nemen Michel Terc, Las bofetadas.  Celso Amiera, Baile clandestino.  Fabián Dobles, Los hombres no lloran.  Humberto Mansylla, El señor del ostracismo.  Carlos Roberto Morán, Perseguido.  Sergio Ramírez, El centerfielder.  Marcelo del Río, La bomba "L."  María Teresa León, Manos arriba.  Victoria Urbano, Y era otra vez hoy.

No intro. or notes.  Stories from a contest.

**A 131**  Ugarte V., Eiffer, ed.  <u>Citas prosas y cuentos</u>.  Intro. P. J. V.  Quito: Ediciones Indoamericanas, n. d.  198 pp.

Juan León Mera, Las desgracias del Indio Pedro.  José de la Cuadra, Guásinton.  Enrique Gil Gilbert, Mardecido llanto.  Pablo Palacio, El antropófago.  Jorge Icaza, El cholo Ashco.  Julio Cortázar, El discurso del oso, Casa tomada.  Juan Rulfo, Acuérdate.  Arturo Uslar Pietri, El baile de tambor.  Winston Orrillo, Abelardo.  Luis Alberto Sánchez, La Perricholi.  José Carlos Mariátegui, La unidad de América Indo Española.  Ciro Alegría, Navidad en los Andes.  José María Arguedas, La autoridad.  Abraham Valdelomar, El caballero Carmelo.  Inca Garcilaso de la Vega, El comienzo fabuloso de un gran imperio, Anécdotas de Atahualpa en prisión.  Ricardo Palma, Tres cuestiones históricas sobre Pizarro, El obispo Chicheñó, Las tres etcéteras del Libertador.  Fernando Alegría, La cacería.  Oscar Vásquez Salazar, Chacharacha.  Nicomedes Guzmán, El pan bajo la bota.  Manuel Rojas, El vaso de leche.  Oscar Cerruto, La estrella de agua.  Augusto Céspedes, El pozo.  Elías Zalles Ballivián, El duende de quila quila.  Juan Carlos Onetti, Mascarada.

The authors included are from Ecuador, Argentina, Mexico, Venezuela, Peru, Chile, Bolivia and Uruguay.  The brief intro. discusses the origin and definition of the genre.  Intended for use in secondary schools.

**A 132**  Uribe, Augusto, ed. and intro.  <u>Latinoamérica fantástica</u>.  Barcelona: Ultramar Editores, 1985.  299 pp.

Sergio Gaut vel Hartman, Los trepadores.  Marcial Souto, El intermediario.  Carlos Gardini, Primera línea.  Jaime Poniachik, Vidas ejemplares.  Eduardo Abel Giménez, Quiramir.  Raúl Alzogaray, Una flor lenta.  Graciela Parini, Entre gatos y medianoche.  Fernando Morales, El negro.  Daniel Barbieri, El vendrá por mí a medianoche.  Daniel Croci, Tesis para una nueva literatura fantástica nacional.  Mario Levrero, La casa abandonada.  W. Gabriel Mainero, El Plumero.  Elvio E. Gandolfo, El manuscrito de Juan Abal.  Ana María Shua, La sueñera.  Eduardo J. Carletti, Mopsi, te odio.  Tarik Carson, La garra perpetua.  André Carneiro, El Mudo.  Esteban Sayegh, Tres cuentos.  Angélica Gorodischer, Acerca de ciudades que crecen descontroladamente.

Science fiction.  Contains a final essay by Angélica Gorodischer.

**A 133**  Valadés, Edmundo, ed. and intro.  <u>Con los tiernos infantes terribles</u>.  Mexico City: GV Editores, 1988.  293 pp.

Latin American authors included are: Juan Rulfo, Macario. Héctor Sandro, Modificación de último momento. Juana de Ibarbourou, Angeles pintados. Fanny Buitrago, Años de miel. Marta Nos, Morir es juego de niños. Agustín Monsreal, Amanda. Adela Fernández, El montón. Juan José Hernández, Así es Mamá. Alfredo Cardona Peña, La camelia. Francisco Tario, Yo de amores qué sabía. Carmen Báez, El hijo de la tiznada. Tomás Rivera, Las salamandras. Liliana Heker, Los panes dorados. Enrique Wernicke, Los caracoles. René Ariza, El crisol. Andrés Henestrosa, El retrato de mi madre.

Stories about childhood. Also includes a variety of writers from elsewhere in the world.

**A 134** Varela, Benito, ed. and intro. <u>El cuento hispanoamericano contemporáneo: Antología</u>. Colección Arbolí, 1. Tarragona: Ediciones Tarraco, 1976. 204 pp.

Horacio Quiroga, El hombre muerto. Ciro Alegría, Muerte del cabo Cheo López. Arturo Uslar Pietri, El venado. Miguel Angel Asturias, Juan Hormiguero. Jorge Luis Borges, La casa de Asterión. Lino Novás Calvo, Cayo Canas. Alejo Carpentier, Así sucedió. Juan Carlos Onetti, Excursión. Ernesto Sabato, Informe sobre ciegos. Juan José Arreola, La migla. Juan Rulfo, La noche que lo dejaron solo. Julio Cortázar, Casa tomada. Carlos Fuentes, Chac Mool. Gabriel García Márquez, Los funerales de la Mamá Grande. Mario Vargas Llosa, Los jefes. José Donoso, Ana María. Guillermo Cabrera Infante, Viñetas.

Contains mostly fragments of novels. The introduction reveals an amazing ignorance of the Latin American short story, and a confused idea of narratology.

**A 135** Vázquez, Alberto M., ed. and intro. <u>Antología de cuentos hispanoamericanos</u>. New York: Regents Publishing Company, 1976. 463 pp.

Rafael Delgado, La chachalaca. Luis Felipe Rodríguez, El despojo. Federico Gana, La señora. Manuel Gutiérrez Nájera, Indiscreciones, (Un quid pro quo). Manuel Díaz Rodríguez, Cuento blanco. Rubén Darío, El pájaro azul. Amado Nervo, Una esperanza. Carlos Eduardo Zabaleta, Un vuelo de canastas. José María Roa Bárcena, Lanchitas. Ricardo Fernández Guardia, Hidalguía. Julio Ramón Ribeyro, Scorpio. Juan Bosch, Revolución. José de la Cuadra, El cóndor de oro. Juan José Morosoli, Romance. Enrique López Albújar, El brindis de los yayas. Alfonso Hernández Catá, La galleguita. Baldomero Lillo, El chiflón del diablo. Carlos Montenegro, Los héroes. José Rafael Pocaterra, La I latina. Hernando Téllez, Espuma y nada más. Horacio Quiroga, A la deriva, El hijo. Rogelio Sinán, A la orilla de las estatuas maduras. Rafael Maluenda, Perseguido. Carlos Samayoa Chinchilla, el novillo careto. Javier de Viana, El zonzo Malaquías. Francisco Espínola, El hombre pálido. Lino Novás Calvo, A ese lugar donde me llaman. Humberto Rivas Mijares, El murado. Ventura García Calderón, El alfiler. Arturo Uslar Pietri, La lluvia. Juan Carlos Dávalos, El viento blanco. Abraham Valdelomar, El caballero Carmelo. Adolfo Bioy Casares, Moscas y arañas. Ricardo Palma, El obispo chicheñó, Las orejas del Alcalde. José Revueltas, Barra de Navidad. Julio Cortázar, La salud de los enfermos. Oscar Castro, Lucero. Juan Rulfo, Diles que no me maten. Jorge Luis Borges, El Sur.

Includes a Spanish-English glossary.

**A 136** Vázquez, Alberto. <u>Cuentos de la América española</u>. New York: Logmans, Green, 1952. 280 pp.

Unable to annotate.

**A 137** Vélez Dossman, Hernán, and Miriam Torres Aparicio, eds. and notes. <u>Selección del cuento latinoamericano</u>. Intro. Jorge Luis Borges. Cali: Taller Gráfico, 1981. 2nd ed. 1982. 147 pp.

Esteban Echeverría, El matadero. Horacio Quiroga, El hombre muerto. Jorge Luis Borges, El fin. Alejo Carpentier, Los fugitivos. Ciro Alegría, Calixto Garmendia. Augusto Roa Bastos, La excavación. Juan Rulfo, Diles que no me maten. Arturo Uslar Pietri, La lluvia. Onelio Jorge Cardoso, El cuentero. Juan José Arreola, El guardagujas. João Guimarães Rosa, Los hermanos Dagobe. Juan Carlos Onetti, Bienvenido Bob. Adolfo Bioy Casares, Moscas y

arañas. Julio Cortázar, Omnibus. Gabriel García Márquez, Un señor muy viejo con unas alas enormes. Abdón Ubidia, La consumación.
The intro. essay by Borges is called "El libro" (from Borges, oral).

**A 138** Vendrell y López, Juan S., and Diaulas Riedel, eds. Maravilhas do conto hispano-americano. Intro. and notes. Edgard Cavalheiro. São Paulo: Editôra Cultrix, 1958. 299 pp.

> Manuel Ugarte, Os cavalos selvagens. Eduardo Mallea, O capitão. Alfredo Flores, Hurtado, o bandoleiro. Mariano Latorre, A desconhecida. Baldomero Lillo, O caldeiro do diabo. Eduardo Caballero Calderón, Assombrações. Fabián Dobles, O homem das pernas cruzadas. Alfonso Hernández Catá, O confessor de Monstros. Lydia Cabrera, O Morro de Mambiala. Arturo Ambrogi, A caça da serpente. José Joaquim da Silva, A caçada. Miguel Angel Asturias, Torotumbo. Marcos Carías Reyes, Vidas quebradas. Amado Nervo, O formigão. Manuel Gutiérrez Nájera, História de uma moeda falsa. Rubén Darío, Sóror Filomela. Emilio Serta, Magia. Natalicio González, O touro de Tarumá. Ciro Alegría, A desconhecida. Ricardo Palma, O encontro. Cayetano Coll y Toste, O valentão de Bermejales. Fabio Fiallo, O castigo. Horacio Quiroga, Em declive. Francisco Espínola Filho, O homem pálido. Rómulo Gallegos, O escultor invisível. Rufino Blanco-Fombona, Véspera de Eleições.

Spanish American short stories in Portuguese translation, for the Brazilian market.

**A 139** Verdevoye, Paul, ed. and intro. Antología de la narrativa hispanoamericana 1940-1970. Madrid: Gredos, 1979. 2 vols. 454 + 468 pp.

> Vol. 1: Demetrio Aguilera Malta, El enganche, Las amazonas, Africa en América. José Agustín, Cuál es la onda. Ciro Alegría, Los dioses, Rebeldía. Enrique Amorim, Pelea criolla, Rancherío. José María Arguedas, El despojo, El trompo, Indio y vecino. Juan José Arreola, El rinoceronte, Pueblerina, El pueblo. Miguel Angel Asturias, Correo-coyote, Confabulación, El día de justicia, Brujo bragueta, su esposa enana y la tal mulata. Rubén Bareiro Saguier, Diente por diente. Mario Benedetti, Padre e hijo, Parricida y suicida, Derrumbe. Adolfo Bioy Casares, Aclaración, Destinos cruzados. Jorge Luis Borges, Las ruinas circulares, Historia del guerrero y de la cautiva, Parábola del palacio, Borges y yo. Raúl Botelho Gosálvez, Los toros salvajes. Alfredo Bryce Etchenique, La profesora de piano. Eduardo Caballero Calderón, Los pueblos de provincia, El sacrificio, La confesión. Guillermo Cabrera Infante, Rompecabeza. Alejo Carpentier, En la selva, Hambre y muerte, Un traidor, Se restablece la esclavitud. Gabriel Casaccia, Dos hermanas, Revolución. Rosario Castellanos, Mestizaje religioso, Cristo indio. Oscar Collazos, Nuevas para la familia. Enrique Congrains Martín, Maruja y el perro. Julio Cortázar, Axolotl, Haga como si estuviera en su casa, Tablero de dirección, Así es el juego. Marco Denevi, Despedida, Sueños son. Antonio Di Benedetto, El juicio y el viaje, La vida o la muerte. Ramón Díaz Sánchez, Mundo primitivo y ardiente. José Donoso, Entre locos anda el juego, . . . de la noche. Jorge Edwards, El orden de las familias. Salvador Elizondo, Farabeuf, El personaje que algún escritor está inventando. Carlos Fuentes, Ixca Cienfuegos: Ciudad de México, Un revolucionario, Agonía, Reencuentro. Gabriel García Márquez, Hambriento, sí, pero muerto, no, Y entonces, Remedios, la bella, Estaba escrito.
> Vol. 2: Juan García Ponce, Desencuentro. Salvador Garmendia, Ciudad halucinada [sic]. Felisberto Hernández, Cocodrilo [sic], Mi cuerpo y yo. Jorge Icaza, El diablo blanco, Huasipungo y comunidad. Vicente Leñero, Que toda la vida es sueño. José Lezama Lima, Amores y terrores sexuales, Amistad y creación. Eduardo Mallea, Diario a una desconocida, Vivir y escribir. Leopoldo Marechal, Despertar, Crisol de razas, La hora en que Adán Buenosayres debe combatir solo. Carlos Martínez Moreno, Recién te encuentro. Manuel Mejía Vallejo, Venganza. Mario Monteforte Toledo, Caminos cruzados, Vendrán dioses que tengan sed de nuestras lágrimas. Daniel Moyano, La voz del padre. Manuel Mujica Lainez, Rival. Juan Carlos Onetti, El fin del mundo, Bienvenido, Bob. Miguel Otero Silva, Acoso, Fin de fiesta, Suicidio, Cuando quiero llorar no lloro. Alfredo Pareja Diezcanseco, Noticias gráficas, La victoria. Renato Prada Oropeza, La vida ardiente, Epílogo. Manuel Puig, Undécima entrega, Decimocuarta entrega. José Revueltas, La verdad. Julio Ramón Ribeyro, Las botellas y los hombres. Augusto Roa Bastos, Exodo, Destinados, Misión. Manuel Rojas, Hijo de ladrón. Juan Rulfo, Regreso, Aquel amor. Ernesto Sabato, El ladrón y la princesa, Informe

sobre ciegos. Severo Sarduy, Junto al río de Cenizas de Rosa. Manuel Scorza, Curiosísima historia de un malestar de corazones no nacido de la tristeza. Arturo Uslar Pietri, Opiniones. Mario Vargas Llosa, El perro cava, La indiecita, Política. Bernardo Verbitsky, El recuerdo terrible de villa basura. David Viñas, La caballería, Un militar. Agustín Yáñez, Un pueblo de Jalisco, Civilización y barbarie.

Many of the selections are fragments of novels, with titles invented by Verdevoye.

**A 140** Walsh, Donald Devenish, ed. and intro. <u>Seis relatos americanos</u>. New York: W. W. Norton, 1943. 242 pp.

> Eduardo Barrios, El substituto. Jorge Ferretis, Lo que llaman fracaso. Augusto Céspedes, El pozo. Teresa de la Parra, Vicente Cochocho. Ciro Alegría, Perro de bandolero. Benito Lynch, El antojo de la patrona.

Includes Spanish-English glossary.

**A 141**  Walsh, Rodolfo J., ed.  <u>Antología del cuento extraño</u>.  Buenos Aires: Hachette, 1976.  4 vols.  245 + 207 + 210 + 262 pp.

> Latin American writers included are: Vol. 1: Leopoldo Lugones, La estatua de sal. Jorge Luis Borges, El milagro secreto.
> Vol. 2: Adolfo Bioy Casares, La trama celeste. Bernardo Kordon, Un poderoso camión de guerra. Julio Garmendia, La tienda de muñecos.
> Vol. 3: Ricardo Palma, El alacrán de Fray Gómez. José Bianco, Sombras suele vestir. Miguel Angel Asturias, Venado de las siete rozas.
> Vol. 4: Oscar Cerruto, Los buitres. Silvina Ocampo, La sed.

Also includes world authors such as Tolstoy, Bierce, Wells and Kafka.

**A 142**  Wilkins, Laurence A., ed.  <u>Antología de cuentos americanos</u>.  Intro. Federico de Onís.  Boston: Heath, 1924.  287 pp.

> Pedro Emilio Coll.  Alberto Gerchunoff.  Tancredo Pinochet Le-Brun.  Agustín Alvarez. Vicente Riva Palacio.  José Antonio Campos.  Horacio Quiroga.  Carmen Lyra.  Manuel Ugarte.  Jesús Castellanos.  Enrique Méndez Calzada.  Rafael Barrett.  Luisa Israel de Portela. Amado Nervo.  Manuel J. Ortiz.  Ricardo Palma.  Alfonso Hernández-Catá.  Rafael Delgado. José Sixto Alvarez.  Javier de Viana.  Martiniano Leguizamón.

Unable to annotate.

**A 143**  Yahni, Roberto, ed., intro. and notes.  <u>Prosa modernista hispanoamericana: Antología</u>.  Madrid: Alianza Editorial, 1974.  192 pp.

> Short stories included are: José Martí, La muñeca negra. Manuel Gutiérrez Nájera, El vago, La novela del tranvía, Los amores del cometa. Julián del Casal, Crónica semanal. José Asunción Silva, Transposiciones, El paraguas del padre León. Rubén Darío, El velo de la reina Mab, La canción del oro, Toros. Luis G. Urbina, Castillos en el aire. Darío Herrera, La nueva Leda. Manuel Díaz Rodríguez, Cuento negro. Angel de Estrada, Petit Trianón. Clemente Palma, Los ojos de Lina. Enrique Gómez Carrillo, Suntuosas evocaciones. Rafael Arévalo Martínez, El hombre que parecía un caballo. Eloy Farina Núñez, Las vértebras de Pan. Pedro Prado, El mar eterno, Los cabellos.

Also includes some essays.

**A 144**  Yates, Donald A., ed. and intro.  <u>El cuento policial latinoamericano</u>. Antologías Studium, 9.  Mexico City: Ediciones de Andrea, 1964.  145 pp.

> Alberto Edwards, El secuestro del candidato. Antonio Helú, Piropos a medianoche. Bustos Domecq, Las doce figuras del mundo. Leonardo Castellani, El caso de Ada Terry. María Elvira Bermúdez, El embrollo del reloj. Manuel Peyrou, Julieta y el mago. Alfonso Ferrari Amores, El papel de lata. L. A. Isla, El caso del botánico. W.I. Eisen, Jaque mate en dos jugadas. Pepe Martínez de la Vega, El muerto era un vivo. Adolfo Pérez Zelaschi, Las senales. Jorge Luis Borges, La muerte y la brújula.

According to Yates, the crime fiction genre has been most popular in three urban centers: Buenos Aires, Santiago and Mexico City.

**A 145**  Zanetti, Susana, ed., intro. and notes.  <u>Costumbristas de América Latina: Antología</u>.  Buenos Aires: Centro Editor de América Latina, 1973.  165 pp.

> Felipe Pardo y Aliaga, Un viaje.  José Joaquín Vallejo, Una enfermedad.  Esteban Echeverría, Un llanero en la Capital.  Manuel A. Alonso, Una pelea de gallos.  J. M. Vergara y Vergara, Las tres tazas.  Eugenio Díaz, El Canel del Totumo.  Nicanor Bolet Peraza, Los baños de Macuto.  José Milla, La feria de Jorotenango.  José Sixto Alvarez, A la hora del té.  Abelardo M. Gamarra, La Mamacha.  Aquileo J. Echeverría, La firmita.  Daniel Riquelme, La ollita.  Angel de Campo, Doña Chole.  Manuel González Celedón, El clis del sol.

Good intro. and bio-bibliographical notes.

**A 146**  Zanetti, Susana, ed., intro. and notes.  <u>El cuento hispanoamericano contemporáneo</u>.  Buenos Aires: Centro Editor de América Latina, 1978.  176 pp.

> José de la Cuadra, Olor de cacao.  Alejo Carpentier, Semejante a la noche.  Jorge Luis Borges, Biografía de Tadeo Isidoro Cruz.  Juan Rulfo, Macario.  Augusto Céspedes, El pozo.  Felisberto Hernández, El balcón.  José María Arguedas, La agonía de Rasu Ñiti.  Julio Cortázar, Cartas de mamá.  Antonio Márquez Salas, ¡Como Dios!  Augusto Roa Bastos, Hogar.  José Félix Fuenmayor, La muerte en la calle.  Juan Carlos Onetti, Esbjerg en la costa.  Juan Bosch, La mujer.

Excellent intro., good selection.

**A 147**  Zanetti, Susana, ed. and notes.  <u>El cuento hispanoamericano del siglo XIX</u>.  Buenos Aires: Centro Editor de América Latina, 1978.  128 pp.

> Rubén Darío, El fardo.  Rafael Delgado, El desertor.  Daniel Riquelme, El perro del regimiento.  Manuel Díaz Rodríguez, Las ovejas y las rosas del padre Serafín.  Roberto J. Payró, Poncho de verano.  Manuel Gutiérrez Nájera, Rip-Rip el aparecido.  Luis M. Urbaneja Achelpohl, ¡Ovejón!  Clemente Palma, Los ojos de Lina.  Javier de Viana, Ultima campaña.  Amado Nervo, Una esperanza.  Tomás Carrasquilla, San Antoñito.  Baldomero Lillo, La compuerta número 12.

Excellent intro.

**A 148**  Zuasti, Nieves, ed.  <u>Cuentos de amor con humor</u>.  Letra Grande, 9.  Madrid: Editorial Popular, 1988.  93 pp.

> Latin American authors included are: Silvina Ocampo, Los celosos.  José Miguel Oviedo, La vida maravillosa.  Horacio Quiroga, Dieta de amor.

Also includes works by five Spanish authors, Josep-Vicent Marqués, Manuel Vicent, Camilo José Cela, Manuel L. Alonso and Manuel Vázquez Montalbán.

# B. General Anthologies in English Translation

**B 1** Agosín, Marjorie, ed. and intro. <u>Landscapes of a New Land: Short Fiction by Latin American Women</u>. Buffalo: White Pine Press, 1989. 194 pp.

> María Luisa Bombal, Sky, Sea and Earth. Margo Glantz, Genealogies. Yolanda Bedregal, "Good Evening, Agatha." Hilda Hilst, An Avid One in Extremis and Natural Theology. Patricia Bins, Destination. Nélida Piñón, I Love My Husband. Elena Poniatowska, The Message. Lygia Fagundes Telles, The Key. Marta Brunet, Solitude of Blood. Clarice Lispector, Plaza Mauá. Helena Araujo, The Open Letter. Alicia Steimberg, Cecilia's Last Will and Testament. Carmen Naranjo, The Compulsive Couple of the House on the Hill. Luisa Valenzuela, The Snow White Guard. Dora Alonso, Cage Number One. Laura Riesco, Jimena's Fair. Amalia Rendic, A Child, a Dog, the Night. Jacqueline Balcells, The Enchanted Raisin. Silvina Ocampo, The Servant's Slaves. Elvira Orphée, The Beguiling Ladies. Cristina Peri Rossi, The Museum of Futile Endeavors.

Brief intro. calls attention to women's participation in politics, as well as their traditional roles in the domestic sphere.

**B 2** Caistor, Nick, ed. and intro. <u>The Faber Book of Contemporary Latin American Short Stories</u>. London: Faber, 1989. 188 pp.

> Isidoro Blaisten, Uncle Facundo. Daniel Moyano, Aunt Lila. Luisa Valenzuela, Up Among the Eagles. João Ubaldo Ribeiro, Alaindelon de la Patrie. Moacyr Scliar, Peace and War. Isabel Allende, The Judge's Wife. Reinaldo Arenas, Goodbye Mother. Arturo Arias, Women in the Middle. Rodrigo Rey Rosa, The Proof. Jesús Gardea, Martina's Wardrobe. María Luisa Puga, The Trip. Sergio Ramírez, Saint Nikolaus. Fernando Silva, Chicken for Three. Helio Vera, Under Orders. Alfredo Bryce Echeniuqe, Anorexia with Scissors. Rolando Hinojosa, The Rites. Eduardo Galeano, The Rest is Lies. Juan Carlos Onetti, Presence. Cristina Peri Rossi, The Museum of Vain Endeavours. Luis Britto García, The Game.

Excellent intro., interesting selections. Includes Brazilian and Chicano writing.

**B 3** Colford, William, ed., intro. and trans. <u>Classic Tales from Spanish America</u>. New York: Barron's Educational Service, 1962. 210 pp.

> Manuel Rojas, The Cub, The Glass of Milk. Eduardo Barrios, Like Sisters. Baldomero Lillo, The Abyss. Ricardo Jaimes Freyre, Indian Justice. Ricardo Palma, The Magistrate's Ears, Margarita's Nightgown. Héctor Velarde, Father's Day. Leopoldo Lugones, Yzur. Roberto Gerchunoff, The Owl. Javier de Viana, The Horse-Breaker. Horacio Quiroga, The Contract

> Workers. Arturo Uslar Pietri, The Voice. Rubén Darío, The Death of the Empress of China. Amado Nervo, One Hope. Gregorio López y Fuentes, A Letter to God. Rafael Bernal, Natural Causes. Gonzalo Mazas Garbayo, The Valley. Enrique Serpa, Against Regulations. Cayetano Coll y Toste, The Pirate's Treasure. Abelardo Díaz Alfaro, "Santo Clo" Comes to La Cuchilla.

From the intro.: "Hispanic America has issued its declaration of cultural independence; its literature has come of age, and is speaking in a bold, clear voice for all to hear."


**B 4**  Correas de Zapata, Celia, ed. and intro.  Short Stories by Latin American Women: The Magic and the Real. Intro. Isabel Allende. Houston: Arte Público Press, 1990.  224 pp.

> Isabel Allende, An Act of Vengeance. Dora Alonso, Sophie and the Angel. Helena Araujo, Asthmatic. María Luisa Bombal, The Tree. Rosario Castellanos, Culinary Lesson. Amparo Dávila, The End of a Struggle. Guadalupe Dueñas, In Heaven, Shoes for the Rest of my Life. María Virginia Estenssoro, The Child That Never Was. Rosario Ferré, The Poisoned Tale. Elena Garro, Blame the Tlaxcaltecs. Nora Glickmann, The Last Emigrant. Lucía Guerra, The Virgin's Passion. Liliana Heker, Berkley or Mariana of the Universe. Vlady Kociancich, Knight, Death and the Devil. Luisa Mercedes Levinson, The Cove. Clarice Lispector, Looking for Some Dignity. María Elena Llano, In the Family. Carmen Naranjo, Symbiotic Encounter. Olga Orozco, The Midgets. Antonia Palacios, A Gentleman on the Train. Cristina Peri Rossi, Breaking the Speed Record. Nélida Piñón, Big-bellied Cow. Josefina Pla, To Seize the Earth. Elena Poniatowska, Park Cinema. Teresa Porzencanski, The Story of a Cat. María Teresa Solari, Death and Transfiguration of a Teacher. Marta Traba, The Tale of the Velvet Pillows. Luisa Valenzuela, Up Among the Eagles. Rima de Vallbona, Penelope's Silver Wedding Anniversary. Ana Lydia Vega, Cloud Cover Caribbean. Alicia Yáñez Cossío, The IWM 1000.

"One of the basic purposes of this anthology is to make available to universities and to the public at large the works of authors of merit and to dispel the image of the shawled, silent Latin American woman."


**B 5**  Denevi, Marco, et al.  Prize Stories from Latin America: Winners of the "Life en Español" Literary Contest. Intro. Arturo Uslar Pietri. Garden City: Doubleday, 1963.  398 pp.

Translation of Denevi et al., Ceremonia secreta y otros cuentos de América Latina premiados en el Concurso Literario de "Life en Español, 1960. For contents see A 48.


**B 6**  Flores, Angel, and Dudley Poore, eds.  Fiesta in November: Stories from Latin America. Intro. Katherine Anne Porter. Boston: Houghton Mifflin, 1942.  vi + 608 pp.

> Eduardo Mallea, Fiesta in November. Demetrio Aguilera Malta, Don Goyo. José Diez-Canseco, Gaviota. Luis Tablanca, Country Girl. Guillermo Meneses, The Sloop "Isabel" Arrived this Evening. José Rubén Romero, The Futile Life of Pito Perez. Héctor I. Eandi, Dangerous Men. Jorge Amado, Sea of the Dead. Horacio Quiroga, The Fugitives. Rogelio Sinán, They Came to a River. Juan Carlos Dávalos, The White Wind. Arturo Uslar Pietri, Rain. Abraham Valdelomar, The Good Knight Carmelo. Adolfo Costa du Rels, La Misqui-Simi. Salvador Reyes, Vagabonds' Christmas Eve. Rafael Maluenda Labarca, Escape. Armando Arriaza, Pilgrimage. Eduardo Barrios, Brother Ass.

Some of the texts are excerpts from novels.


**B 7**  Flores, Angel, ed. and intro.  Great Spanish Short Stories. New York: Dell Publishing, 1962.  304 pp.

Unable to annotate.

**B 8**  Flores, Angel, ed. and intro. Spanish Stories. Cuentos Españoles. New York: Bantam, 1960. 339 pp.

> Latin American authors included are: Horacio Quiroga. Benito Lynch. Jorge Luis Borges.

Bilingual text with notes, study questions and vocabulary.

**B 9**  Franco, Jean, ed. and intro. Short Stories in Spanish/ Cuentos hispánicos. Baltimore: Penguin, 1966. 203 pp.

> Jorge Luis Borges, Emma Zunz. Mario Benedetti, The Budget. H. A. Murena, The Cavalry Colonel. Gabriel García Márquez, Isabel's Soliloquy: Watching the Rain in Macondo. Juan Carlos Onetti, Welcome, Bob. Carlos Martínez Moreno, The Pigeon. Juan Rulfo, Talpa.

Also includes a story by Camilo José Cela (Spain). Bilingual ed. Good intro. Second vol. listed below under Lawaetz.

**B 10**  Fuentes, Carlos, et al. Triple Cross. New York: E. P. Dutton, 1972. 530 pp.

> Carlos Fuentes, Holy Place. José Donoso, Hell Has No Limits. Severo Sarduy, From Cuba With a Song.

Three novellas, translated by Suzanne Jill Levine (in collaboration with Hallie D. Taylor in the case of the Donoso novella).

**B 11**  Garfield, Evelyn Picon, ed. and intro. Women's Fiction from Latin America: Selections from Twelve Contemporary Authors. Detroit: Wayne State University Press, 1988. 355 pp.

> Lydia Cabrera, The Mire of Almendares, Tatabisako. Armonía Somers, The Tunnel, The Burial, Plunder. Elena Garro, The Tree. Clarice Lispector, Love, Family Ties. Griselda Gambaro, Bitter Blood. Elvira Orphée, Angel's Last Conquest, The Silken Whale. Carmen Naranjo, Ondina, Why Kill the Countess? Marta Traba, Mothers and Shadows, Conformity, All in a Lifetime. Julieta Campos, A Redhead Named Sabina, All the Roses. Nélida Piñón, Bird of Paradise, The New Kingdom. Luisa Valenzuela, Blue Water-Man, Other Weapons, I'm Your Horse in the Night. Isabel Allende, Rosa the Beautiful.

Some of the selections are excerpts from novels. Good intro. and biblio.

**B 12**  Gómez, Alma, Cherríe Moraga, and Mariana Romo-Carmona, eds. and intro. Cuentos: Stories by Latinas. New York: Kitchen Table/Women of Color Press, 1983. 241 pp.

> Gloria Liberman, La confesión. Rocky Gámez, Doña Marciana García, The Gloria Stories. Helen María Viramontes, Snapshots. Luz Selenia Vásquez, Como el cristal al romperse. Iris Zavala, Kiliagonía. Lake Sagaris, The March. Cenen, Hunger's Scent. María Carolina de Jusús, Childhood. Alma Gómez, El sueño perdido. Helena María Viramontes, Growing. Amina Susan Ali, Teenage Zombie, Memories of Her. Luz Selenia Vásquez, Papi y el otro. Luz María Umpierre, La veintiuna. Miriam Díaz-Diocaretz, Juani en tres tiempos. Mariana Romo-Carmona, La virgen en el desierto. Roberta Fernández, Amanda, Zulema. Rosario Morales, I Never Told My Children Stories. Cícera Fernández de Oliveira, We Women Suffer More Than Men. Cherríe Moraga, Pesadilla, Sin luz. Milagros Pérez-Huth, Day After Day, Who Killed Carmen's Cat?, Lucía. Gloria Anzaldúa, El Paisano Is a Bird of Good Omen. Elva Pérez-Treviño, Character Sketch of a Woman Looking. Aleida Rodríguez, February Notebook: A Month in a Nutshell. Sara Rosel, El viaje. Aurora Levins Morales, El bacalao viene de más lejos y se come aquí. Roberta Fernández, Zulema.

Includes glossary. Good intro. on Hispanic women's writing in the United States.

**B 13**  Haydn, Hiram, and Cournos, John, eds. A World of Great Stories. New York: Crown Publishers, 1947. 950 pp.

> Latin American writers included are: Mariano Latorre. Oscar Castro Z. José de la Cuadra. Augusto Céspedes. Jesús del Corral. Jorge Ferretis. Ventura García Calderón. Enrique

López Albújar. Benito Lynch. Alfonso Hernández-Catá. Horacio Quiroga. Luis Manuel
Urbaneja Achelpohl. Monteiro Lobato.

Latin American section extends from p. 860 to p. 950.

**B 14**  Howes, Barbara, ed. <u>The Eye of the Heart: Short Stories from Latin America</u>.
2nd ed. London: Allison & Busby, 1988. 576 pp.

> Machado de Assis, The Psychiatrist. Rubén Darío, The Bourgeois King. Leopoldo Lugones,
> Yzur. Horacio Quiroga, The Alligator War. Rómulo Gallegos, The Devil's Twilight. Ricardo
> Güiraldes, The Gauchos' Hearth. Gabriela Mistral, Why Reeds are Hollow. Alfonso Reyes,
> Major Aranda's Hand. César Vallejo, On the Other Side of Life and Death. Aníbal Monteiro
> Machado, The Piano. Jorge Luis Borges, The Other Death. Miguel Angel Asturias, Tatuana's
> Tale. Roberto Arlt, One Sunday Afternoon. Alejo Carpentier, Like the Night. Pablo Neruda,
> A Pine-Cone, A Toy Sheep. Lino Novás Calvo, As I Am . . . As I Was. Arturo Uslar Pietri,
> The Drum Dance. João Guimarães Rosa, The Third Bank of the River. Juan Carlos Onetti,
> Jacob and the Other. Juan Bosch, The Beautiful Soul of Don Damián. María Luisa Bombal,
> The Tree. Dinah Silveira de Queiroz, Tarciso. José María Arguedas, Warma Kuyay. Jorge
> Amado, How Porciúncula the Mulatto Got the Corpse Off His Back. Julio Cortázar, End of
> the Game. Octavio Paz, My Life with the Wave. Adolfo Bioy Casares, Miracles Cannot Be
> Recovered. Augusto Roa Bastos, Encounter with the Traitor. Juan Rulfo, Marcario. Armonía
> Somers, Madness. Juan José Arreola, The Switchman. Eliseo Diego, Concerning Señor de la
> Peña. Abelardo Díaz Alfaro, The Dogs. Clarice Lispector, The Smallest Woman in the World,
> Marmosets. Humberto Costantini, In the Beginning. José Donoso, Paseo. Gabriel García
> Márquez, The Handsomest Drowned Man in the World. Guillermo Cabrera Infante, A Nest
> of Sparrows on the Awning. Carlos Fuentes, The Two Elenas. Jorge Edwards, Weight-
> Reducing Diet. Mario Vargas Llosa, Sunday, Sunday.

A generous selection of fiction from the nineteenth and twentieth centuries,
including Brazil as well as Spanish America.

**B 15**  Howes, Barbara, ed. and intro. <u>From the Green Antilles: Writings of the
Caribbean</u>. New York: Macmillan, 1966. 368 pp.

> Spanish section includes: Juan Bosch, The Beautiful Soul of Don Damián. Eliseo Diego,
> Something to Everyone, How His Excellency Spent the Time. Lino Novás Calvo, Allies and
> Germans. Abelardo Díaz Alfaro, Josco. Pedro Juan Soto, The Innocents. Carlos Montenegro,
> Twelve Corals. Lydia Cabrera, Turtle's Horse, Walo-Wila. Emilio S. Belaval, The Purple
> Child. Alejo Carpentier, Return to the Seed. Tomás Blanco, The Child's Gifts: A Twelfth
> Night Tale.

Also includes writers from the English, French and Dutch Caribbean.

**B 16**  Lawaetz, Gudie, ed., intro. and notes. <u>Spanish Short Stories 2/Cuentos
Hispánicos 2</u>. Harmondsworth: Penguin, 1972. 214 pp.

> Jorge Edwards, After the Procession. Mario Vargas Llosa, Amalia. Jorge Onetti, The
> Thunderbox. Carlos Fuentes, The Cost of Living. Norberto Fuentes, Capitán Descalzo, Share
> and Share Alike. Gabriel García Márquez, Balthazar's Marvellous Afternoon. Julio Cortázar,
> The Disused Door.

Also contains one story from Spain, Ana María Matute's "The Man Who Repented."
The Vargas Llosa selection is from a novel. Bilingual texts. The previous volume is
listed above under Franco.

**B 17**  Leyland, Winston, ed. and intro. <u>My Deep Dark Pain Is Love: A Collection
of Latin American Gay Fiction</u>. E. A. Lacey, trans. San Francisco: Gay Sunshine
Press, 1983. 383 pp.

> "Lucio Ginarte," Orgy. Néstor Perlongher, Evita Lives. Carlos Correas, Tell It Like It Is.
> Manuel Puig, The Black Detective, The Sado-Masoch Blues, Classical Farrah. Carlos
> Arcidiácono, Woe Is Me, Jonathan. Luis Zapata, My Deep Dark Pain Is Love, The Red
> Dancing-Shoes. Reinaldo Arenas, End of a Story. Vicente Echerri, Double Nine. Jorge

Marchant Lazcano, Killing the Lady of the Camellias. Aníbal Machado, The Friend of the Wind. Mário de Andrade, Frederico Paciencia. Rubem Fonseca, St. Valentine's Day. Gasparino Damata, The Volunteer. Darcy Penteado, Australian Grass, Part-Time Hustler. Paulo Hecker Filho, Boarding-School. Caio Fernando Abreu, Sergeant Garcia, Those Two. Luiz Canabrava, Finding Out. Raimundo Magalhaes Jr., The Star Attraction. Jorge Domingos, The Wedding of the King of Spades, The Story the Ballads Don't Tell. Glauco Mattoso, The Saddest Thing Is That It's Over. Dalton Trevisan, The Well-Beloved. Miroel Silveira, Disturbing Miss Dolly. Alexandre Ribondi, The Blue Crime. Raul Pompéia, The Atheneum.

Useful collection of gay male fiction, mostly from Brazil. Some of the selections are excerpted from longer texts. The previous vol., Now the Volcano, is excluded here because it is not limited to narrative fiction.

**B 18**  Mancini, Pat McNees, ed. and intro. Contemporary Latin American Short Stories. Greenwich: Fawcett Publications, 1974. 479 pp.

Joaquim Maria Machado de Assis, Midnight Mass. Rubén Darío, The Case of Señorita Amelia. Leopoldo Lugones, Yzur. Horacio Quiroga, How the Flamingoes Got Their Stockings. Rómulo Gallegos, Peace on High. Miguel Angel Asturias, The Legend of "El Cadejo." Jorge Icaza, Big Precipice. Juan Bosch, Two Dollars Worth of Water. Jorge Amado, Sweat. Roberto Arlt, Small-Time Property Owners. Jorge Luis Borges, Death and the Compass. Alejo Carpentier, Journey Back to the Source. Octavio Paz, The Blue Bouquet. Julio Cortázar, Letter to a Young Lady in Paris. João Guimarães Rosa, The Third Bank of the River. Juan José Arreola, I'm Telling You the Truth. Augusto Roa Bastos, The Vacant Lot. Hernando Téllez, Just Lather, That's All. Adolfo Bioy Casares, A Letter about Emilia. María Luisa Bombal, The Tree. Juan Rulfo, Talpa. Carlos Fuentes, The Doll Queen. Gabriel García Márquez, Balthazar's Marvelous Afternoon. José Donoso, Paseo. Clarice Lispector, The Imitation of the Rose. René Marqués, Island of Manhattan. Juan Carlos Onetti, Welcome, Bob. Mario Benedetti, Gloria's Saturday. Pedro Juan Soto, The Innocents. Guillermo Cabrera Infante, Nest, Door, Neighbors. Norberto Fuentes, Honor Cleaned. Mario Vargas Llosa, Sunday. Manuel Puig, A Meeting. Abelardo Castillo, Ernesto's Mother. José Agustín, Mourning.

Good selection.

**B 19**  Manguel, Alberto, ed. and intro. Other Fires: Short Fiction by Latin American Women. Intro. Isabel Allende. New York: Clarkson N. Potter, 1986. 222 pp.

Armonía Somers, The Fall. Rachel de Queiroz, The Metonymy, or The Husband's Revenge. Marta Lynch, Latin Lover. Clarice Lispector, The Imitation of the Rose. Dinah Silveira de Queiroz, Guidance. Alejandra Pizarnik, The Bloody Countess. Angélica Gorodischer, Man's Dwelling Place. Vlady Kociancich, Knight, Death and the Devil. Inés Arredondo, The Shunamite. Albalucía Angel, The Guerrillero. Amparo Dávila, Haute Cuisine. Elena Poniatowska, The Night Visitor. Silvina Ocampo, Two Reports. Liliana Heker, The Stolen Party. Elena Garro, It's the Fault of the Tlaxcaltecas. Lygia Fagundes Telles, Tigrela. Beatriz Guido, The Usurper. Lydia Cabrera, How the Monkey Lost the Fruit of His Labor. Rosario Castellanos, Death of the Tiger.

Very uneven collection, with misleading notes to stories.

**B 20**  Menton, Seymour, ed. and intro. The Spanish American Short Story: A Critical Anthology. Berkeley: University of California Press, 1980. 496 pp.

Esteban Echeverría, The Slaughterhouse. Manuel Payno, Secret Love. José Victorino Lastarria, Rosa. José López Portillo y Rojas, Unclaimed Watch. Tomás Carrasquilla, Little Saint Anthony. Manuel González Zeledón [Magón], The 'Clipse. Javier de Viana, The Loves of Bentos Sagrera. Baldomero Lillo, Gate No. 12. Augusto D'Halmar, In the Provinces. Manuel Gutiérrez Nájera, After the Races. Rubén Darío, The Ruby. Rafael Arévalo Martínez, The Sign of the Sphinx. Ricardo Jaimes Freyre, Indian Justice. Horacio Quiroga, The Dead Man. Martín Luis Guzmán, The Festival of the Bullets. Jorge Ferretis, Men in a Storm. José Revueltas, God on Earth. Joaquín Gallegos Lara, She Was His Mother! Demetrio Aguilera Malta, The Cholo Who Got His Revenge. Enrique Gil Gilbert, Da Devil.

Salvador Salazar Arrué [Salarrué], The Treasure Jug. Víctor Cáceres Lara, Malaria. Juan Bosch, The Woman. Manuel Rojas, The Glass of Milk. Jorge Luis Borges, The Garden of Forking Paths. María Luisa Bombal, The Tree. Ramón Ferreira, A Date at Nine. Rogelio Sinán, The Red Beret. Juan Rulfo, Tell Them Not to Kill Me. Arturo Uslar Pietri, The Rain. Juan José Arreola, The Switchman. Eduardo Mallea, Conversation. Lino Novás Calvo, The Dark Night of Ramón Yendía. Augusto Roa Bastos, The Prisoner. Pedro Juan Soto, Champs. Enrique Congrains Martín, The Boy from Next to Heaven. Julio Cortázar, Meeting. Humberto Arenal, Mr. Charles. Alvaro Menéndez Leal, Fire and Ice. José Agustín, What's Cool.

Selections from Menton's larger anthology of the short story in Spanish. Here as in the Spanish version there is a strong reliance on a rigid periodization (romanticism, realism, naturalism, modernism, criollismo, etc.).

**B 21** Mordecai, Pamela, and Betty Wilson, eds. and intro. Her True-True Name: An Anthology of Women's Writing from the Caribbean. London: Heinemann Educational Books, 1989. 202 pp.

Beryl Gilroy, Frangipani House. Grace Nichols, Archie and Ivy. Janice Shinebourne, This is Modern Times. Zee Edgell, Beka Lamb. Omega Agüero, A Man, A Woman. Mirta Yáñez, We Blacks All Drink Coffee. Erna Brodber, Into this Beautiful Garden. Michelle Cliff, No Telephone to Heaven. Christine Craig, In the Hills. Velma Pollard, Monologue. Joan Riley, Closing the Case. Olive Senior, Do Angels Wear Brassieres? Sylvia Wynter Carew, The Kingdom of Heaven and The Rape. Marie Chauvet [Marie Vieux], Love. Hilma Contreras, The Window. Rosario Ferré, The Youngest Doll. Magali García Ramis, Every Sunday. Carmen Lugo Filippi, Recipes for the Gullible. Ana Lydia Vega, Cloud Cover Caribbean. Jamaica Kincaid, Marbles and At the Bottom of the River. Maryse Conde, Elikia. Simone Schwarz-Bart, Queen Without a Name. Myriam Warner-Vieyra, Juletane. Jean Rhys, I Used to Live Here Once, Let Them Call it Jazz. Phyllis Shand Allfrey, The Master Comes Home. Paule Marshall, Barbados. Merle Collins, Angel. Dionne Brand, Photograph. Rosa Guy, Desirée Dieu-Donnée. Marion Patrick-Jones, Elizabeth. Merle Hodge, Her True-True Name.

An excellent collection of stories by women from the English, French and Spanish speaking Caribbean (only the Dutch speaking islands are not represented). Good intro.

**B 22** Onís, Harriet de, ed. Spanish Stories and Tales. New York: Knopf, 1954. 270 pp.

Jorge Luis Borges. Arturo Cancela. Rómulo Gallegos. Ricardo Güiraldes. Eduardo Mallea. Lino Novás Calvo. Ricardo Palma. Horacio Quiroga. Arturo Souto Alabarce. Benjamín Subercaseaux. Hernando Téllez. Carlos Wyld Ospina.

Unable to annotate.

**B 23** Paschke, Barbara, and David Volpendesta, eds. Clamor of Innocence: Central American Short Stories. San Francisco: City Lights Book, 1988. 174 pp.

Eduardo Bähr, The Fever Heroes. Carmen Naranjo, Walls. Samuel Rovinski, The Grey Phantom. Hugo Lindo, A Train Ride. Rima Vallbona, Penelope on Her Silver Wedding Anniversary. Alvaro Menéndez Franco, Antistory. Julio Escoto, High Noon in April. Rogelio Sinán, Heaven's Surgeon. Lizandro Chávez Alfaro, Clamor of Innocence. Delfina Collado, Katok. Salarrué [Salvador Salazar Arrué], We Bad. Bertalicia Peralta, The Guayacan Tree. Juan Aburto, A Surrender of Love. Jorge Luis Oviedo, The Last Flight of the Sly Bird. Dante Liano, Democrash. Bessy Reyna, The Clean Ashtrays. Fernando Gordillo, Orders. Francisco Gavidia, The She-Wolf. Arturo Arias, The Woman in the Middle. Miguel Angel Asturias, Johnthe. Ernesto Cardenal, The Swede. David Escobar Galindo, The Barricade. Mario Roberto Morales, Dead Weight. Horacio Castellanos Moya, Setback. Carmen Lyra, Estefanía. Manlio Argueta, Taking Over the Street. Sergio Ramírez, The Center Fielder. Fabián Dobles, The Bridge. Enrique Jaramillo Levi, While He Lay Sleeping. Roberto Castillo, Anita, The Insect Hunter. Augusto Monterroso, Mr. Taylor.

No intro. The notes on the cover are a bit misleading, since many of these stories were written before the current civil strife in the area.

**B 24** Ramos García, Luis, ed. A South American Trilogy. Intros. Julieta de Godoy Ladeira, Ana Luiza Andrade, Carlos Cortínez and Charles Carlisle. Austin/São Paulo: Studia Hispanica Editors, 1982. 102 pp.
> Osman Lins, Easter Sunday. Felisberto Hernández, Except Julia. Luis Fernando Vidal, Somewhere, There You Were.

Includes the Spanish and Portuguese originals as well as English translations.

**B 25** Rodríguez Monegal, Emir, ed. and intro. "Special Latin American Fiction Issue." Mundus Artium: A Journal of International Literature and the Arts 3.3 (1970). 124 pp.
Unable to annotate.

**B 26** Santos, Rosario, ed. And We Sold the Rain: Contemporary Fiction from Central America. Intro. Jo Anne Engelbert. New York: Four Walls Eight Windows, 1988. 215 pp.
> Jacinta Escudos, Look at Lislique, See How Pretty It Is. Rodrigo Rey Rosa, The Proof. Roberto Castillo, Anita the Insect Catcher. Horacio Castellanos Moya, Confinement. Mario Payeras, Story of the Maestro Who Spent His Whole Life Composing a Piece for the Marimba. Arturo Arias, Guatemala 1954--Funeral for a Bird. Leonel Rugama, I Am René Espronceda de la Barca. Mario Roberto Morales, For These Things My Name Is René. Julio Escoto, April in the Forenoon. Sergio Ramírez, The Perfect Game. Alfonso Quijada Urías, In the Shade of a Little Old Lady in Flower. Pedro Rivera, Tarantulas of Honey. Bertalicia Peralta, A March Guayacan. Manlio Argueta, Microbus to San Salvador. Samuel Rovinski, Sodom. Carmen Naranjo, And We Sold the Rain. Lizandro Chávez Alfaro, The Dog. Claribel Alegría, Boardinghouse. Augusto Monterroso, Mr. Taylor. Fabián Dobles, Self-Defense.

Focuses on writing from the last decade. Better selection than the Patschke anthology listed above. Extensive intro. by Engelbert.

**B 27** Torres-Ríoseco, Arturo, ed. and intro. Short Stories of Latin America. New York: Las Américas Publishing Company, 1963. 203 pp.
> Félix Pita Rodríguez, Tobías. Lino Novás Calvo, That Night. Horacio Quiroga, Justice. Francisco Ayala, The Last Supper. Andrés Henestrosa, Biguu, The Zapotec Prometheus. María Luisa Bombal, The Tree. Alejo Carpentier, Return to the Seed. Ciro Alegría, The Stone and the Cross. Manuel Rojas, The Glass of Milk. Guadalupe Dueñas, The Moribund. Agustín Yáñez, Alda or Music Discovered. Alfredo Pareja Diez-Canseco, Grubs. Juan Marín, The Funeral. Jorge Luis Borges, The Aleph.

Brief intro. on the "coming of age" of the short story in Spanish America.

**B 28** Yates, Donald A., ed. and intro. Latin Blood: The Best Crime and Detective Stories of South America. New York: Herder and Herder, 1972. 224 pp.
> Alberto Edwards, The Case of the Travelling Corpse. Jorge Luis Borges, The Garden of Forking Paths. Manuel Peyrou, Juliet and the Magician. Rodolfo J. Walsh, Gambler's Tale. V. Ayala Gauna, Early Morning Murder. H. Bustos Domecq, The Twelve Figures of the World. Antonio Helú, Piropos at Midnight. María Elvira Bermúdez, The Puzzle of the Broken Watch. Dalmiro A. Sáenz, Far South. Alfonso Ferrari Amores, A Scrap of Tinfoil. L. A. Isla, The Case of the "Southern Arrow." Hernando Téllez, Just Lather, That's All. Enrique Anderson Imbert, The General Makes a Lovely Corpse. Pepe Martínez de la Vega, The Dead Man Was a Lively One. Rodolfo J. Walsh, Shadow of a Bird. W. I. Eisen, Checkmate in Two Moves. Jorge Luis Borges, Death and the Compass.

Good intro. on the status of crime fiction in Spanish America.

# C. Regional
# Anthologies

**C 1**  Carrillo Fernández, Edgardo, et al. <u>Cuentistas jóvenes de Centroamérica y Panamá.</u> Intro. José A. Mora. San Salvador: Esso Standard Oil, 1967. 85 pp.
Edgardo Carrillo Fernández. Dina del Carmen Rodas Jerez, Juan Negro. José Napoleón Rodríguez Ruiz, Ciego mar. Rolando Costa Calderón, El anticuario. Edmar E. Viana, Alas de madera. Justiniano Vásquez, El macho bermejo. Fernando Silva, La culebra. Iván Uriarte, Una historia y dos relatos. Roger Guerini, El perro. Eustorgio Chong Ruiz, Otra vez, pueblo.
Two winning stories from each Central American country, from the "Concurso ESSO de Cuentistas Jóvenes de 1966."

**C 2**  Cerruto, Oscar, et al. <u>Antología del cuento andino.</u> Intro. Jaime Mejía Duque. Bogotá: Secretaría Permanente del Convenio Andrés Bello, 1984. 639 pp.
Oscar Cerruto, Los buitres. Augusto Céspedes, El pozo. Porfirio Díaz Machicao, Quilco en la raya del horizonte. Augusto Guzmán, Cruel Martina. Ricardo Jaimes Freyre, En las montañas (Justicia india). Belisario Loza, La mano de Dios. Walter Montenegro, El pepino. René Poppe, Koya loco. Grover Suárez, La másacre de arcilla. César Verduguez, Por nada en tus ojos. Arturo Von Vacano, El jueves eterno. Eugenio Díaz Castro, Una ronda de don Ventura Ahumada. Tomás Carrasquilla, ¡A la plata! Jesús del Corral, Que pase el aserrador. Francisco Gómez Escóbar, La tragedia del minero. José Félix Fuenmayor, La muerte en la calle. Eduardo Arias Suárez, Guardián y yo. Manuel Mejía Vallejo, La venganza. Pedro Gómez Valderrama, En un lugar de las indias. Gabriel García Márquez, La siesta del martes. Policarpo Varón, El festín. Baldomero Lillo, La compuerta número 12. Federico Gana, La señora. Augusto D'Halmar, En provincia. Eduardo Barrios, La antipatía. Mariano Latorre, El piloto Oyarzo. Manuel Rojas, El vasos de leche. Marta Brunet, Doña Santitos. Francisco Coloane, Golfo de penas. María Luisa Bombal, El árbol. José Donoso, Santelices. Guillermo Blanco, La espera. Jorge Edwards, Los Zulúes. Juan León Mera, Aventuras de una pulga. José Antonio Campos, Los tres cuervos. José de la Cuadra, La tigra. Joaquín Gallegos Lara, ¡Era la mamá! Enrique Gil Gilbert, El malo. Demetrio Aguilera Malta, El cholo que se vengó. Pablo Palacio, Luz lateral. Nicolás Kingmann, Paraísos perdidos. César Dávila Andrade, El hombre que limpió su arma. Carlos Béjar Portilla, Diplocus. Raúl Pérez Torres, Ana, la pelota humana. Jorge Dávila Vásquez, La intromisión. Darío Herrera, La Zamacueca. Ignacio de J Valdés Jr., Los encargos. Rogelio Sinán, A la orilla de las estatuas maduras. Mario Augusto Rodríguez, Sequía. Carlos Francisco Changmarín, Seis madres. Ernesto Endara, Cerrado por duelo. Enrique Chuez, Cuando le quite la vida. Moravia Ochoa López, Vecinos. Pedro Rivera, Salón de clases. Justo Arroyo, Decir mañana. Clemente Palma, Los ojos de Lina.

Ventura García Calderón, Coca. Abraham Valdelomar, El caballero Carmelo. Enrique López Albújar, Ushanan-Jampi. José María Arguedas, Warma Kuyay (Amor de niño). Carlos Eduardo Zavaleta, El cuervo blanco. Eleodoro Vargas Vicuña, Tata Mayo. Julio Ramón Ribeyro, Al pie del acantilado. Alfredo Bryce, Con Jimme, en Paracas. Edgardo Rivera Martínez, Vilcas. Antonio Gálvez Ronceros, Monólogo para Jutito. Eduardo González Viaña, Una batalla perdida. Hildebrando Pérez Huarancca, Pascual Gutiérrez ha muerto. Manuel Díaz Rodríguez, Música bárbara. Luis Manuel Urbaneja, ¡Ovejón! Rómulo Gallegos, Pataruco. José Rafael Pocaterra, La i latina. Julio Garmendia, El médico de los muertos. Ramón Díaz Sánchez, La virgen no tiene cara. Arturo Uslar Pietri, El gallo. Guillermo Meneses, La mano junto al muro. Pedro Berroeta, Instantes de una fuga. Oscar Guaramato, La niña vegetal. Antonio Márquez Salas, ¡Como Dios! Augusto Germán Orihuela, El ascensor.

Includes stories from the signatories of the Andean Pact. The intros. to the sections are by Leonardo García Pabón (Bolivia), Edgar Bastidas Urresty (Colombia), Sergio Martínez Baeza (Chile), Diego Araujo Sánchez (Ecuador), Giovanna Bennedetti (Panama), Marcos Yauri Montero (Peru) and Lyll Barceló Sifontes (Venezuela).

**C 3** Delgado Aparaín, Mario, ed. and intro. <u>Cuentos para pluma y orquesta</u>. Montevideo: Ediciones Trilce, 1989. 161 pp.

Daniel Moyano, Relato del Falcón verde y la flauta maravillosa. Marta Traba, Mataron a Lennon. Julio C. Da Rosa, Hombre flauta. Héctor Galmés, Contrabajo solo. Carlos María Gutiérrez, La noche de la cocina. Isidoro Blaisten, Violín de fango. Milton Fornaro, Otro tango, maestro. Elbio Rodríguez Barilari, Un sueño en el estuche del bandoneón de Ciríaco Ortiz. Nelson Marra, Tango. Abelardo Castillo, Noche para el negro Griffiths. Juan Carlos Mondragón, Alas de Serafín.

Stories about music and musicians from Argentina and Uruguay. The intro. is entitled "A modo de batuta."

**C 4** Echeverría, Amílcar, ed. <u>Antología del cuento clásico centroamericano: Cinco cuentistas clásicos de cada país centroamericano</u>. Biblioteca Guatemalteca de Cultura Popular, 50. Guatemala City: Ministerio de Educación Pública, 1961. 284 pp.

Rafael Arévalo Martínez, La cerbatana. Carlos Wyld Ospina, La mala hembra. Flavio Herrera, Las muletas. Miguel Angel Asturias, El bueyón. Francisco Méndez, Bolo por toda la eternidad. Salvador Arrué, De pesca. Napoleón Rodríguez, Dados. Manuel Aguilar Chávez, Se regala tierra. Hugo Lindo, San Juan del recuerdo. Eugenia de Valcácer, La botija. Froilán Turcios, La mejor limosna. Arturo Martínez Galindo, Desvarío. Marcos Carías Reyes, Vidas rotas. Eliseo Pérez Cadalso, El otro negocio. Argentina Díaz Lozano, El bandido de Sensenti. Santiago Argüello, El mejor de los regalos. Calero Orozco, Casamiento y mortaja. Gonzalo Rivas Novo, El hombre de los retratos. Mariano Fiallos Gil, Bajo la lluvia. Manolo Cuadra, Torturados. Carlos Salazar Herrera, La sequía. Manuel González Zeledón, La propia. Eduardo Carrasquilla, Cuento agreste. Fabián Dobles, La mujer negra del río, Ana Antillón, El muerto.

Brief intro. and biblio. There are also later editions with identical contents, both published in Guatemala City: a 1967 ed. of 180 pp., published by Editorial José de Pineda Ibarra, and a 1975 ed. of 211 pp., published by Editorial Piedra Santa.

**C 5** Fernández Marcané, Leonardo, ed. and intro. <u>Cuentos del Caribe</u>. Madrid: Editorial Playor, 1978.

Juan Bosch, La mujer. Néstor Caro Vásquez, Cielo negro. Aída Cartagena Portalatin, Los cambios. Tomás Hernández Franco, El asalto de los generales. Virgilio Hoepelman, La revista. Pedro Mir, La gran hazaña de Limber. Sócrates Nolasco, ¡Se casa Ciprián! Marcio Veloz Maggiolo, La pierna de M. Lavalette. José Balseiro, La gratitud humana. Wilfredo Braschi, Una oración bajo la nieve. Isabel Cuchi Coll, La adúltera. Abelardo Díaz Alfaro, Los perros. Emilio Díaz Valcárcel, Sol negro. Enrique A. Laguerre, El enemigo. Luis Rafael Sánchez,

¡JUM! Lydia Cabrera, Jicotea era un buen hijo. Guillermo Cabrera Infante, En el gran Ecbó. Ramón Ferreira, Juan de Dios. Enrique Labrador Ruiz, Conejito Ulán. José Lezama Lima, Juego de las Decapitaciones. Carlos Alberto Montaner, Póker de brujas. Lino Novás Calvo, Nadie a quien matar. Hilda Perera, Pedrín y la garza. José Sánchez-Boudy, No duermen la "madrugá." Severo Sarduy, Cobra.

Some of the selections are excerpts from novels. "Es necesario puntualizar aquí que el número de cuentistas pertenecientes a cada isla estudiada . . . no significa en absoluta por su cantidad el predominio de excelencia o mérito entre uno u otro país."

**C 6**  González Zeledón, Manuel, et al. <u>Panorama del cuento centroamericano</u> 1. Lima: Editora Latinoamericana/Primer Festival del Libro Centroamericano, n. d. 351 pp.

Manuel González Zeledón ["Magón"], Mi tío Chepe González, Alegría del mal ajeno. Joaquín García Monge, Proscritos. Carlos Salazar Herrera, La "Saca." Fabián Dobles, El gato con zapatos. Salvador Jiménez Canossa, Le brillaron los ojos. Ricardo Segura, Lo injusto. Alfonso Ulloa Zamora, La gloria y el chin chin. Manuel de la Cruz González, El temporal. Adolfo Herrera García, La tertulia espiritista. Ana Antillón, Tiovivo, El muerto. Salvador J. Carazo, De caza. Francisco Gavidia, La loba. Manuel Mayora Castillo, El tío Trombetilla. José María Peralta Lagos, Pura fórmula. Francisco Herrera Velado, El eclipse. Ramón González Montalvo, La cita. Napoleón Rodríguez Ruiz, El domador de culebras. Hugo Lindo, Risa de tonto. Ricardo Martel Caminos, La fuga. Alfredo Balsells Rivera, El tamagas. Raúl Carrillo Meza, El chasco. Francisco Méndez, La canilla de Chicho Ramos. Mario Monteforte Toledo, Un hombre y un muro. Augusto Monterroso Bonilla, El eclipse, El concierto. José María López Valdizón, Mi hijo nació difunto, Veneno. Víctor Cáceres Lara, Paludismo. Arturo Mejía Nieto, La culebra. Alejandro Castro H., Confesiones de un niño descalzo. Arturo Martínez Galindo, El padre Ortega. Rafael Paz Paredes, Eutanasía. Adolfo Calero Orozco, Claudio Robles, padre de Sebastián Robles. Mariano Fiallos Gil, Bajo la lluvia. Manolo Cuadra, Torturados. María Teresa Sánchez, El hombre feliz. Fernando Silva, El viejo. Pablo Antonio Cuadra, El cíclope. Ernesto Cardenal, El sueco. Darío Herrera, La Zamacueca. Ricardo Miro, El Jesús Malo. Gaspar Octavio Hernández, Edénica. Ignacio de J. Valdés, Jr., Cásate, hijo . . . cásate. Rodolfo Aguilera, Jr., Rodríguez. Rogelio Sinán, La boina roja. Roque Javier Laurenza, Muerte y transfiguración de Emiliano García. Manuel Ferrer Valdés, La novia de octubre. Julio Belisario Sosa, Se llamará Jesús. Mario Augusto Rodríguez, Sequía. Jorge Turner Morales, Los sueños, sueños no son., Carnaval. Ramón H. Jurado, El hilo de sangre. Carlos Francisco Changmarín, Seis madres.

Brief unsigned intro.

**C 7**  Lindo, Hugo, ed. and intro. <u>Antología del cuento moderno centroamericano</u>. San Salvador: Universidad Autónoma de El Salvador, 1949-1950. 2 vols. 204 + 360 pp.

Vol. 1: Francisco Antonio Gavidia, La loba. Manuel González Zeledón, El clis de sol. Rubén Darío, Sátiro sordo, La ninfa. Ricardo Fernández Guardia, Martín. José María Peralta Lagos, Un alma en pena. Juan Ramón Molina, El chele. Salvador Calderón Ramírez, "Bonete de oro" y los bucaneros. Arturo Ambrogi, El jetón. Miguel Román Peña, El partideño. Luis Andrés Zúñiga, Los conjurados. Francisco Herrera Velado, La piedra. Rafael Arévalo Martínez, El gigante y el auto. Carmen Lyra, Ramona, la mujer de la brasa. Ramón Quesada, Venga esa póliza. Carlos Wyld Ospina, De dura cerviz. Alberto Rivas Bonilla, El Albur, Andanzas y malandanzas. Hernán Robleto, El hombre perro. Julio Enrique Avila, La princesa que no sabía nada. Juan Felipe Toruño, Chupasangre.
Vol. 2: Argentina Díaz Lozano, El bandido de Sesenti. Miguel Angel Asturias, En la tiniebla del cañaveral. Marcos Carías Reyes, El corvo. Arturo Martínez Galindo, Aurelia San Martín, Desvario. Gonzalo Rivas Novoa, Cata-Panza, El hombre de los retratos. Emilio Quintana, La señorita, Amor. Carlos Salazar Herrera, La sequía, Un manoneado. Mariano Fiallos Gil, Bajo la lluvia, Minas. Manuel José Arce y Valladares, El hombre que al fin llegó, Cosas de años. Manolo Cuadra, Torturados. José R. Castro, El valle de las piedras. Ramón González Montalvo, Vientos de octubre, La cita. Napoleón Rodríguez Ratz, Pancho Pérez, Dados. Carlos A. Luna, La señorita, El número 1313, El maestro García. Fernando Luján,

El espantapájaros, Paso de los gitanos. Rolando Velásquez, La segunda hija de Job, La pajarita de papel. Francisco Rodríguez Infante, Venganza frustrada. Víctor Daniel Rubio, El brujo Matías, El comandante Padilla. Alberto Rivas Bonilla, Bajo responsabilidad ajena. Hugo Lindo, San Juan del Recuerdo, La novela mecánica. Jorge Edmundo Quiñonez, Tierras bárbaras. Miguel A. Blanco, El cascabel. Fabián Dobles, La mujer negra del río. Ricardo Martel Caminos, Consuelo.

The first volume was to cover writers born in the nineteenth century (from Gavidia to Salarrué), and the second writers born in the twentieth century (from Argentina Díaz Lozano to Ricardo Martel Caminos); by printer's error Salarrué and several others were included at the beginning of the second volume.

**C 8**  Moreira, Rubinstein, ed.  14 narradores rioplatenses de hoy.  Montevideo: Urpila, 1989.  84 pp.
Unable to annotate.

**C 9**  Prego, Omar, ed. and intro.  Cuentos para patear.  Montevideo: Ediciones Trilce, 1990.  135 pp.

Bustos Domecq, Esse est percipi. Sergio Villaverde, Ritual de resurrección. Milton Fornaro, La fama es puro cuento. Omar Prego, Una tarde con Pelé. Mario Benedetti, Puntero izquierdo. Horacio Quiroga, Suicidio en la cancha. Sylvia Lago, Recibir al campeón. Eduardo Galeano, Obdulio. Elbio Rodríguez Barilari, Crónica negra. Miguel Angel Compodónico, La maravilla y los doctores. Osvaldo Soriano, Obdulio Varela, el reposo del centrojás.

Stories about soccer by Argentine and Uruguayan authors.  Extensive intro.

**C 10**  Prilutzsky Farny, Julia, ed. and intro.  Antología de cuentistas rioplatenses.  Buenos Aires: Ediciones Tres Tiempos, 1982.  427 pp.
Facsimile rpt. of 1939 anthology by same editor, with new intro. and title.  See next item for contents.

**C 11**  Prilutzky Farny de Zinny, Julia, ed. and intro.  Cuentistas rioplatenses de hoy.  Buenos Aires: Vértice, 1939.  427 pp.

Enrique Amorim, María Damiá. Ignacio B. Anzoátegui, Diálogo de las armas y las letras. Roberto Arlt, Las fieras. Leónidas Barletta, De una orilla a la otra. Héctor Pedro Blomberg, El piano antiguo. Mateo Booz, Tata Dios. Fausto Burgos, Una mujer y un promesante. Arturo Cancela, Las últimas hamadríades. César Carrizo, Drama. Armando Cascella, El rostro perdido. Elías Castelnuovo, El morbo. Arturo Cerretani, El infame señor Batet. Juan Carlos Dávalos, El secreto del opa. Augusto Mario Delfino, La evasión. Héctor I. Eandi, Hombres capaces. Juan Pablo Echagüe, El gallo de Doña Paula. Samuel Eichelbaum, Laberinto. Enrique Espinoza, Don Horacio Quiroga, mi padre. Alberto Gerchunoff, El médico milagroso. Enrique González Tuñón, Fin de semana. Guillermo Guerrero Estrella, La madre. Eugenio Julio Iglesias, Una teoría fracasada. Bruno Jacovella, El jardín del Señor San Francisco. José Luis Lanuza, Finura. Enrique Loncán ["Américus"], El pavo. Benito Lynch, Aquel hijo. Eduardo Mallea, Serena Barcos. Alvaro Melián Lafinur, María Mercedes. Enrique Méndez Calzada, Mireya Ronsard. Nicolás Olivari, La mosca verde. Justo P. Sáenz, Un gaucho. Lorenzo Stanchina, Excéntrico. Alvaro Yunque, 1 + 1 son 3. Guillermo Zalazar Altamira, La extraña enfermedad de Ethel.

Important anthology of the emerging new fiction of Argentina and Uruguay.

**C 12**  Ramírez M., Sergio, ed. and intro.  Antología del cuento centroamericano.  4th ed.  San José: Editorial Universitaria Centroamericana, 1984.  696 pp. + unpaginated chronology and bibliography.

Francisco Gavidia, El códice Maya. Manuel González Zeledón, Un almuerzo campesine. Rubén Darío, El fardo. Darío Herrera, La Zamacueca. Juan Ramón Molina, Mr. Black. Arturo Ambrogi, El jetón. Rafael Arévalo Martínez, La signatura de la esfinge. Carmen Lyra,

Estefanía. Carlos Wyld Ospina, De dura cerviz. Carlos Samayoa Chincillla, Marí Candelaria. Miguel Angel Asturias, Juandel. Salvador Salazar Arrué, La honra, Semos malos. Alfredo Balsells Rivera, Polo. Luis Cardoza y Aragón, Hacf muy poco tiempo. Rogelio Sinán, A la orilla de las estatuas maduras. José Marín Cañas, Rota la ternura. José Coronel Urtecho, El mundo es malo. Francisco Méndez, El clanero. Mariano Fiallos Gil, Bajo la lluvia. Manolo Cuadra, De Quilalí a Illinois. Carlos Luis Fallas, Barreteros. Mario Monteforte Toledo, Los exiliados. Pablo Antonio Cuadra, Agosto. Alejandro Casto H., Casas vecinas. Víctor Cáceres Lara, La quema. Joaquín Pasos, El ángel pobre. José María Méndez, Juegos peligrosos. Ricardo Estrada, El gavilán y el quebrantahuesos. Yolanda Oreamuno, Valle alto. Fabián Dobles, El puente. Juan Aburto, Mi novia de las Naciones Unidas. José María Sánchez B., Ino. Julieta Pinto, La vieja casona. Augusto Monterroso, Mr. Taylor. Joaquín Beleño, Un sábado de Pagamento. Ramón H. Jurado, El hilo de sangre. Ernesto Cardenal, El sueco. Fernando Silva, Saturno. Lizandro Chávez Alfaro, El perro. Mario Cajina-Vega, Vida terrenal y pura. José María López Baldizón, El mudo no lo quiso ver. Alvaro Menén Desleal, Una cuerda de oro y nylon. Samuel Rowinski, La pagoda. Manlio Argueta, Primera dama. Marcos Carías, Día de oda. Enrique Chuez, Pulga. Pedro Rivera, La sorpresa. Sergio Ramírez, El centerfielder. Julio Escoto, Relato primero del fotígrafo loco.

Extensive (almost 60 pp.) intro., "La narrativa centroamericana," and final chronology and biblio.

**C 13**  Rodríguez-Alcalá, Hugo and Sally, eds. and intro. <u>Cuentos nuevos del sur: Argentina, Chile, Paraguay, Uruguay.</u>  Englewood Cliffs: Prentice-Hall, 1967. 234 pp.

Julio Cortázar, Una flor amarilla, El móvil, Relato con un fondo de agua. Beatriz Guido, El niño en el arco, El remate. Abelardo Castillo, Conejo, El candelabro de plata, Patrón. José Blanco Amor, La pirámide. Fernando Alegría, A veces, peleaba con su sombra. Marta Jara, El vestido. Augusto Roa Bastos, Encuentro, El baldío, La rebelión. Hugo Rodríguez Alcalá, La cantimplora, El as de espadas. Mario Benedetti, Esa boca, Tan amigos, Los pocillos. Carlos Martínez Moreno, Paloma.

Includes Spanish-English glossary.

**C 14**  Sarlo Sabajanes, Beatriz, ed. and notes. <u>Cuentos de dos orillas.</u>  Buenos Aires: Centro Editor de América Latina, 1971. 151 pp.

Roberto Arlt, Pequeños propietarios. Mario Benedetti, Los novios. Adolfo Bioy Casares, El atajo. Jorge Luis Borges, Funes el memorioso. Julio Cortázar, La salud de los enfermos. Felisberto Hernández, El cocodrilo. Carlos Martínez Moreno, El simulacro. Silvina Ocampo, Las invitadas. Juan Carlos Onetti, Un sueño realizado. Horacio Quiroga, El hijo.

Excellent selection of stories by Argentine and Uruguayan writers, with brief but very useful introductory notes.

**C 15**  Vázquez, Alberto, ed. and notes. <u>Cuentos del sur.</u>  New York: Longmans, Green and Co., 1944. 248 pp.

Manuel Gálvez. Hugo Wast. Manuel Rojas. Benito Lynch. Rafael Maluenda. Horacio Quiroga.

Stories from the southern cone countries. Contains Spanish-English glossary.

**C 16**  Viscarra Fabre, Guillermo, ed. and intro. <u>Antología del cuento chileno-boliviano.</u>  Santiago: Editorial Universitaria, 1975. 282 pp.

Chile: Fernando Alegría, Los simpatizantes. Francisco Coloane, El caballo de la aurora. Manuel Rojas, Una carabina y una cotorra. María Luisa Bombal, Lo secreto. José Santos González Vera, Ismael o el reloj de la pobreza. Homero Bascuñán, Don Pigua. Guillermo Blanco, Adiós a Ruibarbo. Maité Allamand, Los funerales del diablo. Claudio Giaconi, Aquí no ha pasado nada. Carlos Droguett, La noche del jueves. Carlos Santander, Viaje a Acapulco. Edesio Alvarado, El vengador.

Bolivia: Augusto Céspedes, El diputado mudo. Fernando Diez de Medina, El llamo blanco. Man Césped, El gallo cochinchino. María Virginia Estenssoro, El occiso. Walter Montenegro, Otoño. Oscar Cerruto, Ifigenia, el zorzal y la muerte. Porfirio Díaz Machicao, Los castrados. Guillermo Viscarra Fabre, El pequeño pirómano. Augusto Guzmán, La cruel Martina. Jaime Sáenz, Sobre el espanto en los jardines bajo la lluvia. Raúl Botelho Gosálvez, Los toros salvajes. Josermo Murillo Vacareza, El hombre en el abismo.

The intro. says the work was compiled "con un propósito de unidad americana . . . un propósito silencioso pero unánime . . . de ser ciudadanos de un solo Estado."

# D. Argentina

**D 1** Abdala, Juan José, et al. <u>36 nuevos cuentistas argentinos</u>. Buenos Aires: Tinta Nueva, 1985. 61 pp.

<small>Juan José Abdala, En el patio. Julia Blanca Acuña, La Tormenta. Adriana Albarez, Jesús y su madre. Rubén Amato, Páginas. Arturus Xartox, Baldino. Luis Alberto Bartoli, La mosca. María Luisa Buzeta, Primavera. Leila Casamento, Como las escamas al pez. Carlos Catuogno, El príncipe de la basura. Susana Cuestas Vedoya, Los muertos de Hinojos. Elda Durán, El último sueño. Juan Carlos Gutiérrez, Por amor. Eduardo Jenesse, Lago Guechelauquen. Claudio Martinelli, Tía Leonor. Miryam Elisabeth Moscovski, Demasiado tarde. Paula Negro, Sinfonía pastoral. María Fernanda Ojea, El último disfraz. Dina N. Palandri, A las doce en punto. Julia Pantotis, Un cuento de la nieve. S. Estela Passaglia, Ramiro. Hernán Passicot, El tigre. Silvia Graciela Ramírez, La sombra. Dardo Ramos, El vengador. Paula Rodrigué, Patitas. Raúl A. Rolfi, Elisa. Miguel San Marco, Mascarada. Silvia Schmid, Una boda. Fabián Sierra, Carta simple. Salvador Spezzi, Carta a una profesora. Antonia Estela Vacarezza, El guacho. Elsa Vescovi, La cruz de plata. José Raúl Zamudio, La historia se repite eternamente. Miguel Angel Zappa, Carlitos. Jorge Ignacio Zicolillo, Auto relato. Anahí Zlotnik, La madeja. Emilse Zorzut, Extraña coincidencia.</small>

No intro. or notes.

**D 2** Abel, María del Carmen, et al. <u>Nuestros cuentos: Cuentos seleccionados por la Sociedad Argentina de Escritores</u>. Buenos Aires: Talleres Literarios, 1975. 131 pp.

<small>María del Carmen Abel, Karma. Elsa Carolina Benjamín, La declaración del absurdo o la de los ojos tapados. Luisa Ester Bragaña, La esposa. Beatriz Córdoba Nieto, La casa. María Isabel Clucellas, La selva. Beatriz Marta González, El gimnasio. Jaura Jacobé, Vanya. Elena King, Miss Alice. Hilda Mallo, El piano. Raquel Montenegro, Fuera del mapa. Elisa Mora, Cenizas. Mario Navarro, Luna de miel. Olga F. Orosco, Las campanillas celestes. Sara Polite, Salvador. Victoria Romero, El consejo. Martha Salas, Requiem por un guerrillero. David Scolni, El delincuente. María del Carmen Tomeo, Punta del Este.</small>

Stories from the SADE's literary workshops in 1973.

**D 3** Acevedo, Hugo, ed. <u>Selección de cuentos</u>. Intro. Lubrano Zas. Buenos Aires: Cooperativa Editorial Hoy en la Cultura, 1967. 181 pp.

Nenetta Alioto, Tercer cuento. B. Velmiro Ayala Gauna, La espalda. Vicente Battista, Arriba, en el altillo. Ariel Bignami, Aprendiz. Juan José Bosch, La vuelta de la provincia. Eugenia Calny, El río. Carlos Carrique, El tormentoso. Jorge Fresquet, El payé. Angélica Gorodischer, Querido, querido diario. Cristina Grisolía, La barranca. Bernardo Jobson, Despelote a la hora del balance. Alberto Lagunas, Pablo y las langostas. Carlos Marcucci, La virgen de Casilda. Juan Carlos Martini, Nombre de poeta. Beatriz Pozzoli, Ni vencedores ni vencidos. Carlos Schork, Los dos solos. César Dimant, De vuelta.

Intro. discusses history of the short story and short story anthologies in Argentina.

**D 4** Acevedo, Hugo, and Luis Vera, eds. XII cuentistas argentinos. Intro. Gerardo Pisarello. Colección Cuentos 1. Buenos Aires: Cooperativa Editorial Hoy en la Cultura, 1965. 120 pp.

Isidoro Blaisten, Tonini. Lubrano Zas, Ese chico está loco. Estela Dos Santos, La mudanza. Laura Devetach, Piel de asno. Octavio Getino, De altanamiento. Jorge Carnevale, Casi réquiem. Jorge Carlos Caballero, Superman. Julio Guillermo Martínez, La muerte del prócer. Gustavo Roldán, El prontuario. Amílcar G. Romero, El señor Gigena, gerente. Eduardo Goligorsky, Uno menos. Alvaro Abós, Los estampidos.

Prizewinning stories from the "Hoy en la Cultura" contest.

**D 5** Acosta, Ernestina, et al. Cuentos de nuestra tierra. Buenos Aires: Editorial Consejo Federal de Inversiones, 1985. 127 pp.

Ernestina Acosta, Retablo de un soldado desconocido. María Isabel Clucellas, Acto de voluntad. Pablo Fernández Pugliese, Aurelio Zalazar, montonero. Gwen Adeline Griffiths, Tiempo de verano de mi niñez. Ernesto Fernando Nelson, El manuscrito de Sheffield. Olga P. de Piñeiro, Taitalo. Sara San Martín, Multiplico. Juan José Sena, Eramos de Bagual. Mabel Y. de Villar, Entre la azada y el olvido.

Stories from a contest of regional stories.

**D 6** Acosta, Héctor, et al. Mi primer cuento. Intro. Julio Lagos. Buenos Aires: Corregidor, 1980. 195 pp.

Héctor Acosta, Junio 4. Raúl Alzogaray, Al hacedor. Josefa Astarita, Espera sin final. Haydée Bardina de Barros, Tal vez. Clara Belanyi, Ternura. Alicia Beatriz Cabezudo, Una noche como todas. Enrique Manuel Castro, El objeto. Norberto Abel Covarrubias, Adiós Francisco. Jorge Dahlstrom, La huida. Laura Fava, Creer o reventar. Lilia Irma Galarza, Viaje al olvido. Juan Carlos Gentile, El patriarca. Mario Hebert Lago, La foto. Virginia Lavecchia, Antes no era así. Edgardo Héctor Lo Coco, La calle. Miguel Martín, El último modelo. Guido Noves, "Junqueros." Ricardo Darío Núñez, Destino. Ricardo Pereyra, Mugre. Orlando Vicente Rébora, Encuentros. Osvaldo Norberto Román, Ancud, El cazador. Piedad de Rosales, La boda. María Elena Togno, Un guapo de Utilería. Julio César Tomé, Pucho. Mónica Torres, Dos gatos. Noemí Villalba, El mejor, siempre. Daniel Verbitsky, Un subte se ha perdido. Mónica Zega, Le perfectibilidad de la rosa. Hugo Benito Zelarayán, "Compulsión."

Stories about Córdoba.

**D 7** Aguad, Susana, et al. Memoria de Pequeños. Intro. Juan C. Curutchet. Córdova: Ediciones Trilce, 1966. 97 pp.

Susan Aguad, El juez de paz, Un Viejo tema, Godoy Cruz. Juan Croce, El Rifle, La ventana, El hachero. Carlos Lorenzo, Lejos de Yaví, La plataforma, El franco, Algo parecido a un forúnculo. Daniel Moyano, La columna, El crucificado.

Stories about Córdoba.

**D 8** Agüero, Esther, et al. Cinco enfoques. Rosario: Ediciones Grupo 73, 1973. 103 pp.

Esther Agüero, El escritor, Status, Parecidos, Variaciones para un resucitado. Amado Arrabal Moya, La otra vida, El agua, La broma, Casa propia. Dafne Bianchi, El mar había perdido una estrella en la arena, La ciudad. María del Carmen Duri, La profesión, Error de cálculo, El café,

Lluvia, Macumba.  Alberto Lagunas, Falsos transformaciones, La casa embrujada, Figura esfumada, Las dos muertes, El prisionero.

No intro.

**D 9**  Aguinis, Marcos, et al.  <u>Cuentos de provincia</u>.  Buenos Aires: Ediciones Orión, 1974.  207 pp.

Marcos Aguinis, La sagrada familia.  Julio Ardiles Gray, Las mellizas.  Diego Baracchini, Arroz con leche.  Poldy Bird, Puente de cristal.  Jorge Calvetti, El miedo inmortal.  Bernardo Canal Feijóo, Simplemente así.  Iverna Codina, La cruz negra.  Jorge Estrella, Se escapó la rata.  Juan Filloy, As de espadas.  Luis Gudiño Kramer, Isletas.  Daniel Moyano, Mi tío sonreía en Navidad.  Olga Orozco, La reina Genoveva y el ojo de alcanfor.  Gerardo Pisarello, El regreso.  Clementina Rosa Quenel, La hoja y Laurelia.  Jorge Riestra, Luci bebe.  Héctor Tizón, La laguna.  Oscar Hermes Villordo, La isla.  Juan Bautista Zalazar, Severa Vacazur.

Brief intro.

**D 10**  Aguirre, Susana, et al.  <u>. . . y otros cuentos</u>.  Buenos Aires: Ediciones La Biblioteca del Rey, 1981.  127 pp.

Susana Aguirre, Teotihuacán, El regalo, Un gran sueño oscuro, Y si fuera un placer, Un banco a orillas del sena, La espera.  Cristóbal Benadán, La ciudad seductora.  María Sol, Fábula de los bosques crepusculares, Cercanos al obelisco, Reencuentro, En un recodo del camino.  Juan Tomás Catopodis, El candelabro de plata, La mañana de mi muerte, El legado socratico, Demanda de ayuda, Narración de un hecho.  Gramma Layon, El perro del Coronel, La hetaira, Historia de amor, "Ser o no ser."  Esteban Lozano, La víctima, Una pequeña autobiografía, Paisaje, Manchas.  Oscar Oriolo, El polvo idiota del tiempo, El sueño, El ocaso, El pueblo de los amaneceres caídos.  Martha Ramos, Un tema delicado, Trampa de la memoria, El regreso, Cita en la niebla.

No intro.

**D 11**  Aizenberg, Guiche, et al.  <u>13-19 (Cuentos)</u>.  Intro. Gastón Gori.  Santa Fe: Librería y Editorial Colmegna, 1967.  160 pp.

Guiche Aizenberg, El embalsado, El confuso.  Lermo Rafael Balbi, Nada.  Nelly Borroni MacDonald, Operación Olvido, La solución.  Ricardo Frete, La pasión de la idiota.  Carlos María Gómez, Los ejercicios saludables, Otros ejercicios.  Arturo Lomello, Bromas esféricas, Momento infinito.  Hugo Mandón, Dos y nada.  Fortunato E. Nari, El lugar.  L. F. Oribe, Hombres en la tarde, Regreso.  Edgardo A. Pesante, Pájaros en la niebla.  Eduardo Raúl Storni, El muro, La lluvia.  Jorge Vásquez Rossi, Lluvia sobre la laguna.  José Luis Víttori, En El Paso.

Stories from the Santa Fe region.  The title refers to the number of authors and the number of stories.

**D 12**  Alba, Alberto, et al.  <u>11 cuentistas</u>.  Buenos Aires: Editorial Nueve 64, 1964.  209 pp.

Alberto Alba, El gato.  Miguel Briante, Dijo que tenía que volver.  Haroldo Conti, Los novios.  Marta Lynch, Los jusilados.  Eduardo Masullo, Debía haberlo sabido.  Daniel Moyano, Otra vez Vañka.  Róger Pla, El encierro.  Andrés Rivera, Cita.  G. N. Rozenmacher, Esta hueya la bailan los radicales.  Hebe Uhart, El amigo de Luisa.  Mario Wasserman, Los solos.

No intro.  Most of the authors included became well known later.

**D 13**  Allocati, Beatriz Olga, et al.  <u>Lector se necesita</u>.  Buenos Aires: Ediciones PLA [Promotora del Libro Argentino], 1987.  111 pp.

Beatriz Olga Allocati, Rebelión en el poema, Imposibilidad del soneto, El Cristo tiene frío, Sursum corda.  Cayetano Ferrari, Dame un día feliz.  Nisa Forti, La naturaleza de la obediencia.  Teresa Carmen Freda, La miserable secta de los parientes, El residente.  José Guelerman, Cuando el Creador se distrajo una millonésima de segundo.  Juan Carlos Mantel,

La moda Safic. Carlos Pensa, Sueños peligrosos, Ese gato entre sueños. Estafanía Szubstarski, Los mentirosos. Reina Toleda, La mós antigua versión de un tren fantasma.

From the collective intro.: "¿Qué entregamos al mundo? Lo mejor de nosotros mismos."

**D 14** Almeida de Gargiulo, María Alda Frassinelli de Vera, and Elsa J. Esbry de Yanzi, eds. and intro. Cuentos regionales argentinos: La Rioja, Mendoza, San Juan, San Luis. Buenos Aires: Ediciones Colihue, 1983. 159 pp.

Liliana Aguilar de Paolinelli, La tormenta. Luis Ricardo Casnati, El loco Rogers. Antonio Di Benedetto, Cínico y ceniza. Juan Draghi Lucero, El mate de las Contreras. Juan Pablo Echagüe, La persicana. Haydée Franzini, La cinta perdida. Polo Godoy Rojo, Después del malón. Daniel Moyano, Para que no entre la muerte. Rogelio Pérez Olivera, El caballo encontrado. Angel María Vargas, El delantal.

Includes extensive intro. and bio-bibliographical notes on authors, as well as study guides on the stories.

**D 15** Alvarez, Luz, et al. Cuentos de la loca de la casa. Intro. Eduardo Gudiño Kieffer. Buenos Aires: Macondo Ediciones, 1983. 204 pp.

Luz Alvarez, De mentira a verdad, La deuda, La mudanza, La niña Angela, La invitación. Susana Bressa, Lo conocido, De cine, Elina se mira, Se parece a la que fui, Hijos y entenados, La señora Herminia, Los frasquitos, Confusión, Responsable. Rosa Fisch de Cherñajovsky, Amberes, El señor Pérez comienza a tener dudas. "Espejito-espejito," Una especie de muro, Noche de suerte, Redimido, Playa, Los jueves, El matrimonio López, La mampara, En el Día de la Madre el regalo para mamá, Representación, La ventana. Norma López, La memoria encontrada, Eros y Thanatos. Cuento para revista feminina medio rosa. Daniel Marchione, Como un puercoespín, Cartas, Diario de Rita, o No todo es como en las fotonovelas, La medalla, Otra vez, porque otra vez, Al fin, El brindis, El festival de rock, Memo, De regreso, La cadenita, Diálogo de vereda. Noemí Paso Virasoro, El sillón de mimbre, Mens rea, Una niña venida de tan lejos, La bajada de Bermúdez, El cochecito azul, Acaso ella. Soledad Pereyra Martín, Simplemente un caso, La inocente escritora lucubrante, La clorofila ¿culpable o no? María Amalia Rangugni, La nueva, Desencuentro, Permiso para mentir, Viaje ahora, pague después, Descartable, Negación, Entre paréntesis. Alcira Trombetta, Jugando a empezar, Señora alquila pieza. París, Flechazo, Adagio, El Sol menor, Que quede entre nosotros, Amigos como siempre. Jaime Zokenmarger, Solange Birt.

Stories from a literary workshop directed by Gudiño Kieffer, who explains the title as referring to the imagination.

**D 16** Amorim, Enrique, et al. Prostibulario. Intro. Cátulo Castillo. Buenos Aires: Editorial Merlín, 1967. 109 pp.

Enrique Amorim, Un fabricante de felicidad en 1918. Julián Centeya, Máquina descompuesta. Nira Etchenique, Curriculum. Joaquín Gómez Bas, El galleguito. Juan José Hernández, Así es mamá. Bernardo Kordon, Sábado inglés. Pedro Orgambide, Elegía para una yunta brava.

One Uruguayan author (Amorim) is included; the rest are Argentine. Interesting intro. by Cátulo Castillo entitled "Prostíbulos y prostitutas."

**D 17** Andrade, Miguel, et al. En clave de magia. Intro. Adolfo L. Pérez Zelaschi. Agon, 20. Buenos Aires: Ediciones Galea, 1976. 119 pp.

Miguel Andrade, Suame. María de los Angeles Campos, Marina. Haydée Lilí Canaletti, El fabricante de Rostros. Juan Tomás Cánepa, Una noche sin luna. Armando A. Díaz Colodrero, Luz mala. María Elena Dubecq, La noche del unicornio. Teresa Carmen Freda, El último niño. Alicia de la Fuente, El hombre verde. Lisandro Gayoso, Un hombre llamado Nicanor. Alberto Gilardoni, El árbol secular. José Guelerman, Cuando el creador se distrajo una millonésima de segundo. David Daniel Jovtis, La ciudad de Alabastro. Félix Alberto Lázaro, El orfebre. Magdalén Liddle, El encuentro. Julio Linares, El trabajo. Luis Mercadante, El tiempo detenido. Alicia Régoli de Mullen, La sentencia. Elena Torres, Corresponde. Matilda Zimerman, El jarrón.

Intro. discusses distinction between "literature mágica" and "literatura fantástica." Bio-bibliographical notes at end.

**D 18**  Antognazzi, Carlos O., et al.  <u>Ocho cuentistas santafesinos</u>.  Cuadernos de Extensión Universitaria, 16.  Santa Fe: Universidad Nacional del Litoral, 1987.  117 pp.

> Carlos O. Antognazzi, Punto muerto. Lermo Rafael Balbí, El mundo de Munda. Enrique Butti, Claro oscuro. Carlos Catania, Gatahermosa en Barcelona. Carlos María Gómez, ¡Good Bye, Rocco Martínez! Mario Herrero, Acuerdo de palabra. José Luis Pagés, Todos los jueves. Horacio Sauco, El enigma del fuego crudo.

Bio-bibliographical notes at end.

**D 19**  Antolini, Jorge A., ed. and intro.  <u>Cuentos del interior</u>.  Rosario: Colección La Diligencia, n.d.  103 pp.

> Angel María Vargas, ¿Llueve, tata? Segundo Ramiro Briggiler, En la chacra. Polo Godoy Rojo, Wolfram. Diego R. Oxley, En manos de su destino. Gastón Gori, ¡Pase Señor Fantasma! Carmelina de Castellanos, Y bendito sea el fruto. Velmiro Ayala Gauna, La mujer.

Intro. states: "Este libro no es una antología.  Ni pretende serlo.  Es, en cambio, una representación de varios autores del interior que respiran los mismos aires del país."

**D 20**  Ara, Guillermo, ed. and intro.  <u>La prosa modernista: antología</u>.  Buenos Aires: Centro Editor de América Latina, 1968.  95 pp.

> Atilio Chiappori, La corbata azul. Horacio Quiroga, Sin razón, pero cansado. Martín Goycoechea Menéndez, Apolodoro, Narciso, Holocausto. Angel de Estrada, Las tres gracias, Milantia. Ricardo Güiraldes, El emigrado, La hora del milagro. Enrique Larreta, Zogoibi.

Also includes two modernist essays by Eugenio Díaz Romero.  Includes selections from longer works.

**D 21**  Arauco, Ana, et al.  <u>13 cuentos argentinos</u>.  Buenos Aires: Instituto Amigos del Libro Argentino, 1965.  152 pp.

> Ana Arauco, La niña del cementerio. Pedro Buchignani, El Sillón negro. Eugenia Calny, Campamento Minero. Luján Carranza, Malicha paga su deuda. Exequiel Díaz, Yo via a un hombre convertirse en gato. Fernando Moreno, Lilí. Dora Ochoa de Masramón, La vibora mamona. José Prado, Il instante. Ismael Enrique Ricci, La victoria de los troncos. Osvalda Rovelli de Riccio, Nada más que un error. Fernando Rosenberg, Bienvenida Coronel. Andrés sila, Altas tierras. J.R. Sparrow, Viento norte.

Brief notes on each author precede the stories.  Glossary of regional terms at end.

**D 22**  Arias, Abelardo, et al.  <u>Mi mejor cuento</u>.  Buenos Aires: Ediciones Orión, 1973.  229 pp.

> Abelardo Arias, El niño muerto. Adolfo Bioy Casares, Los afanes. Poldy Bird, Mamá de niebla. Jorge Luis Borges, Juan Muraña. Antonio Di Benedetto, No. Eduardo Gudiño Kieffer, Recomendaciones a Sebastián para la compra de un espejo. Beatriz Guido, La mano en la trampa. Manuel Mujica Lainez, El ilustre amor. Silvina Ocampo, Tales eran sus rostros. Syria Poletti, El tren de medianoche.

Unsigned intro. explains that the authors were invited to choose their best story.  A note by the author precedes each story.

**D 23**  Armagno Cosentino, José, et al.  <u>Cuentos del Proceso</u>.  Buenos Aires: Ediciones EDILBA, 1984.  93 pp.

> José Armagno Cosentino, El tarjetón. Susana Boechat, El desalojo. Carlos Pensa, La guerra inútil de Matías. José Guelerman, El plato de lentejas. Teresa Carmen Freda, Circular 1050.

Carlos J. Stefanolo, Las dos piedras. Elvio Flores, Desocupación. Carlos J. Stefanolo, Un hombre importante. Carlos Pensa, Nunca más. Ivonn Penelon, Denme el derecho a llorar.

Stories about the military dictatorship of 1976-1983.

**D 24** Asla Moreno, Raquel V. de, et al. <u>13 cuentos por 13 escritores argentinos</u>. Intro. Adolfo L. Pérez Zelaschi. Encuentro no. 2. Buenos Aires: Ediciones Figaro, 1975. 111 pp.

Raquel V. de Asla Moreno, El cataclismo. Oscar Manuel Blanco, Y se durmieron con sus máscaras de pudor apuntando al sol. Enrique R. Bossero, Alicia, la ascensorista. María de los Angeles Campos, La huelga. Haydée Canaletti, Un hombre no es un bicho. Alicia de la Fuente, Hay un extraño en mi cama. María Elena Dubecq, Tiempo de tigra. Julio Eguía Seguí, Lo que le pasó a Saverio Magdalena. Juan Carlos Gatell, El juramento. Alberto Gilardoni, Figuras. José Angel Gregorio, El chico de la luna. Alicia Regoli de Mullen, Laberinto. Héctor Prado, El hacha de Jacinto.

Part of a series, all with the same title.

**D 25** Astigarraga, José Luis, et al. <u>Cuentos de asombro</u>. Colección Dimensiones del Cuento, 2. Buenos Aires: Autar Ediciones, 1983.

José Luis Astigarraga, Dos velitas. Carlos Anubis Balquinta, La casona de la Señora Braksys. Silvia Barrancos, Ver. Alfredo J. Cossi, No. Lina Escobio, 1 3 2 5. Anamaría Garay, La hija del patrón. Sandra Hojman, Tal vez. Gregorio H. de Laferrere, El viaje en ascensor. Alejandro Modarelli, Cercado. Juan C. J. Perruel, Mobuctú. Enilda Salmerón, Yo te absuelvo. Cristina Zornoza, Juegos.

Mystery.

**D 26** Avedano, Sergio O[svaldo], et al. <u>Siete narradores de Córdoba</u>. Córdoba: Ediciones Grupo 7, 1974. 91 pp.

Sergio O. Avedano, La borrachera. Carlos E. Gili, Quipliquen, Los ojos del monte. Bienvenido Marcos, Monólogo de la Juana, Color azul imposible. Polo Godoy Rojo, La válvula, Anita Jara. Clara Peyrano, La puerta, Reflexiones de un bebé siglo XXX. Víctor Retamoza, Muerto--Martín Valdez--muerto, La revolución ha llegado. Carlos A. Squire, El joven muerto, El legado.

**D 27** Avedano, Sergio Osvaldo, et al. <u>Tres cuentos</u>. Córdoba: Editorial Bohemia y Figura, n. d. 87 pp.

Sergio Osvaldo Avedano, La ciudad derrumbada. Yudith Blejer, Asesinato. Mabel Magales, Laura.

No intro.

**D 28** Bagnat, Roberto Carlos, et al. <u>13 cuentos por 13 escritores argentinos</u>. Encuentro no. 4. Intro. Orlando Barone. Buenos Aires: Editorial Cono Sur, 1979. 91 pp.

Roberto Carlos Bagnat, La trampa. Alberto Calós, El día que perdí mi sombra. María de los Angeles Campos, El tercer tiempo. Haydée Lilí Canaletti, El cumpleaños. María Elena Dubecq, Cambio de signo. Armando Díaz Colodrero, Intruso. Alicia de la Fuente, La puerta muy angosta. Alberto Gilardoni, Su mirada absorta, inquisidora. Héctor Prado, El ladrido de los petreles. Silvano Alberto Silva, Sembrar vientos. Marta Susana Tellería, Un papel dorado al viento. Ercilia Tommasi, Los de afuera. María Elena Torres, La raíz.

Part of a series, all the volumes of which have the same title: Encuentro no. 1 (1974), Encuentro no. 2 (1975), Encuentro no. 3 (1976), and this one, Encuentro no. 4 (1979).

**D 29** Bajarlía, Juan Jacobo, ed., intro. and notes. <u>Crónicas con espías</u>. Buenos Aires: Jorge Alvarez Editor, 1966. 123 pp.

Juan Jacobo Bajarlía, La sombra del espía.  Haroldo Conti, Cinegética.  **Bernardo Kordon,
Agente W3.**  Adolfo L. Pérez Zelaschi, La otra piel.  Roger Plá, El patio iluminado.  Leopoldo
Marechal, Narración con espía obligado.  Gabriel Casaccia, **El hombre de las tres A.**
Stories of espionage, all Argentine except for one Paraguayan (Casaccia).

**D 30**  Bajarlía, Juan Jacobo, et al.  <u>Cuentos argentinos de ciencia-ficción</u>.  Buenos
Aires: Editorial Merlín, 1967.  189 pp.
>    Juan Jacobo Bajarlía, La civilización perdida. Adolfo Bioy Casares, Los afanes. Marco Denevi,
>    Las abejas de bronce. Eduardo Goligorsky, Aclimatación. Alfredo Julio Grassi, Mensage a la
>    tierra. Narciso Ibáñez Serrador, La esfera. Pedro Orgambide, Marketing. Carlos Peralta, El
>    segundo viaje. Emilio Rodrigué, La tercera fundación de la ciudad de Buenos Aires. Dalmiro
>    Sáenz, La meta es el camino. Alberto Vanasco, Paranoia. Alejandro Vignatti, En el primer
>    día del mes del año.
No intro.

**D 31**  Bajarlía, Juan Jacobo, ed. and intro.  <u>Cuentos de crimen y misterio</u>.  Buenos
Aires: Jorge Alvarez Editor, 1964.  288 pp.
>    Enrique Anderson Imbert, Los cantores de antaño son los de hogaño. Adolfo Bioy Casares,
>    Las vísperas de Fausto. Jorge Luis Borges, La otra muerte. María Angélica Bosco, La muerte
>    inventada. Bustos Domecq, Las noches de Goliádkin. Leonardo Castellani, El caso del
>    diamante en tabla. César Dabove, Reencuentro con Jerjes II, Rey de Persia. Marco Denevi,
>    Memorias de Margarita. Max Duplán, El mate frustrado. Alfonso Ferrari Amores, Testimonio
>    de identidad. Abel Mateo, La posada del ojo de Kios. Adolfo L. Pérez Zelaschi, Némesis y
>    el pavo. Manuel Peyrou, El Juez. Syria Poletti, Rojo en la Salina. Rodolfo J. Walsh, Los dos
>    montones de tierra.  Donald A. Yates, Los ojos que no ven.  Juan-Jacobo Bajarlía, El
>    manuscrito del emperador Jefangfir.
Yates is included as an "argentino honorario," due to his work on the genre of crime
fiction.

**D 32**  Bajarlía, Juan Jacobo, et al.  <u>Cuentos extraños</u>.  Intro. Gyula Kosice.  Buenos
Aires: Ediciones La Tabla de Esmeralda, 1976.  110 pp.
>    Juan-Jacobo Bajarlía, Desde la oscuridad, Historia de un blasfemia, Los sueños del Inominado,
>    El camino de la muerte. Tibor Chaminaud, Abraxas, Antes de Abraxas, Diálogo, El creador,
>    Soror Mágica, Encuentro, My first, last love, Proceso, El pensamiento, Castigo, Juicio final, El
>    viaje, El más allá, Desoxirribonucleico, Vinisius, Epílogo. Juan Carlos Licastro, Memorial para
>    una historia del señor Cambám Bitas sobre una breve aparición de la Doncella de Orleans,
>    Sobre una incierta fundación de los tranvías, Peregrinación de los pájaros y el viento, Después
>    de la Isla de San Brandán, La sombra recostada sobre la balustrada, El camino de los ibis rojos.
Fantasy.

**D 33**  Barbieri, Daniel, and Tarik Carson.  <u>Cuentos 2</u>.  Colección Parsec.  Buenos
Aires: Ediciones Filofalsia, 1986.
>    Daniel Barbieri, Un paseo con Gerónimo.  Tarik Carson, Una pequeña soledad.
No intro.  Part of a series directed by Daniel Rubén Mourelle.

**D 34**  Barletta, Leónidas, et al.  <u>Narradores argentinos contemporáneos.</u>.  Buenos
Aires: Editorial Sapientia, 1959.  127 pp.
>    Leónidas Barletta, Cuentos del zapatero Artidoro. Andrés Cinqugrana, Tony, Mirka, Un
>    hombre, Historia, Una tarde amarilla de octubre. Luis Pico Estrada, Día de fiesta, Poco que
>    hacer, Almas, Vieja Europa. Gerardo Pisarello, El hombre que vio al Mesías, Lobito, En el
>    puente. Andrés Rivera, El apóstol, El cazador de pájaros, Vocación, La marea.
No intro.

**D 35**  Barone, Orlando, ed. and intro. <u>13 cuentos por 13 escritores argentinos</u>. Encuentro no. 4. Buenos Aires: Editorial Cono Sur, 1979. 91 pp.

> Roberto Carlos Bagnat, La trampa. Alberto Calós, El día que perdí mi sombra. María de los Angeles Campos, El tercer tiempo. Haydée Lilf Canaletti, El cumpleaños. María Elena Dubecq, Cambio de signo. Armando Díaz Colodrero, Intruso. Alicia de la Fuente, La puerta muy angosta. Alberto Gilardoni, Su mirada absorta, inquisidora. Héctor Prado, El ladrido de los petreles. Silvano Alberto Silva, Sembrar vientos. Marta Susana Tellerá, Un papel dorado al viento. Ercilia Tommasi, Los de afuera. María Elena Torres, La raíz.

Part of a series, all with the same title.

**D 36**  Becco, Horacio Jorge, ed. and intro. <u>Cuentistas argentinos</u>. Buenos Aires: Ediciones Culturales Argentinas, 1961. 381 pp.

> Roberto J. Payró, Trece. Juan Pablo Echagüe, El gallo de Doña Paula. Horacio Quiroga, La gallina degollada. Atilio Chiáppori, La corbata azul. Mateo Booz, El cambarangá. Alberto Gerchunoff, Las brujas. Benito Lynch, Traveseando. Ricardo Güiraldes, El pozo. Juan Carlos Dávalos, La pierna. Guillermo Guerrero Estrella, El dueño del incendio. Arturo Cancela, El suicida y el león de Persia. Roberto Mariani, Toulet. Justo P. Sáenz, Una gama. Héctor Eandi, La espera. Ezequiel Martínez Estrada, El sueño. Pablo Rojas Paz, El arpa remendada. Luis Gudiño Kramer, El potro zaino. Enrique Méndez Calzada, Mireya Ronsard. Conrado Nalé Roxlo, El cuervo del arca. Jorge Luis Borges, El sur. Roberto Arlt, La cadena del ancla. Nicolás Olivari, La mosca verde. Enrique González Tuñón, Napoleón. Leónidas Barletta, Un muerto mata a Teodoro. Lobodón Garra, La batalla. Manuel Peyrou, Julieta y el mago. Carmen Gándara, Tiempo. Eduardo Mallea, La celebración. Silvina Ocampo, La red. Augusto Mario Delfino, El confidente. Enrique Anderson Imbert, El leve Pedro. Adolfo Bioy Casares, De los reyes futuros.

Long intro. is largely a list of authors and dates. Useful bio-bibliographical notes precede each selection.

**D 37**  Becco, Horacio Jorge, ed. and intro. <u>Cuentos de las provincias argentinas</u>. Buenos Aires: Editorial Huemul, 1980. 178 pp.

> Julio Ardiles Gray, Los carboneros. B. Velmiro Ayala Guana, El río. Mateo Booz, El cambarangá. Jorge Calvetti, Historia de un puñal. Juan Carlos Dávalos, La cola del gato. Juan Draghi Lucero, Arbol castigado. Juan Pablo Echagüe, El marucho fantasma. Fray Mocho, Macachines. Lobodón Garra, La batalla. Juan Carlos Ghiano, La martineta herida. Luis Gudiño Kramer, El potro zaino. Ricardo Güiraldes, La estancia vieja. Martiniano Leguizamón, El forastero. Ezequiel Martínez Estrada, No hay nadie. Clementina Rosa Quenel, La hoja y laurelia. Pablo Rojas Paz, El arpa remendada. Justo Sáenz (h), A uña de caballo. Antonio Stoll, Los bebedores de sangre.

Extensive intro. and notes. Final glossary of local terms.

**D 38**  Becher, Miguel, et al. <u>Pase y revuelva</u>. Intro. Adolfo L. Pérez Zelaschi. Buenos Aires: Ediciones del Arco, 1982. 164 pp.

> Miguel Becher, Detrás de la pared, La demora, La proclama, Chocolates. Alicia Puig, Epistolario escolar, El jarrón, El chico de la higuera. Bettina Peruch, Sandalias de charol, El ascenso, El gomero del jardín de las delicias. Hugo Luchetti, El espejo transparente, El vigía, Fin del guapo. Ana María Gaddi, Relato conjetural, Con los pobres de la tierra, El nombre. Teresa Kettle, Obsesión, Las avecitas, Rituales, La familia Olaguer. Adolfo Batán, Tallarines furtivos, Las plumas.

**D 39**  Becu, Leandro A., ed. <u>Cuentos del concurso "Gaspar L. Benavento"</u>. Buenos Aires: Edición de Revista Bibliograma, 1977. 576 pp.

> Luis E. Aguirre Sotomayor, La Churrinche. Alberto J. Altopiedi, Azar . . . Victor Hugo Avellaneda, El lago verde. Angel Balzarino, La visita del general. Mónica Mabel Bruno, Cenizas. María Rosa Calatraba, El error. Jorge Andrés Casarino, "Yaitu." Octavio Cejas, Telaritos. María Lidia Brunori de Vivilotti, Cuentos para pintar con sol. Octavio Corvalán, La pulsera dorada. Nilda Angélica Costa, Los buitres no viven en jaulas. José L. Costanzo, La

toma del templo. Ukah Dain, Otras puertas. César Dani, Un vaso de cerveza. César E. Dávila, Sombras de pueblo. Delia Durán, Deuda de amor, Mi grito agazapado. Cayetano Ferrari, Las cápsulas de Petri. Rosa Antonietti Filippini, El paisano del reloj. Julio César Gallardo, Un encuentro con los Césares. Juan Carlos Giménez, Las dos vidas y las dos muertes del viejo Borís. Atilio Santiago Giraudo, La daga. Shirley Gigena Giusti, Chiafre gerlero. José-Angel Gregorio, El espejo. David Daniel Jovtis, La huella del héroe. Carmen Kacic, En el galpón. Pablo Kemelmann, El santón. Anemi Levingston, Raúl, un chico como vos. Oswaldo Juan Loisi, Babel. Clementina Pereno de Lorenzo, La viajera. Tito Maggi, El oro de los zonzos. Perla Mallo Huergo, El gallo rojo. Ricardo C. Marcantonio, Una perdida esperanza azul. Maximiliano Mariotti, Valet de hojalata. María del Carmen Medrano, El conjuro de los personajes. Raquel Natole y Alberto S. Piaggio, Identidad. Mario Selmar Navarro, ¡Con todo!. . . ¿Adónde? Marta Nos, Nubes al este. María Josefa Tíssera de Olmos, La caracola. Antonio Oviedo, La sombra de los peces. Mariana Repetto, Cuento del chaleco de fuerza. Alberto Rojas Paz, Bolillas, hormigas y otros artefactos infantiles. Claudia V. M. Salamonesco, Como en todos los tiempos. Nilda Giusti de Sánchez, La cita. Carlos Sandelin, El espectro corre hacia el violeta. Gregorio Scheines, Los buenos y definitivos tiempos. Amaro Sedero, Fabián. Oscar Alberto Serrano, Poyo a la portuguesa. Sergio Sinay, Lo que un tren tarda en pasar. Miguel Angel Solivellas, El indagador. Hebe Renée Repetto de Talérico, Con el más puro amor. Beatriz Vallejo, La ventana. Angela C. Monteros de Posse, Las serpientes de Dido.

Stories from a contest organized by Bibliograma in 1976.

**D 40** Belaúnde, María del Carmen, et al. <u>17 para contar</u>. Buenos Aires: Editorial EIA, 1974. 157 pp.

María del Carmen Belaunde, Adán y Eva. Elsa Benjamín, Picada de cuentos. Ana Brunetti, La visita. Haydée Canaletti, Alguien. Beatriz Córdoba Nieto, El encargo. María Irene Diebra, Homenaje a Mariano Laurencena. Haydée Franzini, Pepe sabe hacer ¡bang! ¡bang! Angeles Llorente, Transferencia. Raquel Montenegro, Viejo camino nuevo. Elisa Mora, El perdón. Mario Nabarro, Tutankamon. Marta Liliana Nos, El viento puro del río Luján. Graciela Podestá, Tres Plaza Francia tres. Delia Rosende, La nena. David Scolni, Señora Carmona, Asunción, Paraguay. Uli Sommer, Miedo. César Víctor Torres, Chaya.

Winning stories from the literary workshops of the Sociedad Argentina de Escritores (SADE) in 1972.

**D 41** Bernal, Ricardo, et al. <u>Cuentos a largo plazo</u>. Intro. Syria Poletti. Buenos Aires: Plus Ultra, 1983. 126 pp.

Ricardo Bernal, Soldado de guardia, Duelo, Patio de tierra, Veinte mil gritos. Arturo Belda, Media mujer. Licha Badano, Aquel ramo de fresias. Joaquín Fernández Madariaga, El pombero, Na Dominga, El creador. Jorge H. Freire, Ajedrez prejuicioso. Julio Emilio Jaimes Freyre, Libélulas, Contacto visual. Maximiano Nilva, El ramo de rosas. Paulina Ponsowy, La capelina lila. Liliana Palermo, El hombre que venía de Italia, Las manos. Pastor Obligado, Veraneo. Enrique Rodríguez Molina, Cumpleaños, Crisis, Consejo, Servicio de guardia. Juan Pedro Antón ["David"], Otro cuento de amor. Fausto Zuliani, El amigo, A Eladio Gómez lo han citado. Ricardo Casabal, Las colinas humeantes.

A collection of stories from a literary workshop for bank employees, sponsored by the Asociación Mutual de Empleados del Banco Hipotecario Nacional.

**D 42** Biaus, Tristán, et al. <u>Los senderos de la muerte: cuentos</u>. Morón: Impulso Producciones, 1980. 75 pp.

Tristán Biaus, Nace el sol, muere el sol, El asesinato de los cines. Margarita Rosa Perrupato, La sonrisa, La carreta. Roberto Holstein, Secreto de confesión. Amelia de Praino, La mentira. Alberto Martínez, Cotín, Acto de magia. Elisabeth Laffitte, Con sabor a insólito, Espejismo de un viaje. Dina Santise, Rosas rojas, rojo sangre. Eduardo Buján, De mis memorias inescrutables, El giro. Olga Rodríguez Bajo, Juancho, La encomienda.

Crime fiction.

**D 43**  Bignami, Ariel, ed. <u>Borrón y cuenta nueva</u>. Buenos Aires: Grupo Editor de Buenos Aires, 1980. 141 pp.

> Jorge Asís, Sensibilidad popular. Isidoro Blaisten, Dublín al sur. Roberto Fontanarrosa, Chatarra. Eduardo Goligorsky, Romántico y puro. Lilian Goligorsky, El motivo de la presente. Bernardo Jobson, Levante en si sostenido imprevisto. Mario Levrero, Gelatina. Juan José Manauta, El anillo verde. Rubén Masera, Las calles y las plazas. Juan Alberto Núñez, 7. Mabel Pagano, El barrio. Osvaldo Seiguerman, La mala memoria. Alicia Steimberg, La flor de lis. Lubrano Zas, Corrientes y Montevideo.

The title on the cover reads <u>Borrón y cuentos nuevos</u>, while on the title page it reads <u>Borrón y cuenta nueva</u>.

**D 44**  Biset, Carlos H., ed. and intro. <u>Cuentos desde el centro del país</u>. Río Cuarto: Ediciones Fundación Biset, 1979. 2 vols. 217 + 251 pp.

> Vol. 1: Renato Peralta, Extracuerpo. Adriana Eugenia Bonfil, La otra cora. Juan Carlos Maldonado, El árbol de la niña muerta. Manuel Saúl Markman, El conductor callado. Osvaldo Mario Elizalde, Coche de punto. Carlos Santiago, Contornos imprecisos. Samuel Jacobo Schkolnik, Hechos de José Peláez. Alfonso Guillermo Barrio, Los alegres incendiarios. Cecilio Pérez de la Rosa, El reloj de pared. Héctor Roberto Britos, Historia de un cuento. Miguel Angel Oitana, Crónica del trastiempo. Osvaldo J. Barbieri, El faro. Juan Antonio Fontán, Upiros blancos. Reynaldo León Rodríguez, Dinero en el río. Lina Macho Vidal de Salarano, Anile en el bosque. Mercedes Fernández Abraldes, El angelito. Héctor Sebastianelli, Carta del ministerio. Luis Octavio Orieta, Aquel gringuito cautivo. Avelino S. Scarafia, La noche de los diablos. Alberto Pedro Sánchez, El gorrión.
>
> Vol. 2: Zunilde Angela Fiilas, Han dentrao los males. León Barsky, Don José. María Cristina Faraudello de Aimino, La invitación. Aldo Alberto Cicione, Viaje a las puertas de la percepción. Andrés Cáceres, El rito del sapo. Eugenio José Bonateu, El ferroviario del cosmos. Olga Jesús Contreras, El chañar. Aurelio Salesky Ulibarri, El ojo de agua. Jomer B. Villa, La casa. Julio Enrique Pineda, Nicéfora. Fernando Eudoro López, La luna más deseada. Miguel Angel Solivellas, El regreso de Eufemia. Alicia Irene González de Carboni, La paga en especie. Pedro P. Noeking, Eso fue ayer. Dora Ochoa de Masramón, Gatos negros, gatos grises. María del Carmen Duri, El sillón. Marelli Claydi Teresa Sordello, Un gardelito cualquiera. Beatriz Alonso, Por Martín. Felipe Córdoba, La muerte circular. Félix Gabriel Flores, El buscador de eternidades. Alicia Sonia Vizcarra de da Silva Catelá, Parque de diversiones.

Stories from a contest organized by a radio station in Río Cuarto. The writers are mostly from the provinces of Córdoba, Mendoza and Entre Ríos.

**D 45**  Blaisten, Isidoro, et al. <u>Cuentos de hoy mismo: Primer concurso de cuento argentino 1982</u>. Intro. Josefina Delgado. Buenos Aires: Círculo de Lectores, 1983. 278 pp.

> Isidoro Blaisten, Beatriz querida. Angel Bonomini, Iniciación al miedo. Antonio Di Benedetto, El pretendiente. Hugo Foguet, Playas. Rodolfo E. Fogwill, Sobre el arte de la novela. Elvio Gandolfo, Llano del sol. Carlos Gardini, Primera línea. Carlos D. Martínez, Los festejos. Héctor Mendes, Un día histórico. Martha Mercader, Renacimientos. Leonardo Moledo, La mujer que debía quererme. Marta Nos, Morir es juego de niños. Pedro Orgambide, Visita nocturna. Alan Pauls, Amor de apariencia. José Sazbón, Pierre Menard, autor del Quijote.

The Gardini story won the first prize in this contest sponsored by the Círculo de Lectores.

**D 46**  Blanes, Ernesto, et al. <u>Después de hora (Cuentos)</u>. Buenos Aires: Goyanarte y Seijas Editores, 1963. 118 pp.

> Ernesto Blanes, El pobre, El cielo prestado. Federico Cammarota, El niño en la mira. Ricardo Cordero, El hombre, El muchacho, Martes Veinte. Soledad Legar, El comboy, El aprendiz de hechicero. Juan Carlos Maciel, Prohibido ser. Patricio Morgan, El velorio. Martín Müller, Noches de Shanghai, El despedido. Juan Manuel Palacio, El caso de los pantalones de fantasía,

El último amigo. Fernando Sánchez Sorondo, Las hermanas de Javier Wiconda.  Héctor G. Solanas, El viaje, El editor, El padre, El automóvil.
No intro.

**D 47**  Blasi, Nelly, et al.  De Martínez a Retiro.  Martínez: Biblioteca Popular de Martínez Bernardino Rivadavia, 1978.  103 pp.
Nelly Blasi, Amor a la hora de la siesta. José Martínez González Hueso, Un tipo decidido. Mabel Pagano, Manuel y su tiempo de otoño. Roberto Oscar Perinelli, Coquetería. Josefina M. Estrella Gutiérrez de Alonso, Piray Mini. Ricardo Titto Casabal, Andrea. Artemio Félix Romero, La mamá Eloísa. Jorge Omar Ariola, El cuaderno azul. Victorio Vichy, La ejecución. Ana Leonor Monteamore de Velazco, La importancia del grito.
Stories from the "Concurso Literario Ciudad de Martínez" in 1976, co-sponsored by the Centro de Educación Permanente de Martínez and the S.A.D.E. Delta.

**D 48**  Boechat, Susana, et al.  Siete para contar un cuento.  Intro. Roberto A. Talice. Buenos Aires: Ediciones Crisol, 1979.  127 pp.
Susana Boechat, Crónica de un cumpleaños, Libertad, María Luz. Beatriz Díaz, La leyenda negra, La obra maestra. Teresa Carmen Freda, Laura, El último café. Nisa Forti, Una deuda de gratitud. José Guelerman, Toda la tristeza del mar, Bruja del siglo veinte, El ojo. Ronald Nash, Huésped de la hierba. Pilar Alvarez de Traverso, El ruiseñor de Lourdes, La caja espejo.
The intro. describes the vol. as "algo así como un movimiento de voces independientes que aspiran a hacerse oir en su medio . . . un caleidoscópico panorama de conceptos, de matices, de actitudes, de mensajes, de estimaciones y de impresiones."

**D 49**  Boldori, Rosa, Inés Santa Cruz, Roberto Schiro, and Edelweiss Serra, eds. Narrativa argentina del litoral.  Rosario: Cuadernos Aletheia/Grupo de Estudios Semánticos, 1981.
Unable to annotate.

**D 50**  Borges, Jorge Luis, ed. and intro.  Cuentistas y pintores argentinos.  Buenos Aires: Ediciones de Arte Gaglianone, 1985.  279 pp.
Leopoldo Lugones, Yzur. Eduardo Wilde, La primera noche de cementerio. Ezequiel Martínez Estrada, La inundación. Silvina Ocampo, Autobiografía de Irene. Santiago Dabove, Ser polvo. Adolfo Bioy Casares, Los afanes. Esteban Echeverría, El matadero. Manuel Mujica Lainez, La casa cerrada, El cazador de fantasmas, El hombrecito del azulejo. José Bianco, Sombras suele vestir. Manuel Peyrou, La espada dormida.
A lavish edition with brief notes by Borges and illustrations by well-known Argentine painters including Raúl Soldi and Norah Borges.

**D 51**  Borthiry, Enrique David, et al.  Antología de cuentos breves.  Intro. Manuel Gurrea.  Mar de Plata: n. pub., 1978.  38 pp.
Enrique David Borthiry, Desde la ventana se ven techos, ¿y aquel humo? Oscar Norberto Yedaide, El secreto de Américo Zivano. Juan Carlos García Reig, Volverás en invierno. Norberto Albornoz, La paga. Esther [Palermo] de Amado, Volver a nacer. Carlos Enrique Petroni, Irse como todos.
Winning stories from the "XIV Concurso Anual de Estímulo a la Producción Artística y Literaria 1978."

**D 52**  Borthiry, Enrique David, et al.  Cuento: VIII Concurso Municipal de Estímulo a la Producción Artística y Literaria 1971.  Mar del Plata: Municipalidad del Partido de General Pueyrredón, 1972.  66 pp.

Enrique David Borthiry, El milagro de Sanagasta, Al costado del Velazco, La pena en el arenal. Susana Beltrán, Juancito. Rodolfo Oscar Noodt, La mariposa. Raquel Iglesias de Pérez Speranza, El pretexto. Graciela Tarantino, Teresa.

Stories from the same contest as the previous item.

**D 53**  Bosco, María Angélica, et al. <u>El arte de amar: El hombre</u>. Intro. Eva Giberti. Buenos Aires: Editorial Merlín, 1967.

María Angélica Bosco, Fiesta con Teobaldo. Iverna Codina, Un día de tantos. María Esther de Miguel, El sumario. Liliana Hecker, De cuando Irene se asomó al oscuro corazón. Luisa Mercedes Levinson, El otro amor de Lila Bell. Marta Lynch, Los jazmines de noviembre.

Includes an extensive (35 pp.) introductory essay by Eva Giberti entitled "Cómo aman los argentinos."

**D 54**  Bosco, María Angélica, and Haydée M. Jofre Barroso, eds. and intro. <u>Antología consultada del cuento argentino</u>. Buenos Aires: Compañía General Fabril Editora, 1971. 320 pp.

Miguel Briante, Habrá que matar los perros, Uñas sobre el acero del máuser. Abelardo Castillo, Noche para el negro Griffiths, Macabeo. Liliana Heker, Los que vieron la zarza, Yokasta. Juan José Hernández, La intrusa, Princesa. Amalia Jamilis, Ola de calor, Migala en la tarde. Marta Lynch, Entierro de carnaval, Sala de guardia. María Esther de Miguel, La sombra, La creciente. Daniel Moyano, Etcétera, La espera. Germán Rozenmacher, Los ojos del tigre, Blues en la noche. Fernando Sánchez Sorondo, Sin el permiso del Papá, Las hermanas de Javier Wiconda.

Good selection of younger writers.

**D 55**  Bratosevich, Nicolás, et al. <u>Cuentistas premiados</u>. Buenos Aires: Editorial Universitaria de Buenos Aires, 1989. 103 pp.

Nicolás Bratosevich, Señorita Ofelia. Aldo Julio Leone, Por una cabeza. Marcelo Jorge Zamboni, La sorpresa. Adriana Irene Macaggi, El techo del altillo. Nora G. Di Ricci, A hierro muere. Carlos Alberto Amarante, Cariñosa. Sergio Adolfo Marelli, La última esperanza. Gustavo Fontán, Los días vacíos. Jorge A. Mirarchi, No hay como viajar para conocer el mundo. Gustavo Nielsen, Las fotos. Elizabeth Fontana, Las puertas. Pedro F. J. Pavesi, La traición. Laura Blei, Ana teje. Daniel I. Krichman, La vida sin ceremonias. Jorge Leyes, La visión del amor.

Stories from a contest celebrating the thirtieth anniversary of the founding of EUDEBA, the Editorial Universitaria de Buenos Aires.

**D 56**  Bravo Figueroa, G. A., ed. and intro. <u>27 cuentos del norte argentino</u>. Tucumán: Editorial Atenas, 1972. 224 pp.

Jorge W. Abalos, Cuando no mata, estropea, Jararaca Dormideira. Julio Aramburu, La centella de fuego, La leyenda del tesoro. Julio Ardiles Gray, La sospecha, Los carboneros. Juan J. Botelli, El tío Lucas. Carola Briones, El árbol del espanto. Fausto Burgos, Buey viejo. Bernardo Canal Feijóo, Cosa de Dios, El velorio del Tigre. Manuel Castilla, De solo estar. Alberto Córdoba, La zafra. Juan Carlos Dávalos, El viento blanco, En el monte. Francisco Díaz, Las maravillas. Hugo R. Foguet, El gran viento del 23 de agosto. Luis Franco, El zorro milico, Los socios de siembra. Juan José Hernández, Anita. Alba Omil, Quinto, los pájaros. Daniel Ovejero, Don Fidel y la muerte del General Peyegrini. Miguel A. Pereyra, José Cadena y el pozo. Alberto Pérez, Esperando la lluvia. Carlos B. Quiroga, Los potros. Ricardo Rojas, El kacuy, El runauturunco. Pablo Rojas Paz, El camino.

For use in secondary schools, to emphasize regional and national values: "Mediante esa aproximación el lector experimentará un sentimiento más solidario, más humano, más carnal hacia nuestro hombre." With glossary.

**D 57**   Burzaco, Raúl Horacio, ed. and intro.   <u>Solos</u>.   Buenos Aires: Editorial Goyanarte, 1962.   147 pp.

> Jorge Carnevale, Angustia con ruidos, Casi ocho minutos, Todo me sucede. Teresa Espinosa, La piedra, Silencio. Juan Carlos Conde Sauné, El paso. Elena Emilia Franco, Un grillo, Pablo y el sol. Norman G. Enz, Andrés, El inquilino. Beatriz Isoldi, Largo día, El viaje. Brian Miguel Healy, Gris, Suburbio. Leonor Calvera, Las consecuencias de un descubrimiento. Horacio Martínez, Silencio con muerte. Marí del Carmen Sánchez, Fogata sin humo. Mario Rodríguez, El cuchillo, Una pilcha para Beto.

The intro. is entitled "Antiprólogo." Burzaco explains that the stories were written by his former students at the Instituto de Lenguas y Culturas.

**D 58**   Bustos, Marta, et al., eds.   <u>El cuento argentino 1959-1970: Antología</u>.   Buenos Aires: Centro Editor de América Latina, 1981.   2 vols.   159 + 178 pp.

> Vol. 1: Dalmiro Sáenz, María La Rubia. David Viñas, La señora muerta. Beatriz Guido, Usurpación. Marta Lynch, Cuentos de colores. Abelardo Castillo, El Candelabro de plata. Humberto Costantini, Diálogo con un tal Burjer. Andrés Rivera, El hombre de la radio a transistores. Pedro Orgambide, La señorita Wilson. Jorge Riestra, A.A. Germán Rozenmacher, Cabecita negra. Haroldo Conti, Como un león. Jorge Asís, El Antonio.
>
> Vol. 2: Estela Dos Santos, La llegada and La partida. Amalia Jamilis, Un día diferente. Isidoro Blaisten, Mishiadura en Aries. Juan José Saer, Verde y negro. Hebe Uhart, El viejo. Antonio Di Benedetto, Enrosacado. Daniel Moyano, Cantata para los hijos de Gracimiano. Héctor Tizón, El mundo, una vieja caja de música que tiene que cantar. Juan José Hernández, El inocente. Rodolfo Walsh, Nota al pie. Ricardo Piglia, La caja de vidrio. Alberto Vanasco, Phobos y Deimos.

Edited by the "Seminario de Literatura Raúl Scalabrini Ortiz," directed by Eduardo Romano and consisting of Marta Bustos, Patricia Terrero, Roberto Di Benedetto, Silvia Andryseca de Seitz, Nanina Rivarola and María Martínez.

**D 59**   Campos, María de los Angeles, et al.   <u>13 cuentos por 13 escritores argentinos</u>.   Encuentro No. 3.   Buenos Aires: Editorial Cono Sur, 1976.

> María de los Angeles Campos, Veinte minutos. Alberto Calós, El paquete. Héctor Prado, El indio Malleo. Eduardo Leunda Moya, El buscador de efectos. Alicia de la Fuente, Morte al muro. Armando A. Díaz Colodrero, Atrapado. Silvano Alberto Silva, Triángulo trapezoide. Ercilia Tommasi, Gemelos en el tiempo de los astros. Lilí Canaletti, En construcción (apuntes del cementerio). Marta Susana Tellería, Cuento con lluvia. José Angel Gregorio, La Zarza. Juan Carlos Gatell, La venganza de Don Santiago. Alberto L. Gilardoni, La "Pacha Mama."

Part of a series, all with the same title.

**D 60**   Carrasco, Félix, et al.   <u>20 cuentos policiales argentinos</u>.   Buenos Aires: Plus Ultra, 1976.   253 pp.

> Félix Carrasco, Las relaciones peligrosas, Mi amigo Peñaloza, El hombre verde, ¡Qué noviembre extrañamente frío! Fasten seat belt. Plácido Rosario Donato, Jeannette, La araña, El árbol, El aljibe, El loco. Héctor V. Morel, La última estafa, Cita con la casualidad, Un consuelo para muchos, ¿Por qué? El ingeniero, El "punga." Eugenio Juan Zappietro, El crimen de Manuel Belgrano, Mariel ha muerto, Adiós ala amigo, El jardinero.

Brief intro. "Antes que nada."

**D 61**   Carrera, Armando, et al.   <u>Concurso Literario Peuser 1927</u>.   Buenos Aires: Jacobo Peuser, 1928.   157 pp.

> Armando Carrera, El oro blanco. Luciano M. Sicard, Angustia. D. Fernández, El turco de "El Mangrullo."

From a contest for short stories or short novels, one of the earliest such contests to result in a publication like this one.

**D 62**  Casal, Horacio Néstor, et al. <u>Cuentistas argentinos inéditos</u>. Colección de Narrativa Pago Chico. Buenos Aires: Ediciones La Rosa Blindada, 1964. 63 pp.

Horacio Néstor Casal, El triunfador, Tranquilidad, La Patria. Jorge Correa, Tarde de otoño, Lucho Robledo, Requisa. Jorge Sánchez, La trampa, Explicación del cobarde, El último día de sol, La patada.

No intro.

**D 63**  Casares, Luisa Jorgelina, et al. <u>El cuento argentino: contribución de los escritores nuevos a la literatura nacional</u>. Buenos Aires: Club de Difusión del Libro Americano, 1944. 398 pp.

Luisa Jorgelina Casares, Navidad. Horacio José Lencina, El último sueño. Carlos Mastrángelo, Acorralado. María D. Gatica de Montiveros, La piedra del león. Alfonso Barreras, Episodio. María E. Mendoza de Velázquez, El cuento del novicio. Margarita Villegas Basabilbaso, La condeña. José María Arozamena, Esquizofrenia. Alberto Claudio Blasetti, Chiquita. Dante H. Rizzetti Grand, La taba. Nélida G. Ocampo, Renunciación. María Alicia Orsetti, La Virgen de Itati. Germán Schmersow Marr, La caravana. Ana Sampol de Herrero, El pequeño Artillero. Alfredo Casey, Célika. Marijuana Isabel Delgado, Allá en el Norte. María Teresa Terre, Egoísmo. Samuel de la Plaza, El hijo. Gregorio Scheines, Hermanas. Julián Flamarique, Ella y yo. Pedro Alonso Prieto, Siesta en Olaen. Manuel Rodríguez Fernández, Condenada a muerte. Carlos Ruiz Daudet, Más de cien milímetros. Raúl Ramos Mejía, Beso final. Juan Carlos Escobar, El remanso que habla. Jómer B. Villa, Regalo de reyes. Mauricio Birabent, Ramón Zaldívar. Blanca Stella Gómez, El lastre. María A. R. de Meilan, Estrellitas. Arnaldo H. Cruz, La venganza del secretario. Elsa Castellanos Sola, Dolor en las alturas. Mario Fernández Cid, El fracaso. Ramón G. Barrionuevo, Ño Carpio. Azor Grimaut, Esperanza muerta. J. Rodolfo Yaniselli, El carao. Pedro Heredia, El misterio del dique. José P. Barrientos, El tallador de cabezas. Carlos Domingo Yáñez, El aguatero. Simón Romero, El más allá. Jorge F. Castellanos, Melisandro. Juan Agustín Correa, María. Oriel Menéndez, El billete de Navidad. Juan Seda, El rey de la isla. Vicente Raúl Botta, El sueño de Abel. Fermín Alfredo Anzalaz, El mandinga. Nino Furno Sola, La suicida. Nélida R. Burman Rodríguez, Por la libertad y el amor. Carlos M. Constanzo ["Diego Azul"], El último fracaso. Lucas Gauna, La maldición. Hortensia Albarracín, La venganza del soldado. Edgardo Eneas Urtugey, Mirandolino. Carlos Julio Cortes, El forastero. Emilio Antonelli, El soliloquio. Otto A. Pardo, La broma trágica. Victoria Periez Ramir, ¡¡Tan azul!! M. Sánchez Agüero de Barreyra, La casa del Deán. Ismael F. Pascual, El padre del Rehén. Héctor Lucarno, La partida. Anatolio Plamar, Justicia humana. Juan F. Costa, Episodio del remanso. Nicolás Ramón, La ciudad. Antonio Garcías, Las campanas. Rodolfo Tuma, La fuerza de un amor. Horacio Jorge Becco, Llovizna. María B. L. de Etchemendy, Ignorancia. Antonio A. Borelli, ¡A perseverar! Myriam de la Riestra, La química. Leopoldo Calviño, Las cabritas tercas. Oscar S. Migoni Dodero, El viejo maestro. Elena Grassi Mollo, ¿Cobardía? Rosa E. Arrigoni de Blanco, La leyenda del cisne blanco. Miguel Angel Amoroto, Cosas de vino. Severo Patiño, La maldición. Oreste Fernández, Mentira perdonable. Juan A. Floriani, Desamparo. Carlos Filippini, Gratificación. Germán Alfredo Marracino, La Noria. Doroteo G. Herrera, Peregrino. Andrés Reuben, Sólo tres. Osmar Lasalvia, Dios existe. Juan L. de la Torre, La sombra. Adolfo E. Jascalevich, El que da el descanso. Rosa Clara, Inocencia. Stella Guevara de Huarte, ¡Hijo mío! Oscar Pizzulli, Su amigo preferido. Julio F. Ovejero Paz, Cuento de la quebrada. Miguel Angel Berón, Un hombre honesto. Marcelo Pittaluga Sarlo, Conversaciones telefónicas. Ada Lilia Sartoris, Confesión. Juan B. Gurrera, ¡Doctor! ¡Doctor! Abel Larrain, Tristeza de carnaval. Manuel Cerban Rivas, Braulio, el pastor. Agustín Ledesma, La carta. José Américo González, El fracaso. Juan Vidussi, El viejito. José Panettieri, Recuerdos. Juan Fortuna, Chasqui improvisado. Honorato Laconi, Brevedad de una dicha. Haydée Bisceglia, La niña que murió de amor. Choi Chaig, El orgullo del pavo real. Guillermo D. Vega, Un papel. Armando S. Rosso, Un político. Oscar Atila Mitrovich, Machito. Enrique David Borthiry, Ilusión primera. Eduardo Manso Martín, El final del romance. Manuel d'Amore, Zorro gris.

The vol. was intended to "dar a conocer a autores de la más reciente promoción." The short story genre "ha tenido cultores eminentes en nuestro país [pero] se halla hoy poco menos que abandonado."

**D 64** Cerro, Juan Carlos, et al. <u>Cuentos de periodistas</u>. Buenos Aires: Ediciones Noé, 1973. 103 pp.

> Juan Carlos Cerro, Gambeta a la consciencia. Voltaire José Cosentino, Crónica de un mal pensador. Daniel Giribaldi, El rocío y las hadas. Hernando Kleimans, Baires (Telam). Elena Lunghi, Rascabuche. Lázaro Ottonello, Mi cuarto de pensión, El caudillo. Tiburcio Padilla, Contacto, El diablo borroso, Verde, Atentado en . . . , Dölmann. José Ernesto Siga, La cosa. Roberto Traini, Inmolación, El elefante blanco, Voluntas de humo, El beso. Daniel Vic, Volver.

No intro.

**D 65** Cicco, Juan, ed. and intro. <u>Veinte cuentos humorísticos argentinos</u>. Buenos Aires: Librería Huemul, 1972. 229 pp.

> Bartolomé Mitre y Vedia, El Vesubio (volcán en actividad). Lucio V. López, Don Polidoro (retrato de muchos). Godofredo Daireaux, El hombre que hacía llover. José S. Alvarez [Fray Mocho], Las etcéteras. Roberto J. Payró, Justicia salomónica. Macedonio Fernández, Prosas de mareo. Mateo Booz, La casa solariega. Guillermo Guerrero Estrella, El dueño del incendio. Enrique Loncán, El rebelde inofensivo. Arturo Cancela, Las últimas hamadríades. Enrique Méndez Calzada, Aprendizaje de la perfecta humildad. Conrado Nalé Roxlo, Ferrocarril a General Gutiérrez. Honorio Bustos Domecq, Los ociosos. Roberto Arlt, Pequeños proprietarios. Manuel Peyrou, Varidio. Ignacio B. Anzoátegui, Diálogo de las armas y las letras. Silvina Ocampo, La gallina de membrillo. Adolfo Bioy Casares, El calamar opta por su tinta. Julio Cortázar, Simulacros. Luis J. Medrano, visión profana de la fiesta ganadera.

Contains glossary of localisms, bio-bibliographical notes on the authors and a final bibliography on humor.

**D 66** Clucellas, María Isabel, et al. <u>Cuentario</u>. Intro. María Alicia Domínguez. Buenos Aires: Libros de Hispanoamérica, 1982. 117 pp.

> María Isabel Cluclellas, Impasse, Mediodía nocturno, El cachalote, Pregrinaje, Vagón de ferrocarril, La espera. Juan C. Gargiulo, El hombre que rellenaba minutos, La inmortalidad, El héroe, La extraña melodía. Martha Salas, Mateo Correa, El extraño Reino, El aparecido, La carta para Tía Diana. Hugo Leguizamón, La ciudad de Barro, Las hermanas, Como todos los días, La flor azul.

From the intro.: "Saludo en estos escritores la inteligencia y la gallardía que significa ser fieles a sí mismos en un tiempo que exige 'compromiso' tantas veces ajenos al que todo noble escritor debe mantener con su profunda autenticidad."

**D 67** Cócaro, Nicolás, ed. and intro. <u>Cuentos fantásticos argentinos</u>. Buenos Aires: Emecé, 1960. 227 pp.

> Vicente Barbieri, Dos veces el mismo rostro. Santiago Dabove, El experimento de Varinsky. Leopoldo Lugones, La lluvia de fuego. Horacio Quiroga, Más allá. Enrique Anderson Imbert, El fantasma. Adolfo Bioy Casares, En memoria de Paulina. Jorge Luis Borges, Las ruinas circulares. Leonardo Castellani, Un cuento de duendes. Guillermo Enrique Hudson, La confesión de Pelino Viera. Julio Cortázar, Casa tomada. Augusto Mario Delfino, El teléfono. Manuel Mujica Lainez, La galera. Alberto Girri, Anagnórisis. H. A. Murena, El coronel de caballería. Conrado Nalé Roxlo, El cuervo del Arca. Silvina Ocampo. La red. Manuel Peyrou, Pudo haberme ocurrido.

Includes extensive (30 pp.) intro., "La corriente literaria fantástica en la Argentina."

**D 68** Cócaro, Nicolás, and Antonio E. Serrano Redonnet, eds. and intro. <u>Cuentos fantásticos argentinos: segunda serie</u>. Buenos Aires: Emecé, 1976. 280 pp.

> Luis María Albamonte, La extraña fuga de Iván Gober. Enrique Anderson Imbert, El leve Pedro. Juan Jacobo Bajarlía, Historia de una blasfemia. Jorge Luis Borges, La casa de Asterión. José Blanco Amor, La pirámide. Adolfo Bioy Casares, Las vísperas de Fausto. Silvina Bullrich, El lobizón. Arturo Cambours Ocampo, El dueño de la noche. Juan Cicco, Una lección de ilusionismo. Nicolás Cócaro, Volar fue la costumbre. Eduardo Gudiño Kieffer,

Mascarada. Alejandro von der Heyde, El traidor. Héctor René Lafleur, Los perros. Bonifacio Lastra, Pigmalión. Luisa Mercedes Levinson, El pesador de tiempo. Inés Malinow, La esquina el sueño. Eduardo Mallea, La rosa de Cernobbio. Manuel Mujica Lainez, El espejo desordenado. Silvina Ocampo, Las ondas. Federico Peltzer, A Bariloche. Agustín Pérez Pardella, Un rostro para olvidar. Adolfo L. Pérez Zelaschi, Eso. Enrique Luis Revol, Difunto. Norberto Silvetti Paz, Los perros salvajes. María Esther Vázquez, El viaje de Lucio. María de Villarino, La rosa no debe morir.

Extensive (20 pp.) intro.

**D 69**  Codina, Iverna, et al.  Cuentos premiados Concurso "Leopoldo Marechal." Intros. Raúl Matera and Iverna Codina.  Buenos Aires: Editorial Plus Ultra, 1973.
Iverna Codina, La noche de las barricadas. Jorge W. Abalos, La viuda negra. José Julio Jáuregui, El basural. Juan Andrés, Talleres metalúrgicos. Fernández Unsain, El porvenir. Fernando Pascual Ruiz, Como en un cuento del far South. Raquel Dain, A solas con la muerte.

Stories from a contest.

**D 70**  "Concurso de cuentos de Sur."  Sur 164-65 (1948): 109-65.
J. R. Wilcock.  Rosa Chacel.  Nisha Orayen.  Adolfo L. Pérez Zelaschi.

Unable to annotate.

**D 71**  Constenla, Julia, ed. and notes.  Crónicas de la burguesía.  Intro. Alberto Ciria.  Buenos Aires: Jorge Alvarez Editor, 1965.  109 pp.
Marta Lynch, Justitia parvi hominis. Pedro Orgambide, Amo y señor. Beatriz Guido, Ocupación. Abelardo Castillo, Los ritos. Luisa Mercedes Levinson, Recibo con muerte y transfiguración. Alberto Vanasco, La juventud dorada o de adelante para atrás.

The intro. by Ciria is entitled "Variaciones sobre un tema transitado."

**D 72**  Constenla, Julia, ed. and intro.  Crónicas del amor.  Buenos Aires: Jorge Alvarez Editor, 1965.  115 pp.
Dalmiro Sáenz, La edad de piedra del amor. Liliana Heker, Los que vieron la zarza. Leopoldo Torre Nilsson, El que aúlla. Marco Denevi, "The Female Animal." Silvina Bullrich, Historia de un silencio.

From the intro.: "Constatemos que al hablar del amor o sobre el amor cinco escritores argentinos orillan la soledad."

**D 73**  Constenla, Julia, ed. and intro.  Crónicas del pasado.  Buenos Aires: Jorge Alvarez Editor, 1965.
Ernesto Sabato, 20 de junio de 1820. Rubén Benítez, Celeste Rondó. Félix Luna, Prosas del cura y el montonero. Germán Rozenmacher, El gallo blanco. Leonardo Castellani, El caso de la casa de gobierno. Rodolfo J. Walsh, Esa mujer.

Stories about historical events, from the independence wars to Evita Perón.

**D 74**  Corvalán, Octavio, ed. and intro.  Cuentos del NOA.  Buenos Aires: Editorial Andes, 1975.  152 pp.
Juan Carlos Dávalos, El caso del esqueleto. Daniel Ovejero, Zacarías Huanca en el cielo. Luis Leopoldo Franco, Parábolas: Lo vedado, Los casuistas, El jugador. Carlos Domingo Yáñez, Ají del monte. Angel M. Vargas, La "sopera." Tito Maggi, La gata. Jorge W. Abalos, An kétap. Ramón Alberto Pérez, La Margarita. Manuel J. Castilla, De solo estar. Julio Ardiles Gray, Los camioneros. Guido Orlando Avila, June, maestro. Octavio Cejas, Peleador. Héctor Tizón, Parábola. Juan José Hernández, La viuda. Carlos Hugo Aparicio, La máquina. Jorge Estrella, Réquiem para los dos.

Stories from the Argentine northwest, from the states of Tucumán, Salta, Jujuy, Santiago del Estero, La Rioja and Catamarca. Brief intro., good notes on authors. No table of contents.

**D 75**  Costantini, Humberto, ed. and intro. <u>20 cuentos del exilio</u>. Mexico City: Editorial Tierra del Fuego, 1983. 177 pp.

> Blanca Bernasconi, Y esta cosa, la vida. Eduardo Villar, Quier dode rechoiz quierdo (sic), Los otros destierros. David Viñas, Abel regresa esta noche. Silvia Silberstein, Crónica, Salida. Alvaro Abos, Se sacará el anillo con la piedra negra. Daniel Moyano, Golondrinas. Luis Bruschtein, Tiempo suplementario. Marcelino Cereijido, Teseo. Pedro Orgambide, Tengo nostalgia de los años 60s, nena. Iverna Codina, Promesa. Sergio Bufano, Simón de la ciudad, Los juegos de Luciana. Osvaldo Soriano, Ficción. Eduardo Mignogna, Tigres y alondras. Alfredo Fox, Sexto piso. Diana Piazzolla, "Vivo en Donato Alvarez 36 . . . " Humberto Costantini, Cacería sangrienta o la daga de Pat Sullivan.

Includes well-known as well as little-known exiled writers: "Será bueno que el lector fije su atención en estos últimos sobre todo. Es posible que ésa que se llamará en el futuro 'generación del exilio' esté haciendo oir su voz por primera vez en estas páginas."

**D 76**  Danero, Eduardo M. S., ed. and intro. <u>Antología gaucha (Cuentos)</u>. Santa Fe: Librería y Editorial Castellví, 1956. 236 pp.

> Eduardo Acevedo Díaz, La mujer del matrero. Agustín Alvarez, Los peligros de la noche. José S. Alvarez [Fray Mocho], Macachines. Juan B. Ambrosetti, Baile. Sócrates Anaya, 25 de mayo en el desierto. Pedro N. Arata, El mate. Víctor Arreguine, En el bajo de Soria. Santiago Avendaño, La fuga de un cautivo de los indios. Félix de Azara, Campestre. Rafael Barreda, Desgracia con suerte. Manuel Bernárdez, El velorio de Barroso. Mariano Bosch, Doña Corpus Miranda. Mario Bravo, La cuadrilla volante. Carlos Octavio Bunge, El gaucho. Fausto Burgos, El árbol. Miguel Cané, Baile en un rancho. Ramón J. Cárcano, El cura gaucho. Evaristo Carriego, Mata perros. Otto Miguel Cione, Por qué se mató Martín. Emilio A. Coni, El primer Martín Fierro. Miguel Angel Correa (Mateo Booz), El Chambarangá. Roberto Cunningham-Graham, Pulpería. Atilio M. Chiappori, Noche Buena en la pampa. Godofredo Daireaux, Funeraria. Enrique Demaría, Pico a pico. Alfred Ebelot, La mujer del soldado. Juan Pablo Echagüe, El gallo de Doña Paula, Cosas de la Chapanay. Esteban Echeverría, El matadero. Santiago Estrada, Fiesta en Luján. Alberto I. Gache, La muerte de Senor. Enrique García Velloso, El hijo pródigo. Alberto Gerchunoff, El boyero. Julio Cruz Ghío (Cruz Orellana), Leña fuerte. Alberto Ghiraldo, Postrer fulgor. Arturo Giménez Pastor, Allá lejos. Joaquín V. González, El niño alcalde. Pedro Goyena, Naturaleza del gaucho. Nicolás Granada, La ceguera de La Madrid. Francisco Grandmontagne, Guerra de carretas. Paul Groussac, Calandria. Ricardo Guiraldes, Nocturno. Eduardo Gutiérrez, Amor de Leona. Juan María Gutiérrez, El payador Santos Vega, El hombre hormiga. José Hernández, El Chacho. Ricardo Hogg, Recuerdos de la frontera. Guillermo Enrique Hudson, Historia de un caballo overo. Martiniano Leguizamón, El forastero. Lucio Vicente López, Pancho Peralta. Mario A. López Osornia, El moscardón. Severiano Lorente, Desgracia con suerte. Benito Lynch, Travesiando. Ventura R. Lynch, Esquila, siega y otras actividades. Benito Llanos, El juego del pato. Santiago Maciel, A punta de lanza. Lucio V. Mansilla, Historia de Miguelito. José Mármol, El comandante Cuitiño. Diego Novilla Quiroga, Sarneando. Filisberto de Oliveira Cézar, Peludos y sabios. J. Roberto Payró, Poesía popular. Horacio Quiroga, A la deriva. Carlos Reyles, La doma. Arturo Reynal O'Connor, Un colono libertado. Florencio Sánchez, La vuelta de Cantalicio, Veladas de la cocina. Domingo Faustino Sarmiento, Infancia y juventud de Facundo. Marcos Sastre, El ceibo y el ombú, árboles gauchos. Charles de Soussens, Un gaucho en París. Eduardo Talero, Dura Lex. Nemesio Trejo, Pialador de pichichos, Dudas crueles. Carlos M. Urien, "Porque es lo mismo." Javier de Viana, ¡Se acaban los gauchos, ché! Alberto T. Weisbach, ¿Partidario? Estanislao Zeballos, La travesía.

Important anthology of stories on rural themes.

**D 77**  Dardanelli, Julio, et al.  <u>Escritores del Alto 1: Serie cuentos</u>.  Intro. Jorge Felippa.  Córdoba: Artesol, 1986.  121 pp.

> Julio Dardanelli, La identidad, La revolución. Quique de Lucio, Desde el café, El suceso, Entre dos tiempos. Antonia Izzo, El camino de Huaicas, In memoriam, El último viaje de Lucia Tadei. Leonarda Lastra, Bajo el puente, La casa de la escalera, Cuando parezca muerto. Guillermo Pinto, Aviso de retorno, Exodo VII, Pobre mi niña Rosarito.

Stories by the members of Grupo Escritores del Alto.

**D 78**  Di Giovanni, Norman Thomas, ed. and intro.  <u>Celeste Goes Dancing and other stories</u>.  Trans. Norman Thomas di Giovanni and Susan Ashe.  London: Constable, 1989.  184 pp.

> Silvina Ocampo, The Drawing Lesson. Adolfo Bioy Casares, The Windowless Room. Isidoro Blaisten, Lotz Makes No Reply. Fernando Sánchez Sorondo, Javier Wiconda's Sister. Estela dos Santos, Celeste Goes Dancing. Alberto Vanasco, Neither Saints nor Sinners. Marcos Aguinis, Short Story Contest. Eduardo Gudiño Kieffer, You've Got a Nipper, Don't You? Liliana Heer, The Letter to Ricardo. Fernando Sorrentino, The Visitationg. Angel Bonomini, A Memory of Punkal. Jorge Asís, Mule. Abelardo Castillo, For Services Rendered. Santiago Sylvester, Cousins.

Uneven collection that advertises itself as the first collection of Argentine short fiction in English.  However, earlier ones include the anthologies edited by Waldo Frank and Ernest Lewald.

**D 79**  Domínguez, Mignón, ed. and intro.  <u>16 cuentos argentinos</u>.  1st ed. 1955. 2nd ed.: Buenos Aires: Lajouane Editores, 1960.  199 pp.

> Fausto Burgos, Dos Amigos. Juan Carlos Dávalos, Los cazadores de chinchillas. Pablo Rojas Paz, El jarro de plata. Luis Franco, Desquite. Angel María Vargas, Chango sin espuelas. Clementina Rosa Quenel, La Espera. Horacio C. Rodríguez, El castigo. Juan Pablo Echagüe, El marucho fantasma. Lobodón Garra, La batalla. Guillermo House, Trenzando. Ricardo Güiraldes, Al rescoldo. Susana Calandrelli, La gloria. Mateo Booz, El cambaranga. Justo P. Sáenz (h.), Mentiras. Ernesto E. Ezquer Zelaya, El sueño. Horacio Quiroga, El hombre muerto.

The criteria for selection included representing writers from the various regions of Argentina.

**D 80**  Donghi Halperín, Renata, ed., intro. and notes.  <u>Cuentistas argentinos del siglo XIX: Antología</u>.  Buenos Aires: Angel Estrada, 1950.  238 pp.

> Esteban Echeverría, El matadero. José Tomás Guido, Fantasía. Juana Manuela Gorriti, Quien escucha su mal oye. Vicente G. Quesada, La mina misteriosa. Santiago Estrada, Reverie. José María Cantilo, Escenas criollas. Eduardo Wilde, Nada en quince minutos, Tini. Lucio V. López, Don Polidoro. Bartolomé Mitre y Vedia, Boccaccio. Miguel Cané, Los músicos de la montaña. José S. Alvarez ["Fray Mocho"], Después del recibo. Martín García Merou, Una limosna. Joaquín V. González, La selva de los reptiles.

Useful intro. discusses the late appearance of the short story genre in Argentine literature, the influences on the writers, and the stories included.

**D 81**  Dubecq, María Elena, ed.  <u>10 en clave de esperanza</u>.  Intro. Alberto Carlos Merlín.  Buenos Aires: Ediciones Agon, 1983.  85 pp.

> Elías Cárpena, El cuento del caballo malacara. Jorge Bordigoni Mack, El hijo, La playa. María Consuelo Barro Gil, Mi viaje al sur. Saúl Braceras Haedo, La decisión. Francisco Castañeda Guerrero, Rosita no tiene la culpa. Alicia de la Fuente, El árbol del bien y del mal. José María Domínguez, Sólo un préstamo. María Elena Dubecq, Las manos tendidas. Enrique González Trillo, La disyuntiva, El árbol. María Emilia Pérez, Los martines, Las cautivas. Elena Torres, Nido.

Brief bio-bibliographical notes precede each selection.

**D 82**  Dubecq, María Elena, ed. and intro. <u>En clave de "stress"</u>. Agon, 22. Buenos Aires: Ediciones Agon, 1980. 125 pp.

> María de los Angeles Campos, La caja nueve. Juan Tomás Cánepa, Ayer comencé a morir. Héctor Cruz, Donde el camino se acaba. Alicia de la Fuente, Las torres del silencio. María Elena Dubecq, Destiempo. Juan Carlos Gatell, Mientras cae la lluvia, El pájaro negro. Alberto Gilardoni, El pájaro quebrado. José Guelerman, La roldana, Kartulowic. Clive N. Hibbert, Cuestión de identidad. David Daniel Jovtis, La vigilia y el sueño. Magdalén Liddle, El potrillo. Luis Mercadante, Candela. Aída J. Nebbia de Godega, Al colmillo del diablo. José Vicente Núñez, Zapatito con mancha roja, El canto de cisne del mosquito. Victoria Oribe, 7, 6, 5, una vuelta de tuerca. Elsa A. Osorio, En el jardín, El juego de la mesa. Carlos Pensa, Despedida de solteros. María Emilia Pérez, Los cajones, El gato. Irma Puente, A quince tantos, Topo. Alicia Regolf de Mullen, La gran aventura, La última puerta. Elena Torres, El zumbido, La visita. Alejandro von der Heyde Garrigos, Amor imposible.

Bio-bibliographical notes at end.

**D 83**  Dubecq, María Elena, ed. and intro. <u>Entre lo insólito y una realidad mágica</u>. Buenos Aires: Ediciones Agon, 1985. 75 pp.

> Amalia Encinas, La vuelta de Aparicio Fuentes, El vecino y su podadera, Broche de oro para el último tango. Zaida de Castelán, Melita, Ayercito nomás, El Fetch, El hombre sin límites, Las siete copas. Carmen Aguer, Malvinas, El gurí, El canto inacabado, Las campanas de Yapeyú.

Stories of the uncanny.

**D 84**  Etchenique, Nira, y Mario Jorge de Lellis, eds. and intro. <u>Veinte cuentos de Buenos Aires</u>. Buenos Aires: Editorial Mirasol, 1974 (?). 181 pp.

> Roberto Arlt, El jorobadito. Leónidas Barletta, Tango. Andrés Cinqugrana, Un hombre. Humberto Costantini, El cielo entre los durmientes. Augusto Mario Delfino, El mejor de los tres granaderos. Julio Ellena de la Sota, Historia de la felicidad. Fray Mocho, A la hora del té. Enrique González Tuñón, Cara de gualda. David José Kohon, El moscón. Norah Lange, Esthercita. Eduardo Mallea, Conversación. Roberto Mariani, Riverita. Manuel Mujica Láinez, El hambre. Nicolás Olivari, La mosca verde. Adolfo Pérez Zelaschi, El arpa enfundada. Dalmiro A. Sáenz, Sí, por Dalmiro. Javier Villafañe, El perro ceniza. David Viñas, Un solo cuerpo mudo. Enrique Wernicke, La ley de alquileres. Alvaro Yunque, El Ají.

Good selection of stories about capital city.

**D 85**  Fevre, Fermín, ed. and intro. <u>Antología del cuento policial argentino</u>. Buenos Aires: Kapelusz, 1974.

Unable to annotate.

**D 86**  Flesca, Haydée, ed. and intro. <u>Antología de la literatura fantástica argentina. 1: Narradores del siglo XIX</u>. Grandes Obras de la Literatura Universal, 66. Buenos Aires: Editorial Kapelusz, 1970. 252 pp.

> Juana Manuela Gorriti, El emparedado, El fantasma de un rencor, and Una visita infernal. Lucio V. Mansilla, Alucinación. Eduardo Wilde, Alma callejera. Miguel Cané, El canto de la sirena. Eduardo L. Holmberg, El ruiseñor y el artista. Carlos Olivera, Los muertos a hora fija [Revelaciones de un médico]. Carlos Monsalve, De un mundo a otro. Martín García Mérou, Fantasía nocturna. Carlos Octavio Bunge, Pesadilla grotesca [Impresiones de veinticuatro horas de fiebre].

Study guides, chronologies, biblio., excerpts from criticism. The second vol. is listed below under Manguel.

**D 87**  Fletcher, Lea, ed. and intro. <u>Modernismo: Sus cuentistas olvidados en la Argentina</u>. Buenos Aires: Ediciones del 80, 1986. 225 pp.

> Emilio Berisso, Los celos del moribundo, La mejor solución, Schendel, Bodas trágicas. Luis Berisso, Bodas trágicas, Cuadro, Idilio romántico, Nieblas. Atilio M. Chiappori, El castigo.

Leopoldo Díaz, Lili, El tormento del avaro. Eugenio Díaz Romero, La tentación de Pierrot, El último peso, Vida contemporánea, Luisita. Angel de Estrada (hijo), Entre los rosales, El flamenco, Historia verdadera. Alberto Ghiraldo, Bajo la cruz, En la ruleta, Nubes, ¡Vitor! Martín Goycoechea Menéndez, Iris alba, Tras la bandera. Darío Herrera, Cuento de primavera, En Palermo, Fanny. Ricardo Jaimes Freyre, Ardua sentencia, La gesta del conde Runoldo, Páginas íntimas, Infiel. Enrique Larreta, La copa del emir. Carlos Ortiz, Visiones de carnaval. Belisario Roldán, Porque tienen alma. Miguel Ugarte, Beso amargo, El defensor inesperado, Entre los fantasmas, El gigante y la luna, La guerra, Pierrot tuvo una idea, La primera cana. Alvaro Armando Vasseur, La juventud, La histeria y la muerte.

Important recovery of little known material. The stories were published initially in newspapers and magazines, and then largely forgotten.

**D 88** Flores, Andrés I. Casos famosos de la crónica policial argentina. Buenos Aires: Ediciones Orión.
Unable to annotate.

**D 89** Ford, Aníbal, ed. and intro. Cuentos del Noroeste. Historia Popular, 99. Buenos Aires: Centro Editor de América Latina, 1972.
Unable to annotate.

**D 90** Frank, Waldo, ed. and intro. Tales from the Argentine. Trans. Arturo Brenner. New York, 1930. 268 pp.

Roberto J. Payró, Laucha's Marriage, The Devil in Pago Chico. Leopoldo Lugones, Death of a Gaucho. Lucio V. López, Holiday in Buenos Aires. Domingo F. Sarmiento, The Private Life of Facundo. Ricardo Güiraldes, Rosaura. Horacio Quiroga, The Return of Anaconda.

Interesting selection by North American writer who was instrumental in the founding of Sur.

**D 91** Freda, Teresa Carmen, ed. and intro. 16 voces argentinas en el cuento. Buenos Aires: Editorial Buenos Aires Poesía, 1981. 149 pp.

Susana Boechat, Crónica de un cumpleaños, Los gatos. Alejandra Borcovsky, Amor tardío. Miguel Brosio, Pájaros de la muerte, Gólgota 2000. María de los Angeles Campos, Joaquina. Teresa Carmen Freda, El reloj alemán, La increíble aventura de Pazcucio Alvarez. Dysis Guira y Valdés, Los matrimonios, Araña. Cayetano Ferrari, Divisibilidad. José Guelerman, El aviso. Bernardo Kleiner, La corondina. Teresa Naios Najchaus, La grieta, Un porteño de Hansen. Yvonn Penelón, El tren. Nilda Díaz Pessina, Danza para Hugo, Tango. Marcela Righini, La ventana. Norma Riggirozzi, Amén, Aduana. Carlos José Stefanolo, Tres golpes de aldaba. Estefanía Szubstarski, Ocaso.

An anthology worthy of Carlos Argentino Daneri: the stories by young and little-known authors are preceded by pompous notes by the authors of the other stories in the volume.

**D 92** Freda, Teresa Carmen, ed. 17 voces argentinas (Cuentos). Buenos Aires: Editorial Buenos Aires Poesía, 1981.

Susana Boechat, Crónica de un cumpleaños, Los gatos. Alejandra Borcovsky, Amor tardío, Pájaros de la muerte. Miguel Brosio, Gólgotz 2000. María de los Angeles Campos, Joaquina. Teresa Carmen Freda, El reloj alemán, La increíble aventura de Pazcucio Alvarez. Dysis Guira y Valdés, Los matrimonios, Araña. Cayetano Ferrari, Divisibilidad. José Guelerman, El aviso. Bernardo Kleiner, La corondina. Teresa Naios Najchaus, La grieta, Un porteño de Hansen. Yvonn Penelón, El tren. Nilda Díaz Pessina, Danza para Hugo, Tango. Marcela Righini, La ventana. Norma Riggirozzi, Aduana, Amén. Carlos José Stefanolo, Tres golpes de aldaba. Estefanía Szubstarski, Ocaso.

No intro. or notes.

**D 93**  Freda, Teresa Carmen, ed. <u>Siete voces argentinas (Cuentos)</u>. Buenos Aires: Editorial Buenos Aires Poesía, 1980.

> María E. Togno, Comen tres tigres.  J. M. González Hueso, Con Carmen, Ethel y Elisa a capella.  Angela Nigro, Un domingo nublado.  Marta Nos, Permiso de 9 a 1.  Cristina Muente, El baúl negro.  Santiago Grimani, La última cruz.  José Losada, Amalia.

No intro. or notes.

**D 94**  Fuente, Alicia de la, et al. <u>Cuentos 70</u>.  Intro. Jorge Masciángoli.  Buenos Aires: Editorial Cono Sur, 1970.  128 pp.

> Alicia de la Fuente, El colectivo, Argos, En el monte.  Anamaría Brodersen, Domingo, Casi un pueblo eterno.  Olga Margarita Daglietto, La piel ajena, La casa vacía, Esos pobres Farías.  Betty Pancelli, La venganza de Neftalí, ¡Gulistán!  Eduardo Leunda Moya, El testimonio, El daño invisible.  Leónidas Cristián Ziehl, Cráneo póstumo, La cita.  Elisabeth Davio, Edmundo de todos los caminos, Amargo pan de la pequeña fiesta.  Delchi Girotti, El nacimiento de la muerte rosa, Tiempo de esparcir piedras.  Hercilia H. Tommasi, Los círculos, Los hombres grises, Borrados en el tiempo.

Stories from a workshop directed by Masciángoli.

**D 95**  Gainza, Gustavo de, ed. <u>Bajo un solo techo: Cuentos 1978</u>.  Buenos Aires: Botella al Mar, 1978.  124 pp.

> María Laura Anselmi, Ajedrez.  Susana de Aquino, El castillo, El caleidoscopio, El espejo.  Carmen Arjonilla, El fetiche.  María Cristina Baldelli, Camino a casa.  Jeanette Bonder, El bar.  María Haydée Burgos, Sapos y cascarudos.  Beatriz Canosa, El talismán.  María Cristina Mena de Castro, El solitario, Soy adolescente.  Stella Corvalán Posse, Mandato.  Gloria Cordiviola, Un castillo.  Gustavo Daniel Crespo, Crónica de un sueño.  Silvia Drufuka, Llorar.  Alejandro Elissagaray, Corriendo tras la ficción.  María Esther Filippini, ¿Por qué tienes miedo a la muerte?  Gustavo de Gainza, El diagnóstico.  Marta Maldonado de García, Así ocurrió.  Fernando Hermoso, Los pájaros.  Clivé Norman Hibbert, Por unas palabras mal hilvanadas.  Blanca Ravagnan de Jaccard, El muchacho de los pájaros.  Adriana Monfort, El cortejo.  Juan Miguel Molinuevo, El gato negro.  Patricia Mullen, Juego, El hombre y el árbol.  Griselda Perri, La orquesta del parque.  María Angélica Sastre, El dedal de mi abuela, La herencia.  Zita Solari, La pértiga rota.  Susana de Spina Giménez, Las esferas.  Josefina Tallaferro de Suárez del Cerro, Fuera del tiempo.  Carmen Alicia Valenti, Sinónimos.

No intro.

**D 96**  Gálvez, Manuel, ed. and intro. <u>Los mejores cuentos</u>.  Buenos Aires: Editorial Patria, 1919.  262 pp.

> Carlos Octavio Bunge, La cabeza del lobo.  Atilio Chiappori, La corbata azul.  Juan Carlos Dávalos, El fantasma del Remate.  Angel de Estrada, El gusano misterioso, Libélula.  Delfina Bunge de Gálvez, La iglesita azul.  Alberto Gerchunoff, El candelabro de plata, La lechuza.  Joaquín V. González, Mauricio.  Pablo [Paul] Groussac, La herencia.  Ricardo Güiraldes, Ferroviaria, El pozo.  Enrique Larreta, Artemis.  Jorge Lavalle Cobo, Ciencia fatal.  Martiniano Leguizamón, Una revancha, El forastero.  Leopoldo Lugones, Al rastro, Dos ilutres lunáticos.  Benito Lynch, El bagual.  Carlos Muzio Sáenz Peña, El droguero de Nishapur.  Roberto J. Payró, El diablo en Pago Chico, Celos, Poesía.  Luisa Israel de Portela, El indio Tayahué.  Horacio Quiroga, A la deriva, La gallina degollada, Los mensú.  Ricardo Rojas, El íncubo.  Manuel Ugarte, Suzón.

Important early anthology.  From the intro.: "no habiendo entre los cuentos ninguno mío, puedo decir que es este uno de los más interesantes libros que se hayan publicado aquí."  Gálvez comments on the variety of theme and technique in the stories and on the pedagogical purpose of collecting stories by good authors (thus distinguishing them from the hacks that appear with them in the periodicals).  Brief notes on authors.

**D 97**  García, Germán, et al. <u>Mano de obra</u>.  Buenos Aires: Sunda, 1968.  74 pp.

Germán García, Complicancia uno, Complicancia dos. Gregorio Kohon, Odetta en Babilonia y el rápido a Canadá. Martín Micharvegas, A/no/ta/de/to/na/cio/nes. José Peroni, Cueritoviejoverde.

"Sus autores hacen un deliberado uso del lenguaje conversacional y del proveniente de la ivnención, permanecen atentos a la escritura espontánea que genera el acto mismo de escribir, comparten la preocupación común de mutar la experiencia de la vida al lenguaje de la vida."

**D 98** García Robles, Víctor, et al. Cuentos filatélicos. Florida: Mundo Filatélico Ediciones, 1974. 61 pp.

Víctor Garcías Robles, Sepa que una estampilla. Salustiano González, Milagro filatélico. María Rosa Lojo Calatrava, Monólogo. Carlos A. Polemann Solá, El brujo. Alberto César De Renzis, El enigma de Ygwanne. Pablo Schvartzman, Catalepsia.

Stories about stamps and stamp collecting.

**D 99** Gaut vel Hartman, Sergio, ed. and intro. Fase uno. Buenos Aires: Sinergia, 1987. 199 pp.

Fernando de Giovanni, El tipo que vio el caballo. Eduardo Sánchez, Algo más que cuatro vedas en una sola pecera. Eduardo J. Carletti, Alarido. Daniel Barbieri, Si no soy esquimal. Alvaro Ruiz de Mendarozqueta, Todo esté lleno de enanitos. Mirta Henault, Arrullo final. Anselmo R. Badenes, Sueño de piratas. Eduardo Abel Diménez, Páginas de un catálogo. Graciela Parini, Al final del otoño. Tarik Carson, Projecciones. Sergio Gaut vel Hartman, Cuerpos a la deriva.

Science fiction.

**D 100** Geraldi, Seferino, et al. Cuentos y relatos del Chaco. Intro. Ricardo Jara. Chaco: Casa García Editora, 1975. 113 pp.

Seferino Geraldi, La picada de Venturini. Roque Antonio S. A. Geraldi, La fiesta de Santa Catalina. Eduardo Gómez Lestani, Crónica de una emergencia. José García Pulido, Los hijos del amor o matrimonio imposible, Los hijos del Mamón. José del Carmen Nieto, Retorno. Julio A. Acosta, El monito que se llevó la muerte. Beta, El pescador. Nito 75, Nito y ella. Sixta Segovia de Giulano, El cacique Palo Lapí.

Stories from Chaco province.

**D 101** Giglio, Susana, and Alba Scarcella, eds., intro. and notes. Veinte jóvenes cuentistas argentinos. Buenos Aires: Ediciones Colihue, 1985. 191 pp.

M. Georgina Amorosino, Nostalgias. Fernando D. Berton, El examen. Roberto de la Cámara, Mala mano. Gastón P. Carteau, Se hace tarde. M. Josefina Casares, De vuelta. Fabián A. Dorado, Boleto azul. M. Fabiana Funes, Ilusión de verdad. Marcela A. Furlano, Por no juzgarte. M. Paula Maidana, Hidrofobia. Julián Martínez Vázquez, Prohibido amar en vacaciones. Silvio F. Man, Al calor de los sentidos. Juan Ignacio Moine, Tres misiones. M. Silvina Pérez Beascoechea, La ducha. Ariel Pitrella, Socionestesia. Claudio D. Ramos, K. Sandra F. Staniscia, La nada. Amalia Stuhldreher, Ni . . . sí. Marcello R. Torelli, Mundo de papel. Andrea A. Cisneros, Todavía.

Winners of the Concurso Colihue for 1984.

**D 102** Giglio, Susana, and Alba Scarcella, eds., intro. and notes. Veinte jóvenes cuentistas argentinos II. Buenos Aires: Ediciones Colihue, 1986. 150 pp.

María Alejandra Araya, Siete vidas. Néstor Arrúa, Breve historia cósmica. Karina Beihswingert, Mi hermana y yo. Irene Brousse, Una tarde. Miguel Caballero, Esa visita que llegó de noche. Verónica Calderón, El gato negro. María del Milagro Corvalán Posse, El juguete. María Florencia Contardi, Una melodía, una casa, un cuadro. Virginia Ducler, Mi cuento. Christian Guinzburg, Las visitas nocturnas. Nélidas Haydée de la Horra, Psico-nene-pa-tía. Darío Julián Lewkowicz, La computadora. María Laura Orfila, La manzana. Rubén Darío Paz, Procesos. Elsa Alejandra Rodríguez, El cuento. Esteban A. Salinas, Unos grandes bigotes rubios. Andrea Sanmartín, 7 años de silencio. Marcos de Soldati, Desayuno con mi hermana. Rafael Adrián Spregelburd, Heno y la máquina de la verdad. Sebastián Szabó, Robot-masa.

Stories from the "Concurso veinte jóvenes cuentistas argentinos 1987." Contains study guides for use in secondary schools.

**D 103** Gioffre, Marcel Angel, et al. Obras premiadas. Buenos Aires: Del Castillo Editores, 1986. 56 pp.

> Marcelo Angel Gioffre, La dulce autoridad del primer rouge. Norma Gladys Clinet, El cuicidio del ángel. Norberto Zuretti, Cuestión de identidad. Enrique Juan José Aurora, El egresado. Enrique Luis González, Los alfileres del '82. Rubén Joaquín Silva, Límites. Mario Alfonso Cobeaga, Papiromanía. Gustavo Alejandro Ferreyra, Una historia de amor. Alejandra Pultrone, Vos y tus ángeles. María Cristina Ares, El cortapapeles. Santiago Carlos Espel, Alma obsidiana. María Isabel Martínez Iraci, La enseñanza. María Georgina Amorosino, En un rincón del paraíso. Fabián Alberto Russo, La sangre en las rodillas. María del Carmen Rodríguez, Bienvenida, Julia. Elisabeth Corro, Signos característicos. María Elena Barbieri, El pueblo y el timepo. Gabe Rodrigo, Buena empleada.

Stories from the "Concurso nacional del cuento corto." No intro.

**D 104** Girotti, Delchis Angel María, et al. Cuentos. Córdoba: Universidad Nacional de Córdoba, 1974. 143 pp.

> Delchis Angel María Girotti, Algunos recuerdos de Ramón, Aquí estoy, El basural. María Luisa de Luján Campos, El cajón del angelito, El riego, El milagrito. Nicasios Soria, Vida de perro, Insulto, Un pañuelo. Liliana Aguilar, El señor Guestos, Entre ángeles. Juan Croce, La Misa ha terminado ("Ita Missa Est"). Mirta Alicia Páez, Los Matacos. Miguel A. Clariá, La Tía Blanca. Hugo Alberto Torres Barea, La larga noche en que caímos prisioneros. Mario Selmar Navarro, El sombrero de anta. Lucio Eduardo Yudicello, Crónica de un desconocido. Antonio Elio Brailovsky, Los ciclos (II relato).

Stories from the "Concurso Literario Leopoldo Marechal."

**D 105** Goligorsky, Eduardo, ed. and intro. Los argentinos en la luna. Buenos Aires: Ediciones de la Flor, 1968. 216 pp.

> Eduardo Ladislao Holmberg, Viaje maravilloso del señor Nic-Nac. Manuel Mujica Lainez, Los espías. Alberto Vanasco, Los pilotes del infinito. Donald Yates, La cargo. Eduardo Goligorsky, El vigía. Angélica Gorodischer, La morada del hombre. Juan-Jacobo Bajarlía, La suma de los signos. Marie Langer, Los delfines no son tiburones. Héctor Yánover, La purificación. Héctor G. Oesterheld, Sondas. Alfredo Julio Grassi, El tiempo del lunes. Pablo Capanna, Acronía. Alberto Lagunas, Informe sobre voces. Jorge Iégor, La mutación de Bélacs. Carlos María Carón, La victoria de Napoleón. Eduardo Stilman, La cuenta regresiva, La cacería del plesiosauro.

Science fiction. Good intro. and bio-bibliographical notes. Yates, a North American critic, is included because of his work on Argentine literature.

**D 106** Golz, Adolfo Argentino, ed. and intro. Crónicas de Entre Ríos. Buenos Aires: Jorge Alvarez Editor, 1967.

> Evaristo Carriego, De Paraná a Concordia. Martiniano Leguizamón, El curandero. José S. Alvarez, El clac de Sarmiento. Alberto Gerchunoff, Láminas campesinas. Juan L. Ortiz, El otoño en Paraná. Luis Gudiño Kramer, Caminos. Guillermo Saravi, Corridas de avestruces. Carlos Mastronardi, Un 25 de mayo en Gualeguay. Amaro Villanueva, La marca de Gualeguay. Gaspar L. Benavento, El Doctor Pérez, Lobizón. Arnaldo H. Cruz, Apenas vivir. Juan José Manauta, Un salvaje. Beatriz Bosch, Entre ríos a mediados del siglo XIX. Juan Carlos Ghiano, Seguramente se lo había calumniado. Fermín Chávez, Fondo del bolicho. María Esther de Miguel, Mi pueblo.

Stories and crónicas from Entre Ríos province.

**D 107**  Golz, Adolfo Argentino, and Edgardo A. Pesante, eds. <u>De orilla a orilla:</u> <u>cuentos</u>. Santa Fe: Editorial Colmegna, 1972. 139 pp.

> Sofía Acosta, Tríptico. César Actis Brú, Crónicas ejemplares. Ricardo H. Alcolea, Martes trece. Lermo Rafael Balbi, Usted está allí. Angel Domingo Balzarino, Punto final. Arnaldo H. Cruz, Reto de libertad. Susana Etcharrán, Dios se piensa a sí mismo. Adolfo Argentino Golz, Apenas un sueño verde. Edgardo A. Pesante, El día que no amaneció. Marta Elena Samatan, El niño que no jugaba, Vacío.

Regional stories. No intro.

**D 108**  Gramuglio, María Teresa, ed. and intro. <u>Cuentos regionales argentinos:</u> <u>Buenos Aires</u>. Buenos Aires: Ediciones Colihue, 1984. 191 pp.

> Manuel Mujica Lainez, El hambre. Adolfo Bioy Casares, Homenaje a Francisco Almeyra. Ricardo Piglia, Las actas del juicio. Fray Mocho, La bienvenida. Manuel Ugarte, Totota. Roberto Mariani, Toulet. Julio Cortázar, Etiqueta y prelaciones. Silvina Ocampo, Paradela. Jorge Luis Borges, Historia de Rosendo Juárez. Germán Rozenmacher, Blues en la noche. Miguel Briante, Las hamacas voladoras. Haroldo Conti, Perdido. Bernardo Kordon, La última huelga de los basureros.

Extensive intro., study guides, biblio.

**D 109**  Grassi, Alfredo, and Alejandro Vignati, eds. <u>Ciencia ficción: nuevos cuentos</u> <u>argentinos</u>. Buenos Aires: Calatayud/DEA, 1968. 157 pp.

> Eduardo A. Azcuy, El humanoide. Juan-Jacobo Bajarlía, Mac Cain. Ernesto Bayma, El prisionero. Carlos María Carón, El trasplante. Marco Denevi, Boroboboo. Osvaldo Elliff, Las fábulas. Eduardo Goligorsky, El espía. Alfredo Grassi, Los herederos. Héctor Oesterheld, Dos muertes. Víctor Pronzato, Oliverio. Alejandro Vignati, Una medusa en la playa.

Science fiction.

**D 110**  Grassi, S. Oscar, et al. <u>Cuentos originales</u>. Intro. Jorge Luis Borges. Santa Fe: Editorial Castellví, 1965. 79 pp.

> S. Oscar Grassi, El viaje, El reto, La enferma. Rogelio Pfirter, Hombre y progreso, Las diez razones. Carlos Ghiara, La medusa. Julio C. de la Torre, La sola palabra. Julio O. Peña, Yan-lesin, De cara al cielo, Sexta. José Hernán Cibils, Molinos de viento, Aparecer. Ubaldo Pérez, El llamado. Jorge Milia, Lavado y engrase.

A collection of stories written by students at the Colegio de la Inmaculada Concepción in Santa Fe. Borges says in the preface: "Este prólogo no solamente lo es de este libro sino de cada una de las aún indefinidas series posibles de obras que los jóvenes aquí congregados pueden, en el porvenir, redactar."

**D 111**  Grinbaum, Carolina de. <u>Para todos</u>. Serie Cuentos y Más Cuentos, 1-2. Buenos Aires: Ediciones Tu Llave, 1988. 2 vols. 151 + 159 pp.

> Vol. 1: Ricardo Alvarez Morell, La melodía del salón, El anónimo. Juana Amalfi, Apenas la ilusión, Extraño coloquio. Antonio Baibiene, Diálogo en el porche. Viviana Bermúdez-Arceo, Locomotora. Emilce Cárrega, La cacería. Frank Cipriani, Hades. Angela Colombo, Hachero. María Inés Cufré, Un collar de perlas rosadas para la señorita Amonacid. Bibiana Ducid, El visitante de las mañanas, Cuéntame un cuento. Guillermina Fasciolo, La prueba. Nelly E. Figueirido, El ladrón. Nisa Forti, El caballito criollo. Stella Maris García, Fugitivas. Renée González, La aguja. Julia B. R. de Grinberg, El amigo, No te olvides de regar las plantas, "Split." Axel Jaroslavsky, El cristal de Froslav. Adriana Kolyvakis, Tarde en domingo. Muriel Mistral, El regalo. Oscar Félix Orquiguil, Jorgelina, Federico y yo. Elena Perriot, Decisión, El pianista. Araceli Riesel, Las piedras de San Luis. Zunilda C. Salmerón, El canto del cisne. Valeria Sorcinelli, La llave, La estatua.
> Vol. 2: Maridé Badano, Destino de hermana. Antonio Baibiene, La grieta, La espada. Haydée Lili Canaletti, Verás que todo es mentira. Renée del Castillo, Paseo de mujer, El tiempo es oro. Angela Colombo, Pretérito perfecto. María Inés Cufré, Un objeto perdido. Bibiana Ducid, Cibernética humana. Lila Duffau de Rabaudi, Los visitantes. Guillermina

Fasciolo, Después del día del gran cambio. Eliseo Ferrari, ¡Vamos! Nelly Esther Figueirido, Soledad. Adela Gago Valersi, Tenderás la mano. Stella Maris García, Esta es su casa, abuelo. Carolina de Grinbaum, Buscando la otra puerta, Tras los propios sueños, La reversión de Adán, La otra luz. Julia B. R. de Grinberg, El otro señor Kratovic. Susana Grinman, Reflejos de vida, Ratona. Axel Jaroslavsky, Dos águilas doradas. Victoria de Lorenzo, Cuestión de clase. María Luisa Marino, Manto de dudas. María Emilia J. Pérez, Las gallinas. Elena A. Perriot, El jardín. Alicia Preta, Imagen en soledad. Araceli Riesel, El empate. Virginia S. de Ursini, Carta de la mamá de la Reina, Todo parecido con su hijo, es pura fatalidad. Viejo, como los trapos, Carta abierta a . . . Teresa Vinciguerra, La pesadilla, La silla.

Brief intro. on the founding of a new publisher.

**D 112** Guido, Beatriz, et al. <u>Doce mujeres cuentan</u>. Intro. Luis Gregorich. Buenos Aires: Ediciones La Campana, 1983. 207 pp.

Beatriz Guido, El cometa. Silvia Iparraguirre, Toda una tarde de la mano, al costado de la vía. Liliana Heker, La fiesta ajena. Margarita Roncarolo, El usurpador. Alicia Tafur, De papel. Elvira Ibargüen, Un objeto sagrado. Hebe Uhart, Eli, eli, lamma sabacthani. Elena Marengo, Sombras a la hora del té. Martha Mercader, Vilma. Graciela Domínguez, Regalo de reyes. Angélica Gorodischer, La cámara oscura. Susana Silvestre, Los de las casas altas.

Gregorich begins his intro.: "No existe una literatura femenina; existe una literatura escrita por mujeres."

**D 113** Hosne, Roberto, et al. <u>Narradores argentinos contemporáneos</u> I. Buenos Aires: Kapelusz, 1958.

Roberto Hosne, El conflicto, La espera, Noche de lluvia, El desquite, Inquietud. Juan José Manauta, Los chanchos, Cuento de amor, El señor Cervantes, Su ventaja, La visita. Jorge Onetti, Hay gente que se equivoca, Pedagogía, El día de la abuela, El ensueño, Mercedes. Víctor Pronzato, El viejo del trombón, Jugando, Trueque. Enrique Wernicke, La mudanza, La cabalgata, Hombrecitos, La ley de alquileres, Los caranchos.

No intro. Extremely brief notes on authors.

**D 114** Huberman, Silvio E., ed. <u>Otros trece cuentos argentinos</u>. Buenos Aires: Instituto Amigos del Libro Argentino, 1967. 105 pp.

Rodolfo Adolfo Nícoli, Historia para un minero. Daniel Nelson Salzano, De acá hasta allá. Jorge Bernardino Mosqueira, Una tarde de domingo. Eduardo Tomás Godoy, Febrero 1964. Alma de Amezola, La tierra en silencio. Guillermo Félix Orsi, Héroe de viento. Osvaldo Roberto Soriano, Persecución. Susana Mercedes Maxwell, Los héroes. Jorge Vicente Perreira Regueiro, Desnudez. Elena Mayte, Fin de semana. Juan José Vilche, El mal trago. Luisa Peluffo, La luz. Luis Wainerman, Los ojos de Dimas.

Continuation of series; earlier vol. listed above under Arauco.

**D 115** Jofre Barroso, Haydée M., ed. and intro. <u>Así escriben los argentinos</u>. Buenos Aires: Ediciones Orión, 1975. 281 pp.

Abelardo Arias, Adelfas, gato y mandinga. José Bianco, El límite. Adolfo Bioy Casares, El jardín de los sueños. Poldy Bird, Carta. Jorge Luis Borges, El otro duelo. Haroldo Conti, Mi madre andaba en la luz. Marco Denevi, Para una mitología argentina. Antonio Di Benedetto, Pajaritos en la cabeza. Marta Lynch, La pieza en alquiler. Manuel Mujica Lainez, La casa cerrada. Silvina Ocampo, Nueve perros. María Rosa Oliver, Otra navidad. Elvira Orphée, Sangre lujosa. Ernesto Sabato, Querido y remoto muchacho.

Interesting collection.

**D 116** Jordán, Joaquín, ed. and intro. <u>Narrativa argentina '75</u>. Buenos Aires: Lumen Latinoamericana, 1975. 248 pp.

Alberto Alba, Contrafiguras, Caso de Juan o la milicia. Enrique Anderson Imbert, Cuatro mitos con vueltas. Alfredo Andrés, Edipo y el origen de la familia. Julio Ardiles Gray, El fantasma. Roberto Arlt, Del que no se casa. Jorge Luis Borges, El puñal. Guillermo Cantore,

Fábula contada a la oreja de Madán Ivón.  Julio Cortázar, Pérdida y recuperación del pelo. Marco Denevi, El célebre asesinato, La carta del tío de Europa, Un coronel debe morir. Carlos Joaquín Durán, Entre el cielo y la tierra, aire.  Jorge García Bas, El mendigo, El cuchillo, La araña.  Alberto Gurbanov, El Mesías.  Bernardo Kordon, Maíz para las palomas.  Leopoldo Marechal, Primer apólogo chino.  Horacio Martínez, De entre las adelfas negras, Encuentro. Gustavo Martínez Zuviria [Hugo Wast], Monseñor cuenta un sucedido.  Silvina Ocampo, El verdugo.  Pedro Orgambide, Los piratas de Guacayán.  Syria Poletti, Adiós, invulnerable. Fernando Sorrentino, Dos colosos.  Osvaldo Svanascini, La valija, Carta de un ebrio al juez. Noemi Ulla, El entallado, Orfeo.  Enrique Wernicke, La vida y las manos, Demostración.

A mixture of older and younger writers, demonstrating that Argentine literature is "como una verdadera hiedra, una criatura polifacética donde todos los senderos se van dando."

**D 117**  Kohan, Silvia Adela, et al., eds.  Hecho en taller.  Buenos Aires: Ediciones Filofalsía, 1987.  91 pp.

Sara Balestra, La yegua y el jinete.  Hilda Elsa Capozzoli, El mensaje.  Alicia Ciotti, Habí que apagar la luz, había que encender la luna.  Norberto Costa, Tres o cuatro segundos.  Marcel Desposito, Conocimientos en acción.  Pablo Marcelo Falciani, Autobiografía del tiempo.  Gloria Fernández, Elvira.  Silvia Susana Giarcovich, Ecos de un espejo.  Clara Glas, Noemí.  Jorge Gómez, En el suave murmullo de la necromagia.  José Antonio Ibáñez, El pasillo.  Patricia Jawerbaum, El viene.  Héctor Kilijanski, La sociedad de los doce.  Adriana Cecilia Krieg, Puesta en escena.  Anny Montenegro, De cómo se insiste en la derrota.  Estela Palmeiro, Inviernos. La transpoesía invisible, Ricardo Palmieri.  Roberto Pucciarelli, Solitario empedernido.  Máximo Simoni, Tres sogas de una lona gris.  Szwarcbart, Sergio.  Posición: fuera de juego.  Teresita Viñas, Bendito tú eres.  Lucía Zotelle, El fantasma de Cathy.  Ernesto Zweiz, Melancólico poema de un hecho cierto.

From a literary workshop.

**D 118**  Lafforgue, Jorge, and Jorge B. Rivera, eds. and intro.  Asesinos de papel: Historia, testimonios y antología de la narrativa policial en la Argentina.  Buenos Aires: Calicanto Editorial, 1977.  226 pp.

Horacio Quiroga, El triple robo de Bellamore.  Eustaquio Pellicer, El botón del calzoncillo. Leonardo Castellani, La mosca de oro.  Conrado Nalé Roxlo, Nuevas aventuras del Padre Brown.  Adolfo Bioy Casares, El perjurio de la nieve.  Enrique Anderson Imbert, El general hace un lindo cadáver.  Velmiro Ayala Guana, La pesquisa de don Frutos.  Rodolfo J. Walsh, Cuento para tahures.  Adolfo L. Pérez Zelaschi, Las señales.  Eduardo Goligorsky, Orden jerárquico.

Important not only for the anthology (which extends from 1903 to 1975) but also for the interviews with practitioners of the crime fiction genre: Borges, Denevi, Piglia, Rest, Roa Bastos and Tizziani.

**D 119**  Lafforgue, Jorge, and Jorge B. Rivera, eds. and intro.  El cuento policial. Buenos Aires: Centro Editor de América Latina, 1981.  105 pp.

Paul Groussac, La pesquisa.  Horacio Quiroga, El triple robo de Bellamore.  H. Bustos Domecq, Las noches de Goliadkin.  Manuel Peyrou, La playa mágica.  Enrique Anderson Imbert, El general hace un lindo cadáver.  Adolfo Pérez Zelaschi, El piola.  Edgardo Goligorsky, Orden jerárquico.  Ricardo Piglia, La loca y el relato del crimen.

Good intro. and notes.

**D 120**  Lagh, Domingo, ed. and intro.  Cuentos argentinos.  Selva de Cuentos Modernos, 3.  Buenos Aires: Ediciones Paulinas, 1962.  171 pp.

Pedro Inchauspe, La captura.  Mateo Booz, El reloj.  María Alicia Domínguez, El pesebre. Leonardo Castellani, Las virtudes.  Ricardo E. Posse, Tahití estaba lejos.  Hugo Wast, Ladrón nocturno en la sierra.  Ada María Elflein, Por ser "hombre."  Arturo Cerretani, Peripecia.

Germán Berdiales, Padrino. Luis Gorosito Heredia, El enigma del hombre viejo. Celia de Diego, La crece. Bonifacio Lastra, El prestidigitador.

Mostly stories about rural life.

**D 121**  Lagh, Domingo, ed. <u>Cuentos del folklore argentino</u>. Selva de Cuentos Modernos, 4. 2nd ed. Buenos Aires: Ediciones Paulinas, 1965. 152 pp.

Leonardo Castellani, Don Cobayo. Velmiro Ayala Gauna, Don Ramon, mi padre. Santiago Ellena Gola, Cambacito. Martín del Pospós, Linterneando. Lily Franco, La cruz. Eduardo A. Dughera, El Galpon. Juan Carlos Dávalos, Desquite bestial. Luis Gorosito Heredia, Tío tigre. Horacio Quiroga, La miel silvestre. María Cañete de Rivas Jordán, El gallito que se fue a las fiestas de sumala. Hugo Wast, El bautismo de tigre y trigo. Juan Draghi Lucero, El ladrón de sandías.

Though the title suggests that these are folktales, authorship is ascribed to these versions.

**D 122**  Lancelotti, Mario, ed. and intro. <u>El cuento argentino (1840-1940)</u>. Buenos Aires: Editorial Universitaria de Buenos Aires, 1964. 136 pp.

Esteban Echeverría, El matadero. Eduardo Wilde, Nada en quince minutos. Miguel Cané, Bebé en el circo. Roberto J. Payró, Drama vulgar. Ricardo Güiraldes, El pozo. Horacio Quiroga, El yaciyateré. Benito Lynch, El potrillo roano. Roberto Arlt, Pequeños propietarios. Macedonio Fernández, Cirugía psíquica de extirpación. Santiago Dabove, Ser polvo. Eduardo Mallea, Conversación. Conrado Nalé Roxlo, El cuervo del arca. Jorge Luis Borges, El muerto. Ezequiel Martínez Estrada, La tos.

Good intro., notes and selections.

**D 123**  Lewald, H. Ernest and George Smith, eds. <u>Escritores platenses: Ficciones del siglo XX</u>. New York: Houghton Mifflin, 1971. xi + 241 pp.

Unable to annotate.

**D 124**  Lewald, H. Ernest, ed., intro., and trans. <u>The Web: Stories by Argentine Women</u>. Washington: Three Continents Press, 1983. 173 pp.

Luisa Mercedes Levinson, The Clearing, Mistress Frances. Silvina Ocampo, The Prayer. Silvina Bullrich, The Lover, Self Denial. María Angélica Bosco, Letter from Ana Karenina to Nora and Letter from Nora to Ana Karenina. Syria Poletti, The Final Sin. Beatriz Guido, Ten Times Around the Block, Takeover. Marta Lynch, Bedside Story, Latin Lover. Amalia Jamilis, Night Shift, Department Store. Eugenia Calny, Siesta. Luisa Valenzuela, Change of Guard. Cecilia Absatz, A Ballet for Girls. Reina Roffé, Let's Hear What He Has to Say.

Useful intro. for those who do not read Spanish, though the translations are rather stilted.

**D 125**  Ligaluppi, Oscar Abel, ed. and intro. <u>Antología de cuentistas argentinos</u>. La Plata: Fondo Editorial Bonaerense, 1979. 621 pp.

Ernestina Acosta, Desde lo increíble. Raúl Alberto Albarracín, Hermano de leche, Acto de sangre, El entenado. Perla Ayllon, El cumpleaños. Raúl Bernal Meza, La huida, Porteño. Dafne Bianchi, La decisión, La isla. Nelly Borroni MacDonald, Operación olvido, La virginidad de Evangelina. Adolfo Branda, El viajero y la golondrina. Tomás Joaquín Bustamante, La última estratagema de Sikheo de Dusseldorf. Martín Carrasco, Uñas de puma. Adolfo Casablanca, Cacería. Alfredo Casey, El botero de Dock Sur. Sonia de Catela, Una larga espera. Néstor Amílcar Cipriano, Un apagón de palabras, El hibernado, La conferencia, El enfermo, Conversación. Huberto Cuevas Acevedo, El mago Calfil. Elisa C. del Nigro, Después de Talpa, El frasco de veneno, El sobretodo azul. Nilda Díaz Pessina, El diario. María del Carmen Duri, El accidente, Colas. Cayetano Ferrari, Las ratas. Graciela Ferrero, Cosas de frontera, La vida de los otros. Fernando R. Figueroa, La cueva de la Salamanca. Alberto Gilardoni, El "hariartismo" o un precepto filosófico moderno. Cristina González, La casa del loco. Aníbal L. Gordillo, La niña de la casona antigua. Cristina Goytia, Error de cálculo, Los regalos. Clotilde Grane, Las puertas, La indelible, La aventura de vivir, A través del vidrio azul, El ratón, La venganza, El último cuento, La casa, La chaucha. Humberto Guido, Cosas simples, Carta a mano. Lina Husson, La fuga de la gansa freudiana, El colibrí coleccionista de perfumes, La arañita que quería atrapar una estrella, La alcancía. Jorge E. Isaac, Tuya. Odila Jacobs, El último rito, La mujer de la flor en el medio del pecho. Guillermo Kaul Grunwald, La muerte de Alpedoño, El del machetazo. Eduardo Oreste Lamazón, Los nombres. Catalina Lerange, El precio. Nilda Mañas de Garau, Amor en 1900. Ivo Marrochi, Las gradas del cielo. Marta Meloni, Buscado. Marita Minellono, Reunión, Don Emilio. Jorge Nonini, Cuentos para niños, Cuentos para adolescentes, Cuentos para adultos, Cuentos para todos. Raúl Eduardo Novau, Princesa. Eise Osman, A vivir se qprende desaprendiendo. Osvaldo Oscar Ottaviano Ortiz, Un fracaso sideral. Lucía Palma de Urrutia, Como las mulas Cecilia, como las mulas, El ángel. Noemí Paz, Ana. Carlos Pensa, Agua de Venecia, Diálogo. Miguel Angel Pereira, La guerra absurda. Luisa María Pérez de Monti, Restauración del tiempo, No habrá nunca una puerta. Horacio Ponce de León, Un coronel de 1870. Pedro Carlos Requena, El hombre imposible. Juan Carlos Rodríguez Francia, La cruz de plata, Los tigres. Aurelio Salesky Ulibarri, El hijo de la montaña azul. Samuel Sánchez de Bustamante, Las manos, La Coralito. Marta Schofs de Maggi, El presagio, Imposibilidad. Elsa Serur de Osmán, El pequeño Dios, La luz. Glaucia E. Sileoni de Biazzi, Compulsión. León Slavin, El hombre que no podía morir. Roberto Themis Speroni, El rey, El verdugo. Enrique Sureda, La fotografía, Tiempo de no amar. Mario E. Teruggi, El poder de la prensa. Marcial Toledo, Una noche de marzo. Lidia Triano, El hombre del ascensor, La única viña. Juan Carlos Trimarco, Para un amigo, Don. Horacio Alberto Urbanski, La casa de Jaroslav, La piña de Vivaldi. Javier Antonio Vannucci, El señor De Gas. Luis Horacio Velásquez, El colchón de estopa. Aurora Venturini, El raro, Eucaristía pastoril. Ariel Vergara Bai, Dios y el pescador, La creciente, Melpómene en el Ubajay, Flor de yrupé, José Luis Vittori, El árbol de los muñecos. Carlos Alfredo Viviano Hidalgo, El retorno, Dos letras, El galpón.

The intro. explains that the purpose of the anthology is "ofrecer carriles para el conocimiento y la valoración de muchos nombres," hence the indiscriminate inclusion of so many authors. Bustos Domecq has a story about publications such as this one, "El enemigo número 1 de la censura."

**D 126** Ligaluppi, Oscar Abel, ed. and intro. <u>Panorama de cuentistas argentinos 1</u>. La Plata: Fondo Editorial Bonaerense, 1979. 277 pp.

Julio Néstor Abelleira, El último anarquista, Viaje sin destino. Ernestina Acosta, Retablo de un soldado desconocido. Adela Alvarez Faur, El extraño visitante. Lisandro Amarilla, El rubio de Pozo de Vargas, La ley del campo. María Argüello, La inocencia, Ritual en el cerro, Se te va a caer la nariz, Dicen que, El amor, El payaso, Muchos cuentos, Frutas secas, Las velas del firmamento, La fiebre. Velva Barrionuevo de Peralta, Adiós a mi ayer, Estar con luna, Diez palabras y una historia anónima, Antonio. Carlos A. Boaglio, La última carta, Transformación. Víctor M. Carranza, Nace un amor. Ermann Cioccio, Arbitraje. Norelia Dabart, Soledad, La carta. Ana María Dorado de González, Inglaterra, primavera de 1902. Rodolfo A. Duarte Troche, El salario del tiempo. Osvaldo Durán, El viejo tipógrafo. Elvira Fontana, La sonrisa de pierrot, El que no quiso existir. Carlos Gordiola Niella , Dos iniciales en el jacarandá, Telepatía. Miguel Raúl López Breard, El entierro. Carlos MacAllister, Esotérikos, Días de bohemia. Coty Mangia Calivari, El gran cuento, ¡Peligro!: hay luz y libertad. Julio César Mastay, Los espectros del jardín, La fuerza invisible. Amalia Méndez de Reca, La noche del viento de la tragedia, La negrita que espera, Aquella pequeña puerta cerrada. Elsa Mondolfo, Parada cincuenta. Estela Quiroga, La perdida, El medalián de cobre, El impermeable verde, El rito, Encuentro. Horacio Félix Reynaldi, La valija. Tessie Ricci, El ídolo. Angela Rosario Scalella de Parisi, El pequeño lustrador, Cena navideña. Carmen Hebe Tanco, El reflejo, Los desconocidos. Ilma Valenzuela Artal, Vestido de escarcha, En pos de su poderío.

The editor states that the seven vols. that the Fondo Editorial Bonaerense had published to date include 700 authors.

**D 127** Ligaluppi, Oscar Abel, ed. <u>Panorama de cuentistas argentinos 2</u>. Buenos Aires: Fondo Editorial Bonaerense, 1979.
Unable to annotate.

**D 128**  Lorenzo Alcalá, May, ed. and intro. Cuentos de la crisis. **Buenos Aires:** Editorial Celtia, 1986. 158 pp.

> Diego Angelino, Temblor. Jorge Asís, La resistencia. Antonio Brailovsky, Fiesta. Liliana Heker, Vida de familia. Héctor Lastra, En la recova. Héctor Libertella, La leyenda de A. Pigafetta. Juan Carlos Martini, La brigada celeste. Pacho O'Donnell, El disimulo. Rodolfo Rabanal, Tánger o retrato de un desconocido. Fernando Sánchez Sorondo, Austria.

Excellent intro. on the effects of the military dictatorship and its aftermath on the cultural milieu.

**D 129**  Lugones, Piri, ed. and intro. Cuentos recontados. **Buenos Aires: Editorial** Tiempo Contemporáneo, 1968. 101 pp.

> Manuel Mujica Lainez, La bella durmiente del bosque. Dalmiro Sáenz, El pastor mentiroso. Pedro Orgambide, La cenicienta. Beatriz Guido, "Caperucita roja o casco rojo." David Viñas, Barba Azul. Fernando de Giovanni, L. el cimarrón. Germán Leopoldo García, Cuentamemoria.

New versions of fairy tales, written especially for this vol.

**D 130**  Maggio de Taboada, María Adriana, ed. and intro. Cuentos del interior. Buenos Aires: Ediciones Colihue, 1984. 157 pp.

> Daniel Ovejero, Zacarías Huanca en el cielo. Pablo Rojas Paz, La alvación del espantajo. Luis Leopoldo Franco, Reapertura del bosque. Juan Draghi Lucero, El crimen del rastreador. Asencio Abeijón, Fuego en Comodoro. Juan Carlos Neyra, El chico. Velmiro Ayala Gauna, La pesquisa de don Frutos. Mateo Booz, Pasó el príncipe. Horacio Quiroga, La yararacusú. Jorge W. Abalos, Escuela Shalaca.

Introductory essay, notes on each author, suggestions for class discussion, and final biblio.

**D 131**  Magrini, César, ed. and intro. Veintidós cuentistas. Buenos Aires: Ediciones Centurión, 1963. 301 pp.

> Gloria Alcorta, El deseado. Adolfo Bioy Casares, De los dos lados. Jorge Luis Borges, El Sur. María Angélica Bosco, Enroque al odio. Miguel Angel Briante, Sol remoto. Graciela Busto, El engaño. María Esther de Miguel, La foto. Marco Denevi, Historias. Eugenio Guasta, Los caminantes. Beatriz Guido, Fuera de juego. Juan José Hernández, La señorita Estrella. Alicia Jurado, Historia de la chinita Teresa. Luisa Mercedes Levinson, En un cuaderno cuadriculado. Eduardo Mallea, La razón humana. Manuel Mujica Lainez, El salón dorado. Héctor A. Murena, La posición. Martín Alberto Noel, El jardinero. Silvina Ocampo, La casa de azúcar. Elvira Orphée, Fiesta. Federico Peltzer, Guioco Piano. Manuel Peyrou, El árbol de Judas. Dalmiro Sáenz, No.

Good selection, rather silly intro.

**D 132**  Malinow, Inés, ed. and intro. Cuentos elegidos. Buenos Aires: Ediciones Taller, 1973. 117 pp.

> Margarita Obligado Gonella, San Fernando. Haydée Franzini, El fabricador de estátuas. Maribel Ribas, Los zapatos. David Scolni, Papeles. Ana María Verdú, El pajarito. María Cristina Codeglia, La grieta. Myriam Riva, Dice mamá. Gloria de Bertero, Verificación. Luis Escolar, Gambito. Carlota Marval, El cuadro de las palomas. Olga Reimann, El hoyo. Hugo Becacece, La petillana.

Stories from a literary workshop.

**D 133**  Manauta, Juan José, et al. El amor nueve veces. Buenos Aires: Editorial Rayuela, 1970. 183 pp.

> Juan José Manauta, Ana la Turca. Juan Carlos Martini, La conquista del Imperio Ruso. Alberto Vanasco, Imposible como el mar. Humberto Costantinni, La carta. Pedro Orgambide, Usurpación. Liliana Heker, La llave. Dalmiro Sáenz, No desear la mujer de tu prójimo. Haroldo Conti, Los novios. Marco Denevi, Michel.

The stories are classified by theme within the larger theme of love: Aprendizaje (Manauta), Levante (Martini), Deslumbramiento (Vanasco), Pecado (Costantini), Posesión (Orgambide), Tortura (Heker), Perversión (Sáenz), Platonismo (Conti), Edipo (Denevi). Brief final notes on authors.

**D 134** Manguel, Alberto, ed., intro. and biblio. Antología de la literatura fantástica argentina. Narradores del siglo XX. Grandes Obras de la Literatura Universal, 99. Buenos Aires: Kapelusz, 1973. 203 pp.

> Adolfo Bioy Casares, El perjurio de la nieve. Angel Bonomini, Los novicios de Lerna. Jorge Luis Borges, El Sur. Julio Cortázar, Casa tomada. Marco Denevi, Variación del perro. Manuel Mujica Lainez, Los espías. Héctor A. Murena, La sierra. Silvina Ocampo, Las invitadas. Bernardo Schiavetta, Gregorio Ruedas.

The previous vol. is listed above under Flesca. Extensive intro., notes, study guides, biblio.

**D 135** Manguel, Alberto, ed. and intro. Variaciones sobre un tema policial. Buenos Aires: Editorial Galerna, 1968. 127 pp.

> Abelardo Arias, Pestañita. Leónidas Barletta, Disparó tres vces. Estela Canto, La casa derruida. Marta Lynch, La lección de química. Manuel Mujica Lainez, De la impetuosa adolescencia. Roger Plá, Wily. Eduardo Quiroga, La princesa cautiva en su torre. Dalmiro Sáenz, (untitled).

Crime fiction. The authors were given a basic narrative situation, and created their stories on the basis of it.

**D 136** Mariotti, Maximiliano, et al. Cuentos de La Cañada. Córdoba: Dirección del Patrimonio Cultura, 1983. 169 pp.

> Maximiliano Mariotti, Manos, El informe del agente Gutiérrez. Carlos A. Squire, La calaverera, Cuento andino. Renato Peralta, La erosión, El reencuentro. Víctor Retamoza, El viejo y las ratas, El pichón enjaulado. José Aldo Guzmán, Señor de los muñecos, El camino. César Altamirano, Requiem para Vargas, El entierro de Miguelito D'Arcángelo. Bienvenido Marcos, Juancho y la esperanza, Hurto calificado. Carlos Gili, Los caminos de la soledad, Amalita Vélez Paz. Juan Coletti, La sustancia del sueño, Los males de este mundo. Francisco Colombo, Una tarde de fútbol, Ladrones de ovejas.

Regional fiction.

**D 137** Marrochi, Héctor Ivo, et al. Narradores de Tucumán. San Miguel de Tucumán: Ediciones del Nuevo Extremo, 1968. 115 pp.

> Héctor Ivo Marrochi, Acuario. Eduardo Alberto Durán, El comandante Pajarito. Héctor Germán Gil, Lazos de alambre. Héctor Ivo Marrochi, Una vuelta de tuerca. Rodolfo M. Palacio, Las moras. Julio González, Indiferencia. Mario Romero, Expulsados del paraíso. Oscar Francisco Bernal, Dimas el ladrón. Edgar Mauricio Lewis, La señora Johnson. Ana Carolina Castillo, La Elsita. Elena Rojas, Como el cactus. Rodolfo M. Palacio, Hay loros en el cielo. José Augusto Moreno, La siesta del paisano. Margarita Schultz, Sancho. Oscar Francisco Bernal, El jubilado. Rodolfo Windhaussen, La rebelión. Jorge Hugo Finkelstein, Siempre se le perdía algo. Hugo Marcos Ducca, Episodio de Estratón.

Stories from a contest in 1967, sponsored by the Dirección de Cultura of the municipality of San Miguel de Tucumán.

**D 138** Martini, Juan Carlos, ed. and intro. Los mejores cuentos argentinos de hoy. Buenos Aires: Editorial Rayuela, 1971. 271 pp.

> Abelardo Castillo, La madre de Ernesto. Julio Cortázar, La autopista del sur. Ricardo Piglia, Mata-Hari. Haroldo Conti, Todos los veranos. Humberto Costantini, El cielo entre los durmientes. Germán Rozenmacher, El gato dorado. Alicia Jurado, La domadora. Pedro

Orgambide, El mago. Miguel Briante, La vasca. Daniel Moyano, El rescate. Alberto Vanasco, La juventud dorada. Antonio dal Masetto, Vanda.

Good selection of emerging group of writers.

**D 139**  Mastrángelo, Carlos, ed., intro. and notes. <u>Diez cuentistas de Urumpta</u>. Intros. Carlos H. Biset and Juan Filloy. Buenos Aires: Plus Ultra, 1973. 174 pp.

Juan Filloy, El juido. Juan A. Floriani, La tarea. Chañi Lao [Joaquín T. Bustamante], Páginas manuscritas halladas cerca de los restos carbonizados de Siqueo de Valparaíso. Oscar T. Maldonado Carulla, Un domingo, como hoy. José Martorelli, El dorado de míster Ford. Carlos Mastrángelo, Gervasiio Montes. Cecilio Pérez de la Rosa, Camino errado. Miguel Angel Solivellas, Una linda montura para los domingos. Antonio Stoll, Los bebedores de sangre. Sara Zimerman, Alacena para una sentencia.

Regional fiction.

**D 140**  Mastrángelo, Carlos, ed. and intro. <u>39 cuentos argentinos de vanguardia</u>. Buenos Aires: Editorial Plus Ultra, 1985. 392 pp.

Liliana Aguilar, El anillo mágico. Marcos Aguinis, El zapato maravilloso (travesura). Enrique Anderson Imbert, El hipogrifo caído. Abelardo Arias, El niño muerto. Ana de Badens, Continuación de la vida. Juan-Jacobo Bajarlía, El puñal impregnado. Angel Balzarino, Rosa. Angela Blanco Amores de Pagella, La mirada. Miguel E. Bravo Tedín, Escobarrido. Jorge Carlos Burgos, El cuadro. Eugenia Calny, La batalla (Lila). Carlos Castagnini, La hormiga. Juan Cicco, Una lección de ilusionismo. Nicolás Cócaro, Un solo día de noviembre. César Dani, Un vaso de cerveza. Marco Denevi, Viaje a Puerto Aventura. Aristóbulo Echegaray, Unas cartas. Ricardo Feierstein, El camino. Cayetano Ferrari, Las ratas. Juan Filloy, Alatriste. Juan A. Floriani, Luis. Adolfo Argentino Golz, Apenas un sueño verde. Joaquín Gómez Bas, La gotera. José Angel Gregorio, La zarza. Eduardo Gudiño Kieffer, Recomendaciones a Sebastián para la compra de un espejo. Mario A. Lancelotti, El Amati de Berthier. Luisa Mercedes Levinson, El sueño violado. Ezequiel Martínez Estrada, La inundación. Carlos Mastrángelo, La noche de las hormigas. Martha Mercader, La casa a cuestas. María Esther de Miguel, Con las totitas puestas. Manuel Mujica Lainez, Los espías. Federico Peltzer, Horas extra. Víctor Retamoza, Muerto-- Martín Valdez--muerto. Gregorio Scheines, El rostro perdido. Oscar Alberto Serrano, Puesto de frontera. Antonio Stoll, Los bebedores de sangre. María de Vallarino, La casa de la ventana iluminada. Oscar Hermes Villordo, La última mandarina en el árbol.

"Vanguardia" refers here not to the avant garde movements of the twenties and thirties but to techniques of ambiguity, fragmentation and so on.

**D 141**  Mastrángelo, Carlos, ed. and intro. <u>25 cuentos argentinos magistrales: (Historia y evolución comentada del cuento argentino)</u>. 2nd revised ed. Buenos Aires: Plus Ultra, 1977. 342 pp.

Esteban Echeverría, El matadero. Horacio Quiroga, A la deriva. José María Cantilo, Escenas criollas. José Sixto Alvarez (Fray Mocho), Macachines. Joaquín V. González, La selva de los reptiles. Roberto J. Payró, Poncho de verano. Juan Draghi Lucero, La libertad del negro. Juan Carlos Dávalos, El secreto del opa. Alberto Gerchunoff, El candelabro de plata. Guillermo Estrella, El número cuatro. Leónidas Barletta, Cuento de hadas. Silvina Ocampo, El pecado mortal. Alvaro Yunque [Arístides Gandolfi Herrero], El reglazo. Bernardo Verbitsky, Media docena de pasos. Abelardo Castillo, Patrón. Angel María Vargas, El delantal. Luis Gudiño Kramer, Noche de reyes. Adolfo Bioy Casares, El calamar opta por su tinta. Ricardo Juan, Las razones del capitanejo. Haroldo Conti, Los novios. Jorge Luis Borges, El sur. Dalmiro A. Sáenz, Treinta Treinta. Héctor Lastra, Crónica. Alberto Rodríguez Muñoz, Los murciélagos. Humberto Costantini, Un bombo que suena lejos. Augusto Mario Delfino, El teléfono. Julio Cortázar, Continuidad de los parques.

Rather pedantic intro.

**D 142**  Mazzei, Angel, ed. and intro. <u>Treinta cuentos argentinos (1880-1940)</u>. Buenos Aires: Editorial Guadalupe, 1968. 319 pp.

Joaquín V. González, La selva de los reptiles. Roberto J. Payró, Poncho de verano. Macedonio Fernández, El zapallo que se hizo Cosmos. Leopoldo Lugones, Viola Acherontia. Horacio Quiroga, La insolación. Mateo Booz, El reloj. Alberto Gerchunoff, El candelabro de plata. Ricardo Güiraldes, Güelé (Piedad). Guillermo Guerrero Estrella, Dar la noticia. Arturo Cancela, Las últimas hamadríades. Roberto Mariani, Toulet. Daniel Ovejero, Choclo Pelao. Héctor Eandi, Hombres capaces. Ezequiel Martínez Estrada, La inundación. Pablo Rojas Paz, El patio de la noche. Elías Cárpena, La garza y el niño. Juan Draghi Lucero, La libertad del negro. Jorge Luis Borges, La casa de Asterión. Leonardo Castellani, La mosca de oro. Roberto Arlt, Pequeños propietarios. Leónidas Barletta, La flor. Lobodon Garra, La batalla. Manuel Peyrou, La playa mágica. Carmen Gándara, Tiempo. Eduardo Mallea, El capitán. Augusto Mario Delfino, La mecedora. Manuel Mujica Láinez, Milagro. Angel María Vargas, ¿Llueve, tata? Adolfo Bioy Casares, Homenaje a Francisco Almeyra. Julio Cortázar, Casa tomada.

Useful collection of stories from the period.

**D 143** Miranda Klix, José Guillermo, ed. Cuentistas argentinos de hoy: muestra de narradores jóvenes (1921-1928). Buenos Aires: Claridad, 1929.
Unable to annotate.

**D 144** Montenegro, Nestor J., ed. Cuentos de sol a sol. Buenos Aires: Nemont Ediciones, 1976. 157 pp.

Carlos Arcidiácono, Las amigas. Abelardo Arias, Semáforo. Diego Barrachini, El redentor. Adolfo Bioy Casares, En memoria de Paulina. Jorge Luis Borges, La otra muerte. María Angélica Bosco, El viejo domador. Eduardo Gudiño Kieffer, El delfín. Juan José Hernández, El viajero. Luisa Mercedes Levinson, Cosme de la noche. Silvina Ocampo, La sibila. Elvira Orphée, La crin fantasma. Ulises Petit de Murat, Felicia y las ciudades. Syria Poletti, Unas monedas. Luisa Valenzuela, Crónicas de Pueblorrojo.

No intro. or notes, not even a table of contents.

**D 145** Morando, Horacio C., ed. and intro. Nos habíamos escrito tanto. Buenos Aires: Bermejo, Ediciones Búsqueda, 1979. 118 pp.

Samuel Cadranel, Encuentro, Desconocido, Sanata y fuga, La puntualidad de Enrique, Paloma mensajera, El mensaje de Paloma, La dignidad masculina, Hora para el doctor, El milagro, El deseo y las dos Marcelas, Recuerdo de potrero, Los vicios de la calle Montevideo, La obediencia no es un mito, Un bulto sin importancia, Ritos de la milonga. Isabel Sandberg, El triunfo, ¡Vamos, todavía!, Las tardecitas de sábados tienen ese qué sé yo. . . ¿viste?, Creación, Una receta para Ana, Han bajado las musas. Cristóbal Benadán, Como un ladrón en la noche, Tinieblas en la "Richmond" de Florida, Cien por ciento es todo, Una tarjeta para el doctor Arrieta, La sombra de Alejandro, Cuento para narradores, Mármoles y bronces, Sic transit, Un largo camino en las tinieblas, Dos veces nueve.

Also contains poems by Ricardo Hana. A collective vol. that emerged from a group of friends sharing their work.

**D 146** Mourelle, Daniel Rubén, ed. and intro. Cuentos Clepsidra 3. Buenos Aires: Ediciones Filofalsía, 1987. 101 pp.

Luis Benítez, La puerta del fondo. Marta Esviza Garay, El colectivo. Santiago Castellano, Diálogo con un conquistador. Oscar Méndez, La traición de las misiones de Jesús. Adela Gago Valerse, El juicio del ángel. Daila Prado, Noche para cuatro. Gustavo Giovagnoli, Porque Sr. Juez . . . Gloria Oscares, Un día, los pájaros. Hugo E. Boulocq, De la misma manera. Lesly Sánchez, Memoria. Patricia Rotger, Salida. Osvaldo Jorgensen, Hova-G. Iaron, Las reses. Rubén Smolarchik Brenner, La maldición del muerto. Juan Carlos Selva Andrade, La moneda. Carlos Enrique Berbeglia, Anecdotario. Claudio Omar Noguerol, Naúfragos. Cecilia Polisena, Reunión de familia. Santiago Espel, El diagrama del diablo.

Part of a series of vols. published by Clepsidra and Parsec.

**D 147**  Mourelle, Daniel Rubén, ed. and intro.  <u>Parsec/xxi</u>.  Colección Parsec.
Buenos Aires: Ediciones Filofalsia, 1986.  119 pp.

> Lesly Sánchez, El rescate. Santiago Castellano, Charly, un piano y yo. Cecilia Polisena, Sutil
> aire y peligroso aroma. Luis Benítez, La sed. Marta Esviza Garay, Algo muy oscuro y muy
> dulce. Pablo Fuentes, En la ciudad esta noche. Claudia Stricker, Tatewari. Daniel Barbieri,
> Estación final. Santiago Espel, El hombre quieto. Aníbal Melgar and Miguel Doreau, Sobre
> cúpulas y catedrales. Osvaldo Jorgensen, El extraño señor Merlin. Jorge Alvarez, Más allá del
> círculo. Rubén Smolarchik Brenner, El colectivo. Carmen Bruna, La reina roja. Tarik Carson,
> Los labios de la felicidad.

Part of a series published by Clepsidra and Parsec.

**D 148**  Nos de Ares, Marta L. et al.  <u>Narraciones argentinas seleccionadas en el
Concurso Historia Popular</u>.  Buenos Aires: Centro Editor de América Latina, 1971.
114 pp.

> Marta L. Nos de Ares, El colmillo de la yarará. Eduardo Manuel Barquín, Los fragmentos del
> hombre de la calle Corrientes. Rafael Marcelo Carranza, El viejo de Obligado. Liliana S. de
> Charrière, Muera el traidor. Sergio Gerszenzon, El agujero. Polo Godoy Rojo, Justo Gómez
> Nogués Acuña, El pato bejarano. José B. Romero Olmos, "El Coronel" (1840-1916).

No intro.  Stories about historical events.

**D 149**  O'Donnell, Mario, et al.  <u>Treinta cuentos breves argentinos</u>.  Buenos Aires:
Editorial Doble L, 1964.  82 pp.

> Mario O'Donnell, La indigestión. Andrés Balla, Los lagartos, Los caballos salvajes. Ana
> Leonor de Velazco, La faltira de la villa. Juan José Zazzali, Aquella cajita plana. Alicia
> Bocconi, Dos cuadras hasta el quiosco, Darío de Sanctis. Carlos Castagnini, El basural.
> Augusto Fernández Vivot, La última noche. Hebe Leonor Ferrari, Paola Alessandra es
> alguien." Ana Gammalsson, Un cupé azul, como cualquier otro. Jorge García, La sombra.
> Oscar Grandou, Santos Vega. Blanca Gulland, El tuna. Silvio Ernesto Huberman, La novela,
> LLuvias viejas y amontonadas. Néstor Jorge López, El consuelo. Angeles Llorente, La brama,
> Verano lento. Susana Maxwell, Amor en tiempo de primavera. Julio César Médici, El
> unicornio. Nelson Morri, Paipeler. Luisa Peluffo, La importancia de un gesto, Revolución.
> Jorge Horacio Pineda, Intrusión, Pablo. José Sarán, Celos, La patota. Ernesto Schernitzki, Los
> que se arrastran. Luz Reynal, La visión.

Stories by a contest sponsored by Editorial Doble L in 1963.

**D 150**  Onega, Gladys, ed. and intro.  <u>Los cuentistas de Rosario</u>.  Rosario: La
Cachimba, 1975.  185 pp.

> Rubens Bonifacio, Farén el mundo, El conflicto. Elvio Gandolfo, Vivir en la salina. Angélica
> Gorodischer, Retrato del emperador. Alberto Lagunas, Alicia en el país de lo ya visto, Diario
> de un vidente. Juan Carlos Martini, La pura verdad, Procedimientos. Rogelio Ramos Signes,
> Aunque la lluvia, igual ella y los cangrejos, Zoológico menor. Jorge Riestra, El viaje.

Good selection of stories from Rosario.

**D 151**  Orgambide, Pedro, ed. and notes.  <u>Crónicas del psicoanálisis</u>.  Buenos Aires:
Jorge Alvarez Editor, 1966.  103 pp.

> Sergio de Cecco, Edipo. Albo Valleta, Obdulio Sánchez en el diván. Alberto Vanasco, Las
> bodas del cielo y del infierno. Pedro Orgambide, Faltaba una hora para la sesión.

Also contains Mary McCarthy's "Padre santo, me confieso."

**D 152**  Pagés Larraya, Antonio, ed. and intro.  <u>Cuentos de nuestra tierra</u>.  Buenos
Aires: Editorial Raigal, 1952.  447 pp.

> Esteban Echeverría, El matadero. Domingo F. Sarmiento, El rastreador. Joaquín V. González,
> Mauricio. Manuel F. Mantilla, El tigrero. Martiniano Leguizamón, Una revancha. Fray
> Mocho [José S. Alvarez], La Chingola. Roberto J. Payró, Drama vulgar. Horacio Quiroga, Los
> mensú. Ricardo Güiraldes, La estancia vieja. Benito Lynch, El potrillo roano. Guillermo E.

Hudson [William Henry Hudson], El cardenal. Ricardo Rojas, La Telesita. Carlos B. Quiroga, Los potros. Juan Carlos Dávalos, El viento blanco. Mateo Booz [Miguel Angel Correa], La reliquia. Juan Pablo Echagüe, La Pericana. Fausto Burgos, El choike blanco. Julio Aramburu, La centella de fuego. Armando Cascella, Amanecer sobre el bosque. Justo P. Saenz (h.), Hacienda arisca. Lobodón Garra [Liborio Justo], Las brumas del terror. Héctor Eandi, Tierra cansada. Juan Cornaglia, Justo Neto, el domador. Alerto Córdoba, La caja. Antonio Stoll, Los bebedores de sangre. Luis Gudiño Kramer, Noche de Reyes. Juan Manuel Prieto, Cariño valía más. Angel María Vargas, Una vieja contra reembolso. Daniel Ovejero, Choclo Pelao. Adolfo Pérez Zelaschi, Seca en el oeste.

Extensive intro. Good selection of stories focusing on rural Argentina.

**D 153**  Pagés Larraya, Antonio, ed. and intro. <u>20 ficciones argentinas 1900-1930</u>. Serie del siglo y medio, 45. Buenos Aires: Editorial Universitaria de Buenos Aires. 196 pp.

Roberto Arlt, Pequeños propietarios. Carlos Octavio Bunge, ¡Un valiente! Atilio Chiappori, La isla de las rosas rojas. Santiago Dabove, Ser polvo. Juan Pablo Echagüe, El Marucho fantasma. Angel de Estrada (h.), El viejo general. Macedonio Fernández, Suicidio. Alberto Gerchunoff, La lechuza. Joaquín V. González, La selva de los reptiles. Enrique González Tuñón, El hombre y la sombra. Víctor Juan Guillot, Un hombre. Ricardo Güiraldes, El pozo. Enrique Larreta, Artemis. Martiniano Leguizamón, Chabaré. Benito Lynch, Travesiando. Roberto Mariani, Rillo. Enrique Méndez Calzada, La sublevación de las máquinas. Bartolito Mitre y Vedia, Boccacio. Roberto J. Payró, El Juez de Paz.

Good intro. and notes.

**D 154**  Pagés Larraya, Antonio, ed. and intro. <u>20 relatos argentinos 1838-1887</u>. Buenos Aires: Editorial Universitaria de Buenos Aires, 1961. 182 pp.

Esteban Echeverría, El matadero. Juan Bautista Alberdi, Doña Rita Material. Juan María Gutiérrez, El hombre hormiga. Domingo Faustino Sarmiento, Recuerdos de provincia. José Tomás Guido, Fantasía. Juana Manuela Gorriti, Una visita infernal. Lucio V. Mansilla, El cabo Gómez. Eduardo L. Holmberg, Horacio Kalibang o los autómatas. Carlos Guido y Spano, Las pálidas viajeras. Lucio V. López, Don Polidoro (retrato de muchos). Carlos Monsalve, Cómo viven. Miguel Cané, Bebé en el circo. Carlos Olivera, El hombre de la levita gris. José María Cantilo, El Dr. Quijano y Golilla. Santiago Estrada, El convite de Barrientos. Eduardo Wilde, Así. Pastor S. Obligado, La carretita de doña María. José Sixto Alvarez [Fray Mocho], Patriotismo. . . y caldo gordo, Nobleza del pago. Roberto J. Payró, Cosas de otros tiempos.

Useful selection of stories from the mid-nineteenth century.

**D 155**  Paola, Luis de, ed. and intro. <u>Diez narradores argentinos</u>. Barcelona: Editorial Bruguera, 1977. 217 pp.

Haroldo Conti, Balada del álamo carolina, Ad Astra. Antonio Di Benedetto, Caballo en el salitral, El juicio de Dios. Daniel Moyano, Los mil días, Hombre junto al muelle. Juan José Saer, Los amigos. Juan José Hernández, El inocente. Germán Rozenmacher, El gato dorado. Vicente Battista, La zanja. Abelardo Castillo, Triste Le Ville. Rodolfo Walsh, Los oficios terrestres. Juan Carlos Martini, Memorias de un artillero.

Focuses on recent writers. Cover was controversial in the Argentina of the dictatorship because it shows an Argentine flag torn down the middle. Conti and Walsh both disappeared about the time of publication.

**D 156**  Pérez Chávez, Osvaldo, ed. and intro. <u>Narradores actuales del Nordeste</u>. Buenos Aires: Editorial Tierra Nuestra, 1971. 224 pp.

Antonio Alvarez Lottero, Telésfora. César Felip Arbó, El desquite. Walter Bechert, La última voluntad. Darwy Berty, Agua hervida. Gladys Noemí Casco Bouchet, La esquela. María Amalia Casco Encinas, Juana Carmelita. Hugo Del Rosso, Quebrachales en sangre. Eduardo Gómez Lestani, Ya está. Moisés Glombosky, Una enamorada concubina. Miguel Raúl López

Breard, El entierro. Efraín Maidana, El carancho. Domingo Mancuso, Donde hay yeguas, potros nacen. Italo Enrique Mazzanti, Pulso. Saturnino, Muniagurria, Carau. José del Carmen Nieto, ¡Hola, José! Simón Nusblat, La señorita María Elena. María Luisa Paiz, Picada Tororatay. Alejandro E. Parmetler, Don Ismael. Osvaldo Pérez Chávez, Sapucay. Gerardo Pisarello, El regreso. Rubén Enrique Ponce de León, Carbón. Cyri Rolando Ramírez Juárez, Aquellos héroes ignorados. Fernando Rosemberg, Bienvenida Coronel. Ricardo E. Ríos Ortiz, La leyenda. Juan José Rivas, Chimbos. Horacio Riveros Sosa, Cuando la selva aprisiona. Arturo Zamudio, Del otro lado del puente.

Extensive intro. on fiction from the states of Corrientes, Chaco, Formosa and Misiones. Published with a subsidy from the Banco de la Provincia del Chaco.

**D 157** Pérez Zaleschi, Adolfo, et al. En clave de muerte (Cuentos de suspenso). Agon, 11. Buenos Aires: Editorial Botella al Mar, 1976. 54 pp.

Adolfo L. Pérez Zelaschi, "Identikit" con tres variantes. María de los Angeles Campos, Oldenburgo salón de té. Alicia de la Fuente, En la sala. María Elena Dubecq, El grito repetido. Lucila Beatriz Févola, La voz. Juan Carlos Gatell, Tres veces muerte. Alberto Gilardoni, La chequera. José Angel Gregorio, La venganza. David Daniel Jovtis, El ámbito de las furias. Héctor Prado, El ciervo asesino. Elena Torres, La otra.

Suspense.

**D 158** Pérez Zelaschi, Adolfo, et al. Tiempo de puñales. Intro. Donald A. Yates. Buenos Aires: Seijas y Goyanarte, 1964. 138 pp.

Adolfo Luis Pérez Zelaschi, Las señales, Alias el Gringo. Rodolfo Walsh, En defensa propia, Las tres noches de Isaías Bloom. Ana O'Neill, La grieta, La resurrección de la tos. Horacio Martínez, El crimen robado, Y hubo un revólver para mí. Norberto Firpo, El suicidio perfecto, Tiempo de puñales.

An anthology of Argentine detective fiction.

**D 159** Perruel, Juan C. J., ed. and intro. Entre Quintana y Alvear. Buenos Aires: Ediciones Hombre-Vida, 1968. 123 pp.

Raúl Jorge Artigas, Las endemoniadas, Toque de agonía. Carlos Maguid, Una historia real, Los de uno. Noemí Paz, Las hermanas, Los límites. Manuel Vocos, Pascual, En aquel tiempo. Eladio Correa, De comunión diaria, Entre Quintana y Alvear.

Winning stories from the Hombre-Vida short story contest.

**D 160** Pico Estrada, Luis, et al. Crónicas de la incomunicación. Buenos Aires: Editorial Jorge Alvarez, 1966. 133 pp.

Luis Pico Estrada, A propósito de ostras. Francisco Urondo, Amore Mío Santo. Gabriela Courreges, Estado de ánimo. Naldo Lombardi, Carta desde otro verano.

Besides the work of the four Argentines listed, the anthology also contains stories by Carson McCullers and J. D. Salinger. On alienation. Brief unsigned intro.

**D 161** Pinto de Salem, Edith, ed. and intro. Cuentos regionales argentinos: Catamarca, Córdoba, Jujuy, Salta, Santiago del Estero y Tucumán. Buenos Aires: Ediciones Colihue, 1983. 208 pp.

César Altamirano, El cazador. Jorge Calvetti, El galope. Octavio Cejas Silino, El Campeador. Juan Coletti, Guerra química. Juan Carlos Dávalos, La creciente. Raúl Dorra, Los regresos. Luis Leopoldo Franco, Desquite. Gustavo Geirola, El duende. Juan José Hernández, Anita. Juan Carlos Martínez, Pandorga con caballo blanco. Miguel Angel Pereira, El alfarero. Clementina Quenel, Tonto tonto. Héctor Tizón, En vano cruda guerra. Juan Bautista Zalazar, La ceniza de Dios. Francisco de Zamora, La cometa.

Extensive intro., notes, study guides, biblio.

**D 162** Pisos, Cecilia M., ed. Partes trece. Buenos Aires: Eudeba, 1986.

Cecilia L. de Pankiewicz. Marcos Solís. Eduardo Milewicz. Roberto Morini. Esteban M. Cavana.

Stories from the "Primer Concurso Roberto Arlt."

**D 163** Polisena, Cecilia, et al. Cuentos 1. Buenos Aires: Ediciones Filofalsia, 1986. 200 pp.

> Cecilia Polisena, Rebelión en el libro, Angeles eran los de antes, Oberón de las islas, El beso, Decisión tomada, Fran y la Esfinge, Racconto, La más maravillosa de las músicas, Sutil aire y peligroso aroma. Santiago Espel, Arcanos, Mesa redonda, Sagacidad, Sociales, El extremista, El búho, El amanuense, La bicicleta, Precisión, Atilio el de los dedos mágicos, Huevos fritos, Arroz con leche, Baldomero el escalador, La declaración, De significados y asociaciones, Las cigüeñas levantan la voz, ¿Qué importa el cisne? El mandato, Cajas chinas, Ay Filomena, De piñas y riñas, Cosas del tablón, Hay sirenas y sirenas, El hombre y el pez de plata, Historias de un bus despilonante, La censura, La Internacional, Salidas de poeta, Disparen contra el poeta, Locuras de poeta y Cía, Ja, Los universales tarios, El lápiz, El recienvenido y la mula, Alma Obsidiana, La galera, Piedra libre Barrabás, Nuestro juego, Los que viven, Tiempo de descuento, La suerte del escocés, Película de cowboys. Luis Benítez, Kalideva, El rey inmóvil, El mundo encima, El rey del mundo, La sed, El décimo círculo, La pasajera del arco iris, Baja marea.

Part of the series published by Parsec and Clepsidra.

**D 164** Polo, Angel, ed. and intro. Cuentistas argentinos. La Plata: Ramos Americana Editora, 1980. 2 vols. 92 + 102 pp.

> Vol. 1: Samuel Sánchez de Bustamante, Los vergeles. Horacio E. Domínguez de Soto, La leyenda del Venado Tuerto. María Carmen Maritato, Otra manera de vivir. María Matilde Salcedo de Facal, Los oficinistas, Cerca de la frontera. Armando Edmundo Bellini, Los peces, La capilla. Carlos Alejandro Davis, El bocado, El silencio profundo de la tierra. Félix Natalio Solís Capoblanco, Aquel velorio, ¿Y por qué? Ana María Troncoso de Palavicino, Carta de despedida, Muchachito sin tiempo. María Luisa Pérez de Casella, El ciruelo, El filósofo y las amapolas, La flor del arco iris, Ronda de Navidad.
> Vol. 2: Omar Fernando Valdez Vázquez, Los cuentos. Olga Jesús Contreras, Despedida, Tiempo de lágrimas. Jorge Félix Torres, El grano de mostaza. Gloria de Bertero, El caretero. Angel Balzarino, El último Stradivarius. Roberto Britos, La impunidad. Clementina Lorenzo, La Natividad, La laguna. María A. Marcheschi Lemos, Comprador de burbujas. Vivian Brown, Carta a Esteban, Eleazar. Francisco Domínguez, Nostalgia del valle viejo.

Stories from a series of contests sponsored by the Sociedad de Escritores de La Plata.

**D 165** Pretel, Nelly, ed. Ultimos relatos. Buenos Aires: Nermont Ediciones, 1978. 216 pp.

> Diego Angellino, La ventana al mundo. Jorge Asís, Los homosexuales controlan todo. Miguel Briante, Inglés. Germán Leopoldo García, La ausencia de los hijos. Fernando de Giovanni, El prostíbulo del loro. Luis Gusman, La dama española. Héctor Lastra, Breico. Héctor Libertella, Cavernícolas. Juan Carlos Martini Real, Sonríe, Dios te ama. Enrique Medina, Las hienas. Otto Carlos Miller, Mamá. Marcelo Pichon Rivière, El árbol y el murmullo. Ricardo Piglia, La caja de vidrio. Ramón Plaza, Noticias personales sobre el barrio de Almagro. Rodolfo Rabanal, Conversación a las diez. Reina Roffé, Fuera de foco. Fernando Sánchez Sorondo, Las dos muertes de la señora Blanca. Javier Torre, La hormiga del tamaño de un medallón.

No intro. or notes, but the selection is good.

**D 166** Pujadas, Fernando Raúl, ed. and intro. Cuentos jóvenes: Encuentro de la juventud (estudiantina 72). Mar del Plata: Latinoamericana Editora, 1973. 112 pp.

> Marcelo Requejo, El último viaje. Eduardo Alberto Kamenetzky, El último de los Pérez Iraola. Ricardo David Goldenberg, Fermín. Liliana Haydée Viegas, 5o piso D. Oscar Enrique Bosetti, La culpe. Mónica Mabel Bruno, Abismo. Marcelo Requejo, El relevo. Patricia Elisabet

Maglio, Mi querido mister Thompson. Adriana Ranieri Remedi, Con la angustia en los ojos. Sibila Diana Camps, Los que no están muertos. Oscar Daniel Sanabria, Un viaje. Luis Santiago Buero, Remedios para familias. Daniel Silvio Schattner, La revolución de Ricardo Estévez. Pablo Rubén Rozic, Espejos. Silvia Fernanda Gallar, Dédalo. Alberto Alfredo Rigamonti, La fiesta. Hugo Enrique Rossi, El informe de Rudik Sorens. Luisa Estela Delfino, Lo que le ocurrió al hombre que no mataba las moscas. Luis Santiago Buero, Trasmutación. Abelardo José Soneira, La ascensión de Toribio.

Stories from a contest of the "Grupo Literario La Cañada." The first ten authors are secondary school students.

**D 167**  Relatos de Navidad.  Cuadernos de cultura, 1.  Santiago del Estero: Municipalidad de Santiago del Estero, Dirección Municipal de Cultura, 1969. Unable to annotate.

**D 168**  Ríos Ortiz, Ricardo, et al.  Cuentan para Usted.  Santa Fe: Librería y Editorial Colmegna, 1979. 102 pp.

Ricardo Ríos Ortiz, La muerte de mi hermano Enrique, Hay que matar al usurero. Adolfo Argentino Golz, Paternidad, Copos de nieve en la luna, Tiempo para vivir, tiempo de morir. Edgardo A. Pesante, ¡Me encantan los niños! Pintura realista, El licenciado Faustino. Inés Fornaso, Sonata en mi: Tu ausencia, Cuando llegue el alba, Palabras para un brindis, Ese puerto y tu tristeza, Las fresias de esta primavera.

No intro.

**D 169**  Rivera, Jorge B., and Eduardo Romano, eds. and intro.  El costumbrismo (1910-1955): Antología.  Buenos Aires: Centro Editor de America Latina, 1980. 91 pp.

Enrique Loncan, El odio al invicto. Roberto Gache, El enemigo, Juan González, empleado público. Enrique Méndez Calzada, Cómo llegué a barrendero. Roberto Arlt, El hombre de la camiseta calada, Apuntes filosóficos del hombre que "se tira a muerto." Miguel Bavio Esquiú, Terneras en el fútbol. Ricardo Lorenzo [Borocotó], El diario de Comeuñas. Rodolfo M. Taboada, El mozo, La señorita que da la hora. Wimpi, El maltratado, ¿Carpincho?, Jitanjáforas. Conrado Nalé Roxlo, Homicidio filosófico. Piolín de Macramé, Prólogo, Lo cursi.

Good intro. on the survival of the costumbrista sketch in the twentieth century.

**D 170**  Rivera, Jorge B., ed., intro. and notes.  Humorismo y costumbrismo (1950-1970).  Buenos Aires: Centro Editor de América Latina, 1981. 101 pp.

Luis J. Medrano, El hombre que no va al fútbol. César Bruto [Carlos V. Warnes], Lo que pasó con mi nasimiento, La Bohemia, Testamento de un viejo avaro, Quinse decálogos para el gobernante. Landrú [Juan Carlos Colombres], El señor Porcel, La familia Cateura, Tía Vicenta narra su encuentro con Landrú, Sir Jonas, el executive. Copi, A propos de ma main. Julio Cortázar, Correos y telecomunicaciones, La foto salió movida, El canto de los cronopios. Bernardo Kordon, Rosas y bombones para el amor, Buenos Ayres año 3536. Isidoro Blaisten, Los Tarmas. Jorge Asís, Quiero retruco. Bernardo Jobson, El fideo más largo del mundo.

Excellent intro. and bio-bibliographical notes.

**D 171**  Rivera, Jorge B., ed. and intro.  El relato policial en la Argentina: Antología crítica.  Buenos Aires: Editorial Universitaria de Buenos Aires, 1986. 286 pp.

Rodolfo J. Walsh, La aventura de las pruebas de imprenta. Adolfo L. Pérez Zelaschi, El caso de los crímenes sin firma. Eduardo Goligorsky, Orden jerárquico. Juan Carlos Martini, Obelisco. Jorge Manzur, Triste Marlowe. Elvio E. Gandolfo, Un error de Ludueña. Guillermo Saccomanno, La unidad móvil.

Extensive final essay.

**D 172** Rodrigué, Emilio, ed. and preface. <u>Ecuación fantástica: 13 cuentos de ciencia ficción por 9 psicoanalistas</u>. Intro. Dalmiro Sáenz. Biblioteca Psicología de Hoy, 46. Buenos Aires: Ediciones Hormé, 1966. 200 pp.

> Geneviève T. de Rodrigué, Fátima. Marie Langer, Las dos chicharras. León Grinberg, La sustancia. Emilio Rodrigué, De cómo en el año del Sesquicentenario los argentinos salvaron a la Tierra. Raúl J. Usandivaras, El extraño ruido de la calle Moldes. Alberto J. Campo, El amor de los "terráqueos." Mauricio Abadi, Informe sobre nostalgia. Geneviève T. de Rodrigué, El fracaso del estudio del hombre. Raúl J. Usandivaras, La fiesta. Emilio Rodrigué, Enrocando. Jorge M. Mom, La espera. Marie Langer, El cambio. Arnaldo Rascovsky, Utopía para un tiempo ingrávido.

Curious collection with even more curious intros.

**D 173** Roitman, César, et al. <u>El cuento argentino: Año 1983</u>. Buenos Aires: Editorial de Belgrano, 1983. 123 pp.

> César Roitman, Peripetia. Hugo Abbati, Familia. Ricardo Feierstein, El apostolado del Hombre-Mosca. Carmen Fernández Sampedro, Golpe de calor. Carlos Alberto Luis, Etum. Mariano Blanco, Sin historia. Hugo Correa Luna, El globo. César Franco, El encargado de la puerta giratoria. Viviana Gorbato, Noche de paz. Mabel Pagano, País de veintisiete otoños. Oscar Oviedo Funes, La dama del columpio dorado.

Prizewinning stories from the "Premios Coca-Cola en las Artes y las Ciencias" for 1981-82.

**D 174** Romano, Eduardo, ed. and intro. <u>El cuento argentino, 1900-1930: Antología</u>. Notes by Alberto Ascione. Biblioteca Argentina Fundamental, 60. Buenos Aires: Centro Editor de América Latina, 1980. 160 pp.

> Joaquín V. González, La selva de los reptiles. Martiniano Leguizamón, La minga. Angel de Estrada, Cuento de Pascua. Leopoldo Lugones, Kábala práctica. Atilio Chiapponi, La mariposa. Roberto Payró, Poncho de verano. Alberto Gerchunoff, La siesta. Ricardo Güiraldes, Al rescoldo. Juan Carlos Dávalos, El secreto del opa. Fausto Burgos, La sonrisa de Puca-Puca. Benito Lynch, La cola del zorro. Guillermo Guerrero Estrella, Departamento para familias. Enrique Méndez Calzada, Cuento de Navidad. Víctor Juan Guillot, Un hombre. Alvaro Yunque, El libro robado. Enrique González Tuñón, Un bife a caballo. Roberto Mariani, Riverita.

Useful intro. Contains glossary.

**D 175** Romano, Eduardo, and Marta Bustos, eds. and intro. <u>El cuento argentino (1930-1959). Antología</u>. Buenos Aires: Centro Editor de América Latina, 1981. 3 vols. 99 + 90 + 184 pp.

> Vol. 1: Justo P. Sáenz, El pangaré de Galván. Diego Novillo Quiroga, Chiquichuva. Carlos Molina Massey, La muerte del pingo. Luis Gudiño Kramer, Un potrillo. Gerardo Pisarello, Jamario Torres. Enrique Wernicke, Los apóstoles. Lobodón Garra [Liborio Justo], Nutrieros. Leónidas Barletta, La flor. Guillermo House, El mangrullo.
> Vol. 2: Juan Draghi Lucero, El mal guardián. Pablo Rojas Paz, El cementerio de arena. Alcides Greca, Un postulante, Necrológica. Mateo Booz, El pequeño mundo de Nabor Camacho. Angel María Vargas, La felicidad. Jorge W. Abalos, La almohada de doca. Clementina Rosa Quenel, La luna negra. Diego R. Oxley, Desamparo. Velmiro Ayala Gauna, Mala información.
> Vol. 3: Roberto Arlt, El jorobadito. Bernardo Kordon, Hotel Comercio. Ezequiel Martínez Estrada, La tos. Adolfo Pérez Zelaschi, Evangelina. Jorge Luis Borges, Martín Fierro, Parábola de Cervantes y de Quijote. Adolfo Bioy Casares, En memoria de Paulina. Manuel Peyrou, La Delfina. Manuel Mujica Láinez, El espejo desordenado. Eduardo Mallea, Conversación. Julio Cortázar, Torito. Enrique Anderson Imbert, El político. Augusto Mario Delfino, Margara, que venía de la lluvia. Silvina Ocampo, La Sibila.

Romano bears principal responsibility for the first and third vols., Bustos for the second vol. Useful collection. Extensive intro., notes, glossary.

**D 176**  Romano, Eduardo, ed. and intro. <u>El cuento argentino 1955-1970</u>. Buenos Aires: Editorial Universitaria de Buenos Aires, 1986.  277 pp.

> Miguel Briante, Fin de iglesias.  Abelardo Castillo, Negro Ortega.  Haroldo Conti, Como un león.  Humberto Costantini, Una cajita adentro de un cuaderno.  Juan José Hernández, El disfraz.  Marta Lynch, Entierro de Carnaval.  Daniel Moyano, La fábrica.  Andrés Rivera, Un tiempo muy corto, un largo silencio.  Germán Rozenmacher, Cabecita negra.  Dalmiro Sáenz, Alguien en algún lado.  Juan José Saer, Verde y negro.  Héctor Tizón, El jactancioso y la bella.  Rodolfo Walsh, Esa mujer.

Said to be the first vol., but I have no found further vols. in the series.  Extensive (50 pp.) intro.

**D 177**  Romano, Eduardo, ed. and intro. <u>Narradores argentinos de hoy</u>. Buenos Aires: Editorial Kapelusz, 1971.  2 vols.  158 + 134 pp.

> Vol. 1: Juan José Hernández, Anita, Julián.  Haroldo Conti, Ad Astra.  Syria Poletti, En el principio era la cal, Un carro en la esquina.  Jorge Riestra, Los años.  Daniel Moyano, Una partida de tenis, El rescate.
> Vol. 2: Héctor Tizón, Petróleo, Gemelos.  Germán Rozenmacher, El gato dorado.  Abelardo Castillo, Conejo, Negro Ortega.  María Esther de Miguel, El Biyi-Biyi, La creciente.

Extensive introductory essays.

**D 178**  Rovere, Susana Inés, ed. and intro. <u>Cuentos argentinos del siglo XX</u>. Buenos Aires: Editorial Huemul, 1977.  357 pp.

> Leopoldo Marechal, Segundo apólogo chino.  Leonardo Castellani, Mancarrón y parejero.  Jorge Luis Borges, La promesa.  Angel Bonomini, El ladrón Alberto Barrio.  Silvina Ocampo, La raza inextinguible.  Augusto Mario Delfino, La irrupción.  Ana María Seoane, El disco roto.  Enrique Banchs, El chico sueña.  Roberto J. Payró, Mujer de artista.  Juan Carlos Ghiano, Todavía un llamado.  Horacio Quiroga, El canto del cisne.  Roberto Mariani, Balada de la oficina.  Juan Carlos Dávalos, La cola del gato.  Honorio Bustos Domecq, Esse est percipi.  Chamico, Ferroviaria.  Conrado Nalé Roxlo, El llamado.  Enrique Anderson Imbert, El leve Pedro.  Joaquín Gómez Bas, La guitarra.  Marco Denevi, La inmolación por la belleza.  Lila Padilla, Premio.  Manuel Mujica Lainez, El libro.  Ricardo Güiraldes, Puchero de soldao.  Pablo Rojas Paz, El puma y el pastor.

Includes extensive study guides, vocabulary, and bio-bibliographical notes.  Evidently for secondary school use.

**D 179**  Saavedra, Néstor, et al. <u>Cuentos</u>.  Salta: Ediciones de la Dirección General de Cultura de la Provincia de Salta, 1975.  57 pp.

> Néstor Saavedra, La dolorosa aureola de mamá.  Oscar Pérez, El responso del rezante.  Andrés Rodolfo Villalba, Un tajo en la luna.  Jacobo Regen, Leocadia y yo.  Rodolfo I. Bravo, Noche eterna.

Stories from the "Concurso Anual de Cuentos Inéditos Año 1975," sponsored by the department of culture of the province of Salta.

**D 180**  Sáenz, Dalmiro, et al.  "Panorama del cuento argentino contemporáneo: 30 cuentos." <u>Ficción</u> 24-25 (1960). Unable to annotate.

**D 181**  Sánchez, Jorge A., ed. and notes. <u>Los universos vislumbrados: Antología de ciencia-ficción argentina</u>.  Intro. Elvio E. Gandolfo.  Buenos Aires: Ediciones Andrómeda, 1978.  295 pp.

> Macedonio Fernández, El zapallo que se hizo cosmos.  Jorge Luis Borges, Utopía de un hombre que está cansado.  Santiago Dabove, Finis.  Adolfo Bioy Casares, La trama celeste.  Ernesto Sabato, Informe para ciegos.  Juan Jacobo Bajarlía, Desde la oscuridad.  Alfredo Julio Grassi, Las zonas.  Alberto Vanasco, Los eunucos.  Angélica Gorodischer, Los embriones del

violeta. Alicia B. Suárez, El dorado mes de los monstruos. Magdalena A. Mouján Otaño, Gu ta gutarrak. Guillermo Boido, Redactor para invasión se necesita. Elvio E. Gandolfo, El manuscrito de Juan Abal.

Gandolfo's intro. is a fifty page essay entitled "La ciencia ficción argentina." Also contains extensive chronology and biblio.

**D 182** Sánchez, Lesly, and Oscar Méndez. Cuentos 4. Buenos Aires: Ediciones Filofalsía.
Unable to annotate.

**D 183** Sánchez, Néstor, ed. and intro. 20 nuevos narradores argentinos. Caracas: Monte Avila, 1970. 228 pp.

> Miguel Briante, Habrá que matar los perros. Antonio Dal Massetto, Siete de oro. Fernando de Giovanni, Keno. Jorge Di Paola Levin, Caballo sin Titán. Raúl Dorra, Aquí en este destierro. Mario Espósito, El exilio. Aníbal Ford, La respuesta. Germán García, Complicancia Uno. Leandro Katz, Es una ola. Gregorio Kohon, Odetta en Babilonia y el rápido a Canadá. Héctor Libertella, El camino de los hiperbóreos. Reynaldo Mariani, El cuchillo sobre el agua. Juan Carlos Martelli, Persona Pálida. Martín Micharvegas, Las horas libres. Basilia Papastamatiu, El pensamiento común. Ricardo Piglia, La honda. Ruy Rodríguez, Inventario sobre la marihuana y ella. Horacio Romeu, Cantata. Germán Rozenmacher, El gato dorado. Rubén Tizziani, Las galerías.

This anthology was important for bringing together the work of an emerging group of younger writers, though some of them have become much more important and productive than others in the years since. Many of the texts are excerpts from longer works.

**D 184** Sarlo, Beatriz, ed. and intro. El cuento argentino, antología. Notes by Sergio Visconti. Buenos Aires: Centro Editor de América Latina, 1979. 276 pp.

> Fray Mocho, Macachines. Roberto J. Payró, El caudillo. Horacio Quiroga, El hijo. Roberto Mariani, Rillo. Leónidas Barletta, La señora Enriqueta y su ramito. Roberto Arlt, Pequeños propietarios. Juan Carlos Dávalos, En el monte. Justo P. Sáenz (h.), Corrientes. Mateo Booz, Las vacas de San Antonio. Luis Gudiño Krámer, Isleños cazadores y puesteros. Angel María Vargas, Una vieja contra reembolso. Gerardo Pisarello, Los dos. María Esther de Miguel, La creciente. Jorge Luis Borges, El muerto. Silvina Ocampo, El vástago. Julio Cortázar, La salud de los enfermos. Enrique Wernicke, El bote. Bernardo Kordon, Fuimos a la ciudad. Andrés Rivera, La suerte de un hombre viejo. Haroldo Conti, Las doce a Bragado. Daniel Moyano, Etcétera. Germán Rozenmacher, Teistezas de la pieza de hotel. Abelardo Castillo, Corazón. Juan José Hernández, La inquilina. Juan José Saer, El viajero. Juan Carlos Martini, La pura verdad. Ricardo Piglia, El Laucha Benítez cantaba boleros. Miguel Briante, Inglés.

Excellent selection and intro.

**D 185** Sarlo, Beatriz, ed. and intro. El cuento argentino contemporáneo. Biblioteca Argentina Fundamental, 2. Buenos Aires: Centro Editor de América Latina, 1976. 156 pp.

> Jorge Luis Borges, El fin. Julio Cortázar, Torito. Silvina Ocampo, Las fotografías. Bernardo Kordon, La desconocida. Daniel Moyano, La espera. Humberto Costantini, La visita. Haroldo Conti, Los novios. Rodolfo Walsh, Las fotos. Juan José Saer, Los medios inútiles. Juan José Hernández, Como si estuvieras jugando. Germán Rozenmacher, Blues en la noche. Abelardo Castillo, La madre de Ernesto.

Excellent short intro., followed by a good selection of stories.

**D 186** Scotti, María Angélica, ed. and intro. Historias del peronismo. Buenos Aires: Corregidor, 1973. 149 pp.

Juan Carlos Martini Real, Octubre. Reina Roffé, Llena de mundo. Blas Matamoro, Viaje prohibido. Alberto Vanasco, Después de la revolución. Bernardo Carey, Los fuegos ajenos. Marta Lynch, Los jusilados [sic]. Félix Luna, Historia de Grosso. Julio Bornik, Grito. Libertad Demitrópulos, Blajakis vuelve a pelear.

Interesting selection of stories about Peronism, mostly about epic events from the movement's past.

**D 187** Sirola de Nacinovich, Laura, et al. Tres cuentos infantiles de tema boquense. Cuadernos de la Boca del Riachuelo, 16. Buenos Aires: Cuadernos de la Boca del Riachuelo, 1965. 19 pp.

> Laura Sirola de Nacinovich, La balandra Relámpago zarpará al amanecer. Delia R. Pastorino de Ponce de León, El Agustín. Santiago G. Sturla, El grillete.

Children's stories from La Boca, the Buenos Aires neighborhood.

**D 188** Soler Cañas, Luis, ed. and intro. Cuentos y diálogos lunfardos 1885-1964. Buenos Aires, Ediciones Theoria, 1965.

> Anonymous, Diálogo entre cocheros. Juan A. Piaggio, Caló porteño. Florencio Iriarte, Batifondo a la "Villa de Roi," Entre camaradas. Juan Manuel Pintos, Disgraciao . . . ¿y qué hay con eso?, Canillitas. Nemesio Trejo, Ordenanza sin efecto. Federico S. Mertens, Callejeras. Roberto Cayol, Paradas. Pancho Mingo, Titeo a los gauchos gringos. Javier de Viana, Entre gauchos. Enrique Gunguito, Después del baile. Josué Quesada, Eléctrica, Dos patriotas. Jorge J. M., Cobro no compulsivo. Agapito Sánchez, Baile en lo de la Ñata. Agustín Fontanella, Eche otra güelta. Germán M. Méndez, ¡Manyame! Francisco Benavente, Entre amigos. Santiago Dallegri, Arrabalera, Todo cambia. Ramón Aymerich, Gayeta. J. Víctor Tomey, El valor de una honra. Angel G. Villoldo, Galleta doble. Yacaré [Felipe H. Fernández], Rompe y raja, Politiqueando. Del Conte, Los que fueron. Grafófono, Discos del día. Cruz Orellana [Julio Cruz Ghío], El trabajo mata al hombre. Rubén Fastrás, Chamuyando. Numa Criollo, La parola de casorio. Juan Francisco Palermo, Entre canillitas, El enajamiento. Félix Lima, Dejeuner-concert. Máximo Teodoro Sáenz, Un amigo que llega de París. Natalio Scunio Ferreyra, El milonguero. Silverio Manco, No la pudo convencer. Silvia Guerrico, Escolaseadores. Bartolomé Rodolfo Aprile, El toco. Jerónimo Gradito, Vicente Trípoli, Lunfardo. José Gobello, Benditos sean los ladrones. Diego Lucero [Luis Alfredo Sciutto], Dos fragmentos de crónicas deportivas. Chas de Cruz, El cronómetro de Don Joaco.

Useful collection of Lunfardo texts., with extensive intro. material.

**D 189** Sorrentino, Fernando, ed. and notes. 40 cuentos breves argentinos: siglo XX. Buenos Aires: Plus Ultra, 1977. 236 pp.

> Jorge W. Abalos, La gota gruesa. José Baidal, El último huarpe. Angel Bazarino, El ordenanza. Andrés Balla, La ruta. Enrique Barbieri, Ludus, el demiurgo ciego. Leónidas Barletta, La partida. Isidoro Blaisten, La sed. Angel Bonomini, El ladrón Alberto Barrio. Eugenia Calny, El concierto. Emma de Cartosio, La mujer parecida a mamá. Felipe Justo Cervera, Mi amigo y su acostumbramiento. Nicolás Cócaro, Caminar sobre la luz, un día. Aarón Cupit, Veinte minutos. Aristóbulo Echegaray, Amigos. Ricardo Feierstein, Amigos. Cayetano Ferrari, Oligofrenia. Alfonso Ferrari Amores, El papel de plata. Juan A. Floriani, Las manos. Luis Gasulla, El paraíso está cerca. Gastón Gori, La carpa. Ana María Junquet, Otros hombres se han sentado en esta roca. María Hortensia Lacau, La casa. Benito Lynch, ¡Por su madre! Maximiliano Mariotti, Insomnios. Ivo Marrochi, Estirpe. Carlos Mastrángelo, Acorralado. Carlos Alberto Merlino, Las vacaciones del señor diputado. Rodolfo E. Modern, La resaca. Fortunato E. Nari, Muchacho del tiempo. Federico Peltzer, El honor. Agustín Pérez Pardella, De lo de cada uno. Edgardo A. Pesante, Las inocentes palomas. Alicia Régoli de Mullen, La venganza. Guillermo Rodríguez, Pata 'e cabra. Osvaldo Rossler, Frente al mar. Fernando Sánchez Sorondo, El longevo. Jaime Julio Vieyra, El guante. Oscar Hermes Villordo, La fantástica ciudad. Fina Warschaver, La pelota. Enrique Wernicke, Los caranchos.

A continuation of Sorrentino's earlier 35 cuentos breves argentinos.

**D 190**  Sorrentino, Fernando, et al. <u>Cuentos elegidos</u>. Buenos Aires: Editorial Troquel, 1978. 141 pp.

> Fernando Sorrentino, El nuevo juez. Mabel Pagano, El pueblo y los vientos. Ignacio Xurxo, Papeles escritos por el viento. Enrique Barbieri, El coro. Mabel Pagano, Las rejas finales y el último noviembre. Mariano Ferrazzano, El pulgar. Mario A. Stilman, La noche de Santardes. Horacio Vaccari, Fuera de juego. Angel J. Reta, Arena. Cristina S. Piña, Las reglas del juego.

Stories from a contest sponsored by Troquel in 1977.

**D 191**  Sorrentino, Fernando, ed., intro. and notes. <u>17 cuentos fantásticos argentinos: siglo XX</u>. Buenos Aires: Editorial Plus Ultra, 1978. 190 pp.

> Godofredo Daireaux, La olla de Gabino. Leopoldo Lugones, El hombre muerto. Ricardo Güiraldes, El herrero miseria. Santiago Dabove, La muerte del perrito. Vicente Barbieri, El automóvil. Silvina Ocampo, La casa de azúcar. Pilar de Lusarreta, El recuerdo. Enrique Anderson Imbert, Alejo Zaro se perdió en el tiempo. Manuel Mujica Láinez, El hombrecito del azulejo. Adolfo Bioy Casares, La trama celeste. Horacio Peroncini, Un hilo de la trama. Juan Carlos Ghiano, La presencia. Antonio Di Benedetto, Reducido. Eugene Calny, El hombre que pudo elegir. Edgardo A. Pesante, Ese muchacho que promete. Fernando Sorrentino, Un libro esclarecedor. Enrique Barbieri, Recuerdos de un ex ciudadano.

In a crowded field, one of the less significant contributions.

**D 192**  Sorrentino, Fernando, ed. and intro. <u>Nosotros contamos cuentos</u>. Buenos Aires: Editorial Plus Ultra, 1987. 165 pp.

> Carlos Arcidiácono, La gallina loca. Angel Balzarino, Prueba de hombre. Enrique Barbieri, Trivium. Abelardo Castillo, Macadeo. Juan José Delaney, El paraíso no es un lugar. Juan José Hernández, El sucesor. Ana María Shúa, Los días de pesca. Susana Silvestre, Las grandes maniobras. Fernando Sorrentino, Capítulo séptimo. Enrique Sureda, Hoy viene José Eternidad.

"Yo quería formar un libro con cuentos de diez cuentistas estimados por mí: es innecesario decir que yo era uno de los diez."

**D 193**  Sorrentino, Fernando, ed. and notes. <u>35 cuentos breves argentinos: siglo XX</u>. 10th ed. Buenos Aires: Editorial Plus Ultra, 1984. 187 pp.

> Enrique Anderson Imbert, Las manos. Julio Ardiles Gray, La escopeta. Roberto Arlt, Del que no se casa. Juan-Jacobo Bajarlía, Los omicritas y el hombre-pez. Enrique Banchs, La cigarra. Adolfo Bioy Casares, Las vísperas de Fausto. Jorge Luis Borges, El fin. Juan Burghi, Una lagartija. H. Bustos Domecq, Un pincel nuestro: Tafas. Julio Cortázar, Pérdida y recuperación del pelo. Santiago Dabove, Tren. Marco Denevi, ¿El primer cuento de Kafka? Antonio Di Benedetto, Pero uno pudo. Guillermo Estrella, Los ojos. Macedonio Fernández, Boletería de la gratuidad. Juan Carlos Ghiano, La esquina. Martín Gil, Pato hediondo. Oliverio Girondo, [Espantapájaros No.] 11. Joaquín Gómez Bas, El horno. Eduardo Gudiño Kieffer, De donde Juan Eduardo Martini. Luis Gudiño Kramer, No tenía pasta. Ricardo Güiraldes, Diálogos y palabras. Arturo Jauretche, Es pescado que se ahogó en el agua. Liborio Justo, Una cacería. Leopoldo Marechal, Primer apólogo chino.    Gustavo Martínez Zuviría ["Hugo Wast"], Monseñor cuenta un sucedido. Manuel Mujica Láinez, El patio iluminado. Héctor A. Murena, El gato. Conrado Nalé Roxlo, Los estornudos. Silvina Ocampo, El verdugo. Roberto J. Payró, Reportaje endiablado. Horacio Quiroga, Los cazadores de ratas. Pablo Rojas Paz, El puma y el pastor. Fernando Sorrentino, Existe un hombre. Osvaldo Svanascini, Partida.

Brief intro., notes and biblio.

**D 194**  Sorrentino, Fernando, ed. and notes. <u>38 cuentos breves argentinos, siglo XX</u>. Buenos Aires: Editorial Plus Ultra, 1980. 279 pp.

> Antonio Aliberti, La vida de los otros. Carlos Arcidiácono, Las amigas. Luis Alberto Ballester, Viaje en la noche. Vicente Barbieri, Vagos. Ariel Bignami, Llegada y despedida. Mario Bravo, La muerte de Constante Alessio. Teresa Caballero, Reencuentro con Aída. Elías

Carpena, Prisionero de la inundación. Carlos Alberto Crespo, Lucho. Juan José Delaney, Film. Juan Draghi Lucero, Garabato va, garabato viene. María Elena Dubecq, Tiempo de tigra. Fernando Elizalde, El espejo y el otro. Lily Franco, La piba. Juan Luis Gallardo, Juan el astronauta. Beatrix Gallardo de Ordóñez, Fidelidad. Antonio J. González, Los pantalones. Santiago Grimani, Globos. Julio Imbert, El domingo. Ester de Izaquirre, La ciudad. Ricardo Juan, El color de la muerte. Godofredo Lazcano Colodrero, La visita. Leopoldo Lugones, La idea de la muerte. Pilar de Lusarreta, Salomónica. Martha      Mercader, Esplendor de fósforo. María Esther de Miguel, El grumete. Nilda Rosa Nicolini, El maníaco. José Luis Pagés, La soga al cuello. Luisa Peluffo, A propósito de ciertos cuadros. Horacio Peroncini, Un ángel. Luis Portalet, El viejo. Ana María Ramb, Entre lobos. Marcela Righini, El hombre. María Luisa Rubertino, La mudanza. Zita Solari, Abanderada. Jorge Tidone, Paula, de los cabellos floridos. Bernardo Verbitsky, La madre y su niño. Juan Bautista Zalazar, El degolladito.

Third vol. in Sorrentino's series, after <u>35 cuentos breves argentinos</u> and <u>40 cuentos breves argentinos</u>.

**D 195** Sorrentino, Fernando, ed. and notes. <u>36 cuentos argentinos con humor: siglo XX</u>. Buenos Aires: Editorial Plus Ultra, 1984. 239 pp.

Jorge W. Abalos, La víbora verde. Juan B. Ambrosetti, El abuso de la historia. Enrique Anderson Imbert, El estafador se jubila. Julio Ardiles Gray, La sospecha. Roberto Arlt, Entre comerciantes. Leónidas Barletta, El bochín. Adolfo Bioy Casares, Encrucijada. Angel Bonomini, La caída de la casa de Barro. H. Bustos Domecq, Esse est percipi. Arturo Cancela, La línea y el color. Leonardo Castellani, Las historias de El Jacha. Julio Cortázar, Los posatigres. Marco Denevi, El trabajo no. 13 de Hércules, The female animal, El eterno militar, Diez ejercicios. Macedonio Fernández, Confesiones de un recién llegado al mundo literario, Los amigos de la ciudad. Juan Luis Gallardo, Los sucedidos de Falucho. Alberto Gerchunoff, El candelabro de plata. Juan Carlos Ghiano, La heredera. Oliverio Girondo, Espantapájaros no. 2, Espantapájaros no. 4, Espantapájaros no. 6. Joaquín Gómez Bas, El cocodrilo. Gastón Gori, La lata de sardinas. Luis Gudiño Kramer, Liñando and Financista. Rodolfo E. Modern, Seducido por un pavo. Conrado Nalé Roxlo, El refranero. Silvina Ocampo, Celestina. Roberto J. Payró, En la Policía. Manuel Peyrou, La Doradilla. Jaime Potenze, La v corta. Fernando Sorrentino, Los reyes de la fiesta. Enrique Wernicke, La pesca.

In the brief intro. Sorrentino says that the anthology responded to a need he felt in February 1976 for some humor.

**D 196** Souto, Marcial, ed. and intro. <u>La ciencia ficción en la Argentina: Antología crítica</u>. Buenos Aires: Editorial Universitaria de Buenos Aires, 1985. 242 pp.

Alberto Vanasco, Post-bombum. Eduardo Goligorsky, En el último reducto. Juan-Jacobo Bajarlía, Los sueños del Innominado. Angélica Gorodischer, Bajo las jubeas en flor. Elvio E. Gandolfo, Sobre las rocas. Rogelio Ramos Signes, Las escamas del señor Crisolaras. Eduardo Abel Giménez, Quiramir. Carlos Gardini, Sinfonía cero. Ana María Shua, La sueñera. Sergio Gaut vel Hartman, Carteles.

Science fiction. Extensive intro.

**D 197** Souto, Marcial, ed. and intro. <u>Historia de la fragua y otros inventos</u>. Buenos Aires: Ultramar Editores, 1988. 143 pp.

Guillermo Boido/Angélica Gorodischer, La pera irremediable. Marcelo Figueras, La estrategía de Malory. Carlos Gardini, La era de Acuario. Mónica López Ocón, El bosque de casuarinas. Carlos Gabriel Schapira, Chopin en el espejo. Fernando U. Segovia, Historia de la fragua (para la escuela media).

Science fiction, mostly from writers associated with the magazine <u>El Péndulo</u>. Also includes the work of one Spaniard, Carlos Suchowolski's "El pico en su sitio y las plumas en la cabeza hasta que haya máquinas en el cielo."

**D 198**  Stieben, Enrique, et al.  <u>Narradores de La Pampa</u>.  Intro. H. W. C. Biblioteca Pampeana, Serie Folletos, 20.  N. p., 1973.  56 pp.

> Enrique Stieben, El potrillo oscuro.  Gustavo Marcelo Hopff, El toro colorado.  Miguel Iribarne, La estaca.  José Luis Macaggi, Las dos veredas.  José Prado, La tormenta.

Stories from the province of La Pampa.

**D 199**  Taralli, Ricardo Dino, ed. and intro.  <u>Narradores de Santiago del Estero</u>. Notes by Domingo A. Bravo and Oreste Edmundo Pereyra.  Santiago del Estero: Editorial Santiago Libros, 1984.  211 pp.

> Pablo Lascano, Francisco Lares, alias Sina-Sina.  Ricardo Rojas, La Telesita.  Gregorio Guzmán Saavedra, El invento de Gallardo.  Rosario Beltrán Núñez, El enancado invisible.  Blanca Irurzún, Flor de granado.  Jorge W. Abalos, Iván Recik.  Clementina Rosa Quenel, La creciente.  Mario Alejandro Castro, Río hondo.  Domingo A. Bravo, El monitor.  Juan Carlos Martínez, El embeleso del verano.  Dante C. Fiorentino, Shishilo.  Carlos Manuel Fernández Loza, A ver pasar el tren.  Gerardo D. A. Montenegro, El Gussito.  Carlos Alberto Artayer, Enajenación.  Oreste Edmundo Pereyra, La historia de Juan Eusebio.  Lisandro Amarilla, El cazador.  Gladys Paz, Muerte y resurrección de Sologo.  Julio Adolfo Cejas, El retorno.

Extensive intro., notes, study guides and biblio.  For use in secondary schools.

**D 200**  Togno, María Elena, ed. and intro.  <u>Así escriben las mujeres</u>.  Buenos Aires: Ediciones Orión, 1975.

> Poldy Bird, Jardín infinito.  María A. Bosco, Fiesta con Teobaldo.  Silvina Bullrich, El divorcio.  Lilian Goligorsky, De una vez por todas.  Liliana Hecker, Las peras del mal.  Luisa Mercedes Levinson, Miedo a Valparaíso.  Marta Lynch, Campo de batalla.  María Esther de Miguel, La ciudad de sal.  Silvina Ocampo, Amada en el amado.  María Rosa Oliver, Conjeturas.  Olga Orozco, Las enanas.  Syria Poletti, Alas mojadas.  Hebe Uhart, Agustina y su marido.

Stories by well-known women writers.

**D 201**  Togno, María Elena, ed. and notes.  <u>Así escriben los "duros" sobre el amor</u>. Buenos Aires: Ediciones Orión, 1975.  175 pp.

> Jorge Asís, Historia de la Corina Mujica y el Grasa.  José María Borghello, El ropaje.  Abelardo Castillo, Capítulo para Laucha.  Haroldo Conti, Perfumada noche.  Marco Denevi, La sonrisa de la Gorgona.  Juan José Hernández, Vestir a Magdalena.  Eduardo Gudiño Kieffer, Fragmento de "Carta abierta a Buenos Aires violento."  Bernardo Kordon, Rosas y bombones para el amor.  Pacho O'Donnell, La equivocación.

Stories written for the occasion by writers who had the reputation of being tough: "porque los lectores los consideran 'duros,' realistas, que no hacen concesiones a los temas que tratan . . . ¿las harían al tema del amor?"

**D 202**  Troiani, Rosa, ed. and intro.  <u>Cuentos del litoral</u>.  Buenos Aires: Ediciones Culturales Argentinas, 1959.  157 pp.

> Mateo Booz, Las vacas de San Antonio.  Alcides Greca, Las comunales de San Lorenzo.  Justo P. Sáenz, Lobizones.  Gastón Gori, El milagro de San Isidro Labrador.  Luis Gudiño Kramer, Don Juan de la Cruz Cardoso.  Velmiro Ayala Gauna, La siesta.  Segundo Ramiro Briggiler, Destino.  Leopoldo Chizzini Melo, la canoa.  Santiago Blanchetti, Don Gómez, hombre gaucho.  Amaro Villanueva, El calzoncillo cribao.  Diego R. Oxley, Desamparo.  Rodolfo Vinacua, Niño en el río.  Hugo Mandón, Tres hombres.  Jose Luis Vittori, La carta.  Juan José Manauta, Los chanchos.  L. F. Oribe, Guitarra.  Osvaldo Seiguerman, La Lola.  José María Paolantonio, Mujer sola en el rancho.  Juan José Saer, Los medios inútiles.  Juan M. Vigo, Cuatrero.

Good intro.  Stories from Entre Ríos, Santa Fe and part of the province of Buenos Aires.

**D 203**  Turín, Antonio, et al.  <u>Los tapados</u>.  Salta: Edición de la Dirección Provincial de Cultura, 1970.  53 pp.

Antonio Turín, Tapado del pajial. Santos Hipólito Torres, El volcanito H. S. Rodolfo I. Bravo, El tapado de "El zorrito." José Ignacio Ovando, El delantal. Milenko Jurcich, La tinaja del portezuelo.
"Trabajos premiados en el concurso organizado por al Dirección Provincial de Cultura."

**D 204** Vargas, Angel María, et al. Nueve cuentos laureados. Colección Cuadernos del Instituto, 10. Buenos Aires: Instituto Amigos del Libro Argentino, 1964. 215 pp.

Angel María Vargas, El código y el toro, Usté es maistro, usté hay saber. Abelardo Castillo, Patrón. Jorge di Paola Levin, El acceso. Ricardo Piglia, Una luz que se iba. Miguel Angel Solivellas, La tormenta. Lina Giacobone, La visita. Héctor Libertella Riesco, Argumento capital. Alberto Rodríguez Múñoz, No era una corvina.

Stories from the "Concurso de Bibliograma."

**D 205** Vázquez, Francisco, ed. and intro. Antología de cuentos Ocruxaves. Buenos Aires: Ediciones Ocruxaves, 1987 (?).

Julio Enrique Pineda, Un cielo descado, El (Nonino). Luisa Fernández de Caselles, La muerte de Anselmo Pereyra, El gato, De pérdidas y ganancias. José Di Marco, De película, En el jardín. Adrián Cinalli, Diario de un geminiano loco, tonto y desequilibrado, Alguien está tocando el piano. María Lydia Torti, El cuadro, Bártolo, La carta. Graciela Y. Castro, La esfera, Flores de invierno.

Stories by younger writers.

**D 206** Vocos Lescano, Jorge, et al. Narradores de Córdoba. Córdoba: Dirección de Historia, Letras y Ciencias, 1978. 209 pp.

Jorge Vocos Lescano, El pueblo, El padre, La quinta, La creciente. Luis Guillermo Piazza, La siesta. José Aldo Guzmán, Las cosas no andan bien. Laura Debetach, Piel de asno, Mael y Maela, Yeka. Daniel Moyano, Una guitarra para Julián, El estuche de cocodrilo, A la sombra de las muchachas en flor. Enrique Anderson Imbert, Anamorfoscópico. Manuel Rodeiro, Diluvio, Un muerto. Félix Gabriel Flores, Los perros, Si no somos un sueño, La carta. E. L. Revol, La segunda versión, El salto. Liliana Aguilar, El señor Guestos, Entre ángeles. Francisco Colombo, El pescador y sus redes, Los adolescentes, La eternidad. Miguel Angel Conte, El Pillín. Julio Torres, El gato rubio, El macho Saravia, Robustiano Coronel. Maximiliano Mariotti, La borrachera, Monólogo con causa final. Juan Filloy, Más lógica, imposible, Alucinación general.

Contains bio-bibliographical notes at the end.

**D 207** Walsh, Rodolfo J., ed. and intro. Diez cuentos policiales argentinos. Buenos Aires: Hachette, 1953. 191 pp.

Jorge Luis Borges, El jardín de senderos que se bifurcan. Leopoldo Hurtado, Pigmalión. Facundo Marull, Una bala para Riquelme. A. L. Pérez Zelaschi, Los crímenes van sin firma. Manuel Peyrou, La playa mágica. W. I. Eisen, Jaque mate en dos jugadas. Ameltax Mayfer, Crimen en familia. Jerónimo del Rey, La mosca de oro. H. Bustos Domecq, Las previsiones de Sangiácomo. Rodolfo J. Walsh, Cuento para tahures.

Useful collection of Argentine crime fiction.

**D 208** Yahni, Roberto, ed., intro. and notes. 70 años de narrativa argentina (1900-1970). Madrid: Alianza, 1970. 212 pp.

José Sixto Alvarez, A la hora del té. Leopoldo Lugones, Yzur. Ricardo Güiraldes, Esta noche, nochebuena. Horacio Quiroga, Una bofetada. Ezequiel Martínez Estrada, La inundación. Jorge Luis Borges, Tlön, Uqbar, Orbis Tertius. Roberto Arlt, Pequeños propietarios. Eduardo Mallea, VI. Manuel Mujica Lainez, La viajera: 1840. Adolfo Bioy Casares, En memoria de Paulina. Silvina Ocampo, Las fotografías. Julio Cortázar, Lejana. Marco Denevi, La cicatriz, Los juramentos de las mujeres. Beatriz Guido, Cine mudo, El coche fúnebre. Haroldo Conti,

Como un león. Rodolfo Walsh, Esa mujer. Pedro Orgambide, Boby. Juan José Hernández, La viuda.

Excellent collection of stories.

**D 209**  Zamboni, Olga and Glaucia Biazzi, eds. and intro. Cuentos regionales argentinos: Corrientes, Chaco, Entre Ríos, Formosa, Misiones, Santa Fe. Buenos Aires: Ediciones Colihué, 1983. 218 pp.

Hugo Amable, Sensación. Velmiro Ayala Gauna, La mariposa. Rubens Bonifacio, Cucología. Mateo Booz, Las vacas de San Antonio. Hugo del Rosso, Abuelo. María Esther de Miguel, El grumete. Adolfo Argentino Golz, Tiempo para vivir, tiempo de morir. Luis Gudiño Kramer, Noche de Reyes. Gabriel Hernández, Camino de la noche. Efraín Maidana, Duende a la hora de la siesta. Osvaldo Pérez Chávez, Mandadero. Edgardo A. Pesante, La plazoleta del tigre. Abel Pohulanik, Monólogo de la gringa. José María Prestigiacomo, Misión de encargo. Horacio Quiroga, Los cazadores de ratas. Ricardo A. R. Ríos Ortiz, Murió Cambá. Carlos Sforza, Los tiznados. Marcial Toledo, Mirar de nuevo.

Extensive intro., notes, study guides and biblio. for use in secondary schools.

**D 210**  Zas, Lubrano, ed. Cuentistas argentinos contemporáneos. Buenos Aires: Ediciones El Matadero, 1960. 63 pp.

Juan Palazzo, Mi patio. Alvaro Yunque, Tres domingos. Leónidas Barletta, La última calle. Pedro G. Orgambide, El mago. Abelardo Castillo, El hombre que nunca había visto atardecer. Mazza Leiva, Marrot. A. A. Balán, El hijo. Oscar A. Castelo, Severin quiere la paz. Rodolfo Cuenca, El negro falucho. Juan Carlos Trigo, La renuncia. Lubrano Zas, Rompehuesos.

Previously unpublished stories (except for the first one).

**D 211**  Zas, Lubrano. Cuentistas argentinos contemporáneos II. Buenos Aires: Ediciones El Matadero, 1961. 105 pp.

Enrique González Tuñón, Desaparecidos. Roberto Mariani, El puñal del chino. Guillermo Cantore, Estas manos mías. Andrés Cinqugrana, Judith. Nenina Caro, Cuento. Horacio Néstor Casal, Ella. Lubrano Zas, El discurso. Luis Luchi, El brasilerito. Mario Lesing, Eran cinco las balas. Arminda Ralesky, La Consuelo. Rodrigo Ruza, Balín.

As in the previous item, these stories were unpublished (except for the first one).

**D 212**  Ziehl, Leónidas Cristián, et al. Cuentos para verano. Buenos Aires: Editorial Cono Sur, 1970. 136 pp.

Leónidas Cristián Ziehl, En cuotas, Gervasio, Treinta días y treinta noches. Anamaría Brodersen, Sebastián y el mar, Curso acelerado de verano, Sal y arena. Betty Pancelli, ¡Doctor como papá! Regreso. Hercilia Tommasi, Tiempo de verano, Alta fidelidad. Alicia de la Fuente, El vendedor de sandías, Insolación, El error de Matías Murray. Eduardo Leunda Moya, Farsa de la ninfa y del mal titulado Ceniciento, La escondida senda. Elisabeth Davio, Continuemos el juego, El derrumbe, La fiebre del vencido. Olga Margarita Daglietto, Ramiro, Cucarachas, El paquete de cigarrillos. Delchis Girotti, La falta inexcusable.

Light summer reading.

# E. Bolivia

**E 1** Abella, Alcides, ed. and intro. <u>Panorama del cuento boliviano.</u> Montevideo: Lectores de Banda Oriental, 1983. 75 pp.

> Alfredo Flores, Hurtado. Augusto Céspedes, El pozo, La paraguaya. Oscar Soria Gamarra, Sangre en San Juan. Ricardo Ocampo, El indio Paulino. Néstor Taboada Terán, El cañón de Punta Grande. Pedro Shimose, El futuro de la patria. Adolfo Cáceres Romero, La emboscada.

Good short intro., though perhaps overly dependent on Baptista Gumucio (next item).

**E 2** Baptista Gumucio, Mariano, ed. and intro. <u>Narradores bolivianos: Antología.</u> Caracas: Monte Avila Editores, 1969. 258 pp.

> Augusto Céspedes, El pozo, El diputado mudo. Augusto Guzmán, El disfrazado. Raúl Leyton Zamora, La Camba. Walter Guevara Arze, Tempestad en la cordillera. Franz Avila del Carpio, Pablo Carreras, el vaquero. Oscar Soria Gamarra, Sangre en San Juan. Oscar Barbery Justiniano, El reportaje. Ricardo Ocampo, El indio Paulino. René López Murillo, El Ama Llulla. Gastón Suárez, Iluminado. Néstor Taboada Terán, El cañón de Punta Grande. Raúl Teixidó, El sueño del pez. Ted Córdova Claure, Malas palabras. Grover Suárez, El hogar paterno. Adolfo Cáceres Romero, La emboscada. Renato Prada Oropeza, El regreso.

The most widely consulted anthology of the Bolivian short story, with excellent intro. and notes.

**E 3** Barrios Castro, Arnaldo, et al. <u>Cuentistas bolivianos: IV Concurso Nacional de Cuento 1968.</u> Oruro: Editorial Universitaria, Universidad Técnica de Oruro, 1982. 79 pp.

> Arnaldo Barrios Castro, Facundo, ojalá no vuelvas. Ernesto Camacho Azcárraga, Grohumo. Elsa Dorado de Revilla, La lora. Max Mendoza López, Desde el manicomio de París. Max Mendoza López, La lisa ttaku.

Stories from a contest, after a rather long delay in publication.

**E 4** Bohórquez R., Ricardo, et al. <u>Cuentistas potosinos.</u> Potosí: Universidad Mayor Tomás Frías, 1963. 64 pp.

Ricardo Bohórquez R., Lukacho Rumi. Roberto Leitón, La tomasita. Rafael Quintana A., Gente nueva. Florencio Torrez G., ¡Regálanos quinientitos, señor! Luis E. Heredia, Mal de mina.

Published with the support of the Departamento de Cultura.

**E 5**  Botelho Gosálvez, Raúl, ed. and intro. <u>Cuentistas paceños</u>. La Paz: Ediciones Casa de la Cultura, 1988. 316 pp.

José Santos Machicado, El desafío. Alcides Arguedas, Venganza aymara. Abel Alarcón, La cogida. Juan Francisco Bedregal, Don Quijote en la Ciudad de La Paz. Antonio Díaz Villamil, La leyenda de las Khantutas. María Virginia Estenssoro, Oscarito Errázuris. Julio Crespo Machicado, El seductor. Luis Llanos Aparicio, Don Septiliano. Francisco Alvarez García, El hombre del octavo piso. Fernando Diez de Medina, El llamo blanco. Porfirio Díaz Machicao, No vengas al bosque. Hugo Blym, En la ruta de los cóndores. Oscar Cerruto, Ifigenia, el Zorzal y la Muerte. Yolanda Bedregal, Peregrina. Raúl Botelho Gosálvez, El gallo del Corregidor. Oscar Soria Gamarra, Sangre en San Juan. Alvaro Bedregal Iturri, Carcaput. José Fellmann Velarde, ¡Indio macho! José Millán Mauri, El canillita. Néstor Taboada Terán, El cañón de Puente Grande. Raúl Salmón, Cuatro kilos de oro. Jorge Suárez, Sonata aymara. Germán Arauz, El pacto. René Poppe, El paraje del Tío. René W. Bascope Aspiazu, La vida no es un tango.

Attractive edition, with brief intro. and notes.

**E 6**  Botelho Gosálvez, Raúl, ed. and intro. <u>Cuentos bolivianos</u>. Santiago: Zig-Zag/ Ministerio de Relaciones Exteriores de Bolivia, 1940. 115 pp.

Juan Francisco Bedregal, Don Quijote en la ciudad de La Paz. Augusto Céspedes, El pozo. Adolfo Costa du Rels, La Misqui-Simi. Porfirio Díaz Machicao, No vengas al bosque. Alfredo Flores, Hurtado. Carlos Medinaceli, La honra y la hacienda. Alberto Ostria Gutiérarez, Satuco. Carlos Oropesa, En la selva del espectro amarillo. Ignacio Prudencia Bustillo, Junto a la bodega. Alberto Sánchez R., La fiesta de la Cruz.

"Un resumen fragmentario del paisaje y psicología bolivianos . . . [C]reo que bastará para dar una idea aproximada de nuestro múltiple y convulso escenario espiritual." Brief notes on authors.

**E 7**  Cáceres Romero, Adolfo, et al. <u>Cuentistas bolivianos: III Concurso Nacional de Cuento 1967</u>. Oruro: Editorial Universitaria, Universidad Técnica de Oruro, 1982. 107 pp.

Adolfo Cáceres Romero, Emboscada. Oscar Soria Gamarra, Sangre en San Juan. Consuelo Lazzo Soto, Guerrillero. Renato Prada, Fuego. Samuel Flores Magnet, Sudor. . . sangre. . y lágrimas. Angel Castro Santos, Monje del cilicio.

Stories from the same contest as Barrios Castro (listed above), also published after a long delay.

**E 8**  Castañón Barrientos, Carlos, ed. and intro. <u>El cuento modernista en Bolivia: Estudio y antología</u>. La Paz: Empresa Editora Universo, 1972. 137 pp.

Angel Diez de Medina, Naufragio. Ricardo Jaimes Freyre, En las montañas o Justicia india. Osvaldo Molina, La manía por los gallos, La religión de las montañas, El primer beso, Alsacia. Man Césped, Cromo y Carmina, El gallo cochinchino. Claudio Peñaranda, Instantánea. Antonio José de Sainz, El diamante. Benedicto Franco, Cuento simbólico. Eduardo Diez de Medina, Puk. René Calvo Arana, Obsesión. Arturo Oblitas, Una verdad que parece mentira. Ismael Vilar, El sentido de la honra. Adolfo Vilar, Cruel análisis. José Enrique Viaña, Cuento de invierno. Armando Alba, Mármol trunco. Gonzalo Fernández de Córdova, Flor de quimera, Idilio en flor. Nicolás Ortiz Pacheco, El cuento. Enrique Reyes Barrón, Un ciego.

Extensive (30 pp.) intro.

**E 9**  Castellanos de Ríos, Ada, and René Benjamín Arrueta Suárez. <u>Cuentos</u>. Intro. José Manuel Rojas Rodrigo. Potosí: Universidad Boliviana Tomás Frías, Publicaciones de la División de Extensión Universitaria, 1976 (?). 28 pp.

> Ada Castellanos de Ríos, Un viernes de Miguelito. René B. Arrueta S., En el centro del círculo sueño.

**E 10**  Flores, Mario, et al. <u>Cuentistas cruceños</u>. Intro. Róger de Barneville Vásquez. Santa Cruz, Bolivia: Sociedad de Escritores y Artistas de Santa Cruz, 1974. 316 pp.

> Mario Flores, El niño que venció a la ciencia. Rómulo Gómez Baca, El buey. Plácido Molina Mostajo, El hornero preguntón. Severo Vásquez Machicao, La copa de cerveza. Napoleón Rodríguez, El aviso. Oscar Alborta Velasco, Las dos Marías. Heberto Añez, liberación y castigo. Oscar Barbery Justiniano, La perdiz muerta. Róger Barneville Vásquez, Kiko, el caimán servicial, La promesa, El choclo del baile. Félix Bascope Gonzales, El Nequí. Guido Bravo Rodríguez, Un extraño suceso. Guillermo Burton Rodríguez, El gallo canchero. Germán Coimbra Sanz, El carretón de la otra vida. Alfredo Flores, El sargento Charupas. Germán Gabriel Arana, ¡Camba flojo! Oscar Gómez, Campesinos. Nataniel García Chávez, El drama del chocolatal. Hernando García Vespa, La vigilia. Orestes Harnés Ardaya, Una aventura de carnaval. Alfredo Ibáñez Franco, Con v o con b, es igual. Enrique Kempff Mercado, Ancianidad. Francisco Kleeblant Tacana, Maestro de cacería. Antonio Landívar Serrate, El doctor. Alejo Melgar Chávez, Zorros, yoimbina y deleites. Plácido Molina Barbery, Mi tío miguel. Raúl Otero Reiche, El rayo. Rafael Peña Ibáñez, Juanito el cobarde. Emiliano Peña, A orillas del Piraypane. Remberto Prado, Las promesas del amor. Leonor Ribera Arteaga, En torno a una expedición contra los chiriguanos. Pedro Rivero Mercado, La gringa. Hernando Sanabria F., El señor del grito. Lorgio Serrate V. D., El matrimonio de Luisito.

Stories from Santa Cruz de la Sierra.

**E 11**  Guevara Arze, Walter, et al. <u>Antología de cuentos: Segundo Concurso Nacional</u>. Intro. Héctor Cossío Salinas. Cochabamba: Los Amigos del Libro, 1968. 132 pp.

> Walter Guevara Arze, Tempestad en la cordillera. Oscar Ichazo Gonzáles, La reunión, Alma y lazo. Waldo Peña Casas, Su propia muerte. Jorge Dávila Michel, La herencia. Luis E. Heredia, Transfiguración de los cactus y de la sangre. Gróver Suárez, Momentos en la ciudad. María Luz Monje Landívar, El prófugo. Luis E. Heredia, Scherzo de la gota de agua. Luis Llanos Aparicio, Don Reptiliano. Julio Crespo Machicado, El seductor. René Esteves Torrico, El tremedal. Pedro Shimose, Rosario y el buscador de sueños. Ada Castellanos de Ríos, Los derechos del pobre. Alberto Gallo, El milagroso Tangara.

Stories from the Segundo Concurso Nacional in 1966, sponsored by the Centro Cultural Edmundo Camargo.

**E 12**  Heredia, Luis E., et al. <u>Cuentos premiados</u>. Sucre: Universidad San Francisco Xavier de Chuquisaca, 1967. 81 pp.

> Luis E. Heredia, Scherzo de la gota de agua. Humberto Párraga Chirveches, Un caso psiquiátrico. Gustavo Aguirre Pérez, La muerte del río. Jorge Barrón Feraudi, Desde el barro dolorido.

Winning stories from a contest sponsored by the Universidad San Francisco Xavier in 1966.

**E 13**  Iturri Alborta, Ricardo, et al. <u>Cuentos paceños</u>. La Paz: Ediciones Pro-Cultura, 1942. 125 pp.

> Ricardo Iturri Alborta, Cuando era pueblo el pueblo de La Paz. Julio Belzu y G., Pretérito imperfecto. José Daza Valverde, El collar del Ekeko.

Stories from a contest sponsored by the city government of La Paz.

**E 14**  Lijerón Alberdi, Hugo, and Ricardo Pastor Poppe, eds. and intro. <u>Cuentos bolivianos contemporáneos: Antología</u>. La Paz: Editorial Camarlinghi, 1975. 203 pp.
>Oscar Cerruto, Los buitres. Marie Carmen Ohara, El negocio. Jesús Lara, Un guerrillero. Walter Guevara Arze, Tempestad en la cordillera. Fernando Diez de Medina, En el tiempo y hacia atrás. César Verdúguez, El regalo. Renato Prada Oropeza, La noche con Orgalia. Oscar Ichazo González, Alma y lazo. Jorge de la Vega Rodríguez, Destino se escribe con "z." Adolfo Cáceres Romero, La emboscada. Gastón Suárez, Los hermanos.

Useful notes and biblio.

**E 15**  Molina, Hugo, ed. <u>Selección de cuentos bolivianos</u>. La Paz: Editorial Camarlinghi, 1969. 273 pp.
Unable to annotate.

**E 16**  Oblitas Fernández, Edgar, ed. and intro. <u>El cuento en el Oriente Boliviano</u>. La Paz: Ediciones Populares Camarlinghi, 1980.
>Benigno Lara, Polvos y coloretes. Plácido Molina Mostajo, El hornero preguntón. Plácido Molina Barbery, Mi tío Miguel. Alfredo Flores, Hurtado, El buri. Blanca C. de Herrera, Ave cautiva. Guillermo Burtón Rodríguez, El gallo canchero pa' la festividad de la Santísima Trinidad. Héctor Suárez Guzmán. Oscar Barbery Justiniano, De todos los regresos el último. Orestes Harnés Ardaya, Tema con un cuento. Antonio Landívar Serrate, El dolor de elegir. Alberto Descarpontriez Treu, La leyenda del Ochoo, Galopando. Hugo Lijerón Jordán, El nido de las avispas. Lydia Bruwn, Maripeo. Hernando Sanabria Fernández, Quédense ustedes, Don Belisario, El pendón de las lateras. Roger Barneville Vásquez, "Kiko," el caimán servicial, El choclo de baile. Crucelino, Un día en la vida de Don Próspero Urepe. Raúl Otero Reiche, El rayo. Ignacio Callaú Barbary, Pa' cuando te vaj, Camaino ancho. Raúl Botelho Gosálvez, Sangre en el trópico. Luis D. Leigue Castedo, El chaqueado. Rosa Melgar de Ipiña, Jappu. Germán Gabriel Arana. Luis Leygue Castedo, Se lo tragó la selva. María del Carmen Ojara, El negocio. Pedro Shimose, Rosario y el buscador de sueños. Denis Prata Suárez, El condenado.

Ample selection of stories from eastern Bolivia.

**E 17**  Oblitas Fernández, Edgar, ed. and intro. <u>Relatos heroicos de la Guerra del Pacífico</u>. La Paz: Ediciones Puerta del Sol, 1981. 183 pp.
>Gustavo A. Otero, Eduardo Abaroa. Julio Alarcón, Nido de cóndores. Víctor Mantilla, Los colorados. Gastón Velasco, Genoveva Ríos. Daniel Cavallos, El sargento Cartagena. Walter Salinas R., El comandante Cleto Pérez. Gastón Velasco, Juancito Pinto, el niño héroe. Alejandro Rosso, Calixto Maldonado. J. Vicente Ochoa, Mateo Luján. J. Manuel Sainz, Silverio Menacho. Vicente Ochoa, El último toque de silencio. Daniel Ballivian, Un caso de granada y una copa de coñac. Jaime Mendoza, El desertor.

An interesting collection of unknown stories on the 1879-83 war.

**E 18**  Paredes Candia, Antonio, ed. <u>Las mejores tradiciones y leyendas de Bolivia</u>. La Paz: Ediciones Puerta del Sol, 1973. 280 pp.
>Nataniel Aguirre, La bellísima Floriana. Abel Alarcón, De "Era una vez." José Manuel Aponte, El santo Cristo de bronce. Jenaro Ascarrunz, Una gallina que vale por cuatro gallos. Carlos Bravo, Don Diego Huallpa, primer descubridor del famoso mineral de Potosí. José María Camacho, El mito de Itica, Huirajocha. José Felipe Costas Arguedas, En tierras de gracia. Jorge Delgadillo, Origen de la frase "No sea usted facio." Antonio Díaz Villamil, La leyenda de la Coca. Julio Lucas Jaimes, Aves nocturnas, Treinta años de misterio. Jesús Lara, Manchay Pulto. Luis D. Leigue Castedo, Pa pat, Cani cani y chi chi cat, Cau to yo. Nicanor Mallo, ¡Ay! Gras, te casarás, pero morirás, Origen de una copla popular, Mascarita, soy el general Melgarejo. Rosa Melgar de Ipiña, Leyenda de la carreta. Zacarías Monje Ortiz, Aquella calle, la cholita y el corregidor español. Tomás O'Connor D'arlach, El diablo del corregidor. Alberto Astria Gutiérrez, Rumihuacachi. Ricardo Palma, Ciento por uno. Rigoberto Paredes, Thunupa. Hernando Sanabria Fernández, Curtido, recurtido, requetecurtido. Ismael Sotomayor y Mogrovejo, Cosas de ambos mundos, Linajudo entuerto.

Vicente Terán Erquicia, Sara Chojllu. Angel Casto Valda, Una crónica de nuestro ejército en que entra Víctor Hugo. Julio César Valdés, El puente de los amores. Víctor Varas Reyes, El castigo por la maledicencia. Eufronio Viscarra, Historia tradicional de Doña Inés de Taboada. Elías Zállez Balivián, El duende de Quilaqulla.

Collection of legends and tradiciones by important Bolivian folklorist.

**E 19** Pastor Poppe, Ricardo, ed. and intro. <u>Los mejores cuentos bolivianos del siglo XX</u>. La Paz: Editorial Los Amigos del Libro, 1980. 365 pp.

René Bascopé Aspiazu, Ventana. Raúl Botelho Gosálvez, Con la muerte a cuestas. Adolfo Cáceres, La condenada. Jorge F. Catalano, Los tapiales de Surapampa. Oscar Cerruto, Ifigenia, el zorzal y la muerte. Augusto Céspedes, Seis muertos en campaña. Adolfo Costa du Rels, La miskki simi. Porfirio Díaz Machicao, Quilco en la raya del horizonte. Fernando Diez de Medina, Anco-Huma. Alfredo Flores, Hurtado. Augusto Guzmán, Drama en el corral. Enrique Kempff Mercado, Blanco y negro. Jesús Lara, Un guerrillero. Raúl Leytón Zamora, Ninfa. Walter Montenegro, Los últimos. Jaime Nisttahuz, Diario de un timbre de transacción. Ricardo Pastor Poppe, El pozo de la higuera. Renato Prada Oropeza, La noche con Orgalia. Félix Salazar González, Pequeño contrabandista. Pedro Shimose, El futuro de la patria. Oscar Soria Gamarra, El hornero y el tarajchi. Gastón Suárez, El forastero y el candelabro de plata. Manuel Vargas D., El reloj de la señora.

Brief intro., notes and biblio.

**E 20** Pastor Poppe, René, ed. and intro. <u>Narrativa minera boliviana</u>. La Paz: Ediciones Populares Camarlinghi, 1983. 347 pp.

Jaime Mendoza, Muerte de un chileno en Llallagua 1906. Humberto Guzmán Arce, Estaño. Adolfo Costa du Rels, Los mineros. Josermo Murillo Vacareza, El hombre en el abismo. Vicente Terán Erquicia, La leyenda del "Tío" en el socavón "Caracoles." Roberto Leyton, El horror de las minas. Luis E. Heredia, Scherzo de la gota de agua. Félix Mendoza Mendoza, Justicia minera. Raúl Botelho Gosálvez, La devoradora. Walter Montenegro, La masacre. Luis Alfonso Fernández, Las amapolas también tienen sangre. Luis Benigno Bravo, Una mina abandonada, por el canto de un gallo sobrenatural. Jaime Sáenz, No es así nomás. Oscar Soria Gamarra, Sangre en San Juan. Grover Suárez G., La máscara de arcilla. Elsa Dorado de Revilla, La vida prestada. Carlos Cruz Rivera, Estampas de la mina india. Edgar Oblitas Fernández, La venganza del río. Luis Antezana Ergueta, La pulpería. Jorge Barrón Feraudi, Desde el barro dolorido. Renato Prada, El fuego. Eduardo Galeano, La tierra nos puede comer cuando quiera. René Poppe, Khoya loco. Alfonso Gumucio Dagrón, Minero de último nivel. Adolfo E. de la Quintana, El Tío no existe en los socavones sino en la imaginación del minero. Guillermo Delgado P., Cuelga asustado. Adolfo Cáceres Romero, Copagira. Trifonio Delgado Gonzales, El jucu. Adalid Contreras Heredia, Requiem para un minero. Hildebrando Martínez, El engaño. Avelino Méndez Castro, El Cerro de Potosí (1575). A. Gamarra D., Con las pupilas dilatadas. Benito Pérez, El minero.

The edition also includes a selection of writings from the colonial era, fragments from novels, and a few testimonios.

**E 21** Rodrigo, Saturnino, ed. and intro. <u>Antología de cuentistas bolivianos contemporáneos</u>. Buenos Aires: Editorial Sopena, 1942. 238 pp.

Juan Francisco Bedregal, Don Quijote en la ciudad de La Paz, El aguinaldo. Abel Alarcón, La cogida, Una prueba sensacional. Adolfo Costa du Rels, Los dos jinetes. Angel Salas, Un matrimonio exótico, El primer pecado. Alfredo Flores, Hurtado, El buri. José Murillo Vacareza, Nacimiento, La sayaña. Alberto de Villegas, Nuestra Señora del Perpétuo Deseo, Dos cármenes de santidad. Alberto Rodó Pantoja, El bientefué. Saturnino Rodrigo, La madre, Un buen capitán, Renée. Luis Azurduy, Al última ofrenda, El hombre que cobraba el tributo a la noche. Antonio Díaz Villamil, La leyenda de las Khantutas, Mi fusil de Navidad. María Virginia Estenssoro, El cascote, Grand slam. Rafael Reyeros, El bachiller Sánchez. Augusto Céspedes, El milagro. Rafael Ulises Peláez, El barretero, Aquellos ojos del "chahuanco." Hugo Blym, El pongo, Calixto Mamani. Humberto Guzmán Arce, Siringa, Estaño. Porfirio Díaz Machicao, No vengas al bosque, Quilco en la raya del horizonte. Federico Monje, El alma del "chume," La angustia de Tontín. Walter Montenegro, El hogar de mi maestro, La araña y la mosca. Raúl Botelho Gosálvez, Historia gris de tata Limachi, Sangre en el Trópico.

Good older anthology.

**E 22** Soria Gamarra, Oscar, et al. <u>Cuentistas bolivianos</u>. Oruro: Imprenta Universitaria, 1967. 148 pp.

Oscar Soria Gamarra, Seis veces la muerte. Gregorio Mendizábal Lozano, El hacedor del bien, El río degollado. Renzo B. Barbera Trujillo, Rebelión. Vicente González Aramayo Zuleta, ¿Quién es el desertor Adolfo Cáceres Romero, Copagira. Raúl Leytón, Alko Rancho. Gastón Suárez Paredes, Cuatro hermanos. Eduardo Olmedo López Múñoz, Un poco de hombría. Jenaro Siles, Insomnio.

Stories from the Concurso Nacional de Cuento, Universidad de Oruro, 1965.

**E 23** Soriano Badani, Armando, ed. and intro. <u>Antología del cuento boliviano</u>. La Paz: Editorial Los Amigos del Libro, 1975. 444 pp.

Adela Zamudio, El vértigo. Arturo Oblitas, El secreto. Manuel Céspedes ["Man Césped"], El gallo cochinchino. Alfredo Flores, El sargento Charupás. Juan Francisco Bedregal, Don Quijote en la ciudad de La Paz. Abel Alarcón, La cogida. Porfirio Díaz Machicao, Quilco en la raya del horizonte. Augusto Céspedes, El pozo. Alberto Ostria Gutiérrez, Satuco. Antonio Díaz Villamil, La Khesppia. Enrique Kempff Mercado, El desenlace. Humberto Guzmán Arze, Siringa. Walter Montenegro, El Pepino. Adolfo Costa du Rels, La "Miskki-Simi." Yolanda Bedregal de Conitzer, De cómo Milinco huyó de la escuela. Renán Estenssoro Alborta, Tamar. Rafael Ulises Peláez, La boda. Raúl Leyton, Indio bruto. Fernando Díez de Medina, El regreso. Oscar Cerruto, El círculo. Augusto Guzmán, Una mentira gratuita. Raúl Botelho Gosálvez, El descastado. Oscar Soria Gamarra, Seis veces la muerte. Grover Suárez García, El carrito. Eduardo Olmedo López, El atraco. Gastón Suárez, El diario de Mafalda. José Fellmann Velarde, ¡Indio macho! Raúl Teixidó, El sueño del pez. Adolfo Cáceres Romero, La emboscada. Renato Prada Oropeza, El cuarto. Néstor Taboada Terán, El cañón de punta grande. Jesús Lara, La perfidia. Mariano Baptista Gumucio, Don Teodomiro. Oscar Barbery Justiniano, El ocaso. Alfredo Medrano, José Olivera. Joaquín Aguirre Lavayen, Despedida de soltero. Enrique Rocha Monroy, La confesión.

Ample selection.

**E 24** Soriano Badani, Armando, ed. and intro. <u>El cuento boliviano 1900-1937</u>. Buenos Aires: Editorial Universitaria de Buenos Aires, 1964. 160 pp.

Adela Zamudio, El velo de la Purísima. José Santos Machicado, El desafío. Ricardo Jaimes Freyre, En las montañas. Alcides Arguedas, Venganza aymara. Man Césped, El gallo cochinchino. Mario Flores, Un cuento. Carlos Medinaceli, Mujer, perro y abrigo, El encanijado. Alfredo Flores, El sargento Charupás, Hurtado. Juan Francisco Bedregal, Don Quijote en la ciudad de La Paz. Abel Alarcón, Una prueba sensacional. Porfirio Díaz Machicao, Castrados, Quilco en la raya del horizonte. Augusto Céspedes, El pozo, La paraguaya. Hugo Blym, La rebelión. María Virginia Estenssoro, El hijo que nunca fue.

The first of Soriano Badani's anthologies. Good intro. and notes.

**E 25** Soriano Badani, Armando, ed. and intro. <u>El cuento boliviano 1938-1967: Antología</u>. La Paz: Universidad Mayor de San Andrés, 1969. 400 pp.

Alberto Ostria Gutiérrez, Satuco. Fidel Rivas, El embrujo de la montaña. Antonio Díaz Villamil, La khesppia. Luis Toro Ramallo, La opinión del jaguar. Josermo Murillo Vacarreza, El hombre en el abismo. Enrique Kempff Mercado, La mordedura. Humberto Guzmán Arce, Siringa, Sombras en la cuesta. Walter Montenegro, La masacre, El pepino. Adolfo Costa du Rels, La "Miskki-simi," Plata del diablo. Yolanda Bedregal de Conitzer, Buenas noches Agata. Luis Taborga, El masthaco. Benán Estenssoro Alborta, Tamar. Rafael Ulises Pelaez, Odios gastados, La boda. Raúl Leyton, ¡Indio "Bruto"! Fernando Diez de Medina, El llamo blanco. Ramón Pelaez, Fuego en las entrañas. Oscar Cerruto, Los buitres, El círculo. Humberto Viscarra Monje, Soledad y silencio. Augusto Guzmán, Un verdugo sentimental, El autor. Raúl Botelho Gosalvez, Los toros salvajes, La medalla. Oscar Soria Gamarra, Seis veces la muerte.

Gróver Suárez García, El carrito. Eduardo Olmedo López, El atraco. Gastón Suárez, El diario de Mafalda. José Fellman Velarde, Papeles y balas. Walter Guevara Arze, Tempestad en la cordillera.

Continuation of the previous item with a different publisher (and in a different country).

**E 26** Suárez, Jorge, ed. and intro. <u>Taller del cuento nuevo</u>. Santa Cruz: Editores Casa de la Cultura, 1986. 209 pp.

Homero Carvalho, El regreso de don Nico, Parábola de Pedro Yomeye, El reenganchado, Doña Eufemia, Epígrafe. Amílkar Jaldín, Sobre sus huellas, La ley, Tóo Fermín, Cuarto creciente. Beatriz Kuramoto, La estrella. Germán Arauz, El pacto, Crónica secretaa de la guerra del Pacífico. Los ojos de Roxana, Nocturno. Elías Serrano Pantoja, El retrato. J. C. Rodríguez, El asilo. Oscar Barbery Suárez, Será justicia, Trevesuras de muchachos. Viviana Limpias, Oficios. Vicky León H., La agonía, Sacrificio, Los colonizadores, Soledad. Pedro Antonio Gutiérrez, El regreso. Juan Simoni, La frontera de las palabras, Las fieras, Sin nombre, El pozo, Historias de Cruz Durán, La petrolera, La muela del diablo, El galope de la esperanza, Los Ríos corren para arriba. Blanca Elena Paz, La luz, Penélope, Las tres lluvias, Premonición, Simetría, Mi abuela, Proyección. Gabriela Ichaso, La creciente. Freddy Estremadoiro, Itaiqué o los hijos del Sutó.

Rather florid intro.

**E 27** Suárez Figueroa, Sergio, et al. <u>Antología de cuentos de la revolución</u>. Intro. X. Z. La Paz: Publicaciones SPIC, 1954. 213 pp.

Sergio Suárez Figueroa, El despertar. Fernando Medina F., Eslabones. Oscar Soria G., Preces in el cerro. Néstor Taboada Terán, La aurora del anhelo victorioso. Luis E. Heredia, Masacre. A. Campero G., Dos crepúsculos. Carlos Aróstegui, Alguno que defendía sus pellejo. Armando Meneses Michel, 9 de abril. José Fernández P., Una mujer del pueblo en la revolución. Orcko runa, Como tantos un episodio más. Fraqique Méndez, Una semana santa gloriosa. Julio Lacoral, Una carta para Alicia.

Stories of the Bolivian Revolution.

**E 28** Taboada Terán, Néstor, ed. and intro. <u>Bolivia en el cuento: Antología de ayer y hoy</u>. Buenos Aires: Editorial Convergencia, 1976. 123 pp.

Jaime Mendoza, En la cueva del minero. Renato Prada Oropeza, El fuego. Alcides Arguedas, La muerte de Quilco. Néstor Taboada Terán, La última frontera. Alberto Ostria Gutiérrez, Qhaya kutirimuy (Vuelve mañana). Adolfo Cáceres Romero, La cruz. Oscar Soria Gamarra, Sangre en San Juan. Pedro Shimose, El hijo del japonés. Augusto Céspedes, La muerte en Sicilia. Augusto Guzmán, Cruel Martina.

Organized by themes (the mine, the Indian, war, politics, love), with two stories per theme.    Good brief intro.

**E 29** Teixidó, Raúl, et al. <u>Antología de cuentos: Primer Concurso Nacional auspiciado por el Centro Cultural Edmundo Camargo, 1965</u>. Intro. Hugo Boero Rojo. Cochabamba: Imprenta Universitaria, 1966. 163 pp.

Raúl Teixidó, El sueño del pez. María del Carmen Ojara, El negocio. Waldo Peña Cazas, Talidomidia. Oscar Soria, Granixo. Gróver Suárez, El hogar paterno. Alfredo Medrano, Orfandad. Jorge Wilder Cervantes, Prisionero. Jorge de la Vega Rodríguez, Destino se escribe con "z." Gonzalo Quiroga Vargas, Un helado de a mil. Jorge Dávila Michel, Sol. Adda Boero Colongo, Vagar. Mariano Morales Dávila, El hombre que ve al hombre sentado. Adolfo Cáceres Romero, El Qharisiri. Néstor Taboada, El cañón de Punta Grande. Hugo Rada Monje, El uxorcidia pétreo. Antonio A. de la Quintana, Demasiado tarde. René López Murillo, El ama Llulla. Luis E. Heredia, La montaña nocturna. Freddy Guillén, Manucho. Ricardo Bohorquez R., Domingo de Ramos.

**E 30**  Vargas, Manuel, et al.  <u>Cuatro narradores bolivianos contemporáneos</u>.  La Paz: Ediciones Palabra Encendida, 1982.  109 pp.

> Manuel Vargas, El con caballo, Tropel en la noche, Tiempo seco, Tormenta.  Félix Salazar González, El hombre llega, El trato, Mi amigo el zorro.  Jaime Nisttahuz, Cuento para histéricas respingadas, La mirada, Las calles de Sergio.  René Bascopé Aspiazu, Niebla y retorno, Paulina de voz triste, Una visión, La noche de los turcos.

"Esta no es precisamente una antología, sino sencillamente el deseo de seis narradores jóvenes de publicar un libro juntos."

**E 31**  Vargas, Manuel, et al.  <u>Seis nuevos narradores bolivianos</u>.  La Paz: Universidad Mayor de San Andrés, 1979.  141 pp.

> Manuel Vargas, Un hombre en el ruedo, El reloj de la señora, Vueltas tiene la muerte, Laura, Un viajero, Sortilegio.  René Bascope Aspiazu, Ventana, El Portón, La parábola del conjuro, La noche de Cirilo, Angela desde su propia oscuridad.  Alfonso Gumucio Dagrón, Corbata azul rayada, Minero de último nivel, Ventanita, El hombre que lo sabía todo.  Ramón Rocha Monroy, El padrino, El péndulo, Sociedad Epónima.  Félix Salazar González, Poncho color recuerdo, Un sendero en la noche, Carmen tu sonrisa, Pequeño contrabandista, Papá Gordo.  Jaime Nisttahuz, La magia del deseo, Diario de un timbre de transacción, Emelia, Inédito, Emilio como un sueño, Nazario, Marcelo, Marcelina, Marceliana.

No intro.  Brief notes on authors.

**E 32**  Verduguez, César, et al.  <u>El Quijote y los perros: Antología del terror político</u>.  Intros. Alfredo Medrano and Adolfo Cáceres Romero.  Cochabamba: Editorial Universitaria, Universidad Mayor de San Simón, 1979.  261 pp.

> César Verduguez, Hay un grito en tu silencio.  Renato Prada Oropeza, El encuentro.  Néstor Taboada Terán, En el país de los ciegos el tuerto está preso.  René Poppe, El testamento.  Jorge Suárez, El llanto del impuesto.  René Bascopé Aspiazú, Ley de Seguridad del Estado.  Roberto Laserna R., Filho Dadá.  Manuel Vargas, Vueltas tiene la muerte.  Ramón Rocha Monroy, Hora cero.  Ramiro Barrenechea Z., El certificado.  Alfonso Gumucio Dagrón, Interior mina.  Jaime Nisttahuz, El viejo.  Raúl Teixidó, El miedo de la víspera.  Enrique Rocha Monroy, El castigo de un dios ajeno.  Raúl Leytón Zamora, Chakani.

Writings from the period of the repressive regime of Hugo Bánzer, who is called the true author of these stories (!).  The intro. essays by Medrano and Cáceres Romero are entitled "Literatura, testimonio y política" and "La represión política en la narrativa boliviana."  The two testimonios at the end of the volume are Luis Antezana E., "Viacha: campo de concentración," and Jesús Lara, "Un día en el antro fascista."

# F. Brazil

**F 1** Adonias Filho, ed. and intro. <u>Histórias da Bahia</u>. Rio de Janeiro: GRD, 1963. 315 pp.

Adonias Filho, O brabo e sua índia. A. Mendes Neto, Crispiniane, o livro e o pelourinho. Ariovaldo Matos, A doce lei dos homens. Davi Sales, Tanque novo. Discórides M. dos Santos, O garoto e o cachorro encantado. Dias da Costa, Um simples farol no mar. D. Martins de Oliveira, Cheia Grande. Elvira Foeppel, O crime. Hélio Pólvora, Ninguém está inteiro. Herberto Sales, A emboscada. James Amado, O sentinela. João Ubaldo Ribeiro, Josefina. Jorge Amado, De como o mulato Porciúncula descarregou seu defunto. Jorge Medauar, Rê, I, Ri. . . Tê A, Ta. José Pedreira, O amor no circo. Luíz Henrique, O velho. Nelson Galo, O pecado viaja de trem. Noênio Spinola, Margaridas para a bem-amada. Rui Santos, Manezim da Umburana. Santos Morais, O piano. Sônia Coutinho, Sábado de encontro. Vasconcelos Maia, Preto e branca. Xavier Marques, Maria Rosa.

Stories from the state of Bahia.

**F 2** Aguiar, Alvaro Pinto de, ed. and intro. <u>Contos regionais brasileiros</u>. 2nd ed. Salvador: Progresso, 1957. 255 pp.

Alberto Rangel, Terra caída. Peregrino Júnior, A salga. Humberto de Campos, O seringueiro. Herman Lima, As mulheres. Graciliano Ramos, Baleia. Joel Silveira, O homem na torre. Xavier Marques, Maria Rosa. D. Martins de Oliveira, Cheia grande. Alfonso Arinos, A garupa. Valdomiro Silveira, Amor. Monteiro Lobato, A colcha de retalhos. Vicente de Carvalho, Os humildes. Darci Azambuja, Carreteiros.

The first edition is listed below under Arinos. Different contents.

**F 3** Aguiar, Cláudio, et al. <u>Estúdio 44</u>. São Paulo: Editora do Escritor, 1975. 96 pp.

Cláudio Aguiar, Depoimento de um sábio. Eliza de Almeida Prado Bettini, Serões em casa do avô. Enéas Athanázio, Negócio limpo. Gertrudis Tietz, O padre Jimenez. Giselda Laporta Nicolelis, Medo. Hilton Luiz, Psicose. José Pires Barrozo Filho, Borbol. Lurdeka, A vizinha. Maria Auxiliadora Moreira Duarte, Minhas imagens. Maria Cláudia Cupertino de Paiva, A inquilina. Mario García-Guillén, Em vias de civilização. Risoleta Maciel Brandão, Bererê. Roosevelt da Silveira, Fome. Zulema de Artola, O desrespeito.

No intro., but long notes on authors.

**F 4** Aguiar, Mercedes Dias do, et al. <u>Histórias e história: contos pelos alumnos da Escola Normal de Piracicaba</u>. Intros. Thales C. Andrade and M. Ritter. Piracicaba: Irmãos Perches, 1922. 194 pp.

> Mercedes Dias do Aguiar, A sedução do Tietê. Jaçanã Altair Pereira, Chicotadas. Antonio Oswaldo Ferraz and Bento Loraello, Pindorama. Virgínia Del Nero, Evocação. M. Ritter, Deslumbramento. Orlandina Pereira Sodero, Ibirápitanga.

Though the title says the stories are by the students at the school, some of them are by the teachers.

**F 5** Alcântara, Beatriz, et al., eds. and intro. <u>O outro lado do olhar (contos)</u>. Brasília: Verano Editora, 1988. 147 pp.

> Samira Abrahão, Cleonice, a moça macaco, Rainha da primavera, Vampiternamente. Joyce Cavalcante, No fim do arco-íris deve haver um pote de ouro, Pousada do outono, A diferença questionada, Sherazade, As quatro horas que Mariana, a executiva, passou desaparecida. Beatriz Alcântara, Monólogo da coisa, Rua Paschoal de Mello 45, Inquisição, O chorão, Um cravo vermelho. Stela Maris Rezende, Fera enjaulada, Mulher de Deus, mãe de Davi, O Jogo, O segredo, Desventura. Glícia Rodrigues, Morgana, Crocheteira de insignificâncias, Muito singular, A presença, Karaokê.

Stories by women writers, mostly from Brasília.

**F 6** Alvear, Romeu de, ed. and intro. <u>Antologia de contistas alagoanos</u>. Maceió: Departamento de Ciência e Cultura, 1970. 272 pp.

> Alfredo Brandão, O tesouro do tabuleiro. Moreno Brandão, Calculos errados. Augusto Galvão, Um homem pacato. Graciliano Ramos, Um ladrão. Mário dos Wanderley, A estrêla que nos conduz. Pedro de Carvalho Vilela, Papai Noel. Delorizano Moraes, A dama de vermelho. José Augusto de Medeiros, Prelúdio em si menor. José de Moraes Rocha, Major Fausto. Felix Líma Júnior, Encontro com o diabo. Carlos Paurílio, Bonde de subúrbio. Hildebrando Lima, A paixão de Manoel Caramujo. Adalberon Calvacanti, O homem coxo. Mário Brandão, Espiritismo. Rocha Filho, Breve historia de um senhor de engenho. A. S. de Mendonça Júnior, Memórias de Hermelino Belo. Aurélio Buarque de Holanda, Acorda, preguiçoso. Rosínha Coelho Pereira do Carmo, Conto a moda antiga. De Araújo Costa, Dona Lígia. Alves Costa, Rosalina. Breno Acioli, A valsa. Floriano Ivo Júnior, Cameleiro grande. Oliveiros Litrento, O cego e o mar. Wellington Leão, A ponte. Paulo de Castro Silveira, A xícara chinesa e o Natal. Lêdo Ivo, A mulher gorda. Anilda Leão, Conto No. 6. Helionia Ceras, Os labirintos da alma. Ricardo Ramos, O saxofone. Cléa Marsiglia, Juiquiriça e jaguaraça.

Stories from the state of Alagoas.

**F 7** Amancio, Moacir, ed. and intro. <u>Chame o ladrão: Contos policiais brasileiros</u>. São Paulo: Edições Populares, 1978. 128 pp.

> Ignácio de Loyola Brandão. As cabeças de segunda-feira. Flávio Moreira da Costa, O estripador. Sílvio Fiorani, A segurança dos aflitos. Guido Fidélis, Cenas de amor. Marcos Rey, O bolha. Alvaro Alves de Faria, O crime. Paulo Celso Rangel, depoimento. Ewelson Soares Pinto, Vítimas. Humberto Mariotti, Decúbitos dorsais. Wander Pirolli, Os camaradas. Socorro Trinidad, J. d. Moacir Amâncio, A volta dos corvos. Edla Van Steen, A volta. Mafra Carbonieri, Na ronda. Hiroito de Moraes Joanides, Um caso de honra.

Crime fiction.

**F 8** Amorim, Alaíde Sardá, et al. <u>Contistas e cronistas catarinenses</u>. Florianópolis: Editora Lunardelli, n. d. 204 pp.

> Alaíde Sardá Amorim, Contemplação. Wilson Vidal Antunes, Coexistência. Lucy Assumpção, Monólogo de Testemunha. Enéas Athanázio, O legado. Rosana Bond, O túmulo de Riquinho. Maria José Baldessar, O pedinte. Silmar Bohrer, Bem-prima-vinda-vera. Antônio Juraci Carlini, A bicicleta. João Nicolau Carvalho, O Rasga-Mortalha. Argus Cirino, Olho de vidro. Elisabeth Daura Claure, Um garoto como tantos. Rachel Conti, Talvez um dia. Licurgo

Costa, Papai Noel do amor.  Roberto Costa, Um torcedor do Avairense.  Rubens Cunha, Sempre é Carnaval.  José Curi, O PhD e a Egua.  Rosemary Muniz Moreira Fabrin, O relato.  Walter Santos Farias, Carrocinha de Frete ou três esbodegados.  José Finardi, Romance na penumbra.  Gil Guedes da Fonseca, Ilha do Capeche: opção para um relax.  Carlos de Freitas, Quando Archie Moore foi embora.  Sandra Regina Giacomozzi, Depois . . . o silêcio.  David Gonçalves, Pássaro preso.  José Gonçalves, O pesadelo.  Pedro A. Grisa, Saudades do primitivo tigre.  Zuraida H. Guimarães, No morro da glória.  Vicente Impaléa Neto, Mutuca.  Lauro Junkes, João da Maria.  Urda Alice Klueger, Pobre Gaivota.  Edith Kormann, A cobra.  Luiz Sérgio Kormann, Morta e gelada.  Harry Laus, Porto belo.  Lia Rosa Leal, Lar, dolce Lar ... sem vestibular.  Ivana Lúcia Lentz, Suicidio.  Manuel Fernandes de Lima, Conto de Natal.  Inalda Luciane de Souza Limas, O mundo: este grande gramado.  Sérgio Flores Lino, O caranguejo.  Arlene Cordova, Lisbôa, O cigano.  Hercílio Vieira Machado, Camisa nova do saco velho do Papai.  Almir Martins, Sinhá rendeira.  José Endoença Martins, O anjo de Blumenau.  Luis Antônio Martins Mendes, Enterro.  Eusébio Maestri, A beira do Itajai-Mirim.  Nîlson Mello, Uma luz veio do alto.  Susana Zilli de Mello, Natureza--base da purificação humana.  Margarida de Souza Menezes, Caricatura de uma entrevista.  Leonor Michelon, Jean.  Salim Miguel, Não tem mais ninguém.  Cézar Augusto Mortari, Viagem.  Carlos Braga Mueller, Dezembro, camboriú.  Vîlson do Nascimento, Como se eu fosse um ser monstruoso.  Odir Nascimento, Paula.  Amílcar Neves, Antevéspera de Natal.  Maria de Lourdes Nocetti, Eu vi.  Maria Odete Onório Olsen, Sem rimas e sem razão.  Oldemar Olsen Jr., A consciência de um poeta.  Nelo Osti, Unico espectador.  Edgar Pavezi, O jogo de Zilma.  Maura de Penna, Pereira.  Leterato Manoel Pinheiro Neto, Palavra pesada.  Osmar Pisani, Desviajava.  Júlio de Queiroz, De papos e promessas.  Eulália Maria Radtke, O anónimo em Elegia.  Marcos Konder Reis, Uma viagem de ónibus.  Salamão Ribas Jr., O velho da Praia Vermelha.  Aor Seixas Riveiro, Perna-Santa.  José Roberto Rodrigues, Episódio no bar.  Ricardo Luiz da Costa Rodriguez, Simplicidade.  Celestino Sachet, Passageiro enrascado.  Raul Sartori, Passagem.  Roberto Diniz Saut, Reencontro.  Rogério Vaz Sepetiba, O sonho de um menino pobre.  Maria da Graça Silva, Mercado de emoções.  Raimundo F. da Silva, O circo se foi.  Norberto Cándido Silveira Jr., O castelo mal-assombrado.  Ivonita Souza, Vesânia.  Zélia Melin Trompowsky, A noite, o gato e as estrelas.  Celso Leal da Veiga Jr., Uma morte.  Emanuel Medeiros Vieira, Um homem velho, feio e bêbado.  João Alfredo Medeiros Vieira, O seqüestro.  Oswaldo Vieira Filho, Rua principal.  Orestes Woestehoff, Os olhos di pássaro.  Artêmio Zanon, Obra anônima.

Stories from the state of Santa Catarina showing "uma vontade muito humana de comunicar-se, e, comunicando-se, oferecer, por certo, aos leitores de nossa e outras terras, um pouco da nossa alma."

**F 9** Andrade, Carlos Drummond de, et al.  <u>Elenco de cronistas modernos</u>.  Rio de Janeiro: Sabiá, 1971.  270 pp.

Carlos Drummond de Andrade, Caso de Canário, O dono, Domingo na estrada, Areia branca, O outro marido, Entre a orquídea e o presépio, Voluntário, Modíestia, Dois no corcovado.  Clarice Lispector, A repartaçao dos pães, Macacos, Tentaçao, Uma amizade sincera, Brasília, 1962, Come, meu filho, O chá, A mudez cantada, a mudez dançada.  Fernando Sabino, Menino, Quem matou a Irmã Geórgia, A quem tiver Carro, A vingança da Porta, A invenção da Laranja, O tapête persa, Dona Custódia, Reunião de Mães, O enviado de Deus, A última crônica.  Manuel Bandeira, Na câmara-ardente de José do patrocínio filho, Lenine, O místico, A trinca do Curvelo, Reis vagabundos, Golpe do chapéu, Minha mãe, A antiga trinca do curvelo, O fantasma, O bar.  Paulo Mendes Campos, Menino da cidade, Meu reino por um pente, O despertar da montanha, Para Maria da Graça, O medico e o monstro, Ser Brotinho, Fábula eleitoral para crianças, Duas damas distintas, O homem que odiava ilhas, María José.  Rachel de Queiroz, Os revoltosos, Casa de farinha, Rapadura, Marmota, Verão, Sêca, Miss, Iaiá no seu jardím, As duas mortes, A arte de ser avó, Uma Italiana na Suíça.  Rubem Braga, O sino de Ouro, Quinca cigano, Aula de inglês, Homem no mar, Uma lembrança, Partilha, Meu ideal sería escrever, A primeira mulher do Nunes, História triste de Tuim, A minha glória literária.

Well-known anthology of Brazilian <u>crônicas</u>.

**F 10**  Andrade, Jeferson de, ed. <u>Um prazer imenso: Contos eróticos masculinos</u>. Rio de Janeiro: Editora Record, 1986. 115 pp.

> Ignácio de Loyola Brandão. As cabeças de segunda-feira. Flávio Moreira da Costa, O estripador. Sílvio Fiorani, A segurança dos aflitos. Guido Fidélis, Cenas de amor. Marcos Rey, O bolha. Alvaro Alves de Faria, O crime. Paulo Celso Rangel, depoimento. Ewelson Soares Pinto, Vítimas. Humberto Mariotti, Decúbitos dorsais. Wander Pirolli, Os camaradas. Socorro Trinidad, J. d. Moacir Amâncio, A volta dos corvos. Edla Van Steen, A volta. Mafra Carbonieri, Na ronda. Hiroito de Moraes Joanides, Um caso de honra.

The male counterpart to the anthologies edited by Márcia Denser. Very brief intro.

**F 11**  Antonio, João, ed. and intro. <u>O moderno conto brasileiro: Antologia escolar</u>. Rio de Janeiro: Editora Civilizacão Brasileira, 1983. 167 pp.

> Antônio Bulhões, O jantar. Clarice Lispector, Uma galinha. Domingos Pellegrini Jr., Minha estação de mar. João Antônio, Meninão do caixote. José J. Veiga, Roupa no coradouro. Lygia Fagundes Telles, Natal na barca. Mafra Carbonieri, Quatro enxadas. Marcos Rey, Doutor por correspondência. Mário Donato, Festa de Natal. Moacyr Scliar, História porto-alegrense. Murilo Rubião, Ofélia, meu cachimbo e o mar. Orígenes Lessa, O Natal de tia Calu. Sérgio Faraco, Outro brinde para Alice. Sérgio Sant'anna, No último minuto. Tânia Faillace, Vinde a mim os pequeninos. Wander Pirolli, Até logo, mamãe.

Focuses on recent production.

**F 12**  Appel, Carlos Jorge, ed. and notes. <u>Roda de fogo: 12 gaúchos contam</u>. Pôrto Alegre: Editôra Movimento, 1970. 103 pp.

> Caio Fernando Abreu, A modificacão, O poço. Arnaldo Campos, O degrau. Carlos Carvalho, Recreio, Cabra cega. Paulo Hecker Filho, Febre de viver, Uma mulher. Paulo Pinheiro Gomes, O inimigo. Josué Guimarães, A servidão. Rubem Mauro Machado, Primeira vez, Aviões partem de Congonhas. João Gilberto Noll, A invenção, Matriarcanjo. Sérgio Ortiz Pôrto, Esporas. Moacyr Scliar, Irmãos, Lavínia. Carlos Stein, Maurina 1, Maurina 2. Emanuel Medeiros Vieira, Os homens doentes, Velas

Stories from Rio Grande do Sul.

**F 13**  Arinos, Afonso, et al. <u>Contos regionais brasileiros</u>. Salvador: Progresso, 1951. 225 pp.

> Alfonso Arinos, A garupa. Monteiro Lobato, A colcha de retalhos. Vicente de Carvalho, Os humildes. Humberto de Campos, O seringueiro. Viriato Correia, Sinhazinha Lelé. D. Martins de Oliveira, Cheia grande. Alberto Rangel, Terra caída. H. Lima, As mulheres. Sodré Viana, A alma do mar. Darci Azumbuja, Carreteiros, Brinquedo pesado. Peregrino Júnior, A salga. Vítor Gonçalves Neto, Fogo. Valdomiro Silveira, Amor.

The second edition is listed under Aguiar; the contents and order are somewhat different.

**F 14**  Arinos, Afonso, et al. <u>Histórias mineiras</u>. São Paulo: Editora Atica, 1984. 94 pp.

> Afonso Arinos, Joaquim Mironga. Airton Guimarães, Zico palito. Alciene Ribeiro Leite, Ave Maria das Graças Santos. Antonio Barreto, Estações. Branca Maria de Paula, Toca o bonde, Ana. Carlos Herculano Lopes, Um brilho no escuro. Cleonice Rainho, Zezé concinha. Cunha de Leiradella, O meu currículo. Euclides Marques Andrade, A cesta e o homem loquaz. Jaime Prado Gouvêa, A nossa infância. Jeferson de Andrade, Todos os letreiros brilham na noite. João Guimarães Rosa, A terceira margem do rio. Júlio Borges Gomide, Liberdade para os pirilampos. Lucienne Samôr, O paraíso. Luiz Fernando Emediato, Os lábios úmedos de Marilyn Monroe. Marco Túlio Costa, As máscaras. Maria Auxiliadora Moreira Duarte, Camila e seus filhos, um povo muito original. Ruth Bueno, Mar calmo. Sandra Lyon, O ventre da terra. Vilma Guimarães Rosa. Viviana de Assis Viana, A coisa melhor do mundo.

Stories from Minas Gerais. Brief notes on authors.

**F 15**  Athanázio, Enéas, et al.  <u>Contistas de Blumenau.</u>  Florianópolis: Editora Lunardelli, 1979.  92 pp.

> Enéas Athanázio, Nhá Balbina e o Santo.  Herculano Domicio, Retalhos, Otto Jaime Ferreira, O guru da ferrovia.  José Gonçalves, Acací e o Zeppellin.  Urda Alice Klueger, Toda rua tem um nome.  Edith Kormann, O Peru de Natal.  Carlos Braga Mueller, Na morte um sorriso. Vilson Nascimento, Carrosel.  José Roberto Rodriques, A/Mar/Gura de Alex.  Roberto Diniz Saut, A mãe da rua.  Rogério Neri de Souza, 6a feira será um dia comum?

Stories from the city of Blumenau in Santa Catarina.

**F 16**  Athanázio, Enéas, et al.  <u>Contistas de Blumenau, 2.</u>  Florianópolis: Editora Lunardelli, 1980.  179 pp.

> Enéas Athanázio, Os quatro degraus.  Eugênia Luiza Bacca, Gertrudes.  Elimar Baumgarten, Tia Izolina.  Agenor Giovanella, Um futuro passado.  José Gonçalves, A mamangava.  Ivo Hadlick, Brincadeira fatal.  Nestor Seara Heusi, Fatalidade.  Heriberto Klock, Sol.  Urda Alice Klueger, O irmão do campo de aviaço.  Edith Kormann, "O burro do 'Seu' Maneco." Anamaria Kovacs, A excursão.  Gil Müller, A cidade do tempo.  Vilson do Nascimento, As famosas cantoras paralíticas do circo Cristévão.  Tânia Novais, A história de uma flauta.  Gilvan Müller de Oliveira, O homem.  Maria Odete Onório Olsen, Momentos de angústia num coração amargurado do começo do século XXI.  Oldemar Olsen Jr., M-GUR: um caso de guerrilha.  Euclides Eduardo Pereira, Espantalho de abutres.  Eliana Petri, Persuasõ fatal.  Ana Rosa Althoff Pimpão, Rebeca.  Afonso Rabe, A carta amiga.  Eulália Maria Radtke, Do caos à elegia.  José Roberto Rodrigues, Morto pela memória.  Lilian Ruon, O rufar do tambor. Rosana Luci Sada, Vestidos de lama.  Eduardo Venera dos Santos, Remomarando o passado. Marita Deeke Sasse, Os quatro pecados.  Roberto Diniz Saut, Nega fina.  Simon Lisboa Scheffler, Perfeito imperfeito.  Renato Mauro Schramm, O "conto" de São Silvestre.  Luiz Carlos Soares da Silveira, O visitante.  Inácio João de Souza, A herança.  Rogério Neri de Souza, Agonia.  Mauricio Suchevski, Sublime transferência.  Paulo Cézar Tiellet, Aconteceu em Blumenau (Estória da história de uma noticia).  Lúcia Burgardt Virgili, A máquina dos sonhos. Olivia Wandall, Extase.  Valdir José Wandall, O funeral.  Silvia Alzira Wittmann, Miragem.

Continuation of previous item.

**F 17**  Athanázio, Enéas, et al.  <u>Vinte e um dedos de prosa.</u>  Florianópolis: Associação Catarinense de Escritores, Edições Cambirela, 1980.  118 pp.

> Icharia Assustada, Enéas Athanázio.  Adolfo Boos Jr., O último dia da caça.  Flávio José Cardozo, Dia de pagamento.  João Nicolau Carvalho, O prisioneiro da caverna vermelha. Glauco Rodrigues Corrêa, Visitante noturno.  David Gonçalves, Por que, pai?  Amaline Issa, Agenda para 1 E/ou 2.  Inês Mafra, A volta de Isabel.  Eglê Malheiros, Um filho.  Aldemar Menezes, Festinha íntima.  Salim Miguel, A perseguição.  Vilson Nascimento, O portão. Pinheiro Neto, Jurual.  Amílcar Neves, João Batista Nogueira, chófer de táxi.  Oldemar Olsen Jr., A herança maldita de Jean Paul Sartre.  Deonísio da Silva, O avião não vao mais descer. Bento Silvério, Indigestão.  Silveira de Souza, O cantochão e a sombra.  Edla Van Steen, A promessa.  Emanuel Medeiros Vieira, Todos ausentes se chamam Marcelo.  Artémio Zanon, Conjunto habitacional.

Stories from Santa Catarina.

**F 18**  Barbosa, Almiro Rolmes, and Edgard Cavalheiro, eds., intro. and notes.  <u>As obras-primas do conto brasileiro.</u>  A Marcha do Espírito, 9.  São Paulo: Livraria Martins Editôra, 1943.  xii + 356 pp.

> Barbosa Rodrigues, Cunhan Etá Maloca.  Afonso Arinos, Pedro Barqueiro.  Afonso Schmidt, O santo.  Amadeu de Queiroz, Chão de Terra Preta.  Aníbal M. Machado, A morte da Porta-Estandarte.  António de Alcântara Machado, Gaetaninho.  Artur Azevedo, Plebiscito. Carvalho Ramos, Ninho de Periquitos.  Coelho Neto, Firmo, o vaqueiro.  Ernani Fornari, Porque matei o violinista.  Gastão Cruls, Meu Sósia.  Graciliano Ramos, O relógio do Hospital. João Alphonsus, Galinha Cega.  João do Rio, O bebê de Tarlatana Rosa.  José Veríssimo, O crime do tapuio.  Júlia Lopes de Almeida, A caolha.  Lima Barreto, O homem que sabia javanês.  Luiz Jardim, Os cegos.  Machado de Assis, Missa do galo.  Mário de Andrade, Nízia

Figueira, sua criada. Marques Rebêlo, Circo de coelhinhos. Monteiro Lobato, Colcha de Retalhos. Orígenes Lessa, Shonosuké. Peregrino Júnior, Gapuiador. Ribeiro Couto, Uma noite de chuva, ou Simão, Diletante de Ambientes. Simões Lopes Neto, Contrabandista. Valdomiro Silveira, Truque. Lindolfo Gomes, Aventuras de Malasarte.

There are numerous later editions with identical contents. The editors admit that a survey of the genre in Brazil should have started with Machado de Assis, but decided instead to start with a story about the Brazilian Indians.

**F 19** Barbosa, Benedito Rui, et al. <u>Depois das seis: Antologia de contos de escritores que trabalham em propaganda</u>. Rio de Janeiro: GRD, 1964. 264 pp.

Benedito Rui Barbosa, Sol loiro em céu azul. Dirceu Borges, Papai compra um carro. Eliezer Burlá, Cocktail party. Emil Farhat, Cangerão não sei de que. Francisco Rocha Morel, Queijos. Geraldo Santos, Conto a Andrelaura. Henrique Matteucci, O camarim. Ernâni Donato, Campeiro. Ivã Pedro de Martins, Lata de lixo. João Antonio, Fujie. Julieta de Godoy Ladeira, Passe as férias em Nassau. Jorge Medauar, Negócio fechado. Marcos Rei, Manchete. Mário Donato, Avelino, Avelino. Milton Pedrosa, História de uma promoção de venda. Miroel Silveira, Caiu na vida. Orígenes Lessa, Madrugada. Osvaldo Alves, Minha filha. Renato Castelo Branco, O prisioneiro. Ricardo Ramos, As redes. Ronald Moreira, Noturno.

Similar to the Argentine anthologies of stories by journalists and psychoanalysts, this one focuses on authors who work in advertising.

**F 20** Barreto, Antonio, et al. <u>Novos contistas mineiros</u>. Porto Alegre: Mercado Aberto, 1988. 175 pp.

Antonio Barreto, Como no cinema ou a última estrela da constelação de Doowylloh. Adair José, Vento vento vento. Aluizio Lodi, Cromos de festival. Angela Leite de Souza, Amor cego. Cícero Acaiaba, Círculos de luz. Cleonice Rainho, Em círculo. Danilo Fernandes Rocha, Olhos verdes movediços. Euclides Marques Andrade, O miúdo coração dos pássaros. Fernanda Agrelli Alves, Pique. Fernando Cesário, Palhaço. Flávio de Lemos Carsalade, Pequena história a propósito de dois quadros e uma escultura de Picasso. Gardeno Matoso, Quando sopra o vento norte. Gentil Ursino Vale, O peão. Gilberto de Faria, São Jorge por testemunha. Hugo Almeida, O cão e Ogata. Irene de Melloneves, Os dois mundos. Maria Aparecida da Silva, Promessa que continua dívida. João Batista Melo, Os cristais. Jorge Fernando dos Santos, O homem que contava coisas. José Bento Teixeira de Salles, A república encantada. José Narciso Bedran, Sua mão na minha coxa. Josemaire Rosa Nery, Trigal. Luci Cléa Soalheiro, Apenas conto. Luciano Firmino, Petrónio e a burra Sibila. Luiz Fernando Rufato, O profundo silêncio das manhãs de Domingo. Marcos Inácio, Viveiro. Marcos Pizano, Alucinações de cio. Maria Amélia Bracks Duarte, Essas cachorras. Maria do Carmo Brandão, Retrato. Maria do Carmo Volpi de Freitas, Indústria da separação. Mário Lúcio Brandão, Noturno. Neide Maria Malaquias de Carvalho, Ampulheta virada. Norália Amaral de Mello Castro, Sem silêncios. Olavo Romano, Ladineza. Omar Dias de Carvalho, A chaminé. Osmir Camilo Gomes, Taturana. Paulo Cesar de Almeida, Era uma vez uma boneca loira. Pedro Maciel, Entre as mulheres. Pimenta Madeira, Isabel e os fantasmas. Ramiro Batista de Abreu, O camaleão e a baronesa. Rita Espeschit, Never more. Roberto Hermeto Brandão, O dedo. Ronaldo Simões Coelho, A ampulheta. Sérgio Fantini, E bandeiras. Tânia Alves de Araújo, Sala de espera. Roberto Bouchardet, A segunda natureza. Toni Campos, Lembra, Tuti? Virgínia Reis, O homem que virou pipa. Waldir de Luna Carneiro, A reforma de base. Wesley Pioest, Quando a terra completa uma volta em torno do seu eixo.

No intro., but the unsigned note on the cover explains that this anthology is comprised of stories by writers who began publishing in the 1970s. Brief bio-bibliographical notes at end.

**F 21** Barroca, Alberto, et al. <u>A presença do conto</u>. São Paulo: Editora do Escritor, 1979. 96 pp.

Alberto Barroca, O pai que não vem. Alciene Ribeiro Leite, A ponta do novelo. Barrozo Filho, O ver de olhos verdes, A pulga pé-de-anzol, Nichteroy: terra de Arari! Dirceu Quintanilha, A estrela no chão, Armazém de secos e molhados. Eico Suzuki, A verdade final.

Enéas Athanázio, O de casa! Euclides Marques Andrade, A cidade e as coisas. Gonçalves Coelho, O embrião. Hilton Luiz, Um gosto de ausência. João Afrânio Moreira Duarte, Corpo Presente. Luz e Silva, Reconciliação. Maria Auxiliadora Moreira Duarte, Hipólito. Maria Cláudia Cupertino de Paiva, Uma canção de amor. Oscar Kellner Neto, O espetáculo. Péricles Prade, O tigre. Salasar Marques, Uma questão de ponto de vista. Samuel Penido, O homem anúncio, Milhares de olhos abertos.

No intro. Brief notes on authors.

**F 22** Barrozo Filho, et al. <u>Cinco en hum</u>. São Paulo: Editora do Escritor, 1980. 81 pp.

Barrozo Filho, Do borol a VYXWZ, Quá-Quá Quarnaval. Gonçalves Coelho, Aquário de anjos. Nege Além, O bancário sem rosto, O bastião. Rodrigues Nunes, Caminheiros. Salasar Marques, O escritório.

**F 23** Bastos, Abguar, et al. <u>Estes fabulosos contistas e suas estórias maravilhosas</u>. Brasileiros Hoje, 3. São Paulo: Editora Soma.

Abguar Bastos, O casamento. Alberto Tarquíno Rossi, Realidade sem realeza. Albino Gonçalves Ramos, Edmeia, a de apenas dois. Aluysio Sampaio, Os sete ratos. Amílcar Dória Matos, Electra. Caio Porfirio Carneiro, O barranco. Edson Nelson Ubaldo, Um genro muito importante. Edson Ramalhoso, Cartas. Elza de Moraes Barros Kyrillos, Maria. Gonçalves Ribeiro, Um amigo. Henrique Metteucci, Retrato falado. Hortênsia Rodrigues, Bijú, ol fiel cãozinho. Ilídio Fernandes, O caracol curioso. Jair Vitória, Orfeu de flauta e guerra. João Marcos Cicarelli, O fina flor. João Raymundo Ribeiro, O achado. José Geraldo Motta Florence, O aposentado. Maria Dinorah, O ovo. Pedro Luiz Pereira, O anjo. Péricles Prade, Tres histórias curtas. Reginaldo Dutra, O homen de palavra. Roberto Fontes Gomes, A urticária. Roberto Mara, Procura-se um crime. Torrieri Guimarães, Antônio simplesmente. Virgínia Pezzolo, Mensajem sem mensajeiro. Wanda Santos Sily, Lina e a menina de trancas desbotadas. Yvone Rousseau, O ferro velho.

No intro. Notes on authors precede stories.

**F 24** Bastos, Clidenor Ribeiro, et al. <u>Contos provincianos</u>. Limeira: Paulista, 1952. 105 pp.

Clidenor Ribeiro Bastos, Diário de um comedor de festa. A. Oliveira e Sousa, Cão simbólico. Ernâni Donato, Aquel noite úmbrica. David Antunes, Licantropia. João de Sousa Ferraz, A mudança. Martim Ruiz, O rouxinol do Albaicin. Francisco de March, Indústrias modernas. Luis M. Rodrigues Filho, A história de um torturado do estômago.

**F 25** Blanc, Aldir, et al. <u>O melhor da crônica brasileira</u> 2. Rio de Janeiro: Livraria José Olympio Editora, 1981. 95 pp.

Aldir Blanc, Dilma de olhos no chão, No interrompe, pô! O maior papo do mundo, A Medéia de Vila Isabel, Etiqueta, A cama na rua, Medalha carioca, A violência à luz da ciência, Tatinha da Tatinha, Três curtas e grossas. Doc Comparato, O calo, O mundo encantado de uma gorda, Esses alucinantes termos médicos, Verão tijucano, O homem que perdeu o humor, Hada e o H, A história da pestana. João Saldanha, O barbeiro de "Servilha," O cavalo do inglês, Patacoada, A febre do coronel, O time de Neném Prancha, Pegou fogo, As várias faces de um "gente boa," O 10 cabeludo, Espetáculo completo, Garrincha desaparecido, Futebol em Curação, Carnaval no México, WM na boca do túnel, S. Cristóvão x América, Vitória da arte, Um papo na Acrópole, O clarão da lua, Hoje tem jogão, O banquinho amarelo, O impetuoso ponta-esquerda, Um minuto de silêncio, O incrível exército de Brancaleone. Manuel Bandeira, Quem sou eu?, O quintal, Cheia! as cheias!, Minha adolescência, O poeta e a poesia, Sabe com quem está falando?, De vário assunto (de fútebol), Leves e breves.

The previous vol. is listed under Nogueira.

**F 26** Bosi, Alfredo, ed., intro. and notes. <u>O conto brasileiro contemporâneo</u>. 4th ed. São Paulo: Editora Cultrix, 1981. 293 pp.

Guimarães Rosa, Meu tio o Iauretê, Desenredo, Sinhá secada. Moreira Campos, As vozes do morto. José J. Veiga, A usina atrás do morro, A máquina extraviada. Bernardo Elis, A enxada. Murilo Rubião, A flor de vidro, Os três nomes de Godofredo. Otto Lara Resende, Gato gato gato. Lygia Fagundes Telles, A estrutura da bolha de sabão. Osman Lins, Retábulo de Santa Joana Carolina. Dalton Trevisan, Bonde, O ciclista, Apelo, Cemitério de elefantes, Eis a primavera. Autran Dourado, As voltas do filho pródigo. Clarice Lispector, O búfalo, Feliz aniversário, Menino a bico de pena. Rubem Fonseca, O exterminador, Os músicos. Samuel Rawet, Gringuinho. Ricardo Ramos, Circuito fechado (4) e (5). João Antônio, Frio. Moacyr Scliar, Pausa. Nélida Piñon, Colheita. Luiz Vilela, Eu estava ali deitado.

Excellent selection.    Intro. essay entitled "Situação e formas do conto brasileiro contemporâneo."

**F 27** Brandão, Adelino, et al. Contos de mistério e suspense. Intro. Fausto Cunha. Rio de Janeiro: Livraria Francisco Alves Editôra, 1986. 129 pp.

Adelino Brandão, O solar do terror. Antônio Carlos Moura, A cobertura. Artur Eduardo Benevides, Depoimento sigiloso. Lourenço Cazarré, A las cinco en punto de la tarde. Lourenço Cazarré, O frio pegajoso do medo. Rubem Mauro Machado, O executante.

Crime fiction.

**F 28** Brandão, Adelino, et al. Os pensionistas: contos. São Paulo: Soma, 1987. 188 pp.

Adelino Brandão, O Besta-fera. Caio Porfírio Carneiro, Os dedos. Ricardo de Castro Carneiro, O pecado. João Marcos Cicarelli, Tocaia. Mariazinha Congílio, As mãos. Hernâni Donato, Inquilinos. Guido Fidelis, Estrada da felicidade. Roberto Fontes Gomes, O emparedado. Henrique L. Alves, O muro. Susan Lesley, O metrô. Alípio Marcelino, Moderna família sagrada. Ana Marques, O grande gozador. Edson Marques, A orelha. Ricardo Ramos, O sobrevivente. Maurício de Sousa, O primeiro banho do Cebolinha. Yara Maura Silva, De pé, no meio do caminho. Antonio Carlos S. Souza, O despacho.

Stories of urban life.

**F 29** Caetano, Michele, et al. De quatro (ou como fazer sucesso à sombra de Luis Fernando Veríssimo). Porto Alegre: Editora Globo, 1983. 126 pp.

João Alberto Soares, Mifled, Ora bolas! O diário de A. Proveito, Tudo sob controle, A chave de fenda, Curtinhas, Medo de avião, O literal. João Carlos Pacheco, A Antimatéria, Mensagens do além, O E. C., Prof. Bilhões, Imagine, Interiores, Duas ou três coisas que eu sei delas, Meu livro inesquecível, Minha história fantástica. Marino Boeira, O dia em que o Sergio Gonzales chorou, Farsantes, A culpa é do Pacheco, Joguinho, As previsões do Almerindo. Os números da sorte, Os gêmeos de soledade, Conversa de morte. Michele Caetano, A mulher ideal, Texturas, Crônica de um louco amor, Romântico inveterado, Kid Bogarte, O que eu sei, Bar do Bom Fim, O precoce, Um diálogo possível, A santa, O passageiro, Nós, publicitários.

Humor.

**F 30** Café, Luiz Carlos, ed. and intro. A Divina decadência e outras estórias. Rio de Janeiro: Tempo Brasileiro / Salvador: Funcação Cultural do Estado da Bahia, 1985. 180 pp.

Jacinto Prisco, O periquito, O freguês, O hóspede, O nome, Cidadão, Os cavaleiros do apocalipse. Sérgio Nobre, Lágrimas de desespero, Desgosto, E já chegamos à lua, Homem. António Brasileiro, As duas rosas, O pássaro. Nevinha Pinheiro, Compulsão, Metamorfose, Eugênia. Luiz Carlos Café, Angústia, A cidade, A mania de Elisa, Divina decadência, Belos momentos, O renascimento. Gey Espinheira, Amália, o cavalo de asas e a pomba branca, OVNI na tarde de verão, Urubu, Os tubos azuis. Claudius Portugal, A mesa do meio-dia, Bodas de prata, Esperança, Segunda-feira pela manhã. Ruy Espinheira Filho, O pecador, Joaquim, A revisão, Os vizinhos. Valdomiro Santana, O mundo dá muitas voltas, Afonso.

Stories from the Grupo Independente da Faculdade de Filosofia (GAFF) da Universidade Federal da Bahia, the organizers of a series of happenings at the university in 1967.

**F 31** Café, Luiz Carlos, ed. and intro. A ninfa e o delírio. Rio de Janeiro: Tempo Brasileiro, 1986. 149 pp.

> Luiz Carlos Café. Atila de Albuquerque. Carlos Sampaio Filho, A anão no box, O ladrão e o tarado, Meu tio Pedro, O noivo de minha mãe, Morte e mel, A caixa de esmolas, Cachorro doido. Sérgio Nobre, Sonho de quinze anos, Coleta, Quem matou, Moça Velha na Barra, Reencontro, Não era o dia, Humano como tantos, Boi de piranha.

Stories about women by male authors.

**F 32** Callado, Antonio, et al. Missa do galo (de) Machado de Assis: variações sobre o mesmo tema. Intro. Osman Lins. São Paulo: Summus, 1977. 109 pp.

> Machado de Assis, Missa do galo. Nélida Piñon, Missa do galo. Osman Lins, Missa do galo. Julieta de Godoy Ladeira, Missa do galo. Antonio Callado, Missa do galo. Autran Dourado, Missa do galo. Lygia Fagundes Telles, Missa do galo.

Variations on a famous story by Machado de Assis.

**F 33** Callado, Antonio, et al. 64 D. C.: Contos. Rio de Janeiro: Editora Codecri, 1979. 128 pp.

> Antonio Callado, O homem cordial. Carlos Heitor Cony, Ordem do dia. Hermano Alves, O estranho caso do computador. Marques Rebelo, Acudiram três cavalheiros. Sérgio Porto, O elefante.

No intro.

**F 34** Campos, Cândido de, et al. Nove do Sul: contos. Porto Alegre: Difusão de Cultura, 1962. 158 pp.

> Cândido de Campos. Josué Guimarães. Tânia Jamardo Faillace. Sérgio Jockiman. Iara de Lemos. Rui Ostermann. Sérgio Ortiz Porto. Moacir Scliar. Carlos Stein.

Unable to annotate.

**F 35** Campos, José Maria de Lima, et al. A cidade de cada um. Rio de Janeiro: Editôra Civilização Brasileira, 1963. 199 pp.

> José Maria de Lima Campos, Barathron. Josias E. A. Imperatriz, Gastão de Holanda. E. Martins Garcia, O nome do falecido, curatela e D. Laura. Clementino de Alenzar, Maria prometida. Wander Pirolli, A manhã seguinte. William Carlos Müller, Grande Hotel Cabo Branco. Leandro Konder, Um ordálio Carioca. Ferúcio Fabbri, Prisão no morro. Orlandino Seitas Fernandes, Quem não tem ocupação faz colher de pau. Gentil Ursino Vale, O coveiro maromba. Alares da Silva, O império do futebol. Guilherme Figueiredo, Os gigantes, os rios. João Bethencourt, Coaracy ou delícias da vida urbana.

Winning stories from the contest "A melhor história sôbre sua cidade," sponsored by the Correio da Manhã.

**F 36** Campos, Paulo Mendes, ed. and intro. Antologia brasileira do humorismo. Rio de Janeiro: Editôra do Autor, 1965. 238 pp.

> Manuel Antônio de Almeida, Primeiros infortúnios. França Júnior, Maçantes. Machado de Assis, A barretina. Martim Francisco, Os grudes. Artur Azevedo, O plebiscito. Valdomiro Silveira, Hora quieta. João do Rio, O homem de cabeça de papelão. Lima Barreto, O homem que sabia javanês. Monteiro Lobato, O espião alemão. Manuel Bandeira, Reis vagabundos. Agripino Grieco, O filósofo com dor de barriga. Leo Vaz, O colibri. Mário de Andrade, O peru de Natal. Aníbal Machado, O piano. Gustavo Corção, Afonso tinha razão. Henrique Pongetti, Armadilha para o sonhador. Osório Borba, As noites na cabana. Antônio de Alcântara Machado, Apólogo brasileiro sem véu de alegoria. José Lins do Rego, O capitão

Vitorino. Carlos Drummond de Andrade, Conversa de velho com criança. Orestes Barboza, Um baile na S. D. F. "Caprichosos da Estôpa." Cyro dos Anjos, Parabosco & Ferrabosco Ltda. Mário Quintana, Sapato florido. Marques Rebêlo, Cenas da vida brasileira. Rubem Braga, Aula de inglês. Murilo Rubião, Bárbara. Guilherme de Figueiredo, Do folclore ao embalo. João Saldanha, Julgamento em Costa Rica. Mário Neme, História de assombração. Joel Silveira, O Generalíssimo. Millôr Fernandes, Didática da beleza. Paulo Mendes Campos, Aventura carioca. Stanislaw Ponte Preta, Perfil de Tia Zulmira. Fernando Sabino, A invenção da laranja. Carlos Heitor Cony, O cavaleiro da Ordem Eqüestre. José Carlos Oliveira, Adão e Eva. Rachel de Queiroz, Os dois pintos. Dinah Silveira de Queiroz, Imaginação em férias. Clarice Lispector, Uma galinha.

Brief intro. makes fun of critics of anthologies.

**F 37** Campos, Paulo Mendes, ed. Páginas de humor e humorismo. Rio de Janeiro: MEC, 1956. 2 vols. 83 + 92 pp.

Vol. 1: Manuel Bandeira, Reis vagabundos. Rubem Braga, Aula de inglés, José Lins do Rêgo, O capitão Vitorino. Fernando Sabino, A invenção da laranja. Murilo Rubião, Bárbara. Valdomiro Silveira, Hora quieta. Léo Vaz, O colibrí. Cyro dos Angos, Parabosco & Ferrabosco Ltda. Gustavo Corção, Afonso tinha razão. Antônio de Alcântara Machado, Apólogo brasileiro sem véu de alegoria. Manuel Antônio de Almeida, Primeiros infortúnios. Vol. 2: Carlos Drummond de Andrade, Conversa de velho com criança. Vão Gôgo, Didática da beleza. Orestes Barboza, Um baile na S.D.F. "Caprichosos da estópa." Marques Rebêlo, Cenas da vida brasileira. Osório Borba, As noites na cabana. Martim Francisco, Os Grudes. Machado de Assis, A barretina. Mário de Andrade, O peru de natal.

Later expanded into previous item.

**F 38** Cardozo, Flávio José, Salim Miguel and Silveira de Souza, eds. Este mar Catarina: contos. Florianópolis: Editora da Universidade Federal de Santa Catarina, 1983. 154 pp.

Virgílio Várzea, A pesca das tainhas. Othon D'Eça, A penhora do João Saibro. Adolfo Boos Júnior, Um mar de enchovas. Silveira de Souza, Arrasto. Salomão Ribas Júnior, O velho da Praia Vermelha. Holdemar Menezes, A encomenda. Harry Laus, Caixa d'Aço. Salim Miguel, No cartório. Glauco Rodrigues Correa, Igreja da encrenca. Emanuel Medeiros Vieira, Garopaba meu amor. Amilcar Neves, Filho. Guido Wilmar Sassi, O naufrágio do Black Ship. Iaponan Soares, Minha gente. Miro Morais, A coroa no reino das possibilidades. Ricardo L. Hoffmann, De profundis. Flávio José Cardozo, Longínquas baleias. Raul Caldas Filho, O marinheiro sueco. Herculano Farias Júnior, Sacrifício.

The volume concludes with a critical essay by Nereu Corrêa, "De marinhas e marinhistas." Stories from Santa Catarina.

**F 39** Carneiro, André, et al. Antologia brasileira de ficção científica. Intro. João de Oliveira Torres. Rio de Janeiro: GRD, 1961. 182 pp.

André Carneiro, O começo do fim. Antonio Olinto, O menino e a máquina. Clóvis Garcia, O estranho mundo. Diná Silveira de Queirós, A ficcionista. Fausto Cunha, Ultimo vôo para Marte. Jerônimo Monteiro, Estação espacial Alfa. Lúcia Benedetti, Correio sideral. Rubens Teixeira Scavone, As cinzentas planícies da lua. Zora Seljan, O verbo.

Intro. essay entitled "A ficção científica como fantasia pura ou a vingança de Dom Quixote."

**F 40** Carneiro, André, et al. Você faz questão de saber o que está acontecendo? ou faz como todo mundo?: Antologia. São Paulo: Editôra do Escritor, 1971. 91 pp.

André Carneiro, Chuva de bala. Bárbara de Araújo, A estante. Benedicto Luz e Silva, O cofre. Benedito Machado, Gato de apartamento. Edith Pimentel Pinto, A injeção. Eico Suzuki, Mar. Henrique L. Alves, A cicatriz. Ibiapaba Martins, Sargento Galocha. José Afrânio Moreira Duarte, O craque. José Couto Pontes, A casa dos ofendículos. Nege Além, O nôvo gerente. Nelson Salasar Marques, A mancha no horizonte.

No intro.

**F 41**   Castilho, Ivan de Lima, et al. <u>Contos capixabas</u>. Intro. Glecy Coutinho. N. p.: Departamento Estadual de Cultura/Aracruz Celulose, 1985. 134 pp.

> Ivan de Lima Castilho, O tigre. José Augusto Carvalho, Descarregando o defunto. Marcos Tavares, De codificações. Andréia Curry Carneiro, Blue moon. Gustavo Andrade Haddad, Quase Icaro. José Guilherme Pagiola, Desengano. José Irmo Gonring, Acta dos périplos de Afrânio A. à região associativa frontal, e quem quiser que . . . José Marco Berger, A hidra de Pilares. Marien Calixte, Caidocéu. Olival Mattos Pessanha, Paixão Futebol Clube.

"Textos selecionados no Concurso Literário Aracruz/DEC 1985."

**F 42**   Castro, Nei Leandro de, ed. <u>Contistas norte-riograndenses</u>.   Natal: Departamento Estadual de Imprensa, 1966.
Unable to annotate.

**F 43**   Cavalheiro, Edgard, ed. <u>O conto mineiro</u>. Panorama do conto brasileiro, 4. Rio de Janeiro: Editôra Civilização Brasileira, 1959. 339 pp.

> Bernardo Guimarães, A dança dos ossos. Alfonso Arinos, Joaquim Mironga. Amadeu de Queirós, Chão de terra preta. Silva Guimarães, Venanço. Veiga Miranda, Romão de Januária. Godofredo Rangel, O legado. Antonio Versiani, Viola de Queluz. Aníbal Machado, Tati, a garota. Mário Matos, Casa das três meninas. Moacir de Andrade, O senhor secretário. Rodrigo Melo Franco, Seu Magalhães suicidou-se. Eduardo Friero, Aquele Natal de Guadalupe. João Alphonsus, Sardanápalo. Carlos Drummond de Andrade, Flor, telefone, moça. Jurandir Ferreira, A campainha e o camundongo. João Guimarães Rosa, O duelo. Osvaldo Alves, Hoje somos nós. Ildeu Brandão, Ti'Oscar. Lúcio Cardoso, Acontecimento da noite. Murilo Rubião, O ex-mágico da taberna minhota. Mário Garcia de Paiva, Um caso de polícia. Otto Lara Rezende, O moinho. Fernando Sabino, Passeio. Valdomiro Autran Dourado, A filha escalvada.

Stories from the state of Minas Gerais.

**F 44**   Cavalheiro, Edgard, ed. and intro. <u>O conto paulista</u>. Panorama do conto brasileiro, 3. Rio de Janeiro: Editôra Civilização Brasileira, 1959. 2nd ed.: São Paulo: Imprensa Oficial do Estado de São Paulo. 297 pp.

> Vicente de Carvalho, Crianças. Valdomiro Silveira, Ultima carpa. Monteiro Lobato, O comprador de fazendas. Léo Vaz, O grêmio. Afonso Schmidt, O bugre da neblina. Menotti del Picchia, O disco. Mário de Andrade, O poço. Ribeiro Couto, O bloco das mimosas borboletas. Antônio de Alcântara Machado, Apólogo brasileiro sem véu de alegoria. Orígenes Lessa, Milhar seco. Alfredo Mesquita, A esperança da família. João Pacheco, A secretaria da Câmara. Dinah Silveira de Queiroz, O porto resplandecente. Helena Silveira, O quarto da frente. Miroel Silveira, De como o Nenzinho chegou a homem. Guilherme Figueiredo, Missa de sétimo dia. Mário Donato, Avelino, Avelino! Leonardo Arroyo, A paríbola da sota. Mário Neme, Dona Adelaide, como o nome indica. Ruth Guimarães, A presença. Lygia Fagundes Telles, O encontro.

Good intro. Stories from São Paulo city and state.

**F 45**   Cavalheiro, Edgard, ed. <u>O conto romântico</u>. Intro. Mário da Silva Brito. Panorama do conto brasileiro, 2. Rio de Janeiro: Editôra Civilização Brasileira, 1961. 324 pp.

> Domingos José Gonçalves de Magalhães, Amância. Casimiro José Marques de Abreu, Camila, memórias duma viagem. José Martiniano de Alencar, Cinco minutos. Gentil Homem de Almeida Braga, Carlotinha da mangueira. Manuel Antonio Alvares de Azevedo, Gennaro. Luís Nicolau Fagundes Varela, As ruínas da Glória. Bernardo Joaquim da Silva Guimarães, A dança dos ossos. Joaquim Manuel de Macedo, A bolsa de seda. Luís Caetano Pereira Guimarães Júnior, A promessa de Marcolina. Joaquim Norberto de Sousa e Silva, As duas

órfãs. Joaquim Maria Machado de Assis, O segredo de Augusta. Alfredo d'Escragnolle Taunay, Juca, o tropeiro. Tristão de Alencar Araripe Júnior, Jaguaruçu e Saí.

Useful collection.

**F 46** Cavalheiro, Edgard, and Raimundo de Menezes, eds. and intro. Histórias de crimes e criminosos (Uma antologia de contos brasileiros). São Paulo: Companhia Distribuidora de Livros, 1956. 333 pp.

Adelino Magalhães, Uma resolução. Afonso Schmidt, O criminoso. Alvares de Azevedo, Johann. Amadeu de Queiroz, Testemunha jurada. Antônio de Alcantara Machado, Amor e sangue. Aurelio Buarque de Holanda, Zé bala. Bernardo Guimarães, A dansa dos ossos. Ernani Fornari, Para salvar o "Graxaim." Humberto de Campos, Vingança. João Alphonsus, O mensageiro. João Pacheco, O Narciso em equação. João do Rio, Historia de gente alegre. Léo Vaz, O homem que roubou um pão. Lygia Fagundes Telles, Tara. Machado de Assis, O enfermeiro. Medeiros e Albuquerque, Crime impunido. Menotti del Picchia, O crime daquela noite. Monteiro Lobato, O estigma. Olavo Bilac, O crime. Raimundo Magalhães Júnior, O crime de Bandú. Ribeiro Couto, O crime do estudante Baptista. Silveira Bueno, Matosinhos, o vingador. Simões Lopes Neto, O negrinho do pastoreio. Vicente de Carvalho, O selvagem. Viriato Corrêa, Ladrão.

Crime fiction.

**F 47** Celso, Afonso, et al. Segredo conjugal. Intro. Medeiros e Albuquerque. Rio de Janeiro: Calvino Filho, 1932. viii + 235 pp.

Afonso Celso, Quiproquó amoroso. Afrânio Peixoto, O plano de Mr. Fothergill. Alexandre Delamare, Sphinx. Augusto de Lima, Equívoco . . . acertado. Fernando Rodrigues, A caixa de charão. Maurício de Medeiros, Os cônjuges confidentes. Medeiros e Albuquerque, O plano do Sr. Fothergill. E. Roquette-Pinto, Tatiana.

Stories about love.

**F 48** Coelho, José Saldanha, ed. Antologia de contos de escritores novos do Brasil. Intro. Otto Maria Carpeaux. Rio de Janeiro: Revista Branca, 1949. 409 pp.

Almeida Fischer, A solteirona. Aluízio Medeiros, O navio. Aníbal Nunes Pires, Cafezinho de visita. Bernard Gersen, As barbas do pai. Braga Montenegro, Os manequins. Breno Accioly, A valsa. Carlos Castelo Branco, Conto de Belém. Cláudio Tavares Barbosa, A fuga. Cléa Malheiros, A mão e o destino. Constantino Paleólogo, A moral de cada um. Da Costa e Silva Filho, O baralho. Dirceu Quintanilha, A pedra do Coronel Fulgêncio. Domingos Félix, O maquinista. Eduardo Campos, Céu limpo. Fran Martins, Albertino. Francisco Brasileiro, Um pedaço do chão. Gasparino Damata, O segrêdo. Gastão de Holanda, Entre a fila e o jardim. Herberto Sales, A emboscada. Herly Drumond, O legado. Ibrahim Abi-Ackel, A maldita. José Carlos Cavalcanti Borges, Padrão "G." José Condé, Ravina. José Stênio Lopes, O último expediente de Damião. Lêdo Ivo, Isaura. Linnêo Séllos, Jaboticabas. Lygia Fagundes Telles, Os mortos. Moreira Campos, Vigilia. Murilo Rubião, O Ex-Mágico de Taberna Minhota. Nataniêl Dantas, Em tôrno de um veleiro. Pedro Luiz Masi, O quadro do Miguel. Renato Sérgio Jobim, Borrasca. Roland Corbisier, Capela velha. Saldanha Coelho, A mulher do comerciante. Vasconcelos Maia, Cazinguelê. Xavier Placer, Romance urbano.

Some of these writers became important later.

**F 49** Coelho, Saldanha, ed. and intro. Contistas brasileiros/Nuovi racconti brasiliani. Rio de Janeiro: Revista Branca, 1957. 242 pp.

Almeida Fischer, A ilha. Breno Accioly, As agulhas. Eduardo Campos, Lábio de criança. Joel Silveira, A lua. José Condé, O cachorro. Lygia Fagundes Telles, Felicidade. Moreira Campos, Coração alado. Murilo Rubião, Bárbara. Saldanha Coelho, Memória. Vasconcelos Maia, Largo da Palma.

Bilingual (Portuguese/Italian) anthology [I have given only the Portuguese titles]. Gomes lists bilingual Portuguese/English and Portuguese/French anthologies with the same contents, prepared by the same editor, but I have not seen them.

**F 50**  Costa, Flávio Moreira da, ed. <u>Antologia do conto gaúcho</u>. Intro. Carlos Jorge Appel. Coleção Antologias Brasileiras, 1. Rio de Janeiro: Simões, 1969. 190 pp.

Roque Callage, Fronteira. Alcides Maya, Chinoca. J. Simões Lopes Neto, Duelo de farrapos. Cyro Martins, Caipora. Darcy Azumbuja, Dia de chuva. Erico Veríssimo, Os devaneios do general. Barbosa Lessa, Noite de núpcias no rancho. Sílvio Duncan, Patrulha. Telmo Vergara, Uma história de amor. Paulo Hecker Filho, Filosofia versus poesia. Ruy Carlos Ostermann, A sombra das árvores. Tânia Jamardo Faillace, Estudantezinha. Renato Albo, A vida e morte de zico. Jockyman, O tabernáculo do Senhor. Moacyr Scliar, O cão. José Luiz Silveira, Não, não fui eu que escrevi merda na parede da escola.

Divided into "Estórias do campo" (first eight stories) and "Estórias da cidade" (last eight stories). Stories from Rio Grande do Sul.

**F 51**  Costa, Flávio Moreira da, ed., intro. and notes. <u>Onze em campo</u>.   Rio de Janeiro: Livraria Francisco Alves Editora, 1986. 102 pp.

Anna Maria Martins, Escanteio. Carlos Eduardo Novaes, O rei da superstição. Duílio Gomes, Lucrécia. Edilberto Coutinho, Vadico. Edla Van Steen, Que horas são? Flávio Moreira da Costa, A solidão do goleiro. João Antônio, Luiz. Luiz Vilela, Escapando com a bola. Ricardo Ramos, Casados e solteiros. Rubem Fonseca, Abril, no Rio, em 1970. Sérgio Sant'Anna, Na boca do túnel.

The intro. is entitled "Jogo preliminar: ficçao x futebol." Stories about soccer.

**F 52**  Costa, Rogério Lima da, et al. <u>Prêmio Habitasul Correio do Povo Revelação Literária 82</u>. Porto Alegre: Secretaria da Cultura, 1982. 156 pp.

Rogério Lima da Costa, Proclamas. Antônio Augusto Mariante Furtado, Sonho 1 (Caso objetivo). Carminda M. F. Venturini, Miragem. Ana Inês Facchin, Ladainha. Eduardo Carneiro de Souza, A surpresa. Maria Alice Maciel Alves, O homem-robot. Fernando Freitas Borges, Abigeato. Vitor Minas Tonolher Carneiro Filho, Lu. Manoel Martins Silveira, Desgosto. Celso Gutfreind, Socorro pronto, Juventude furtada, Manicômio das coisas. Sandra Maria Leidens, Contagem regressiva. Luiz Carlos Osorio, Muro de vidrio. Lilian Dreyer, Em memória de Astor. Mário Cavalheiro Lisbôa, Canos e agulhas. Jarbas Cunha, Memorias do trigo. Terezinha Medeiros Cunha, A casa dos sinetes, Reforma de um sorriso, Ver à Goya. Maria Clara Michels Pinho, Desafio, Mágica, Como en te quero, Pressão. Vera Beatriz Fedrizzi, Incandescência. Maria da Graça Barbosa Biasoli, O fio da meada. Berenice Lamas Pires, Delírio. Maria Valderez de Oliveira Porciúncula, Noite branca. Paulo Ricardo Goulart Spindola, Utopia urbana. Suzana Job Borges da Fonseca, Mosaico. Marco Aurélio Dutra Aydos, Viagem. Mariza Magalhães dos Reis, Arena. Jorge Lutz Müller, Adelita.

Stories from a contest.

**F 53**  Coutinho, Edilberto, ed., intro. and notes. <u>Erotismo no conto brasileiro: Antologia</u>. Rio de Janeiro: Civilização Brasileira, 1980. 140 pp.

Autran Dourado, História natural. Darcy Penteado, Jarbas, o imaginoso. Domingos Pellegrini Jr., O aprendiz. Duilio Gomes, Testemunha. Edla Van Steen, As desventuras de João. Elias José, Idolatria. Julio César Monteiro Martins, Blocos de pedra. Moacyr Scliar, Circo e uma paixão. Murilo Rubião, A casa de girasssol vermelho. Olga Savary, Ah King Kong. Orígenes Lessa, Yvonne. Renard Perez, Bigode. Roberto Drummond, Isabel, numa quinta-feira. Ruy Carlos Lisboa, Tarde demais para esquecer. Salim Miguel, A aranha. Sônia Coutinho, Os venenos de Lucrêcia. Wander Piroli, A máquina de fazer amor. Edilberto Coutinho, Tarefas.

Stories about sex. See also the next item, with much more extensive intro.

**F 54**  Coutinho, Edilberto, ed. and intro. <u>Erotismo no romance brasileiro, anos 30 e 60: antologia critica</u>. Intro. Aguinaldo Silva. 1st ed., 1968. 2nd ed. São Paulo: Nordica, 1979. 175 pp.

Adonias Filho, O forte. Aguinaldo Silva, Cristo partido ao meio. Carlos Heitor Cony, Matéria de memória. Carmen da Silva, Sangue sem dono. Dinah Silveira de Queiroz, Margarida La Roque. Erico Veríssimo, O tempo e o vento. Fernando Sabino, O encontro marcado. Gastão de Holanda, O burro de ouro. Gilberto Freyre, Dona Sinhá e o filho padre. Graciliano Ramos, Angústia. João Guimarães Rosa, Grande Sertão--Veredas. Jorge Amado, Dona Flor e seus dois maridos. José Condé, Um ramo para Luísa. José Geraldo Vieira, A quadragésima porta. José Lins do Rego, Menino de engenho. Lúcio Cardoso, Crônica da casa assassinada. Lygia Fagundes Telles, Ciranda de pedra. Marques Rebelo, A estrela sobe. Otávio de Faria, O senhor do mundo.

Companion piece to the previous item, this one consists of excerpts of novels. The preface by Aguinaldo Silva is entitled "E na cama qe o problema melhor se expressa: uma crítica à sociedade através do erotismo," while the longer intro. by Coutinho is entitled "Na geografia erótica, o reflexo dos costumes."

**F 55** Coutinho, Frederico dos Reis, ed. and intro. <u>Os mais belos contos brasileiros de amor</u>. Rio de Janeiro: Vecchi, 1945. 353 pp.

> Afonso Arinos, Manuel Lúcio. Afrânio Peixoto, O plano de Mr. Fothergill. Alcides Maia, Ceguinho de estrada. Aluísio Azevedo, O madereiro. Antonio de Alcântara Machado, Amor e sangue. Artur Azevedo, A Réclame. Bernardo Guimarães, A garganta do inferno. Coelho Neto, Sonho de Eva. Gonzaga Duque, Confirmações. Herman Lima, As guabirabas. Humberto de Campos, Catimbau. José Veríssimo, O bôto. Júlia Lopes de Almeida, O voto. Machado de Assis, Ex-cátedra. Mário de Andrade, Menina de ôlho fundo. Mário Sete, Clarinha das rendas. Marques Rebelo, Oscarina. Medeiros e Albuquerque, Flor seca. Olavo Bilac, O crime. Ribeiro Couto, Baianinha. Taunay, Ierecê a guaná. Valdomiro Silveira, Saudades do Natal. Vicente de Carvalho, Selvagem. Virgilio Várzea, Velada. Viriato Corrêa, Piuma al vento. Xavier Marques, A noiva do golfinho.

Stories about love.

**F 56** Coutinho, Sônia, et al. <u>Reunião: contos</u>. Intro. Eduardo Portella. Salvador: Publicações da Universidade da Bahia, 1961. 148 pp.

> Sônia Coutinho, Noite de festa, Sábado de encontro, O rapaz que esculpiu uma rosa. David Salles, Alegria nas moças da praia, Tanque novo, Sexto por ser junho. João Ubaldo Ribeiro, Josefina, Decalião, O campeão. Noênio Spínola, Margaridas para a bem amada, Descrição de Amadeu, No roteiro da mulher sozinha.

Stories by four younger writers from Bahia. Ribeiro has since become a well-known novelist.

**F 57** Cristaldo, Janer, ed. and intro. <u>Assim escrevem os gaúchos (autores editados)</u>. São Paulo: Editora Alfa-Omega, 1976. 170 pp.

> Caio Fernando Abreu, O inimigo secreto. Sérgio Caparelli, Os ratos. Carlos Carvalho, O prisioneiro. Flávio Moreira da Costa, O pior romance do mundo. Janer Cristaldo, Manhã de domingo. Tania Jamardo Faillace, Dudu Mancha Preta. Sérgio Faraco, Sesmarias do Urutau mugidor. Josué Guimarães, A corrente de ouro. Ieda Inda, Os seres coriáceos. Sérgio Jockyman, Os causos das escrituras. Barbosa Lessa, O encontro. Dyonelio Machado, Apólogo das árvores. Rubem Mauro Machado, O banquete. José Fernando Miranda, Naufrágio. Mário Quintana, A sétima personagem. Apparicio Silva Rillo, Bicho Tutu. Moacyr Scliar, Relações de produção. Carlos Stein, A grande implosão. Josef Zerr, Moto perpétuo.

Writers from Rio Grande do Sul. Clever intro., "E aqui te mando o sinuelo."

**F 58** Damata, Gasparino, ed. <u>Histórias do amor maldito</u>. Intro. Octavio de Freitas Jr. Rio de Janeiro: Record, 1967. 430 pp.

> Dalton Trevison, O bem amado. Alcides Pinto, A solidão de Acácio. Aníbal Machado, O iniciador do vento. Valdomiro Autran Dourado, A ilha escalvada. Mário de Andrade, Frederico Paciência. Diná Silveira de Queirós, A moralista. Luís Canabrava, Aprendizado. João do Rio, História de gente alegre. Assis Brasil, Baixo-contínuo. Edilberto Coutinho, Rafael Donzela. Machado de Assis, Pílades e Orestes. José Edison Gomes, O filho. Nélida Piñon, Sangue esclarecido. José Condé, Como se utilizou Salomão da sua oportunidade? Miroel Silveira, Perturbadora Miss Dolly. R. Magalhães Júnior, A grande atração. Samuel

Rawet, O seu minuto de glória. Renard Perez, Sábado. Nataniel Dantas, O vampiro das rosas. Aguinaldo Silva, A maldição do amor. Homero Homem, História Moderna à moda antiga. Walmir Ayala, Tais.

Stories about love.

**F 59** Denser, Márcia, ed. and intro. Muito prazer: contos. Rio de Janeiro: Record, 1982. 98 pp.

Cecília Prada, A chave na fechadura. Cristina de Queiroz, As sensações totais. Judith Grossmann, Tanganica. Márcia Denser, O vampiro da alameda Casabranca. Marina Colasanti, Menina de vermelho, a caminho da Lua. Myriam Campello, A mulher de ouro. Olga Savary, O olhar dourado do abismo. Rachel Jardim, As urzes da Cornualha. Regina Célia Colônia, Sob o pé de damasco, sob a chuva. Renata Pallotini, Mulher sentada na areia. Sônia Coutinho, Hipólito.

Erotic stories by women authors. Note also the next item and the anthology edited by Jeferson de Andrade.

**F 60** Denser, Márcia, ed. O prazer é todo meu: Contos eróticos femininos. 2nd ed. Rio de Janeiro: Editora Record, 1985. 150 pp.

Cecília Prada, Sílvia. Cristina de Queiroz, Ardentia. Edla Van Steen, Intimidade. Judith Grossmann, O mundo de Anna Marland. Julieta de Godoy Ladeira, Concertos de natal. Lya Luft, Um rapaz comportado. Lygia Fagundes Telles, Apenas um saxofone. Márcia Denser, Tigresa. Myriam Campello, Cenas de sexo explícito. Nélida Piñon, O revólver da paixão. Olga Savary, Não a caida da sereia. Rachel Jardim, História de amor e de fé. Regina Célia Colônia, O planeta Gauguin. Renata Pallottini, A mulher sensual. Sônia Coutinho, Aventureira Lola. Sonia Nolasco Ferreira, As mil e uma noites. Tânia Jamardo Faillace, Diálogo na cama.

This and the previous item are the female counterparts to the anthology edited by Jeferson de Andrade.

**F 61** Dines, Alberto, et al. 20 histórias curtas. Rio de Janeiro: Antunes, 1960. x + 183 pp.

Alberto Dines, Press-Conference, Schmil e a política internacional, Paixão em Xique-Xique, Jacob e Rosalinda, Da arte de enviar flores. Esdras do Nascimento, A grande canção do mar, Feliz, doidamente feliz, O céu no chão, O chão no céu, Naufrágio com Maria-filha-de-João, A vizinha da tia do rapaz solteiro. Guido Wilmar Sassi, A ilha, Ronda, Um par de sapatos, Presença, Minha Nêga. Isaac Piltcher, Apenas plantas, e verdes, Do tamanho de um quarteirão, E pena, mas morrem, Todas as tumbas têm flores, O outro insepulto.

Younger writers.

**F 62** Engrácio, Arthur, ed. and intro. Antologia do nôvo conto amazonense. Manaus: Casa Editôra Madrugada, 1971. 139 pp.

Alencar e Silva, A jaula. Astrid Cabral, A agonia da rosa. Antisthenes Pinto, Muro de faces. Aluísio Sampaio, O espelho em frente. Arthur Engrácio, Aspero chão de Santa Rita. Benjamin Sanches, Touro Guarajá. Carlos Gomes, Rosa de carne. Erasmo Linhares, Beri-beri. Ernesto Penafort, Os peixes da chuva. Ernesto Pinho Filho, Conosco os ingênuos: aleluia! aleluia! Francisco Vasconcelos, O menino e a lei. Guimarães de Paula, Lapa, 1953. Getúlio Alho, Noturno da praça de São Sebastião. Jorge Tufic, Janela azul. Luiz de Miranda Corrêa, O Kyrie de Itaporanga. Luiz Ruas, A morta. Péricles Sanches, Tia Ema.

Stories from the state of Amazonas.

**F 63** Espírito Santo, Lúcio Emilio do, et al. Contos: V Concurso de contos de Carangola. N. p.: Centro de Difusão Cultural Padre Paschoal Rangel, n. d.

Lúcio Emilio do Espírito Santo, Aquarela verde-amarela ou idéias para montar um teatro de fantoches. Lauricy Belletti Rodriguez, Amor (im)perfeito. Yêda Schmaltz, As pessoas preferem Campari. Cícero Acaiaba, Carta de mãe sofrendo ou sonhos precoces de menino. Jandyra Prado Ferrari, Boi de arribada. Francisco de Morais Mendes, Sem muito interesse.

Cícero Acaiaba, Depois do enterro.  Lauricy Belleti Rodrigues, Ele e ela.  Shirley Pimenta, Cântico do rei corcunda.  João Ubaldo da Silva, Miúda, Assim como o sol das almas.  Silvio Azevedo Morando, As bolsas.

Stories from a contest.

**F 64** Fagundes, Antonio, et al. <u>Atores autores</u>. Intro. Doc Comparato. São Paulo: Clube do Livro, 1987. 148 pp.

Antonio Fagundes, Justiça seja feita.  Cláudio Cavalcanti, Bola preta.  Débora Duarte, Eu conto.  Imara Reis, A pesquisa.  Joana Fomm, Adultério.  Maria Lúcia Dahl, O monumento, as pracinhas.  Mário Lago, Ursa maior, ursa menor.  Paulo Autran, Resposta estupefacta a "uma mãe indignada."  Regina Duarte, Espera-marido.  Sura Berditchevsky, O homem que vendia bala.

Writings by actors.  The first text is a short play; the rest are prose narratives.

**F 65** Farah, Elias, et al. <u>Contos de repente</u>. Curitiba: Delfos Editôra, 1965. 124 pp.

Elias Farah, Cascos.  Adherbal Fortes Júnior, O homem do terno branco.  Jamil Snege, As luzes, O expresso.  Enock de Lima Pereira, Vidas anônimas.  Aylton Sisti, Zum-zum-ba-la-ê, a praça ou de como ser um passarinho.  A. de Ramos Cordeiro, Véspera de grande dia.  Luiz G. Mazza, O milagre, a necrópsia do anjo.  Jodat Nicolas Kury, Opção aos dez anos.  Nelson Padrella, Sinistra e dextra, esta ilha.  Moacyr Pereira, Eterno triângulo, As cartas demoram.  Hélio de Freitas Puglielli, Em tôrno do homem morto.  Renato Muniz Ribas, O destino de Humberto Rosa.  Walmor Marcelino, A verdade.  Renê Dotti, Quando conheci Sebastião de França . . . de como poderá ficar o homem . . . a liberdade é uma maravilha.  Altivo Ferreira, O colecionador.

No intro.

**F 66** Farah, Elias, et al. <u>7 de amor e violência</u>. Curitiba: KM, 1955. 164 pp.

Elias Farah, Primeiro de abril.  Valêncio Xavier, A greve.  Milton Volpini, Quem grita na escuridão.  Jodat Kury, A síria após o Atlântico.  Nelson Padrella, Baralho cortado a 7, A serraria.  Valmor Marcelino, Violenta paz imposta aos mortos.

Stories about love and violence.

**F 67** Faria, Alvaro, et al. <u>Contos e crônicas de vários autores</u>. Intro. Horácio de Almeida. Rio de Janeiro: Pongetti, 1973. 299 pp.

Alvaro Faria, Anjo decaído, O doente, O velho mestre.  Alfredo Moraes, O salteador, Riachuelo!  Andrade Bello, Uma história de vampiro.  Félix Aires, Conto.  Horacel Cordeiro Lopes, O passo de Maria Gomes.  Odilo y Plá de Carvalho, Incompatibilidade de gênios.  Yára Nathan, O ateu, O presente do filho morto.

Younger writers.

**F 68** Faria, Alvaro, et al. <u>Encontro de vários autores (Ficção)</u>. Rio de Janeiro: SEGRAFA, 1982. 131 pp.

Alvaro Faria, O homem que matou o papa, O prêmio, O caçador de gatos, As rosas, Cupido à Beira da estrada, O desejo nos olhos, O accidente.  Andrade Bello, O grande escritor.  António de Oliveira, O santeiro da Rua do Sol.  F. Ferreira da Silva, Natal triste.  Horácio de Almeida, Minha primeira causa.  Hugo Silva, Cristo esteve entre nós, Uma mulher decidida, O milagre, Superioridade racial, "Audaces fortuna juvat."  Irene de Albuquerque, Vende-se um apartamento, Retrato de Lúcia.  Júlia Freire, Flor do sertão.  Margarida Ottoni, O anel de sinhã, O baile de máscaras, A casa mal-assombrada.  Neide Martins, A desforra.  Nemécio Calazans, Miséria.  Vicente Guimarães [Vovô Felício], A casa.

No intro., but long notes on authors.

**F 69** Fischer, Osvaldo de Almeida, ed. <u>Contistas de Brasília</u>. Brasília: Dom Bosco, 1965. 170 pp.

Alphonsus de Guimaraens Filho, Seu Nestor.  Aluísio Vale, O indivíduo.  Anderson Braga Horta, Os olhos da virgem.  Anselmo Macieira, Sete anos de pastor.  Fonseca Pimentel, Pressentimento.  Arnaldo Brandão, Lua na Ala Norte.  Astrid Cabral, Dezembro, e floriam.  Carlos Castelo Branco, O filho.  Cyro dos Anjos, Morte no agreste.  Geraldo Lemos Bastos, A porta.  Joanir de Oliveira, Sortilégio.  João Falcão, Requiem.  José Augusto Guerra, Retorno.  José Godói Garcia, Solidão de Santa Brígida.  Mário Teles, A visita.  Pedro Luís Masi, O suicídio.  Samuel Rawet, O fio.  Romeu Robim, Morituri.  Ivone de Miranda, A desconhecida.  Almeida Fischer, O rosto.

Stories from Brasília, not long after its founding.

**F 70**  Fidélis, Guido, and Caio Porfírio Carneiro, eds.  <u>Amor à Brasileira</u>.  Intro. Caio Porfírio Carneiro.  São Paulo: Traço Editora, 1987.  117 pp.

Salim Miguel, Ou Herta, ou Irma, ou Ilse, ou ela, ou . . . Elias José, Dez historias de amor e desamor.  Ricardo Ramos, Os amantes iluminados.  Anna Maria Martins, O encontro.  Rodolfo Konder, Antes, o amor.  Guido Wilmar Sassi, Véu e grinalda.  Manoel Lobato, Amor.  Jair Vitória, A desconfiança.  Moacyr Scliar, Sonhos.  Amílcar Dória Matos, A sombra das canções encantadas.  Caio Porfírio Carneiro, A promessa.  Alciene Ribeiro Leite, Super homem.  Mécia Rodrigues, Akira.  Guido Fidélis, Vingança no carnaval.  Julieta de Godoy Ladeira, Verão de '85.  Alvaro Alves de Faria, Glorinha das Dores Paixão.  Roniwalter Jatobá, Meu amado Martiniano.  Márcia Denser, Amanda.  Fausto Polesi, O amor não escolhe seus heróis.  Sergio Faraco, No tempo do Trio Los Panchos.  Sílvio Fiorani, Amar foi minha ruína.  Everaldo Moreira Veras, A última página.

Stories about love, many written especially for this collection.  Photographs of the authors and bio-bibliographical notes are grouped at the beginning of the vol. after the intro.

**F 71**  Gallindo, Cyl, ed.  <u>Contos de Pernambuco</u>.  Recife: Fundação Joaquim Nabuco, Editora Massangana, 1988.  144 pp.

Aguinaldo Silva, Os acrobatas liam Júlio Cortazar antes de subir ao trapézio.  Amílcar Dória Matos, O espelho de Oxum.  Arnaldo Tobias, Pequena tragédia urbana.  Cyl Gallindo, Milagre no jardim da casa-grande.  Gilberto Freyre, Fred, O Tio Comandante.  Gilvan Lemos, Aranhas.  Hermilo Borba Filho, Mono.  Iran Gama, Fabiano da Encantação.  Jaci Bezerra, Nenhuma luz resplende no interior da fábula.  Joaquim Cardozo, Brassávola.  Ladjane Bandeira, O cavalheiro do Recife.  Lucilo Varejão, Os presentes de Natal.  Mário Souto Maior, Opereta.  Maximiano Campos, O sonho real.  Olímpio Bonald neto, Uma lembrança de flor.  Osman Lins, O pentágono de Hahn.  Ricardo Noblat, O Marquesão do desembargador ou os amores de Maria Félix e Amélia.  Waldimir Maia Leite, A morte do tema e do Cata-Vento.

Stories by published and unpublished writers from the state of Pernambuco.

**F 72**  Gallindo, Cyl, ed. and intro.  <u>O urbanismo na literatura: Contistas de Recife</u>. Rio de Janeiro: Livros do Mundo Inteiro, 1976.  334 pp.

Aguinaldo Silva, O nada jamais acontecerá.  Amilcar Dória Matos, Vulto na Praia.  Edilberto Coutinho, Rafael Donzela.  Eduardo de Lucena, Casa do eterno.  Flávio Guerra, Rua do encantamento.  Francisco Bandeira de Melo, A Senhora Danielle.  Gasparino Damata, Fábula.  Gastão de Holanda, Josias e a Imúeratriz.  Geraldo Falcão, Ao Gênero, com indiferença.  Gilvan Lemos, Eu me esbaldo, mas descubro o genialdo.  José Cavalcanti Borges, Coração de Dona Iaiá.  José Condé, Destino de Labão.  Leônidas Câmara, Por um momento de liberdade.  Luis Jardim, O castigo.  Mário Sette, Um sereno de casamento.  Rezende Filho, Os santos das Fortalezas de Ouro.  Mauro Mota, O criador de passarinhos.  Maximiniano Campos, A despedida.  Medeiros de Albuquerque, Tique-Taque.  Múcio Leão, A última viagem do Almirante Silva.  Olímpio Bonald Neto, Parábola da benemerência burguesa.  Osmar Lins, Um ponto no círculo.  Pelópidas Soares, Marta morta.  Sérgio Moacir de Albuquerque, Decisão.  Tereza Tenório de Albuquerque, Reencontro.  Valdo Coutinho, Um espelho na janela.  Cyl Gallindo, Um sonho de virgem para um mundo melhor.

Extensive intro. on the place of the city in Brazilian literature, especially in that of the northeast.

**F 73**  Galpi [Galdino Fernandes Pinheiro]. <u>Narrativas brazileiras</u>. 2nd ed. Rio de Janeiro: Typ. Leuzinger, 1897. 247 pp.

O pirata, Dolores, O beijo sacrilego, O baixão, Sertorio, Mulas sem cabeça, Gibuk, O sangue do vigario, Januario Garcia.

Stories apparently taken by Galpi from historical and popular sources.  No authors are listed.

**F 74**  Garcés, Cristóbal, ed.  <u>Narradores brasileños contemporáneos</u>.  Guayaquil: Cronograf, 1974.

Unable to annotate.

**F 75**  Gesteira, Sérgio Martagão, et al.  <u>Novos contistas: vencedores do VII Concurso Nacional de Contos do Paraná</u>.  Rio de Janeiro: Livraria Francisco Alves Editora, 1977.  228 pp.

Sérgio Martagão Gesteira, Crianças para doer, Formosa dos pára-quedas, A montanha do galo interrompido.  Souza Freitas, Ato adicional, Trama de Natal, A rota do morto, Agostinho Macedo, Matéria de primeira página, Amanhã é outro ano, Noite de Natal.  Drumond Amorim, Mercurocromo, Antes que matem o que resta dos mortos, Agenda.  Lourenço Diaféria, Como se fosse boi, A queda de Nefertites na grande noite, O imitador de passarinhos, Fernando Amaral, O projeto em vão do cientista vilão, A ilha, Província.

Stories from a contest.

**F 76**  Góes, Carlos Augusto de, et al.  <u>Contos</u>.  Intro. Armindo Pereira.  Rio de Janeiro: Livraria São José, 1971.  110 pp.

Carlos Augusto de Góes, Deus dá a Roupa.  Rejane Machado de Freitas Castro, Sombras.  Maria Elizabeth Leite Ribeiro, O Azul.  Maria Alice do Nascimento e Silva Leuzinger, O Papagaio Vermelho.  Margarida B. Ottoni, Sino de Belém.  Cyro de Mattos, Papo Amarelo ou longo curso da violência.  Carlos César Ribeiro Soares, Um Menino Contra o Mundo.

Stories from the "Prêmio Orlando Dantas" contest sponsored by the Instituto Nacional do Livro.

**F 77**  Goldberg, Isaac, ed., intro. and trans.  <u>Brazilian Tales</u>.  Boston: Four Seas, 1921.  149 pp.

Joaquim Maria Machado de Assis, The Attendant's Confession, The Fortune-Teller, Life.  José Medeiros e Albuquerque, The Vengeance of Felix.  Coelho Neto, The Pigeons.  Carmen Dolores [Emília Moncorvo Bandeira de Mello], Aunt Zeze's Tears.

Extensive (30 pp.) intro. on history of Brazilian literature, authors included, and the place of women in Latin American history and letters.

**F 78**  Gomes Benoit, Abelardo, ed., intro. and notes.  <u>Antología del cuento brasileño</u>. Lima: Instituto Latino-Americano de Vinculación Cultural, 1962.  217 pp.

Machado de Assis, Misa de gallo.  García Redondo, El testamento de Tío Pedro.  Lúcio de Mendoza, El huésped.  Arthur Azevedo, Un ingrato.  Lima Barreto, El hombre que sabía javanés.  Gaston Cruls, El absceso de fijación.  Mário de Andrade, Vestida de negro.  Ribeiro Couto, El primer amor de Antonio María.  Jorge Amado, La muerte y la muerte de Quincas Berrido Dágua.  Guimaraes Rosa, Duelo.  José María Moreira Campos, El preso.  Vasconcelos Maia, Sol.

One of few anthologies of Brazilian fiction in Spanish.

**F 79**  Gotlib, Nádia Battella, ed. and intro.  <u>Contos da terra do conto</u>.  Porto Alegre: Mercado Aberto, 1986.  175 pp.

Airton Guimarães, Mão única.  Alciene Ribeiro Leite, Doutor de alma.  Ana Cecília Carvalho, Eros e psique.  Antonio Carlos Braga, Peixe-Estrela.  Branca Maria de Paula, Linha 2902.

Carlos Herculano Lopes, No embalo da rede.  Cunha de Leiradella, Turistas são os outros.
Drumond Amorim, Xadrez.  Duílio Gomes, O sorriso fliperama.  Elias José, O plano.  Garcia
de Paiva, O sol na ponta dos dedos.  Ildeu Brandão, O colecionador de lágrimas.  Jaime Prado
Gouvêa, Concerto para berimbau e gaita.  Jeter Neves, Livre exercício de inquietação.  Júlio
Borges Gomide, Um dia um amor.  Kenneth Albernaz, Semente velha.  Lucienne Samôr,
Enxerto um.  Luiz Vilela, Para vocês mais um capítulo.  Manoel Lobato, Aula particular.
Maria Lysia Corrêa de Araújo, Apassionata, op. 21.  Murilo Rubião, A flor de vidro.  Oswaldo
França Júnior, As laranjas iguais (Três contos).  Sandra Lyon, Malditos sejam.  Sérgio Tross,
A cadeira que queria ficar em pé.  Wander Piroli, Minha bela putana.
Stories by younger writers from Minas Gerais.


**F 80**  Grieco, Donatello, ed. and notes.  <u>Antologia de contos brasileiros</u>.  Rio de
Janeiro: Editôra A Noite, 1942.  261 pp.  [2nd ed. 1953.]

Afonso Arinos, Joaquim Mironga.  Alberto Rangel, Obstinação.  Antônio de Alcântara
Machado, Gaetaninho.  Artur Azevedo, Um ingrato.  Darcí Azambuja, O contrabando.  Gastão
Cruls, G. C. P. A.  João do Rio, Encontro.  J. Simões Lopes, O negrinho do pastoreio, O boi
velho.  Lima Barreto, Clara dos anjos.  Machado de Assis, Uns Braços.  Mário de Andrade,
Túmulo, túmulo, túmulo.  Marques Rebelo, Na rua Dona Emerenciana.  Monteiro Lobato,
Negrinha, O fígado indiscreto.  Otávio de Teffé, O pão que o diabo amassa.  Ribeiro Couto,
Baiahinha.  Valdomiro Silveira, Ultima carpa.

Extensive notes on authors.


**F 81**  Grieco, Donatello, ed. and notes.  <u>O livro de bolso dos contos brasileiros</u>.  Rio
de Janeiro: Tecnoprint, 1964.  261 pp.
Contents are the same as the previous item.


**F 82**  Grossman, William L., ed., intro. and trans.  <u>Modern Brazilian Short Stories</u>.
Berkeley: University of California Press, 1967.  167 pp.

Raimundo Magalhães Jr., The Immunizer.  Mário de Andrade, It Can Hurt Plenty.  Rachel de
Queiroz, Metonymy, or the Husband's Revenge.  Marques Rebêlo, The Beautiful Rabbits.
Graciliano Ramos, The Thief.  Luís Jardim, The Enchanted Ox.  Antônio de Alcântara
Machado, Gaetaninho.  Aníbal Machado, The Piano.  Ribeiro Couto, The Bahian.  Dinah
Silveira de Queiroz, Guidance.  Aurélio Buarque de Holanda, My Father's Hat.  Marília São
Paulo Penna e Costa, The Happiest Couple in the World.  João Guimarães Rosa, The Third
Bank of the River.  José Carlos Cavalcanti Borges, With God's Blessing, Mom.  Darcy
Azambuja, At the Side of the Road.  Clarice Lispector, The Crime of the Mathematics
Professor.  Vasconcelos Maia, Sun.

Very uneven collection, including one of the greatest stories from Latin America
("The Third Bank of the River") and a number that are incredibly stupid.  There
should be something better available in English.


**F 83**  Guimarães Rosa, João, et al.  <u>Os sete pecados capitais</u>.  Coleção Vera Cruz,
Literatura Brasileira, 61.  Rio de Janeiro: Civilização Brasileira, 1964.  xviii + 268 pp.

João Guimarães Rosa, Os chapéus transeuntes (pride).  Otto Lara Rezende, A cilada (avarice).
Carlos Heitor Cony, Grandeza e decadência de um caçador de rolinhas (lust).  Mário Donato,
O canivete (anger).  Guilherme Figueiredo, De gula ad aennium silvarium (gluttony).  José
Condé, Crônica do que aconteceu ao beato Torquato M. de Jesus, na cidade de Caruaru,
Pernambuco, em 1927 (envy).  Lygia Fagundes Telles, Gabi (sloth).

Clever collection of stories on the seven deadly sins.


**F 84**  Haddad, Jamil Almansur, ed., intro. and notes.  <u>Novelas brasileiras</u>.  São Paulo:
Editôra Cultrix, 1963.  234 pp.

Anonymous, História da Donzela Teodora.  Bernardo Guimarães, Jupira.  Franklin Távora, Um
casamento no arrabalde.  Apolinário Pôrto Alegre, O vaqueano.  João Alphonsus, O
mensageiro.

Novellas. Extensive intro. and notes.

**F 85** Horta, Anderson Braga, et al. <u>O horizonte e as setas: contos</u>. Brasília: Dom Bosco/Gráfica Horizonte Editôra, 1967. 154 pp.

> Anderson Braga Horta, Inferno--ida e volta, Mulher de santo, Poisson au poison. Elza Caravana, Réquiem para um pioneiro, A decisão, Gaiola vazia, Passopreto. Izidoro Soler Guelman, Vitalina rediviva da sêca, Muda de mangueira, Gesto raro, A barca de Caronte, Conquista. Joanyr de Oliveira, Catequese, Um corpo, no ocaso, Roteiro do descaminho, Estátua de sonhos.

No intro. Writers from Brasília.

**F 86** Jardim, Rachel, ed. <u>Mulheres & Mulheres</u>. Rio de Janeiro: Nova Fronteira, 1978. 170 pp.

> Adélia Prado, Pungitivo, Sem enfeite nenhum. António Callado, Dona Castorina de Paissandu. Clarice Lispector, Devaneio e embriaguez duma rapariga. José J. Veiga, Dói mais do que quebrar a perna, As transas de dolores. Lygia Fagundes Telles, Você não acha que esfriou?, Apenas um saxofone. Mário Pontes, O último gesto. Cantiga para do carmo. Nélida Piñon, I love my husband, Ave de Paraíso. Murilo Rubião, Mariazinha, A noiva da casa azul. Rachel Jardim, Coração solitário, História de Eduarda. Pedro Nava, Dona Irifila, Bárbara Caetana.

Stories by women writers, and stories about women by men. No intro.

**F 87** Jofre Barroso, Haydée, ed. and intro. <u>Nuevos cuentos del Brasil</u>. Buenos Aires: Ediciones de la Flor, 1972. 186 pp.

> Jorge Amado, De cómo el mulato Porciúncula descargó a su difunto. Carlos Heitor Cony, Babilonia! Babilonia! o "receta de adulterio." Orígenes Lessa, Siete-tenedores. Clarice Lispector, Lazos de familia. Dinah Silveira de Queiroz, El cielo anterior. Ricardo Ramos, Las redes. Marques Rebêlo, Onofre el terrible, o la sed de justicia. Otto Lara Rezende, El molino. Lygia Fagundes Telles, Antes del baile verde. Dalton Trevisan, Visita a la profesora. Glauber Rocha, El dulce deporte del sexo (cómo se ama delante de millones de personas).

Good intro. and bio-bibliographical notes. Good selection of stories for Spanish speakers.

**F 88** Jorge, Miguel, ed. and intro. <u>Antologia do novo conto goiano</u>. Goiânia: Departamento Estadual de Cultura, 1972. 183 pp.

> Letícia Araújo, Diariamente: do transcorrer. Luís Araújo, A coisa de que eram feitos seus sonhos. Jesus Barros Boquady, Interlúdio escatológico. Maria Helena Chein, Do olhar e do querer. Braz José Coelho, O furto. Heleno Godoy, Alimento às cobras. Miguel Jorge, Baskara. Marieta Telles Machado, A doméstica. Carlos Fernando Magalhães, Johann Sebastian Bach: concerto em ré menor para cravo e cordas. Hélvio Antonio de Oliveira, Obsessão. Anatole Ramos, Por linhas tortas. Luis Fernando Valladares, Pulgas no film.

Stories from the interior state of Goiás.

**F 89** Kamache, José Gabriel, et al. <u>Nossos contos</u>. Intro. Ivan Cavalcanti Proença. Rio de Janeiro: Plurarte Editora e Distribuidora, 1982. 134 pp.

> Jorge Gabriel Kamache, Que dia azarado. Anabel Vilela, Reflexões no metrô. Roberto Carvalho Vivas, Chantagem. Arcésio Francisco de Oliveira Villela, Futebol na minha terra. Alvaro de Miranda Borges, A vitória de pirro. José Luiz da Cunha Fernandes, Quadrilátero. Sonia Cotrim da Cunha, Adágio. Grijalva Fonseca Filho, Uso externo. C. Rodrigues, O céu das andorinhas e a terra dos meninos. Ronaldo de Souza, Iniciação. Anabel Vilela, O inverno. Editora Silva de Moraes, Deolinda. Carlos A. Nobre de Miranda, Duas vizinhas. Roberto de Carvalho Vivas, Crises. Elaine Cunha e Silva, Donald em marte. Jandira Leite Titonel, A ceia. Regina Celi Alves da Silva, Um caso de amor. Luiz Gonçalves Tavares, Asa delta. C. Rodriques, O sonho da casa. José Muraldo Oliveira, A casa fantástica. José Luiz da Cunha Fernandes, Turismo faz a cabeça. Vera Lúcia Alves, Conflitos. André Fernando Senra Faria, Encontro macabro.

Stories from the Asbac contest in 1982. Proença's intro. is entitled "Gente nova (e boa) à vista."

**F 90** Lacerda, Nair, et al. <u>Os especiais: Contos brasileiros.</u> Intro. Torrieri Guimarães. São Paulo: Editora Soma, 1984. 142 pp.
> Nair Lacerda, Lucas, XV-26. Filadelfo P. de Souza, Vadiagem. Caio Porfírio Carneiro, O hóspede. Jorge Medauar, Os vermes. Torrieri Guimarães. Ricardo de Castro Carneiro, O pai. Marcos Rey, Pênalti! Virgínia Pezzolo, Canção para Isabel. António Carlos, A cruz de Caravaca. Fausto Polesi, Em defesa da honra. Guido Fidelis, A morte tem lábios vermelhos. Valdecírio Teles Veras, Sinal vermelho. Oswaldo Gomes Melantonio, A reserva moral. A. Marcéu, Um dia, o último. Luís Clério Manente. Sergio de Freitas, O Diagnóstico. Oswaldo Herrera, Reflexões. João Marcos Cicarelli. Mariazinha Congílio, Um homem de negócios. A. Magalhães Jr., A pizza do sábado. Raymundo Farias de Oliveira, Andarilhos. Onofre Lara, O trombadinha trombado.

From the intro.: "São 'especiais' não porque sejam assíduos às rodas literárias (nem sempre o melhor aval ao trabalho de um escritor), mas porque realizam sua arte pela arte."

**F 91** Ladeira, Julieta de Godoy, ed. and intro. <u>Espelho mágico: contos de contos infantis.</u> Rio de Janeiro: Editora Guanabara, 1985. 248 pp.
> Alvaro Cardoso Gomes, Fera. Caio Fernando Abreu, Os sapatinhos vermelhos. Dufilo Gomes, O soldadinho de chumbo. Edla Van Steen, A bela adormecida. Esdras do Nascimento, O Barba Azul de Ipanema. Flávio Moreira da Costa, O anãozinho de cabelos cor de fogo e a mulher muito branca. João Antônio, Guardador. Julieta de Godoy Ladeira, O patinho feio. Luiz P. Cardoso, A sereinha. Márcia Denser, Branca de Neve e os sete anões. Moacyr Scliar, O rei nu. Ricardo Ramos, A menina dos fósforos. Roniwalter Jatobá, O 25.º soldado. Sílvio Fiorani, Chapeuzinho Vermelho ou Os perigos de Albertina. Sinval Medina, O soldadinho de chumbo.

New adult versions of familiar children's stories, written especially for the occasion. The writers were allowed to choose what story they wanted to rewrite.

**F 92** Laus, Harry, et al. <u>Nove histórias reiúnas.</u> Rio de Janeiro: Biblioteca do Exército, 1956. 198 pp.
> Harry Laus, O coronel, Podalirio revoltado. A. J. de Figueiredo, O recruta e seu amigo macumbeiro. Xavier Placer, Um soldado. Rubens Mário Jobim, Escola regimental. Lúcia Benedetti, O regresso. M. Cavalcanti Proença, Nove anos de praça. Humberto Peregrino, Rufino ficou, Caderno de um adolescente.

Stories of army life.

**F 93** Lima Sobrinho, Barbosa, ed., intro. and notes. <u>Os precursores do conto no Brasil.</u> Panorama do conto brasileiro, 1. Rio de Janeiro: Editôra Civilização Brasileira, 1960. 296 pp.
> Justiniano J. da Rocha, A paixão dos diamantes, Um sonho. João Manuel Pereira da Silva, O aniversário de D. Miguel em 1828, Amor, ciúme e vingança, Um primeiro amor, Luísa, Maria, As catacumbas de S. Francisco de Paula. Firmino Rodrigues da Silva, Os três desejos. Um sonho. Josino do Nascimento Silva, Um enforcado, O carrasco, A prenda de casamento, Fui ao baile, Sou excritor dramático!, A freira. Francisco de Paula Brito, Mãe-Irmã, O enjeitado. Miguel do Sacramento Lopes Gama, A nova sociedade das senhoras viúvas. Luis Carlos Martins Pena, Um episódio de 1831, Uma viagem na barca de vapor, Minhas aventuras numa viagem nos Ônibus. Carlos Emílio Adet, Um ofício de Defunto e uma bênção nupcial. João José de Sousa e Silva Rio, O último suspiro, Virgínio ou a vingança de Nassau, A família desgraçada. Vicente Pereira de Carvalho Guimarães, Dois dias de viagem na província de Minas.

Contains extensive intro. Subsequent volumes in this series are listed under Cavalheiro, Magalhães and Monteiro.

**F 94**  Lispector, Clarice, et al.  <u>Contos</u>.  Rio de Janeiro: Livraria Francisco Alves Editora, 1974.  118 pp.

> Clarice Lispector, História de coisa. Lygia Fagundes Telles, A testemunha. Carlos Heitor Cony, Por vós e por muitos. Rubem Fonseca, Estigma de família. Sérgio Sant'Anna, A confraria. Luis Vilela, Feliz Natal. Otto Lara Resende, A pesca. J. J. Veiga, Memórias de um espião. Erico Veríssimo, Esquilos de outono. Moacyr Scliar, Nos subterráneos da Rua da Praia. Samuel Rawet, O alquimista. Leon Eliachar, O homem que me vendou a morte. Elsie Lessa, A volta. Adonias Filho, A lição.

No intro.

**F 95**  Lispector, Clarice, et al.  <u>Os melhores contos brasileiros de 1973</u>.  Porto Alegre: Globo, 1974.  226 pp.

> Clarice Lispector, A partida do trem. Hermilo Borba Filho, O almirante. Ieda Inda, O arquiteto ou Encantamento da sexta-feira santa. Ildeu Brandão, O colecionador de lágrimas. José J. Veiga, In memoriam de Emanuel Valpinges. Luís Vilela, A volta do campeão. Lygia Fagundes Telles, A estrutura da bolha de sabão. Mafra Carbonieri, A família. Murilo Rubião, Epidólia. Nélida Piñon, Cortejo do Divino. Ricardo Ramos, Circuito fechado. Rubem Fonseca, Passeio noturno. Sérgio Santana, Notas de Manfredo Rangel. Victor Giúdice, O arquivo.

No intro.  Another volume is listed under F 188.

**F 96**  Lopes, Moacir Costa, ed. and intro.  <u>Antologia de contistas novos</u>.  Rio de Janeiro: Instituto Nacional do Livro, 1971.  2 vols.  235 + 191 pp.

> Vol. 1: Antonio Carlos Braga, Fábula, Ausência. Barros Pinho, Espanto de Zefirino no dilúvio de Santa Bárbara, Faceirice da burra sabiá nos alegres do zeca do bonário. Carlos A. de Medeiros, E tem a forma de uma harpa, Ivo viu a ave. Carlos Roberto Pellegrino, Relatório, Do lado da lá. Carlos de Sá, Estória de Nuno Alves, o marujo sem coração, Depois do crime. Cláudio de Souza Barradas, A'ime, as minhas últimas. Farida Issa, O único amor, A communidade. Flavio Moreira da Costa, Entre santos e soldados. Geraldo Sobral de Lima, Vida mulher, O velho do guarda-chuva amarelo. Gilson de Moura, Salomé, Eva, Antônio, Serpente e o Arcanjo São Gabriel, que nos expulsou do paraíso, Craaaash. Humberto Werneck, Febre aos trinta e nove degraus, Vaga-lume. J. Arthur Bogéa, A dança das estátuas, Os subterrâneos da noite. Jaime Prado Gouvêa, A noite grande, Samambaia. José Márcio Penido, O Séquito, A chave no escuro. Luiz Carlos Machado, O buraco e a caixa. Luís Gonzaga Vieira, Coda, Elefante. Luiza Lôbo, De como me transformei em repasto de morcegos malvados.
> Vol. 2: Maria da Conceição Paranhos, Frio na terra. Maria Helena Coelho, Uma mulher, Elisa Menina Elisa mulher. Mauro José Costa, Bibdz, O Conde Astor e o centauro Felisberto. Myriam Campello, O ritual, Rebelião. Nonato de Brito, Ouro e sexo, Ultima cartada. Pedro Aleyr Beccari, Depoimento de Madrugada, O passeio. Robério Toscano, A transformação, A palavra perdida. Roberto Grey, Pais finados. Roberto Reis, Sediva, Fracasso. Ronaldo Campos Vieira, Mais um. Ronaldo Periassu, As aventuras de Jorgom Klim, Circo círculo circular. Sérgio Danilo Farah, O trajeto, Diário de um Exito. Sérgio Sant'anna, A fome, O sobrevivente. Sérgio Tross, Fantasia em coda. Tânia Maria Amaral Marinho, Era, De João. Vanêde Nobre, Corpo-memória, corpo-consciência, Conto no. 1 (A espiral). Victor Giudice, O banquete, O arquivo. Wilson Nunes Coutinho, O Caçador de Baleia.

In order to include younger writers from all over the country, the advice of older writers in the various states was requested.  Rather sappy intro.

**F 97**  Lousada, Wilson, ed.  <u>Contos de carnaval</u>.  Rio de Janeiro: Tecnoprint, 1965.  366 pp.

> Lima Barreto, Cló. Anibal Machado, A morte da porta-estandarte. Ribeiro Couto, O bloco das mimosas borboletas. Antônio de Alcântara Machado, O mártir Jesus Senhor Crispiano B. Adalgisa Néri, Dois mascarados. Marques Rebelo, Uma senhora. Raimundo Magalhaes Júnior, A rainha do rancho. Francisco Inácio Peixoto, Embaixada da Concórdia. Raquel Crotman, O bloco.

**F 98** Lucas, Fábio, ed. and intro. <u>Contos da repressão.</u> Rio de Janeiro: Editora Record, 1987. 150 pp.

Ivan Angelo, A casa de vidro. Mafra Carboniere, Intransitivo, Tônio Olivares. Flávio Moreira de Costa, Saindo de dentro do corpo, Manobras de un soldado. Rubem Fonseca, Feliz ano novo, O cobrador. Júlio Borges Gomide, Um trio numa melancia, Outra vez a mesma história. Manoel Lobato, O subersivo, Medo. Garcia de Paiva, Comunicação, A gente vai caçar o que pacopai? Nélida Piñon, O jardim das oliveiras. Wander Pirollli, Os camaradas, Lá no morro. Ricardo Ramos, Um guaraná para o general. Moacyr Scliar, Cão, Os Leões. Deonísio da Silva, Investigaçoes sem nenhuma suspeita, Bandidos.

Stories about the military period. Excellent intro. on the impact of institutional violence on society.

**F 99** Machado, Aníbal, et al. <u>O melhor do conto brasileiro. I.</u> Rio de Janeiro: José Olympio Editora, 1979. 92 pp.

Aníbal Machado, Tati, a garota, A morte da porta-estandarte. Josué Montello, Vidas apagadas, Numa véspera de Natal. Lygia Fagundes Telles, As formigas, A mão no ombro. Orígenes Lessa, 12 viuvas, enfermos e encarcerados, O Esperança Futebol Clube.

Brief intro. indicates that the second vol. (not found) will include Guimarães Rosa, Marques Rebelo, Alcântara Machado, Peregrino Júnior and Paulo Mendes Campos.

**F 100** Machado, Arlete Nogueira da Cruz, et al. <u>Contos maranhenses.</u> São Luis: Departamento de Cultura do Maranhão, n. d. (197?). 141 pp.

Arlete Nogueira da Cruz Machado, O itinerário. Bernardo Bello Tajra, Um rosto de ontem. Edson Carvalho Vidigal, O investidor. Erasmo Dias, Maria Arcângela. Fernando Otávio Moreira Ribeiro da Cruz, A morte do coronel. Jomar da Silva Moraes, A noite do perdão. Jorge Nascimento, Olhos para a rainha. José Sarney Costa, O camarista Bertoldo da Câmara do Vai-Quem-Quer. Luís Franco de Oliveira Melo, As pernas. Nascimento Morais Filho, Esperando a missa do galo. Reginaldo Carvalho Telles de Sousa, O retrato do meu avô. Ubiratan Teixiera, Vela ao crucificado.

Stories from the northern state of Maranhão. José Sarney later became president of Brazil.

**F 101** Madeira, Antenor Pimenta, et al. <u>O folclore da Caixa: contos.</u> Intros. Luis Fernando Veríssimo and Gil Gouvêa Macieira. Brasília: Caixa Económica Federal, 1984. 322 pp.

Antenor Pimenta Madeira, A caixa de Pandora, E pato ou galo? Waldir de Luna Carneiro, Nasce um gerente, Cargo de confiança, Pé-de-meia. Walter Bazílio, Aposentados. Alda Alvares Torres Botelho, Aconteceu em setembro. Carlos Alberto Medeiros Nóbrega, Promessa é dívida. Cesar Benvenuto Palvarini, Cérebro eletrônico. Dan Alves Pereira, Garimpo: esse mundo encantado que a Caixa conquistou. Edmundo Magadouro, Armas e bagagem. Fernando Antonio Lima de Mello, Cobra Coral de Alagoas. Florival de Assis Pereira, Palmares, palmário, palmério e poupança. José Roberto da Silva Fonseca, E do Penhor? Lotário Neuberger, A Quina. Luiz Manoel da Silva Oliveira, Alforria. Manoel Crisóstomo Silva, Financiando a liberdade. Mário Medeiros Júnior, Mangabeira, o presidenciável. Miguel Angelo Garavello, A senha. Paulo Roberto Machado da Silveira, O Pattho (Aventuras de um estafeta). Regina Celi de Oliveira Tavares, Pelos caminhos de Minas. Zeni Isquierdo Danelon, O caso da velha da verruga.

Contains 25 stories selected in the Concurso Prêmio Literatura da Caixa. One of the criteria used in the judging was that the stories should reflect the activities of the bank.

**F 102** Magalhães, Manoel Vilela de, and João Emílio Falcão, eds. <u>Horas vagas: contos.</u> Coletâneas. Brasília: Senado Federal, 1981. 2 vols. 224 + [?] pp.

Vol. 1: Aderbal Jurema, Memorando ao solitário das galáxias. Aureo Mello, Milagre de Natal. Audálio Dantas, Encalhe en el puerto. Caio Pompeu de Toledo, Nós e a bolha de sabão.

Edson Vidigal, Do enviado especial. Ernani Satyro, Carlinhos. Francisco Rollemberg, "Seu" Ricardo de Arelina. Hugo Napoleão, O espectador da poltrona no. 15. Israel Dias-Novaes, O último populista. Jarbas Passarinho, O planejador. Joacil Pereira, A vingança de Cajuaba. João Cunha, Prometeu. J. G. de Araújo Jorge, As três camas. Jorge Kaluma, Rio Acre. José Sarney, O cavalo Graúna. Luiz Cavalcante, Soldado sem número. Murilo Badaró, A adoção. Nelson Carneiro, Agapito Durão. Nelson Omegna, O antropófago. Osvaldo Macedo, A morte do alcagüete que vestiu farda de sargento. Raymundo Diniz, Aconteceu de repente. Tarcísio Delgado, Marginal. Valdon Varjão, Geminiano e Luciana.

Vol. 2: Alan Viggiano, Zé Sanfona e un calafate Juão. Anderson Braga Horta, Jardineira. Carvalho França, Sopa de milho. Emanuel Medeiros Vieira, Cemitério alado. Esmerino Magalhães Jr., Malvadeza. Goiano Braga Horta, O homem que não existia. J. Alencar C. Aires, Os candangos, o Planalto ou a trilha dos retirantes. Joanyr de Oliveira, A catequese ou feliz 1953. José Augusto Guerra, Depois do anúncio. José Paulo Silva, Noventa e seis. Júlio César Roffé, O anúncio. Leda Maria Cardoso Naud, História. Martônio Araújo, A velha. Nilto Maciel, Detalhes interessantes da vida de Umzim. Paes Ribeiro, Doutora Burocracia. Pedro Braga, Exílio. Romeu Jobim, Amanhã cedo é primavera. Salomão Sousa, Jogo. Alencar Monteiro, Ninho de arara. Aluísio P. Valle, O crachá dourado. Esaú A. de Carvalho, Compulsória. Frota Neto, Apostasia do cromo. João Emílio Falcão, A moeda de ouro. José Hélder de Sousa, No dia da Natividade. Lustosa da Costa, Judite e o doutor Leite. Rejane Formiga, Profissão: Paraíba.

Stories by members of the Brazilian congress (first volume) and employees of and journalists assigned to that body (second volume). The title is unintentionally humorous given the notorious inefficiency of the Brazilian legislature.

**F 103** Magalhães, Raimundo, Jr., ed. and intro. <u>O conto da vida burocrática</u>. Panorama do conto brasileiro, 11. Rio de Janeiro: Civilização Brasileira, 1960. 299 pp.

Machado de Assis, O caso Barreto. Domício da Gama, Cônsul. Lúcio de Mendonça, O indício. Artur Azevedo, O velho Lima. Lima Barreto, Agaricus autitae. Monteiro Lobato, Suplício moderno. Viriato Correia, Os três relógios. Adelino Magalhães, Fifinho, autoridade. Ribeiro Couto, D. Teodorinha. Graciliano Ramos, Dois dedos. Ernâni Fornari, O fiapo. Orígenes Lessa, Passatrês. Marques Rebelo, Onofre, o terrível ou A sede de justiça. Aurélio Buarque de Holanda, João de Neves e o condutor. Moreira Campos, Dona Adalgisa. Fran Martins, Mar oceano. Nélio Reis, Contos dos bosques de Viena. Almeida Fischer, Suspeita. Otto Lara Rezende, O lado humano. Murilo Rubião, O ex-mágico da taberna minhota. José Stênio Lopes. Josué Montello, A aposentadoria.

Stories about bureaucracy.

**F 104** Magalhães, Raimundo, Jr., ed. and notes. <u>O conto do Norte</u>. Panorama do conto brasileiro, 5, 5A. Rio de Janeiro: Civilização Brasileira, 1959. 2 vols.

Vol. 1: Domingos Olímpio, Redivivo. Inglês de Souza, O gado do Valha-me-Deus. Artur Azevedo, A conselheira. José Veríssimo, A lavadeira. Aluísio Azevedo, Fora de horas. Xavier Marques, Vocação contrariada. Oliveira Paiva, A melhor cartada. Coelho Neto, Banzo. Adolfo Caminha, O noviço. Medeiros e Albuquerque, Tique-taque. Antonio Sales, O almoço. Alberto Rangel, O imaginário. Carlos Dias Fernandes, Sinfrônio e Agripa. Tomás Lopes, Amores. . . amores. Oscar Lopes, O rio. Viriato Correia, O outro. Policarpo Feitosa, Um depósito de coisa fungível. Mário Sete, A professora. Humberto de Campos, O seringueiro. Téo Filho, O idílio impossível. Graciliano Ramos, A testemunha. Ranulfo Prata, O crime do coronel. Barbosa Lima Sobrinho, Sertanejos. Herman Lima, Ressaca. Peregrino Júnior, Puçanga.

Vol. 2: Osvaldo Orico, Ultima aventura de Simão Sampaio. Luís Jardim, O ladrão de cavalo. Dr. Martins de Oliveira, Cheia grande. Dias da Costa, Decisão. Braga Montenegro, Uma chama ao vento. Aurélio Buarque de Hollanda Ferreira, A primeira confissão. José Carlos Cavalcanti Borges, Coração de D. Iaiá. Humberto Peregrino, Experiências. Jorge Amado, História do carnaval. João Clímaco Bezerra, O banho. Fran Martins, João Redondo. Moreira Campos, Lama e folhas. Josué Montello, O orador. Herberto Sales, A emboscada. Gasparino Damata, O segredo. Joel Silveira, Há olheiras entristecendo a serra do Boeiro. José Condé,

Chão de Santa Rita. Aluísio Medeiros, O navio. Carlos Castelo Branco, Conto de Belém. Eduardo Campos, O tocador de bombo. Vasconcelos Maia, A grande safra. Ledo Ivo, O ministro. Osman Lins, Os gestos. Ricardo Ramos, Dominguinhos. Raimundo de Souza Dantas, Psicologia do enfermo. Homero Homem, Xarias e canguleiros. Stories from the various northern states.

**F 105** Magalhães, Raimundo, Jr., ed. and notes. <u>O conto do Rio de Janeiro</u>. Panorama do conto brasileiro, 7. Rio de Janeiro: Editôra Civilização Brasileira, 1959. 341 pp.

Part I: França Júnior, Platonismo. Machado de Assis, Noite de almirante. Visconde de Taunay, Cabeça e coração. Luís Guimarães Júnior, O nome do menino. Carmen Dolores, O caso do Louzada. Garcia Redondo, Três charutos. Papi Júnior, As pastilhas do Imperador. Valentim Magalhães, Teorias. Júlia Lopes de Almeida, Final do ato. Olavo Bilac, O crime. Lima Campos, Agonia da carne. Gonzaga Duque, Confirmação. Pedro Rabelo, Caso de adultério. Mário de Alencar, Januário. Magalhães de Azevedo, Na vida real. Tristão da Cunha, As surprésas de Robespierre Pereira, sonhador. Lima Barreto, Cló. João do Rio, A fada das Pérolas. Roberto Gomes, Os camundongos. Roquette Pinto, O homem triste. José do Patrocínio Filho, Tântalo. Gastão Cruls, O abscesso de fixação. José Geraldo Vieira, Uma operação gratuita. Marques Rebêlo, Circo de coelhinhos. Dirceu Quintanilha, Guilhermino. Part II: Visconti Coaracy, O mêdo. Lúcio de Mendonça, Luís da Serra. Alberto de Oliveira, Fio de ouro. Domício da Gama, Conto de verdade. Raul Pompéia, As festas de reis de minha prima. Alcindo Guanabara, Cinzas frias.

Divided in two parts: "Contistas cariocas" and "Contistas fluminenses" (separating writers from the city of Rio de Janeiro from those from the state of the same name).

**F 106** Magalhães, Raimundo, Jr., ed. and notes. <u>O conto feminino</u>. Panorama do conto brasileiro, 10. Rio de Janeiro: Civilização Brasileira, 1959. 359 pp.

Adalgisa Néri, Dois mascarados. Adelina Lopes Vieira, A vaidade! A vaidade! Caci Cordovil, Uma carta. Carmen Dolores, Um drama na roça. Chrysanthème, As saudades. Clarice Lispector, Os laços de família. Corina Coaraci, Amores mortos. Dinah Silveira de Queiroz, A moralista. Elsie Lessa, Enfermaria de 3a. Emi Bulhões Carvalho da Fonseca, Ele e Napoleão. Eneida de Morais, Ciclo entre oceanos, mares e rios. Fernanda Lopes de Almeida, Luciana ciclotímico. Florence Bernard, O areal. Helena Silveira, Aída Arouche Magnocavallo. Heloneida Studart, A aula de Geografia. Iracema Guimarães Vilela, A primeira consulta. Júlia Lopes de Almeida, Cenas de comédia. Lia Correia Dutra, A finada D. Aninhas. Lygia Fagundes Telles, A confissão de Leontina. Lúcia Benedetti, Chimango. Lúcia Miguel Pereira, Apólogo. Maria Eugênia Celso, Orgulho ou covardia? Maria José Dupré, Nobreza. Maria Vanderlei Meneses, Uma história de Lampeão. Mercedes Dantas, Potranca. Morena Flores, O espelho de Narciso. Nair Lacerda, Nhá Colaquinha, cheia de graça. Raquel Crotman, O bloco. Raquel de Queirós, Metonímia ou a vingança do enganado. Rosalina Coelho Lisboa, O extraordinário relógio. Teresinha Eboli, O internato.

The odd consequence of making a volume of women writers within a multi-volume set called <u>Panorama do conto brasileiro</u> is that there are very few stories by women writers in the other volumes.

**F 107** Magalhães, Raimundo, Jr., ed. <u>O diabo existe? Uma antologia clássica das melhores histórias diabólicas de todos os tempos</u>. Rio de Janeiro: Artenova, 1974. 212 pp.

Brazilian writers included are: Machado de Assis, A igreja do diabo. João Ribeiro, A cerca do diabo. Júlio César da Silva, O diabo existe. Rubem Braga, Eu e Bebu na hora neutra da madrugada. Macedo Miranda, A doce Tijuca.

Stories about devils and deviltry.

**F 108** Magalhães, Raimundo, Jr., ed. and intro. <u>Seleção de contos do norte</u>. Rio de Janeiro: Tecnoprint, 1967. 2 vols.

Same contents as Magalhães's earlier <u>O conto do Norte</u>.

**F 109** Magalhães, Raimundo, Jr., ed. and intro. <u>Seleção de contos femininos</u>. Rio de Janeiro: Tecnoprint, 1967. 373 pp.
Same contents as Magalhães's earlier <u>O conto feminino</u>.

**F 110** Maia, Vasconcelos, and Nelson de Araujo, eds. and notes. <u>Panorama do conto baiano</u>. Salvador: Livraria Progresso Editôra/Imprensa Oficial da Bahia, 1959. 253 pp.

> Adonias Filho, O brabo e sua índia. Ariovaldo Matos, A dura lei dos homens. Armando Pacheco, El aprendiz de toreador. Camillo de Jesús Lima, A caçada do Coronel. David Salles, Atrás, a madrugada. Dias da Costa, Alucinação. D. Martins de Oliveira, Cheia grande. Flávio Costa, O velho Souza. Gilberto Savastano, Negra Sebastiana. Glauber Rocha, A retreta na praça. Hélio Pólvora, O violão e a bicicleta. Hélio Vaz, Só. Herberto Sales, A emboscada. Hildegardes Vianna, A sonsa. James Amado, A rosa. João Martins, Vôo de Natal. João Palma Neto, Luci. João Ubaldo Ribeiro, Lugar e circunstância. Jorge Amado, História do carnaval. Jorge Medauar, O fação na bainha. José Pedreira. Luís Garboggini Quaglia, O menino e o peixe. Luís Henrique, A noite do homem. Nelson de Araujo, Os girassóis, o tempo. Nelson Gallo, Bahia antiga. Pedro Moacir Maia, O disco. Santos Morães, Caçador de borboletas. S. Maron, O homem de janela, a cavaleiro. Sodré Martins, A corda. Vasconcelos Maia, Morte.

The first such anthology in the state of Bahia, according to the brief intro.

**F 111** Malheiros, Alvaro, et al. <u>Histórias do acontecerá</u> 1. Ficção Científica GRD, 12. Rio de Janeiro: GRD, 1961. 137 pp.

> Alvaro Malheiros, Nata. André Carneiro, A organização do Dr. Labuze. Antonio Olinto, O desafio. Clóvis Garcia, O paraiso perdido. Diná Silveira de Queirós, Ma-Hôre. Rui Jungmann, A idade da razão. Zora Seljan, Maternidade.

Science fiction.

**F 112** Mansur, Gilberto, and Marisa Philbert Lajolo, eds. <u>Contos jovens</u>. São Paulo: Brasiliense, 1973-74. 4 vols. 51 + 67 + 56 + 44 pp.

> Vol. 1: Vivina de Assis Viana, Internato. Sérgio Tross, Que bom, que bom, lá vem ele outra vez coçando suas feridas. Hamilton Trevisan, Cena. Fernando Portela, Moça vira tocha humana. Machado de Assis, Cantiga de esponsais. Antonio Carlos Braga, Na mão escura do meu pai. Denise Guimarães Bottman, Da origem de Numbakula. Wander Piroli, A mãe e o filho da mãe. Ildeu Brandão, Gavião de penacho. Moacyr Scliar, Nós, o pistoleiro, não devemos ter piedade. Luiz Vilela, Preocupações de uma velhinha.
>
> Vol. 2: João Antonio, Afinação da arte de chutar tampinhas. Maximiano Campos, O rei, o cangaceiro e o astronauta. Luiz Vilela, Amanhã eu volto. Ricardo Ferraz Vespucci, O local do acidente era o meu lugar. Roberto Grey, Pais finados. Wilson Rio Apa, A alegria da Doca . . . Ah! A alegria da Doca. Antonio Carlos Braga, O domingo vai bem. Antonio Milton da Silva, O menino que achou um arco-iris. Lima Barreto, A nova Califórnia. Dirceu Câmara Leal.
>
> Vol. 3: Moacyr Scliar, Os leões. Ricardo Ramos, O terceiro irmão. Monteiro Lobato, O colocador de pronomes. José Francisco Rezek, A cavalgada. Giselda Laporta Nicolelis, Os morangos. Wander Piroli, Menos um. Victor Giudice, O arquivo. Judith Patarra, Duas histórias de serventes. Cícero Bottino, Na casa do vizinho. Woile Guimarães, O alemão e a negadinha, uma história de rejeição. Artur Oscar Lopes, Notícias. Murilo Rubião, O exmágico.
>
> Vol. 4: Jaguar, O dia em que os jacarés invadiram Nova York. Ignácio de Loyola, Dia das Mães--A melhor oferta quem faz é. Wilson Nunes Coutinho, O caçador de baleia. Rui Espinheira Filho, Semelhanças. Sérgio Tross, Cartões postais. João Paulo Farkas, Pequeno esboço biográfico em forma de depoimento voluntário. Joel Rufino dos Santos, Crime. Salvador dos Passos, Divinão amigo fiel. Rubem Mauro Machado, Dois inimigos. Viviana de Assis Viana, A coisa melhor do mundo.

Stories for young people.

**F 113** Mariotti, Humberto, et al. <u>Os Vencedores--1978</u>. São Paulo: McGraw-Hill do Brasil, 1978.

> Humberto Mariotti, No fundo, no fundo, Horário de expediente, Túnel. Flávio Moreira da Costa, O triste fim de Neizinho Copacabana, O malandro invisível, As manobras. Idelma Ribeiro da Faria, O vesido, Um chamado na hora intranqüila, Escola de heróis. Nelson Padrella, Meninos e retratos, A montanha azul, O fauno doente. Jeter Neves, Memória desfigurada, Bar e restaurante Suez, Fratura exposta. Renato Modernell, O eclipse, E Ramão, que fim terá levado?, Debaixo desse capuz preto. Júlio Borges Gomide, Outra vez a mesma história, Mais uma experiência frustrada, O dia mais quente do verão.

Stories from the eighth Concurso Nacional de Contos do Paraná.

**F 114** Martins, Julio César Monteiro, et al. <u>Histórias de um novo tempo</u>. 2nd ed. Rio de Janeiro: Editora Codecri, 1977. 112 pp.

> Julio César Monteiro Martins, Crocidura drama, O método. Luiz Fernando Emediato, A perna, Longe da terra. Domingos Pellegrini Jr., Mãe, A maior ponte do mundo. Caio Fernando Abreu, Divagações de uma marquesa, Sim, ele deve ter um ascendente em Peixes. Jeferson Ribeiro de Andrade, Os filhos são os desesperados, Morte e angústia para quem tem fome. Antonio Barreto, Sujo de bosta, Radinho de pilha.

The writers were all about twenty at the time of publication.

**F 115** Martins, Luiz, ed. and intro. <u>Obras-primas do conto de suspense</u>. São Paulo: Martins, 1966. 289 pp.

> Brazilian writers included are: Machado de Assis, A chinela turca. João do Rio, As aventuras de Rozendo Moura. Monteiro Lobato, Boca-torta. Luiz Lopes Coelho, A magnólia perdida.

Horror stories.

**F 116** Mattos, Amílcar Dória, et al. <u>Paixões e vícios: antologia de contos</u>. Intro. Torrieri Guimarães. São Paulo: Editora Soma, 1980. 205 pp.

> Amílcar Dória Mattos, Avante, Palmeiras! Newton Belleza, Perde-ganha. Ana Lúcia Travassos Romano, Visto do lado de dentro, visto do lado de fora. Cidoca da Silva Velho, A compra da irmãzinha. Benjamim Soares de Azevedo, Maneco Santana. Geraldo Quartim, O menino verde. Onofre Lara R. Garcia, Os dois Joões. Yvone Rousseau, Cinderela de Grão Mogol. Dário Ambrósio, Posso trazer a galinha? Humberto Antunes Madureira, Os enviados do senhor. Alberto Tarquínio Rossi, Natal rubro. Maria Vera Siqueira, Milagre de Santo Antonio. Daniro Pio, Em família, Verão quente. Moacir Capelini, Clínica de Arreios. Paolo Andreoni, Conto a um autor que nunca nasceu. Onésio da Motta Cortez, Milagre das hóstias. José Benedito Gomes de Oliveira, O peixe. Manoel J. Cardoso, Vôo cego. Lenita Miranda da Figueiredo, O naufrágio. Sebastião Porto, Um sargento chamado Benedito. Wilson de Araújo Abreu, A outra Inge. Olavo Baruel Martins, Alguém telefonou? Darci Garreto Alves Pazelli, Corneteiro. Albino Gonçalves Ramos, Homem para lá, mulheres para cá. Vicente Goulart Tozzi, A eleição municipal. Leonilda A. Verpa, Uma rosa vermelha para Elisa! Celina Moreira, Gratidão. Edson José Amancio, O idiota. Pedro Luiz Pereira, Esperando Walkíria. Valdeci Maurício Barbosa, Certo no alvo.

Rather miscellaneous collection from what looks like a vanity press.

**F 117** Mattos, Cyro de and Hélio Pólvora, eds. and intro. <u>Antologia de contos brasileiros de bichos</u>. Rio de Janeiro: Edições Bloch, 1970. 257 pp.

> Darcy Azambuja, Boi carreteiro. J. Simões Lopes Neto, O boi velho. Valdomiro Silveira, O saudade. Carlos Drummond de Andrade, Meu companheiro. Dias da Costa, O cachorro Au-Au e outros cachorros. José Condé, O cachorro. Monteiro Lobato, Tragédia dum capão de pintos. José Cruz Medeiros, O cavalo Miranda. Orígenes Lessa, Valente. Raimundo Magalhães Júnior, O cavalo do imperador. Marquês Rebelo, Circo de coelhinhos. Clarice Lispector, Uma galinha. Hugo de Carvalho Ramos, A alma das aves. Hélio Pólvora, Os galos

da Aurora. Jorge Medauar, Hércules. João Alphonsus, Sardanápalo. Otto Lara Rezende, Gato, gato, gato. Adonias Filho, O carcará. Herberto Sales, King. Francisco Inácio Peixoto, Bapo. Graciliano Ramos, Minsk. Coelho Neto, Os pombos. Inglês de Sousa, O gado do valha-me-Deus. João Guimarães Rosa, Seqüência. Nélida Piñon, Vaca bojuda.

Clever anthology of stories about animals. The stories are grouped in alphabetical order by name of animal.

**F 118** Mattoso, Glauco, and Nilto Maciel, eds. Queda de braço: Uma antologia do conto marginal. Rio de Janeiro: Club dos Amigos do Marsaninho/Movimento de Intercâmbio Cultural, 1977. 302 pp.

A. Rosemberg, A visita, Um mosquito na boca da amante. Adrino Aragão de Freitas, A bruxa, Transparência do poeta. Airton Monte, Da sinistra aparição em cena do mascote Manoel Lombinho. Alciene Ribeiro Leite, Vinte anos de Amélia. Alda Abrantes Cabral, Joel dos Juazeiros. Almir de Vasconcellos, Ovo. Angela José, Na Pavuna. Benicio Medeiros, Dia de visita. Carlos Emílio Corrêa Lima, A louca e frenética aparição e desaparição da doida e do doido na véspera da tomada de Fortaleza pelos alemães no ano da desgraça de mil novecentos e quarenta e três descrita na forma de previsão memoriada e em hora de urbana e cósmica confusão. Carlos Eugênio Baptista, Penhasco, Poste de escuridão. Celso Eduardo Moliterno Franco, Amores azuis. Cineas Santos, Até amanhã, Como antigamente. Dionísio Pereira Machado, Despautério. Domingos Rimoli, Janelinha. Eduardo Dobbin, Um estranho na casinha do cachorro. Edvar Costa, Registro de queixa. Fernando Tatagiba, Perplexidade. Firmino Martins Galvão, A mulher, Black-out. Francisco Sobreira Bezerra, O atestado. Glauco Mattoso, Fluxodrama, O eutanazista, O latifundiário. Helenara, A sorte troca de cara. Hélvio Antônio de Oliveira, Solução. Hugo de Almeida Souza, Documento, Domingo não precisa. Idalécio Vitter Moreira, A explicação, Tenório. Jackson Sampaio, duas identidades em torno do mesmo objeto. João Bosco Sobreira Bezerra, O chapéu. João Carlos Duarte de Melo, Horas e amigos. Jolivaldo Freitas, Acauã poluido. Jorge Medauar Jr., Brincar de morrer. José Antunes de Lima, A hora do réptil. Julio César Monteiro Martins, A triste tromba de Enedino Enéias. Lúcia Afonso, Diário de um prisioneiro. Luiz Fernando Emediato, Emanuel, Na torre. Luiz Guedes, A última foto de Charles de Gaulle, Entre crianças, Nunca mais para sempre. Maria Amélia Mello, 1163 fichas: Será que eu posso usar o seu telefone? Mário Galvão, Subversivos. Mário Newton Filho, A megera. Neusa de Oliveira Peçanha, O flamboyant. Nilto Maciel, As fantásticas narrações das meninas do São Francisco, Sururus no lupanar. O Reyex, As veredas entre os vinedos, Ataque à consciência, A última dos Parvus, No viciado, Orgamos, O último e o Outro. Octávio Ribeiro de Mendonça Neto, A corrente. Paulo Augusto, Na pensão A Flor de Minas, O post-card era de vidro. Paulo Garcez de Sena, Cassimundo, o patrão revolucionário. Paulo Véras, O aniversário, Os corações devem ser postos na lata de lixo. Paulo Veríssimo, Fábula animal, 7 presságios. Reinaldo Rodrigues de Sá, Estalagmite, Na selva. Reinoldo Atem, Os mendigos. Rogério Menezes, Paulo Roberto ou Duas ou três coisas de um rapaz de Niterói, Selva de Pedra Futebol Clube. Rogério Ruschel, Recuerdos de Calahuayo. Vicente Fernando Giannella, Domingo. Víctor Cintra, Gregórgia bestial, Sádica.

From the intro.: "'Marginal' aqui não designa propriamente o conto, mas o autor, assim considerado face a uma conjuntura bestseller-crática."

**F 119** Melo, Osvaldo Ferreira de, Filho, and Salim Miguel, eds. Contistas novos de Santa Catarina. Intro. Nereu Correia. Florianópolis: Sul, 1954. 100 pp.

A. Boos Jr., O rosto. Aníbal Nunes Pires, Flores. Antonio Paladino, Se ele encontrasse o Zequinha. Carlos Adauto Vieira, Dominó. Guido Vilmar Sassi, Cerração. Hugo Mundt Jr., No bar e café Expresso. José Tito Silva, O prisioneiro do baú. Marcos de Farias, Primeira comunhão. Osvaldo Ferreira de Melo Filho, Dó sustenido. Osvaldo de Oliveira, Pepe. Salim Miguel, Rinha. Silveira da Penha, Saudades do morto. Silveira de Sousa, Jeremias.

Stories from the state of Santa Catarina.

**F 120** Milliet, Sérgio, ed. and intro. As obras-primas do conto humorístico. São Paulo: Martins, 1954. 333 pp.

Brazilian writers include: Antonio de Alcântara Machado, Guerra civil. Machado de Assis, Quem conta um conto. Monteiro Lobato, O comprador de fazendas. Mário Neme, Pedro Marques, o lobisomem inteligente.

Humor.

**F 121** Miranda, Murilo, ed. and intro. <u>Quadrante</u>. 2nd ed. Rio de Janeiro: Editôra do Autor, 1962. 231 pp.

Carlos Drummond de Andrade, Auto da cabra, Conversa de Casados, Luta, Drink, O outro Emílio Moura, Antigamente, O festival Villa-Lobos no espaço e flor do tempo, Cena carioca, O pintinho, Delícias de Manaus. Cecília Meireles, Arte de ser feliz, A quinhentos metros, Amada neve, Nosso Irmão Burrinho, Bombas com e sem enderêço, Mundo dos manequins, Compensação, Brinquedos incendiados, A ilha do Nanja, Natal na Ilha do Nanja. Dinah Silveira de Queiroz, Paroquisa estende a mão, Canção dos outros, A tirana, A mortalha do rei, Orgia, A manorada, A ciência de Nicole, Terra bravia, Entender ou venerar, Olhos baixos. Fernando Sabino, Fuga, Minha casta Dulcinéia, Burro-sem-rabo, Vale por Dois, A máquina do tempo, A mulher do sueco, Dez minutos de Idade, Conversinha mineira, Reflexões de banheiro, Festa de aniversário. Manuel Bandeira, O excelente Murilo, India de Cecília, Rio do ontem e de hoje, Do milagre, Apólogo dialogal, Cavu, História de exemplo, Carnavais de Outrora, O nome Manuel, O consôlo. Paulo Mendes Campos, Encontro, Mudança, O clube dos asmáticos, Um domingo, O pombo enigmático, Amanhecer, Combate noturno, Férias conjugais, Jacinto, A geladeira. Rubem Braga, A nenhuma Ghamarás Aldebarán, Conversas de compra de Passarinho, Livros, A casa viaja no tempo, O compadre pobre, Um sonho de simplicidade, O desaparecido, Escrever, Duas meninas e o mar, Despedida.

Apparently this and the following item grew out of the broadcasts by the Rádio Ministério da Educação e Cultura.

**F 122** Miranda, Murilo, ed. and intro. <u>Quadrante 2</u>. 2nd ed. Porto Alegre: Editora do Autor, 1962. 251 pp.

Carlos Drummond de Andrade, Anúncio de João Alves, Vate noturno, O principezinho, Cruz, Premonitório, Arpoador, Suspeita, Acabaram de ouvir, Pingo, Fôlha sêca. Cecília Meireles, Barquinho "Elenita," O anjo da noite, Chuva com lembranças, Saudade da Ilha do Nanja, A môa de Málaga, O estranho mundo de hoje, Edmundo, o céptico, As estações perplexas, O anjinho deitado, Histórias de bem-te-vis. Dinah Silveira de Queiroz, História de mineiro, O amigo das horas más, O bilhete de Olga Maluca, Imaginaçao em férias, Manhosando, Casa para alugar, O barão e a feia, Crônica de um moço doente, O homem que se evadiu, O paraíso de Dorothy. Fernando Sabino, Entrevista de televisão, Elegânça, Manhã, Anúncio de casa, Na escuridão miserável, Em matéria de automóveis, Banco de rua, A mulher vestida, Uma razão de viver, Galochas. Manuel Bandeira, Rosa e o subconsciente, Dezessete anos depois, As mulheres do ano, Mestre Ilídio, Sacha e o poeta, Visita, Chuchu, Noite de autógrafos, Bar Nacional, Velho braga. Paulo Mendes Campos, O retrato, Dentro da noite, Pecado e virtude, Lembrança de Bernanos, ABC das máquinas, Belo horizonte, Suíte Italiana há 13 anos. Sexo e cinema. Baile de máscaras, Diário de um colegial. Rubem Braga, Arnaldo Estrêla, cronista, De passarinho com fôlha sêca, "Olhe ali uma toutinegra," Resposta a uma certa missiva, Bocage andou pelo Rio, Mais uma desilusão de amor, Tânger, capital de verão, As pequenas coisas, O macête é botar no A de MADE, Entre o feijão e a manga.

See note to previous item.

**F 123** Montenegro, Braga, ed. and intro. <u>Uma antologia do conto cearense</u>. Fortaleza: Imprensa Universitária do Ceará, 1965. 220 pp.

Artur Eduardo Benevides, Eu, Lázaro. Braga Montenegro, Os demônios. Eduardo Campos, Joaninha Pé-Torto. Fran Martins, Ventania. João Clímaco Bezerra, A fuga. José Maia, O estranho. Juarez Barroso, O ex-operário expedito em sua maior felicidade. Lúcia Fernandes Martins, A máquina de retrato. Margarida Sabóia de Carvalho, Amanhã, às cinco horas. Milton Dias, Aquela que eu perdí. Moreira Campos, O banho. Sinval Sá, Fim da pena.

Stories from the northern state of Ceará. Extensive (45 pp.) intro.

**F 124** Monteiro, Jerónimo, ed., intro. and notes. <u>O conto fantástico</u>. Panorama do conto brasileiro, 8. Rio de Janeiro: Editôra Civilização Brasileira, 1960. 329 pp.

Alvares de Azevedo, Delírio. Alvares de Azevedo, Solfieri. Aluízio Azevedo, O impenitente. Aníbal M. Machado, O telegrama de Artaxerxes. Machado de Assis, Um esqueleto. Ernâni Fornári, Os donos da caveira. Galpi (Galdino Fernandes Pinheiro), Sertório. Gastão Cruls, Noturno no. 13. Gonzaga Duque, Confirmação. Graciliano Ramos, Paulo. Coelho Neto, O duplo. Humberto de Campos, Os olhos que comian carne. Inglês de Souza, O baile do judeu. Josué Montello, O sino da soledade. Lima Barreto, Sua Excelência. Luiz Canabrava, Maria Bambá. Magalhães de Azeredo, De além-túmulo. Medeiros e Albuquerque, O soldado Jacob. Orígenes Lessa, A gargalhada. Raymundo Magalhães, O lobisomem. Ribeiro Couto, Papai Noel e o outro. Thomaz Lopes, O defunto. Valdomiro Silveira, Os curiangos. Veiga Miranda, A cadeira, Viriato Corrêa, A Rita do Vigário.

Brief intro. explains that fewer Brazilian examples of the fantastic appeared than expected.

**F 125** Monteiro, Jerónimo, ed. and intro. <u>O conto trágico</u>. Panorama do conto brasileiro, 9. Rio de Janeiro: Editôra Civilização Brasileira, 1960. 331 pp.

Alfonso Schmidt, Curiango. Alberto Rangel, Um homem bom. Alcides Maia, Estaqueado. Brenno Accioly, O açougue. Coelho Netto, Mau sangue. Domício da Gama, Possessão. Gastão Cruls, G. P. C. A. Humberto de Campos, O caldo. Inglês de Sousa, Acauã. João Guimarães Rosa, A hora e vez de Augusto Matraga. João do Rio, Dentro da noite. Léo Vaz, Miss Elkins. Lygia Fagundes Teles, Venha ver o pór do sol. Lima Barreto, Clara dos anjos. Lúcio de Mendonça, O hóspede. Luiz Canabrava, João Peba. Machado de Assis, A causa secreta. Magalhães de Azeredo, Uma escrava. Medeiros e Albuquerque, Bichaninha. Monteiro Lobato, Bugio moqueado. Peregrino Júnior, Gapuiador. Ribeiro Couto, O primeiro amor de Antônio Maria. Valdomiro Silveira, Camunhengue. Veiga Miranda, O presente de bodas. Viriato Corrêa, A bêsta.

"Nosso critério foi simples: procuramos escolher, entre todos os contos trágicos lidos, os que nos pareceram mais ao gósto da maioria dos leitores."

**F 126** Mourão, Rui, ed. <u>Contos gerais: antologia de novos contistas mineiros</u>. Belo Horizonte: Oficina, 1971. 212 pp.

Antonio Carlos Braga, O pecado cor-de-rosa. Carlos Roberto Pellegrino, Os incríveis jogos de Pessintra. Dullio Gomes, Guerra Santa. Gilberto Mansur, Menino na roda da noite. Humberto Werneck, O menino no quintal. Ivan Rocha, A lenda. Jaime Prado Gouvêa, Lá pelas oito. Jony Bezerra, Fé. José Francisco Rezek, A cavalgada. José Márcio Penido, Viegas Neon. Lázaro Barreto, Loura e lírica. Lucienne Samor, Uma fotografia ampla. Luís Gonzaga Vieira, Obras completas de Ravel. Luís Márcio Viana, Samambaia/Trepadeira. Luís Vilela, Meus oito anos. Márcio Sampaio, Um anjo no aquário. Maria Tereza de Castilho Jacob, Impossibilidade. Ubirassu Carneiro da Cunha, A velocidade noturna da tocha. Walden Carvalho, Rosa. Wanda Figueiredo, Conto XXI.

Stories from Minas Gerais.

**F 127** Muricy, Andrade, ed. and intro. <u>Panorama do conto paranaense</u>. Curitiba: Fundaço Cultural, 1979. 317 pp.

Lúcio Pereira, O Tebas. Rocha Pombo, Sarica. Moisés Marcondes, Recém-chegados. Emiliano Perneta, O inimigo. Nestor Victor, O sapo. Júlio Perneta, Sempre! Sempre! Exorcismo Dario Vellozo, Sonho de um espectro. João Itiberê da Cunha, A guerra da Criméia. Santa Rita Júnior, Modos de ver. Alluísio França, O deputado. Francisco Leite, A última petisqueira. Andrade Muricy, O caso de Joaquina Moreira, O ladrão. Jaime Balão Júnior, Meu Bacharel, A grande mãe, Florindinha, Tio Alvaro, Os canários, O caixão azul. Brasílio Itiberê, Seu Jujuba, Jayme Ovalle, Pai-de-Santo. Iria Muricy Köptcke, A neblina, A ponte, O zeca. Jandira de Almeida França, Geralda, Nhô Godói. Ada Macaggi, Motivo de divórcio. Newton Sampaio, Seu Fidélis vai viajar, O ideal do clarinetista Valério. Enói Renée Navarro Swain, Maria. Hélio de Freitas Puglieli, Em torno do homem morto, Como somos inferiores. Benedito Nicolau dos Santos, O baritinga. Serafim França, O agravo, O casório do filho do

Paulo. Aluísio Ferreira de Abreu, A Sombra do bandarro, Juca violeiro. Eurico Branco Ribeiro, Caçador que não caça. Ignácio Bugão, A dentadura. Vasco José Taborda, O lobisome. José Cruz Medeiros, Jimbaruê. Hellé Vellozo Fernandes, Virso, O lenhador, O caso de Matilde.

Stories from the southern state of Paraná. Brief intro.

**F 128** Nascimento, Esdras do, ed. Antologia do novo conto brasileiro. Intro. Léo Schlafman. Rio de Janeiro: Editôra Júpiter, 1964. 2 vols. 207 + 202 pp.

Vol. 1:  A. Boos Júnior, Em surdina.    Alberto Dines, Paixão em Xique-Xique. Armindo Pereira, O louco do sobrado.    Aurélio Buarque de Hollanda, A primeira confissão. Autran Dourado, A última vez. Bernardo Elis, Ontem, como johe, come amanhã, como depois. Braga Montenegro, Agonia.    Breno Accioly, Eu vou enforcar Sônia.    Caio Porfírio Carneiro, O padrinho.    Carlos Castello Branco, Jeito de cachorro.    Clarice Lispector, Amor.    Dalton Trevisan, Ultimos dias. Guido Wilmar Sassi, Notte. Harry Laus, O professor de inglês. Hélio Pólvora, Os galos da aurora.    Isaac Piltcher, Apenas plantas, e verdes.    Jorge Medauar, O dinheiro do caju. José Condé, O apêlo. José Itamar de Freitas.

Vol. 2: José J. Veiga, A invernada do sossêgo. Juarez Barroso Ferreira, Filha de pobre no dia da 1a comunhão. Judith Grossmann, Coação. Julieta de Godoy Ladeira, O que tem de ser. Leonardo Arroyo, Quina da tormenta. Lygia Fagundes Telles, A viagem. Luíz Canabrava, Sangue de Rosaura. Moreira Campos, O prêso.    Nataniel Dantas, Avenca, a de olhos ambulantes. Nelson de Araujo, A tebaida. O. G. Rêgo de Carvalho, No bosque. Osman Lins, Ana Florência. Renard Perez, O tombadilho. Ricardo Ramos, Irmãos. Rodrigues Marques, Lembranças  do hospício sem placa.    Salim Miguel, Rinha.    Samuel Rawet, Diálogo. Vasconcelos Maia, Romance de Natal.    Vera Mogilka, Virgem.    Xavier Placer, Raquel.

Useful collection, though the editor has supplied only the briefest of notes on the authors.

**F 129** Nascimento, Esdras do, ed. Coletânea 1. Edições GRD, 1963. 125 pp.

André de Figueiredo, O sol. César Tozzi, A paciência de Dona Sancha. Domingos Soares de Oliveira, O túnel. Eliza Barreto, Programa. Genaro Mucciolo, Fim de menestrel. João Antonio, Meninão do caixote. João Uchoa Cavalcanti Neto, O mêdo. José Edison Gomes, O filho. Luiz Carlos Lisboa, Cangaçu. Maria Geralda do Amaral Melo, Cabeça-dura. Robério Toscano, Hora staccato. Teresa Cristina, Mágoa.

Stories from a contest.

**F 130** Neves, Antonio Roberto et al. Conto, raconto, short story: antologia. São Paulo: Editôra do Escritor, 1983. 72 pp.

Antonio Roberto Neves, Carta comercial. Dulce Adorno de Toledo, Caixa preta. Eico Suzuki, Co-criador. Elisabete Soares, Elvis não morreu. Farid Soubhia, Chapezinho desbotado. Haroldo Ramanzini, "Dies Irae." José Maria Pereira, País de Homens Lilases. Luz  e Silva, Cogumelos. Manoel Alves Calixto, Diálogo nacional. Maria Lúcia Pinheiro Sampaio, Vozes. Paola Patassini, Incestus. Rosalvi Teófilo, O bolo. Ruth Bueno, Convite para o almoço. Salasar Marques, A segunda metamorfose. Zulema de Artola, Moço do mato, das pedras, do rio.

No intro., brief notes on authors.

**F 131** Neves, Dagmar Bessa, et al. As melhores crônicas do sexto concurso Sérgio Porto. Intro. Licínio Leal Barbosa. Goiânia: Concurso Sérgio Porto, 1983. 77 pp.

Dagmar Bessa Neves, Metamorfose. João Maurílio Paraça Toralles, A assunção de um deus eleito. Dagmar Bessa Neves, Intimidade. Sérgio Nóbrega de Oliveira, O dr. Ramos. Benito Mussolini do Amaral, O polígota. Anadege Bartolomea Cabreira, Canção azul. Eli Rozendo dos Santos, Motoristas educados. Elcio da Motta Silveira Bueno, Crônica de uma noite de solidão e de esperança. João Maurílio Peraça Toralles, O barão de Teffé. Sílvio Roberto Siqueira, Memórias (muito recentes) de um vestibulando. Isa Musa de Noronha, A noite. Guacira Quirino Miranda, Tribuna semanal. Francisco Miguel de Moura, Um homem conversa com seu relógio. Idemar Bueno de Souza, Infância, rosas, abelhas e um pai desejável. Sérgio

Nóbrega de Oliveira, Um colega na cabeça. José Virgílio Simões de Castro, Dias e noites. Francisco Guimarães Pereira Júnior, O Rio de Janeiro continua lindo. Francisco Miguel de Moura, Os galos da aurora. David Pereira da Rocha, Rusgas de vizinhos.
Stories from a contest.

**F 132**  Neves, Jayme Santos, et al. <u>Antologia dos contistas capixabas.</u>  Vitória: Fundação Cultural do Espírito Santo, 1979. 89 pp.

Jayme Santos Neves, O colecionador de nuvens. Fernando Tatagiba, O evangelho segundo . . . Mirian Leitão, Carta marcada. Carlos Chenier, O apanhador. Paulo de Paula, No azul, feliz. Carmen Schneider Guimarães, Processo no. 1708. Alvaro José da Silva, O pênalti. Bernadette Lyra, Anjos. Marien Calixte, O visitante. Rubem Braga, Aula de inglês.

Stories from the state of Espírito Santo.

**F 133**  Neves, João Alves das, ed. <u>Mestres do conto brasileiro.</u>  São Paulo: Verbo, 1972. 203 pp.

Machado de Assis, Missa do galo. Artur Azevedo, A ama-seca. Raul Pompéia, Tílburi de praça. Euclides da Cunha, Judas Asvero. Leo Vaz, O colibri. Graciliano Ramos, Dois dedos. Luiz Jardim, O homem que galopava. Carlos Drummond de Andrade, Um escritor nasce e morre. Erico Veríssimo, Alô gangster. Marques Rebelo, Na rua dona Emerenciana. Jorge Amado, De como o mulato Porciúncula descarregou seu defunto. Josué Montello, Numa véspera de Natal. Jorge Medauar, Os filhos.

**F 134**  Nogueira, Armando, et al. <u>O melhor da crônica brasileira</u> 1.  Rio de Janeiro: Libraria José Olympio Editora, 1980. 95 pp.

Armando Nogueira, O craque x o grosso, Pelé e o Santos, Pelé no MIS, Picaresco, Pelé y Mané, A rua do Caloca, Menino-que-chega, Pelada de subúrbio, A alienação, Cobrões, México, "Escritas" brasileiríssimas, Peladas. José Lins do Rego, Adeus, doce França, Lisboa, Nordestinas, Onde estão as borboletas azuis?, Eurídice, O "puxado," O rio. Rachel de Queiroz, Tangerine-girl, O solitário, Viagem de bonde, O amistoso, O menino e os Santos Reis, Pici, O rádio, Cidade do Rio, Manhã na casa de João Alipio, Direito e avesso. Sérgio Porto, Vamos acabar com esta folga, Mirinho e a leviana, Nesta data querida, Escritor realista, O paguera, Ninguém tem nada com isto, O homem do telhado, Zezinho e o coronel, Dia dos namorados, Cartão-postal, O psicanalisado, O grande mistério, Com a ajuda de Deus, Gol de padre, Por vários motivos principais, Mulher medicinal, Bronca de esquina, Escovas musicais, Celinha Convite, O diário de Muzema.

Useful collection of <u>crônicas</u> by well-known authors.  No intro., bio-bibliographical notes.

**F 135**  Nunes, Cassiano, and Mário da Silva Brito, eds. <u>Noite de Natal: coletânea reunindo histórias de Natal dos escritores.</u>  São Paulo: Saraiva, 1950. 255 pp.

Brazilian writers included are: Machado de Assis, Missa do galo. Guilherme de Almeida, O vigilante. Mário de Andrade, O peru de Natal. Coelho Neto, Firmo, o vaqueiro. Virgílio Várzea, Conto de Natal. Miroel da Silveira, Presente de Natal. Medeiros e Albuquerque, O último presente de Papai Natal. Garcia Redondo, Para melhor mundo.

Stories about Christmas.

**F 136**  Oliveira, Alberto de, and Jorge Jobim, eds. <u>Contos brasileiros.</u>  Rio de Janeiro: Garnier, 1920. 404 pp.

Olavo Bilac, O crime. Artur Azevedo, Sabina. José Veríssimo, O crime de tapuio. João Ribeiro, S. Boemundo. Júlia Lopes de Almeida, A caolha. Coelho Neto, Mau sangue. Medeiros e Albuquerque, As calças do Raposo. João do Rio, Dentro da noite. Carvalho Ramos, Caminho das tropas. Graça Aranha, A ciganinha. Magalhães de Azeredo, O samba. Roque Calage, Herói. Felício Terra, História de uma dor. Xavier Marques, Mariquita. Tomás Lopes, O defunto. Virgílio Várzea, Flor do mar. Afonso Arinos, Pedro Barqueiro. Machado de Assis, A cartomante. Lúcio de Mendonça, Coração de caipira. Garcia Redondo, O testamento do tio Pedro. Vicente de Carvalho, Selvagem. Oscar Lopes, Os dois frutos verdes. Alcides Maia, Velho conto. Afrânio Peixoto, Fruta brava. Alberto Rangel, Os três mineirinhos. Gastão Cruls, G. C. P. A. Gustavo Barroso, A Salomé do sertão. Aluísio Azevedo, O madereiro. Veiga Miranda, Romão da Januária. Rodrigo Otávio, Congo-velho. Valentim Magalhães, Cara a cara. Domício da Gama, Moloch. Alcides Flávio, Mísero amor.

According to Celuta Moreira Gomes, this was the first short story anthology published in Brazil.

**F 137** Oliveira, Adelaide de Amorim, et al. <u>Homo sapiens na escada: 15 contos premiados: I Concurso Nacional de Contos de Varginha</u>. Belo Horizonte: Editora Lemi, 1979. 115 pp.

> Adelaide Oliveira, Homo sapiens na escada. Reynaldo Valinho Alvarez, O vizinho. Inácio Luiz B. Soares, Arminda. Reynaldo Valinho Alvarez, Conto: vida, paixão e morte. Marisa Varela, A trama do tricó. Adelaide Oliveira, Contracanto. J. L. Camello, Santa Lula doce de coco. Fred Souza Castro, O senhor dos exércitos e sua espada de fogo. João Luiz Rocha Nascimento, O outro lado da parábola ou de frente pro vídeo. Kassler e Schnitt, Reynaldo Valinho Alvarez. Fred Souza Castro, O solitário do solar d'antanho. Maria Amélia Bracks Duarte, Retrato. Danilo Fernandes Rocha, Porque me ufano. Ana Maria Badaró, A manicure. Marisa Varela, Luz no calabouço.

Stories from a contest in Minas Gerais. "Lembramo-nos ainda vivamente de uma nota de um diário paulistano, que ao noticiar ironicamente a realização do I Concurso Nacional de Contos de Varginha, comentou que nossa cidade pretenderia se transformar numa Meca das artes, como a Bayreuth de Wagner."

**F 138** Oliveira, Ariosto Augusto de, et al. <u>Prosa Presente: Antologia</u>. Brasileiros Hoje: Contos, 5. São Paulo: Editora Soma, 1983. 173 pp.

> Ariosto Augusto de Oliveira, Amanhecem de novo as antigas manhãs. Aziz Ansarah Rizek, Debutando no perico. Sérgio de Freitas, Pimenta e esporas. José Carlos Bastos, Aprendendo a rir. Haroldo Ramanzini, Dies irae. Onofre Lara R. Garcia, Liberdade! liberdade! Eoys Black Vieira Alves, O machão. Octavio A. Gaiarsa, Antithalidomida, Os primeiros resultados. Rinaldo Gissoni, O adeus de Laura. Ariovaldo Corrêa, Você matou Nataniel, O holocausto dos simples. Walker da Costa Barbosa, Tragédia em Tijuco Preto. Yonne Sophia, Polaridade invertida. Célia Bretas Tahan, Sem título. Edison Fontes Puntel, Delírio. Heloisa Helena Troncarelli, Professora Elisa, uma noite. Alvaro Newton Delago, Dia de gato. B. Hamilton Almeida, Se não fosse o sé. Isaias Carlos, A gata Christie. Gentil Antiqueira, A queda de um gigante. Oswaldo Melantonio, Medalha de honra. Cecina Moreira, O guia. José Antonio da Silva Sampaio, Amadeu "o aziteiro." Mario Cintra Gordinho, A vingança de Anacleto Pintarrojo. Arnaldo Paiva Filho, Sol de couro. Darci Barreto Alves, Metamorfose.

No intro.

**F 139** Oliveira, José Osório de, ed., intro. and notes. <u>Contos brasileiros</u>. Coleção Cruzeiro do Sul, 1. Lisbon: Bertrand, (1944?). 370 pp.

> Machado de Assis, Uns braços. Coelho Neto, Mandovi. Simões Lopes Neto, O negrino do pastoreio. Afonso Arinos, Pedro Barqueiro. Valdomiro Silveira, Camunhenge. Lima Barreto, O homem que sabia javanês. Monteiro Lobato, O jardineiro Timóteo. Mário de Andrade, Caso em que entra bugre. Aníbal Machado, Tati a garota. Antonio de Alcântara Machado, As cinco panelas de ouro. João Alphonsus, Godofredo e a virgem. Luiz Jardim, Paisagem perdida. Peregrino Júnior, Paisagem perdida. Marques Rebelo, Circo de coelhinhos. Raquel de Queirós, Não jures pela lua inconstante.

**F 140** Oliveira, José Osório de, ed., intro. and notes. <u>Contos do Brasil</u>. Antologias Universais: Conto, 12. Lisbon: Portugália, n. d. 285 pp.

> Machado de Assis, Conto de escola. Simões Lopes Neto, Contrabandista. Afonso Arinos, Joaquim Mironga (tipo do sertão). Alberto Rangel, Maiby. Magalhães de Azeredo, A agonia do negro. João do Rio, Puro amor. Lima Barreto, A nova Califórnia. Monteiro Lobato, O

búgio moqueado. Graciliano Ramos, Minsky. Mário de Andrade, Piá não sofre? Sofre. Aníbal Machado, A morte da porta-estandarte. Antonio de Alcântara Machado, Gaetaninho. João Alphonsus, Eis a noite. Darci Azambuja, Dias de chuva. Marques Rebelo, Dois pares pequenos. Telmo Vergara, Célia chamou Peri. Francisco Inácio Peixoto, A fuga. Aurélio Buarque de Hollanda Ferreira, Zé bala. Diná Silveira de Queirós, Nosso amor.

**F 141** Pacheco, João, ed. and intro. <u>Antologia do conto paulista</u>. Coleção Textos e Documentos, 1. São Paulo: Conselho Estadual de Cultura, Comissão de Literatura, 1959. 278 pp.

Vicente de Carvalho, Em roda do fogo. Amadeu de Queiroz, Amor e pinga. Valdomiro Silveira, Pedaço de cumbersa. Júlio César da Silva, O diabo existe. José Vicente Sobrinho, Velhos marujos. J. Batista Coelho, O ladrão. Carlos da Fonseca, Querença. Veiga Miranda, O que o mundo não vê. Monteiro Lobato, Um homem honesto. Cornelio Pires, "Atira, juca." Amando Caiubi, Coração de moça. Leo Vaz, O filho pródigo. Afonso Schmidt, Curiango. Menotti del Picchia, O homem que não era. Mário de Andrade, Vestida de prêto. Anéias Ferraz, Annie. Galeão Coutinho, Dona Violante das tôrres negras. Ribeiro Couto, O bloco das mimosas borboletas. Antônio de Alcántara Machado, O aventureiro Ulisses. Orígenes Lessa, Companhía á noite. Alfredo Mesquita, Manhã de Agôsto. Dinah Silveira de Queiroz, Raimundo, Babinha e Eunice. Elsie Lessa, Vida de negra. Helena Silveira, Essa gente grande! Miroel Silveira, De como o nenzinho chegou a homem. Lúcia Benedetti, Meu tio Ricardo. Guilherme Fogueiredo, Samambaias na varanda. Almeida Fischer, O rosto. Silvio Rodrigues, A meia branca. Leonardo Arroyo, Chuva no bairro. Mario Neme, Dona Adelaide, como o nome indica. Virgílio Paula Santos, Vento da Noite. Lygia Fagundes Telles, Felicidade.

Stories from the state of São Paulo.

**F 142** Padilha, Telmo Fontes, ed. and intro. <u>O moderno conto da região do cacau</u>. Rio de Janeiro: Edições Antares, 1978. 271 pp.

Sosígenes Costa, O conto do faraó. Clodomir Xavier, A árvore da esperança. Jorge Amado, De como o mulato Porciúncula descarregou seu defunto. Adonias Filho, O rei. Asclépios Ferrer, A mula cinzenta. Onaldo Xavier de Oliveira, Robalo. Jorge Medauar, O facão. Ana de Jacobina, Paulo Dantas. James Amado, O sentinela.

Stories from the cacao-producing region of the state of Bahia. Very brief intro.

**F 143** Penteado, Jacó, ed. and intro. <u>Obras-primas do conto de terror</u>. São Paulo: Martins, 1958. 367 pp.

Brazilian writers included are: Afonso Celso, Valsa fantástica. Viriato Correia, A cobra preta. Humberto de Campos, Os olhos que comiam carne. Gabriel Marques, Mêdo.

One of the few Latin American collections of what is elsewhere a common genre.

**F 144** Penteado, Jacó, ed. and intro. <u>Obras-primas do conto fantástico</u>. São Paulo: Martins, 1956. 376 pp.

Brazilian writers included are: Gastão Cruls, O espelho. Afonso Schmidt, Delírio. Afonso Arinos, Uma noite sinistra. Viriato Correia, A ficha no. 20.003. Monteiro Lobato, Búgio moqueado.

**F 145** Pereira Júnior, Francisco Guimarães, et al. <u>Os melhores contos do quarto concurso Osman Lins</u>. N. p.: FENAB, 1983. 96 pp.

Francisco Guimarães Pereira Júnior, O filho concebido no divã. José Geraldo Motta Florence, Despedida de solteiro. José Barreto da Silva Nen, De como o peixe do serzedelo. Cláudio Fernandes Tóffoli, A gazeta. José Antonio Soares da Costa, Fim de feira. Fernando Dutra Pereira da Cunha, Xandoca. Mário Luiz Peixoto de Castro, O homem que achava. Wilmuth Haraldo Adam, A menina da boneca. Francisco de Assis Caixeta, A galinha. Berecil Garay Corrêa, A humana comédia.

Stories from a contest.

**F 146**    Pimentel, O., ed. and notes.    <u>Antologia de contos</u>.    Biblioteca de Cultura
Brasileira, 7-8.    Rio de Janeiro: Cultura, 1961.    2 vols.

> Vol. 1: Afonso Arinos de Melo Franco, Uma noite sinistra, Joaquim Mironga.    Afonso Schmidt,
> Delírio.    Lima Garreto, O homem que sabia javanês, A nova Califórnina.    Alberto Rangel,
> Maybe.    Aluísio Azevedo, O madereiro.    Aníbal Machado, A morte da porta-estandarte.    Artur
> Azevedo, O gramático.    Carlos Magalhães Azeredo, A agonia do negro.    Coelho Neto, Mau
> sangue.    Francisco Brasileiro, Calundum e Cacoré.    Gastão Cruls, O espelho.    Graciliano
> Ramos, Minsk.
> Vol. 2: Humberto de Campos, Morfina.    João Alphonsus, Eis a noite!    João do Rio, O fim de
> Arsênio Godard.    João Simões Lopes Neto, Contrabandista, Trezentas onças.    Machado de
> Assis, Conto de escola, Quem conta um conto.    Monteiro Lobato, O colocador de pronomes,
> O comprador de fazendas.    Mário Neme, Pedro Marques--lobisomem inteligente.    Mário de
> Andrade, Túmulo, túmulo, túmulo.    Raul Pompéia, Tîlburi de praça.    Valdomiro Silveira,
> Velhinho.    Viriato Correia, A ficha no. 20.003.    Veiga Miranda, Romão de Januária.    Xavier
> Marques, A noiva do golfinho.

**F 147**    Pimentel, Paulo, ed.    <u>Os dezoito melhores contos do Brasil</u>.    Intro.
Temístocles Linhares.    Coleção Resumo, 18.    Rio de Janeiro: Bloch, 1968.    268 pp.

> Dalton Trevisan, Trinta e sete noites de paixão, O esfolado vivo, O Senhor meu marido.    Lygia
> Fagundes Telles, Verde lagarto amarelo, Apenas um saxofone, Helga.    Jurandir Ferreira,
> Rufino, A cartola dos polinésios, As estrelas.    Flávio José Cardoso, Olindona, Longínquias
> baleias, Santa Amelinha.    Ignácio de Loyola [Brandão], Pega êle si-. . . lêncio, Túmulo de vidro,
> Camila numa semana.    Luís Vilela, Ousadia, Françoise, Tarde da noite.

Winning stories from the Primeiro Concurso Nacional de Contos sponsored by the
Fundação Educacional do Estado de Paraná in 1968.

**F 148**    Portela, Fernando, et al.    <u>Isto o jornal não conta</u>.    São Paulo: Vertente
Editôra, 1970.    111 pp.

> Fernando Portela, Deus está vendo tudo.    Wladir Dupont, Alma Martínez.    Percival de Souza,
> O estranho caso da gravata vermelha.    Modesto Carone, Encontro.    Eduardo Castor, Gôsto de
> tinta na bôca.    Alberto Beutten-Müller, Cara ou coroa.    Wladyr Nader, Ismael ou a lealdade.
> Miguel Jorge, Você vai morrer, velho.    Theo Dutra, Meia hora.    José Carlos Abbate, Andiara.
> Gilberto Mansur, Meia volta.    Lenita Miranda de Figueiredo, O retrato da velha senhora.
> Ubirassu Carneiro da Cunha, Louva-Deus.    Lourenço Carlos Diaféria, Enfim, a sós.    Nildo
> Carlos Oliveira, João.    Yvete Ko, A camisa vermelha ou o leão e a virgem.    Hamilton Trevisan,
> Relatório.

No intro.    Brief notes on authors at end of volume.

**F 149**    Prado, Antonio Arnoni and Francisco Foot Hardman, eds., intro. and notes.
<u>Contos anarquistas: Antologia da prosa libertária no Brasil (1901-1935)</u>.    São Paulo:
Brasiliense, 1985.    150 pp.

> Anônimo, Fogo!    Maria Lacerda de Moura, Oração.    Felix Lázaro, A cidade das almas
> adormecidas.    Neno Vasco, Os parasitas.    Gil, Comédia em um ato.    Astrojildo Pereira, O
> desertor.    Lanceta, Na cretinolandia.    Florentino de Carvalho, A nossa expulsão.    José Oiticica,
> Impossível.    Gigi Damiani, Conto extraordinário.    Fábio Luz, A esmola.    Anônimo, Um conto
> que parece uma verdade.    Luciano Campagnoli, Os dois burros.    Avelino Fóscolo, No circo.
> Silvio de Almeida, A lição do abutre.    Domingos Ribeiro Filho, O espantalho da loucura.    Mota
> Assunção, Na morgue.    Demócrito, Os gatunos.    Sacha Volant, Na rua.    P. Industrial, O
> adulador.    Chapeleiro Anônimo, Um sonho.    Pausîlipo da Fonseca, A vitória da fome.
> Everardo Dias, As reivindicações da canalha.    Felipe Gil, A fábrica.

Remarkable collection of prose fiction originally published in a variety of anarchist
newspapers and magazines.    Excellent intro.

**F 150**    Prata, Mario, et al.    <u>Contos pirandellianos: Sete autores à procura de um bar</u>.
Intro. Antonio Maschio and Wladimir Soares.    São Paulo: Brasiliense, 1985.    127 pp.

Mario Prata, Punch no estômago. Joyce Cavalcante, Alucinações em dimensão reduzida. Ignácio de Loyola Brandão, As pirações do Pirandello. Caio Fernando Abreu, Uma praiazinha de areia bem clara, ali, na beira da sanga. José Márcio Penido, Mesa 22. Luis Roncari, amuletadoamor. Reinaldo Moraes, Madrugada do apocalipse.

Stories from the Spazio Pirandello, an artists' bar in São Paulo.

**F 151** Queirós, Amadeu de, ed. As obras-primas do conto brasileiro. São Paulo: Martins, 1947.

Unable to annotate.

**F 152** Queirós, Dinah Silveira de, et al. Nove elas são. Coleção Jóia, 3. Rio de Janeiro: Freitas Bastos, 1957. 314 pp.

Dinah Silveira de Queirós, O porto resplandecente. Emi Bulhões Carvalho da Fonseca, Tortura lenta. Francisca de Basto Cordeiro, Flores do mato. Lazinha Luiz Carlos, Luaral. Leandro Dupré, Comediante. Lygia Fagundes Telles, A confissão de Leontina. Maria Eugênia Celso, A meia dúzia. Ondina Ferreira, Era uma vez três meninas. Raquel de Queirós, A casa do Morro Branco.

Stories by women authors.

**F 153** Queiroz, Rachel de, et al. Quatro vozes: crônicas. Rio de Janeiro: Gráfica Portinho Cavalcanti Ltda., 1984. 128 pp.

Rachel de Queiroz, Mationã, Hospital, O solitário, O Sena, A princesa e o pirata, Mãe, Amor de Acidentado, Riqueza, Um caso obscuro, Conversa de passarinho. Manuel Bandeira, Ribeiro couto, A rua da alegria e outras ruas, Homens de ruas, O círculo caucasiano de Giz, A morte do rouxinol, Civilização, O desacato, Amores de Bilac, Crônica e poema em Louvor de Hafiz, Kennedy. Cecília Meireles, O fim do mundo, Genealogia, Aniversário, Compras de Natal, Um cão apenas, Colombo, S. Jorge e o dragão, Dias perfeitos, Gandhi e Kennedy, Depois do carnaval, O cachorrinho engraçadinho, Reabilitação do cachorrinho engraçadinho. Carlos Drummond de Andrade, O mar visto uma vez, Foguete de Bairro, A procura de um Marceneiro, A noiva da Loja de Calçados, Gaitinha, Curiosidades da mesa, Um dia a Casa Cai, Primeira vez, Cantando para si mesmo, Carta a uma senhora.

Crônicas by well-known writers. No intro.

**F 154** Ramos, Albino Gonçalves, et al. Poisépraquê: Coletânea. Brasileiros Hoje: Contos, 4. São Paulo: Editora Soma, 1982. 119 pp.

Albino Gonçalves Ramos, Escalada. Ana Vicentina Donado Marques, Abri minha janela. Antônio Carlos Oliveira, A prisão du juvenal. Ariovaldo Correa, Um Assalto, em Salvador. Carmello Chamorro, Tragédia na periferia. Cecína Moreira, A vela da vida. Celso Bentim, Quem roubava o leite da vaca. Darcy Barreto Alves Pazelli, Mentira e verdade. Dário Pinto de Souza, "Bottomless." Domingos Piccirillo Netto, O homem do irrealejo. Elza de Barros Moraes Kyrillos, Curiango. Isaías Carlos, Fidelidade Mútua. José Eduardo de Oliveira Costa, O menino que veio das estrelas. Juliana Gongolo, A lenda do caçador. Maria Cecília Bossi, Nada. Onofre Lara R. Garcia, A Cesárea. Pedro Luís Pereira, A noiva. Senervil Batista Pereira, Perversidade. Walker da Costa Barbosa, O furgão preto. Alice Walkyria Pontes Vieira, O vingador. Yone Quartim, Leilão.

No intro.

**F 155** Ramos, Anatole, Luis Fernando Valladares, and Miguel Jorge, eds. and intro. Antologia do conto goiano. Goiânia: Edição do Departamento Estadual de Cultura, 1969. 267 pp.

Hugo de Carvalho Ramos, O saci. Ada Curado, Nêgo rei. Aída Félix de Sousa, A volta. Alaor Barbosa, Leilão na Praça. Anatole Ramos, Negro. Atico Vilas Boas da Mota, Cara ou coroa. Basileu Toledo França, Chevrolet Ramona. Bernardo Elis, Pelo sim, pelo não. Braz José Coelho, Ilusão do em antes. Carmo Bernardes, Vida mundo. Carlos Fernando Magalhães, Trinta anos esta noite. Cora Coralina, O Tesouro da casa velha. Cornélio Ramos,

Triste noivado de Boneca. Domingos Félix de Sousa, As visitas do velho fortunato. Eduardo Ramos Jordão, Dupio Cárcere. Eli Brasiliense, O esqueleto. Eliezer Pena, Um espírito cristão. Francisco de Brito, Sobejo de onça. Heleno Godoy, O irmão: meu sestro. Hugo Brockes, O lavador de vidraças. Humberto Crispim Borges, O lavador de defuntos. Irani Silva, Tatu na Roça. Jayro Ferreira, A caçada. Jesus de Aquino Jayme, Robin Hood. Jesus Barros Boquady, Peru, Véspera de Natal. José Ferreira da Silva, A volta. José J. Veiga, Roupa no coradouro. Lena Castelo Branco, Novilha de Raça. Leo Godoy Otero, A menina do "Dor d'Olhos." Luís Araújo, Ciclo. Luiz Fernando Valladares, Tudo é bobagem depois que passa, Senhor não liga não! Maria Helena Chein, Do outro lado da cortina. Marietta Telles Machado, Memórias no asilo. Mário Rizério Leite, O tesouro na chapada. Miguel Jorge, Quando a chuva fecha o campo. Modesto Gomes, A indecisão. Octo Marques, A tocaia. Paulo Rosa, Tartuliano da Cachorrada. Reinaldo Barbalho, O rato branco. Rosarita Fleury, O horário. Rosemary da Costa Ramos, Uma vida, um momento. Ursulina Leão, Zé de Vicença. Waldomiro Bariani Ortêncio, Mocinha.

Stories from the state of Goiás. Brief intro. and bio-bibliographical notes.

**F 156** Ramos, Graciliano, ed. and intro. Contos e novelas. Intro. Aurélio Buarque de Holanda Ferreira. Rio de Janeiro: Casa do Estudante do Brasil, 1957. 3 vols.

Vol. 1: H. Inglês de Sousa, O baile du Judeu. José Veríssimo, O serão. Eneida de Morais, O guarda-chuva. Artur Azevedo, Util inda brincando. Aluízio Azevedo, Demônios. Coelho Neto, Os pombos. Viriato Correia, Ladrão (Confissão de um assassino). Humberto de Campos, O monstro. Francisco Pereira de Silva, O espelho. Humberto Teles, Vento sêco. Raimundo Magalhães, O lobisomem. Hermam Lima, Alma bárbara. R. Magalhães Júnior, Rio movido. Cordeiro de Andrade, Manhã triste. Rachel de Queiroz, Retrato de um brasileiro. Melo Lima, Pai e filho. Moreira Campos, Coração alado. Peregrino Júnior, Ritinha. Humberto Peregrino, Pedro cobra. Milton Pedrosa, O último título. José Maria dos Santos, A volta dos Cães. Medeiros e Albuquerque, O ratinho Tique-Taque. Alberto Rangel, Bucho-de-Piaba. Mário Sette, Um sereno de casamento. Múcio Leão, A última viagem do Almirante Alcino silva. Luís Jardim, O castigo. José Carlos Cavalcante Borges, Felicidade. Graciliano Ramos, Minsk. José de Morais Rocha, O Major Fausto. Carlos Psurilio, Orfanato. Luís Augusto de Medeiros, Prelúdio em si menor. Aurélio Buarque de Holanda Ferreira, Retrato de minha avó. Breno Accioly, João Urso.
Vol. 2: João Ribeiro, Só a vista faz fé. Joel Silveira, Onde andará Esmeralda? Urbano Duarte, Gangorra. Xavier Marques, A vida do homem. Dias da Costa, Alucinação. Rubem Braga, Eu e Bebu, na hora neutra da madrugada. Alberto de Oliveira, Os brincos de Sara. Domicio da Gama, Só. Raul Pompéia, Tíburi de praça. Miécio Táti, As sete côres do Arco-Iris. França Júnior, Encomendas. Machado de Assis, A causa secreta. Luis Guimarães Júnior, Paulo e Virgínia (cartas confidenciais). Pedro Rabelo, Mana Minduca. Magalhães de Azeredo, O natal de frei Guido (Lenda mística). Mário de Alencar, Coração de velho. Tristão da Cunha, História da amorosa viúva e dos sete amantes frustrados. Lima Barreto, Sua Excelência. João do Rio, D. Joaquina. Gastão Cruls, G. C. P. A. José Geraldo Vieira, O filho de Maria Bárbara. Marques Rebêlo, Na rua Dona Emerenciana. Lia Correia Dutra, Mundo perfeito. Léonie Tolipan, A intérprete. Afonso Arinos, Joaquim Mironga. Godofredo Rangel, O destacamento. Aníbal M. Machado, Tati, a garôta. Rodrigo M. F. de Andrade, O entêrro de seu Ernesto. João Alphonsus, A noite do conselheiro. Carlos Drummond de Andrade, Um escritor nasce e morre. J. Guimarães Rosa, A hora e vez de Augusto Matraga. Francisco Inácio Peixoto, A fuga. Osvaldo Alves, Dorme, meu filho. Murilo Rubião, Ofélia, meu cachimbo e o mar. Otávio Dias Leite, O defunto. Fernando Tavares Sabino, Alucinação.
Vol. 3: Valdomiro Silveira, Fôrça escondida. Monteiro Lobato, Tragédia dum capão de pintos. Leo Vaz, A rifa. Mário de Andrade, Túmulo, túmulo, túmulo. Ribeiro Couto, O bloco des mimosas borboletas. Antônio de Alcântara Machado, Carmelo. Sérgio Buarque de Holanda, A viagem a Nápoles. Orígenes Lessa, A herança. Nair Lacerda, Um feriado. Guilherme Figueiredo, A medalha, o revólver e a dúvida. Caci Cordovil, O homem bom. Elsie Lessa, Encontro com o passado. Francisco de Marchi, Bailado entre o lógico e o absurdo. Miroel Silveira, De como o Nenzinho chegou a homem. Lúcia Benedetti, Meu tio Ricardo. Helena Silveira, Delírio. Amaral Gurgel, Nos olhos de Margarida. Nestor Vítor, Agonias. Brasílio Itiberê, Pau-dos-Ferros. Virgílio Várzea, O velho Sumares. Simões Lopes Neto, Duelo de Farrapos. Alcides Maya, Guri. Dionélio Machado, Ele era como um papagaio. Erico

Veríssimo, Os devancios do General. Darci Azambuja, Por pena. Ernâni Fornari, Damião, o sem tempo. Augusto Meyer, Caminhos da infância. Telmo Vergara, Bolinhos últimoa instância. Hugo de Carvalho Ramos, O Saci. Bernardo Elis, Pai Norato. B. Rocha, A filha. The three volumes are divided by region. The first one includes the northern and northeastern states of Pará, Maranhão, Piauí, Ceará, Rio Grande do Norte, Paraíba, Pernambuco and Alagoas. The second includes the eastern states of Sergipe, Bahia, Minas Gerais, Espírito Santo, Rio de Janeiro and Guanabara. The third includes the south and west: São Paulo, Paraná, Santa Catarina, Rio Grande do Sul and Goiás. Initial note by Aurélio Buarque de Holanda explains that Ramos excluded himself from the anthology, but that it was decided to include him in the posthumous publication. Very important anthology, with witty intro. by Ramos.

**F 157**  Ramos, Graciliano. Seleção de contos brasileiros. Rio de Janeiro: Edições de Ouro, 1966.  3 vols.  297 + 333 + 265 pp.  (Also 1971 ed.). Different title, but same contents as the previous item.

**F 158**  Ramos, Ricardo, Ignácio de Loyola Brandão, Sílvio Fiorani, Márcio Jabur Yunes, and Wladyr Nader, eds. Dez contos sobre o trabalho. São Paulo: Editora e Livraria Escrita, 1982.  63 pp.

João Justiniano da Fonseca, Grilagem. Nilza Amaral, Os Terrígenos. Paulo Rodrigues Mota, Argônio. Marcos de Guide, Olho de vidro. Marli Ortega de Figueiredo, Algodão doce. Mauro Ferreira, Pirestone é mais pneu. Fábio José Brites Figueiredo, Trenodia sem simetria. Luiz Galdino, Tatu-peba. Carlos Pucci Neto, Semana que vem. Péricles Macedo Polegatto, Relógios.

Winners of the "Concurso de Contos Trabalho e Profissões" in 1981. Notes on authors at end.

**F 159**  Reis, Léia, and Mercedes Pécego, eds. 15 contam histórias. Rio de Janeiro: Departamento Cultural da ABBR, 1962.  157 pp.

Austregésilo de Ataíde, Triste história do gato Peri. Dante Costa, O conto da adolescência. Dirceu Quintanilha, O lago dos cisnes. Elisa Lispector, A fronteira do mormaço. Guilherme Figueiredo, Longe, longe. Otto Lara Rezende, Todos os homens são iguais. José Condé, A floresta. Lúcia Benedetti, A única vez que eu fiz um bloco. Luiz Jardim, A perna de pau. Mauro Vilar, O inefável Senhor Ocello. Nélio Reis, Missão incompreendida. Orígenes Lessa, Pequena história de Matiraté. Raimundo Magalhães Júnior, O conto do revólver. Samuel Rawet, Uma velha história de maças. Sérgio Porto, O assassino.

**F 160**  Rey, Marcos, Roniwálter Jatobá, Márcia Denser, Wladir Dupong and Wladyr Nader, eds. Conto paulista. São Paulo: Editora e Livraria Escrita, 1983.  135 pp.

Paulo Giannini, Camarim 7. Teresa Augusta Marques Porto, Feliz Natal para nós duas. Luis Maria Veiga, Resistindo com flores. Ariosto Augusto de Oliveira, O atendente da praia dura. Roberto Somogyi, Pegamata/Morrevive. Finísia Rita Fideli, Exercícios de Silêncio. Cláudia Feldman, Os sete linchamentos de W. Tadeu Pereira, Louca noite com Sônia Braga. Edward Lopes, A brutalidade e a escuridão. Antonio Carlos de Faria, Banalidade cotidiana. Manoel Ventura, O homem do terno cinza. Heusner Grael Tablas, Estação de Capituba. José Rubens Ribeiro Shirassu, O descobrimento de Augusto. Eugênio Zerlotti Filho, Escola dominical. Domingos Leitão, Passeio Vespertino.

Stories about life in the state of São Paulo, from a contest sponsored in 1982 by SENAC (Serviço Nacional de Aprendizagem Comercial). Brief notes on authors at end of volume.

**F 161**  Riedel, Diaulas, and Fernando R. P. Santos, eds. Maravilhas do conto brasileiro. Intro. and notes Fernando Góes. São Paulo: Cultrix, 1958.  311 pp.

Machado de Assis, A causa secreta. Garcia Redondo, O testamento do Tio Pedro. Lúcio de Mendonça, O hóspede. Artur Azevedo, Um ingrato. Aluísio Azevedo, O madereiro. Alberto de Oliveira, Os brincos de Sara. Xavier Marques, A noiva do golfinho. Júlia Lopes de Almeida, O sino de ouro. Raul Pompéia, Tîlburi de praça. Coelho Neto, Mau sangue. Simões Lopes Neto, O boi velho. Medeiros e Albuquerque, As calças do Raposo. Afonso Arinos, Assombramento. Alberto Rangel, Hospitalidade. Amadeu de Queirós, Isso não acaba bem. Valdomiro Silveira, Camunhengue. Alcides Maia, Alvos. Veiga Miranda, Romão da Januária. Lima Barreto, A nova Califórnia. João do Rio, O fim de Arsênio goddard. Monteiro Lobato, Negrinha. Humberto de Campos, Morfina. Godofredo Rangel, O destacamento. Graciliano Ramos, Paulo. Mário de Andrade, Vestida de preto. Carvalho Ramos, Mágoa de vaqueiro. João Alphonsus, Foguetes ao longe. Antonio de Alcântara Machado, As cinco panelas de ouro.

Useful collection, with notes and intro.

**F 162**   Riedel, Diaulas, and Fernando R. P. Santos, eds.   Maravilhas do conto moderno brasileiro.   Intro. and notes José Paulo Paes.   São Paulo: Editôra Cultrix, 1958.   329 pp.

Gastão Cruls, O abscesso de fixação. Afonso Schmidt, Olhos alheios. Aníbal Machado, O piano. Peregrino Júnior, A salga. Ribeiro Couto, O conto da madrugada. Luís Jardim, Paisagem perdida. Darcy Azambuja, Cantrabando. Orígenes Lessa, O natal de Tia Calu. Erico Veríssimo, As Mãos de meu filho. Marques Rebêlo, Labirinto. Guimarães Rosa, Sarapalha. Aurélio Buarque de Hollanda Ferreira, O chapéu de meu pai. Dinah Silveira de Queiroz, Tarciso. Luís Lopes Coelho, Crime mais que perfeito. Helena Silveira, Aída arouche magnocavallo. Moreira Campos, O Prêso. Bernardo Elis, Um Assassinato por Tabela. José Condé, a velha Senhora Magdala. Joel Silveira, O homem na Tôrre. Guido Wilmar Sassi, Amigo Velho. Vasconcelos Maia, Sol. Lygia Facundes Telles, As Pérolas. Osman Lins, Elegíada. Dalton Trevisan, Penélope. Ricardo Ramos, O trole. Edilberto Coutinho, A hospedeira.

Useful collection, with good coverage of younger writers. Continuation of previous item.

**F 163**   Rocque, Carlos Alberto, ed.   Antologia da cultura amazônica.   Intro. Arthur Cézar Ferreira Reis.   Grande Enciclopédia da Amazônia.   Belém: Amazônia Edições Culturais, 1970.   3: 11-160.

Agildo Monteiro, Crime de calúnia. Agostinho Vianna, O Cosme. Alberto Rangel, Inferno verde. Apio Campos, A tempestade. Aristófanes Bezerra de Castro, O despejo. Arthur Engrácio, Sorte grande. Astrid Cabral, Delírio. Aurélio Pinheiro, A casa abandonada. Barroso Rebello, Triste sorte. Benedito Monteiro, O carro dos milagres. Carlos Menezes, Dramalhão no necrotério--em dois tempos. Carlos Alberto Rocque, Distante do cantar, além. Clóvis Barbosa, Um fraque. Erasmo Linhares, Traidora. Ernesto Pinho Filho, Conosco os ingênuos: aleluia! aleluia. Farias Gama, Banho de cheiro. Ildefonso Guimarães, Senda bruta. Inglês de Sousa, A quadrilha de Jacob Patacho. Lucinerges Couto, Presente para dona Mirtes. Maria Leonor Sampaio Façanha, Réquiem de Mozart. Mário Couto, Silenciou o piano de Mariazinha. Marques de Carvalho, Um caso de Cabanada. Oliveira Bastos, O presente. Oswaldo Orico, Terra que treme. Paulo Maranhão, No teatro. Peregrino Júnior, Maleita. Rafael Costa, O equívoco. Regina Pesce, Primeiro de abril. Ruy Coutinho, Suicídio. Santana Pereira, Passageira noturna. Stúlio Sousa, Ao Deus-dará. Terêncio Porto, Bonança.

Stories from the state of Amazonas.   Part of a larger work.

**F 164**   Sales, Herberto, ed.   A eterna infância: antologia de temas da infância.   Rio de Janeiro: O Cruzeiro, 1948.   214 pp.

Machado de Assis, Conto de escola. J. Simões Lopes Neto, O negrinho do pastoreio. Monteiro Lobato, Negrinha. Graciliano Ramos, O barão de Macaúbas. Mário de Andrade, Piá não sofre? Sofre. Aníbal Machado, Tati, a garota. Ribeiro Couto, Infância. Rodrigo M. F. de Andrade, Quando minha avó morreu. Ezio Pinto Monteiro. Francisco Inácio Peixoto. Antonio de Alcântara Machado. Marques Rebelo, Vejo a lua no céu. Aurélio Buarque de

Holanda Ferreira, Acorda, preguiçoso. Fernando Sabino, Fita em série. A. Acioli Neto, O tamborim.

Stories about childhood.

**F 165** Sales, Herberto, ed. <u>Os belos contos da eterna infância: antologia de temas da infância</u>. Rio de Janeiro: Tecnoprint, 1966. 214 pp.
Same contents as previous item.

**F 166** Salles, David, ed. and intro. <u>Primeiras manifestações da ficção na Bahia</u>. 1st ed.: 1972. 2nd ed. São Paulo; Instituto Nacional do Livro, Ministério da Educaçao e cultura, 1979. 153 pp.

Manoel de S. Caetano Pinto, Emílio. Augusto Victorino Alves Sacramento Blake, Dous Casamentos. Manoel Carigé Baraúna, Eugênia, Júlia. Marianno de S. Rosa de Lima, O legado da hora extrema, Amores de uma criatura sem dentes. Ambrozio Ronzi, Cena da vida baiana. Firmino Coelho do Amaral, O calouro namorado.

Valuable recovery of prose fiction published in newspapers in Bahia in the 1840s. Extensive intro.

**F 167** Sant'Anna, Affonso Romano de, et al. <u>Crônicas mineiras</u>. São Paulo: Editora Atica, 1984. 112 pp.

Angelo Prazeres, O caso do órfão, Como tirar o povo da praça. Brasil Borges, Envelhecer, Mineiridade. Carlos Drummond de Andrade, Luta, Impróprio para mineiro. Danilo Gomes, O tesouro de Peter Lund, Um abril imperial. Djalma Andrade, A história alegre de Belo Horizonte (I and II). Elza Beatriz de Araújo, Importância, O piano da vizinha. Fernando Sabino, Conversinha mineira, Fantasmas de Minas. Fernando Telles, Para aquecer o inverno, Porque eu saí com o sereno. Franklin de Salles, Este Belo Horizonte . . ., O carteiro da zona 33. Gilberto Mansur, O que conta na vitória e na derrota, Gosto de Tancredo, Juscelino e de um franguinho. Guimarães Rosa, Dois soldadinhos mineiros, O riachinho Sirimim. Henril, Golô, Mãe pátria. Ivan Angelo, Meio covarde, Talismã. Lindolfo Paoliello, Feminino singular, Para amar com engenho e arte. Lúcia Machado de Almeida, Berçário, Garibaldina. Márcio Rubens Prado, Um alegre despertar, Uma lição de vida. Moacir Andrade [José Clemente], Fantasmas, com urgência, Vida social. Odin de Andrade, De como transportar (nos ombros) os candidatos, Tanajuras. Paulo Mendes Campos, Mineiro brincando: fala de minas, Mulheres bonitas. Rachel Jardim, Severino, Para onde? Ziraldo, O haicai, Reminiscência.

<u>Crônicas</u> by writers from Minas Gerais. Brief notes on authors, final biblio.

**F 168** Scliar, Moacir Jaime, et al. <u>Contos de médicos</u>. Intro. Arnaud Pierre. Rio de Janeiro: Pulso, 1966. 139 pp.

Moacir Jaime Scliar, Amai-vos. Milton da Rocha Marques, As cartas do meu irmão. Jaime Santos Neves, O colecionador de nuvens. Eduardo Adami, O comprador de burros. Holdemar Oliveira de Menezes, O conto. Paulo Rosa, O crime do Salustiano. Aziz Ansarah Rizek, Debutando no penico. Reginaldo Guimarães, História de cachorro. Paulo Saraiva, O processo. Djalma Chartinet Contreiras, Vida de cirurgião. Breno Acioli, Visita.

Stories from the Prêmio Pulso (!), 1965. Best stories by Brazilian physicians.

**F 169** Silva, Aguinaldo, et al. <u>Vida cachorra: Contos</u>. Rio de Janeiro: Civilização Brasileira, 1977. 197 pp.

Aguinaldo Silva, O amor grego, O campeão. João Antônio, Frioi, Paulinho Perna Torta. Mafra Carbonieri, No baralho, Saindo com Leila, Arma e bagagem. Marcos Rey, Traje de rigor, Sonata ao luar.

No intro.

**F 170** Silva, Deonísio da, ed. and intro. <u>Contos paulistas</u>. Porto Alegre: Mercado Aberto, 1988. 240 pp.

Ariosto Augusto de Oliveira, Bóia, bola e bunda. Caio Fernando Abreu, Sargento Garcia. Carlos Vogt, A casa alsaciana. Deonísio da Silva, Sexo Rei ou a fala paterna. Edla Van Steen, Até sempre. Edward Lopes, Amores. Flávio Aguiar, Borges e eu. Ignácio de Loyola Brandão, O homem que descobriu o dia da negação. João Silvério Trevisan, Cavalgada das bruxas. Joyce Cavalcante, Mentira de jornal. Luiz Fernando Emediato, Verdes anos. Luiz Galdino, Bogaris e resedás. Lygia Fagundes Telles, Venga ver o pôr-do-sol. Márcia Denser, Welcome to Diana. Marcos Rey, Eu e meu Fusca. Moacir Amâncio, O pé. Modesto Carone, Dias melhores. Roberto Schwarz, Utopia. Silvio Fiorani, De repente no verão. Vilma Arêas, Vivamente domingo. Vivina de Assis Viana, Chave. Wilcon Pereira, A vida como ela é: um vapor na cabeça. Wladir Dupont, Quartinho de fundos. Wladyr Nader, O fantasma do linotipo. Zulmira Ribeiro Tavares, O japonês dos olhos redondos.
Stories from the state of São Paulo.

**F 171** Silva, Domingos Carvalho da, et al. <u>Alem do tempo e do espaço: 13 contos de ciencificção</u>. São Paulo: Edart, 1965. 168 pp.
> Domingos Carvalho da Silva, Agua de Nagasáqui. Rubens Teixiera Scavone, A bolha e a cratera. Lygia Fagundes Telles, A caçada. André Carneiro, Um casamento perfeito. Nilson Martello, Da mayor speriencia. Ney Moraes, Desafio. Jeronymo Monteiro, O elo perdido. Nelson Leirner, O espelho. Alvaro Malheiros, Georges e o dragão. Nelson Palma Travassos, Homens sob medida. Antonio D'Elia, Transfer. Walter Martins, Tuj. Clóvis Garcia, O velho.

Science fiction.

**F 172** Silva, Maurício, et al. <u>Grande Chance na literatura: Contos</u>. Rio de Janeiro: Editôra Temário, 1970. 163 pp.
> Mauricio Silva, O espantalho. Sonia Lima, Já tocar violão deve ser fácil. Graziella Carvalho, A cafifa. Nilo Lopes Gama Andréa, Angela. Lorem Falcão Belés, Falcão. Ezequiel Monteiro Neto, A decisão. José Carlos Lins Silveira, A conquista. Coroacy Loureiro Gigante, A isenção de Taxa. Hamilton Rangel de Azeredo Coutinho, As três muralhas. Maria Antonieta Accioly Mattos, Beira Pátria. Hélène Elizabeth Martin, Crime perfeito. Gilberto Vasconcelos Frugoli, Depois de tempestade. A. Henrique Lago, Dos tristes pensares de Pedro. Marilenz de Andrade Cuquejo, Helena, Helena. José Rubens Costa, Linhas cruzadas. José Bezerra Filho, O duelo. Jessé Fontana Pacheco, O assalto. Guilherme Eugenio Barbosa Domont, O assalto. Thales Pontes da Luz, O Assalto dos gatos. Hermano José B. de Lima, Terra de Origem. Marcos Sterenkrantz, Um conto passio-pronomial. Alvaro Pacca Navarro, Viajores. Elis Werb, O homem do comício e o menino. Alexis Christus Pontes Luz, O bêbedo nu. Ivone Guedes Cimbalista, O santo. Agostinho Costa, Pensamento do falecido ou o princípio do fim. Protásio B. Maciel, Metamorfose de um crime. Sheila Cacks, O aniversário. João Gomes Neto, A máscara. João Marques Tavares, Viagem. Hamilton Colvara, O objeto. Antonio Azevedo Amorim Júnior, A homem que grita. Carlos Alberto Castelo Branco, Uma história de passarinho. Maria Olympia Campos Oliveira, A boa samataritana. José Bessa Lopes, A promessa. Ines Plese, A môsca tonta. Adilson Matusalém de Negreiros, Faz escuro mas eu canto. Alcio de Assis Pinho Lessa, Um pingo d'água. E. Rijan, Teresinha. Theophilo do Couto Netto, Maria Japona. Mario Pinto Teixeira, Certeza. Mario Newton Filho, O pesadelo. Rodney Alvares da Rocha, Ajuste de contes. Maria Alice do Nascimento Silva Leuzinger, O galo e o sol. Liane Lazoski, Aconteceu. Helio Brasil Corrêa da Silva, Helio Brasil Corrêa da Silva, João Pássaro. Eduardo Canabrava Barreiros, Breve histôria sem importância.

Winning stories from a contest sponsored by Temário.

**F 173** Silverman, Malcolm, ed. and intro. <u>O novo conto brasileiro: antologia crítica com anotações e exercicios gramaticais</u>. Rio de Janeiro: Editora Nova Fronteira, 1985. 443 pp.
> Duílio Gomes, Bananas. Luis Fernando Veríssimo, Lixo. Fernando Sabino, O homem nu. Rubem Mauro Machado, Conversa de viagem. Sérgio Sant'Anna, O pelotão. Luiz Vilela, Felicidade. José J. Veiga, O máquina extraviada. Ignácio de Loyola Brandão, São João mão única. Millôr Fernandes, O banheiro. Edla Van Steen, As desventuras de João. Tânia Jamardo Faillace, O menor. Herberto Sales, O caapor. Anna Maria Martins, Juventude. Elias José, Um estrangeiro muito estranho. Luiz Fernando Emediato, A origem dos anéis de

Saturno. Moreira Campos, Três meses de vida. Sônia Coutinho, Darling, ou do amor em Copacabana. Marcos Rey, Sonata ao luar. Caio Fernando Abreu, A margarida enlatada. Wander Piroli, Crítica da razão pura. Moacyr Scliar, Rápido, rápido. Murilo Rubião, O edifício. Dalton Trevisan, Peruca loira e botinha preta. Victor Giudice, A lei do silêncio. Orígenes Lessa, A boina vermelha. Deomísio da Silva, O semeador ou tudo do novo no Ano Novo. Ricardo Ramos, Volteio. Otto Lara Resende, Viva la patria. Nélida Piñon, Bravura. Edilberto Coutinho, Preliminar. Lygia Fagundes Telles, Senhor diretor. Antônio Bulhões, Valsa. Rubem Fonseca, Feliz Ano Novo. Gilvan Lemos, Ponte da boa vista. Domingos Pellegrini Jr., A mairo ponte do mundo. Júlio César Monteiro Martins, Sabe quem dançou?

Short story anthology designed for use in Portuguese language courses.

**F 174** Soares, Flavio Macedo, ed. and intro. <u>Nuevos cuentistas brasileños</u>. Trans. Rosa Moreno Roger. Caracas: Monte Avila, n. d. 239 pp.

João Guimarães Rosa, La oportunidad de Augusto Matraga. Adonias Filho, El túmulo de las aves. João Antônio, El muchacho del cajón. Dinah Silveira de Queiroz, El carioca. José J. Veiga, Los caballitos de Platiplanto. Murilo Rubião, Teleco el conejito. Clarice Lispector, Imitación a una rosa. Autran Dourado, Las tres coronas. Breno Accioly, João Urso. Samuel Rawet, Juego de damas. Dalton Trevisan, Las voces del retrato. Hélio Pólvora, Nadie está entero.

This work is said to be the translation of an earlier one, <u>Novos contistas brasileiros</u>. Useful intro. to Brazilian short story for Spanish speakers.

**F 175** Soares, Iaponan, ed. <u>Panorama do conto catarinense</u>. Intros. Carlos Jorge Appel and Celestino Sachet. Coleção Santa Catarina, 1. Porto Alegre: Movimento, 1971. 140 pp.

Anonymous, O moço que queria casar, A araponga e a onça. Virgílio Várzea, O André Canoeiro. Manoel dos Santos Lostada, A oferta. Oscar Rosas, Vampa. José Boiteux, O Barbaças. Altino Flores, Enterro. Tito Carvalho, Luta de touros. Othon d'Eça, Os gêmeos do Egídio Calheta. Antonio Paladino, De Anastácia ainda a vez. Salim Miguel, Episódio noturno. A. Boos Jr., Instruções. Silveira de Souza, O charadista. Guido Wilmar Sassi, Noite. Almiro Caldeira, Vigília do Ano Bom. Lausimar Laus, Responso. Ricardo L. Hoffman, Final de luta. Herculano Farias Jr., Fraternidade. Flávio José Cardozo, Chamamento. Miro Morais, A coroa do reino das possibilidades. Péricles Prade, Os milagres do cão Jerônimo. Raul Caldas Filho, O brinde. Rodrigo de Haro, O homem voador. Holdemar Meneses, A coleira de Peggy. Emanuel Medeiros Vieira, Caropaba meu amor. Jair Hamms, O vendedor de maravilhas.

Stories from Santa Catarina.

**F 176** Somogyi, Roberto, et al. <u>Brasileiros hoje: contos</u>. São Paulo: Editora Soma, 1978. 95 pp.

Roberto Somogyi, Rugas e Escamas. Barbosa Lessa, O Trem. Newton Ribeiro, O homem que sonhou com carneiros. Péricles Prade, A grande concha. Roberto F. Gomes, A notícia. Edson N. Ubaldo, Nem só pra molho pardo. Virginia Pezzolo, Três sorrisos. Jair Vitória, Estúpida ganância. Alberto T. Rossi, Repudiados. Amilcar O. Mattos, Sete espadas. Manoel A. Calixto, Assim não seja. Stella Carr, Compulsão. Jorrieri Guimarães, A morte entre os dentes. Paulo Klein, João sem amor. Antonio Fernandes Neto, O cajueiro das cobras. Geraldo Tasso, A luz das tuas mãos.

Brief intro.

**F 177** Tavares, Ednalva Marques, ed. <u>Doze contistas da Bahia</u>. Intro. Antonio Olinto. Rio de Janeiro: Record, 1969. 151 pp.

Almir Vasconcelos, A cadeira vazia. Cyro de Mattos, O velho e o velho rio. Fernando de Sousa Ramos, O funileiro que queria matar uma criatura inútil. Ildázio Marques Tavares, Decisão. Luiz Garboggini Quaglia, Sagamar. Maria da Conceição Paranhos, A cumeeira. Marcos Santarrita, Zonas de sombra. Noênio Spínola, O patriarca. Oleone Coelho Fontes, A resurreição de Epaminondas Jupará. Olney São Paulo, A morte em tempo de estio na encruzilhada do destêrro. Sônia Coutinho, Para uma adolescente.

Intro. essay is entitled "Uma ficção em mudança." Stories from the state of Bahia.

**F 178** Toledo, Dennis, ed. and intro. O conto da propaganda. São Paulo: Vertente Editora Ltda, 1978. 107 pp.
> Orígenes Lessa, Modo imperativo. Consuelo de Castro, O meu vizinho. Antônio Torres, Nos tempos de El-Rey Dom Salazar. Sérgio Toni, Mara, ou Maria aparecida. Celso Japiassu, Os peixes fora da água. Milton Ramos, Cabodonga. Nei Leandro de Castro, O dia em que Nabokov morreu. Ciro Pellicano, Bodas de prata. Otoniel Santos Pereira, Praça da República. Reinoldo Atem, A noite dos corpos estendidos. Ruy Carlos Lisboa, Entrevista coletiva. Roberto Simões, Rua do ouro. Monserrat Filho, Eu prefiro ficar sem meus olhos. Christina Carvalho Pinto, Maria olhando o céu. Ivan Curvelo, A saga de Petrolívio, ou as verdades encerradas no bucho da senhora sua mãe sob os reais e diligentes cuidados de pedralínia dos telefones, hoje Madama de Carteirinha Assinada. Pedro Galvão. Astolfo Araújo. Domingos Pellegrini Jr., Outros Tempos. Ricardo Ramos, Herança.

All of the writers work in advertising.

**F 179** Torres, Mariano, ed. Maravilhas do conto humorístico. Intro. Mário da Silva Brito. São Paulo: Cultrix, 1959. 299 pp.
> Brazilian writers included are: Machado de Assis, O empréstimo. Artur Azevedo, De cima para baixo. Antonio de Alcântara Machado, Apólogo brasileiro sem véu de alegoria. Aluísio Azevedo, Politipo. João do Rio, O homem de cabeça de papelão.

Humor.

**F 180** Trevisan, Dalton, et al. Contos premiados. Intro. Raul Gomes. Curitiba: Gerpa, 1954. 57 pp.
> Dalton Trevisan. Hercílio Maes. Glaucio Flores Sá Brito. Navarro Swain.

Stories from a contest. Unable to annotate.

**F 181** Trevisan, Dalton, et al. Os 18 melhores contos do Brasil. Intro. Temístocles Linhares. Rio de Janeiro: Edições Bloch/FUNDEPAR, 1968. 268 pp.
> Dalton Trevisan, Trinta e sete noites de paixão, O esfolado vivo, O senhor meu marido. Lygia Fagundes Telles, Verde lagarto amarelo, Apenas un saxofone, Helga. Jurandir Ferreira, Rufina, A cartola dos polinésios, As estrêlas. Flávio José Cardozo, Olindona, Longínquas baleias, Santa Amelinha. Ignácio de Loyola [Brandão], Pega êle silêncio, Túmulo de vidro, Camila numa semana. Luiz Vilela, Ousadia, Françoise, Tarde e noite.

"Premiados no I Concurso Nacional de Contos, realizado em Curitiba, no ano de 1968, sob o patrocínio da Fundação Educacional do Estado do Paraná."

**F 182** Van Steen, Edla, ed. and notes. O conto da mulher brasileira. Intro. Nelly Novaes Coelho. São Paulo: Vertente Editora, 1978. 252 pp.
> Anna Maria Martins, HD 41. Cristina de Queiroz, O piano. Dinah Silveira de Queiroz, Port Moresby. Edla Van Steen, Os mortos não têm desejos. Helena Silveira, Aida Arouche Magnocavallo. Hilda Hilst, Lucas, Uaim. Judith Grossmann, A sra. Büchern em Lebenswald. Julieta de Godoy Ladeira, Curriculum vitae. Lygia Fagundes Telles, As formigas. Márcia Denser, Relatório final. Maria de Lourdes Teixeira, Luar no beco. Myriam Campello, Dia 24, à noite. Nélida Piñon, A sagrada família. Rachel Jardim, Em uso. Sônia Coutinho, Cordélia, a caçadora. Tânia Jamardo Faillace, A porca. Vilma Arêas, K de Know How. Vivina de Assis Viana, A coisa melhor do mundo. Zulmira Ribeiro Tavares, A curiosa metamorfose pop do senhor Plácido.

Stories by living women writers, all of them authors of previously published books.

**F 183** Van Steen, Edla, ed. and notes. O Papel do amor: Antologia de contos. Intro. Fábio Lucas. São Paulo: Livraria Cultura Editora, 1979. 193 pp.

Luiz Vilela, Em dezembro. Ary Quintella, Caçando paca. Ricardo Ramos, Eu fui á fonte. Judith Grossmann, A caminho da eternidade. Moacyr Scliar, Os amores do ventríloquo. Sônia Coutinho, Essas tardes de maio. Rubem Fonseca, Gazela. Nélida Piñon, A sombra da caça. Autran Dourado, A ilha escalvada. Lygia Fagundes Telles, Pomba enamorada. Flávio Moreira da Costa, Entre santos e soldados. Hilda Hilst, Agda. Samuel Rawet, Que os mortos enterrem seus mortos. Edla Van Steen, Carol cabeça Lina coração. Nelson Coelho, Palavras de amor.

Stories about love by men and women.

**F 184**  Veiga, José J., et al.  <u>Quer que eu te conte um conto?</u>  Rio de Janeiro: Edições Achiamé, 1984.  274 pp.

José J. Veiga, Nada como um bom banho. Edilberto Coutinho, Eleitorado, ou. José Louzeiro, O tesouro. João Felício dos Santos, Vermelho, Flor. Vicente de Percia, Gritos de gol. Leila Míccolis, Cotidiano. Reinaldo Santos Neves, Donzela vai a guerra ou, A fome e a vontade de comer. Diderto Freto, Microcontos. Maria do Carmo Volpi de Freitas, A morta da Ciganinha. Victor Giudice, Os balões. José Augusto Carvalho, Orfã de filha. Fernando César Ferreira, O pudico. Dalva Rosa Mansur, Breve estória, ou seria história? Alaôr Eduardo Scisinio, Manoel Gambá. Almeida Cousin, O tempo correu para trás. Luiz Guilherme Santos Neves, As folhetas de Pedro Bueno. Olga Savary, O olhar dourado do abismo. Jacob Klintowitz, Branco-Preto-Branco-Preto. Cunha de Leiradella, A luz amarela. Germana de Lamare, Exigências, Olha ali as aranhas! Dilson Marques da Silva Júnior, "Maquinalmente", "Zoofobia." Aparecida Rollemberg, Embaixo do cobertor, Historinha. Ailton Benedito de Souza, Era uma vez em Jerusalém. Anna Maria Duarte Nunes, Pós de estrela, Cotidiano besta. Marilu Lins Flygare, Alquimia do amor, A metamorfose. Miguel Jorge, Dálton, o bom burguês. Glória Horta, "Eu, tu, ele ou ela," "A Denúncia." Núbia N. Marques, Dionísio, Quina da loto.

Good notes on authors.

**F 185**  Velho, Laís Costa, ed.  <u>Pequena antologia do trem: a ferrovia na literatura brasileira</u>.  Rio de Janeiro: Rede Ferroviária Federal/SENAI, 1974.  88 pp.

Adonias Filho, O trem. Anna Maria Martins, Plataforma 3. Antonio de Alcântara Machado, Apólogo brasileiro sem véu de alegoria. João do Rioi, Dentro da noite. João Guimarães Rosa, A hora e a vez de Augusto Matraga. Léo Vaz, Miss Elkins. Monteiro Lobato, Cidades mortas. Walmir Ayala, O menino que amava os trens.

Stories about railroads.

**F 186**  Vieira, Emanuel Medeiros, ed. and intro.  <u>Assim escrevem os catarinenses</u>.  São Paulo: Editora Alfa-Omega, 1976.  192 pp.

Lindolf Bell, O guarda-noturno. Adolfo Boos Jr., Promessas. Flávio José Cardoso, Zélica Tavares, cuja filha, Meu Deus que malvadeza. Jair Francisco Hamms, Dispnéia. Ricardo L. Hoffmann, A música das esferas. Harry Laus, O coronel. Holdemar Menezes, Acertando os ponteiros. Salim Miguel, O presente do diabo. Osmar Pisani, A ilha dividida. Guido Wilmar Sassi, Noite. Iaponan Soares, Minha gente. Silveira de Souza, O vizinho. Carlos Adauto Vieira, Macheza. Emanuel Medeiros Vieira, Pablo, o mágico. Osmard de Andrade, Se lembra de Stela? Wilson Antunes Jr., Fuga. Raul Caldas Filho, Depois do jogo. Glauco Rodrigues Corrêa, Boca de Siri (ou o caso da pasta preta). Dupuy Antônio Côrtes, O encontro. Roberto Costa, Sertão. Herculano Farias Jr., Decisão. Cesar Valente, Pós-graduado no exterior.

Stories from the state of Santa Catarina.  The last eight authors were previously unpublished.

**F 187**  <u>Vinte e um contos</u>.  Rio de Janeiro: Vecchi, 1970.  174 pp.

"Coletânea dos melhores contos selecionados no I Concurso de Contos patrocinado pelo Jornal ASBAC, órgão de divulgação dos servidores do Banco Central." Unable to provide contents.

**F 188**  Zilberman, Regina, ed.  <u>Os melhores contos brasileiros de 1974</u>.  Porto Alegre: Editora Globo, 1975.  190 pp.

Antônio Bulhões, Enfim, sós. Antonio Carlos Viana, Brincar de manja. Carlos Carvalho, Feliz aniversário. Cristina de Queiroz, As figuras menores. Elias José, O fabricante de ilusões. Emanuel Medeiros Vieira, Walda Lígia. Fernando Portela, O berro do peixe encantado. Ieda Inda, O suado milagre. Jaime Hipólito Dantas, Conto de Ninar. João Ubaldo Ribeiro, Tombatudo Santos Bezerra. José J. Veiga, A máquina extraviada. Luis Gonzaga Vieira, Segundo movimento. Luiz Vilela, Corisco. Murilo Rubião, Teleco, o coelhinho. Ricardo Ramos, O terceiro irmão. Roberto Drummond, Isabel numa quinta-feira. Sérgio Faraco, Travessia. Sônia Coutinho, Darling, ou do amor em Copacabana. Walmir Ayala, Eulália. Wander Piroli, A manhã seguinte.

A yearbook (like the ones published in Mexico in the 1950s).  See also F 95.

# G. Chile

**G 1**  Agurto, Jorge, et al. <u>Tres cuentistas chilenos.</u>  Intro. Fernando Santiván. Santiago: Ediciones Juan Firula, 1966.  262 pp.

> Jorge Agurto, La sembra del otro, La muñeca de Tía Melanía, Un reloj fué asesinado, De como se originó la brisa, El hombre y el mono, El muro invisible, Un maestro en psiquiatría, "Sí, confieso . . . yo la maté," El sueño feliz, La sombra de los buitres.  Mónica Jensen, "El violín en la selva," María, Un cuento azul, ¿Le limpió las botas? El viaje de Paul Suisse, Dos cartas a Pablo, Carta primera, Carta segunda, La mujer de la hora cuatro.  Marcial Tamayo, Embrugo al sur del Bío-Bío, "El Químico" del bungalow amarillo, Alias "El Robert Taylor," La hermosa Griselda, El primer hijo, El chófer de la montaña, La oración de San Cipriano, Los guapos, El Ñurdo, "Carincho."

Stories by beginning writers.

**G 2**  Aldunate, Elena, et al., eds. <u>Tres veces siete.</u> Santiago: Ediciones Andrómeda, 1984.  194 pp.

> Maité Allamand, El lagarto y la caja de botones.  Elena Aldunate, Ela y los terrícolas, El ingenio.  Natacha Bañados, La rebelión, El profesor de castellano.  Eliana Cerda, Pueblo.  Virginia Cox, Requiem para mi tía Eloísa, El velorio.  Virginia Cruzat, La hora décima.  Isabel Edwards, Nacimiento, El bus.  Fernando Jerez, La canción.  María Pilar Laporta, El verano del olmo, Alta marea.  Gabriela Lezaeta, Los años luz, Perdóneme señora por haberme muerto.  Adriana Loyola, Persiana adentro, Trade de domingo.  Antonio Montero Abt, Benito.  Alicia Morel, La niña de la ventana.  Elena O'Brien, El bastón de Nulia, Ni yegua que fuera.  Hernán Ortega Parada, La morada de las sombras.  Manuel Peña Múñoz, La señorita de la farmacia.  Chela Reyes, Espejo.  María Silva Ossa, El hotel, Amanda en três tiempos de tango.  Emilio Torrealba, "Después de Bach, el diluvio." Guillermo Trejo, Lioba.  Edmundo Moure, El último lector.

Edited by the members of the Grupo Andrómeda: Elena Aldunate, Eliana Cerda, Virginia Cruzat, Gabriela Lezaeta, Adriana Loyola, Chela Reyes and María Silva Ossa.  Notes at end on authors.

**G 3**  Alegría, Fernando, ed. and intro. <u>Chilean Writers in Exile: Eight Short Novels.</u> Trumansburg, New York: The Crossing Press, 1982.  162 pp.

> Alfonso González Dagnino, The First Days.  Juan Armando Epple, Of Flights and Abidings.  Aníbal Quijada, Barbed Wire Fence.  Fernando Alegría, War Chorale.  Poli Délano, Like the

Hyena. Claudio Giacomi, St. Elizabeth. Leandro Urbina, My Beautiful Buenos Aires. Ariel Dorfman, Putamadre.

Though the title asserts that the works are short novels, most of them are less than twenty pages long. Mostly focused on the 1973 coup and its aftermath.

**G 4** Aninat, Flor María, et al. <u>Somos trece</u>. Intro. Carlos Ruiz-Tagle. Santiago: Taller Literario Soffia, 1981. 182 pp.

Flor María Aninat, A través de la ventana, Las negras. Natacha Bañados, Cabo de guardia, Vanessa, La mortaja de cristal. Pía Barros, El Tolo, Entre el pájaro y la rosa, No estaré sola. Sonia Chaimovich, Los cordeles, La tía Tzipe. Jorge Correa, Conversación, Mar y mujer. Gloria Gálvez, Tríptico. Luis Hermosilla, Bernie, Qué va a decir la gente, Traje de marinero. Luz Larraín, ¿Ora pro nobis? Descuido involuntario, De algún lado bajan las lluvias. Patricio Mardones, Sub-génesis, Ausencia, In memoriam, Pasajes, Mea culpa. Margarita Prado, Obsesión, El ballet moderno. Helena O'Brien, Llora la criatura, El pozo de las luciérnagas, La rata. Carolina Rivas, El trompo en la plaza. Alfredo Emilio Torrealba, Angélica y el ermitaño, El último descendiente, Circular, global y recordatorio.

Stories from a literary workshop.

**G 5** Arellano T., Rolando, et al. <u>Cuentos de cuartel</u>. Intro. Enrique Campos Menéndez. Santiago: Editora Nacional Gabriela Mistral, 1975. 189 pp.

Rolando Arellano Torres, Una cara conocida, La dama del jueves, El "Angel Verde." Sergio Panizza Ambusto, El ebrio, El reemplazo, Memorias de una blusa de paño verde. René Peri Fagerstrom, Las orejas del Cabendas, La Jerónima, El milagro de Cota Cotane. Armando Romo Boza, Nostalgia, "Machetazo," El ciego. Gustavo San Martín Ravanal, El entierro, Juez de distrito, El Cabezón González.

Curious intro. states that these are not "cuentos policiales" in the usual sense, but stories written by policemen, based to a large extent on their professional experience.

**G 6** Astorga Barriga, Carlos, et al. <u>Narrativa de los miércoles</u>. Santiago: Taller Literario Antonio Acevedo Hernández, 1987. 93 pp.

Carlos Astorga Barriga, Unamunada, Ojo en el muro, El amante. Víctor A. Phillips Miranda, La sombra, Recuerdos. Miguel Reyes Suárez, El ascensorista. Laura Rosa Urbina, Extraña coincidencia. Ana Danús, Destino. Rosa Ester Brito Parra, Hallazgo. Melanía Tello Romero, De regreso a casa. Carlos Farías Gómez, A domicilio, El renacer de Plinto. José Flores Leiva, Su última Navidad. Gastón Collarte Rojas, La despedida. Ruth Eliana Merino, Viaje increíble. Margarita Daza Daza, Diablillos en el convento. Eugenio Cantuaris, Ronaldo el pensador, Palurdo, Evidencia de no videncia. Víctor O. Phillips Müller, Covaderas, Salitrones. Alicia Dauvin, Un viaje hacia Siddartha y los hombres dioses de Hermann Hesse.

Stories from a "taller literario."

**G 7** Bahamonde S., Mario, ed. and intro. <u>Antología del cuento nortino: Tarapaca, Antofagasta, Atacama, Coquimbo</u>. Antofagasta: Editorial Universitaria, 1966. 369 pp.

Manuel Concha, Juan Soldado. Adolfo Valderrama, Tradición China. Emilio Vaisse, El Derrotero del cenizal. Carlos Pezoa Véliz, El "taita" de la oficina. Víctor Domingo Silva, Una luz. Eduardo Barrios, Camanchaca. Pedro Prado, El pueblo muerto. Fernando Santiván, El hombre de Pana. Guillermo Koenenkampf, Historia amarilla. Sady Zañartu Bustos, Cielo verde. Neftalí Agrella, El alfafero indio. Byron Gigoux James, Rotos hombres. Luis S. Rojas, Estela, la niña de Carmen Alto. Salvador Reyes, Las banderas del puerto. Mario Bonat, La caricatura del amor. Hernán Jaramillo, El rastreo. Homero Bascuñán, El solitario del Portezuelo. Héctor Pumarino Soto, Cusi-Huaila. Andrés Garafulic Y., Titan Bucyrus, 118. Oscar Bermúdez Miral, La oficina de Para. Jorge Alvear Urrutia, Un amigo peligroso. Raúl Norero, Sinfonia en piedra. Carmen de Alonso, La puebla. Mario Bahamonde, Ala viva. Abelardo Barahona, Barco de infancia. Hector Carreño Latorre, No. Caupolicán Casanueva,

La Calchona.  Eduardo Aguirre Ortiz, El cangallero.  Nicolás Ferraro P., Hacia el mar. Luciano Cruz, En el bote.

Extensive intro. essay is entitled "Notas sobre el desarrollo de la literatura nortina."

**G 8**  Bahamonde S., Mario, et al.  <u>Tres cuentos del norte</u>.  Antofagasta: Municipalidad de Antofagasta, 1943.  61 pp.

> Mario Bahamonde, El cara 'e picante.  Arturo Ramírez, La justicia.  Manuel Durán D., Los sesenta pesos de Lucho Rivera.

Winning stories from the Premio Municipal de Antofagasta.

**G 9**  Balbontín M., Manuel G., and Javier Rodríguez Lefebre, eds. and intro.  <u>El cuento femenino chileno</u>.  Santiago: Editorial Orbe, 1965.  319 pp.

> Ximena Adriasola, El gallo negro.  Carmen de Alonso, La puebla.  Maité Allamand, El funeral del diablo.  Marilú Bates, El mal de N'Ufemia.  María Luisa Bombal, Lo secreto.  Eliana Cerda de Burr, Las emancipadas.  Nelly Correa Quezada, Las dos muertes de Orozco.  Chita Fuenzalida, La viajera.  Mercedes Fuenzalida, La maestra rural.  Mimí Garfias, Después de la torta de limón.  Marta Rosa Guzmán, La cooperativa.  Patricia Hoyuela, Proceso a un cuerpo. Marina Latorre, Una colección privada.  Zulema León, Diamond.  Ester Matte, Un caso. Carmen Muñoz, La mirada de Dios.  Valeria de Paulo, El viejo de los gatos.  Elisa de Paut, Los espejos.  Magdalena Petit, En suspenso.  Amalia Rendic, Calambrito.  María Esperanza Reyes, La pensión González.  Julia Toro, Asunto personal.  María Urzúa, El cholo.  María Flora Yáñez, Mundo de piedra.

Rather condescending intro. explains that previous Chilean anthologies neglected the production of the "damas invitadas" to be included here.

**G 10**  Barella Lefebre, Silvia, et al.  <u>Antología de cuentistas desconocidos</u>.  Santiago: Ediciones Taller Literario, 1960.  109 pp.

> Silvia Barella Lefebre, Umbral, Encuentro, Tres perros sueñan a la sombra de un árbol. Armando Bueno Venegas, Camino gris, Un día más.  Tulio Espinosa García, El tiempo o alguna otra cosa, El clarinete.  Javier Rodríguez Lefebre, Umbral, El tiempo que nunca existió, Liberación.  Sergio Bueno Venegas, El paraguas, Destino, La voz del mar.  Luis Fernando Urra, La mudanza, El discurso, Desde la ventana.

Unsigned intro. explains that these stories came from a "taller literario" that Manuel Rojas founded at the Universidad de Chile in 1958.

**G 11**  Barrera Zamora, Ernesto, et al.  <u>Diez cuentistas de Valparaíso</u>.  Intro. Pedro Mardones Barrientos.  Notes by Claudio Solar L.  Santiago: Ediciones Océano, 1957. 143 pp.

> Ernesto Barrera Zamora, Una hora de clase, Juan Zapata, cateador.  Pascual Brandi Vera, "El meteoro."  Hugo Contreras Mondaca, ¡Execrables aspirantes!  Fernando del Solar, El silencio es oropel, Dolores.  Luis Hurtado López, El burro de Ño Jerónimo.  Ricardo Hurtado Sagredo, Mundo de soledades, Orillando la tragedia.  Juan Johnson Astudillo, Tilo con limón.  Nicolás Latuz Ponce, Mañana es otro día.  Carlos Naveas Bartolli, Retoño de pescadores.  Elías Ugarte Figueroa, En un rincón para rezagos, Filón negro.

Collection published by the Sociedad de Escritores de Valparaíso.

**G 12**  Barrera Zamora, Ernesto, ed., intro. and notes.  <u>Orbita, cuentos</u>.  Valparaíso: Ediciones Océano, 1960.  119 pp.

> Ernesto Barrera, Un ratón de Bahía, El umbral.  Alicia Enríquez, La amiba, Perversas intenciones.  Sergio Escobar, Boina, El perseguidor.  Ricardo Hurtado, Noche de lluvia, Desde el fondo del mar.  Nicolás Latuz, Don Jaramillo.  Gastón Rodríguez, Pancho Latarra. Wáshington Sandoval, Cena del recuerdo, Un suicidio sin interés.

Collection published by the Sociedad de Escritores de Valparaíso.

**G 13**  Barros, Pía, ed. and intro.  <u>Cuentos: Taller Soffía '84</u>.  Santiago: Editorial Arcilla, 1984.  160 pp.

> Ruby Anguita, Extraña, Siguiendo al sol. Pía Barros, Puertas, Gustav, Ventanas. Ana María del Río, Parece, Entreojos, Como los geranios. Sonia Guralnik, Por los milagros, Flores amarillas, Bajando el Rhin. Luis Hermosilla, Tiberio, Ritual, Encuentro. Sara Karlic, Chilean Graffiti. Cerrado por balance. Para aguantar el tiempo. Pilar Laporta, Mikasú, El verano del olmo, Así entre nosotros. Luz Larraín, Delantal de tres inviernos, Desánimo, Referencia lícita. Pedro Mardones, Melanía, Porque el tiempo está cerca. Elena O'Brien, Esta noche a las once, Desordenando palabras. Margarita Prado, El mismo presentimiento, "See you later," Un hombre llamado Sam.

Stories from a "taller literario" directed by Barros.

**G 14**  Blanco, Guillermo, and Patricio Asenjo, eds. and intro.  <u>Cuentos de guerra chilenos</u>.  Santiago: Editorial del Nuevo Extremo, 1958.  122 pp.

> Federico Gana, Candelilla. Luis Ortiz Olavarrieta, Talali-Talala. Antonio Bórquez Solar, El barranco de la muerte. Olegario Lazo Baeza, La risa trágica. Pedro Sienna, Un dieciocho en el cautiverio. Diego Dublé Urrutia, Salomé. Daniel Riquelme, El desertor. Diego Barros Ortiz, Los muertos del día. Marcial Cabrera, El rifle. Joaquín Díaz Garcés, La batalla de Huamanga.

Stories about the wars fought by Chile, not "porque sea el nuestro un pueblo guerrero, sino porque siendo pacífico, se ha visto empujado a pelear por su conciencia de la nacionalidad y del derecho, y ha cogido el fusil con cabal conocimiento de causa."

**G 15**  Brandi Vera, Pascual, et al.  <u>Hojas de laurel</u>.  Valparaíso: Casa Editorial Arte-Fortuna-Luz, 1923.  176 pp.

> Pascual Brandi Vera, El Meteoro. Guillermo Peralta Polanco, María Victoria. Alfredo E. Condon, Un impotente. Victoriano Lillo, La caída. Eduardo A. Budge Alcalde, La telefonista. René Silva Espejo, El telegrafista. Estanislao Mario Granja, Codicia. Alfredo E. Condon, Cansancio. Luis Martínez Rubio, Los fantasmas. Pedro Silva Román, En la pampa. Carlos Bowen O., Savia araucana. Mariano Latorre, El perro de on Polo, Las curiosas opiniones de Mr. Lang, ingeniero yanqui. Victoriano Lillo, Los galeotes de la medianoche.

"Novelas cortas y cuentos selectos en los Juegos Florales de 1922 y 1923 del Ateneo de Valparaíso."

**G 16**  Bunster, César, Julio Durán Cerda, Pedro Lastra, and Benjamín Rojas Piña, eds. and intro.  <u>Antología del cuento chileno</u>.  Santiago: Instituto de Literatura Chilena, 1963.  663 pp.

> Daniel Riquelme, El perro del Regimiento. Luis Orrego Luco, Hora trágica. Baldomero Lillo, La compuerta número 12, El chiflón del diablo, "Inamible." Federico Gana, Paulita, La señora. Alberto Edwards, La catástrofe de la punta del diablo. Joaquín Díaz Garcés, Un siglo en una noche. Guillermo Labarca Hubertson, Vásquez. Olegario Lazo Baeza, El padre. Augusto D'Halmar, Mama Dotea, A rodar tierras, En provincia. Eduardo Barrios, ¡Pobre feo! Rafael Maluenda, Los dos, Eloísa, La Pachacha. Mariano Latorre, Domingo persona. Martín Escobar, Arribistas. Luis Durand, La picada, La carreta de Juan Mardones. Manuel Rojas, Laguna, El vaso de leche, Una carabina y una cotorra. Marta Brunet, Piedra callada, Soledad de la sangre. Hernán del Solar, Rododendro, Pata de palo. Diego Muñoz, El querido maestro, Niña de color. Oscar Castro, Lucero, El callejón de los gansos. María Luisa Bombal, El árbol. Francisco Coloane, El Flamenco, El Australiano. Juan Donoso, El roante. Marta Jara, La camarera. José Donoso, Ana María, El Charleston. Guillermo Blanco, Adiós a Ruibarbo. Claudio Giaconi, Aquí no ha pasado nada.

Important anthology.  The notes and selections have been copied in several other anthologies, according to Calderón, Lastra and Santander's <u>Antología del cuento chileno</u>.

**G 17**  Cabrera Guerra, Marcial, et al.  Cuentos militares dedicados al Ejército i a la Guardia Nacional de la República.  Santiago: Imprenta y Encuadernación del Comercio, 1898.  40 pp.

> Marcial Cabrera Guerra, El rifle.  Diego Dublé Urrutia, Salomé.  Antonio Bórquez Solar, El cabo de cañón.  Anjel C. Espejo, De parada.

The back cover lists the prices of the book: "A la tropa: 20 cts.  Oficialidad i particulares: 40 id."  The entire book follows Andrés Bello's spelling reform.

**G 18**  Calderón, Alfonso, ed. and intro.  El cuento chileno actual, 1950-1967.  Santiago: Ediciones Nueva Universidad, Universidad Católica de Chile, 1969.  246 pp.

> José Donoso, El charlestón.  Guillermo Blanco, La espera.  Enrique Lafourcade, La muerte del poeta.  Claudio Giaconi, ¡Aquí no ha pasado nada!  Enrique Lihn, Retrato de un poeta popular.  Jorge Guzmán, El capanga.  Jorge Edwards, El orden de las familias.  Carlos Santander, Madreselva.  Sergio Guido Eytel, Círculo.  Víctor Torres, Espirales.  Antonio Avaria, Muerte del padre.  Venzano Torres, Ultimo resplandor de una tarde precaria.  Luis Domínguez, Una ventana batida por el viento.  Antonio Skármeta, Relaciones públicas.  Salomón Meckled, Hotel avión.  Carlos Morand, De un muro a otro.  Eugenia Echeverría, Solsticio.

Useful collection of the production of the "generación del 50."

**G 19**  Calderón, Alfonso, ed. and intro.  Cuento aparte: antología.  Santiago: Ediciones Mar del Plata, 1986.  151 pp.

> Jorge Calvo, El eco, La última vez que vi a Liza Minelli.  Alejandra Basualto, 1954, Echate a volar, Paloma.  Alvaro Cuadra, Los ojos amarillos, Casi un difunto.  Gabriela Boza, La novia, Reencuentro en "La Boca."  Poli Délano, Estribo amargo.  Lilian Elphick, La paciencia, La llegada de Angelina.  Jaime Habel, La fuga.  Carmen Oviedo, Verbalia, Rock pesado.  Gabriela Soto, Algo allá ha sucedido, La sabrosa sopa de Carolina.  Jorge Marchant, El hermano chico.  Reinaldo Martínez, Al otro lado del espejo, Y ahí estaba.  Yolanda Venturini, Dicisión final, Desde cualquier lugar hacia América, Africa o Australia.  José Luis Rosasco, Edith de la casa amarilla.

Stories by younger writers.

**G 20**  Calderón, Alfonso, Pedro Lastra, and Carlos Santander, eds. and intro.  Antología del cuento chileno.  1st ed. 1974.  4th ed.  Santiago: Editorial Universitaria, 1987.  342 pp.

> Baldomero Lillo, El chiflón del diablo, Tienda y trastienda.  Federico Gana, La señora, Paulita.  Augusto D'Halmar, En provincia.  Eduardo Barrios, La antipatía.  Ernesto Montenegro, El niño de la escopeta.  Rafael Maluenda, Los dos.  Mariano Latorre, La desconocida.  Luis Durand, La picada.  José Santos González Vera, La copia.  Manuel Rojas, El delincuente, Una carabina y una cotorra, El vaso de leche.  Marta Brunet, Soledad de la sangre.  Hernán del Solar, Rododendro.  Juan Emar, El pájaro verde.  Diego Muñoz, Niña de color.  María Luisa Bombal, El árbol.  Francisco Coloane, La botella de caña.  Nicolás Ferraro, Visita de estilo.  Jose Donoso, Santelices.  Guillermo Blanco, La espera.  Claudio Giaconi, Aquí no ha pasado nada.  Jorge Edwards, El orden de las familias, Loas zulúes.  Enrique Lihn, Huacho y Pochocha.  Antonio Skármeta, A las arenas.

Includes intro., biblio., notes.

**G 21**  Cassígoli, Armando, ed., intro. and notes.  Cuentistas de la Universidad.  Santiago: Editorial Universitaria, 1959.  246 pp.

> Wilfredo Casanova, La máscara.  Fernán Castillo, La rueda.  Poli Délano, Final.  Emilio Flores, El encuentro.  Patricio Guzmán, El primer premio.  Oscar Hahn, Ceremonia del dormitorio.  Cristián Huneeus, Primera vigilia.  Carmen López, La vida cotidiana.  Ernesto Malbrán, Paquito y Dios.  Carlos Morand, La herida del tiempo.  Felipe Páez, El accidente.  Ariel Peralta, Un jugador hidalgo o un hidalgo jugador.  Gladys Rodríguez, Nacimiento.  Grínor Rojo, Verano.

Olivia Saavedra, La señorita María Flora. Antonio Skármeta, El señor Avila. Jorge Teillier, Manzanas en la lluvia. Jaime Valdivieso, Parque.

Important anthology of emerging group of Chilean writers.

**G 22**  Cerda, Martín, ed. and intro.  Encuento: Narradores chilenos de hoy. Santiago: Editorial Bruguera, 1984. 211 pp.

Luis Alberto Acuña, Jarrón de porcela china. Jaime Hagel, La cita. José Luis Rosasco, El Quijote y aquella isla. Poli Délano, La misma esquina del mundo. Fernando Jerez, Detrás de los visillos. Irene Geis, Un poco de suerte. Ramiro Rivas, El Chueco Maciel. Antonio Rojas Gómez, De la visita que Tristán Benítez hizo al pueblo de Humberstone. Carlos Olivárez, Yo adivino el parpadeo. Paz Molina, Informe acerca de los devaneos del canario. Ana María del Río, Su-Misión. Roberto Rivera, Cervea. Jorge Calvo, Manuscrito encontrado en la mesa de un café. Antonio Ostornol, Las arañas. Alvaro Cuadra, Blanco y negro. Ramón Díaz Eterovic, Ella, ellos, y Raúl. Carlos Iturra, Byron: obra póstuma, obra inédita (o las cenizas de Aspern). Eduardo Llanos, El Pedro y los alemanes. Diego Muñoz, Auschwitz. Gonzalo Contreras, Naves quemadas. Carlos Franz, Ciencia de pájaros.

Stories by 21 authors active in the decade since the military coup.

**G 23**  Cerda, Martín, ed. and intro.  Nuevos cuentistas chilenos: 23 relatos.  Santiago: Editorial Universitaria, 1985. 141 pp.

Gabriela Boza, Los visitantes, A dos voces, Berto. Jorge Calvo, La poza de los lagartos, Huellas en el polvo, Quedarse un rato, Travesía. Ita Hernández, Rau, La Roca, Como "Valle de las Palmas" cambió su nombre. Reynaldo Martínez, Y, Lechuza, La Botella, Esperando, El momento blanco, Teresa, El ruido, En el camino, fumando. Gabriela Soto, El ala izquierda del cóndor, El momento de la torre. Yolanda Venturini, Insomnio, Ultimo testigo, Apenas un millón de años.

Stories from a "taller literario" directed by Cerda.

**G 24**  Clariana, Abelardo, ed. and intro.  Relatos humorísticos chilenos.  Santiago: Zig-Zag, 1957. 160 pp.

Vicente Pérez Rosales, De lo mucho que nos equivocamos cuando creemos que todo el mundo nos conoce, El marido es responsable de los pecados que comete su mujer. Daniel Riquelme, La derrota de Calama. Joaquín Díaz Garcés, Un almuerzo, Bautizo. Baldomero Lillo, Inamible. Francisco Hederra, Pascualito. Manuel J. Ortiz, Belicosidad, Un rival de Lombroso. Rafael Maluenda, La Pachacha. Ernesto Montenegro, Travesuras de Quico y Caco, Los peces de colores. Mariano Latorre, Una astucia de Juan Sapo. Luis Durand, Afuerinos. Manuel Rojas, El fantasma del patio. J. S. González Vera, Ocho votos. Eugenia Sanhueza, El soldado.

Humor.

**G 25**  Coloane, Francisco, et al.  Antología del cuento magallánico.  Punta Arenas: Centro de Escritores de Magallanes/Empresa de Publicaciones La Prensa Austral, 1952. 133 pp.

Francisco Coloane, Cinco marineros y un ataúd verde. Jorge Rubén Morales, Ancón sin salida. Manuel Andrade Leiva, El tumbero. Osvaldo Wegmann H., El cementerio de los milodones. Ricardo Hurtado Sagredo, ¡Suerte! Enrique Wegmann H., Sangre en Muñoz Gameto. Rosa M. de Amarante, Una de tantas. José Grimaldi, Setenta días. Esteban Jaksic R., El carancho. Lucas Bonacic-Doric B., Frágiles y fugaces corazones. Ninette Miranda, María Victoria. Santiago Pérez Fanjul, El caso de Peter Mitchell.

Stories from the extreme south of Chile.

**G 26**  Coloane, Francisco, ed. and intro.  Tierra ajena: Antología de cuentos. Santiago: Icira, 1972. 230 pp.

Oscar Castro, Tierra ajena, Marta Brunet, Doña Santitos, Eduardo Barrios, Camanchaca. Joaquín Edwards Bello, Juan Antonio, el barbas de oro. Rubén Azócar, Chonchi. Gonzalo

Drago, Un racimo de uvas. Guillermo Blanco, Viejo Pillo. Rafael Maluenda, La pachacha. Luis Durand, Afuerinos. Diego Muñoz, Allá abajo. Leoncio Guerrero, Utiles de labranza. Olegario Lazo Baeza, El padre. Fernando Santiván, Justicia. Manuel Miranda Sallorenzo, Santa Ana de Chintahuay. Carlos Ruiz Tagle, Un día para mirar. Mariano Latorre, La desconocida. José Donoso, Dinamarquero. Mario Bahamonde, Tres hombres en la Soledad. Julio Silva Lazo, Comprando hacienda. Raúl Norero, Sinfonia en piedra. Manuel Rojas, Laguna.

"Hemos preparado esta antología de cuentos con temas campesinos por encargo del Instituto de Capacitación e Investigación en Reforma Agraria, guiándonos en primer lugar por sus valores de belleza y luego por su contenido social de acuerdo con los cambios que han ocurrido en nuestro país a partir del 4 de septiembre del año pasado en que fue elegido Presidente de Chile el doctor Salvador Allende, por voluntad del pueblo."

**G 27** Délano, Luis Enrique, ed. and intro. <u>Catorce cuentos chilenos</u>. Biblioteca Zig-Zag, 46. Santiago: Revista Literaria Quincenal, 1932. 146 pp.

Federico Gana, La señora. Baldomero Lillo, El chiflón del diablo. Augusto D'Halmar, En provincia. Fernando Santiván, ¡Era tan lindo! . . . Rafael Maluenda, Perseguido. Mariano Latorre, La desconocida. Januario Espinosa, La inútil. J. S. González Vera, El profesor bizco. Alberto Romero, A la deriva. Salvador Reyes, La soledad. Marta Brunet, Dos hombres junto al muro. Tomás Lago, Puerto de escala. Luis Durand, La picada. Luis Enrique Délano, Al punto mayor.

Note by publisher explains that Délano turned in an anthology with only thirteen stories, and that the fourteenth--the story by the editor--was added at the request of the publisher.

**G 28** Délano, Luis Enrique, ed., intro. and notes. <u>Siete cuentos chilenos</u>. Biblioteca Enciclopédica Popular, 58. Mexico City: Secretaría de Educación Pública, 1945. 93 pp.

Baldomero Lillo, El chiflón del Diablo. Augusto D'Halmar, En provincia. Mariano Latorre, La desconocida. Luis Durand, La picada. Salvador Reyes, El último pirata. Juan Marín, Puerto negro. Marta Brunet, Doña Santitos.

Cheap edition for use in Mexican schools.

**G 29** Délano, Poli, et al. <u>El cuento chileno de terror</u>. Intro. Héctor Véliz Meza. Santiago: Publicidad y Ediciones, 1986. 126 pp.

Poli Délano, Adivinanzas. Rodrigo Ferraro, La isla de los muertos. Gonzalo Contreras, Gente para todo servicio. Rodolfo Gambetti, La playa del paraíso. Nicolás Ferraro, Todos huíamos, todos. Mariana Callejas, Los dientes del demonio, El hijo de María. Gabriela Boza, La novia. Margarita Prado, El paquete. Felipe Retamal, La sombra en la puerta. Francisco Javier Muñoz, El último rito de la moda. Perla M. Devoto, Los paquetes de Rubén.

One of the few Latin American anthologies of tales of horror.

**G 30** Díaz Eterović, Ramón, and Diego Muñoz Valenzuela, eds. and intro. <u>Contando el cuento: Antología joven narrativa chilena</u>. Santiago: Editorial Sinfronteras, 1986. 266 pp.

Pía Barros, Estanvito, Los pasos en el viento. Jorge Calvo, Se acabaron los cigarrillos, Noviazgo. Gregory Cohen, La hipérbole del cuye, El gato de la esquina. Eduardo Correa, Orillera de los rincones perdidos, Osito de felpa. Alvaro Cuadra, El ascensor, Una sombra parada en la esquina. Ana María del Río, Armadura, Subterráneo. Ramón Díaz Eterovic, El tiempo frágil, Atrás sin golpe o la noche que Villablanca ganó el título mundial. Carlos Franz, Ciencia de pájaros, Tres músicos callejeros tocaron una serenata en el Cerro Alegre. Sonia González, Cosas que sólo Nicolás sabe, Tejer historias. Edgardo Mardones, Oso mayor, Caperucita desnudando al lobo. Juan Mihovilovic, Confesión, Gaviotas en el cielo. Diego Muñoz

Valenzuela, Auschwitz, Anochece en la ciudad. Antonio Ostornol, El hijo de Marcial, Las arañas. José Paredes, Topless, Presagio. Roberto Rivera, Matemáticas, Café Postal. Luis Alberto Tamayo, Perrito, Mi hermano cruza la plaza. José Leandro Urbina, Posibilidades de fotografía, Dos minutos para dormirse.

From the intro.: "Nuestro habitat ha sido la violencia. Eramos adolescentes hacia los días finales de aquel estremecedor año 1973. Hasta agosto de ese año pensábamos que nuestro futuro iba a ser otro muy distinto al que no ha correspondido vivir (o sobrevivir)." Useful history traces emergence of group of younger writers.

**G 31**  Donoso, Armando, ed. and intro. Algunos cuentos chilenos. Colección Austral. Buenos Aires: Espasa-Calpe Argentina, 1943. 152 pp.

Baldomero Lillo, El chiflón del diablo. Federico Gana, La señora. Augusto D'Halmar, En provincia. Rafael Maluenda, Eloísa. Fernando Santiván, ¡Era tan lindo! Eduardo Barrios, La antipatía. Joaquín Edwards Bello, El bandido. Mariano Latorre, La desconocida. Marta Brunet, Doña Santitos. Manuel Rojas, El colocolo.

Useful selection of Chilean stories for readers in other countries.

**G 32**  Donoso Pareja, Miguel, ed. Chile. Serie Cuentistas Latinoamericanos, 1. Mexico City: Editorial Bogavante, 1969. 119 pp.

Baldomero Lillo, La compuerta número 12. Augusto D'Halmar, En provincia. Manuel Rojas, El delincuente. María Luisa Bombal, El árbol. José Donoso, Una señora. Jorge Edwards, Después de la procesión. Alexandro Jodorowsky, Eugenia. Antonio Skarmeta, El ciclista del San Cristóbal.

No intro.

**G 33**  Durand, Luis, et al., eds. "El cuento chileno." Intro. Ulyses. Atenea 279-80 (1948): 137-572.

Baldomero Lillo, El pozo. Federico Gana, Casa vieja. Joaquín Díaz Garcés, Los chunchos. Olegario Lazo Baeza, El amigo. Eduardo Barrios, Santo remedio. Augusto D'Halmar, La Cenicienta sin Príncipe. Rafael Maluenda, La mujer del cabaret. Ernesto Montenegro, Travesuras de Quico y Caco. Mariano Latorre, El Tobiano de Catrileo. Fernando Santiván, El tacho de on Banderas. Luis Durand, Afuerinos. Guillermo Koenenkampf, El "Pajarito." Manuel Rojas, El vaso de leche. Edgardo Garrido Merino, El cristo que fue árbol. Ramón Valenzuela, Juan Ralo. Marta Brunet, Soledad de la sangre. Juan Marín, Mar Pacífico. Diego Muñoz, Barco frutero. Byron Gigoux James, Rotos hombres. María Flora Yáñez, Icha. Luz de Viana, Frenesí. Homero Bascuñán, El solitario del portezuelo. María Luisa Bombal, El árbol. Chela Reyes, La dicha. Gonzalo Drago, Mister Jara. Oscar Castro, Callejón de los gansos. Silva Balmaceda, Alina. Francisco A. Coloane, Cabo de Hornos. Gabriela Henríquez, El exorcismo de la guitarra. Luis Merino Reyes, El chiquillo blanco. Andrés Sabella, El cielo colorado. Leoncio Guerrero, El gallo loco. Nicomedes Guzmán, Una moneda al río. Mario Bahamonde, El silencio sobre la tierra. Euclides Guzmán, El hombre que venía de la pampa. Miguel Serrano, La búsqueda. Anuar Atias, La tormenta. Jorge Ibáñez, Vengativos. Luis Sánchez Latorre, Miedo.

This special issue of the journal Atenea also contains a number of important essays on the Chilean short story and on short story technique, listed in the criticism section of this bibliography.

**G 34**  Emmerich, Fernando, ed. and intro. Leyendas chilenas. Santiago: Editorial Andrés Bello, 1981. 83 pp.

Antonio Landauro, El derrotero del gringo loco. Fernando Emmerich, La tirana del tamarugal. Antonio Landauro, Juan Soldado. Michel Rouglé, El hombre-pájaro. Tulio Espinosa, La laguna del Inca. Antonio Landauro, Las tres Pascualas. Carlos Ducci Claro, Lican Ray. Antonio Landauro, Licarayén. Vicente Mengod, La Pincoya. Carlos Ducci Claro, El caleuche. Enrique Campos Menéndez, El arquero del bosque.

A collection of traditional legends from all parts of the country.

**G 35** Epple, Juan Armando, ed. and intro. <u>Cruzando la cordillera: el cuento chileno 1973-1983</u>. Mexico City: Secretaría de Educación Pública/Casa de Chile en México, 1986. 242 pp.

> Manuel Miranda, Nicole Ferrier. Carlos Smith Saravia, Lentamente. Juan Armando Epple, De vuelos y permanencias. Fernando Alegría, Trío: Los Adioses. Antonio Avaria, Entremés del poeta y del general. Miguel Cabezas, Una cierta ventana enloquecida. Leonardo Carvajal Barrios, De lo oscuro. Fernando Jerez, Las calles. Juan Rojas, Tripulantes de la niebla. José Nahuelpán, Retamales de la hoz. Jorge Etcheverry, Escrito en página blanca. Ramón Sepúlveda, La espera. Roberto Brodsky, La pieza oscura. Enrique Valdés, El resto es nada. Luis Domínguez, Suerte para los que quedan. María de la Luz Uribe, Distancia. Poli Délano, Marionetas. Armando Cassígoli, Día de muertos. Eugenia Echeverría, Como si mi corazó tuviera una ventana rota. Carlos Ossa, María. Antonio Skármeta, Hombre con el clavel en la boca. Constanza Lira, Estanta cama. Hernán Castellano Girón, Addio alla mamma. Carlos Olivares, Oxido de zinc. Edgardo Mardones, Osa mayor. Myriam Bustos Arratia, ¿Quién? Carlos Cerda, El afiche. Ariel Dorfman, Travesía.

A collection of stories by exiled writers as well as writers who remained in Chile after the 1973 coup. Some of the latter used pseudonyms here.

**G 36** Espinosa, Tulio, ed. and intro. <u>Cuentos chilenos contemporáneos</u>. 1st ed., 1981. 2nd ed. Santiago: Editorial Andrés Bello, 1983. 204 pp.

> Enrique Campos Menéndez, El misionero. Guillermo Blanco, La espera. Enrique Lafourcade, La muerte del poeta. Jorge Edwards, El orden de las familias. José Donoso, Paseo. Fernando Emmerich, Madreselva. Pablo García, Extraña es tu noche, Josué. Carlos Ruiz Tagle, Matiné. Cristián Huneeus, Clarinete. Carlos Morand, Hacia el fin del día. Adolfo Couve, El gobernador Meneses Lisandio (1776-1794), El pirata Marqués Pinto. Virginia Cruzat, Perder Asís. José Luis Rosasco, Hoy día es mañana. Mariana Callejas, ¿Conoció usted a Bobby Ackerman? Jorge Calvo Rojas, Se acabaron los cigarros. Jorge Marchant Lazcano, Las sorpresas de la tía Jennifer. Carlos Iturra, Epicentro, Un gota de inmortalidad. Darío Oses, Cuando vuelvas, Zacarías.

Intro. entitled "Sobre el cuento en Chile" tells history of several "generations" of Chilean writers.

**G 37** Flores, Julio V., ed., intro. and notes. <u>Narrativa actual de Valparaíso: Antología</u>. Valparaíso: Ediciones Océano/Sociedad de Escritores de Valparaíso, 1970. 234 pp.

> Carlos Allende, Después. Ernesto Barrera Zamora, Los perros vagos. Sergio Escobar, La galería. Julio Flores V., Ko-Heva. Catalina Iglesias K., El plazo. Carlos León, Suelo vital. Armando León Pacheco, El Caleuche. José Naranjo T., La oveja negra. René Peri T., El coliseo del Cerro Panteón. Gastón Rodríguez, El triste. Enrique Skinner Z., Un despojo singular. Fernando Valdés, La muerte de Su Santidad. José Varela Muñoz, El alma del tiempo.

The intro. by Flores is entitled "Valparaíso y su movimiento literario."

**G 38** Fuente, Darío de la, ed. and intro. <u>Narrativa de los miércoles</u>. Intro. Miguel Angel Díaz A. Santiago: Ediciones Nueva Línea, Colección Fueguina, 1986. 150 pp.

> Carlos Farías Gómez, Rubén, Sin regreso. Malú Rojas Jorquera, Eternamente. Melanía Tello Romero, En una lámina, Alquitra. Miguel Reyes Suárez, Meño. Jorge Figueroa F., La mancha, Ausencia. Rosa Ester Brito Ponce, Límite. Ascencio García Sánchez, Oro viejo, La apuesta. Alicia Dauvin, Regresión. Alfonso Phillips Miranda, Más allá del arco iris, Un diálogo. Carmen León A., El giro. Gladys Ramos, Rapaces del pireo. Ana Danús Provens, Los gemelos, La joven del río. Gastón Collarte Rojas, Ocaso. Laura Rosa Urbina, La manifestación. Carlos Astorga Barriga, Daliana y yo, La poesía, Oda. Víctor Phillips Müller, Exorcismo, Mi rucia. Genoveva Cepeda Guyot, La casa de los murciélagos.

Stories from the "Taller Literario Antonio Acevedo Hernández." Also contains an intro. text by Darío de la Fuente D., "Utiliza la Biblioteca Nacional."

**G 39** Fuente D., Darío de la, ed. and intro. <u>Policías en el cuento chileno</u>. Santiago: Talleres de Arancibia, 1966. 187 pp.

> Edesio Alvarado, El caballo que tosía. Oscar Castro, Epopeya de Juan el Crespo. Gonzalo Drago, Servicio nocturno. Mariano Latorre, Marimán y el cazador de hombres. Olegario Lazo Baeza, Honor de soldado. Baldomero Lillo, Inamible. Rafael Maluenda, El. Manuel Rojas, El delincuente. Fernando Santiván, Armisticio.

Contains a bizarre intro., "Carabineros en el pensamiento literario," according to which "El tema de los cuentos seleccionados es la misión del Carabinero individuo típico de la chilenidad, figura que ha penetrado con paso seguro en la temática de la literatura nacional."

**G 40** Gertner, María Elena, et al. <u>Siete cuentistas premiados</u>. Santiago: Ediciones CRAV, 1964. 158 pp.

> María Elena Gertner, El invencible sueño del Coronel. Antonio Skármeta, La cenicienta en San Francisco. Carmen Merino, Un mensaje para El Cuzco. Jorge Teillier, Las persianas. Luis Domínguez, Los tramoyistas de Navidad. Diego Muñoz, Allá abajo. Alfonso Alcalde, Los socios.

Winners of the Concurso CRAV 1963.

**G 41** Guerrero, Altenor, et al. <u>Escritores de la Frontera</u>. Temuco: Ateneo Popular, 1946. 79 pp.

> Altenor Guerrero, La madera se quema. Valentín Henríquez, Personajes olvidados. Manuel Osvaldo Kay León, Poblando el valle del Cautín.

Stories from the southern regions of Chile.

**G 42** Guzmán, Nicomedes, ed.    <u>Antología de cuentos chilenos</u>.    Santiago: Nascimento, 1969. 503 pp.

> Jacobo Danke, La rosa de los vientos. Luis Enrique Délano, Al punto mayor. Gonzalo Drago, Míster Jara. Baldomero Lillo, El pago. Mario Bahamonde, El cara'e picante. Luis González Zenteno, Piratas del desierto. Homero Bascuñán, Don Pigua. Eduardo Barrios, Santo remedio. Víctor Domingo Silva, El acordeón. Pedro Prado, El pueblo muerto. Sady Zañartu, Agua roja. Eugenio González, Sueño de verano. Luis Merino Reyes, El civil. Januario Espinosa, La inútil. Reinaldo Lomboy, Sobre todo, cama . . . Salvador Reyes, La nochebuena de los vagabundos. Manuel Rojas, Canto y baile. Rafael Maluenda, Eloísa. Diego Muñoz, El querido maestro. Marta Jara, El hombrecito. José Santos González Vera, Ismael o el reloj de la pobreza. Fernando Alegría, La familia. Marta Brunet, Dos hombres junto a un muro. María Flora Yáñez, Mil novecientos cincuenta y tres. Daniel Belmar, Desembocadura. Juan Godoy, El canario bombero. Oscar Castro Z., Lucero. Luis Durand, Carmela. Fernando Santiván, La sangre del cordero. Federico Gana, Un carácter. Mariano Latorre, La carreta en la montaña. Juan Donoso, El viejo Miguel. Lautaro Yankas, Araña brava. Olegario Lazo Baeza, El desertor. Luis Vulliamy, La permuta. Juan Marín, El fondero. Francisco Coloane, La voz del viento. Enrique Bunster, Flor tahitiana. Ernesto Silva Román, El caleuche. Ernesto Montenegro, Travesuras de Quico y Caco. Augusto D'Halmar, A rodar tierras. Diego Barros Ortiz, La pampa. Hernán Jaramillo, La resurrección. Braulio Arenas, En el océano de nadie. Maité Allamand, El funeral del diablo.

Divided into sections, mostly by region: "Cuentos de puerto," "Cuentos del norte grande o de la pampa salitrera y de otras comarcas minerales," "Cuentos del norte medio o verde," "Cuentos de ciudades y de pueblos," "Cuentos de la zona central," "Cuentos del extremo austral," "Cuentos humorísticos, mágicos y de leyenda."

**G 43** Guzmán, Nicomedes, ed. and intro. <u>Nuevos cuentistas chilenos: Antología</u>. Biblioteca Chile, 7. Santiago: Editorial Cultura, 1941. 365 pp.

> Jorge Soto Moreno, El tren de los prisioneros. Homero Bascuñán, Don Pigua. Nicasio Tangol, El ególatra. Gonzalo Drago, Míster Jara. Enrique Labra, Río Cachapoal. Oscar Castro, El callejón de los gansos. Reinaldo Lomboy, Sobre todo, cama. Francisco Coloane, El flamenco.

Leoncio Guerrero, La ley de los peces. Juan Godoy, L'Herminia se ha vengao. Eduardo Elgueta Vallejos, Maude. Alfredo Llaña Marín, Cachimba. Manuel Guerrero Rodríguez, El parto. Abelardo Barahona, La Puntill'el Diablo. Edmundo de la Parra, El gueñi Pescado volvió a su querencia. Gonzalo Mera, Cuasimodo. Wáshington Tapia Moore, La limosna. Edmundo Schettino, Potrancas. Juan Donoso, El roante. Osvaldo Wegmann H., El caleuche. Julio Moncada, Entonces, llovía. Baltazar Castro, Rebelión. Horacio Toledano y Martí, Nada. Ernesto Solovera Providel, La huelga.

Extensive intro., "El género del cuento y los nuevos cuentistas chilenos."

**G 44** Lafourcade, Enrique, ed. and intro. <u>Antología del cuento chileno</u>. Barcelona: Ediciones Acervo, 1969. 3 vols. 1260 pp.

> Vol. 1: Daniel Riquelme, El perro del regimiento. Federico Gana, La señora, Candelilla. Baldomero Lillo, Cañuela y Tetaca, Inamible. Alberto Edwards, La catástrofe de la punta del diablo. Joaquín Díaz Garcés, Un siglo es una noche. Olegario Lazo B., El padre. Augusto D'Halmar, En provincia. Eduardo Barrios, Camanchaca. Rafael Maluenda, La Pachacha. Martín Escobar, Arribistas. Mariano Latorre, La desconocida. Pedro Prado, El pueblo muerto. Juan Emar, El pájaro verde. Luis Durand, Afuerinos. Manuel Rojas, Laguna, Un ladrón y su mujer, La aventura de Mr. Jaiva. Marta Brunet, Doña Santitos. Salvador Reyes, Las banderas del puerto. Homero Bascuñán, El solitario de Portezuelo. Hernán del Solar, Rododendro. Carlos Rozas, Barco negro. Benjamín Subercaseaux, Mar amargo. Diego Muñoz, El querido maestro, Niña de color. Gonzalo Drago, Mr. Jara.
> Vol. 2: Oscar Castro, Lucero, El callejón de los gansos, María Luisa Bombal, Las islas nuevas, El árbol. Francisco Coloane, La botella de caña, El flamenco, El australiano. Juan Godoy, Un inspector de sanidad. Braulio Arenas, En el océano de nadie. Eduardo Anguita, Animal en angustia, La muerte nocturna. Teófilo Cid, Chancho Burgués, Merceditas. Nicomedes Guzmán, Una perra y algunos vagabundos. Carlos Droguett, Magallanes. Héctor Barreto, La velada. Miguel Serrano, La lumbre de los humildes, Aquello. Guillermo Atías, El caso de la calle Colonia, Matinée. Mario Espinosa, H. M. Fernando Alegría, El poeta que se volvió gusano. Marta Jara, Surazo, El hombrecito. Pablo García, Extraña es tu noche, Josué, La música llega desde lejos. Franklin Quevedo, El vendedor de abril.
> Vol. 3: Alfonso Alcalde, El ratón de cada uno, El mar es como una casa, El auriga Tristán Cardenilla. Nicolás Ferraro, Visita de estilo, Terral. José Donoso, Dinamarquero, El charlestón. Luis Sánchez L., El mexicano, Hyeronimous Bosch. Mimí Garfías, La manzana de Arlette. Edesio Alvarado, La mala ventura de Nanito Velásquez. Luciano Cruz, Mis hermanos, Los contrabandistas. Guillermo Blanco, Misa de réquiem, Adiós a Ruibarbo. Jaime Laso, El anzuelo de espina de cactus. Caludio Giaconi, Paseo. María E. Gertner, El invencible sueño del Coronel. Armando Cassígoli, No le miento, Despremiados, Un recital memorable. Luis A. Heiremans, El gran silencio. José Miguel Varas, La denuncia, Relegados. Enrique Lihn, Agua de arroz. Jorge Guzmán, El capanga. Jorge Edwards, La experiencia. Luis Domínguez, Almejas. Marta Blanco, Una corona de papel, El festín del General.

Important anthology, with extensive intro. on history of the genre in Chile.

**G 45** Lafourcade, Enrique, ed. and intro. <u>Antología del cuento chileno</u>. Santiago: Importadora Alfa, 1985. 3 vols. 1524 pp.

> Vol. 1: Daniel Riquelme, El perro del regimiento. Federico Gana, Candelilla. Baldomero Lillo, Cañuela y Petaca, El chiflón del diablo, "Inamible," La compuerta no. 12. Joaquín Díaz Garcés, Juan Neira. Olegario Lazo Baeza, El padre. Augusto D'Halmar, Sebastopol. Eduardo Barrios, Camanchaca. Rafael Maluenda, La Pachacha. Ernesto Montenegro, Mi tío Ventura. Mariano Latorre, El piloto Oyarzo, La desconocida. Juan Emar, Pibesa. Luis Durand, Afuerinos, La picada. Marta Brunet, Doña Santitos, Doña Tato. Salvador Reyes, La nochebuena de los vagabundos, Las banderas del puerto. Hernán del Solar, Rododendro. Marcela Paz, Las rosas de la suerte. Diego Muñoz, El querido maestro. Gonzalo Drago, Míster Jara. María Luisa Bombal, El árbol, Las islas nuevas. Oscar Castro, Lucero, Un hombre y un perro. Francisco Coloane, Archipiélago de la Guaitecas, El "Flamenco," El suplicio de agua y luna, El témpano de Kanasaka. Enrique Bunster, El hombre del caballo verde, El último cacique. Andrés Savella, El mendigo muerto, El pastorcillo y la estrella, La sombra de Ahasuerus. Braulio Arenas, En el océano de nadie. Eduardo Anguita, Animal en

angustia, La muerte nocturna. Enrique Campos Menéndez, El misionero, Geometría de la reja. Teófilo Cid, Chancho burgués, Merceditas. Virginia Cox, La Carmela.

Vol. 2: Nicomedes Guzmán, Una perra y algunos vagabundos, Guillermo Atías, El caso de la calle Colonia, Matinée. Fernando Alegría, El poeta que se volvió gusano. Mario Espinoza, H. M. Osvaldo Wegmann, El cementerio de los milodones, La horma de su zapato. Pablo García, La música llega desde lejos, La presencia de un hombre llamado Genaro. Marta Jara, El hombrecito, Surazo. Hernán Poblete Varas, Namura iluminado, Rosenthal. Alfonso Alcalde, Cuando los ataudes se hacen a la mar, El auriga Tristán Cardenilla, Zapatos para Estubigia. Eliana Cerda, La paloma, Traje de odalisca y el surrealismo de mi hermana Gabriela, Volveré a las ocho mi amor. Nicolás Ferraro, Visita de estilo. Gabriela Lezaeta, El argentino. Alicia Morel, Las graves canciones, Lo otro. Magdalena Vial, El atajo, El cartero. José Donoso, Dinamarquero, El charlestón, Paseo. Mimi Garfias, La manzana de Arlette. Antonio Montero Abt, El tip sabe, Tema de conversación. Luis Sánchez Latorre, Fouchet de 7 a 8, La señora se acuesta temprano. Edesio Alvarado, La mala ventura de Nanito Velásquez. Guillermo Blanco, Adiós a Ruibarbo, La espera. Jaime Laso, La desaparición de John di Cassi, La pierna perdida. Luis Alberto Acuña, Camina por Atacama, Dos viejas repechando para el cielo, Jarrón de procelana china, La noche larga. María Elena Gertner, El invencible sueño del Coronel. Claudio Giaconi, Aquí no ha pasado nada, Paseo. Armando Cassígoli, Despremiados, Un recital memorable. Luis Alberto Heiremans, El gran silencio. Enrique Lihn, Agua de arroz.

Vol. 3: Jorge Guzmán, El Capanga. Carlos Ruiz-Tagle, Acabar con Marilén, Eliana, El semáforo, Matine. Jorge Edwards, La experiencia, El orden de las familias. Mariana Callejas, ¿Conoció Ud. a Bobby Ackerman? Cuatro finales para Victoria. Fernando Emmerich, La muerte de Su Santidad. Luis Domínguez, Almejas. Luis Rivano, El informe, El menú de Orestes. José Luis Rosasco, La señora Clayton. Poli Délano, El mar. Carlos Morand, Bodas de plata. Cristián Huneeus, Clarinete. Fernando Jerez, Paola, yo te amaba. Andrés Pizarro, El invierno de Claudio. Marta Blanco, Dulce compañía, Exquisitas y crueles muertes, La sacada de las monjitas. Ramiro Rivas, El chueco Maciel. Antonio Skármeta, El ciclista del San Cristóbal, La cenicienta en San Francisco. Iván Teillier, Antes del otoño. Guido Eytel, Círculo. Paz Molina, Ella va a volver, La risa de Aurelia, Tesoros. Carlos Olivares, Matinée, vermouth y noche. Ana María del Río, Algarabía, Entre paréntesis. Roberto Silva Bijit, Yo no puedo contigo. Darío Oses, Cuando vuelvas, Zacarías, Débora, Tengo una vaca lechera. Jorge Marchant, Capilla ardiente, Las sorpresas de la tía Jennifer. Manuel Peña, Retrato de dama con red de mariposas, Una predicción exacta hecha por un loro. Jorge Calvo, Más allá del cerro, Se acabaron los cigarros. Marco A. de la Parra, El blues del arrendatario, Gotán, La entrada de Cristo en Bruselas, Para bailar la bamba. Cristián Vila, Relato japonés. Carlos Iturra, El apocalipsis según Santiago. Carlos Iturra, Epicentro, Una gota de inmortalidad. Alfredo Emilio Torrealba, Al otro lado del puente, Matilde, la Consulesa. Carlos Franz, Sobre motivos patrióticos y filiales, Tres músicos callejeros tocaron una serenata en el Cerro Alegre. Thamar Jaramillo, Lobo, La esposa.

An expanded edition of the previous item, with many additions. Same intro. as before.

**G 46** Lafourcade, Enrique, ed., intro. and notes. <u>Antología del nuevo cuento chileno.</u> Biblioteca de Escritores Chilenos. Santiago: Zig-Zag, 1954. 338 pp.

Margarita Aguirre, El nieto. Fernando Balmaceda, Dos niños. Guillermo Blanco, Pesadilla. Armando Cassígoli, En la gavia. José Donoso, "China." Alfonso Echeverría, Naufragio. Jorge Edwards, La herida, Los pescados. Félix Emmerich, Flor de ceibo, Diamantino. Mario Espinosa, Caída de un ángel. Pablo García, El ángel muerde sus cadenas, Otra vez la primavera. María Elena Gertner, Niñita. Claudio Giaconi, La mujer, el viejo y los trofeos, Aquí no ha pasado nada. César Ricardo Guerra, Curuninas de fuego. Yolanda Gutiérrez, Margarita María. Eugenio Guzmán, La calle. Luis Alberto Heiremans, La novena luna, El cuerpo restante. Pilar Larraín, Rosita. Jaime Laso, La pierna perdida. Enrique Lihn, El hombre y su sueño. Enrique Molleto, ¿Recuerdas? Gloria Montaldo, Las flores, el jarrón y los perros. Herbert Müller, Perceval, Soliloquio o coloquio. Alberto Rubio, Los compadres. María Eugenia Sanhuerza, Una historia de pesca.

Extensive intro. on definitions of short story, short story technique, and the emerging group of the "generación del 50," a term coined here.

**G 47**  Lafourcade, Enrique, ed., intro. and notes. <u>Cuentos de la generación del 50</u>.
Santiago: Editorial del Nuevo Extremo, 1959. 266 pp.

>  Margarita Aguirre, Los muertos de la plaza. Guillermo Blanco, Adiós a Ruibarbo. Armando
>  Cassígoli, Un recital memorable. José Donoso, La puerta cerrada. Jorge Edwards, A la deriva.
>  Mario Espinosa, H. M. Pablo García, Extraña es tu noche, Josué. María Elena Gertner, Un
>  juego de salón. Luis A. Heiremans, Miguelito. Alejandro Jodorowsky, Zipelbrum. Enrique
>  Lafourcade, La muerte del poeta. Jaime Laso, El hombre que no supo decir no. Enrique
>  Lihn, Agua de arroz. Enrique Moletto, El testamento. Herbert Müller, El Macfarlan. Waldo
>  Vila, El juego de papel. José Zañartu, Primera muerte.

Intro. discusses the critical reception of the previous item, with interesting quotations
from the critics.

**G 48**  Latorre, Mariano, ed. and intro. <u>Antología de cuentistas chilenos</u>. Biblioteca
de Escritores de Chile, 15.  Santiago: Biblioteca de Escritores de Chile/Dirección
General de Prisiones, 1938. xxii + 499 pp.

>  José Victorino Lastarria, Mercedes. José Joaquín Vallejos, El último jefe español en Arauco.
>  Daniel Barros Grez, Mi carta es la de mejor suerte! El Huaso en Santiago. Adolfo
>  Valderrama, Taita Pedro. Román Vial, Un paseo a las carreras. Manuel Concha, Juan
>  Soldado. Arturo Givovich, El valdiviano. Daniel Riquelme, El perro del regimiento. Federico
>  Gana, La señora. Baldomero Lillo, El chiflón del Diablo, El rapto del sol, Cañuela y Petaca,
>  Era él solo. Angel Custodio Espejo, De parada. Marcial Cabrera Guerra, La pluma blanca,
>  El rifle. Joaquín Díaz Garcés, Juan Neira, ¡Damián, ven! A la sombra de la horca. Roberto
>  Alarcón Lobos, El ayudante Marín. Emilio Lillo F., El buey muerto. Ignacio Vives Solar, La
>  jaiva negra. Francisco Contreras, El culebrón. Francisco Zapata Lillo, Villar. Aurelio Díaz
>  Meza, San Antoñito cara de rosa. Manuel Magallanes Moure, ¿Qué es amor? Juan Manuel
>  Rodríguez, Panul, El incendio. Martín Escobar, La cadena, Arrivistas. Germán Luco
>  Cruchaga, El Zarco. Héctor Barretto, El pasajero del sueño.

Editor's intro. of 16 pp. and notes on each author.  Curiously, one criterion for
inclusion in the anthology was that the author had to be dead at the time of the
selection.

**G 49**  Latorre, Mariano, et al. <u>Tres cuentos chilenos</u>. Cuadernos de Literatura, 1.
Santiago: Editorial Orbe, 1933. 54 pp.

>  Mariano Latorre, Marimán y el cazador de hombres. Salvador Reyes, El último puerto del
>  capitán Danus. Manuel Rojas, El rancho en la montaña.

No intro.

**G 50**  Lihn, Enrique, ed. and intro. <u>Diez cuentos de bandidos</u>. Santiago: Empresa
Editora Nacional Quimantu, 1972. 159 pp.

>  Baldomero Lillo, Quilapán. Olegario Lazo Baeza, Complot. Rafael Maluenda, Los dos.
>  Fernando Santiván, El cuarto de las garras. Mariano Latorre, El aspado. Víctor Domingo
>  Silva, Pat'e cabra. Luis Durand, Cuesta arriba. Manuel Rojas, El bonete maulino. Oscar
>  Castro, El último disparo del Negro Chaves. Guillermo Blanco, La espera.

Interesting 20 page intro., "Los bandidos y el cuento chileno."

**G 51**  Loveluck, Juan, ed. and intro. <u>El cuento chileno 1864-1920</u>. Buenos Aires:
Editorial Universitaria de Buenos Aires, 1964. 159 pp.

>  Daniel Riquelme, El perro del regimiento. Francisco Hederra, El ama. Luis Orego Luco,
>  Hora trágica. Baldomero Lillo, El chiflón del Diablo. Federico Gana, La señora. Pedro
>  Balmaceda Toro, Un naufragio. Angel Custodio Espejo, De parada. Marcial Cabrera Guerra,
>  El rifle. Joaquín Díaz Garcés, Juan Neira. Olegario Lazo Baeza, El padre. Guillermo Labarca
>  Hubertson, Vasquez. Augusto D'Halmar, En provincia. Eduardo Barrios, ¡Pobre feo! Rafael
>  Maluenda, Perseguido. Mariano Latorre, Risquera vana. Fernando Santiván, ¡Era tan lindo!

Useful intro. on the development of the genre in Chile.

**G 52**  Lutz H., Patricia, ed. and intro.  <u>El niño que fue</u>.  Santiago: Ediciones Nueva Universidad, Universidad Católica de Chile, 1975.  2 vols.  245 + 267 pp.

> Vol. 1: María Luisa Bombal, La maja y el ruiseñor.  Juan Guzmán Cruchaga, Viaje.  Miguel Arteche, Los ángeles de la provincia.  Hernán del Solar, Tiempo de ida y regreso.  Enrique Lafourcade, Notas para tocar la infancia.  Roberto Sarah, Trozos de infancia.
>
> Vol. 2: Maité Allamand, Amanecida.  Julio Barrenechea, Gratificación al que encuentre a este niño perdido.  Francisco Coloane, Islas de infancia.  Carlos Ruiz-Tagle, Memorias de pantalón corto.  Roque Esteban Scarpa, De pronto en una nieve que aún me llora.

Stories about childhood.  Brief intros. and bio-bibliographical notes.

**G 53**  Marchant Lazcano, Jorge, ed. and intro.  <u>Así escriben los chilenos</u>.  Buenos Aires: Ediciones Orión, 1977.  229 pp.

> Baldomero Lillo, Víspera de difuntos.  Joaquín Edwards Bello, El Roto.  Manuel Rojas, La suerte de Cucho Vial.  María Luisa Bombal, Las islas nuevas.  Carlos Droguett, El desesperado.  Fernando Alegría, A veces, peleaba con su sombra.  José Donoso, Paseo.  Miguel Arteche, El extranjero guiñador.  Luis Alberto Heiremans, El cuerpo restante.  Jorge Edwards, La jaula de los monos.  Marta Blanco, El artista consolado.  Antonio Skármeta, Relaciones públicas.  Francisco Javier Muñoz, El paso de Angela Días.  Jorge Marchant Lazcano, Entonces entró doña Delia.

Strange intro. entitled "Prólogo arbitrario y emocional."

**G 54**  Mínguez Sender, José Miguel, ed. and intro.  <u>Antología del cuento chileno</u>.  Barcelona: Editorial Bruguera, 1970.  588 pp.

> José Victoriano Lastarria, El mendigo.  Daniel Riquelme, El perro del regimiento, La derrota de Calama.  Luis Orrego Luco, Hora trágica.  Baldomero Lillo, La compuerta número 12, El chiflón del diablo, El pago, El registro, Juan Fariña, Sub sole, En la rueda.  Federico Gana, Paulita, La señora.  Alberto Edwards, La catástrofe de la punta del diablo.  Joaquín Díaz Garcés, Un siglo en una noche.  Martín Escobar, Arribistas.  Guillermo Labarca Hubertson, Vásquez.  Augusto D'Halmar, Mama Dotea, A Rodar tierras, En provincia.  Mariano Latorre, Domingo Persona, EL aguilucho, La epopeya de Moñi.  Rafael Maluenda, Los dos, Eloísa, La Pachacha.  Luis Durand, La Picada, La carreta de Juan Mardones.  Manuel Rojas, Laguna, El vaso de leche.  Marta Brunet, Soledad de la sangre, Piedra callada.  Diego Muñoz, El querido maestro, Niña de color.  Oscar Castro, Lucero, El callejón de los gansos, El jilguero.  Pedro Prado, Donde comienza a florecer la rosa, El vuelo.  Salvador Reyes, La Nochebuena de los vagabundos.  Gonzalo Drago, Míster Jara.  Marta Jara, La camarera, Marcela Paz, La flor de la enredadera, Carlos León, Cortesía.  José Donoso, Ana María.  Claudio Giaconi, Aquí no ha pasado nada.  Hernán del Solar, Rododendro, Pata de palo.  Guillermo Blanco, Adiós a "Ruibarbo."  Johnson Astudillo, Tilo con limón.  Fernando Emmerich, Los lobos y las magnolias.  Enrique Lafourcade, La muerte del poeta.  Horacio del Valle Yrarrazaval, El asesino.  Arturo Guiloff Kardonsky, Algo increíble.  Alfonso Campusano Osores, Una gota carmín.  Cristina Pastor, Caracol.

According to Calderón, Lastra and Santander (<u>Antología del cuento chileno</u> 338), the notes are plagiarized in large measure from the anthology published by the Instituto de Literatura Chilena.  The stories are classified by literary and other movements including "independentismo," "la anécdota militar," "la escuela criollista propiamente dicha" and "intentos de superación del neocriollismo."  Includes a glossary of <u>chilenismos</u>.

**G 55**  Miranda Sallorenzo, Manuel, ed. and intro.  "El cuento chileno de hoy."  <u>Revista Objetivos</u> 14.24 (1971).  Santiago: Instituto Bancario de Cultura, 1971.  50 pp.

> Antonio Avaria, Primera muerte.  Hernán Lavín Cerda, Marta Gay.  María Luisa Azócar, Sociedad Internacional de Protección de los Ruiseñores.  Hernán Lavín Cerda, Maldonado y Gabriela.  Armando Cassígoli, Presidio.  Poli Délano, Las arañas.  Fernando Jerez, Elecciones.  Manuel Miranda Sallorenzo, Santa Ana de Chintahuay.  Carlos Olivárez, Concentración de

bicicletas. Ramiro Rivas, La caída de Mike. José Luis Rossasco, "La perra." Antonio Skármeta, A las arenas. Víctor Torres, Despedida de soltera. Mauricio Wacquez, El papá de la Bernardita.

Special issue of journal.

**G 56** Montecinos Caro, Manuel, ed. and intro. <u>Narradores del mar chileno</u>. Valparaíso: Ediciones Universitarias de Valparaíso, Universidad Católica de Valparaíso, 1983. 198 pp.

> Baldomero Lillo, Sub-sole. Augusto D'Halmar, Primeros sueños, primer viaje, El cementerio de anclas. Guillermo Labarca, Vásquez. Mariano Latorre, El piloto Oyarzo. Salvador Reyes, La raza. Juan Marín, Puerto negro. Benjamín Subercaseaux, Donde el bergantín Meteoro nos mostrará un episodio digno de Conrad. Jacobo Danke, La rosa de los vientos. Francisco Coloane, Golfo de Penas. Francisco Berzovic, Temporal en el Cabo de Hornos. Abelardo Barahona, Barco de infancia.

Revised ed. of Montecinos's earlier <u>El mar en la literatura chilena</u> (1958), focusing this time on prose narrative. Extensive intro., "Visión panorámica de la narrativa chilena del mar."

**G 57** Morel, Alicia, ed. <u>Nuestros cuentos: Antología</u>. Santiago: Editorial Andrés Bello, 1980. 204 pp.

> Oscar Castro, Lucero. Vicente Huidobro, El oso y el jeque. Francisco Coloane, Golfo de Penas. José Santos González Vera, La morada de las ánimas. Enrique Bunster, Gane el que gane. Egidio Poblete, Una aventura de Manuel Rodríguez. Hernán Poblete Varas, Cuenta regresiva. Julio Barrenechea, Buenas enfermedades. Carlos Ruiz-Tagle, Invención del insecto. Rafael Maluenda, La pachacha. Ernesto Montenegro, Los pájaros juegan a la "chueca." Olegario Lazo, El caballo fantasma. José Edwards, El pie de la diosa. María Luisa Bombal, Lo secreto. Ernesto Montenegro, Cabeza de Chorlito. Eliana Cerda, El mundo era mío. Elena Aldunate, El señor de las mariposas. Chela Reyes, Puck. Maité Allamand, Los pescadores de reflejos. Virginia Cruzat, La prueba. Marcela Paz, Las rosas de la suerte. Gabriela Lezaeta, Mi amiga nueva. María Silva Ossa, El barco de más allá.

Very brief intro. and notes on authors.

**G 58** Moretić, Yerko, and Carlos Orellana, eds. <u>El nuevo cuento realista chileno</u>. Intro. Yerko Moretic. Santiago: Editorial Universitaria, 1962. 331 pp.

> Margarita Aguirre, Un día como hoy. Félix Alarcón, El sueño. Edesio Alvarado, La mala ventura de Nanito Velázquez. Juan L. Araya, Un gran señor. Ernesto Barrera, Un ratón de Bahía. Armando Cassígoli, Atatay en un tren. Fernando Castro, Mi abuela y yo. Luciano Cruz, Mis hermanos. Poli Délano, Pero la vida. Enrique Lihn, Huacho y Pochocha. Manuel Miranda Sallorenzo, Hambre de infancia. Carlos Ossa, Las manos de Clemente Güemes. Franklin Quevedo, El vendedor de Abril. Mario Rotta, Sol y gentes. Eduardo Saavedra, La Pascua de Pedro. Jorge Soza Egaña, Una ventana al mar. Jorge Teillier, En invierno se habla en voz baja. Jaime Valdivieso, La espera. Mercedes Valdivieso, Babel. José Miguel Varas, La denuncia. Sergio Villegas, Un asunto de honor. Luis Vulliamy, Joseluén.

Extensive intro. by Moretic entitled "El realismo y el relato chileno."

**G 59** Orjikh, Victoria, et al. <u>Cuentos</u>. Santiago: Editorial Nascimento, 1965. 398 pp.

> Victoria Orjikh, Manos de mujer. Darío Urrutia Alvarez, Límite. Alfonso Reyes M., A la deriva. Jorge Alvear Urrutia, La santita. Ernesto Barrera Zamora, El bondadoso Garmendia. Oscar Buitano Wahl, Flor de mar. Hugo Correa, El hijo de Emilia. Hernán Chappuzzeau Belloni, María Soledad. Lucy Eliana Ercilla Morchio, Las amplias habitaciones aireadas. Sergio Escobar R., El anti-ángel. Leonardo Espinoza, La viajera invisible. Byron Gigoux James, Uno del "Atacama," Cateadores. Ovidio Guzmán Salce, Tres billetes al viento. Marina Kunstmann de Navasal, Editor nocturno. Ricardo Ledermann Dehnhardt, Tres puertas sobre el pantano. Alberto Marín C., El hilo de plata. Guy de Moras Anguita, La decisión. María Elena O. de

Polanco, Tiempo de retiro para Mr. Scott. René Peri Fagerstrom, Los caranchos. Santiago
Quer Antich, Mote con huesillos. José Román Ramírez, El mestizo. Elisa Serrana, Suicidio
cerca del río. José Zamorano Reynal, El espantapájaros.

Stories from the thirtieth anniversary of the Concurso Literario COPEC (Compañía
de Petróleos de Chile).

**G 60** Ortiz, Manuel Jesús, et al. Cuentos de autores chilenos contemporáneos
(Primera serie). Santiago: Ediciones de "Los Diez," Imprenta Universitaria, 1917.
137 pp.

Manuel Jesús Ortiz, El frutillar. Baldomero Lillo, Sub-sole. Federico Gana, Los pescadores.
Augusto Thomson, A rodar tierras. Joaquín Díaz Garcés, Un bautizo. Fernando Santiván,
Una rebelión. Rafael Maluenda, Los ciegos. Januario Espinosa, La tentación. Eduardo
Barrios, Papá y mamá.

Supposedly the first vol. of a series, but no further vols. appear to have been
published. According to several sources, the earliest anthology of Chilean short
stories.

**G 61** Pereira L., Manuel and Fidel Sepúlveda Ll., eds. and intro. Cuentos chilenos
para niños para leer y contar: Selección y comentarios literario-pedagógicos.
Santiago: Editorial Andrés Bello, 1979. 208 pp.

Esther Cosani, Un Querubín amistoso, Un Querubín curioso. Juan Tejeda, Las aventuras del
Lápiz, De cómo las cebras tienen figura de cebras. La maldad de la Goma. Blanca Santa Cruz
Ossa, La flor Lililá, La tenca y la nieve. Ernesto Montenegro, El príncipe jugador. Alicia
Morel, El coruro incomprendido. Marta Brunet, Historia de por qué la Lloica tiene el pecho
colorado, Historia de perros y gatos (Tercera), La flor del cobre. Ernesto Livacic y Alfonso
Naranjo, El rocío. Gabriela Mistral, La raíz del rosal, Por qué los rosas tienen espinas. Amalia
Rendic, Un perro, un niño, la noche, Reina de chocolate. Maité Allamand, M'hijo, La ermita
vacía. Baldomero Lillo, Las nieves eternas. Diego Muñoz, Belfor, el lobito de mar.

Stories for children, with study guides.

**G 62** Poblete Veras, Hernán, ed. and intro. Cuentos de cabecera: Una antología
colectiva. Santiago: Zig-Zag, 1967. 278 pp.

Guillermo Blanco, La espera. Enrique Bunster, El hombre del caballo verde. Oscar Castro,
El callejón de los gansos. Francisco Coloane, La botella de caña. Luis Durand, Afuerinos.
Federico Gana, La señora. Olegario Lazo Baeza, El padre. Baldomero Lillo, Cañuela y
Petaca. María Luisa Bombal, El árbol. Marta Brunet, Doña Tato. Augusto D'Halmar, En
provincia. Joaquín Díaz Garcés, Incendiario. José Donoso, El hombrecito. Alberto Edwards,
En el país de la leyenda. Jorge Guzmán, El capanga. Rafael Maluenda, Los dos. Diego
Muñoz, Niña de color. Egidio Poblete, El pago. Salvador Reyes, La Nochebuena de los
vagabundos. Manuel Rojas, El fantasma del patio. Carlos Ruiz-Tagle, El semáforo.

This is called a "collective anthology" because the editor consulted nine writers,
asking each to suggest five selections for an anthology of the most entertaining
Chilean short stories, and then selected from the stories that received the most votes.

**G 63** Quijada, Rodrigo, ed. and intro. Crónicas de Chile. Buenos Aires: Editorial
Jorge Alvarez, 1968. 253 pp.

Antonio Skármeta, Mira dónde va el lobo. Manuel Rojas, Chile, país vivido. Claudio Giaconi,
Bruto. Antonio Avaria, Sígueme, so nos murió Teófilo. Cristián Huneeus, Don Patricio.
Carlos Ossa, El origen. Jorge Edwards, Griselda. María Elena Gertner, Por la ruta que señala
el viento. Jorge Teillier, Las persianas. Enrique Lihn, Cama florida. Carlos Santander, El
cabezón Guaitecas. Guillermo Blanco, Nerón González. José Román, Un espejo en forma de
círculo. Nicanor Parra, Gato en el camino. Guillermo Atías, El caso de la calle Colonia.
Rodrigo Baño, Situación del héroe.

The Rojas selection is a fragment of a longer text. The anthology is divided into the following sections: "El país," "Los que no están," "La gente," "Los asuntos del corazón," "La violencia," "La aventura de algunos," "La fantasía" and "Los héroes."

**G 64**  Raviolo, Heber, ed. and intro. <u>Panorama del cuento chileno</u>. Montevideo: Ediciones de la Banda Oriental, 1981. 127 pp.

> Baldomero Lillo, Juan Fariña. Mariano Latorre, La desconocida. Rafael Maluenda, Los dos. Manuel Rojas, Bandidos en los caminos. Marta Brunet, Piedra callada. María Luisa Bombal, Las islas nuevas. Francisco Coloane, Témpano sumergido. Fernando Alegría, A veces peleaba con sus sombra. José Donoso, Paseo. Jorge Edwards, El regalo. Antonio Skármeta, El ciclista de San Cristóbal.

Useful brief intro.

**G 65**  Reyes, Chela, ed. <u>Mujeres chilenas cuentan</u>. Intro. Vicente Mengod. Santiago: Zig-Zag, 1978. 96 pp.

> Eliana Cerda, Roberto Pampa, profesión marino. Elena Aldunate, Un señor don Luis. Chela Reyes, Domus aurea. Olga Arratia, El niño grande. Gabriela Lezaeta, En familia. Virginia Cruzat, Perder Asís. Marcela Paz, El misántropo. Maité Allamand, El niño de las ovejas. Elisa Serrana, Alfa y omega. Alicia Morel, Una hechicera. Luz de Viana, Las dos hermanas.

"Cada una de estas obras es la variante de un recurso estético para contar, para configurar un mundo."

**G 66**  Righini, Marcela, ed. and intro. <u>Diez cuentistas chilenos</u>. Buenos Aires: Ediciones Riomar, 1968. 125 pp.

> Esther Cosani, Un querubín amistoso, Un querubín curioso. Juan Tejeda, Las aventuras del lápiz, De cómo las cebras tienen figura de cebras, La maldad de la goma. Blanca Santa Cruz Ossa, La flor lililá, La tenca y la nieve. Ernesto Montenegro, El príncipe jugador. Alicia Morel, El cururo incomprendido. Marta Brunet, Historia de por qué la Lloica tiene el pecho colorado, Historia de perros y gatos (tercera), La flor del cobre. Ernesto Livacic and Alfonso Naranjo, El rocío. Gabriela Mistral, La raíz del rosal, Por qué ls rosas tienen espinas. Amalia Rendic, Un perro, un niño, la noche, Reina de chocolate. Maité Allamand, M'hijo, La ermita vacía. Baldomero Lillo, Las nieves eternas. Diego Muñoz, Belfor, el lobito de mar.

According to Calderón, Lastra and Santander, the notes are copied from the anthology of the Instituto de Literatura Chilena. The intro. asserts that the anthology consists of works of "los cuentistas genuinos."

**G 67**  Rodríguez Lefebre, Javier, ed. and intro. <u>Cuentos humorísticos de escritores chilenos</u>. Santiago: Arancibia Hermanos, 1965. 112 pp.

> Luis Alberto Acuña, Enojo y reconciliación. Enrique Aguirre Ortiz, El huevo. Braulio Arenas, El emperador. Enrique Bunster, El destierro de Charlie. Marta Brunet, Doña Santitos. Armando Cassígoli, La pasión según Santana. Mercedes Fuenzalida, Apuntes de un escritor. Juan Garafulic, Entre el amor y el odio. José Santos González Vera, Casa verde. Javier Rodríguez Lefebre, Poblador del mundo.

Humor.

**G 68**  Rojas, Manuel, ed. and intro. <u>Los costumbristas chilenos</u>. Santiago: Zig-Zag, 1957. 276 pp.

> José Joaquín Vallejo ["Jotabeche"], Una enfermedad, Copiapó. Domingo Faustino Sarmiento, La venta de zapatos, Un viaje a Valparaíso. Pedro Ruiz Aldea, Los provincianos, El angelito. Román Vial, ¡Qué tiempos, qué tiempos aquellos! Daniel Barros Grez, La chingana. Arturo Givovich, El valdiviano. Daniel Riquelme, La ollita, Los urbanos. Manuel J. Ortiz, En las tiendas, Horas de angustia. Joaquín Díaz Garcés, No veraneo.

Extensive intro. by Rojas consists of the following sections: "Esquema del costumbrismo," "Las costumbres chilenas descritas por los costumbristas," "Lenguaje de los costumbristas," "Algunos costumbristas menores."

**G 69** Rojas-Murphy, Andrés, ed. and intro. Antología de cuentos chilenos de ciencia ficción y fantasía. Intro. Alfonso Calderón. Santiago: Editorial Andrés Bello, 1988. 156 pp.

> Elena Aldunate, Juana y la cibernética. Enrique Araya, Minerva. Braulio Arenas, En el océano de nadie. Miguel Arteche, Una partida de ajedrez. Horacio Bascuñán, El cazador de chonchones. Ilda Cádiz, Nostalgia. Augusto D'Halmar, Las antiparras del conspirador. Luis Alberto Heiremans, El cuerpo restante. Antonio Montero, El festín del cazador. René Peri, Con el mismo derecho. Myriam Phillips, Corpúsculos en el camino. Carlos Raúl Sepúlveda, La esfinge de oro.

Science fiction and fantasy literature. After the brief preface by Rojas-Murphy, there is a longer intro., "La ciencia ficción de la iluminación a la pesadilla," by Calderón.

**G 70** Rojas-Murphy, Andrés, ed. El mundo que no veremos. 1974.
Unable to annotate. Mentioned by Rojas-Murphy in intro. to previous item.

**G 71** Serrano, Miguel, ed. and intro. Antología del verdadero cuento en Chile. Santiago: Gutenberg, 1938. xi + 239 pp.

> Eduardo Anguita, Las hormigas devoran a un hombre llamado David. Braulio Arenas, Gehenna. Anuar Atías, La escala. Héctor Barreto, Rito a Narciso, La ciudad enferma, El pasajero del sueño. Pedro Carrillo, El soliloquio infinito, La sombra del árbol sin miedo. Teófilo Cid, Los despojos. Carlos Droguett, El señor Videla y su paraguas. Juan Emar, El unicornio, Pibesa. Adrián Jiménez, Para siempre, Motivo de conversación. Miguel Serrano, Hasta que llegue a la luz. Juan Tejeda, Miedo ante el paisaje.

"Esta antología es del CUENTO CHILENO, aunque muchos no sepan ni quieran reconocer su nacionalidad e ingenuamente renieguen, afrancesándose."

**G 72** Silva Basualdo, Luis, et al. 4 autores y sus cuentos. Intro. Armando Méndez Carrasco. Santiago: Ediciones Parnaso, 1962. 151 pp.

> Luis Silva Basualdo, Los muertos ne se rebelan, El fusila- miento. Renán Valdés von B., Violetas para un recuerdo, Un payaso llamado estafador. Juan Radrigán Rojas, La felicidad de los García, El extraño camino hacia el polvo. Alejandro Solis Múñoz, La bicicleta de Erick, El cumpleaños.

Published by the "Grupo Autónomo de Divulgación Cultural y Social de los Escritores de Chile" and the Biblioteca de Escritores Chilenos.

**G 73** Silva Castro, Raúl, ed. and intro. Antología de cuentistas chilenos. Santiago: Empresa Editora Zig-Zag, 1957. 234 pp.

> José Victorino Lastarria, El mendigo. Adolfo Valderrama, Tradición china. Daniel Riquelme, La derrota de Calama. Pedro Nolasco Cruz, En el tren. Baldomero Lillo, Caza mayor. Federico Gana, Candelilla. Pedro Balmaceda Toro, Un naufragio. Egidio Poblete, Amor de estudiante. Roberto Alarcon Lobos, Las tres Marías. Alberto Edwards, El secuestro del candidato. Joaquín Díaz Garcés, Los dos patios. Manuel Magallanes Moure, La defensa. Guillermo Labarca Hubertson, Vásquez. Januario Espinosa, La inútil. Augusto D'Halmar, A rodar tierras. Mariano Latorre, El angelito. Luis Durand, La picada. Oscar Castro, Callejón de los gansos.

In the brief intro., Silva Castro states that this is a sort of second edition of his 1937 anthology (next item), though it differs considerably from that one.

**G 74**  Silva Castro, Raúl, ed. and intro.  <u>Los cuentistas chilenos: Antología general desde los orígenes hasta nuestros días</u>.  Santiago: Zig-Zag, 1939.  530 pp.

> José Victorino Lastarria, El mendigo.  Adolfo Valderrama, Tradición china, Taita Pedro. Daniel Riquelme, La derrota de Calama.  Luis Orrego Luco, Doña Juanita.  Baldomero Lillo, El chiflón del diablo.  Federico Gana, Candelilla.  Pedro Balmaceda Toro, Un naufragio. Egidio Poblete, Amor de estudiante.  Alberto Edwards, El secuestro del candidato.  Joaquín Díaz Garcés, Los dos patios.  Olegario Lazo Baeza, El padre.  Januario Espinosa, La inútil. Augusto D'Halmar, En provincia.  Víctor Domingo Silva, Una luz.  Guillermo Labarca Hubertson, Vásquez.  Eduardo Barrios, La antipatía.  Rafael Maluenda, Perseguido.  Ernesto Montenegro, Por una docena de huevos duros.  Mariano Latorre, La desconocida.  Fernando Santiván, ¡Era tan lindo!  Joaquín Edwards Bello, El bandido.  Carlos Acuña, Los ojos puros. Luis Durand, La picada.  Manuel Rojas, El león y el hombre.  Edgardo Garrido Merino, El sombrero de nadie.  Salvador Reyes, La Nochebuena de los vagabundos.  Marta Brunet, Doña Santitos.  Armando Arriaza, La manda.  Diego Muñoz, Fin.  Luis Enrique Délano, La ventana que mira al mar.

Important anthology of Chilean short story.  The anthology is preceded by a book-length study of the short story genre and of the history of the genre in Chile.

**G 75**  Skármeta, Antonio, ed. and intro.  <u>Joven narrativa chilena después del golpe</u>. Clear Creek, Ind.: The American Hispanist, Inc., 1976.

> Poli Délano, El apocalipsis de Daniel Zañartu.  Luis Domínguez, Suerte para los que quedan. Ariel Dorfman, Aspectos de Chilez.  Fernando Jerez, Las calles.  Constanza Lira, Campo minado.  Ernesto Malbrán, Septiembre 11.  Carlos Ossa, Leandra.  Antonio Skármeta, Hombre con el clavel en la boca, La llamada.  Leandro Urbina, Padre nuestro que estás en los cielos, Posibilidades de fotografía, Retrato de una dama.  Hernán Valdés, Campo de concentración de Tejas Verdes, lunes 4 de marzo.

Good intro., "Cultura y cacerolas," on the culture of resistance to the Pinochet government.  Notes on authors at end distinguish between those writers already residing abroad in 1973 and those who  were exiled after the coup.

**G 76**  Torres Ríoseco, Arturo, ed. and intro.  <u>Chilean Short Stories</u>.  Notes by Margaret K. Kress.  New York: Prentice-Hall, 1929.  168 pp.

> Manuel Rojas, El vaso de leche.  Marta Brunet, Juancho.  Eduardo Barrios, Papá y Mamá. Joaquín Edwards Bello, El bandido.  Fernando Santiván, Una rebellón.  Federico Gana, Los pescadores.  Rafael Maluenda, En el rodeo.  Joaquín Díaz Garcés, Un bautizo.  Baldomero Lillo, El chiflón del diablo.

Spanish-English glossary at end.

**G 77**  Turina, Josefa, ed.  <u>6 cuentos de escritores chilenos-yugoeslavos</u>.  Intros. J. S. González Vera, Josefa Turina and Francisco Berzović.  Santiago: Ediciones Platur, 1960.  83 pp.

> Francisco Berzovic, Mano a mano.  Zlatko Berncicc, Agua para noche.  Simón Eterovic, En vano.  Antonio Skármeta, Giro incesante.  Domingo Tessier, Linda.  Josefa Turina, La mujer que no quiso ver el sol.

The notes on each author include information on their ancestry.

**G 78**  Undurraga, Antonio de, ed. and intro.  <u>28 cuentistas chilenos del siglo XX</u>. Santiago: Zig-Zag, 1963.  280 pp.

> Rubén Darío, El rubí.  Baldomero Lillo, Cañuela y petaca.  Federico Gana, Candelilla. Januario Espinosa, La inútil.  Guillermo Labarca Hubertson, Vásquez.  Augusto D'Halmar, En provincia.  Eduardo Barrios, La antipatía.  Mariano Latorre, La desconocida.  Daniel de la Vega, Los magos sin dinero.  Vicente Huidobro, El oso, el jeque y el jabalí.  Luis Durand, La picada.  Manuel Rojas, Laguna.  Marta Brunet, Doña Santitos.  Salvador Reyes, Las banderas del puerto.  Hernán del Solar, Rododendro.  María Flora Yáñez, Gertrudis.  Gonzalo Drago, Extraviado, Ganado cuyano.  Francisco Coloane, En el caballo de la aurora.  María Luisa

Bombal, El árbol. Leoncio Guerrero, La ley de los peces. Antonio de Undurraga, El hombre que tenía el corazón de Antígona, Una noche demasiado larga. Pedro Carrillo, El árbol de la sombra sin miedo. Andrés Sabella, El cielo colorado. Nicomedes Guzmán, El pan bajo la bota. Mario Espinosa, H. M. Margarita Aguirre, El nieto. Waldo Vila, Un desliz. Guillermo Blanco, Adiós a Ruibarbo. María Elena Gertner, Niñita.

"La presente antología ha sido realizada con un criterio estético y no histórico. Es decir, hemos escogido lo que tiene validez universal y no lo que meramente ha hecho noticia. Hemos buscado las piezas que estén, lo más planamente posible, dentro de las leyes del cuento." Note the inclusion of Darío, born in Nicaragua.

**G 79** Varas, José Miguel, et al. <u>Historias de risas y lágrimas</u>. Intro. Jaime Concha. Santiago: Empresa Editora Nacional Quimantu, 1973. 181 pp.

José Miguel Veras, La denuncia, Campamento, Exclusivo. Alfonso Alcalde, Los socios, El Auriga Tristán Cardenilla, La boca, la boca. Nicolás Ferraro, Hacia el mar, De regreso, El hombre que no quería comer. Franklin Quevedo, Cielia Stefans, Todos seremos rosados, La felicidad, Mar cerrado.

Stories of political commitment.

**G 80** Yáñez, María Flora, ed. <u>Antología del cuento chileno moderno: 1938-58</u>. Santiago: Editorial del Pacífico, 1958. 331 pp.

Margarita Aguirre, Sólo en las trenzas. Fernando Alegría, El poeta que se volvió gusano. Eduardo Enguita, La muerte nocturna. Braulio Arenas, En el tiempo. Guillermo Atías, Matinée. Silvia Balmaceda, Alina. Guillermo Blanco, El hada. María Luisa Bombal, Las islas nuevas. Oscar Castro, Lucero. Armando Cassígoli, Despremiados. Francisco Coloane, La botella de caña. José Donoso, Una señora. Alfonso Echeverría Yáñez, Naufragio. Juan Emar, Pibesa. Mario Espinosa, Herencia. Claudio Giaconi, Paseo. Nicomedes Guzmán, Una perra y algunos vagabundos. Teresa Hamel, El matrimonio o la puerta del sol. Luis Alberto Heiremans, La estancia sorprendida. Rafael Maluenda, Bastardo. Juan Marín, El hombre del funeral. Luis Merino Reyes, El principio de Arquímedes. Víctor Molina Neira, Día sábado. Herbert Müller, A las doce y cuarto. Salvador Reyes, Lo que el tiempo deja. Manuel Rojas, Pancho Rojas. Andrés Sabella, El cielo colorado. Elisa Serrana, En el balneario. Miguel Serrano, La enfermera. Hernán del Solar, Rododendro. Juan Tejeda, Miedo ante el paisaje. María Flora Yáñez, Gertrudis.

"En esta Antología he deseado, ante todo, presentar a autores cuyo acento y expresiones dejaron atrás la era criollista, trasmutando con su creación la realidad que es siempre más compleja y misteriosa de lo que aparece."

**G 81** Yáñez, María Flora, ed. and intro. <u>Antología del cuento moderno chileno</u>. Santiago: Editorial Pacífico, 1965. 317 pp.

Margarita Aguirre, Sólo en las trenzas. Fernando Alegría, El poeta que se volvió gusano. Eduardo Anguita, La muerte nocturna. Braulio Arenas, En el tiempo. Guillermo Atías, Matinée. Guillermo Blanco, El hada. María Luisa Bombal, Las islas nuevas. Oscar Castro, Lucero. Armando Cassígoli, Despremiados. Francisco Coloane, La botella de caña. José Donoso, Una señora. Alfonso Echeverría, Naufragio. Jorge Edwards, El último día. Juan Emar, Pibesa. Claudio Giaconi, Paseo. Nicomedes Guzmán, Una perra y algunos vagabundos. Teresa Hamel, La puerta de sol. Luis Alberto Heiremans, La estancia sorprendida. Juan Marín, El hombre del funeral. Luis Merino Reyes, El principio de Arquímfades. Víctor Molina Neira, Día sábado. Herbert Müller, A las doce y cuarto. Salvador Reyes, Lo que el tiempo deja. Andrés Sabella, El cielo colorado. Elisa Serrana, En el balneario. Hernán del Solar, Rododendro. María Urzúa, La flor azul. María Flora Yáñez, Icha.

A revised edition of the previous item.

# H. Colombia

**H 1**  Aínsa, Fernando, ed. and intro. <u>Nuevos rebeldes de Colombia: Cuentos</u>.
Colección Libros Populares, 23. Montevideo: Editorial Alfa, 1968. 101 pp.
    Alvaro Cepeda Samudio, Todos estamos a la espera.  Hugo Ruiz, La ironía.  Darío Ruiz
    Gómez, Pero Margarita Restrepo, ¿dónde estás?  Oscar Collazos, El lento olvido de tus sueños.
    Antonio Montaña, El aire turbio.  Héctor Sánchez, El lente de las promesas.
Intro. discusses literary representations of social problems in Colombia.

**H 2**  Altuzarra del Campo, Hernán, et al. <u>Premios que cuentan</u>.  Bogotá:
Universidad Central, Taller de Escritores, 1988.  199 pp.
    Hernán Altuzarra del Campo, Eterna juventud.  Hernán Arcos, In ambiguo.  Oscar Arcos
    Palma, Secuela.  Carlos Bahamón León, Silvana.  Oscar Emilio Bustos B., La agonía de una
    cifra periódica, La puñaleta de Claudio.  Agustín Castillo Zárate, La apuesta, La última carta.
    Fernando Gaitán, Soldados libertados.  Alfredo Hincapié, Los perfiles del Rey.  Carlos
    Martínez, El abuelo de mi padre, El mama y el buho.  Hugo Montero, Tiempo de arco iris.
    Gloria Inés Peláez Quiceno, ¡Un verano para Mita!  La niña que aprendió a silbar, Las
    ancianitas.  Carmen Stella Rangel, Rompecabezas.  Jaime Rodríguez Ruiz, Jornada del hombre
    extraño.  José Manuel Rodríguez, La canción de cuna, Viva la República, El canal.  Freda
    Romero Polifroni, La rendija, La casa de los naranjales.  Marco Sánchez Parra, Esa mañana
    de Elisa, Ese no era el modo.  Yolanda Sánchez, Entre la sonrisa de la incertidumbre.  Julio
    Suárez Anturi, Asesinos.
Prizewinning stories from the contest sponsored by the university from 1981 to 1988.

**H 3**  Alzate Avendaño, Gilberto, et al. <u>La patria y los días: antología de crónicas</u>.
Bogotá: Instituto Colombiano de Cultura, 1971.  2 vols.  149 + 145 pp.
    Vol. 1: Gilberto Alzate Avendaño, Semblanza y apología del maestro.  Euqerio Amaya [Adolfo
    Milanés], Elogio de las cosas.  Tomás Calderón, El paraíso.  José Vicente Combariza [José
    Mar], El padre y los hijos.  Luis Eduardo Nieto Caballero, El padre Almanza.  Tomás Rueda
    Vargas, La sabana.  Armando Solano, El viento.  Hernando Téllez, Milagro y servicio de la
    palabra.  Aquilino Villegas, Boyacá, Manizales.
    Vol. 2: Germán Arciniegas, Panamá, pollera y tamborito, Marcelina o el drama de los venenos.
    Rafael Azula Barrera, Emoción de la villa de Leiva.  Jaime Barrera Parra, Confidencias
    sentimentales.  Eduardo Caballero Calderón ["Swann"], Mi bosque, Apología del bulldozer.
    Gregorio Espinosa, ¡Hosanna!, Mi madre, La victoria.  Roberto García Peña, La patria es como
    un cuento.  Eduardo Guzmán Esponda, San Miguel de las Guaduas.  Adel López Gómez, Las
    jaibas, Mañana en la playa, La comarca perdida, El viejo pescador.  Eduardo Mendoza Varela,

Conversemos, Zona de ángeles, El microscopio. Antonio Panesso Robledo, De la lectura y los libros. Jaime Paredes Pardo, La maestra, El emperador, La regalada, La mujer de José. Néstor Villegas Duque, Estampas interiores.

Crónicas on national themes.

**H 4** Arango, Daniel, ed. Los mejores cuentos colombianos 2. Biblioteca Básica de Cultura Colombiana. Lima: Editorial Latinoamericana, 1959. 136 pp.

Antonio García, Servicio militar. Antonio Cardona Jaramillo, Arrayanales. Carlos Martín, Chancho. Jesús Zárate Moreno, La cabra de Nubia. Elisa Mujica, Angela y el diablo. Manuel Mejía Vallejo, Palo caído. Pedro Gómez Valderrama, El corazón del gato Ebenezer. Carlos Arturo Truque, Vivan los compañeros. Gabriel García Márquez, Un día después del sábado. Antonio Montaña, El destierro. Ramiro Montoya, No vino nunca el camarón azul.

The first vol. is listed under Holguín.

**H 5** Araujo de Molina, Consuelo, et al. Sexto Concurso Nacional de Cuento "Jorge Gaitán Durán." Cúcuta: Casa de la Cultura, n. d. 107 pp.

Consuelo Araujo de Molina, Yo sabía. Germán Santamaría, Más de un asesino. David Sánchez Juliao, Acab Nomar y las serpientes. Darío Jorge Quintero, Por lo que se me embolató la soñadera. Alvaro Cárdenas, La canción más larga del mundo. María Fornaguera de Roda, La pesadilla de candela. Gabriel Brasó Alberola, Cortar las alas a un cóndor. Fernando Iriarte Martínez, No me venga con cuentos. Víctor Hugo Triana, Una vez toda la vida. Alvaro Hernández Vásquez, La segunda ascensión. Clemente Castaño, Un hombre sin biografía. Jaime Alberto Vélez, La tristeza que me cobra. Jorge Eliécer Pardo, Mañana se acaban los días.

Stories from a contest sponsored by the Instituto de Cultura y Bellas Artes, Norte de Santander, with support from the Lotería de Cúcuta.

**H 6** Arbeláez, Fernando, ed. and intro. Nuevos narradores colombianos: Antología. Caracas: Monte Avila, 1968. 271 pp.

Hernando Téllez, Sangre en los jazmines. Eduardo Caballero Calderón, La muerte del santo. Elisa Mujica, Angela y el diablo. Arturo Laguado, El regreso. Mario Franco Ruiz, Embarazo. Pedro Gómez Valderrama, ¡Tierra! Alvaro Mutis, Antes que cante el gallo. Eutiquio Leal, No mirarse a los ojos. Manuel Mejía Vallejo, Palo caído. Jorge Gaitán Durán, Serpentario. Alvaro Cepeda Samudio, Todos estábamos a la espera. Gabriel García Márquez, Un día después del sábado. Carlos Arturo Truque, Vivan los compañeros. Jesús Botero Restrepo, Las cartas accidentadas. Gonzalo Arango, El pez ateo de tus sagradas olas. Jorge Eliécer Ruiz, El viaje. Elmo Valencia, El universo humano. Eduardo Arango Piñeres, ¿Adónde va Mr. Smith? Antonio Montaña, Cuando termine la lluvia. José Stevenson, Vísperas solemnes de confusión. Ramiro Montoya, No vino nunca el Camarón Azul. Germán Pinzón, La sin calzones. José Pubén, La sensata noche de la sensata fiera. Nicolás Suescún, La otra. Germán Espinosa, La noche de la Trapa. J. Mario, ¿No es cierto que yo parezco un beatnick? Fanny Buitrago, La sombra de estaño. Oscar Collazos, El verano también moja las espaldas. Amilkar Osorio, Vamos a ver a El Muerto.

Useful intro. on "el nuevo cuento colombiano."

**H 7** Arciniegas, Triunfo, et al. La mujer cometa y otros relatos. Pasto: Ediciones Testimonio, 1984. 96 pp.

Triunfo Arciniegas, La mujer cometa. José Luis Garcés González, Balada del amor final. Jorge Eliécer Pardo, Otra vez el mar. Leopoldo Berdella de la Espriella, La deuda. Juan Martín Carvajal Ramírez, Don Justo mató un perro. Marco Sánchez Parra, Esa mañana de Elisa. Harold Kremer, La espera. Jorge Verdugo Ponce, Cuando los oscuros días.

Prizewinning stories from the Fundación Testimonio contest in 1983.

**H 8** Bacca, Ramón Illán, et al. Cuatro narradores colombianos. Colección Literaria, 4. Bogotá: Fundación Simón y Lola Guberek, 1984. 137 pp.

Ramón Illán Bacca, No hay canciones para Osiris Magué, El príncipe de la baraja, Rosas sobre su toga. Roberto Burgos Cantor, "Al principio nos quedaba . . ." Esas frases de amor que se repinten tanto, Aquí donde usted se ve. Julio Olacíregui, Asesino tamaño familiar, Las vacaciones del monstruo. Carlos G. Alvarez G., Todos los viernes Rocío se bañaba por lo noche, Fuego en la casa, La fábula de Corazón, La fábula del pastorcito.

No intro. or notes.

**H 9** Bedoya M., Luis Iván, and Augusto Escobar M., eds. <u>El cuento de la violencia en Colombia</u>. Medellín: Ediciones Pepe, 1979. 109 pp.

Hernando Téllez, Sangre en los jazmines. Darío Ruiz Gómez, Pero Margarita Restrepo, ¿dónde estás? Manuel Zapata Olivella, Un acordeón tras la reja. Policarpo Varón, Rosas para toda una vida. Arturo Alape, Yo le llamo valor.

Extensive intro., notes, and biblio. Curiously, the history of the Colombian civil conflict known as "La Violencia" is not told (except in the stories).

**H 10** Berdella de la Espriella, Leopoldo, et al. <u>Cuentos de El Túnel</u>. Intro. José Luis Garcés González. Montería: Ediciones El Túnel, 1979. 157 pp.

Leopoldo Berdella de la Espriella, Viernes 2 a.m., A golpes de esperanza, Y las cicatrices gimieron en invierno, Etelvina Mogrovejo. José Luis Garcés González, Organizando el trayecto, La debilidad de tu decisión, fíjate, Ahora acumulo estos recuerdos, Historia al atardecer. Antonio Mora Vélez, Atlán y Erva, Lorna es una mujer, El cazador de gazapos. Gustavo Tatis Guerra, Profecía, Sueño final, Azucenas de presagio, El cadáver de la sombra. Soad Louis de Farah, Página en blanco, Razones de peso, Balada al margen del camino. Guillermo Valencia Salgado, Chengue, El manatí, El cocuyo. Gustavo Abadh Hoyos, El hombre que llegó hoy. Omar González Anaya, Cataure. Carlos Morón Díaz, Camilito. Nelson Castillo, De cómo Eréndira vió sus sueños cumplidos, Los dos amigos.

Stories by the members of the "Grupo de Arte y Literatura El Túnel."

**H 11** Bonilla Naar, Alfonso, et al. <u>Cuentistas colombianos</u>. Intro. Gerardo Rivas Moreno. Cali: Ediciones El Estudiante, 1966. 180 pp.

Alfonso Bonilla Naar, Salto vital. Clemente Airo, La digestión del doctor. Manuel Zapata Olivella, Un acordeón tras la reja. Arnoldo Palacios, Entre nos hermano. Eutiquio Leal, Tu pesadilla, La caja de embolar. Tirso Castrillón, Fervor religioso. Antonio Montaña, El aire turbio. Gonzalo Arango, El pez ateo de tus sagradas olas. Fernando Soto Aparicio, El inconforme. Alberto Duque López, Danza hungara número cinco. Germán Espinosa, Paladines. Oscar Collazos, Las compensaciones. Fanny Buitrago, Camino de los buhos. Umberto Valverde, Los inseparables. Roberto Eliécer Burgos, Cadaveres para el alba.

Belligerent intro. attacks literary critics, educational system, etc. Unlike literary establishment, Rivas Moreno claims: "Nosotros, amigo, solo tenemos un compromiso con la patria."

**H 12** Camacho Guizado, Eduardo, et al. <u>Relatos libres</u>. Medellín: Editorial Bandera Roja/Editorial Prisma, 1972. 221 pp.

Eduardo Camacho Guizado, Plomat, Presor, Secret, Pilatos y Hérodes, D.O.C.E.N. Amalia Iriarte, Un viejo loco con la jeta llena de hojas, Y en Bogotá ni un mango, Estado de queda, Millones de pesos en pérdidas, El caos que no se permitirá. Helena Iriarte de Castaño, La reina. Luis Fernando Lucena, La novia del bandolero, Hay algo bello en la miseria, Mono, Instituto de mercadeo agropecuario, Bogotá una ciudad en marcha, La clase obrera quedó excomulgada.

Anthology opens with an epigraph from Lenin on the need for a free literature to reflect and be involved in the people's struggle. No intro.

**H 13** Carranza, Mariamercedes, ed. <u>Siete cuentistas jóvenes</u>. Intro. Jorge Rojas. Colección Popular. Bogotá: Instituto Colombiano de Cultura, 1972. 143 pp.

Elmo Valencia, El universo humano. Alvaro Medina, Los muchachos. Oscar Collazos, Jueves, viernes, sábado y este sagrado respeto. Humberto Rodríguez Espinosa, El forastero. Fanny Buitrago, Víspera de la boda. Luis Fayad, Olor de lluvia. Guillermo Maldonado, Candelaria de los espantos.

Cheap editions intended for the newly literate: "quienes, después de haber vencido en la ardua lucha de dominar el alfabeto, no han tenido cerca de sí el libro que pueda testimoniar que no ha sido inútil su esfuerzo."

**H 14** Carrasquilla, Tomás, et al. <u>Cuentos colombianos</u>. Medellín: Ediciones Fondo Cultural Cafetero, 1977. 286 pp.

Tomás Carrasquilla, El padre Casafús, En la diestra de Dios Padre, San Antoñito. Efe Gómez, Un Zarathustra maicero, La tragedia del minero, En la selva, Guayabo negro. Jesús del Corral, Que pase el aserrador, Los onomásticos, Los sucesos del día del juicio. Tulio González, El último arriero, De malas pulgas, Ciudad adentro. Adel López Gómez, El niño que vivió su vida, La pierna del mendigo, El hombre que peparaba su propio café. J. Zarate Moreno, En el barco, Un crimen atroz, El médico forense.

Brief notes on authors at end.

**H 15** Carvajal, Mario, ed. <u>Cuadros de costumbres</u>. Intro. Rafael Maya. Notes by Armando Romero Lozano. Cali: Carvajal y Compañía, 1969. 266 pp.

Eugenio Díaz, Una ronda de don Ventura Ahumada. José David Guarín, Entre usted que se moja. José María Vergara y Vergara, Las tres tazas. José Manuel Groot, La tienda de don Antuco. José Manuel Marroquín, La carrera de mi sobrino. Manuel Pombo, Una excursión por el Valle del Cauca. Mariano Ospina Rodríguez, La muela. Emiro Kastos, Los pepitos. Ricardo Silva, Un remiendito. José Caicedo Rojas, El tiple. Juan Francisco Ortiz, Motivo por el cual. Soledad Acosta de Samper, Luz y sombra. José M. Cordovez Moure, La fiesta de los toros. Fermín de Pimentel y Vargas, Un sábado en mi parroquia. Jesús del Corral, Que pase el aserrador.

<u>Costumbrista</u> sketches.

**H 16** Castillo, Carlos, et al. <u>En esta esquina: Cuentos del Taller Literario El Mohán</u>. N. p.: Ediciones El Mohán, 1984. 143 pp.

Carlos Castillo, Soledad, Abismo de agua. Jerónimo Gerlen, El siglo XXV, El domador desnudo, Procedimiento para apagar una vela. Oscar Fabio Ordóñez, A través del cristal, Il itinerario de las horas. Camilo Pérez Salamanca, La niblina agridulce de la vida, Los juegos de la eternidad, Bola de carne. Jairo Polanco, No portar armas. Libardo Vargas Celemín, Area restringida, Wellcome Mr. Wells, Las rocas del arraigo.

Stories from a literary workshop.

**H 17** Collazos, Oscar, ed. and intro. <u>Diez narradores colombianos</u>. Barcelona: Editorial Bruguera, 1977. 187 pp.

Jorge Zalamea, La metamorfosis de Su Excelencia. Alvaro Mutis, Antes de que cante el gallo. Pedro Gómez Valderrama, En un lugar de las Indias. Gabriel García Márquez, El mar del tiempo perdido. Plinio Apuleyo Mendoza, El día que enterramos las armas. Antonio Montaña, El aire turbio. Nicolás Suescún, El retorno a casa. Darío Ruiz Gómez, La ternura que tengo para vos. Policarpo Varón, El sueño sentimental. Oscar Collazos, Ceremonias del fuego.

Brief intro. and notes on authors.

**H 18** Dorado, Humberto, et al. <u>Cuentos sin recompensa</u>. Intro. Gonzalo Arango. Bogotá: Ediciones Testimonio, 1967. 105 pp.

Humberto Dorado, El bufón y una gota de miel. Gerardo Corredor López, Peanuts. Alirio Pinto, Un viaje a pie a través de una ciudad indiferente y luego reverberante. Raúl Rodríguez Mondragón, Los ojos nos son para ver sino para llorar. Omega (pseud.), Un monólogo contigo. Humberto Dorado, Relato y ping pong, Flor de carroña, Azucena en mi tumba. Humberto B. Martelo, Menú. Consuelo Maldonado, Una clase de anatomía. Miguel Angel

Hernández, Angustia. Guillermo Bernal, El ermitaño. Diego Parra T., La araña y el anillo. Aníbal S. Ceballos. Johnny Mendes Sanabria. Gámboras (pseud.), Aquel día. Humberto Dorado, El mundo y una niña llamada María. Francisco de Anarko, Sansón Pérez 7 p.m. "Un duende loco" (pseud.), Divagaciones en mi menor. María Cristina Posada, Prometeo a go-go. Marion Serv and Luis Francisco Coronado, Un cuento. Héctor Colorado and Jorge Buitrago, Entre las pajas húmedas de un calabozo. "Huesitos" (pseud.), Miseria. "Orate" (pseud.), El loco. Carlos Bedoya, Suicidio inútil.

"Certamen Literario Organizado por Alfonso Lizarazo, Director de Radio 15."

**H 19** Duque, Ricardo, et al. Cuatro narradores y cinco estampas macabras. Cali: Ediciones Agolparse, 1984. 85 pp.

> Ricardo Duque, La pastora, La varita de Yarumo. Alberto Esquivel, Las flores se fueron, Mi código está vencido, Al muerto mal armado. Humberto Jarrín, El malo he sido yo, El lugar oscuro. Luis Alberto Díaz, Agonía, Otra vez.

No intro. or table of contents.

**H 20** Escobar Velásquez, Mario, ed. and intro. Antología comentada del cuento antioqueño. Bogotá: Thulé Editores, 1986. 320 pp.

> Francisco de Paula Rendón, Pecados y castigos. Tomás Carrasquilla, ¡A la plata! Jesús del Corral, Que pase el aserrador. Efe Gómez [Francisco Gómez Escobar], Carne. Alfonso Castro, El sanson montañés. Julio Posada Rodríguez, El machete. Fernando González Ochoa, Casiano, presbiterio. José Restrepo Jaramillo, Cinco minutos de castidad, las Cenizas de ella. Rafael Jaramillo Arango, Memorias de un niño embustero. Tulio González Vélez, De vuelta al yunque. Ignacio Isaza Alzate, Chirringo. Arturo Echeverri Mejía, La noticia. David Henao Arenas, Extravio. Mario Franco Ruiz, Job. Manuel Mejía Vallejo, Duelo a cuarto cerrado, La venganza. Carlos Castro Saavedra, Cuatro mujeres de ceniza. Oscar Hernández Monsalve, Archivo, No está sobre su silla. María Elena Uribe de E., Círculo vicioso. Mario Escobar Velásquez, Con sabor a fierro. Humberto Navarro Lince, Comprendes que inutilizamos las palabras. Magnolia Hoyos Fresneda, Una visitica. Darío Ruiz Gómez, El tiempo que es como la sangre misma. Jaime Espinel, En casa de feos el espejo es soga. Fabio Zuluaga Angel, Feliz cumpleaños. Jairo Morales Henao, Por casasolo. Helí Ramírez Gómez, Eran las tres de la tarde las tres. Oscar Castro García, Constancia. Luis Fernando Macías, El primo y la cometa. Juan José Hoyos, Para subir al cielo. Olivia Osorio Rivera, ¿Las estrellas también son mentira? José Libardo Porras, Teresa, Muñeca brava. Wilealdo García Charria, Marina. Sergio A. Vieira, El escritor. Benhur Carmona C., La doble, Una mujer.

Useful collection of stories from the department of Antioquia, with extensive intro. ("Disquisiciones alreadedor del cuento y del oficio de escribir") and notes.

**H 21** Espinal, Jaime, et al. Siete cuentos. Intro. Darío Ruiz Gómez. Medellín: Ediciones SEDUCA-Extensión Cultural, 1974. 88 pp.

> Jaime Espinal, Un viejo sábado con lumbre de guazabra. Iván Cardona Sánchez, Primer sol. Jorge Mario Mejía, Los orígenes. Carlos Betancur Jaramillo, La noche del silencio. Mario Restrepo Botero, Avísale a Marlén que venga a sacarme de este hueco. Alberto Vélez, Catorce de noviembre. Carlos Aguirre Velásquez, Atusingatesapitapita salió para el mercado.

"Finalistas del Concurso Nacional Julio Vives Guerra" in 1983.

**H 22** Gaitán Durán, Jorge, et al. 26 cuentos colombianos. Bogotá: Editorial Kelly, 1959.

> Jorge Gaitán Durán, La duda. Manuel Mejía Vallejo, Aquí yace alguien. Gonzalo Arango, Batallón antitanque. Alfonso Bonilla-Naar, Don Licho. Yamily Humar, Navidad de un húerfano. María Helena Uribe de Estrada, Un poco de polvo y de ceniza. Carlos Castro Saavedra, Cuatro mujeres de ceniza. Cegele, Zambo guapo. Sonia Chica Alba, El signo de los perseguidos. Leopoldo Colombo, Lo indefinido. María Otoya de Casas, Gumersindo. Flaminio Barrera, Un regalo para el niño que aprobó el curso. Jaime Arismendi, ¿Soñar no cuesta nada? Isaac López Freyle, Tacos y chinchorros, Luis Serrano Reyes, Vendaval. Hernando Hernández Navarro, Un cobarde. Enrique Posada, Los guerrilleros no bajan a la

ciudad. Alberto Dow, Alta presión. Eduardo de Irisarri Restrepo, Humo y cenizas. Alberto Quijano Guerrero, Las cuentas del amo. Carlos Arturo Truque, La Diana. Juan José Saavedra V., Colt Calibre 38. Enrique Monroy Arias, El curso de un funeral. Raúl Marthe Borrás, Vida nueva. Pablo Rueda Arciniegas, Calypso eterno, Gabriel Escóbar Valbuena, El intruso.

Stories from a contest sponsored by the newspaper El tiempo.

**H 23** Garcés González, José Luis, et al. Desde las fauces de la sombra y otros relatos. Pasto: Ediciones Testimonio and Medellín: Editorial Lealon, 1982. 142 pp.

> José Luis Garcés, Desde las fauces de la sombra. Juan Diego Mejía Mejía, Esperando a Agustín. Luis Darío Bernal Pinilla, Carnaval de recuerdos, Penélope. Milcíades Arévalo, El circo nunca llegará a este pueblo. Pedro Badrán Padaví, Un viejo hotel. Carlos Bahamón León, Silvana. Horacio Benavides, Su pequeño hijo. Joaquín Peña Gutiérrez, Marea alta. Oscar Arcos Palma, Secuela. Andrés Elías Flórez Brun, ¡Alto! Letra veinte. Mario Perilla Camelo, Cómplice de María. Francisco Javier Echeverry, La gota de aceite (Relato de prosa roja). Marco Tulio Aguilera Garramuño, ¿Quién no conoce a Sammy McCoy?

Stories from a contest sponsored by the Gobernación del Departamento de Nariño and Fundación Testimonio.

**H 24** Gaviria, Víctor, et al. De paso. Medellín: Universidad de Antioquia, Ediciones Literatura, Arte y Ciencia, 1985. 154 pp.

> Víctor Gaviria, El Tío Miguel, El adiós del Tío Miguel. Iván Hernández, Desde la ventana, Sobre la caligrafía, Un lugar, El tren, El tiempo. Orlando Mora, Siete notas sobre la música popular. Elkin Obregón, Ignorancia cotidiana, Lolita, espejo oscuro, Discurso no solicitado, El hombre, la mujer y la cámara, Ojos de animal terrible, Bestiare d'amour, Viajes de regreso, El moncho y el sabia. Carlos José Restrepo L., La señorita Jekyll y el Reverendo Hyde. Elkin Restrepo, Mirar los árboles, Mirar las aves, Bradbury y sus recuerdos del proveir. Oscar Jaramillo, el pintor, Noticia de Conrad. Jaime Alberto Vélez, El lugar común y la literatura.

No intro. or notes.

**H 25** Girón Gaviria, Silvio, et al. La hermana y otros cuentos. Serie Arte y Cultura, 5. Pereira: Universidad Tecnológica, 1977. 31 pp.

> Silvio Girón Gaviria, La hermana. Eduardo López Jaramillo, El que había de llegar. Uriel Hincapié, El reino de las tinieblas. Javier Castaño Marín, Nosotros los nibelungos. Juliio Sánchez Arbelaez, Gallina. Lisímaco Salazar, El Pálido.

Stories from the "Concurso de cuento Jorge Roa Martínez" in 1978.

**H 26** Gómez, Efe, et al. Cuentos. Ediciones Colombia, 2. Bogotá: Editorial Minerva, 1925. 163 pp.

> Efe Gómez, En la selva, Lorenzo. Luis Tablanca, Muchacha camnpera. José Restrepo Jaramillo, Roque. Enrique Otero D'Costa, La muerte de Juan Manuel, El cacique Salomón. José Alejandro Navas, El apólogo del rayo, El doctor Bartolossi, loco, M. y Mme. D'Artigny. M. García Herreros, Inquietud adorable, fecunda inconformidad. Enrique Restrepo, La parábola de la fortuna.

Part of a series directed by Germán Arciniegas.

**H 27** Gómez Casserez, Raimundo, et al. 11 cuentos de concurso. Medellín: Editorial Lealon, 1985. 156 pp.

> Raimundo Gómez Casserez, Alguien falta. Mario Escóbar Velásquez, Con sabor a fierro. Dora Cecilia Ramírez, Cuando vayas a París. Jorge García Usta, Con el pelo en su sitio. José Libardo Porras, Ojo por ojo. John Mario Alvarez A., Usted. Germán Cruz Serna, Alegrías ajenas. Olivia Osorio Rivera, Las cosas del amigo de mi hermana. Jairo Morales Henao, Muchachos. Fernando Antonio Buelvas David, La verdadera historia de una mentira. Magnolia Hoyos Fresneda, Puerta al vacío.

Stories from a contest sponsored by Transportadora de Empaques Ltda.

**H 28**   Herrera Santos, Carlos M., et al.   <u>Cuentos</u>.   Intro. Monserrat Ordóñez.
Bogotá: Facultad de Ingeniería/Facultad de Humanidades y Ciencias Sociales,
Universidad de los Andes, 1987.   135 pp.

> Carlos M. Herrera Santos, El hombre que quería ser.  Pablo C. Cerón.  Jesús Barros Hinojosa,
> Pobre Pipo.  Georgina S. Martínez, En un extraño viaje.  José Luis Gómez, Pero eso era lo de
> menos.  María Cristina de Brigard Pérez, Alcibiades o de la celos.  Hugo Chaparro Valderrama,
> El último monstruo.  Juan F. Torres Mantilla, Mañana vendrá.  Héctor Fernández l'Hoeste,
> Aprieta.  Germán León Ríos Arias, Sabor a derrota.  Néstor Raúl Rubiano Páez, El escarabajo.
> Félix Eduardo Salcedo Consuegra, Viaje a la rabia.  José Rodríguez, Voy a escroborte im
> ciemtp/  Armp;d Gómez Mendoza, Alfombra verde.   Juan Torres, Padre, en tus ojos
> encomiendo tu espíritu.  Andrés Martín Londoño, Lucía se oculta detrás de los universales.
> José María Fernández López de Turiso, El limite o la noche.  María Cristina de Brigard Pérez,
> Variaciones sobre un tema de Brahms.  Jesús Alberto Delgado Rivera, El inconsciente
> entrúpico.  Liliana Ramírez Gómez, Límites.  Jesús Barros Hinojosa, No tenía corazón.  María
> Cristina de Brigard Pérez, Noli me tangere.  Hernán Felipe Chávez Sánchez, Exor y lob siete
> carijonas.  Mercedes Guhl Corpas, La imposible y loca historia de un guarda-comas y una coma
> adicta.

Stories from the short story contests organized by the Facultad de Humanidades y
Ciencias Sociales and the Facultad de Ingeniería of the Universidad de los Andes
(1983-1986).

**H 29**   Holguín, Andrés, ed.   <u>Los mejores cuentos colombianos</u> 1.   Biblioteca Basica
de Cultura Latinoamericana, 76.   Lima: Editora Latinoamericana, 1959.   108 pp.

> Jesús del Corral, Que pase el aserrador.  Francisco Gómez Escóbar, La tragedia del minero.
> José Restrepo Jaramillo, Cinco minutos de castidad.  Enrique Uribe White, Trapo rojo.
> Octavio Amórtegui, Milagros.  Jorge Zalamea, La grieta.  Tulio González Vélez, El último
> arriero.  José Francisco Socarrás, La uña de la gran bestia.  Hernando Téllez, Sangre en los
> jazmines.  Tomás Vargas Osorio, Encrucijada.  Alejandro Alvarez, Gallera.  Eduardo Caballero
> Calderón, ¿Por qué mató el zapatero?

From the "Primer Festival del Libro Colombiano."  Second vol. listed above under
Arango.

**H 30**   Idrobo Burbano, Jorge, et al.   <u>Vida, pasión y muerte de un verdugo y otros</u>
<u>relatos</u>.   Pasto: Fundación para la Cultura Testimonio/ Medellín: Editorial Lealon,
1980.   99 pp.

> Jorge Idrobo Burbano, Vida, pasión y muerte de un verdugo, Relato extraído de un diario de
> navegación.  Jorge Verdugo Ponce, El vendedor de canoas.  Oscar Arcos Palma, Bellacada.
> Jairo Emilio Coral Ojeda, ¡Esa vez fue el Duende!  Aníbal Arias, Pensión.  Jaime Quintero
> Sepúlveda, El ciclista.  Uriel René Guevara Revelo, No se burlen . . . estamos rezando.  Uriel
> René Guevara Revelo, Accidente.  Carlos Bolívar Beltrán, Gitana.  Osvaldo Granda Paz,
> Potosí, El Telembâ.

Finalists from the first "Concurso Testimonio."

**H 31**   Jaramillo Agudelo, Darío, ed. and intro.   <u>Antología de lecturas amenas</u>.
Bogotá: Editorial La Rosa, 1986.   141 pp.

> Gabriel García Márquez, La poesía al alcance de todos.  Héctor Rojas Herazo, Leamos esa
> gran novela.  Daniel Samper Pizano, Cauderno de tareas.  Joaquín Mattos Omar, Hombre
> pierde su sombra en un incendio.  Manuel Mejía Vallejo, La sombra desobediente.  Luis Fayad,
> Queja de una sombra.  Sofía Ospina de Navarro, El favor de San Antonio.  Germán Castro
> Caycedo, Fisido se roba el fuego.  Víctor Gaviria, El pequeño tren de la bicicleta.  Luis
> Fernando Solórzano, El automóvil negro.  Daniel Samper Pizano, Mi primera juma.  Luis
> Vidales, Teoría de las puertas.  Eduardo Cote Lamús, El bajo Atrato.  Luis Fernando Vélez,
> Los aribamias, De cómo matar el aribamia (tradiciones catías).  Rafael Arango Villegas, Cómo
> narraba la historia sagrada el maestro Feliciano Ríos.  Luis Fayad, Un personaje en apuros.
> Andrés Caicedo, Destinitos fatales.  José María Cordovez Moure, Espectáculos en Santa Fe.

Germán Castro Caycedo, El exterminio del tigre. Rogerio Velásquez, El buque fantasma (tradición del Pacífico). Carlos Gustavo Alvarez, Violeta. Francisco Ortiz, El jaguar y el caimán (tradición guahibo-cuiba). Santiago Pérez, De cómo la familia Chimp vino a la ciudad. Jesús del Corral, Que pase el aserrador. Jaime Alberto Vélez, América. Ivonne Yaneth Prada, El Mohán, La llorona (mitos colombianos). Alvaro Cepeda Samudio, A García Márquez Juana le oyó. Gonzalo Arango, La monja y el río. Germán Arciniegas, Marcelina o el drama de los venenos. Armando Romero, Versión completa y verídica de la historia de la cacería del gigante por Croar, Croir, Crour. Elkin Restrepo, Un caruso en el piso alto. Eduardo Cote Lamús, Argumento para un cuento. Luis Fernando Vélez, Jinopotabar (tradición chamí). Alvaro Mutis, El sueño de los insectos. Gabriel García Márquez, Final de Natanael.

Includes folktales and tradiciones as well as short stories.

**H 32** Kremer, Harold, and Hernán Vélez, eds. and intro. Selección del cuento colombiano. Cali: Taller Gráfico, 1981. 173 pp.

Jesús del Corral, Que pase el aserrador. Tomás Carrasquilla, El rifle. Efe Gómez, La tragedia del minero. José Félix Fuenmayor, En la hamaca. Hernando Téllez, Espuma y nada más. Manuel Mejía Vallejo, La venganza. Alvaro Cepeda Samudio, Hoy decidí vestirme de payaso. Gabriel García Márquez, El ahogado más hermoso del mundo. Germán Espinosa, La orgia. Elmo Valencia, El universo humano. Nicolás Suescún, Un nuevo día. Policarpo Varón, El festín. Jairo Aníbal Niño, Crónicas del desierto, La fuga. Carlos Bastidas Padilla, Ley de fuga, Estado de sitio. Eligio García, El campeón de siempre. Luis Fayad, Olor de lluvia. Milcíades Arévalo, Erasmo Coronel. Andrés Caicedo, Maternidad. Andrés E. Flores, Los perseguidos.

Brief intro. highlights García Márquez's contributions to Colombian literature.

**H 33** Leal, Eutiquio, ed. and intro. Talleres de literatura: Teoría - metodología - creación. Bogotá: Fondo de Publicaciones, Fundación Universitaria Autónoma de Colombia, Area de Humanidades, 1984. 204 pp.

José Miguel Serrano Montes, Nos volvimos a encontrar, A la espera. Margoth Rosales, Sangre en el grito, Morir por despertar. Adolfo Ariza Navarro, El último error, A la hora de hacer las cuentas. Jaime Uribe Celis, El juicio. Hugo Montero Quintero, El actor de los sábados, Un escritor sin personajes. Agustín Castillo, Idea, El eslabón perdido, No sólo de rató vive el gato. Constanza Martínez Buendía, Runrunes, Obstinación, Comunicación. Ramón Gómez Leal, Gabrizio. Olgia Depolo H., El cabaret no guarda luto. José Ernilson Pérez, Mañana. Efer Arocha T., Una colombiana para mamá, Por fuera de lo habitual. Koco Báez, Retrato en el espejo. Jaime Montoya Candamil, La propuesta de Tirofijo. Carlo Gustavo Polo Hernández, El reino de Nillota. María Consuelo Osorio, Epístola para un cuento. Eugenio Cano Reinel, Telegrama, Servidumbre del tiempo, En mayo me renace la esperanza, En cualquier lugar donde nos sorprenda el amor. Alba Doris Mosquera, Erotismo, Tristeza, Accidente, Sin lazos. Irene Botero, Adiós, Canto de amor a la ciudad. Nayda Vásquez, Por un puño y una voz en alto. Néstor Sandoval Buitrago, Itinerario.

Stories from the "Taller de Escritores Gabriel García Márquez."

**H 34** López Gómez, Adel, ed. and notes. Ocho cuentistas del antiguo Caldas. Biblioteca Colombiana de Cultura, 87. Bogotá: Instituto Colombiano de Cultura, 1973. 143 pp.

Fernando Arias Ramírez, Odio. Eduardo Arias Suárez, Guardian y yo, La vaca "Sarda." Antonio Cardona Jaramillo, Campaña, El miedo. Humberto Jaramillo Angel, La muerte del amigo jenaro. Eduardo Londoño Villegas, Los pecados de Mateito, La gravedad del asunto. Adel López Gómez, El segundo pecado. Luis Vidales, Tragedia en un rostro.

Includes the modern department of Caldas and the neighboring departments of Risaralda and Quindío.

**H 35** Luque Muñoz, Henry, ed. and intro. Narradores colombianos del siglo XIX: Antología. Biblioteca Básica Colombiana, 19. Bogotá: Instituto Colombiano de Cultura, 1976. 643 pp.

Josefa Acevedo de Gómez, Santafé. Manuel Ancizar, Peregrinación de Alpha. José M. Angel Gaitán, El puente de Iconozo. Temístocles Avella Mendoza, El valle del diablo. Camilo Botero Guerra, Cosas feas. José Caicedo Rojas, El tiple, Las criadas de Bogotá. Salvador Camacho Roldán, Algo sobre tierra caliente. Francisco de Paula Carrasquilla, El chicharronero. Ricardo Carrasquilla, El tiempo vale dinero, Un jurado. Tomás Carrasquilla, Simón el mago. José María Cordovez Moure, Juicio de Dios. Angel Cuervo, Curiosidades de la vida americana en París. Eugenio Díaz, Una ronda de don Ventura Ahumada. José Manuel Groot, La barbería. José David Guarín, Entre usted que se moya. Ignacio Gutiérrez Vergara, Cachaco. Alejandro Hoyos Madrid, La ventanera. Pedro María Ibáñez, Crónicas de Bogotá. Jorge Isaacs, María. M. M. Madiedo, El boga del Magdalena. Domingo A. Maldonado, La tijera. Carlos Martínez Silva, Baile de sombras. José Manuel Marroquín, Investigaciones sobre algunas antigüedades. Juan Francisco Ortiz, Bogotá y siempre Bogotá. Felipe Pérez, Los viajeros en Colombia y Suramérica. Lázaro María Pérez, Los enamorados. Santiago Pérez, De cómo la familia Chimp vino a la ciudad. Fermín de Pimentel y Vargas, El ha sido un santo. Manuel Pombo, La niña Agueda. Rafael Pombo, Toros en calle y en plaza. Joaquín Posada Gutiérrez, La voluntaria. Francisco de Paula Rendón, Sol. Emiro Kastos, Juan de Dios Restrepo, El lago de las serpientes. Medardo Rivas, Ovidio el enamorado. Januario Salgar, El chino de Bogotá. José María Samper, El triunvirato parroquial. Rafael Eliseo Santander, Los artesanos. José Asunción Silva, El paraguas del padre León. Ricardo Silva, El niño Agapito. Luis Segundo de Silvestre, Un par de pichones. Samuel Velásquez, Madre. José María Vergara y Vergara, El señor Eugenio Díaz, Las tres tazas. Julio Posada, El machete. Jesús del Corral, Que pase el aserrador.
Several of the selections are excerpts from longer texts. Extensive intro., notes and biblio.

**H 36** Madiedo, Manuel María, et al. Museo de cuadros de costumbres: Biblioteca de "El Mosaico." Biblioteca Banco Popular, 46-49. Bogotá: Banco Popular, 1973. 4 vols. Reprint of 1866 collection.

Manuel María Madiedo, El boga del Magdalena. María Josefa Acevedo de Gómez, Mis recuerdos de Tibacuy, Santafé. Manuel Ancísar, La selva del Carare. José María Angel Gaitán, Las compras en la Calle Real, La retreta, El puente de Iconozo. Francisco O. Barrera, El mercado. José Joaquín Borda, Un viajero, Seis horas en un champán, Dos veces muerto, Jacinta. A. Briceño Briceño, La siembra del tribo. José Caicedo Rojas, El tiple, "El Duende" en un baile, Joaquín Marín, Las criadas de Boboga. Salvador Camacho Roldán, Algo sobre tierra caliente. Ricardo Carrasquilla, Lo que va de ayer a hoy, Un jurado, Destino irrevocable, Una noche de fiestas, El tiempo vale dinero. Enrique Cortés, El manuscrito de mi tío. Romualdo Cuervo, Descripción del Puente de Iconozo, El hoyo del viento. Eugenio Díaz, La trilladora de la hacienda de Chingatá, Marí Ticinci o los pescadores del Funza, El Caney del Totumo, El trilladero del Vínculo, Una ronda de don Ventura Ahumada. Francisco García Rico, Revista de un álbum. Florentino González, Los conjurados del 25 de septiembre en Palacio. Mariano González Manrique, Lo que puede un pie. Ulpiano González, Es mal que anda, Reflexiones. José Manuel Groot, La tienda de don Antuco, Nos fuimos a Ubaque, Costumbres de antaño, Remigia, o vicisitudes de las hijas de alegría, Un sueño de dos colores, La barbería, Una compra de novillos, El paseo al Salto del Tequendama. José David Guarín, Felipe, Entre usted que se moja, Un día de San Juan en tierra caliente, El maestro Julián, La docena de pañuelos, Mi primer caballo, Mi cometa. Gregorio Gutiérrez González, Una visita. Ignacio Gutiérrez Vergara, Cachaco. León Hinestrosa, El paseo campestre. Alejandro Hoyos Madrid, La ventanera. Jorge Isaacs, En busca de médico para María. Pedro A. Isaza y C., Un compadrazgo en la montaña. Vicente Lombana, Las guacharacas. Manuel María Madiedo, El contrabandista, Viaje a Oriente. Domingo A. Maldonado, La tijera. José Manuel Marroquín, Contribuciones directas, Penitencia, La carrera de mi sobrino, Vamos a misa al pueblo, ¿Quién es el más feliz de los mortales? Investigaciones sobre algunas antigüedades, Las coronas. Carlos Martínez Silva, Baile de sombras. Juan José Molina, Los entreactos de Lucía. Nepomuceno J. Navarro, Las principales edades de la mujer. José Joaquín Ortiz, Benedicto Nieves o la mano de la providencia. Juan Francisco Ortiz, Motivo por el cual. . ., Una taza de chocolate, El Salto del Tequendama, La serenata, El oidor Cortés de Mesa. Juan B. Ortiz T., Una tertulia casera. Crisóstomo Osorio, Quejas al mono de la pila. Adriano Páez, Recuerdos de tierra caliente. Nicolés Pardo, Panorama de las llanuras de San Martín. Benjamín Pereira

Gamba, Mariquita. Felipe Pérez, Los viajeros en Colombia y Suramérica, Los llanos, El desierto de La Candelaria. Lázaro María Pérez, Los enamorados. Santiago Pérez, Apuntes de un viaje por el sur de la Nueva Granada, 1853, La pirámide de la Itica-Pol, Navegación por el Chocó. Manuel Pombo, Los diablitos, Una excursión por el Valle del Cauca, Bajando el Dagua, Presentimiento, La guitarra, La niña Agueda. Rafael Pombo, Toros en calle y en plaza. Joaquín Posada Gutiérrez, Fiestas de la Candelaria en La Popa, La voluntaria, Partida del Libertador. Andrés Posada Arango, Viaje a Oriente. José María Quijano O., Una página, El alma del padre Mariño. José de la Cruz Restrepo, El lazarino. Juan de Dios Restrepo, El lago de las serpientes. Medardo Rivas, Ovidio el enamorado, El cosechero, Las fiestas de Piedras. Luciano Rivera Garrido, Papayán y Pasto. Manuel Rodríguez, Indios Paeces. José María Salazar, La cascada del Tequendama. Januario Salgar, El chino de Bogotá. José M. Samper, El triunvirato parroquial, Literatura fósil, De Honda a Cartagena. Rafael Eliseo Santander, La noche-buena, Las fiestas en mi parroquia, La Calle Honda, El raizalismo vindicado, Los artesanos, La justicia y el delito en el Nuevo Reino de Granada, Historia de unas viruelas. Hermógenes Saravia, Los percances de un estudiante, Discurso del diputado Nicolás Capacho, al discutirse el proyecto de ley que traslada a Panamá el capital de la Unión. Tamuria, Bogotá después de una revolución. Bernardo Torrente, Los viceversas de Bogotá. Ramón Torres, Antiguo modo de viajar por el Quindío. Rufo Urueta, La bruja. Genaro Valderrama, Noche a orillas del Meta. Rómulo Valenzuela, Cueva de Tuluní. José Joaquín Vargas, El reloj y la pila de Tunja, Los cojines de Tunja. Marceliano Vélez, San Pedro. José María Vergara y Vergara, El Correísta, La semana santa en Popayán, El mercado de La Mesa, Un par de viejos, El lenguaje de las casas, Esquina de avisos, El último abencerraje o la trata de caballos, El señor Eugenio Díaz, Un buque de vapor, Fundación de Bogotá, Las tres tazas, Revista de la moda.

The texts are arranged in a different order (with the Madiedo text at the beginning of the first volume), but the index is alphabetical by author.

**H 37**  Maldonado Perez, Guillermo, et al.  Estado de sitio y otras historias. Bucaramanga: Fundación Grupo de Trabajadores de la Cultura Jorge Zalamea, 1980. 51 pp.

Guillermo Maldonado Pérez, Estado de sitio. Alvaro García García, El ventilador. José Luis Hereyra, El peso de ser hombre. Camilo Pérez Salamanca, Dolly Molinares, El sueño de Abelardo Hernández. Gustavo Ricardo Tatis Guerra, El fusilado.

No intro. or notes.

**H 38**  Martínez Sánchez, José, et al.  Canción de soledad y otros relatos.  Pasto: Fundación para la Cultura Testimonio, 1985. 93 pp.

José Martínez Sánchez, Canción de soledad. Gloria Inés Peláez, Las ancianitas. Evelio José Rosero, Sia-Tsi. Andrés Fernando Nanclares, Piel adentro. Eduardo Mantilla Trejos, La gran cruz de laurel negro. Hugo Ruiz Rojas, Azrael envía su tarjeta de visita. Alberto Roa Varelo, Noches de Nacho y María Paz.

Stories from the Fundación Testimonio contest in 1984.

**H 39**  Mejía Vallejo, Manuel, ed. and intro.  Antología del cuento antioqueño.  Lima: Editora Popular Panamericana, 1961 (?). 253 pp.

Gaspar Chaverra, Copia fiel. Baldomero Sanín Cano, Visita frustrada. Francisco de Paula Rendón, Pecados y castigos. Samuel Velásquez, La casa en propiedad. Jesús del Corral, Que pase el aserrador. Alfonso Castro, Sansón montañés. Julio Posada, El machete. Luis Alfonso Mesa, Prodigios y prebendas. Rómulo Gallejos, Vindicta. Wenceslao Montoya, Trovando con el diablo. Antonio Albarez Uribe, La túnica del centauro. José Restrepo Jaramillo, Cinco minutos de castidad. Julio González, El último arriero. Sofía Ospina de Navarro, El favor de San Antonio. Ignacio Isaza, Chirringo. Arturo Echeverri Mejía, La noticia. Agustín Jaramillo L., Ejemplo de Juan de la miseria. Jesús Botero Restrepo, Las cartas accidentadas. Mario Franco Ruiz, Embarazo. Manuel Mejía Vallejo, Palo caído. Oscar Hernández, El mantel. María Helena Uribe de Estrada, Treinta. Gonzalo Arango, Soledad bajo el sol. Ramiro

Montoya, El regreso. Enrique Posada, Los guerrilleros no bahan a la ciudad. Amílkar U., Vamos a ver el muerto. Pilárica Alvear Sanín, Locura del tiempo, Sombras.

Stories from the department of Antioquia.

**H 40**  Mercado Romero, Jairo, et al. <u>Concurso de cuento 1971</u>. Bogotá: Imprenta Nacional, 1971.  67 pp.

Jairo Mercado Romero, Un nombre para Rosario. Enrique Cabezas Rher, Una furia para todos. Carlos Orlando Pardo, El mimbre reventado. Hugo Ruiz Rojas, El sol en los potreros. César Valencia Solanilla, Todo entonces, ahora la ciudad.

Stories from a contest sponsored by the Fondo de Cultura de Ibagué.

**H 41**  Morales Vargas, Agustín, et al.  <u>El último macho y otros cuentos de tres generaciones</u>. Intro. Germán Vargas. Bogotá: Plaza y Janés, 1981. 214 pp.

Agustín Morales Vargas, La maestra.  Próspero Morales Pradilla, El sombrero de las revoluciones, La otra vida, Los chulavitas, El color, El último macho, La mujer del caballo negro, El pozo de los cadáveres, La tienda deslumbrante, El punto distante, ¿Adónde va Vicente?  La apuesta, Tela de araña, Boda 2.000, Recuerdo de una noche que no ha terminado. Antonio Morales Riveira, La vaca Elsy, Oído tras una puerta, Paz y amor, mi cabo, La locha de clases, Lady Buriticá, ANEMIA, El del ritmo no eras tú.

Stories by three members of the Vargas family.

**H 42**  <u>Narrativa colombiana contemporánea</u>.  Bogotá: Cámara de Comercio de Bogotá, 1984.

Unable to annotate.

**H 43**  Pabón Núñez, Lucio, ed. and intro.  <u>Novelistas y cuentistas</u>.  Biblioteca de Autores Ocañeros, 10.  Ocaña: Publicaciones de la Escuela de Bellas Artes, 1973. 349 pp.

José María Peláez Salcedo, Las brujas tienen alas. Efraín Jácome, Navidad amarga. Benjamín Pérez Pérez, La tarjeta de invitación. Aura Eva Niz de Roca Niz, El nene. Lubín Lobo, La perfidia castigada. Margario Quintero Jácome, Un retrato debido a la miseria. Lucio Pabón Núñez, El ermitaño soberbio.

Stories from Ocaña.  Intro. tells history of prose narrative in the city and region.

**H 44**  Pachón Padilla, Eduardo, ed. and intro.  <u>Antología del cuento colombiano</u>. Biblioteca de Autores Colombianos, 112. Bogotá: Ministerio de Educación Nacional, 1959.  491 pp.

Tomás Carrasquilla, ¡A la plata! Jesús del Corral, Que pase el aserrador. Francisco Gómez Escóbar, La tragedia del minero. Alfonso Castro, Sansón montañés. Julio Posada R., El machete. José Restrepo Jaramillo, Colinas florecidas de niños. Rafael Jaramillo Arango, Memorias de un niño embustero. Eduardo Arias Suárez, Guardián y yo. José Antonio Osorio Lizarazo, Ajedrez. Octavio Amórtegui, La espera. Adel López Gómez, El brazo cortado. Tulio González Vélez, El último arriero. Tomás Vargas Osorio, El enganche. Eduardo Caballero Calderón, Pureza. Antonio García, Porvenir. Jorge Zalamea, La grieta. Augusto Morales Pino, Vagón de primera. Humberto Jaramillo Angel, Eva. Antonio Cardona Jaramillo, Arrayanales, Alejandro Alvarez, Gallera. José Francisco Socarras, Contrabandistas. Jesús Zárate Moreno, La cabra de Nubia. Rafael Guizado, Pido la palabra. Hernando Téllez, Sangre en los jazmines. Olga Salcedo de Medina, Desolación. Elisa Mújica, El círculo. Judith Porto de González, A caza de infieles. Arturo Laguado, El regreso. Germán Cavelier Gaviria, Mañana de verano. Gustavo Wills Ricaurte, Partida doble. Alberto Dow, Un anillo para Cecilia. Mario Franco Ruiz, La mujer de agua. Ramiro Cárdenas, El pavo degollado. Carlos Arturo Truque, Granizada. Manuel Mejía Vallejo, Tiempo de sequía. Enrique Buenaventura, El matrimonio. Alvaro Cepeda Samudio, Todos estábamos a la espera. Gabriel García Márquez, La noche de los alcaravanes. Eduardo Arnago Piñeres, ¿Adónde va Mr. Smith?

Contains extensive intro., notes and biblio.

**H 45** Pachón Padilla, Eduardo, ed. and intro. <u>El cuento colombiano</u>. 1st ed., 1980. 2nd ed. Bogotá: Plaza y Janés, 1985. 2 vols. 251 + 245 pp.

> Vol. 1 (subtitled <u>Generaciones 1820/[19]40</u>): Eugenio Díaz, Una ronda de don Ventura Ahumada. Soledad Acosta de Samper, Luz y sombra. Tomás Carrasquilla, ¡A la plata! Efe Gómez, La tragedia del minero. Jesús del Corral, Que pase el aserrador. José Félix Fuenmayor, La muerte en la calle. Eduardo Arias Suárez, Guardián y yo. Tulio González, El último arriero. Alejandro Alvarez, Gallera. Jorge Zalamea, La metamorfosis de Su Excelencia. Hernando Téllez, Sangre en los jazmines. Antonio Cardona Jaramillo, Arrayanales. Jesús Zárate Moreno, La cabra de Nubia. Pedro Gómez Valderrama, En un lugar de las Indias. Manuel Mejía Vallejo, La venganza.
>
> Vol. 2 (subtitled <u>Generaciones 1955/70</u>): Gabriel García Márquez, La siesta del martes. Alvaro Cepeda Samudio, Todos estábamos a la espera. Carlos Arturo Truque, El día que terminó el verano. Gonzalo Arango, Soledad bajo el sol. Antonio Montaña, El aire turbio. Plinio Apuleyo Mendoza, El día que enterramos las armas. Darío Ruiz Gómez, Los ecos de la noche. Nicolás Suescún, Un nuevo día. Germán Espinosa, La noche de la Trapa. Héctor Sánchez, Desde el lindero. Jairo Mercado Romero, Cosas de hombres. Oscar Collazos, Ceremonias del fuego. Fanny Buitrago, Mammy deja el oficio. Luis Fayad, Un cuento para Manolo. Andrés Caicedo, "Tropa Brava." Policarpo Varón, El festín. Germán Santamaría, Tu sangre, muchacho, tu sangre.

The first volume covers authors born between 1803 and 1923; the second covers those born from 1925 to 1954. Contains extensive intro., notes and biblio.

**H 46**    Pachón Padilla, Eduardo, ed. and intro.    <u>El cuento colombiano contemporáneo: Generación de 1970</u>. Bogotá: Plaza y Janés, 1985. 209 pp.

> Roberto Burgos Cantor, Esta noche de siempre. Ramón Illán Bacca, Si no fuera por la Zona caramba. Leopoldo Berdella de la Espriella, El Tapaetusa. Germán Uribe, Vitola. Hugo Ruiz, Una mujer viene todas las noches. Carlos Orlando Pardo, Es muy lenta la espera. Fernando Cruz Kronfly, Las enmiendas como curaciones en el prójimo. Milcíades Arévalo, Las otras muertes. José Luis Garcés González, Días negros como viejos hierros. Oscar Castro García, Sola en esta nube. Armando Romero, Neuronita.

A continuation of the two volume work mentioned above. Intro., notes, biblio.

**H 47** Pachón Padilla, Eduardo, ed. and intro. <u>Cuentos colombianos: antología</u>. Colección Popular, 91, 111, 121, 131. Bogotá: Instituto Colombiano de Cultura, 1973-74. 4 vols. 199 + 174 + 152 + 157 pp.

> Vol. 1: Tomás Carrasquilla, ¡A la plata! Jesús del Corral, Que pase el aserrador. José María Rivas Groot, La hora exacta. Efe Gómez, La tragedia del minero. Alfonso Castro, Sanson Montañez. Julio Posada R., El machete. Romualdo Gallego, Vindicta. José Restrepo Jaramillo, Cinco minutos de castidad. José Félix Fuenmayor, La muerte en la calle. Eduardo Arias Suárez, El jugador de billar. Tulio González, El último arriero.
>
> Vol. 2: Octavio Amórtegui, La espera. Adel López Gómez, El brazo cortado. Tomás Vargas Osorio, En enganche. Alejandro Alvarez, Gallera. Eduardo Caballero Calderón, Pureza. Antonio García, Porvenir. José Francisco Socarrás, Contrabandistas. Antonio Cardona Jaramillo, Arrayanales. Jesús Zárate Moreno, La cabra de Nubia. Jorge Zalamea, La metamorfosis de su excelencia. Hernando Téllez, Sangre en los jazmines. Elisa Mújica, El círculo.
>
> Vol. 3: Clemente Airó, Fuera de concurso. Néstor Madrid Malo, Marcelo y el fantasma. Artura Laguado, El regreso. Manuel Zapata Olivella, Un acordeón tras la reja. Mario Franco Ruiz, La mujer de agua. Pedro Gómez Valderrama, ¡Tierra! Eutiquio Leal, Tu pesadilla. Manuel Mejía Vallejo, La venganza. Carlos Arturo Truque, Vivan los compañeros. Enrique Buenaventura, El matrimonio.
>
> Vol. 4: Alvaro Cepeda Samudio, Todos estábamos a la espera. Gabriel García Márquez, La noche de los alcaravanes. Eduardo Arango Piñeres, ¿Adónde va Mr. Smith? Gonzalo Arango, Soledad bajo el sol. Antonio Montaña, El aire turbio. Germán Pinzón, La sin calzones. Elena Araujo, El buitrón. Darío Ruiz Gómez, Aspasia tiene una trampa. Germán Espinosa, La orgia. Fanny Buitrago, Camino de los buhos. Nicolás Suescún, Un nuevo día.

Cheap ed., similar contents to previous items.

**H 48**  Palomo García, Nohora, ed. and intro.  5 cuentistas.  Neiva: Instituto Huilense de Cultura, 1972.

> Luis Ernesto Lasso, Los días de la espera, Andar por las lomas. Antonio Palomar Avilés, El campesino solitario. Isaías Peña Gutiérrez, El anciano de la evacuación, Casi una venganza. Benhur Sánchez Suárez, Los grandes juegos, El cadáver. Humberto Tafur Chamy, El cuarto del lado, El genio.

Brief intro. and notes on authors.  Stories from the department of Huila.

**H 49**  Pardo, Carlos Orlando, ed.  Cuentistas tolimenses.  Intro. Fernando Ayala Poveda.  Bogotá: Pijao Editores, 1986.  140 pp.

> Policarpo Varón, El festín. Eduardo Santa, La muerte del viejo Oñote. Germán Santamaría, Las nubes del porvenir. Héctor Sánchez, Los inquilinos. Roberto Ruiz, En la Playa. Hugo Ruiz, El sol en los potreros. Jorge Eliécer Pardo, Pasajero de sueños. Carlos Orlando Pardo, Hubo una vez la noche. Eutiquio Leal, Bomba de tiempo. Hernando González, El mohán y la madreagua.

Intro. entitled "Los escritores tolimenses."  For an expanded later ed., see listing below under Varón.

**H 50**  Restrepo, María Cristina, et al.  Historias compartidas.  Medellín: Mesa del Silencio, 1988.  84 pp.

> María Cristina Restrepo, Elías. María Helena Uribe de Estrada, Autominibiografía en gato gris. Esther Fleisacher, Las tres pasas, Jotín. Iván Hernández, Ana César, María Helena, Gloria, El coleccionista. Elkin Restrepo, Divertimento, Diario de sueños.

No intro. or notes.

**H 51**  Reyes Posada, Mauricio, et al.  8 cuentos colombianos: Premio "El Zaque" 1971.  Bogotá: Editorial Revista Colombiana, 1972.  183 pp.

> Mauricio Reyes Posada, Casimiro mire Casimiro. Roberto Ruiz Rojas, La Joliette. Jaime Echeverri J., La vuelta a la manzana. Juan José Hoyos, La tarde del acoso. Umberto Valverde, Bárbara. Hugo Ruiz, La última mañana del año. Eligio García Márquez, Esa rara tristeza. César Valencia Solanilla, Una derrota callada por tanto tiempo.

Stories from the Segundo Concurso Nacional de Cuento Onix Sello Negro, sponsored by the Industria Licorera de Boyacá.

**H 52**  Rodríguez Espinosa, Humberto, et al.  V Concurso Nacional de Cuento Jorge Gaitán Durán.  Cúcuta: Instituto de Cultura y Bellas Artes, 1975.  89 pp.

> Humberto Rodríguez Espinosa, La trampa. Héctor M. Galeano Arbeláez, El berracundero. Miguel Torres, El territorio de Marlboro. Sandro Torregroza Lara, Tostadora. Alberto Duque López, Perdóname, Paloma, no lo volveremos a hacer. Piedad Bonett, El puente. Umberto Valverde, Rosa. Jorge Eliécer Pardo, Detrás de la lluvia.

Stories from a contest.

**H 53**  Rosero, Evelio José, et al.  17 cuentos colombianos.  Bogotá: Instituto Colombiano de Cultura, División de Publicaciones, 1980.  248 pp.

> Evelio José Rosero, Ausentes. Hernando García Mejía, Sermón mientras esperas el bus. A. Cristal (pseud.), Nadie supo cuando. Alberto Dow, Tania. Petra, La sangre tira. Hudmo Rosa (pseud.), Oigame compadre. Amanuence (pseud.), Dinastía de caletas. Orestes (pseud.), El último sueño del tigre. Luis Caro (pseud.), La familia León. Lania María (pseud.), Los perfiles de la lluvia. Moisés Enrique Rodríguez, El engendro. Adalberto Agudelo Duque, Toque de queda. Jaime Espinel, Como el sol: de sorpresa. Carlos A. Holguín, El problema antropológico del Fantasma.

Stories from a contest sponsored by the Gobernación del Quindío.

**H 54**   Ruiz, Carlos, et al.   Doce cuentos colombianos: Premio Suamox 1970.
Bogotá: Editorial Revista Colombiana, 1971.  197 pp.
> Carlos Ruiz, Yo le llamo valor.  Hugo Ruiz, Una mujer viene todas las noches, El fin de algo.
> Miguel Torres, Las convocatorias.  Nicolás Suescún, El último escalón.  César Valencia
> Solanilla, Empezando a caminar.  Ramiro Tenorio Conde, Suicido es . . . desafiar a la tropa.
> José Chalarca Chalarca, El escaño.  César Valencia Solanilla, También se puede llamar soldado.
> Jaime Moreno García, Al final de la gira.  Roberto Gómez G., Lomo cansado.  Mario Restrepo
> Botero, Señor fotógrafo.

Stories from the Primer Concurso Nacional de Cuento Onix Sello Negro, sponsored
by the Industria Licorera de Boyacá.

**H 55**   Ruiz Rojas, Roberto, and César Valencia Solanilla, eds., intro. and notes.
Crónica imaginaria de la violencia colombiana.  Bogotá: Federación de Lotería de
Colombia, 1977.  242 pp.
> José Stevenson, Vísperas solemnes de confusión.  Hernando Téllez, Preludio, Cenizas para el
> viento.  Policarpo Varón, El festín.  Jorge Zalamea, La metamorfosis de Su Excelencia.  Carlos
> Arturo Truque, Vivan los compañeros.  Roberto Ruiz Rojas, Corea 53.  Antonio Montaña, El
> aire turbio.  Jairo Mercado Romero, Unas lágrimas por Francisco.  Gabriel García Márquez,
> Un día de éstos.  Enrique Posada, Los guerrilleros no bajan a la ciudad.  Manuel Mejía Vallejo,
> Miedo.  Eutiquio Leal, Bomba de tiempo.  Darío Ruiz Gómez, Pero Margarita Restrepo,
> ¿dónde estás?  Umberto Valverde, Rosa.  César Valencia Solanilla, También se puede llamar
> soldado.  Plinio Apuleyo Mendoza, El día que enterramos las armas.  Luis Ernesto Lasso,
> Andar por las lomas.  David Sánchez Juliao, Y nosotros habíamos maniatado la lástima.  Oscar
> Collazos, Noticias.  Arturo Alape, Las muertes de Tirofijo.

"La antología se hizo sobre cuentos, sobre un género literario entonces, procurando
sí que fueran afortunada simbiosis de calidad artística y realidad política."  Focuses
on the civil conflict that began with the "Bogotazo" on 9 April 1948.

**H 56**   Samper Ortega, Daniel, ed. and intro.   Cuadros de costumbres.   Biblioteca
Aldeana de Colombia, 22.  Bogotá: Editorial Minerva, 1936.  167 pp.
> Rafael Eliseo Santander, Las fiestas de mi parroquia, La Calle Honda, Historia de unas
> viruelas, El raizalismo vindicado, Los artesanos, La Nochebuena.  Juan Francisco Ortiz, Motivo
> por el cual, Una taza de chocolate.  José Caicedo Rojas, El tiple, El Duende en un baile, Las
> criadas de Bogotá.

Costumbrista sketches.

**H 57**   Samper Ortega, Daniel, ed. and intro.   Leyendas.   Biblioteca Aldeana de
Colombia, 38.  Bogotá: Editorial Minerva, 1936.  173 pp.
> José María Quijano Otero, ¡Tierra, tierra! El alma del padre Mariño.  Luis Capella Toledo, El
> coronel Rondón, Bigote y pera, Ramón Sierra, El General Manuel Piar.  Camilo S. Delgado,
> La monja alférez, El maestro Falco, Los castellanos del castillo.  Manuel José Forero, Las
> querellas del oidor.

Legends.

**H 58**   Samper Ortega, Daniel, ed. and intro.   Otros cuentistas.   Biblioteca Aldeana
de Colombia, Cuento y Novela, 20.  Bogotá: Editorial Minerva, 1936.  161 pp.
> Jorge Isaacs, Feliciana.  Efe Gómez, En las minas.  Gregorio Castañeda Aragón, Náufragos de
> la tierra.  Julio Vives-Guerra, El parricida.  Luis Tablanca, Muchacha campera.  Adel López
> Gómez, La pierna del mendigo.

Extensive intro.  The selection by Isaacs is excerpted from María.

**H 59**   Samper Ortega, Daniel, ed. and intro.   Tres cuentistas jóvenes.   Biblioteca
Aldeana de Colombia.  Bogotá: Editorial Minerva, 1936.  171 pp.

M. García Herreros, Lejos del mar. J. A. Lizarazo, Job. E. Arias Suárez, Los pijamas, Se vende un canario, Envejecer.
Brief intro.

**H 60**  Samper Ortega, Daniel, ed. and intro.  Varias cuentistas colombianas.
Biblioteca Aldeana de Colombia, 11. Bogotá: Editorial Minerva, 1936. 240 pp.
Josefa Acevedo de Gómez, Mis recuerdos de Tibacuy, El amor conyugal. Mercedes Párraga de Quijano, Aurora. Waldina Dávila de Ponce, Mis próceres. Soledad Acosta de Samper, Luz y sombra. Eufemia Cabrera de Borda, Un caballero español. Priscila Herrera de Núñez, Un asilo en la Goajira. Herminia Gómez Jaime de Abadía, Bajo la bandera. Concepción Jiménez de Araújo, Tres deseos. Ester Flórez Alvarez de Sánchez Ramírez, Confidencias. Julia Jimeno de Pertuz, Fe infantil. Sofía Ospina de Navarro, Oyendo a un paisa. Blanca Isaza de Jaramillo Meza, Emociones infantiles. María Cárdenas Roa, F. C. Tolima-Huila. Luz Stella, De la vida. María Castello, La tragedia del hombre que oía pensar. Cleonice Nannetti, Garoso.
Intro. on the contributions of women writers to Colombian letters.

**H 61**  Samper Ortega, Daniel, ed. and intro.  Varios cuentistas antioqueños.
Biblioteca Aldeana de Colombia, 19. Bogotá: Editorial Minerva, 1936. 159 pp.
Samuel Velásquez, Madre. Jesús del Corral, Que pase el aserrador. Pedro Uribe Gómez, Ignis ardens. Alfonso Castro, Amo y señor, El muerto Sansón montañés.
Stories from the department of Antioquia.

**H 62**  Sánchez Arbeláez, Julio E., et al.  El hombrecito . . . y otros cuentos.  Serie Arte y Cultura, 3. Pereira: Universidad Tecnológica, Departamento de Bibliotecas, 1977. 59 pp.
Julio E. Sánchez Arbeláez, El hombrecito. Miguel Alvarez de los Ríos, La tercera profecía. Uriel Hincapié, Tinieblas. Miguel Antonio Borja Alarcón, Ilusión y realidad. Guillermo Gavilán Zárate, Allá él. Fernando Valencia, Secretos de las vigilias.
Stories from the first "Jorge Roa Martínez" short story contestin 1976.

**H 63**  Sánchez Jiménez, Francisco, et al.  IV Concurso Nacional de Cuento Jorge Gaitán Durán.  Cúcuta: Instituto de Cultura y Bellas Artes, 1973. 78 pp.
Francisco Sánchez Jiménez, Los sueños sueños son. Gustavo R. Cogollo, Los sonidos del alba. Alberto Duque López, Libertad de canción bajo la lluvia. J. R. M. R., A mí me gustaba que la Señora me llamara Vuelamasquelviento. Fanny Buitrago, Rebelión en el arenal. Umberto Valverde, Andrea. Hugo Ruiz, El canto del cisne. Policarpo Varón, Noche de paz.
Stories from a contest.

**H 64**  Sánchez Juliao, David, ed., intro. and notes.  El hombre y la máquina: Narraciones.  Colección Biblioteca Caja Agraria, 8. Bogotá: Caja de Crédito Agrario Industrial y Minero, 1978. 155 pp.
Oscar Collazos, Kodak 120. Tulio González Vélez, El último arriero. Juan Gossaín, El resucitado. Néstor Madrid-Malo, El día que llegaron las máquinas. Miguel Méndez Camacho, Esto es lo que se llama un día movido. Judith Porto de González, Manos limpias. David Sánchez Juliao, Toyota land cruiser: 4 wheel drive. Ben-Hur Sánchez S., Hasta mañana, tío. Jaime Sanín Echeverri, La 418. Germán Santamaría, Amorcito Case. José Francisco Socarrás, Oliverito. Manuel Zapata Olivella, La tinaja en la sombra.
Stories about "el impacto que la introducción de la máquina ha producido en el campo, las ciudades medias y los grandes centros urbanos de nuestro país."

**H 65**  Sanguino Zambrano, Dennis E., et al.  II Concurso Nacional de Cuento Jorge Zalamea.  Medellín: Fondo de Publicaciones Transempaques Ltda., 1986. 214 pp.
Dennis E. Sanguino Zambrano, Reencuentro. Efraín Medina Reyes, Breves apuntes acerca de una mujer con hijos y un hombre de boina gris. Andrés Elías Flórez Brum, Mamá no vende

los helechos. John Amrio Alvarez Acosta, La Rucia. Germán Cruz Serna, La muchacha del puente. Luis Elías Jaramillo Bedoya, Del génesis al apocalipsis. Manuel Fernando Ji,énez García, Nosotros todavía vestidos de payasos. Claire Lew de Holguín, Los cuchillos. Luis Alejandro Lobo del Valle, En algún lugar detrás de tus ojos. César Romero Campo, Catano. Freda Romero de Mosquera, La casa de los naranjales.

Stories from a contest.

**H 66**  Segundo Silvestre, Luis, et al. Un par de pichones: cuadros de costumbres. Bogotá: Instituto Colombiano de Cultura, 1971.  138 pp.

Luis Segundo Silvestre, Un par de pichones. José David Guarín, Mi primer caballo. Eugenio Díaz, Una ronda de don Ventura Ahumada. José David Guarín, Entre usted que se moja, Un día de San Juan en tierra caliente.

Costumbrista sketches.

**H 67**  Suescún, Nicolás, ed. and intro. Trece cuentos colombianos.  Narrativa Latinoamericana, 19.  Montevideo: Arca, 1970.  209 pp.

José Félix Fuenmayor, La muerte en la calle. Jorge Zalamea, La metamorfosis de su excelencia. Tomás Vargas Osorio, Encrucijada. Alvaro Mutis, La mansión de Araucaíma. Alvaro Cepeda Samudio, Hoy decidí vestirme de payaso. Gabriel García Márquez, Un hombre muy viejo con unas alas enormes. Marta Traba, La vermeeriana. Antonio Montaña, Domingo. Darío Ruiz Gómez, Pero Margarita Restrepo, ¿dónde estás? Policarpo Varón, Un entierro muy triste. Oscar Collazos, No exactamente como una película de Buñuel. Umberto Valverde, Después del sábado. Ricardo Cano Gaviria, Los charcos.

Includes 20 page intro.  Traba is included because of her long residence in Bogotá.

**H 68**  Téllez, Hernando, et al. Espuma y nada más: Cuentos de Colombia. Santiago: Empresa Editora Nacional Quimantu, 1973.  159 pp.

Hernando Téllez, Espuma y nada más. Alvaro Mutis, Antes de que cante el gallo. Gabriel García Márquez, La siesta del martes. Alvaro Cepeda Samudio, Nuevo intimismo. Carlos Arturo Truque, Vivan los compañeros. Nicolás Suescún, Retrato de novios. Héctor Sánchez, La orilla ausente. Oscar Collazos, El eclipse.

Cheap popular edition.  Brief anonymous intro., no notes or biblio.

**H 69**  Vargas, Germán, ed. and intro. La violencia diez veces contada.  Ibagué: Ediciones Pijao, 1976.  219 pp.

Germán Santamaría, Los días de calor. Jorge Eliécer Pardo, Otra vez el chasquido de las botas. Alvaro Hernández, La espera inútil. Carlos Orlando Pardo, Los encierros. Policarpo Varón, Rosas para toda una vida. Hugo Ruiz, Todos los días la muerte. Héctor Sánchez, Desde el lindero. Humberto Tafur, Justino Díaz. Eutiquio Leal, Es mejor que te vayas. Eduardo Santa, La noche también es roja.

Stories from the Colombian civil war (1948-57) by authors from the Tolima department.

**H 70**  Varón, Policarpo, et al. El Tolima cuenta.  Intro. Fernando Ayala Poveda. Bogotá: Pijao Editores, 1984.  197 pp.

Policarpo Varón, El festín. César Valencia Solanilla, Coronar a la soberana. Eduardo Santa, La muerte del viejo Oñote. Germán Santamaría, Las nubes del porvenir. Héctor Sánchez V., Los inquilinos. Hugo Ruiz R., El sol en los potreros. Roberto Ruiz R., En la playa. César Pérez Pinzón, En un lugar apartado del mundo. Jorge Eliécer Pardo R., Pasajero de sueños. Carlos Orlando Pardo R., Pasajero de sueños. Carlos Orlando Pardo R., Hubo una vez la noche. Eutiquio Leal, Bomba de tiempo. Alvaro Hernández, Las guacamayas del crepúsculo. Manuel Giraldo, Más de moche ye otras apariciones. Hernando González Mora, El mohan y la madreagua.

Stories from the department of Tolima. Expanded version of item listed above under Pardo.

**H 71**  Vergara y Vergara, José María, et al.  <u>Diez cuadros de costumbres</u>.  Bogotá: Editorial Antena, n. d.  116 pp.

> José María Vergara y Vergara, Las tres tazas.  Fermín de Pimentel y Vargas, Por lana. Ricardo Silva, El niño Agapito.  Eugenio Díaz, Una ronda de don Ventura Ahumada, Posada de Malabrigo.  José David Guarín, Un día de San Juan en tierra caliente.  José Manuel Groot, Nos fuimos a Ubaque, Nos quedamos en Chipaque, Nos vamos a Ubaque.  Emiro Kastos, Compadre Facundo, Una noche en Bogotá, Villeta y Guaduas.

<u>Costumbrista sketches</u>.  No intro. or notes.

**H 72**  Zalamea, Jorge, et al.  <u>Antología del cuento colombiano</u>.  La Universidad Popular.  Bogotá: Ediciones Faro, 1967 (?).  119 pp.

> Jorge Zalamea, La grieta.  Hernando Téllez, Sangre en los jazmines.  Eduardo Caballero Calderón, ¿Por qué mató el zapatero?  Arnoldo Palacios, Entre nos, hermano.  Eduardo Santa, La caja de embolar.  Gonzalo Arango, El pez ateo de tus sagradas olas.  Fanny Buitrago, Camino de los buhos.  Gabriel García Márquez, Los funerales de la mamá grande.

No intro., table of contents or notes.

# I. Costa Rica

**I 1** Castro Rawson, Margarita, ed. and intro. <u>El costumbrismo en Costa Rica</u>. Intro. Germán Arciniegas. San José: Editorial Costa Rica, 1966. 697 pp.

Section of book comprising the anthology consists of following: Anonymous, Crónica de una fiesta, Con lo cual señores todos, De Profundis, I era un sueño, El campanero de la parroquia de Cartago, Sea usted médico, El sábado, Las fiestas, Los pobres, Don Juan de Segura, Patricio y el tío Simón, La llorona, Al señor Kalisto, Cantares, En blanco, Plegaria, Información y crítica, ¡Qué hacer!, El franco-español. N. G., La segunda visita de mi vecino, Estamos Frescos. El Padrino, Remitido. Tisingo Estrella, Parte oficial, Bando de policía de la provincia de Chirripó. Un soldado de la Primera Compañía, Necrología del asno. Jorge, Cariño homeopático. León Fernández, La chirraca. Federico Proaño, Entre las tumbas, Testamento del otro diario, Los novios en Costa Rica. Ar-ma, El mercado, El parque central. Rubén Darío, Crónica. El Goloso de Rodas, Las melcochas. El Perpetuo Regañón, Una plumada. J. Villaclara, Un artículo robado. Renato, El recién venico. X. Y. Z., La visita de antesala. Teófilo, El domingo. Simplicio Cucufate, Un día nefasto, Mi sobrino Cordelio, Mi primo don Ramiro. Marcos Teño, Leña, Poder de los celos, Los hermanos. XX, El baile del Ocho. Aquileo Echeverría, Las serenatas. Francisco Montero B., El Cadejos. Olga, Muletillas. P. Pelotas, Yo soy redactor. Mario, Las cocineras. A. de Marsay, Escenas nocturnas. El cronista, El baile que se dará esta noche. Ricardo Fernández Guardia, El nacionalismo en literatura. C. Gagini, El nacionalismo en literatura. Benjamín de Céspedes, El nacionalismo en literatura. Kalisto, Lenguaje popular, Mi concertado y yo, Los tamales. Ruperto, Mi cocinera. Canuto Calasancio, Los acreedores. Yoyo, Doce de octubre, Ratas y ratones, Vivos y muertos. Gonzalo González, La viuda. Boccaccio, Cinco, La crisis. Pío Víquez, Cuñadas, madrastras y suegras. Lilia Ramos, Sabor añejo en corazón juvenil. Joaquín Vargas Coto, El Puente de las Damas sobre El Jesús María. Francisco María Núñez, Noviembre: mes de las ánimas.

Includes numerous anonymous and pseudonymous sketches. Contains almost three hundred pages of an introductory study of Costa Rican <u>costumbrismo</u>, notes and biblio.

**I 2** Chase, Alfonso, ed. and intro. <u>Narrativa contemporánea de Costa Rica</u>. San José: Ministerio de Cultura, Juventud y Deportes, 1975. 2 vols. 467 + 521 pp.

Vol. 1: Max Jiménez, 2.500 metros, Mañana del viernes Santo, El velorio, Este capítulo trata del amor de las pulgas, Pulgas de afición alcohólica, La pulga artista, El caudillo y el temperamento ovejuno de las pulgas. José Marín Cañas, Los bigardos del ron, Una "media" algo trágica, La tragedia del pregón, El último charleston, Lo espléndido que fue siempre Don

Onanías Tenorio, ¿Por qué bebía Don Pedro?, La amada de las manos frías, Un quince con limón, Don Críspulo, el novelador. Carlos Salazar Herrera, La bacaracá, El puente, El bongo, Un grito, La ventana, La dulzaina, El camino. Carlos Luis Fallas, Barreteros. Adolfo Herrera García, Los novios, Doña Anita, La tertulia espiritista, El gamonal. Yolanda Oreamuno, La lagartija de la panza blanca, Vela Urbana, De su obscura familia, Valle Alto. Alfredo Cardona Peña, La Niña de Cambridge, La lluvia de oro, Caso del profesor Grammaticus, Fábula de los libros. Joaquín Gutiérrez, La hoja de aire.
Vol. 2: Fabián Dobles, El puente, Mamita Casimira, Matatigres, La huelga. Alberto Cañas, La máquina del tiempo, La exterminación de los pobres, La terrible revolución que se venía, Un fantasma, El infierno tan temido, El arte por el arte, La alternabilidad en el poder. Julieta Pinto, La piedra y la niña, La vieja casona, El pez azul, Espera, La creciente. Victoria Urbano, El fornicador. Carmen Naranjo, La ciudad sitiada, Orgía sobre un arabesco, El truco florido, Matastasis, Preatmósfera. José León Sánchez, Una guitarra para José de Jesús, La mina de los cuarenta leones, La niña que vino de la luna. Abel Pacheco, Una reina, Mamacita, Fichas, Vocación, Politics, La virgen de la cueva, ¿Celeste o rosado?, Presos políticos, Tortugas. Marco Retana, La noche de los amadores Mamita Casimira. Fernando Durán Ayanegui, (1939), Dos reales, Guanacajte, La pedrada. Quince Duncan, Una carta, Demasiado peso. Louis Ducoudray, Manuela Josefina Filomena, Historias, Aquí. Gonzalo Arias Páez, El infierno, Pekin 66. Alfonso Chase, El hilo del viento, Los relojes, Con la música por dentro. Gerardo César Hurtado, El jardín de los leones dorados, Las dos historias de Hipólito, Diálogo de fantasmas. Edgar R. Trigueros, En alguna de esas tardes, En la línea ascendente del sol, Limitado.

Extensive biblio. and index at end of second vol.

**I 3** Cortés, Carlos, Vernor Muñoz, and Rodrigo Soto, eds. Para no cansarlos con el cuento: Narrativa costarricense actual. Intro. Carlos Cortés. San José: Editorial de la Universidad de Costa Rica, 1989. 232 pp.

Rafael Angel Herra, Había una vez dos veces, El sazebacepmor. Francisco Escobar, El pecado de la parroquia. Luis Bolaños, Cucaracha, Rito. Oscar Alvarez, Escritura. Ana Cristina Rossi, Pandemonium. Hugo Rivas, Cambios de otoño, Hace más de un año. Jorge Méndez-Limbrick, Noche sonámbula. Alejandro Bermúdez, Diana cinética. José Ricardo Chaves, El efímero reino del verano. Dorelia Barahona, Saramal. Herman Steffen, Playa sirenas. Vernor Múñoz, La harina de las piedras. Klaus Steinmetz, A imagen y semejanza, Picana. Rodrigo Soto, La torre abolida. Uriel Quesada, La niña que hacía cantar a los pájaros. Carlos Cortes, Mujer arrodillada con los instrumentos de la pasión.

A few of the works are fragments of longer texts. Intro. focuses on the appearance of a new group of writers in Costa Rica in the period from 1980 to 1986.

**I 4** Duncan, Quince, ed. and intro. El negro en la literatura costarricense. Intro. Fabián Dobles. San José: Editorial Costa Rica, 1975. 191 pp.

Manuel Argüello More, El martirio de una niña de cinco años en Matina. Carlos Luis Fallas, La huída de negros costarricenses. Fabián Dobles, El gato con zapatos, La mujer negra del río. José León Sánchez, El jaspe, Una guitarra para José de Jesús. Joaquín Gutiérrez, Tom y Azucena, Una pregunta sale a rodar tierras, Sus edades son horas en un día. Abel Pacheco, Descubrimiento, Politics, Esquélitan, Congolí, Only White, Soldado voluntario. Quince Duncan, Un regalo para abuela, Una carta, Desde el principio, La tradición oral del afrocostarricense, Caballo de trote, Captura del hermano Araña, Charles.

Important anthology, with extensive intro. on presence of black writers in Costa Rican letters. Seems to be the only such short story anthology in Latin America.

**I 5** Guier, Enrique, et al. Anuario del cuento costarricense 1967. San José: Editorial Costa Rica, 1968. 155 pp.

Enrique Guier, En el bananal. Francisco Zúñiga, Aquí voy yo, Andrés. Alberto Cañas, Dos asesinatos sin conexión entre sí. Carmen Naranjo, Inventario de un recluso. Ricardo Blanco Segura, El señor Canciller. Carlos Salazar Herrera, El ocaso de Dios Pan. José León Sánchez, La mina de los cuarenta leones. Jorge Charpentier, Cuento para un color. Xinia Villegas, El pan blanco. Samuel Rovinski, La aventura. Hernán Elizondo Arce, Rosario de los milagros. Kléver A. Ruiz C., Juliana, quizás hoy, quizés mañana. Fabián Dobles, La conejera. Mario González Feo, Bucho curandero y saludador. Jorge Debravo, La hermanita menor. **No intro.** The intention may have been to have a series of yearbooks like those published in Mexico in the 1950s, but no others seem to have been issued.

**I 6**  Menton, Seymour, ed., intro. and biblio. <u>El cuento costarricense: estudio, antología y bibliografía</u>. Antologías Studium, 8. Mexico City: Ediciones de Andrea, 1964. 184 pp.

> Aquileo J. Echeverría, Acuarelas. Manuel González Zeledón, El clis de sol. Manuel Argüello Mora, Margarita. Ricardo Fernández Guardia, El cuarto de hora, Un santo milagroso. Carlos Gagini, La bruja de Miramar. Rafael Angel Troyo, Las turquesas de la princesa Eugenia. Joaquín García Monge, Tres viejos. Luis Dobles Segreda, Los zapatos de Maruja. Carmen Lyra, Tío Conejo ennoviado. Modesto Martínez, El orto lunar. José Marín Cañas, Rota la ternura. Víctor Manuel Elizondo, Fel el tímido. Carlos Salazar Herrera, La saca, El grillo. Antonio Argüello, Yo y la negra histérico-musical. Carlos Luis Fallas, La dueña de la guitarra de las conchas de colores. Fabián Dobles, El angelito. Yolanda Oreamuno, Valle alto. Jorge Montero Madrigal, Al pairo. Guillermo Arguedas, Quico. José León Sánchez, La niña que vino de la luna. Daniel Gallegos, La reina. Fernando Durán Ayánegui, Zapatos.

The intro. and biblio. are very extensive and useful.

**I 7**  Portuguez de Bolaños, Elizabeth, ed. and intro. <u>El cuento en Costa Rica</u>. San José: Imprenta Lehmann, 1964. 331 pp.

> Manuel Argüello Mora, La sonámbula del Pirro.  Teodoro Quirós, Los portales de Nochebuena. Jenaro Dardona, En el pozo.  Claudio González Rucavado, Ochocientos padrenuestros. Manuel González Zeledón, Clis de sol, La propia. Ricardo Fernández Guardia, Un santo milagroso, La miniatura. Carlos Gagini, La bruja de Miramar, El tesoro del Coco. Joaquín García Monge, El viejo pordiosero, La mala sombra, Zorrillos de agua, Proscritos. Carmen Lyra, Salir con un domingo siete, Ramona, la mujer de la brasa. Luis Dobles Segreda, La caña sagrada, Calachas. Fabio Baudrit González, El paso de la vaca. Gonzalo Chacón Trejos, Sueltos, al cielo . . . agarrados, al infierno. Max Jiménez, La siembra, El palmitero. Carlos Salazar Herrera, El camino, La bocaracá. Fabián Dobles, El maijù. José Marín Cañas, Rota la ternura. Yolanda Oreamuno, La lagartija de la panza blanca. Jorge Tassara Goldoni, Pescando un tiburón.  Alberto F. Cañas, Necrología de Michel Blondín.  Jorge Montero Madriga, Al pairo. Mario Picado Umaña, El avispero. José León Sánchez, La niña que vino de la luna. Fernando Durán Ayanegui, Dos reales. María de Noguera, Tío Conejo y Tía Boa, El indio y el español. Aníbal Reni, El muerto.

Very extensive intro. on the history of Costa Rican literature and of the short story, as well as final biblio. and indexes.

**I 8**  Urbano, Victoria, ed. and intro. <u>Five Women Writers of Costa Rica</u>. Beaumont, Texas: Asociación de Literatura Femenina Hispánica, 1978. 131 pp.

> Carmen Naranjo, The Flowery Trick, The Journey and the Journeys, Inventory of a Recluse. Eunice Odio, Once There Was a Man, The Trace of the Butterfly. Yolanda Oreamuno, High Valley, The Tide Returns at Night. Victoria Urbano, Avery Island, Triptych. Rima Vallbona, Chumico Tree, Penelope's Silver Wedding Anniversary, Parable of the Impossible Eden.

Brief intro. and notes on authors.

# J. Cuba

**J 1**  Aguirre, Mirta, et al., eds. and intro.  <u>Dice la palma: Cuento</u>.  Havana: Editorial Letras Cubanas, 1979.  192 pp.

> Onelio Jorge Cardoso, Un brindis por el Zonzo. Antonio Benítez Rojo, Niño de fusil. Juan Leyva Guerra, Resaca. Imeldo Alvarez, La trastada. Joel James, Los testigos. Julio Crespo Francisco, Viento sur. Manuel Cofiño, Los besos duermen en la piedra. César Leante, El día inicial. Dora Alonso, Los gallos. Armando Cristóbal Pérez, Veredicto: culpable. Noel Navarro, No hay quien me pare. Gustavo Eguren, Uno de esos viajes. Rafael Soler, Noche de fósforos. David Buzzi, Cuando todo cae del cielo. José Rivero García, La niña del rosal. Omar González, Al encuentro. Mirta Yáñez, A Indalecio le preocupa. Julio Travieso, Hasta revolucionario. Enrique Cirules, Lagarto. Hugo Chinea, A la luz de las antorchas. Sergio Chaple, Vida, pasión y muerte de Ciso V. Jesús Díaz, ¡No hay Dios que resista esto! Rodolfo Pérez Valero, Ahora se cuidan las semillas. Eduardo Heras León, Instructor de oficios. Nicolás Pérez Delgado, El negro. Quintín Pino Machado, Rodrigo. José A. Grillo Longoria, Historia de un Corvair.

The editorial committee consisted of Mirta Aguirre, Angel Augier, Antonio Benítez Rojo, Sergio Chaple, Roberto Fernández Retamar, Onelio Jorge Cardoso, Raúl Rivero and Luis Suardíaz.  Stories were chosen if they met the following criteria: high literary quality, thematics related to the revolutionary process, and book publication between 1959 and 1977.

**J 2**  Alvarez, Imeldo, ed. and intro.  <u>Cuentos de amor</u>.  Havana: Editorial Letras Cubanas, 1979.  445 pp.

> Cirilo Villaverde, Lola y su periquito. Tristán de Jesús Medina, Sunsión. Manuel de la Cruz, El dominó negro. Emilio Bobadilla ["Fray Candil"], Fiebre de análisis. Miguel de Carrión, Inocencia. Jesús Castellanos, Naranjos en flor. Alfonso Hernández Catá, Día de sol. Armando Leyva, Un flirt extraño. Gerardo del Valle, Ella no creía en bilongos. Enrique Serpa, La garra. Rubén Martínez Villena, Un nombre. Pablo de la Torriente Brau, Ultimo acto. Luis Amado Blanco, Bunny. Arístides Fernández, El retrato. Alejo Carpentier, Semejante a la noche. Félix Pita Rodríguez, La mujer ideal. Dora Alonso, Sofía y el ángel. Samuel Feijóo, Alejo García. Onelio Jorge Cardoso, Donde empieza el agua, Un olor a clavellina. Eliseo Diego, Historia del payador, El hombre de los dientes de oro. Raúl González de Cascorro, Isabel va al baile. Gustavo Eguren, Sammy Davies [sic] canta al amor. César Leante, Súbitamente, un día. Imeldo Alvarez García, Al final de un camino. Noel Navarro, Los pies sobre la arena. Antonio

Benítez Rojo, El hombre de la poltrona, Fruta verde. Manuel Cofiño, Canción de Leticia, Un pedazo de mar y una ventana. Enrique Cirules, Patricia. Juan Leyva Guerra, Bizcoveao. Sergio Chaple, Un hombre y una mujer. Eduardo Heras León, Final de día. Jesús Díaz, Amor la Plata Alta. Víctor Casaus, Primera carta de amor. Rafael Soler, Noche de fósforos. Luis Rogelio Nogueras, La flor de Maura. Francisco Garzón Céspedes, Algo definitivamente en la ternura. José Rivero García, La niña del rosal. Plácido Hernández Fuentes, El hombre que vino con la lluvia. Luis Toledo Sande, Ese cuento de Silvia. Miguel Mejides de Armas, El escudo de los que caminan.

The selections range from the mid-nineteenth century to the post-revolutionary period. The intro. includes a consideration of the nature of love, a history of love in Cuban letters, and a discussion of why few Cuban women have written short stories on this theme.

**J 3** Alvarez, Imeldo, ed. and intro. <u>Noveletas cubanas</u>. Havana: Editorial de Arte y Literatura, 1977. 595 pp.

Pedro José Morillas, El ranchador. Ramón de Palma, El cólera en La Habana. Cirilo Villaverde, El guajiro. José A. Echeverría, Antonelli. Francisco Calcagno, Romualdo: uno de tantos. Esteban Borrero Echeverría, Aventuras de las hormigas. Ramón Meza, El duelo de mi vecino.

Short novels.

**J 4** Arrufat, Antón, and Fausto Masó, eds. and intro. <u>Nuevos cuentistas cubanos</u>. Havana: Casa de las Américas, 1961. 261 pp.

Víctor Agostini, Doble espejo. Jorge Guerra, La cinta. Oscar Hurtado, Carta de un juez. Ezequiel Vieta, Mi amigo. José Manuel Otero, El ruido del tren. Calvert Casey, En el Potosí. Rogelio Llopis, Fini. Edmundo Desnoes, Créalo o no lo crea. Andrés Moreno, La suerte está echada. Lisandro Otero, El bastón. Ambrosio Fornet, La víctima. Sócrates Cobas, El hada. César López, En la prisión. Ada Abado, El colegio. Oscar Rodríguez Mirabal, La casa bajo una reja. Esther Díaz Llanillo, La amenaza. Jesús Abascal, Juego inocente. Fausto Masó, Esquiloc, Kilómetros, kilómetros. Mariano Rodríguez Herrera, Los pobres andan a pie. Arístides Arche, Entonces, Mi amigo Juan. Antón Arrufat, El viejo. Manuel Díaz Martínez, Insubordinación. Manuel Villabella, Luis Felipe. Armando Entralgo, El responsable. Luis Agüero, Este pequeño pueblo. Frank Rivera, El gato. Leslie Fajardo, Mumson. Ana María Simó, Igual es igual a muerte. Josefina Jacobs, Emeteria Urquiaga.

Stories written between 1948 and 1958. Interesting discussion in intro. of short story technique and the prevalence of urban themes in the works.

**J 5** Batista Reyes, Alberto, ed. and intro. <u>Cuentos sobre bandidos y combatientes</u>. Havana: Editorial Letras Cubanas, 1983. 385 pp.

Jesús Díaz, No matarás. Norberto Fuentes, El Capitán Descalzo, Adiós. Francisco Alderete García, Juan Matías y los bandidos. Eduardo Heras León, Zamora. Manuel Cofiño, Nati y Siaco. Hugo Chinea, Sabino, Cerco Peine emboscada. Noel Navarro, Soplo. Alberto Molina, ¡Saltan los arrecifes! Raúl González de Cascorro, Van a romper el cerco, El hijo de Arturo Estévez. Abelardo Santos Ulloa, Pepe el gato. Luis Toledo Sande, El de la muerte callada. Quintín Pino Machado, La noche también. Enrique Alvarez Jané, El arria de mulos. Manuel Pereira, Los delegados de la muerte. Nicolás Pérez Delgado, Pancho Villa. Nora Maciá Ferrer, Dentro del bohío. Rafael Carela Ramos, Peinando. Pablo Bergues Ramírez, Yo sólo puse la soga. Arturo Chinea, Fin de la jornada. Enrique Cirules, Fiero rumor de la sangre. Félix Guerra, Muerte de Zacarías. Plácido Hernández Fuentes, Los serranos. Víctor Casáus, Parada, descansen. Rafael Carralero, El paso del caballo. Reinaldo Hernández Savio, El peine. Rogerio Moya, El primer día. Josué-Leonel Marrero, Gusano. Arnoldo Tauler López, La caída de Cagüeyro.

Interesting intro. on representation of banditry in Cuban literature. "Bandidos" refers also to counter-revolutionary fighters in the period from 1959 to 1965.

**J 6**  Bueno, Salvador, ed. and intro.  <u>Antología del cuento en Cuba: 1902-1952</u>.
Havana: Ministerio de Educación, 1953.  396 pp.

Miguel de Carrión, Inocencia. Jesús Castellanos, La agonía de "La Garza," Naranjos en flor. Luis Rodríguez Embil, Por qué se suicidó Juan Enríquez. Carlos Loveira, La llegada del circo. Miguel Angel de la Torre, El antecesor. Alfonso Hernández Catá, El tistigo, Don Cayetano el informal. Armando Leiva, Un flirt extraño. Luis Felipe Rodríguez, La guardarraya, El despojo. Marcelo Salinas, El maestrico. Federico de Ibarzábal, Todo bien a bordo. Miguel de Marcos, Un hombre de teatro. Gerardo del Valle, Ella no creía en bilongos. Carlos Fernández Cabrera, Los polacos. Enrique Serpa, Aletas de tiburón, Odio. Carlos Montenegro, La ráfaga, Doce corales. Lydia Cabrera, La virtud del árbol dagame. Pablo de la Torriente Brau, Ultimo acto. Carlos Enríquez, La fuga. Marcelo Pogolotti, El vendedor de pellizcos. Enrique Labrador Ruiz, Conejito Ulán, Cinqueños. Luis Amado Blanco, Doña Velorio. Antonio Ortega, Chino olvidado. Arístides Fernández, El retrato. Alejo Carpentier, Viaje a la semilla. Lino Novás Calvo, La noche de Ramón Yendía, La visión de Tamaría. Manuel Millares Vázquez, Razón de padre. Aurora Villar Buceta, La estrella. Félix Pita Rodríguez, Tobías. Dora Alonso, Arroz. Rosa Hilda Zell, La sombra del caudillo. José Lezama Lima, Juego de decapitaciones. José M. Carballido Rey, Cuartillo "pa" tiñosa. Raúl Aparicio, Oficio de pecar. Onelio Jorge Cardoso, El cuentero. Ernesto García Alzola, Siete horas. Virgilio Piñera, El baile. Humberto Rodríguez Tomeu, El tesoro. Eliseo Diego, De cómo Su Excelencia halló la hora, Del objeto cualquiera. Ramón Ferreira, Cita a las nueve. Raúl González del Cascorro, La cadena. Surama Ferrer, Las ratas. Guillermo Cabrera Infante, Resaca.

Good intro. and biblio.

**J 7**  Bueno, Salvador, ed. and intro.  <u>Costumbristas cubanos del siglo XIX</u>.  Caracas:
Biblioteca Ayacucho, 1985.  531 pp.

Buenaventura Pascual Ferrer, Sobre embustes, Sobre los bautizos, Sobre representaciones escolares, Sobre las Pascuas, Sobre educación doméstica, Sobre visitas. Gaspar Betancourt Cisneros, Escenas cotidianas. José María Cárdenas y Rodríguez, Los niños, El día menos pensado, Mis hijos, Educado fuera, Fisiología del administrador de un ingenio, Pésames, ¡Un título!, Un médico de campo, Colocar al niño, Suposiciones. Antonio Bachiller y Morales, Un insolvente en La Habana o el hombre-macao, Hogaño y antaño, Matilde o los bandidos de la isla de Cuba, Las temporadas, Ni tipo, ni costumbre, pero todo junto en recuerdos, Las modas al principiar el siglo xix. Preliminares de un baile oficial en la Habana en 1803, La estatua, Fiestas. Francisco Baralt, Escenas campestres, Baile de los negros. José Joaquín Hernández, El mataperros. Cirilo Villaverde, La Habana en 1841, Sierras del Cuzco, Estaciones del año, Modas, Puerta de la luz, Casa de San Dionisio. Manuel Costales, Una junta de acreedores, Instrucciones de mi cliente, El oficial de causas, Testigos de estuche. José Victoriano Betancourt, Velar un mondongo, El médico pedante y las viejas curanderas, Me están imprimiendo, Chucho malatobo, La solterona, Dos Crispín o el gran guagüero, Los curros del Manglar, El triple velorio, La vecina pobre, El hombre cazuelero, Las tortillas de San Rafael. Anselmo Suárez Romero, Incompleta educación de las cubanas, Guajiros, Infancia y necesidad del guajiro, Por lo que murmuran los guajiros, Ingnios, Los domingos en los ingenios, El guardiero, La casa de trapiche, El corte de caña, El cementerio del ingenio. Luis Victoriano Betancourt, Los primos, El matrimonio, La Habana de 1810 a 1840, El baile. Enrique Fernández Carrillo, El ñáñigo, Carta cerrada y abierta. José Agustín Millán, El médico de campo, El calambuco. Carlos Noreña, Los negros curros. José Quintín Suzarte, Los guajiros. José E. Triay, El calesero. Francisco Valerio, Bobos, Doña Serafina, ¡Zacatecas! Francisco de Paula Gelabert, La mulata de rumbo, El mascavidrio, El puesto de frutas, Un chino, una mulata y unas ranas, El tabaquero, La vieja curandera. Julián del Casal, El general Sabas Marín y su familia, La prensa, Semana Santa, Sensaciones personales, Los oficios. Bocetos sangrientos, El matadero, Bocetos habaneros, Un café. Ramón Meza, El pescador, El carbonero, La verbena de San Juan, El lechero, José de las suertes.

Excellent edition of <u>costumbrista</u> sketches.

**J 8**  Bueno, Salvador, ed. and intro.  <u>Cuentos cubanos del siglo XIX: Antología</u>.
Havana: Editorial Arte y Literatura, 1975.  492 pp.

José María Heredia, Abuzaid, Historia de un salteador, Economía femenil. Gertrudis Gómez de Avellaneda, Una anécdota de la vida de Cortés. Félix M. Tanco Bosmeniel, Petrona y Rosalía. Ramón de Palma, Matanzas y Yumurí, Un episodio de la historia de la isla de Cuba. Cirilo Villaverde, Lola y su periquito, Sucesos notables del siglo XVIII en La Habana, Cecilia Valdés. José Antonio Echeverría, El peregrino. Ramón Piña, El romántico Anselmo. Tristán de Jesús Medina, Los inocentes, Sunsión. Máximo Gómez, El sueño del guerrero. Diego Vicente Tejera, Julio Ramos, Lorenza. Enrique Hernández Miyares, El padre franciscano o el ardid de una madre, El tintero y la tinta, La función de gala. Ramón Meza, El origen de la moda, Viaje aéreo. José Martí, Bebé y el señor Pomposo, Nené traviesa, La muñeca negra, El teniente Crespo. Emilio Bobadilla, La vejez de un joven, Dos crepúsculos, Fiebre de análisis. Manuel de la Cruz, El manco de la sierra, Historia de un abrazo, El teniente Salazar, Fidel Céspedes. Julián del Casal, La casa del poeta. La tristeza del alcohol. La última ilusión, El hombre de las muletas de níquel, El amante de las torturas. Esteban Borrero Echeverría, Calófilo, Cuestión de monedas, El ciervo encantado.

Extensive intro., chronology.

**J 9** Bueno, Salvador, ed. and intro. <u>Cuentos cubanos del siglo XX: Antología</u>. Havana: Editorial de Arte y Literatura, 1975. 503 pp.

Miguel de Carrión, Inocencia. Jesús Castellanos, La agonía de "La Garza." Carlos Loveira, La llegada del circo. Luis Felipe Rodríguez, La guardarraya. Alfonso Hernández Catá, Don Cayetano el informal. Armando Leiva, Un flirt extraño. José Manuel Poveda, La tragedia de los hermanos siameses. Federico de Ibarzábal, Todo bien a bordo. Gerardo del Valle, Ella no creía en "bilongos." Rubén Martínez Villena, El automóvil. Enrique Serpa, Aletas de tiburón. Pablo de la Torriente Brau, La noche de los muertos. Carlos Enríquez, La fuga. Enrique Labrador Ruiz, Conejito Ulán. Marcela Pogolotti, El vendedor de pellizcos. Luis Amado Blanco, Doña Velorio. Alejo Carpentier, Viaje a la semilla. Arístides Fernández, El retrato. Rómulo Lachatañeré, Oyá. Félix Pita Rodríguez, Tobías. Dora Alonso, La rata. Rosa Hilda Zell, El regreso de Cunda. Raúl Aparicio, Oficios de pecar. José M. Carballido Rey, Cuartillo para tiñosa. Ernesto García Alzola, Siete horas. Onelio Jorge Cardoso, El cuentero. Samuel Feijóo, El soldado Eloy. Eliseo Diego, De cómo su Excelencia halló la hora. Raúl González de Cascorro, El chulo regresa. Gustavo Eguren, Unos de esos viajes. Angel Arango, La bala en el aire. Imeldo Alvarez García, Un hombre sin suerte. César Leante, Casa sitiada. Antonio Benítez, Estatuas sepultadas. Noel Navarro, Al final de la noche. Lisandro Otero, El Ford azul. Manuel Cofiño, La noche baja. Miguel Collazo, El orate andrajoso. Enrique Cirules, Vedo. Sergio Chaple, Camarioca la bella. Hugo Chinea, En el cementerio de La Diana. Julio Travieso, Confesiones. Jesús Díaz, El capitán.

Extensive intro. on the relations between history and literature in Cuba in the twentieth century. See note on next item.

**J 10** Bueno, Salvador, ed. and intro. <u>Cubanos cubanos del siglo XX</u>. Havana: Editorial de Arte y Literatura, 1977. 2 vols. 287 + 286 pp.

Second edition of the previous item, with shortened title. The contents are the same except for the following omissions: Labrador Ruiz, Carpentier, Arístides Fernández and Lachatañeré.

**J 11** Bueno, Salvador, ed. <u>Los mejores cuentos cubanos</u>. Biblioteca Basica de Cultura Latinoamericana, 106, 117. Lima: Editora Latinoamericana, 1959. 2 vols. 143 + 168 pp.

Vol. 1: Jesús Castellanos, La agonía de la "Garza." Alfonso Hernández Catá, Los Ojos, El testigo. Luis Felipe Rodríguez, La guardarraya. Carlos Montenegro, El renuevo. Lydia Cabrera, Cundió brujería mala. Alejo Carpentier, Viaje a la semilla. Lino Novás Calvo, Cayo Canas. Félix Pita Rodríguez, Tobías, El del basora. Raúl González de Cascorro, La cadena. Vol. 2: Miguel Angel de la Torre, El antecesor. Armando Leiva, Un flirt extraño. Enrique Serpa, Aletas de tiburón. Pablo de la Torriente Brau, Ultimo acto. Enrique Labrador Ruiz, Conejito Ulán. Antonio Ortega, Chino olvidado. Dora Alonso, Arroz. Raúl Aparicio, Oficios de pecar. José M. Carballido Rey, Cuartillo "Pa" tiñosa. Onelio Jorge Cardoso, El cuentero.

Ernesto García Alzola, Siete horas.  Eliseo Diego, "De cómo su Excelencia halló la hora."
Ramón Ferreira, Cita a las nueve.  Guillermo Cabrera Infante, Resaca.

The "canon" of Cuban fiction was about to undergo drastic revision when this anthology was published.  Compare the contents to those of the previous two items, and to the next item.

**J 12**  Bueno, Salvador, Dora Alonso, Calvert Casey, José Lorenzo and José Rodríguez Feo, eds.  Nuevos cuentos cubanos.  Havana: Ediciones Uniòn, 1964.  325 pp.

Víctor Agostini, Parto sin dolor.  Félix Pita Rodríguez, Esta larga tarea de aprender a morir.
Dora Alonso, La rata.  Virgilio Piñera, El caramelo.  Raúl Aparicio, Figuras de Valle Capetillo.
Samuel Feijóo, El soldado Eloy.  Onelio Jorge Cardoso, El caballo de coral.  Jorge Guerra,
Fuente de soda.  Oscar Hurtado, Carta de un juez.  Raúl González de Cascorro, El chulo
regresa.  Calvert Casey, Los visitantes.  Humberto Arenal, El caballero Charles.  Rogelio Llopis,
Un hombre infame.  José Lorenzo, Alipio fue a hablar con Dios.  Guillermo Cabrera Infante,
En el gran Ecbó.  Esther Díaz Llanillo, La amenaza.  Julio Matas, Erinia.  Ada Abdo, Las
comadres, La habitación.  Antón Arrufat, El viejo.  Luis Agüero, Un hoyo en el cielo raso.
Juan Luis Herrero, Pilones, pilones y más pilones.  Carlos Cabada, El hombre que fue al
psiquiatra.  Reynaldo González, Miel sobre hojuelas.  Evora Tamayo, Silvia.  Ana María Simò,
La fiesta, La hoja, El fuego.

Poor indexing.

**J 13**  Caballero Bonald, José Manuel, ed. and intro.  Narrativa cubana de la revolución.  Madrid: Alianza, 1968.  258 pp.

Alejo Carpentier, Los fugitivos.  Félix Pita Rodríguez, Esta larga tarea de aprender a morir.
Dora Alonso, La rata.  José Lezama Lima, Fronesis.  Virgilio Piñera, El que vino a salvarme.
Onelio Jorge Cardoso, En la ciénaga.  Calvert Casey, El sol.  Gustavo Eguren, Uno de esos
viajes.  Humberto Arenal, Los animales sagrados.  José Lorenzo Fuentes, Ya sin color.  César
Leante, Casa sitiada.  Guillermo Cabrera Infante, Nueve viñetas.  Edmundo Desnoes, Una
aventura en el trópico.  Jaime Sarusky, Rebelión en la Octava Casa.  Antonio Benítez, La tijera.
Lisandro Otero, En el Ford azul.  David Buzzi, Tengo que hacerlo.  Ambrosio Fornet, Yo no
via ná.  César López, Pedazos y despedazados.  Antón Arrufat, El descubrimiento.  Severo
Sarduy, Gestos.  Luis Agüero, Duelo a primera sange.  Jesús Díaz, Amor, La Plata alta.
Reinaldo Arenas, El hijo y la madre.

Extensive intro. and bio-bibliographical notes.  Reference is made in the intro. to Fidel Castro's 1967 abolition of copyright.

**J 14**  Cardoso, Onelio Jorge, ed. and intro.  El pueblo cuenta.  Havana: Bibliotecas del Capitolio Nacional, 1961.  71 pp.

María Pazos, Un papel.  Esther Baeza Sarda, María Celestina.  Ramón Arias, El veterano.
Lydia Pazos, La vieja.  Alfredo Fernández Villanueva, Licor fuerte, Una carta, Camino en
sombras, Jornada en el mar, Era una calle lóbrega.  Gastón Varona Benítez, Cuando sea
grande.

A collection of "narraciones del pueblo," expressing "un tema constructivo, generoso, verdaderamente de pueblo."  No notes on the authors.

**J 15**  Carpentier, Alejo, et al.  Cuentos cubanos.  1st ed., 1974.  2nd ed.  Barcelona: Editorial Laia, 1979.  281 pp.

Alejo Carpentier, Viaje a la semilla.  Reinaldo Arenas, Con los ojos cerrados.  Leonardo
Acosta, El tío.  Enrique Labrador Ruiz, Conejito Ulán.  José Lezama Lima, Juego de las
decapitaciones.  José Martínez Matos, Trastocándolo todo.  Manuel Díaz Martínez, La cruzada.
Eliseo Diego, La calle de la quimera.  José Lozano Fuentes, Tareas de salvamento.  Rogelio
Llopis, Licantropría.  María Elena Llana, Nosotras.  Esther Díaz Llanillo, Anónimo.  César
López, Una señora.  Anton Arrufat, El cambio.  Isidro Núñez Miró, El extraño caso de Baker
Street.  Marinés Medero, El clasificador.  Antonio Benítez, Estatuas sepultadas.  Angela

Martínez, Lluvia. Armando Alvarez Bravo, El palacio. Evora Tamayo, Un cuento de Navidad. Rubén Martínez Villena, El automóvil. Ezequiel Vieta, Mi amigo Víctor. Arístedes Fernández, La mano. Onelio Jorge Cardoso, En la caja del cuerpo. Arnaldo Correa, La gran pesquería. Virgilio Piñera, El balcón. Angel Arango, El planeta negro. Miguel Collazo, El ángel y el niño. Juan Luis Herrero, No me acaricies, Venusino. Germán Pinilla, Las montañas, los barcos y los ríos del cielo. Manuel Herrera, El pirotécnico Li-Shiao.

A reedition of Rogelio Llopis's Cuentos cubanos de lo fantástico y extraordinario, without the editor's original intro. Credit is not given to Llopis, though his anthology is criticized for being arranged in "capítulos a menudo imprecisos." The Cuban edition is much better.

**J 16** Carranza, Sylvia, and María Juana Cazabon, eds. Cuban Short Stories 1959-1966. Havana: Instituto del Libro, 1967. 229 pp.

Félix Pita Rodríguez, The Seed. Virgilio Piñera, The Philanthropist. Samuel Feijóo, Soldier Eloy. Víctor Agostini, Rebirth. Onelio Jorge Cardoso, The Peacock. Raúl Aparicio, There Were Four of Us. Oscar Hurtado, Letter from a Judge. Dora Alonso, The Rat. Humberto Arenal, Mister Charles. José Lorenzo Fuentes, Señor García. Jesús Díaz, Who the Hell Can Stand This? Angel Arango, The Day New York Reached Heaven. Miguel Collazo, Those who Worshipped the Saturnians. Ezequiel Vieta, My Friend Víctor. Antón Arrufat, The Discovery. Raúl González de Cascorro, The Return of the Pimp. Luis Agüero, One Friday the Thirteenth. María Elena Llana, The Two of Us. Rogelio Llopis, Lycanthropy. Evora Tamayo, Sylvia. Arnaldo Correa, Gunners. Ana María Simo, Aunt Albertina's Last Party. Reinaldo González, Honey for New Year's. David Camps, The Mouse.

Includes a brief unsigned intro. on the importance of the revolution for Cuban cultural life.

**J 17** Castellanos, Jesús, et al. Selección de cuentos cubanos. Havana: Ministerio de Educación, 1962. 143 pp.

José Castellanos, La agonía de la garza. Alfonso Hernández Catá, Los ojos, El testigo. Luis Felipe Rodríguez, La guardarraya. Lydia Cabrera, Cundió brujería mala. Alejo Carpentier, Viaje a la semilla. Félix Pita Rodríguez, Tobías, El de Basora. Raúl González de Cascorro, La cadena. Miguel Angel de la Torre, El antecesor. Enrique Serpa, Aletas de tiburón. Pablo de la Torriente Brau, Ultimo acto. Enrique Labrador Ruiz, Conejito Ulán. Antonio Ortega, Chino olvidado. Dora Alonso, Arroz. Raúl Aparicio, Oficios de pecar. José M. Carballido Rey, Cuartillo "Pa Tiñosa." Onelio Jorge Cardoso, El cuentero. Ernesto García Alzola, Siete horas. Eliseo Diego, De cómo su Excelencia halló la hora. Guillermo Cabrera Infante, Resaca.

No intro. Rather severe appearance suggests use as a school text.

**J 18** Congrains Martín, Enrique, ed. and intro. Narrativa cubana. Lima: Editorial Ecoma, 1972. 274 pp.

Carlos Montenegro, El pomo de caramelos. Enrique Serpa, Aletas de tiburón. Alejo Carpentier, Viaje a la semilla. José Lezama Lima, Cangrejos, golondrinas. Félix Pita Rodríguez, Cosme y Damián. Virgilio Piñera, El que vino a salvarme. Onelo Jorge Cardoso, Moñigüeso. Enrique Labrador Ruiz, Conejito Ulán. Gustavo Eguren, Uno de esos viajes. César Leante, Casa sitiada. Humberto Arenal, Cerdos o perros adiestrados para encontrar trufas. Guillermo Cabrera Infante, Un rato de tenmeallá. Lisandro Otero, En el Ford azul. David Buzzi, No le vayas a contar nada. Jesús Díaz, El cojo. Reinaldo Arenas, El hijo y la madre. Eduardo Heras León, Modesto. H. Zumbado, Solicitud de personal. Julio Travieso Serrano, Hasta revolucionario. Enrique Cirules, Lagarto. Antonio Benítez, Tute de reyes. Noel Navarro, La superficie. Imeldo Alvarez García, Un hombre sin suerte.

Good intro. on Cuban history and literature, and then more specifically on the writers of the revolutionary period.

**J 19** Cuentos. Santiago de Cuba: Ed. Cultura 64, 1965. 56 pp. Unable to annotate.

**J 20**  Dávila, Eliana, ed.  <u>Relatos de amor y odio.</u>  Havana: Editorial Arte y Literatura, 1978.  192 pp.

Plácido Hernández Fuentes, Nemesio, Los serranos, En el nombre del podre, Ellos están aquí, En dos bandos, Parejo con las letras, Esto que hoy haces, La charca, La carta, La herencia, Las cajitas de pino, Con el camino al hombro. Arturo Chinea Medina, Fin de la jornada, Pudiera ser, El morenito, Los fusiles, El guajirito, Discrepancias, Tú no puedes morir, Peinando, El camino, Los huecos, Golpe liberado, La madre, En casa de los Borges, Vale la pena, Otro amanecer, El pajarero, Su hijo, Un recuerdo, Cedrolía, Pensando, Ajustar cuentas, Forma de esperar, Cacareo sin fruto, En el cerco, Paredón, El negro jíbaro, El agabama, Perico, Concluír un tiempo, Ayer para pocos, El duelo. Emelicio Vásquez Tamayo, en los años de mi padre, La poza, Solavaya, Tahinita, En espera, Arrieros somos, La muerte frenta a su muerte, Rumbo a la zona del otro padre, Estrellas a ras de Tierra, En Cantío, Como un repiquetear de cascos.

Stories by three younger writers (all born in the 1940s), mostly about revolutionary themes.

**J 21**  Eguren, Gustavo, ed. and intro.  <u>Cuentos sobre la violencia.</u>  Havana: Editorial Letras Cubanas, 1983.  286 pp.

Jesús Castellanos, Pata de Palo. Luis Felipe Rodríguez, La danza lucumí. Enrique Serpa, Odio. Pablo de la Torriente Brau, Ultimo acto. Félix Pita Rodríguez, Iba parecido a la noche. Dora Alonso, Estiba. Raúl Aparicio, Oficios de pecar. Onelio Jorge Cardoso, El homicida. Ernesto García Alzola, El abismo. Raúl González de Cascorro, El Checo. Gustavo Eguren, Un asunto de ruina. Alfredo Reyes Trejo, Los buceadores. Luis Marré, Liberato gozó en la candela. José Martínez Matos, A las siete. Quintín Pino Machado, Días como muchos. Noel Navaro, Final de la noche. David Buzzi, Cuando todo cae del cielo. Julio Crespo Francisco, A la sombra del puente. Manuel Cofiño, La arboleda del pozo. Arnoldo Tauler López, El hombre sin cáscara. Armando Cristóbal Pérez, Encuentro. Enrique Cirules, El carabonero. Juan Leyva Guerra, Los guayacones. Sergio Chaple, La otra mejilla. Hugo Chinea, Los ahorcados. Eduardo Heras León, Urbano, es la muerte. Julio Travieso, Larga es la lucha. Bernardo Callejas, René. Jesús Díaz, Las condecoraciones de la sangre. Joel James, Oficio de funerario. Nora Macía Ferrer, Un cuadrado de estacas. Alberto Batista Reyes, 9 de Abril. Rafael Carralero, Tabaquito. José H. Barbán, Las huellas de un camino. Omar González, Pedazo a pedazo. Miguel Mejides de Armas, Tiempo de hombres. Arístides Gil Acejo, Por primera vez.

Stories of the armed revolutionary struggle. Extensive intro. on the nature of social violence, especially class violence.

**J 22**  Fernández, Juan Carlos, et al.  <u>El secreto de Plácido y otras narraciones.</u>  Havana: Editorial Letras Cubanas, 1979.  365 pp.

Juan Carlos Fernández, El secreto de Plácido. Leonelo Abello, La ratonera, Unas frases oídas por azar, El culpable, El brindis, Un relato como éste. Francisco Alderete, El gorjeo del amanecer. Plácido Hernández, La muerte acecha entre los pinos, Seguiremos andando los caminos. José Angel Estapé, Sabotaje. Antonio Medardo Santana, ¿Quiénes son Kramen y Kromen? Nelson Román, Extraño caso de un detective, Al terminar el viaje. Alberto Molina, Romántico incurable.

Crime fiction from the "Concurso Aniversario de la Revolución," sponsored by the Ministerio del Interior, in 1977 and 1978.

**J 23**  Fernández-Marcané, Leonardo, ed., intro. and notes.  <u>20 cuentistas cubanos.</u>  Miami: Ediciones Universal, 1978.  127 pp.

Concepción Teresa Alzola, Don Pascual se entierra solo. Emiliano Antúnez, La cerveza y el pollo. Andrés Candelario González, El horario del miedo. Roberto G. Fernández, La encadenada. Leonardo Fernández-Marcané, Destellos. Rita Geada, La cita. Luisa Gil, Recuerdo vital. Luis F. González-Cruz, Una guerra muy fructífera. Pedro Ramón López, Un día en la vida de Cristina Rasa. Ofelia Martín de la Vega, El vivo al pollo. Carlos Alberto Montaner, Instantáneas al borde del abismo. Yolanda Ortal, Madrugada. Humberto J. Peña, Después de la soledad. Hilda Perera, Pedrín y la garza. Marcos Antonio Ramos, La calle vieja.

Mireya Robles, La muerte del tigre. Orlando Rodríguez Sardiñas [Rossardi], The Play. Carlos E. Rubio, En busca del reflejo. José Sánchez Boudy, La angustia. Gladys Zaldívar, Angélico juego.

Cuban exile writers.

**J 24**  Ferreiro, Pilar A., ed. and intro. <u>Cuentos rurales cubanos del siglo XX</u>. Havana: Editorial Letras Cubanas, 1984.  362 pp.

Heliodoro García Rojas, El punteador de tible. Jesús Castellanos Villageliú, Las montañas, El padre. Luis Felipe Rodríguez, El despojo, Los Almarales, La cotunta. Gerardo del Valle, En el campo. Carlos Fernández Cabrera, Los polacos. Enrique Serpa, Odio. Carlos Enríquez, La fuga. Luis Amado Blanco, Sola. Gonzalo Mazas Garbayo, Bilongo. Aurora Villar Buceta, La estrella. Víctor Agostini, Tierra color crema. Félix Pita Rodríguez, La recompensa. Dora Alonso, Un filósofo, Potrero, La yaguasa. Alcides Iznaga, Frío en la rodilla. Rosa Hilda Zell, Las hormigas. Raúl Aparicio, Figuras de Valle Capetillo. José M. Carballido Rey, Hambre, El monstruo, Despertar. Samuel Feijóo, Alejo García, Torneo en sábana Miguel. Ernesto García Alzola, Solo. Onelio Jorge Cardoso, Nino, Mi hermana Visia, El cuentero. Raúl González de Cascorro, El toro padre, La semilla. José Lorenzo Fuentes, El lindero, Maguaraya arriba. Noel Navarro, Donde cae la luna. Omega Agüero, Juan. Magalys Sánchez Ochoa, Vencido. Jesús Díaz, ¡No hay Dios que resista esto! Serafín Quiñones, Evaristo. Alberto Batista Reyes, Los nuevos conquistadores. Rafael Soler, La tercera muerte de un gallo, Loma de brujas. Emelicio Vásquez Tamayo, En los años de mi padre. José Rivero García, Hasta que se apague la última llamita, Cuando los nubarrones estallaron en la tarde. Mirta Yáñez, A Indalecio le preocupa, Todos los negros tomamos café. Plácido Hernández Fuentes, Con el camino al hombro, Nemesio. Omar González Jiménez, Del otro lado, Al encuentro. Senel Paz Martínez, Bajo el sauce llorón. Rodolfo Torres Rodríguez, Los ojos de unas pomarrosas.

Extensive intro. states that the anthology includes stories "cuya elaboración literaria supone, de alguna manera, un acercamiento al campo y a la naturaleza cubana, a lo rural cubano en la más amplia acepción del término."

**J 25**  Fornet, Ambrosio, ed. and intro. <u>Antología del cuento cubano contemporáneo</u>. Mexico City: Ediciones Era, 1967.  243 pp.

Jesús Castellanos, La agonía de "La Garza." Alfonso Hernández Catá, Los chinos. Luis Felipe Rodríguez, Riguiñola. Carlos Montenegro, El renuevo, El pomo de caramelos, El timbalero. Pablo de la Torriente Brau, El héroe. Arístides Fernández, La mano. Enrique Serpa, Aletas de tiburón. Lino Novás Calvo, El otro cayo. Alejo Carpentier, Viaje a la semilla. Virgilio Piñera, La carne, La boda, Unas cuantas cervezas. Félix Pita Rodríguez, Cosme y Damián. Onelio Jorge Cardoso, Donde empieza el agua, Moñigüeso. Enrique Labrador Ruiz, Conejito Ulán. Ramón Ferreira, Bagazo. Ezequiel Vieta, Mi amigo. Guillermo Cabrera Infante, En el gran Ecbó. Calvert Casey, El paseo. Humberto Arenal, En lo alto de un hilo. Ana María Simo, La fiesta. Jesús Díaz, El cojo.

"Contemporary" is used here in a broad sense to include writers from earlier in the century. Good intro. and biblio.

**J 26**  Fornet, Ambrosio, ed. and intro. <u>Cuentos de la Revolución cubana</u>. Santiago de Chile: Editorial Universitaria, 1970.  199 pp.

Víctor Agostini, Parto sin dolor. Reinaldo Arenas, Mi primer desfile. Antonio Benítez Rojo, La tierra y el cielo. David Buzzi, Tengo que hacerlo. Eduardo Heras León, Modesto. Norberto Fuentes, El marcado. Jesús Díaz, Amor la Plata Alta. H. Zumbado, Solicitud de personal. Edmundo Desnoes, Aquí me pongo. Humberto Arenal, Cerdos o perros adiestrados para encontrar trufas. Gustavo Eguren, Uno de esos viajes. Julio Travieso Serrando, Hasta revolucionario. César Leante, Casa sitiada. Angel Arango, La cronovisión crece.

From beginning of intro.: "Por la manera en que fue concebido, este libro es, más que una antología, una provocación." The stories chosen are said to be not just written after the revolution but "un producto histórico de la Revolución y un reflejo artístico de ella." Notes on authors, biblio.

**J 27** Garcés Larrea, Cristóbal, ed. <u>Narradores cubanos contemporáneos</u>. Guayaquil: Colección Ariel, 1973. 189 pp.
Unable to annotate.

**J 28** García Vega, Lorenzo, ed. and intro. <u>Antología de la novela cubana</u>. Havana: Ministerio de Educación, Dirección General de Cultura, 1960. 510 pp.
> Cirilo Villaverde, El penitente, Cecilia Valdés. Gertrudis Gómez de Avellaneda, Sab. Jose Antonio Echeverría, Antonelli. Anselmo Suárez y Romero, Francisco. José Martí, Amistad funesta. Simón Meza y Suárez Inclán, Mi tío el empleado (Por la ciudad y el teatro), En nuestro empleo, ¡El correo! ¡Trasiego! ¡Filipinas!, Tape y destape de un agujero, Oficinas de nueva creación, Desalojamiento general, En el teatro, Inexplicable hastío, Don Aniceto el tendero. Nicolás Heredia, Leonela, (Fermentación). Jesús Castellanos, La conjura. Miguel de Carrión, Las honradas. Luis Felipe Rodríguez, Ciénaga. José Antonio Ramos, Caniqui (Miserere, nos), Camino de perfección, La inquietud rastrera y poderosa. Carlos Loveira, Juan Criollo. Enrique Serpa, Contrabando. Carlos Montenegro, Hombres sin mujer, En el taller. Lino Novás Calvo, El negrero. Carlos Enríquez, Tilín García. Enrique Labrador Ruiz, La sangre hambrienta. Alejo Carpentier, Los pasos perdidos. José Lezama Lima, Paradiso. Virgilio Piñera, La carne de René, La carne perfumada. Alcides Iznaga, Los valedontes. Nivaria Tejera, El barranco.

Excerpts from novels.

**J 29** González, Manuel Pedro, and Margaret S. Husson, eds. <u>Cuban Short Stories</u>. New York: Thomas Nelson, 1942. 111 pp.
> José Martí. Alfonso Hernández Catá. Jesús Castellanos. Luis Rodríguez Embil. Luis Felipe Rodríguez. Carlos Montenegro.

Unable to annnotate.

**J 30** González, Reynaldo, ed. and intro. <u>Cuentos David '75: Antología</u>. Havana: Uniòn de Escritores y Artistas de Cuba, 1976. 188 pp.
> Hosanna Abela, Cuba I. Rosendo Alvarez Morales, Los insectos. Jorge L. Bernard, Un mal entendido. José R. Blanco Ramírez, Los cocodrilos del hambre. Antonio Cuéllar, La muerte de Eugenio. Pablo Díaz Hernández, Las doce monedas. Ibrahim Doblado, Lo que nos tocó. Berta Martínez López, María Micaela de la Caridad. Miguel Morales Beldarraín, Hortensia. Rafael Morejón Valdés, Hicimos juntos la guerra. Artemio Pomares, En paz. José Rivero García, El árbol. Félix Sánchez Rodríguez, Como hormigas.

Stories from the David prize contestants in 1975.

**J 31** Heras León, Eduardo, et al. <u>Cuentos policíacos cubanos</u>. Montevideo: ASESUR/Signos/Amauta, 1989. 90 pp.
> Eduardo Heras León. Gregorio Ortega. Armando Cristóbal Pérez. Rodolfo Pérez Valero.

Unable to annotate.

**J 32** Hernández-Miyares, Julio E., ed. and intro. <u>Narradores cubanos de hoy</u>. Miami: Ediciones Universal, 1975. 182 pp.
> Concepción T. Alzola, La política, Cuento de un gnomo y una bruja, y del encargo que recibieron. Andrés Candelario, Sòlo algunos ríos bajan rojos, J. Rocha e Hijo, Soc. Ltda. Sara P. Fernández, Icoquih, El hechicero de Uxmal. Jorge García Gómez, Una noticia de actualidad, El satánico vagabundo Sebastián Malmoth. Pablo Le Riverend, Metempsicosis, Las cortinas amarillas. Fausto Masó, C. C. el once de octubre, Un rinoceronte en el Avila. Carlos Alberto Montaner, Los Evangelios según San Judas Iscariote, El fabuloso invento del profesor Kent. Matías Montes Huidobro, El regreso de los perros, Sin nada que hacer. Mireya Robles, Trisagio de la muerte: Santo, Santo, Santo, . . . Y la luz se hizo. Alberto Romero, Mi ritmo, La Apuesta. José Sánchez Boudy, Pepe el bobo, El poeta.

Cuban exile literature from the "generación de la escisión." The anthology is said to represent "las tendencias y características más representativas de la cuentística cubana actual fuera de la Isla."

**J 33** Hurtado, Oscar, ed. and intro. <u>Cuentos de ciencia ficción</u>. Havana: Ediciones R, 1964. 159 pp.
Same contents as next item. Intro. entitled "Nunca el dragón tuvo mejor salud."

**J 34** Hurtado, Oscar, ed. and intro. <u>Introducción a la ciencia ficción</u>. Colección de Bolsillo Básica, 15. Madrid: Miguel Castellote, 1971. 143 pp.

> Carlos Cabada, El asteroide X-34, Mala suerte, El hombre que fue al psiquiatra, El testigo, No sabía leer. Juan Luis Herrero, Levitación, Cromófago, Telequinesia, Pilones, pilones y más pilones, Menelao tiene sueño. Agenor Martí, La huida, El rostro, El cosmonauta mudo o el Narciso en el espacio, El enfrentamiento.

Science fiction.

**J 35** Ibarzábal, Federico de, ed. and intro. <u>Cuentos contemporáneos</u>. Antologías Cubanas, 1. Havana: Editorial Trópico, 1937. 222 pp.

> Alfonso Hernández Catá, Página antigua. Luis Felipe Rodríguez, El despojo. Armando Leyva, ¡Arre, caballo! Miguel de Marcos, La muerte de Don Juan. Federico de Ibarzábal, Avon, Del mar de coral. Regino Pedroso, Solo-Acero. Carlos Fernández Cabrera, Los polacos. Rafael Esténger, La pesadilla del Mambi. Rubén Martínez Villena, Un nombre. Enrique Serpa, Miedo. Carlos Montenegro, La bruja. Félix Pita Rodríguez, La pipa de cerezo. Gonzalo de Quesada Miranda, Antoinette. Félix Soloni, La Ponina. Gerardo del Valle, Mayunga. Manuel Marsal, La divorciada encantadora. Otilio Mesa, El desmochador. Pablo de la Torriente, Desde el parapeto, Polémica con el Enemigo. Gonzalo Mazas, El valle. M. Millares Vázquez, Razón de padre. Ramón Guirao, El hablista. Arturo Ramírez, El odio. Leví Marrero, Enemigos. C. M. García Urquiza, La sombra. Lesbia Sorabilla, Me han tomado el pelo. Aurora Villar Buceta, La estrella. Hortensia de Varela, La mulatica. Dora Alonso, Oro y sangre. Cuca Quintana, La Noche-Buena de Mabirga.

Brief intro. with notes on each author. Stories by 24 male writers (about whom there are biographical notes), followed by five stories by Cuban women writers (no biographical notes). There is also a separate (but not equal) intro. to the section of "Mujeres cuentistas."

**J 36** Llopis, Rogelio, ed. and intro. <u>Cuentos cubanos de lo fantástico y lo extraordinario</u>. Havana: Bolsilibros Unión, 1968. 329 pp.

> Alejo Carpentier, Viaje a la semilla. Reinaldo Arenas, Con los ojos cerrados. Leonardo Acosta, El tío. Enrique Labrador Ruiz, Conejito Ulán. José Lezama Lima, Juego de las decapitaciones. José Martínez Matos, Trastocándolo todo. Manuel Díaz Martínez, La cruzada. Eliseo Diego, La calle de la quimera. José Lorenzo Fuentes, Tareas de Salvamento. Rogelio Llopis, Licantropía. María Elena Llana, Nosotras. Esther Díaz Llanillo, Anónimo. César López, Una señora. Antón Arrufat, El cambio. Isidoro Núñez Miró, El extraño caso de Baker Street. Marinés Medero, El clasificador. Antonio Benítez, Estatuas sepultadas. Angela Martínez, Lluvia. Armando Alvarez Bravo, El palacio. Evora Tamayo, Un cuento de Navidad. Rubén Martínez Villena, En automóvil. Ezequiel Vieta, Mi amigo Víctor. Arístides Fernández, La mano. Jesús Abascal, El enviado. Onelio Jorge Cardoso, En la caja del cuerpo. Arnaldo Correa, La gran pesquería. Virgilio Piñera, El balcón. Angel Arango, El planeta negro. Miguel Collazo, El ángel y el niño. Juan Luis Herrero, No me acaricies. Germán Piniella, Las montañas, los barcos y los ríos del cielo. Manuel Herrera, El pirotécnico Li-Shiao.

Anthology divided into the following sections: magical realism (Carpentier, Arenas, Labrador Ruiz), the oneiric and the ludic (Lezama Lima, Diego et al.), loss of identity (Llopis, Arrufat et al.), satire, fables, black humor (Benítez Rojo et al.), the macabre (Martínez Villena, Vieta et al.), the "tall story" (Cardoso, Piñera et al.) and science fiction (Arango, Collazo et al.). Llopis's intro. is twenty pages long and quite thoughtful. Part of this edition was reprinted as Cuentos cubanos (1979). See listing under Carpentier.

**J 37**  López Moreno, Roberto, ed. and intro. Cuando salí de La Habana válgame Dios. Mexico City: Claves Latinoamericanas, 1984. 151 pp.
> Onelio Jorge Cardoso, El cuentero, Caballo, Camino de las lomas, La serpiente y su cola. Félix Pita Rodríguez, El amigo, Tobías, La recompensa, La semilla. Sergio Chaple, De cómo fueron los quince de Eugenia de Pardo y Pardo, Camarioca la bella, A las 3:20 p. m., Vida, pasión y muerte de Ciso V. Mirta Yáñez, El doliente, La Habana es una ciudad bien grande, De tripas corazón, El descubrimiento.

Not exile writing, despite the title.

**J 38**  Lorenzo, José, and Francisco Baeza Pérez, eds. and intro. Los cuentistas cubanos y la reforma agraria. Havana: Editorial Tierra Nueva, 1960. 139 pp.
> Luis Felipe Rodríguez, La guardarraya. Raúl González del Cascorro, Un centavo de sol para su alma. Ramón Ferreira, El pozo. Onelio Jorge Cardoso, Los carboneros. Marcelo Salinas, El maestrico. Carlos Montenegro, La ráfaga. Carlos Enríquez, La fuga.

Stories about rural life and the impact of the agrarian reform.

**J 39**  Martí, Agenor, ed. and intro. Varios cuentos policíacos cubanos. Havana: Editorial Letras Cubanas, 1980.
> Juan Angel Cardi, El caso del neumático pinchado. Ignacio Cárdenas Acuña, La muerte sale de viaje. Julio Andrés Chacón, Expedientes. Luis Adrián Betancourt, Triángulo en el hoyo ocho. Armando Cristóbal Pérez, Encuentro, Un rostro después de tanto tiempo, Pruebas para el capitán. Reynaldo Castillo, Clave 26. Juan Carlos Fernández, Operación Comando, Candela: la venganza silenciosa de Girón, La "Joven Clara." Rubén Vásquez Pérez, Operación Turismo. Luis Rogelio Nogueras, La flor de Maura. Rodolfo Pérez Valero, Para vivir más de una vida, Ahora se cuidan las semillas. Juan Carlos Reloba, Crimen en Santiago. Alberto Molina, Vivir así. Leonelo Abello Mesa, Con lujo de detalles.

The intro. proposes that the detective story in the socialist countries is very different from the detective story in defense of bourgeois law and oppression.

**J 40**  Martínez Matos, José, ed. and intro. Cuentos fantásticos cubanos. Havana: Editorial Letras Cubanas, 1979. 346 pp.
> Alejo Carpentier, Viaje a la semilla, Los advertidos. Félix Pita Rodríguez, Fray Aloysus, demonólogo temponauta. Dora Alonso, Menos veinte. José Lezama Lima, Juego de las decapitaciones. José M. Carballido Rey, De cómo Evaristo se burló del huracán. Onelio Jorge Cardoso, Francisca y la muerte, El caballo de coral. Samuel Feijóo, Un negro tenía un violín. Juan Angel Cordi, El día que llovió dinero. Eliseo Diego, El hombre de los dientes de oro. Sergio Hernández Rivera, Bestias que fueron árboles. Guillermo Prieto, La iguana. Gustavo Eguren, Casi todo el trayecto. Angel Arango, El planeta negro, La bala en el aire. César Leante, Peregrinaje. Imeldo Alvarez, El museo. José Martínez Matos, Asesinato en el museo. Antonio Benítez Rojo, La tierra y el cielo, Estatuas sepultadas. Noel Navarro, La revelación. Juan Leyva Guerra, Los guayacones. Manuel Cofiño, Alejandra, Amanda. Miguel Collazo, Historia de Gavarte y los pájaros. Enrique Cirules, Cayó muerto. Jesús Díaz, El polvo a la mitad. Manuel Herrera, El pirotécnico, Li-Shiao. Diana Chaviano, Los mundos que amo, Fichero de autores.

Stories of the fantastic, some of which are classified elsewhere as "magical realism." Intro. addresses question: "¿Esta huida de la realidad es una manera de eludir los problemas de la sociedad contemporánea?"

**J 41**  Méndez, Juan Manuel, ed. and intro. Del 53 al 65: Cuentos. Santiago de Cuba: Instituto Cubano del Libro, 1975. 91 pp.

Jorge Luis Hernández, Los muertos, Colonia. Justo Esteban Estevanell, La corona, Sin escape. Ariel James Figarola, El Blandito, ¿Qué sabe usted de Cuba? Arnoldo Tauler López, Atentado al jefe de la Plaza, El telegrama. Egberto Mayet Gelis, Sinesio, La vez del 58. Rafael Carela, El cerco, Y granadas al cinto. Emelecio Vásquez Tamayo, Rumbo a la zona del otro padre, La muerte frente a su muerte. Rafael González, Mientras pasa la noche, Crónica de un breve plomo.

Stories by authors from Oriente province.

**J 42** Miranda, Julio E., ed. and intro. <u>Antología del nuevo cuento cubano</u>. Caracas: Editorial Domingo Fuentes, 1969. 302 pp.

Calvert Casey, Los visitantes, El paseo. Humberto Arenal, El caballero Charles, Una noche perfecta para el amor. José Lorenzo Fuentes, ¿Te das cuenta? Guillermo Cabrera Infante, Un rato de tenmeallá, En el gran ecbó. Antonio Benítez, Recuerdos de una piel, La tierra y el cielo. David Buzzi, Me he quedado solo. Jesús Díaz, Diosito. Gustavo Eguren, Algo para olvidar. Reinaldo Arenas, El hijo y la madre. Angel Arango, El arcoiris del mono. Miguel Collazo, Gasificaciones. Nelson Rodríguez, Repetición, El teléfono, El retorno, Siquis, La casa. Germán Piniella, Las montañas, los barcos y los ríos del cielo.

Divided into the following sections: "El pasado" (Casey, Arenal, Fuentes, Cabrera Infante), "El presente revolucionario" (Benítez, Buzzi, Díaz), "Lo humano universal" (Eguren, Arenas), "Ciencia-ficción y absurdo" (Arango, Collazo, Rodríguez, Piniella).

**J 43** Oviedo, José Miguel, ed. and notes. <u>Antología del cuento cubano</u>. Lima: Primer Festival del Disco-Libro Cubano/Ediciones Paradiso, 1968. 213 pp.

Alejo Carpentier, Los fugitivos. José Lezama Lima, Cangrejos, golondrinas. Virgilio Piñera, Unas cuantas cervezas. Onelio Jorge Cardoso, La otra muerte del gato. Eliseo Diego, De la pelea. César Leante, Casa sitiada. Antonio Benítez [Rojo], La tijera. Ambrosio Fornet, Yo no vi nada. David Buzzi, No les vayas a contar nada. Humberto Arenal, Cerdos o perros adiestrados para encontrar trufas. Leonardo Acosta, El tío. Angel Arango, El planeta negro. Roglio Llopis, Tres timbrazos. Reynaldo Gonzales, Elvira en su blusa roja. Reinaldo Arenas, Con los ojos cerrados. Jesús Abascal, El enviado. Luis Manuel Sáez, Jimmy. Lisandro Otero, En el Ford azul. Jesús Díaz, Amor la plata alta.

No index or intro. Very brief bio-bibliographical notes at end.

**J 44** Pérez, Emma, et al., eds. <u>Cuentos cubanos: Antología</u>. Havana: Cultural, 1945. 161 pp.

Alfonso Hernández Catá. Luis Felipe Rodríguez. Federico de Ibarzábal. Guillermo Martínez Márquez. Carlos Montenegro. Enrique Serpa. Gerardo del Valle. Lino Novás Calvo. Manuel Marsal. Pablo de la Torriente Brau. Gonzalo Mazas Garbayo. Manuel Millares Vázquez. Dora Alonso de Betancourt. Aurora Villar Buceta. Onelio Jorge Cardoso. José M. Carballido Rey.

Unable to annotate.

**J 45** Pérez Rubio, Dania, ed. <u>Cuentos y relatos</u>. Havana: Editorial Arte y Literatura, 1977. 137 pp.

Joel James Figarola, El comienzo, Miriam. Rafael Carralero, Rufo, Felipe, Brigadista. Arnoldo Tauler López, El palo de ayúa, Melquíades, El hombre sin cáscara, Confesión. Pedro Ortiz, Tormenta de verano, Toda la noche, Para recordar mañana. Augusto de la Torre, Habana, Cuba, último año, Está bueno ya. Rafael Antonio González, De nueve a once p.m., Totí, Levantar las manos no sirve, Leyendo el horóscopo. Rafael Soler, Un hombre en la fosa.

No notes or intro.

**J 46** Pita Rodríguez, Félix, ed. and intro. <u>El cuento en la revolución</u>. Havana: Unión de Escritores y Artistas de Cuba, 1975. 382 pp.

Enrique Labrador Ruiz, Conejito Ulán. Alejo Carpentier, Viaje a la semilla. Víctor Agostini, Pueblo (26 de Julio). Félix Pita Rodríguez, Solamente a morir. Dora Alonso, Once caballos.

Raúl Aparicio, Oficios de pescar. Onelio Jorge Cardoso, Abrir y cerrar los ojos. Samuel Feijóo, El soldado Eloy. Eliseo Diego, El hombre de los dientes de oro. Raúl González de Cascorro, El chulo regresa. Guillermo Prieto, La iguana. Gustavo Eguren, Algo para olvidar. Angel Arango, La bala en el aire. César Leante, Casa sitiada. Imeldo Alvarez, Un hombre sin suerte. Antonio Benítez Rojo, Estatuas sepultadas. Noel Navarro, Pepón. Lisandro Otero, En el Ford azul. David Buzzi, Tengo que hacerlo. Manuel Cofiño, La noche baja. Enrique Cirules, Los perseguidos. Miguel Collazo, Historia de la niña Olina. Sergio Chaple, Este es el año de David y Bethsabé. Hugo Chinea, Sabino. Julio Travieso, Todos juntos. Jesús Díaz, El capitán. Julio A. Chacón, Canción militante a tres tiempos.

From the intro.: "Por varias razones sería lícito considerar al cuento como el género testimonial por excelencia." Pita calls the stories included here "narrativa de servicio revolucionario." Brief bio-bibliographical notes.

**J 47**   Portuondo, José Antonio, ed., intro. and notes.   <u>Cuentos cubanos contemporáneos</u>. Mexico City: Editorial Leyenda, 1946. 237 pp.

Jesús Castellanos, La agonía de "La Garza." Alfonso Hernández-Catá, Los chinos. Luis Felipe Rodríguez, Chipojo. Marcelo Salinas, El protector. Federico de Ibarzábal, La mortal aventura de Bin-Dink. Enrique Serpa, Aletas de Tiburón. Carlos Montenegro, Doce corales. Lydia Cabrera, Un buen hijo. Carlos Enríquez, La fuga. Pablo de la Torriente Brau, Nosotros solos. Geraldo del Valle, Mayunga. Lino Novás Calvo, Aquella noche salieron los muertos. Félix Pita Rodríguez, Alárico Alfarero. Rómulo Lachatañeré, Oyá. Dora Alonso de Betancourt, Estiba. Rosa Hilda Zell, Las hormigas. J. M. Carballido Rey, Bajo la sombra. Onelio Jorge Cardoso, Nino.

Good brief intro.

**J 48**   Reloba, Juan Carlos, ed. and intro.   <u>Cuentos cubanos de ciencia ficción</u>. Havana: Editorial Gente Nueva, 1980. 167 pp.

Oscar Hurtado, La ciudad muerta de Korad. Angel Arango, El planeta negro. Miguel Collazo, El ángel del niño. Rosendo Alvarez, Los secuestros. F. Mond, Musiú Lark. Eduardo Frani Rodríguez, El otro mundo. Rodolfo Pérez Valero, La máquina de los sentimientos. Julián Pérez, El canto de los dioses. Leopoldo Córdoba, Bólidos. Alfonso Castellanos, El hombre insospechado. Alfredo Figarola, El filo de una leyenda. Ileana Vicente, Primer informe. Bruno Henríquez, Aventura en el laboratorio. Félix Lizárraga, El informe. Daína Chaviano, La culpa es del robot, Demonio de mujer.

Science fiction. Fascinating intro. discusses the popularity of science fiction and crime fiction after the revolution, and discusses why crime fiction has remained popular while science fiction has faded away to some extent.

**J 49**  Reloba, Juan Carlos, ed. <u>20 relatos cubanos</u>. Havana: Editorial Gente Nueva, 1980. 269 pp.

Alejo Carpentier, Oficio de tinieblas. Armando Leyva, Vieja calle de San Gerónimo. Enrique Serpa, El desertor. Raúl Aparicio, La vaca tristusa. Alfonso Hernández Catá, Mandé quinina. Miguel de Marcos, Arroz con mango. Carlos Loveira, La llegada del circo. Luis Felipe Rodríguez, El despojo. Pablo de la Torriente Brau, Ultimo acto. Jesús Castellanos, En las montañas. Marcelo Pogolotti, Las dos cuerdas. Gerardo del Valle, Algo le impelía a hacerse pistolero. Miguel de Carrión, El error. Félix Pita Rodríguez, El del "Basora." Arístides Fernández, El retrato. Eliseo Diego, Del objeto cualquiera. José M. Carballido Rey, El gallo pinto. Samuel Feijóo, El elefante galante. Onelio Jorge Cardoso, El caballo de coral. Dora Alonso, Cansancio.

A reader for young people.

**J 50**  Rivero García, José, and Omar González Jiménez, eds.  <u>Cuentistas jóvenes</u>. Intro. José Rivero García. Havana: Editorial Arte y Literatura, 1978. 280 pp.

José R. Blanco, Tommy Thompson. Alberto Batista Reyes, Unos de los mil días. Pablo Bergues Ramírez, De jíbaro a hombre. Julio Crespo Francisco, Ñaño. Armando Cristóbal

Pérez, Por la causa. Emilio Comas Paret, El bodegón. Omar González Jiménez, La piedra del muerto y la cuestión de los caballos. Joel James, Oficio de funerario. José Hernández Barbán, La muerte nunca es verdad. Reinaldo Hernández Savio, Una muerte per cápita. Plácido Hernández Fuentes, Nemesio. Eduardo Heras León, Instructor de oficio. Juan Leyva Guerra, El último verdón. Fernando Loredo, La americana. Rodolfo Pérez Valero, El caso Penélope. José Rivero García, De las cenizas y los tomeguines. Rafael Soler, Loma de brujas. Jorge Santamarina Guerra, Los dueños de la Casa Gonzalo. Luis Toledo Sande, Adeodo. Mirta Yáñez, Que no se escapen.

According to the intro., "Las posibilidades ofrecidas por nuestra Revolución a los jóvenes creadores se materializa, en gran medida, en esta breve recopilación de cuentos. La alta responsabilidad de la juventud cubana en las más significativas tareas del país: la campaña de la Alfabetización, la recogida de café, las obras de choque, las Zafras del pueblo, en el orden económico; así como el enfrentamiento constante y clasista contra el enemigo: Playa Girón, Crisis de Octubre, la lucha contra las bandas de la CIA, y el cotidiano quehacer del estudio, de la superación cultural, son punto de partida, en el caudal temático utilizado por los jóvenes narradores cubanos." Brief notes on authors.

**J 51**  Rodríguez, Iralda, ed. and intro.  <u>Artículos de costumbres cubanos del siglo XIX: Antología</u>. Havana: Editorial de Arte y Literatura, 1974. 265 pp.

Gaspar Betancourt Cisneros, Escenas cotidianas. José M. Cárdenas y Rodríguez, ¡Mis hijos!, Educado fuera, Fisiología del administrador de un ingenio, ¡Un título!, Un médico de campo, Colocar al niño, Suposiciones. José Victoriano Betancourt, Chucho Malatobo, La solterona, Los curros del Manglar, La vecina pobre, Las tortillas de San Rafael. Anselmo Suárez y Romero, Quid non mortalia pectora cogis, auria sacra fames? Incompleta educación de las cubanas, Ingenios, El guardiero, El corte de caña. Luis Victoriano Betancourt, Los primos, El matrimonio, La Habana de 1810 a 1840, El baile.

<u>Costumbrista</u> sketches. Besides the editor's extensive intro., the vol. also includes as preface part of a 1955 article by Emilio Roig de Leuchsenring. Biblio.

**J 52**  Rodríguez, Luis Felipe, et al.  <u>20 cuentos cortos cubanos</u>. Havana: Instituto del Libro, 1969. 167 pp.

Luis Felipe Rodríguez, La guardarraya. Pablo de la Torriente Brau, Ultimo acto. Arístides Fernández, La cotorra. Félix Pita Rodríguez, Untitled. Samuel Feijóo, Alejo García. Onelio Jorge Cardoso, Taita, diga usted cómo, El cuentero. Virgilio Piñera, La montaña, En el insomnio. Eliseo Diego, De la pelea, De Jacques. José Lorenzo Fuentes, Juan. Rigoberto Cruz Díaz, Valentín, el cojo. Edmundo Desnoes, Créalo o no lo crea. Nelson Rodríguez, La media, En la escuela. Evora Tamayo, Dos cuentos de ficción. Reinaldo Arenas, Con los ojos cerrados. Jesús Díaz, Con la punta de una piedra.

Very brief intro. and bio-bibliographical notes.

**J 53**  Rodríguez Feo, José, ed. and intro.  <u>Aquí 11 cubanos cuentan</u>. Montevideo: Arca, 1967. 171 pp.

Virgilio Piñera, El caramelo. Onelio Jorge Cardoso, El caballo de coral. Calvert Casey, El regreso. José Lorenzo Fuentes, El del trece. César Leante, El día inicial. Guillermo Cabrera Infante, Nueve viñetas. Edmundo Desnoes, Aquí me pongo. Ambrosio Fornet, Yo no vi na. . . Lisandro Otero, En el Ford Azul. Humberto Arenal, El caballero Charles. Jesús Díaz, Diosito.

Anthology of short stories of the revolution. Important intro.

**J 54**  Rodríguez Feo, José, ed. and intro.  <u>Cuentos: antología</u>. Havana: Ediciones Unión, 1967. 79 pp.

Manuel Ballagas, Vivebien. Karla Barro, Trébol de 4 hojas. David Buzzi, Historia de Pablos. Francisco Tomás Casal, Julia. Rafael Escobar Linares, La luz está dentro. Teo Espinosa, En

el club. Omar Flores Morales, Hiedra para el desaparecido. Vivian Gude, El globo amarillo. Adolfo Ramos Borrego, La idea fugitiva. José Cid Rodríguez, El robo. Carlos R. Rodríguez, Las noches.
Stories by members of the Hermanos Saíz Brigade of the Unión de Escritores y Artistas de Cuba.

**J 55** Sorel, Andrés, ed. and intro. <u>Cuentos de Cuba socialista</u>. Bilbao: **Zero, 1976. 191 pp.**

Alejo Carpentier, El año 59. César Leante, El día iniciar. Antonio Benítez, Recuerdos de una piel. Edmundo Desnoes, Llegas, Noemí, demasiado tarde. Rafael Soler, El hijo que se va. Onelio Jorge Cardoso, Dos veces lucero. Humberto Arenal, El cabalero Charles. Norberto Fuentes, La chanzoneta, Madrugada en la sierra, La llorona. Manuel Granados, El viento en la casa-sol. Sergio Chaple, Vida, pasión y muerte de Ciso V. Reynaldo González, El relevo. Gustavo Eguren, Al borde del agua. Manuel Cofiño, Andando por ahí, por esas calles.

Excellent intro. traces (positive) impact of the revolution on cultural life. Bio-bibliographical notes.

**J 56** Subercaseaux, Bernardo, ed. and intro. <u>Narrativa de la joven Cuba</u>. Santiago de Chile: Editorial Nascimento, 1971. 131 pp.

Nicolás Pérez Delgado, Gracias, Torcuático. Jesús Díaz, Con la punta de una piedra. Norberto Fuentes, El Capitán Descalzo, Envío. Manuel Cofiño, La noche baja, Los besos duermen en la piedra. Sergio Chaple, Camarioca la bella. Hugo Chinea, Bandido. Eduardo Heras León, Lorenzo Peña. Miguel Barnet, Biografía de un cimarrón. Víctor Casáus, Girón en la memoria.

Intelligent intro. by Chilean writer and critic. Chronology, notes.

**J 57** Tello, Antonio, ed. and intro. <u>Diez narradores cubanos</u>. Barcelona: Editorial Bruguera, 1977. 192 pp.

Alejo Carpentier, Semejante a la noche, Los advertidos. José Lezama Lima, El patio morado, Juego de las decapitaciones. Guillermo Cabrera Infante, Seseribo. Severo Sarduy, Los atentados. Onelio Jorge Cardoso, El cuentero. Edmundo Desnoes, Dios aprieta pero no ahoga. Antonio Benítez, Estatuas sepultadas. Miguel Collazo, Orate andrajoso. Lisandro Otero, El Ford azul. Manuel Granados, Referencia de María Candela.

One of the few anthologies to include both writers in Cuba and exile writers, though the intro. does not call attention to the fact.

**J 58** Travieso, Julio, ed. and intro. <u>Cuentos sobre el clandestinaje</u>. Havana: Editorial Letras Cubanas, 1983. 249 pp.

José Antonio Grillo Longoria, A lo mejor es por eso, El chapucero. Gustavo Eguren, Un asunto de rutina. Alfredo Reyes Trejo, Pasarás la noche. Imeldo Alvarez García, La trastada. Noel Navarro, Pepón, Preludio. Quintín Pino Machado, Estela, Al fin, el sol. Justo Esteban Estevanell, Josefina. David Buzzi, Ahora te creemos, Cecilio. Lisandro Otero, En el Ford azul. Julio Crespo Francisco, Dania. Reinaldo Hernández Savio, El favor. Manuel Cofiño López, Los besos duermen en la piedra. Arnoldo Tauler López, Atentado al jefe de la plaza. Armando Cristóbal, Toda la ciudad. Joaquín G. Santana, Un sol entre las manos. Sigifredo Alvarez Conesa, El sonido de la cuerda. Juan Leyva Guerra, El soldadito rubio. Sergio Chaple, Caballo bayo, De pulóveres y de gorras. Hugo Chinea, ¿No me reconoces, Mosca?, Dos dedos de coñac. Julio Travieso, El prisionero. Bernardo Callejas, Su primera bomba, Por la libre. Enrique Alvarez Jané, Tres a las tres. Jesús Díaz, El capitán. Ariel James Figarola, El comienzo, ¿Qué sabe usted de Cuba? Tomás Pérez Delgado, A lo lejos. Alberto Batista Reyes, Después de ayer. Rafael Carralero, Ajusticiamiento.

Contains stories on the armed struggle.

**J 59** Vich, Mercedes, ed. <u>Cuentos de héroes</u>. Havana: Editorial Gente Nueva, 1973. 131 pp.

Los dos emisarios. La abuela. ¡Así es Camilo! Al combate corred, bayameses. Guillermo Tell. Vu Bao, el pescador. El mambisito era de ley. Caupolicán. El rescate de Sanguily. Ban, la heroína de la montaña. El apóstol. El pequeño vigía lombardo. Un héroe de once años. Las granadas de An. El ciego de los pasitos. Un juicio. El generoso campesino italiano. La pequeña abanderada de Bayamo.

The selection was done by the Departamento Nacional de Bibliotecas Escolares. No authors' names are given.

# K. Dominican Republic

**K 1** Acevedo Gautier, Carlos, et al. <u>Cuentos premiados 1985</u>. Intro. Freddy Ginebra. Santo Domingo: Taller, 1985. 82 pp.

> Carlos Acevedo Gautier, Fábula de los tres monos. Mayra Estrada Paulino, Apuntes para un viaje. Manuel García Cartagena, Un día en la vida de Joe Di Maggio II. Manuel García Cartagena, Cartas al espejo. Juan Carlos García Mota, Historia de Senadie. Rafael Eduardo Selman (hijo), Encerrado en la Oscuridad. Claudio Soriano, El eterno otro.

Stories from the eighth Casa de Teatro contest.

**K 2** Avilés Blonda, Máximo, ed. and intro. <u>Cuentos dominicanos</u>. Santo Domingo: FAO, 1984. 39 pp.

> Juan Carlos Mieses, Ese esperado domingo. Marcio Veloz Maggiolo, La sombra de las tilapías. Max Uribe Montesino Trejo, Retahila.

Winners of a short story contest sponsored by the Dominican office of the Food and Agricultural Organization of the United Nations. The stories deal with hunger and rural life.

**K 3** Cartagena, Aída, ed. and intro. <u>Narradores dominicanos</u>. Caracas: Monte Avila Editores, 1969. 156 pp.

> Juan Bosch, La mujer, La desgracia. Hilma Contreras, Rebeldes, La ventana. Virgilio Díaz Grullón, A través del muro, Crónica policial. Ramón Francisco, No hay vacante, El hombre. Armando Almanzar Rodríguez, Tríada, El gato. Marcio Veloz Maggiolo, El coronel Buenrostro, Cinco casicuentos. René del Risco, La noche se pone grande, muy grande. Iván García, Remuriendo, La persecución. Miguel Alfonseca, Delicatessen, Los trajes blancos han vuelto. Antonio Lockward Artiles, ¡Hemos regresado!, La señal. Enriquillo Sánchez, El mismo rostro (flor de los sepulcros), Epicentro de la bruma.

Useful intro. and notes.

**K 4** Collado, Lipe, ed. and intro. <u>La nueva narrativa dominicana</u>. Santo Domingo: Casa Grande Editores, 1978. 257 pp.

> Roberto Marcallé Abreu, Tercer y último encuentro con el hombre del sombrero gris. Miguel Alfonseca, Delicatessen. Armando Almánzar, Con papá en casa de madame Sophie. Aída Cartagena Portalatín, La llamaban Aurora. Lipe Collado, Cuando los haitianos invadieron.

Virgilio Díaz Grullón, Edipo e catatónico. René del Risco Bermúdez, En el barrio no hay banderas. Rubén Echavarría, ¡No ombe no, que va! Iván García, Remuriendo. Pedro Peix, Donde viven los pinos más callados. Manuel Rueda, Palomos. Arturo Rodríguez Fernández, Sólo un paso. Enrique Tarazona hijo, La gloriosa fecha en que Marx fue convertido en Ganímedes. Diógenes Valdez, Tercera variación sobre un tema de G. P. Charlie.

The intro. states that a majority of the stories have won prizes in short story contests.

**K 5** Echavarría, Rubén, et al. <u>Concurso Dominicano de Cuentos 1969</u>. Intro. Federico Henríquez Gratereaux. Santo Domingo: Caolo Henríquez, 1971. 87 pp.

Rubén Echavarría, ¡No ombe no, que va! Rafael Añez Bergés, Ahora podremos morir. Eduardo de Zayas, Galy Galilei. Lourdes Billini de Azar, La mano levantada. Manuel Andrés Brugal K., Los tiburones y las personalidades. Dr. Rafael A. Cedeño Valdez, El emigrante. Roberto Marcallé Abreu, La soga sobre los sentimientos. Rafael Peralta Romero, La culebra de Guaco. Tony Rodríguez, Vamos a jugar. Arturo Rodríguez Fernández, Sábado de mayo.

Winning stories in a contest organized by the Movimiento Cultural La Máscara with the backing of the E. León Jimenes company.

**K 6** García, Iván, et al. <u>Concurso dominicano de cuentos 1967</u>. Intro. Ramón Francisco. Santo Domingo: Movimiento Cultural La Máscara, 1969. 116 pp.

Iván García, Remuriendo. Miguel Alfonseca, Delicatessen. René del Risco B., La noche se pone grande, muy grande. Armando Almánzar R., Triada. Lourdes Billini de Azar, Estatur de un Quijote no go-go. Aída Cartagena Portalatín, Los cambios. Efraim Castillo, Consígueme la náusea. Piedad Montes de Oca, 3 muertes-miampied. Tony Rodríguez, La Gymkana. Manuel Rueda, Ismael crece.

Stories from the "Segundo Concurso Dominicano de Cuentos" sponsored by the Movimiento Cultural La Máscara.

**K 7** García Romero, Rafael, et al. <u>Cuentos premiados 1983</u>. Intro. Freddy Ginebra. Santo Domingo: Taller, 1983. 109 pp.

Rafael García R., Estaba previsto, Sucede siempre. Marino Castillo Lacay, Urchin y los jevitos. José Enrique García, Oficio de ocioso. Ramón Tejera Read, Cuando vuelan las mariposas. Pedro Peix, Por debajo de la noche. José Bobadilla, Sonata para gato, tambor y piano. María C. Vicente Yepes, Paraheri. Fernando Valerio Holguín, Viaje alrededor y dentro de mí mismo. Reynaldo Disla, El tacto y la sierpe.

Stories from the seventh Casa de Teatro contest.

**K 8** García Romero, Rafael, et al. <u>Cuentos premiados 1986</u>. Intro. Freddy Ginebra. Santo Domingo: Taller, 1987. 145 pp.

Rafael García Romero, Bajo el acoso. Pedro Peix, Los muchachos del Memphis. René Rodriguesoriano, Julia, noviembre y estos papeles. Ramón Tejada Holguín, Así llenamos nuestros espacios temporales. Jaime Luz, El sueño de las esfinges. Manuel García Cartagena, Los tres soldados. José Enrique García, Pesadilla del amanuense. Daniel de Jesús, Un sueño de dos realidades. Otto Oscar Milanesse, Tres gotas de misericordia. William Mejía, Entre mar y sol.

Stories from the ninth Casa de Teatro short story contest.

**K 9** Julián, Aquiles, et al. <u>Cuentos premiados 1982</u>. Intro. Freddy Ginebra. Santo Domingo: Taller, 1983. 179 pp.

Aquiles Julián, Mujer que llamo Laura. Diógenes Valdez, Buenas noches Dulcamara. Pedro Peix, Los despojos del cóndor. Armando Almánzar, La tiendecita de fantasía. Orlando Alcántara, Los mortuciélagos también lloran. Arturo Rodríguez, Puesta en circulación. Diógenes Valdez, Alguien conoce esta historia. Miguel Bucarelly, Cangrejo. Pedro Camino, Una voz en off hizo justicia. Frank Disla, El hombre que hizo desaparecer el sol.

Stories from the fifth Casa de Teatro contest.

**K 10**  Mejía C., William Darío, et al. Concurso de cuentos de Casa de Teatro 1981. Intros. Ramón Francisco and Freddy Ginebra. Santo Domingo: Casa de Teatro, 1982. 136 pp.

> William Darío Mejía C., Reflexiones. Diógenes Valdez, Relámpago entre las sombras. Arturo Rodríguez F., Un poco de pasado para vivir hoy. Manuel F. García C., Café para tres. Ricardo Rojas, Si hubieran matado un ángel. Juan Ml. Brida Busto, In fragranti. [Fernando] Valerio Holguín, Nuestra última lluvia juntos, Laberinto de espejos. Angeles Hernández, Loriana. Olmedo T. Moreno, Taller y eje de carreta.

Stories from the Casa de Teatro contest.

**K 11**  Montero, J. La cuentística dominicana. Santo Domingo: Biblioteca Nacional, 1986. 223 pp.

Unable to annotate.

**K 12**  Movimiento Cultural La Máscara. Concurso de cuentos dominicanos, 1968. Santo Domingo: Amigo del Hogar, 1969.

Unable to annotate.

**K 13**  Movimiento Cultural La Máscara. Concurso de cuentos dominicanos, 1966. Santo Domingo: Arte y Cine, 1968.

Unable to annotate.

**K 14**  Nolasco, Sócrates, ed. and intro. El cuento en Santo Domingo: Selección antológica. Ciudad Trujillo: Librería Dominicana, 1957. 2 vols. 205 + 224 pp.

> Vol. 1: Julio Acosta h. [Julín Varona], A mí no me apunta nadie con carabina vacía. Manuel del Cabral, El centavo. Néstor Caro, Cielo negro, Guanuma. Hilma Contreras, La virgen de Aljibe. Rafael Damirón, Modus vivendi. Gustavo A. Díaz, Dos veces Capitán. Virgilio Díaz Ordóñez [Ligio Viardi], Aquel hospital. Fabio Federico Fiallo, El príncipe del mar. Máximo Gómez, El sueño del guerrero. Federico Henríquez y Carvajal, Humorada trágica. Max Henríquez Ureña, La conga se va. Pedro Henríquez Ureña, La sombra. Tomás Hernández Franco, Deleite. Antonio Hoepelman, Nobleza castellana. Miguel Angel Jiménez, Mi traje nuevo, Honor trinitario. Ramón Emilio Jiménez, La escalera inesperada, Duelo comercial. Ramón Lacay Polanco, La bruja.
> Vol. 2: Angel Rafael Lamarche, Así era él. José Ramón, El General Fico. Ramón Marrero Aristy, Mujeres, El fugitivo. Miguel Angel Monclús, El General José Pelota. Francisco E. Moscoso Puello, El Regidor Payano. Sócrates Nolasco, Ma Paula se fue del mundo, Angel Liberata. Virginia Elena Ortea, Los diamantes de Plutón. Virginia de Peña de Bordas, La eracra de oro. José Joaquín Pérez, Las tres tumbas misteriosas. José María Pichardo ["Nino"], El forastero. Fredy Prestol Castillo, La cuenta del malo. José Rijo, Floreo. Manuel de Jesús Troncoso de la Concha, Una decepción, El proceso de Santín. Julio A. Vega Batlle, El tren no expreso. Otilio Vigil Díaz, Cándido Espuela. Anonymous, Cuento de camino, Por qué el negro tiene la piel así.

From the intro.: "Librería Dominicana, entendiendo que el cuento en nuestro país ha alcanzado su plenitud durante la Era de Trujillo, realiza ahora un nuevo aporte como entusiasta colaboradora en la obra del desarrollo cultural que le imprime sin desmayo a la república de las letras el Benefactor de la Patria y Padre de la Patria Nueva."

**K 15**  Peix, Pedro, et al. Cuentos premiados 1979. Intro. José Alcántara Almanzar. Santo Domingo: Taller, 1980. 106 pp.

> Pedro Peix, Los hitos, Esa oscura jaula donde vuela a su placer el ruiseñor. Arturo Rodríguez Fernández, Ceremonia post-nupcial, Las cosas suceden o no suceden. Bonaparte Gautreaux Piñeyro, El sonámbulo. José Enrique García, Ya no llueve los lunes. Mary Rosa Jiménez, Tan sólo unos lirios. Francisco Javier Prida Busto, Quince años.

Stories from the second Casa de Teatro contest.

**K 16**  Peix, Pedro, et al. <u>Cuentos premiados 1984</u>. Intro. Freddy Ginebra. Santo Domingo: Taller, 1985. 115 pp.

> Pedro Peix, Pormenores de una servidumbre. Manuel García Cartagena, Visitación. Mayra Estrada Paulino, Desolación otoñal. José Cabrera, La tumba que ha de tener la alaika. Pedro Camilo Camilo, ¡Ay, Yanet, así no se puede! Ricardo Rivera Aybar, Problema de conciencia, Cómplice de la subversión. Reynaldo Disla, Pedazos de abuela y tierra. Rosario D. Then Hernández, Y la estrella brillaba . . . brillaba, Sólo son ellos.

Stories from the seventh Casa de Teatro contest.

**K 17**  Pérez Echavarría, Miguel Román, ed. and intro. <u>Seis cuentistas dominicanos (Antología)</u>. Buenos Aires: Imprenta Ferrari, 1948. 176 pp.

> Manuel del Cabral, Odórico, Yahondo, Mi amo, Chivato, Amuleto, Iván el pintor, El antojo, El centavo, Galo, Dago. Sócrates Nolasco, 25 = 25 = 50, Como terminó el jubí, Para qué sirven los gatos, De cuello largo, Embrujado, Un desquite. Julio Vega Batlle, El tren no expreso. El Príncipe del mar, La domadora, El busto de mármol, La lección del caos, El beso, Las cerezas. Néstor Caro, Hoja de árbol. Ismael H. Abreu, Hambre, Mariquita.

From the intro.: "El cuento significa imaginación, e imaginar no es mentir. . . . Por eso los cuentos no son mentiras, ya que éstas llevan implícitas el deseo de mentir."

**K 18**  Rivera Aybar, Ricardo, et al. <u>Cuentos premiados '80</u>. Intro. Freddy Ginebra. Santo Domingo: Taller, 1982. 125 pp.

> Ricardo Rivera Aybar, El curioso e singularísimo informe de Oxry Ovnimorom. Reynaldo Disla, Vía intestinal. Armando Almánzar, Selva de agujeros negros para Chichi "La Salsa," Jacinto R. Balcácer, identificado. Abel Fernández M., Las cosas nunca son como suceden.

Stories from the fourth Casa de Teatro contest in 1980.

**K 19**  Rodríguez Demorizi, Emilio, ed. <u>Cuentos de política criolla</u>. Intro. Juan Bosch. 1st ed. 1963. 2nd ed. Santo Domingo: Librería Dominicana, 1977. 242 pp.

> Juan Ramón López, Al pobre no lo llaman para cosa buena, Nepotismo, Hacerla a tiempo, Siéntate, no corras, ¡Pa' la caise! La política no tiene entrañas, Las mujeres políticas, El General Fico, Moralidad social, La política cimarrona. Joaquín M. Bobea, La opinión de Marmota, Los goviernistas, Cómicos y acróbatas políticos, Le coté, Cohetes tirados, Yo no conozco a nadie, El que más patea. Lorenzo Justiniano Bobea, Contrariado. Víctor M. de Castro, La huelga. M. de J. Troncoso de la Concha, Una decepción. O. Vigil Díaz, El delegado, Carvajal, Cándido Espuela, El secretario, Saramagullón, El miedo de arriba. Ramón Emilio Jiménez, Un bæcista con Lilís, Sabiduría inútil, Una comisión de notables anti Lilís, Orden y honradez, Un sancocho santiagués, Una mala partida y una buena salida, Un medio de tumbar gobiernos, La paz interesada, Los ladrones de lo suyo. Rafael Damirón, Política de amarre. Jafet D. Hernández, De la guerra. Max Henríquez Ureña, Borrón y cuenta nueva. Agustín Aybar, Sor de Moca.

From Bosch's intro.: "En realidad, lo que se hacía al acusar de sinvergüenzas, abusadores y ladrones a los 'generales' y políticos de la época de esos cuentos era llevar adelante, mediante la palabra injuriosa, una lucha de clases que se manifestaba en combates, escaramuzas, tiroteos y ejercicios violento del poder, pero también en la literatura."

**K 20**  Rodríguez Demorizi, Emilio, ed. and intro. <u>Tradiciones y cuentos dominicanos</u>. Santo Domingo: Julio D. Postigo e hijos Editores, 1969. 277 pp.

> César Nicolás Pensón, El juego de San Andrés, La escuela de antaño, La hermandad de las ánimas, Cosas del Tío Perete. Francisco X. Angulo Guridi, La campana del higo, La ciguapa. Nicolás Ureña de Mendoza, La historia de El Duende. José A. Bonilla y España, La profecía. Apolinar Tejera, La bella Catalina. Dr. Alejandro Llenas, La boca del indio. Emiliano I. Aybar, El tesoro de la familia Alvarez. Rafael A. Deligne, El encargo difícil, Seña altagracia.

Eugenio Deschamps, Tradiciones quisqueyanas. Temístocles A. Ravelo, Sabí. Casimiro N. de Moya, Historia del Comegente. Luis Arturo Bermúdez, El toro-monte, El ojo en la uña de gato, De gato y gallina, Más vale tarde que nunca, La pluma del Guaraguao, El brocal. Eliseo Grullón, Tradiciones quisqueyanas, La placa P. Billini. Bernardo Pichardo Patín, El abuelo materno. Rafael Justino Castillo, Honor campesino. Augusto Franco Bido, No juegues Magino. Antonio del Monte y Tejada, La fiesta de los cangrejos. Francisco Mota hijo, El negro incógnito o el comegente.

Intro. discusses the legacy of the chronicles of the conquest in the modern genres of the tradición and the short story. Extensive bio-bibliographcial notes.

**K 21** Rueda, Manuel, et al. Cuentos premiados 1978. Intro. Armando Almánzar R. Santo Domingo: Taller, 1979. 208 pp.

Armando Almánzar, Rodríguez. Manuel Rueda, La bella nerudeana. Iván García, Siglo XX. Manuel Rueda, De hombres y gallos. Pedro Peix, Responso para un cadáver sin flores. Ricardo Antonio Valdez Albizú, Amanda. Arturo Rodríguez Fernández, Punto de enlace, Hasta que la muerte no nos separe. Enriquillo Sánchez, Un paso adelante, dos pasos atrás. Juan Manuel Prida, Vuelta al génesis. Abel Fernández Mejía, Aquí no hay mucho que decir.

Stories from the Casa de Teatro contest.

**K 22** Tejada Holguín, Ramón, et al. Cuentos premiados 1987. Intro. Yanela Hernández. Santo Domingo: Taller, 1988. 115 pp.

Ramón Tejada Holguín, La verdadera historia de la mujer que era incapaz de amar. René Rodriguesoriano, Su nombre, Julia. César Augusto Zapata, Las transformaciones del retorno. Manuel García Cartagena, La tercera cara de la moneda. Ricardo Rivera Aybar, Un matrimonio feliz pero desquiciado por falta de hijos. Miguel A. Febles, La sangre acude a la cita. Fidel Munnigh, Discurso de medianoche. Margarita Luciano, El día en que dos ciudades contrarias descubrieron que eran hermanas. Andrés Heyaime Caamaño, La última cacería.

Stories from the Casa de Teatro contest.

**K 23** Vallejo de Paredes, Margarita, ed. Antología literaria dominicana II: Cuento. Intro. Juan Bosch. Santo Domingo: Instituto Tecnológico de Santo Domingo, 1981. 262 pp.

Francisco Xavier Angulo Guridi, La ciguapa. Félix María del Monte, Las vírgenes de Galindo. Máximo Gómez, El sueño del guerrero. José Joaquín Pérez, Las tres tumbas misteriosas. Alejandro Llenas, La boca del indio. Federico Henríquez y Carvajal, Humorada trágica. César Nicolás Pensón, Barriga verde. Augusto Franco Bidó, No juegues, Magino. Federico García Godoy, La cita. Rafael Deligne, El encargo difícil. Arístides García Gómez, Cosas de Fray Trabuco. Joaquín María Bobea, Los gobiernistas. Fabio Fiallo, La lección del caos, Ernesto de Anquises. José Ramón López, El loco. Virginia Elena Ortea, Los diamantes de Plutón. Antonio Hoepelman, Nobleza castellana. Manuel de Jesús Troncoso de la Concha, La casa del sacramento, Una decepción. Evangelina Rodríguez, Le guerriseur. Carlota Salado de Peña, La primera derrota. Otilio Celestino Vigil Díaz, Saramagullón. Rafael Damirón, Modus vivendi. Gustavo A. Díaz, Dos veces capitán. Pedro Henríquez Ureña, La sombra. Sócrates Nolasco, Angel liberata, Que Antonio Blas perdió el alma. Max Henríquez Ureña, La conga se va. Francisco Moscoso Puello, El regidor Payano. Julio Acosta [Julín Varona], Carelana. E. O. Garrido Puello, ¡Para qué fue liviana! Virgilio Díaz Ordóñez [Ligio Viardi], Aquel hospital. Julio Vega Batlle, El tren no expreso. Angel Rafael Lamarche, Pero él era así. Miguel Angel Jiménez, El pájaro color de noche. Tomás Hernández Franco, Deleite, Mingo. Virginia de Peña de Bordas, La princesa de los cabellos platinados. Juan Bosch, La nochebuena de Encarnación Mendoza, La mujer. Ismael Abreu, Hambre. Manuel del Cabral, El centavo. Héctor Incháustegui Cabral, La estrella roja, delante, abriéndole el camino. Yoryi Lockward, De la muerte a la vida. Hilma Contreras, La carnada. Ramón Marrero Aristy, Mujeres. Margarita Vallejo de Paredes, Día de Reyes. Leoncio Pieter, Cico. José Rijo, Floreo. Néstor Caro, La casa llanera, Cielo negro. J. M. Sanz Lajara, El candado. Virgilio Díaz Grullón, Matar un ratón, La enemiga. Ramón Lacay Polanco, La bruja. Ramón Francisco, El hombre. Hugo Tolentino Dipp, Nano. Armando Almánzar Rodríguez, El gato.

Marcio Veloz Maggiolo, Cinco casicuentos. René del Risco, La noche se pone grande, muy grande. Iván García, La persecución. Rubén Echavarría, ¡No ombe no, qué va! Miguel Alfonseca, Delicatessen. Diógenes Valdez, El enigma. Héctor Amarante, Heroíno el hombre entero. José Alcántara Almánzar, La insólita Irene. José Joaquín Burgos, Por agitador. Roberto Marcallé Abreu, Esta noche no hay quien duerma. Arturo Rodríguez Fernández, Natalia. Rosalinda Alfau Ascuasiati, Sala de espera. The intro. by Bosch is the same essay published elsewhere as "Apuntes sobre el arte de escribir cuentos." Biblio., indexes. Attractive edition, part of a five vol. set.

# L. Ecuador

**L 1** Acosta Yépez, Wilfrido, and Félix Yépez Pazos, eds. <u>Cuentos ecuatorianos</u> 1. Quito: Ediciones del Grupo Caminos, 1964. 115 pp.

Wilfrido Acosta Yépez, Loro perdido, El secreto. Albán Gómez, El gargón, Un cadáver político. Alvarado Hipólito, La promesa. Barriga Andrade, La creciente, Cuarto de alquiler. Carvallo Castillo, La niña Luz. Cueva Jaramillo, Al antillano. Moreira Velásquez, La perra, Naufragio. Novillo Trelles, Las botellas, Rodríguez Peñaherrera, Cielo de betún, Marlene. Terán Egüez, Funerala, Anúnimo. Félix Yépez Pazos, El escolar, El guagua auca.

Announces itself as the first volume of a quarterly journal. No further issues available at the University of Texas Library.

**L 2** Barrera B., Inés y Eulalia, eds. and intro. <u>Los mejores cuentos ecuatorianos</u>. Biblioteca Ecuatoriana de Ultimas Noticias. Quito: Empresa Editora "El Comercio," 1948. 423 pp.

Juan Montalvo, Gaspar Blondín. Juan León Mera, Ya no sa casan, Cuando Dios quiera dar por la puerta ha de entrar. José Modesto Espinosa, Memorias del niño Santiago Birbiqui. Luis A. Martínez, Las delicias del campo, De "Mis Memorias" de cómo me hice revolucionario. Honorato Vásquez, El Capitán López. Remigio Crespo Toral, ¿Quién paga? Almas gemelas, Las pumas, Fidelidad. Quintiliano Sánchez, La gallina cenizosa. Manuel J. Calle, Raza vencida. L. Eduardo Espinosa, Meterse a hombre antes de tiempo. Juan Illingworth, El enigma de la felicidad. Roberto Espinosa, El monje de San Bernardo. José A. Campos, El pato del fakir, El Simoun. Alvaro Terneus, La vuelta al hogar. Aurelio Cordovez, Historieta agri-dulce. J. Trajano Mera, El cura Buen Mozo, El cóndor. Cornelia Martínez, Paulina. Roberto Espinosa, De cómo antes solían morir de amor. Francisco Salazar, Mi estrella. Luis F. Borja, La primera carreta. Lucindo Almeida Valencia, Remordimiento. Luis N. Dillon, Rojillo. Eduardo Mera, Los pobres de espíritu. Federico Proaño, La muerte de Milord. Víctor M. Rendón, El gran premio de París. J. Gabriel Pino Roca, Ladrón que roba a ladrón. José Pompeyo Sánchez B., Lejos de la tierruca. Modesto Chávez Franco, Beso a Usted los pies. Nicolás Augusto González, La muerte de Pierrot. Gonzalo Zaldumbide, La virgen de mis amores, Marta dormía. C. H. Tobar y Borguño, La maruca. Juan León Mera I., Blanquita. Carlos Alfonso Mera, Los abuelos. Rosario Mera, El eterno Don Juan. Germánico Mera I., Lucero. Isaac J. Barrera, Por esos campos. César E. Arroyo, La rosa del perdón. E. de Veintimilla, Un artista chic. Miguel Angel Corral, Roberto. Eugenia Mera de Navarro, Enemigos desiguales. Luis Aníbal Sánchez Melo, El corazón de Juan Luis, El dolor de la carne, La sombra, Maquiavela. Jorge Icaza, Sed. Humberto Salvador, El auto Loco. Joaquín Gallegos Lara, El guaraguao. D. Aguilera Malta, El cholo que se fue pa Guayaquil. Enrique Gil Gilbert, El malo.

José de la Cuadra, *La caracola*. Eduardo Mora Moreno, *Humo en las eras*. **Alfonso Cuesta y Cuesta**, *Los zapatitos*. Nicolás Rubio Vásquez, *El amor de las Serranías*. Olmedo del Pozo, *¡Oh! el placer de patear a un ministro*. Humberto Vacas Gómez, *La enfermedad azul*. Alejandro Carrión, *Los cocodrilos*. José Alfredo Llerena, *Perfil de la ausente*. **Leonardo Páes**, *Era una pálida muchacha*. Zoila Rendón de Mosquera, *Tras un idilio lágrimas*. **Francisco Mera Borja**, *Entre fantasmas*. Eulalia Barrera B., *Flor de amor*.

Some of the selections would not be considered short stories by most definitions of the term, despite the title of the vol. and the discussion of the definition of the genre in the intro.    The next item is a companion vol.

**L 3**  Barrera B., Inés y Eulalia, eds. and intro. <u>Tradiciones y leyendas del Ecuador</u>. Biblioteca Ecuatoriana de Ultimas Noticias. Quito: Empresa Editora "El Comercio," 1947. 314 pp.

M. Cabello Balboa, *Historia de los amores de Quilaco-Yupangui de Quito y Curi-Cuillor del Cuzco*. Ricardo Palma, *El que pagó el pato*, *Los polvos de la condesa*, *El Cristo de la agonía*. Gabriel Pino Roca, *Tuerto, governador y traidor*. Cristóbal de Gangotena y Jijón, *El cucurucho de San Agustín*. Gabriel Pino Roca, *El sermón del Padre Jacinto*. Lucindo Almeida V., *Ibant obscuri sola sub noctoe per umbras*. José Peralta, *Sebastián Pinillos*. Modesto Chávez Franco, *Pobre Ponce de León*. Pacífico E. Arboleda, *La huaca de Quinara*. Luis Aníbal Sánchez M., *La tradición de San Francisco*. José Gabriel Navarro, *El Padre Almeida*. Carlos R. Tobar, *Un muerto que casi mata a un vivo*, *Lo que fueron los gobernantes de antaño*. Luis N. Dillon, *El candelero*. C. M. Tobar Borguño, *Por si dijo Evilla o Hebilla*, *Y fue general*, *La casa del aparecido*. Modesto Chávez Franco, *La dama tapada*. Angel Polibio Cháves, *Una flor que sentencia*, *Un presidente de Nueva Granada*. Celiano Monge, *Verla y amarla*. Cristóbal de Gangotena y Jijón, *Nobleza de Abolengo, nobleza de alma*, *El descabezado de Riobamba*. Angel Polibio Cháves, *Puñug-Camacho*. Pablo Herrera, *Dos amigos unidos en la vida y en la muerte*. Luis Ponce, *Un día de máscaras*. Manuel J. Calle, *Los dos campeones*. Gabriel Pino Roca, *La revolución anecdótica*. Manuel J. Calle, *Abdón Calderón*. J. M. Camacho, *Curiosa aventura sobre el matrimonio del General Sucre*. Luis N. Dillon, *El tambor*, *El incendiario*. Rafael M. de Guzmán, *Caballos, Zahino y Tordillo*, *Los de Guardia Su Majestad*. Marco J. Kely, *Cora y Cacha*. A. Gómez Jaramillo, *Quien a cuchillo mata no siempre a cuchillo muere*. José Alberto Donoso, *Ustedes no vienen por mí*. Violeta Luna, *¿Amar más de una vez?* Juan Montalvo, *El Doctor Acevedo en Jerusalén*. Guillermo Noboa, *La fuerza de la opinión pública*. M. Paul, *De antaño y ogaño*. Manuel J. Calle, *Cuadros de mi tierra*. Zoila Rendón de Mosquera, *La procesión de Viernes Santo*. Alejandro Andrade Coelho, *Un célebre aguador*. Eulalia Barrera B., *La capilla del consuelo*.

Companion vol. to the previous item.

**L 4**  Calderón Chico, Carlos, ed. and notes. <u>Nuevos cuentistas del Ecuador</u>. Intro. Hugo Salazar Tamariz. Colección Letras del Ecuador, 9. Guayaquil: Casa de la Cultura Ecuatoriana, Núcleo del Guayas, 1975. 136 pp.

Guillermo Tenen Ortega, *De la duda y otros juegos*. Hipólito Alvarado, *Más allá del tiempo*, *Más allá de las imágenes*. Carlos Béjar Portilla, *El señor Wu*. Raúl Pérez Torres, *Tango*. Iván Egüez, *La Linares*. Abdón Ubidia, *La puerta cerrada*. Vladimiro Rivas I., *La abuela*. Fernando Nieto Cadena, *Fraseo 1*. Edwin Ulloa, *Ver para creer*. Jorge Dávila Vázquez, *Este Gabriel*. Esperanza Villalba, *Cosas de casa*. Jorge Velasco Mackenzie, *La operación*. Pablo Barriga, *Cuento*. Fernando Naranjo, *A la memoria perdida de Irene*.

Younger writers.

**L 5**  Carrión, Benjamín, ed. and intro. <u>El nuevo relato ecuatoriano: Crítica y antología</u>. 1st ed., 1950. 2nd revised ed. Quito: Casa de la Cultura Ecuatoriana, 1958. 2 vols. 1124 pp.

Pablo Palacio, *Un hombre muerto a puntapiés*, *Luz lateral*, *Débora*, *Vida del ahorcado*. Leopoldo Benítez, *La mala hora*. Fernando Chaves, *Plata y bronce*. José de la Cuadra, *Chumbote*, *Honorarios*. Joaquín Gallegos Lara, *El guaraguao*. Demetrio Aguilera Malta, *El cholo de las pata e mulas*, *Don Goyo*, *La isla virgen*. Enrique Gil Gilbert, *El malo*, *Relatos de*

Emmanuel. Alfredo Pareja Diezcanseco, El muelle, La beldaca, Hombres sin tiempo, **Las tres ratas**. Jorge Icaza, Huasipungo, En las calles, Cholos, Huairapamushcas. **Humberto Salvador, Sandwichs, Trabajadores, La fuente clara**. Angel F. Rojas, Un idilio bobo o **historia de un perro que se enamoró de la luna**, El éxodo de Yangana. Adalberto Ortiz, Juyungo. **Pedro Jorge Vera, Los animales puros**. Manuel M. Muñoz Cueva, El gagón. **Alejandro Carrión, La manzana dañada**. Luis Moscoso Vega, La tierra es un préstamo. **César Andrade y Cordero, Casas bajo la niebla**. Eduardo Mora Moreno, Humo en las eras. **César Dávila Andrade, Vinatería del Pacífico**. Alfonso Cuesta y Cuesta, La niña que defendió a su hermano. **Nelson Estupiñán Bass, Cuando los guayacanes florecían**.

The first volume is listed in the bibliography of criticism. The second volume (about 700 pp.) contains the anthology. Some of the texts included are excerpts from novels.

**L 6** Chaves, Alfredo, ed. and intro. Antología de cuentos esmeraldeños. Quito: Editorial Casa de la Cultura Ecuatoriana, 1960. 261 pp.

Adalberto Ortiz, El extraño navegante, Los ojos y la fea, El bananero. Mireya Ramírez, ¿Será la tunda?, Treponema, ¿Fué la Lezna? Bolívar Drouet, Embarque de bananos, Los pescadores, El leñador. Arcelio Ramírez, L'anima del Tío Blas, Buey manso, ¡Palomo como vos--Tos, Tos! Nelson Estupiñán Bass, El gualajo. Maximiliano Haas Ballesteros, Bello gesto, Vivísimo, Catorce horas de embarque. Héctor Casierra Perlaza, El come cayapas, El charco, La venganza del duende. José Ortiz Urriola, Un disparo a las tinieblas, El cheque roto, El hombre del pañuelo rojo, El secreto.

Stories from the coastal province of Esmeraldas. Brief intro., bio-bibliographical notes.

**L 7** Crespo de Pozo, María Rosa, ed. and intro. Selección del cuento cuencano. Cuenca: Casa de la Cultura Ecuatoriana, Núcleo de Azuay, 1979. 186 pp.

Eliécer Cárdenas Espinoza, El ejercicio, No se debe morir. Jorge Dávila Vázquez, La intromisión, La señora que leía a Escudero, El testigo. Oswaldo Encalada Vázquez, Reina de la corrida, Cae la lluvia, Agua santa. Nelly Peña de Venegas, Adela, Cuento. Iván Petroff Rojas, Delmira, los juegos y el mar, La pasión de Jerónimo, Los días inútiles. David Ramírez Olarte, Damián, Rosana, Sopor. Juan Valdano Morejón, Orbe secreto, Anillo, La auténtica historia de Rosita la fosforera o un inverosímil cuento de brujas.

Stories form the colonial city of Cuenca.

**L 8** Cuadra, José de la, et al. Cuentos ecuatorianos 1. Bogotá: Instituto Colombiano de Cultura, 1971. 149 pp.

José de la Cuadra, Banda de pueblo. Pablo Palacios, Un hombre muerto a puntapiés. Leopoldo Benítez, La mala hora. Joaquín Gallegos Lara, El guaraguao. Demetrio Aguilera Malta, El cholo de la pata e mulas.

The second vol. is listed under Icaza.

**L 9** Cuento de la generación de los 30. Clásicos Ariel 93-94. Guayaquil: Ariel. 2 vols.

Unable to annotate.

**L 10** Donoso Pareja, Miguel, ed. Cuentistas de Ecuador. Mexico City: Secretaría de Educación Pública, 1969.

Unable to annotate.

**L 11** Donoso Pareja, Miguel, ed. and intro. Libro de posta: La narrativa actual en el Ecuador. Quito: Editorial El Conejo, 1983. 122 pp.

Rubén Darío Buitrón, De dog is in mai jaus, La cañada. Miguel Donoso Gutiérrez, S. en C., S. de viaje. Galo Galarza, Cuando se acabaron los héroes, Paseo. Gustavo Garzón, ¡Mijito mar! Conspiración. René Jurado, La basílica de musgo, Abriendo un hueco en los ojos. Diana Magaloni, Raji, En la esquina del limbo. Alfredo Noriega, Los espermatozoides del petróleo, Cinco inútiles haciendo de griegos. Israel Pérez, La pandilla, En la otra orilla. Byron Rodríguez, Sofía, Los ojos del olvido. Luisa Rodríguez, El deambulante, Zona. Denise Rosales, Llamando de la cierva en celo, El langostero de San Antonio. Ernesto Torres Terán, La salada mujer tetánica, El polvo del recuerdo. Alejandro Velasco, Los asesinos impalpables, Oxido.

The intro. is the text of a talk Donoso Pareja gave in Quito in 1983, a useful survey of new fiction in Ecuador. Brief notes on authors.

**L 12** Dueñas Vera, Luis, et al. Cuentos manabitas. Quito: Editorial Casa de la Cultura Ecuatoriana, Núcleo de Manabí, 1969. 207 pp.

> Luis Dueñas Vera, La carretilla, El negro Juan, Mi linterna de mil sucres, El mechero, Cuando la sal había caído, El exodo, Impunidad, Virutas, Astillas y carbón, Ursula. Cicerón Robles Velásquez, El pozo, Los martires, La isla vendida, Que nadie nos quite el mar. Bolívar Avila Cedeño, Mar afuera, Justicia criolla, Complejo de amor. Horacio Hidrovo Peñaherrera, Arrepentida, La sonrisa de Cristina, A un paso de la libertad. Luis Dueñas Vera, El árbol pandero.

Stories from the province of Manabí.

**L 13** Dueñas Vera, Luis, et al. Doce cuentos manabitas. Intro. Verdi Cevallos Balda. Manabí: Casa de la Cultura Ecuatoriana, Núcleo de Manabí, 1966. 83 pp.

> Luis Dueñas Vera, Impunidad, Virutas, astillas y carbón, El voto vendido. Cicerón Robles V., El pozo, Los martires, La isla vendida. Bolívar Avila C., Mar afuera, Justicia criolla, Complejo de amor. Horacio Hidrovo P., Arrepentida, A un paso de la libertad, La sonrisa de Cristina.

Stories from the province of Manabí.

**L 14** Gutiérrez, Teresa, et al. Paralelo cero: Narrativa joven del Ecuador. Mexico City: UNAM, 1983. 62 pp.

> Teresa Gutiérrez, Qué cosa más fea ha traído el mar, El lugar idílico. Ernesto Guzmán, La ley, Ensayo de pecado mortal. René Jurado, La basílica de musgo, CERRADO--Salí al baño. Diana Magaloni, Un autor en busca de sus personajes, La inmortalidad del cangrejo o la belleza de vitrina. Alfredo Noriega, El último telefunken, Un sereno interrumpido. Israel Pérez, Parveno, Monólogo del desterrado. Byron Rodríguez, Sofía, Embriagada. Luisa Rodríguez Villouta, Ay, Estefaní, Zona 22. Huilo Ruales Hualca, Acto en dos piezas, La importancia de la yugular en este asunto de la vida. Raúl Vallejo Corral, No se llevarán a nuestro señor de las aguas, La una y la otra: la única. Alejandro Velasco, Un minuto es agua subiendo, La gata o el ejercicio de los odios.

Stories from the literary workshops of the Casa de la Cultura Ecuatoriana Benjamín Carrión in Quito and Guayaquil, published in Mexico through the good offices of Miguel Donoso Pareja.

**L 15** Icaza, Jorge, et al. Cuentos ecuatorianos II. Bogotá: Instituto Colombiano de Cultura, 1971. 122 pp.

> Jorge Icaza, Barranca grande. Gerardo Gallegos, El fraile que cabalgó en la muerte. Carlos Béjar Portilla, Icaro. Francisco Proaño, El pasado empezaba a dibujarse. Abdón Ubidia, La consumación.

The first vol. is listed under Cabada.

**L 16** López, Flavio, et al. El café literario. Intro. Luis F. Borja Martínez. Quito: Casa de la Cultura Ecuatoriana "Benjamín Carrión," Núcleo de Tungurahua, 1980 (?). 122 pp.

> Flavio López, Lucho. Elida Duque, La viuda. Fausto Palacios Favilanes, Más allá de la esperanza. Ruvino Sánchez Freyre, En el fondo del infierno. Armando Lana Z., La danza. Reinaldo Miño, El amor y las crucifixiones. Flavio López, El rapto. Hernán Castillo, El

domingo de Heliodoro. Ernesto Lana, Medio día, medio sol. Jorge Jacomé Clavijo, El uro. Wilson Olivo, Liberada . . . atrapada. Julio Arias V., El último encuentro. Armando Lana Z., Un caballo en l río. Pedro A. Reino, Tres pesadillas. Hugo Jaramillo, De lo uno y de lo otro. Rufino Sánchez Freyre, Los vendedores de palabras. Manuel Paladines, Por el ojo de la cerradura.

From the intro.: "El Café Literario, donde nos reunimos un puñado de soñadores, saluda y agradece a los autores que han contribuido a la publicación de este libro."

**L 17**  Mora, Matilde, ed., intro. and notes. <u>Mujeres ecuatorianas en el relato.</u> Biblioteca de Autores Ecuatorianos, 69.  Colección Mujeres del Ecuador, 16. Guayaquil: Universidad de Guayaquil, 1988.  77 pp.

Lupe Rumazo, La marcha de los batracios. Eugenia Viteri, El anillo. Fabiola Solís de King, El cajón del armario de la abuela. Violeta Luna, La madre Leopoldina. Aminta Buenaño Rugel, Cuento: Mamisaura. Alicia Yáñez Cossío, Hansel y Gretel.

Very brief intro., more extensive bio-bibliographical notes preceding the stories.

**L 18**  Moreira, Darío, et al. <u>Cuentos.</u> Quito: Grupo Caminos, 1963. 51 pp.

Darío Moreira, Treinta varas de zaraza negra. Wilfrido Acosta Yépez, Los guagchas. Fausto Terán Egüez, Serenata. Félix Yépez Pazos, La cantárida.

Unsigned "exordio" discusses the genre as well as the specific stories included here.

**L 19**  Noboa Arizaga, Enrique, and Laura de Crespo, ed. and notes. <u>Antología del relato ecuatoriano.</u> Quito: Editorial Casa de la Cultura Ecuatoriana, 1973. 380 pp.

Jorge Icaza, Barranca grande. César Andrade y Cordero, Patada i'mula. José de la Cuadra, Guasintón. Enrique Gil Gilbert, Relatos de Emmanuel. Demetrio Aguilera Malta, El cholo que se castró. Adalberto Ortiz, La entundada. Nelson Estupiñán Bass, El gualajo. Angel Felicísimo Rojas, Un idilio bobo. Eduardo Mora Moreno, Sobre los surcos. Joaquín Gallegos Lara, La última erranza. Pablo Palacio, Un hombre muerto a puntapiés. Pedro Jorge Vera, Tangos. Lupe Rumazo, La marcha de los batracios. Alfonso Cuesta y Cuesta, La medalla. Arturo Montesinos Malo, Una sombra protectora. Alejandro Carrión, Pangola. César Dávila Andrade, El niño que está en el purgatorio. Rafael Díaz Icaza, El baile. Teodoro Vanegas Andrade, Si las espuelas de Kiko sonaran como monedas. Gustavo Alfredo Jacomé, Perro de indio.

Organized by themes: "cuento indigenista," "cuento montuvio," "cuento negro," "cuento mestizo," "cuento universal contemporáneo." The final category contains as many stories as the previous four combined.

**L 20**  Proaño, Federico, et al. <u>Cuento ecuatoriano del siglo XIX y Timoleón Coloma.</u> Intro. Hugo Rodríguez Castelo.  Clásicos Ariel, 95. Guayaquil: Ariel, n. d. 195 pp.

Federico Proaño, La muerte de Milord. Honorato Vásquez, La cueva del señor de Belén. Anonymous, El desencanto de la hermosura. Alfredo Baquerizo Moreno, El instituto libre. Remigio Crespo Toral, ¿Quién paga? José Antonio Campos ["Jack the Ripper"], La pluma blanca. Luis A. Martínez, Recuerdos del convento. Eduardo Mera, Los pobres de espíritu. Rafael María de Guzmán, ¡Con cuchara! Luis Napoleón Dillon, El león de la montaña. Carlos R. Tobar, Timoleón Coloma.

Useful collection in cheap ed.

**L 21**  Rodríguez Castelo, Hernán, ed. and intro. <u>Cuento ecuatoriano contemporáneo.</u> Clásicos Ariel, 45-46. Guayaquil: Publicaciones Educativas Ariel, 1971 (?). 157 + 157 pp.

Vol. 1: Juan Viteri Durand, Zarkistán. Rafael Díaz Icaza, La tierra sagrada. Carlos de la Torre Reyes, Las apariciones de Calipso. Alsino Ramírez Estrada, El doble. Walter Bellolio, Los zapatos blancos. Augusto Mario Ayora, La huida de Segundo Chombo. José Martínez

Queirolo, Historia de la gran guerra. Eugenia Viteri, Chiquillo. Jorge Torres Castillo, Los días prisioneros.
Vol. 2: Miguel Donoso Pareja, Krelko. Moisés Montalvo Jaramillo, Los testigos. Hernán Rodríguez Castelo, Angela. Hipólito Alvarado, El desquite. Lupe Rumazo, La marcha de los batracios. Ernesto Albán Gómez, ¿Tiene usted miedo del diablo? Carlos Béjar Portilla, Diplocus. Edmundo Rodríguez, El día esperado. Marco Antonio Rodríguez, El espía. Raúl Pérez, El marido de la señora de las lanas. Violeta Luna, Un ser anónimo. Vladimiro Rivas, El apátrida. Francisco Proaño, El pasado empezaba a desdibujarse. Abdón Ubidia, La comunación.

Useful intro., extensive bio-bibliographical notes. Printed on poor paper.

**L 22**  Taboada Terán, Néstor, ed. and intro. Ecuador en el cuento. Buenos Aires: Editorial Convergencia, 1976. 127 pp.

José de la Cuadra, La Tigra. Leopoldo Benítez, La mala hora. Angel F. Rojas, Un idilio bobo o historia de un perro que se enamoró de la luna. Demetrio Aguilera Malta, El cholo que se castró. Joaquín Gallegos Lara, Cuando parió la zamba. Enrique Gil Gilbert, Laderas, esperanza y río. Adalberto Ortiz, Mis prisioneros. Pedro Jorge Vera, Los animales puros. César Dávila Andrade, Vinatería del Pacífico. Alfonso Barrera, La dama de los cocodrilos.

Good short intro. and bio-bibliographical notes.

**L 23**  Vallejo Corral, Raúl, et al. Bajo la carpa: antología temática. Guayaquil: Casa de la Cultura Ecuatoriana, Núcleo del Guayas, 1981. 127 pp.

Raúl Vallejo Corral, La carpa más remendada del planeta. Javier Vascónez, Réquiem para un circo. Guillermo Tenén Ortega, De gancho con María en el Razzore. Juan Carlos Josse, Plátano maduro no vuelve a verde. Jorge Velasco Mackenzie, La cabeza hechizada. Edwin Ulloa Arellano, El mejor número. Iván Egüez Rivera, Yuyané, el fabulado, El triple salto. Miguel Castillo Lara, Arabella la de los huevos de oro. Abdón Ubidia, La consumación. Raúl Pérez Torres, Ana, la pelota humana. Hipólito Alvarado, La segunda voz.

Stories about the circus.

**L 24**  Vallejo [Corral], Raúl, ed., intro. and notes. Una gota de inspiración, toneladas de transpiración (Antología del nuevo cuento ecuatoriano). Quito: Libresa, 1990. 151 pp.

Carlos Béjar Portilla, Diplocus. Raúl Pérez Torres, Ana pelota humana. Iván Egüez, El triple salto. Abdón Ubidia, La piedad. Javier Vásconez, El caballero de San Juan. Marco Antonio Rodríguez, Anónimo. Francisco Proaño Arandy, La doblez. Jorge Velasco Mackenzie, Aeropuerto. Jorge Dávila Vásquez, La señorita Camila. Eliécer Cárdenas, La puñalada dulce. Carlos Carrión, Gracias por el amor.

Intro. includes general discussion of genre and history of genre in Ecuador as well as a presentation of the younger writers included in the anthology. Bio-bibliographical notes and study guides precede each story.

**L 25**  Vera, Pedro Jorge, ed. and intro. Antología autores ecuatorianos. Quito: Ediciones Indoamericanas, n. d. 199 pp.

José Antonio Campos, El almuerzo del cura. Pablo Palacio, Un hombre muerto a puntapiés. José de la Cuadra, La caracola. Enrique Gil Gilbert, El malo. Joaquín Gallegos Lara, La última erranza. César Dávila Andrade, Primeras palabras. Jorge Icaza, Barranca grande. Angel F. Rojas, Un idilio bobo. Humberto Salvador, Sandwich. Demetrio Aguilera Malta, El cholo que odió la plata. Alfonso Cuesta y Cuesta, La medalla. Adalberto Ortiz, Los ojos y la fea. Pedro Jorge Vera, El indiferente. Alejandro Carrión, El estupendo matrimonio de Zabalita. Ricardo Descalzi, Las tres muñecas. Nicolás Kingman, El comité. Rafael Dáaz Icaza, La espera. Walter Bellolio, Alrededor de un durazno. Eugenia Viteri, Los zapatos y los sueños. Alicia Yáñez Cossío, La niña fea. Miguel Donoso Pareja, Krelko. Ernesto Albán Gómez, Sueños. Carlos Béjar, Negro y Blanca. Fernando Cazón Vera, El diablo. Marco Antonio Rodríguez, Donuel. Raúl Pérez, Tango. Wladimiro Rivas, En el laberinto. Abdón

Ubidia, La puerta cerrada. Jorge Velasco Mackenzie, La muerte del General. Jorge Dávila Vásquez, Este Gabriel. Alberto Cete, Don Rabosio Rupertez. Francisco Proaño Arandy, El pasado empezaba a desdibujarse. Juan Andrade Heymann, El hombre de ultramuerte. Gustavo Alfredo Jacomé, Uyanzas (1). Hernán Rodríguez Castelo, Angela.

Intro. on the history of the genre in Ecuador.

**L 26**  Vera, Pedro Jorge, ed. <u>Narradores ecuatorianos del 30</u>. Intro. Jorge Enrique Adoum. Biblioteca Ayacucho, 85. Caracas: Biblioteca Ayacucho, 1980. 689 pp.

Enrique Gil Gilbert, El malo, Por guardar el secreto, La blanca de los ojos color de luna, ¡Lo que son las cosas! Juan der Diablo, Montaña adentro, Tren, Mardecido "Llanto." Joaquín Gallegos Lara, El guaraguao, Er sí, ella no..., ¡Era la mama! Cuando parió la zamba, El tabacazo, Los madereros, Al subir el aguaje, La salvaje. Demetrio Aguilera Malta, El cholo que odió la plata, El cholo de la atacosa, El cholo del cuerito e venao, El cholo del tiburón, El cholo que se vengó, El cholo que se fue pa Guayaquil, El cholo de las patas e mulas, El cholo que se castró.

Important and very extensive intro. by Adoum. Includes notes on authors, biblio., chronology. Contains <u>Los que se van</u>, as well as novels by Palacio, Icaza, de la Cuadra and Pareja Diezcanseco.

**L 27**  Viteri, Eugenia, ed. and intro. <u>Antología clásica del cuento ecuatoriano</u>. Quito: Editorial Voluntad, 1987. 563 pp.

José Antonio Campos, El negro calculador. Sergio Núñez, El hereje guaitara. José de la Cuadra, La caracola. Leopoldo Benítez Vinueza, La mala hora. Pablo Palacio, Un hombre muerto a puntapiés. Jorge Icaza, Contrabando. Alfredo Pareja Diezcanseco, Los Gorgojos. Demetrio Aguilera Malta, El cholo que se vengó. Humberto Salvador, La navaja. Angel F. Rojas, Un idilio bobo. José Ortiz Urriola, Al anuncio. Joaquín Gallegos Lara, El guaraguao. Alfonso Cuesta y Cuesta, La medalla. Enrique Gil Gilbert, El malo. Arturo Montesinos Malo, Una sombra protectora. Pedro Jorge Vera, El retrato de la víctima. Adalberto Ortiz, La entundada. Alejandro Carrión Aguirre, Los cocodrilos. Nelson Estupiñán Bass, El gualajo. César Dávila Andrade, Primeras palabras. Augusto Mario Ayora, La huída de Segundo Chombo. Edmundo Ribadeneira Meneses, Los amores. Guillermo Tenén Ortega, La novia del pintor. Rafael Díaz Icaza, La tierra sagrada. Alicia Yáñez Cossío, Uno menos. Eugenia Viteri Segura, Minina. Walter Bellolio, Los zapatos blancos. Alsino Ramírez Estrada, El doble. Miguel Donoso Pareja, Krelko. José Martínez Queirolo, Historia del niño que quería ser negro. Horacio Hidrovo Peñaherrera, La sonrisa de Cristina. Félix Yépez Pazos, El pasajero. Hipólito Alvarado, La segunda voz. Fabiola Solís de King, El cajón del armario de la abuela. Ernesto Albán Gómez, Allí arriba en el páramo. Carlos Manuel Arizaga, Columpio. Marco Múñoz Velasco, La pared y la puerta. Carlos Béjar Portilla, Simón el mago. Juan Faldano Morejón, El balcón de las barandillas celestes. Manuel Castro, Billy, un enfermo estupendo. Fausto Merino, Dogo. Carlos de la Torre Flor, Don Rabosio Rupertez, Carlos de la Torre Flor. Raúl Pérez Torres, El marido de la Señora de las Lanas. Marco Antonio Rodríguez, El espía. Violeta Luna, Un ser anónimo. Iván Egüez, Conciencia breve. Carlos Carrión, Tesoro, tesorito. Francisco Proaño Arandy, Dispersión de los muros. Vladimiro Rivas Iturralde, La abuela. Abdón Ubidia, La piedad. Juan Andrade Heymann, Coroso. Edwin Ulloa, El mejor número. Jorge Dávila Vásquez, Vida y vuelo de Perico el pájaro. Eliécer Cárdenas, Las limosnas. Tomás Aguilar, Profeta-niño-loco. Oswaldo Encalado, Los Rodríguez. Raúl Vallejo Corral, Los desaparecidos de Doña Tarcila Torreros. Aminta Buenaño, Abuelo, ¿por esto no querías que sea flor? María Eugenia Paz y Miño, El instante de Elena.

Intro. on the history of the genre in Ecuador, study questions on the stories, brief notes on authors.

# M. Guatemala

**M 1** Albizúrez Palma, Francisco, Amílcar Echeverría, Dante Liano, Rita Navarro, Rafael Pineda, and Fernando Torre, eds. and intro. <u>Breve antología del cuento guatemalteco contemporáneo</u>. Guatemala City: Editorial Universitaria de Guatemala, 1980. 81 pp.

> Francisco Méndez, El clanero. Mario Monteforte Toledo, Un hombre y un muro. Ricardo Estrada, El remolino. Augusto Monterroso, Mr. Taylor. José María López Baldizón, El pedregal de la cruz. Dante Liano, Democrash.

Prepared by members of the literature department of the Universidad de San Carlos in Guatemala City. Good short intro. on the history of the short story in Spanish America and in Guatemala, and a brief discussion of definitions of the genre.

**M 2** Díaz Vasconcelos, Luis Antonio, ed. <u>Antología del cuento guatamalteco (50 cuentistas guatamaltecos)</u>. Intros. Argentina Díaz Lozano and Irina Darlee. Guatemala City: Cenaltex, Ministerio de Educación, 1984. 2 vols. 356 + 507 pp.

> Vol. 1: Teresa Arévalo Andrade, ¡Chicles...Tres por cinco! Luis N. Radrod, El mendigo. Jorge Cifuentes Valdés, El milagro. Walda Valenti Doninelli, Ingenuidad. Romelia Alarcón Folgar, Gusano de luz. Horacio Figueroa Marroquín, Ensueño. Gabriel Angel Castañeda, Mecapal. Virgilio Rodríguez Macal, El anda solo. Blanca Luz Molina Castañeda, El retrato. Carlos Samayoa Chinchilla, La lagartija de Esmeraldas. Francisco Romero Rodas, El perro que se sentía recluta. José Luis Cifuentes, Aída. Carlos Enrique Carrera S., Se llamaba Emilio. Alberto Fuentes Castillo, El sol de oro. Oscar Ovalle Samayoa, La siguanaba y el recluta. Gilberto Rojas Martínez, La historia de un animal con una piel muy valiosa. Héctor Eliú Cifuentes, El juguete. Alvaro Hugo Salguero, La cita. José Luis Morales Chacón, La que vio Manuel Shar. Rafael Arévalo Martínez, Mujer y niños. Julio Rafael Mendizábal, La toalla del cuarto 220. Alvaro Enrique Palma Sandoval, Quiero volver a mi aldea. Rafael Arévalo Morales, Una historia navideña. Oscar Nájera Farfán, La cascabel. Benjamín Paniagua Santizo, Lucrecia. Rosendo Santa Cruz Noriega, Rosalinda.
> Vol. 2: Francisco Barnoya Gálvez, La llorona. César Augusto Palma y Palma, La reservada. Eloy Amado Herrera, La bomba. Edmundo Zenón Velázquez Velázquez, La herencia. Carlos Alberto Bernhard Rubio, Sucedió. Catalina Barrios y Barrios, ¿Hombre raro o sensitivo? Francisco Méndez Escobar, El clanero. Dante Liano Quezada, Jorge Isaacs habla de María. Héctor Aníbal de León Velasco, El tatuaje. Ricardo Estrada, El sapito luminoso. Carlos Samayoa Aguilar, La muchacha que me dejó su sombra. Alfonso Enrique Barrientos, E. Natalia Zetina, Una antología de cuentos guatemaltecos, La desintegración del señor Wilches.

Franz Galich Mazariegos, Sodoma y Gomorra. Mario Alberto Carrera, Viene a matarnos. Enán Francisco Moreno Martínez, Vivencia. Humberto Mansylla Placeres, 4 febrero 76. María Mercedes Arrivillaga Orantes, El retrato. Carlos Wyld Ospina, El derecho. Ricardo Serrano Córdoba, Las flechas de Nacaruj. Luis Maximiliano Serrano Córdova, El cipote. Angel Martínez López, El grito. Carlos Manuel Pellecer Durán, Agua quebrada. Adolfo Méndez Vides, Vuelve Susana en "Yo no finjo en cosa de amores." Francisco Albizúrez Palma, Desarraigo. Andrés Antonio Ortiz Alvarez, Baratillo de antigüedades. Wilfredo Valenzuela Oliva, La tinaja. Leonel Armando Guerra Saravia, Primicias de un estudiante y lágrimas por un ojo. Tantania Díaz Lozano, La enemiga de hierro. José Ramiro Rivera Alvarez, La lección de mi maestro. Amílcar Echeverría Barrera, Don Meme. José María López Valdizón, La vida rota. Fernando Medina Ruiz, Suzette (Cuento de Africa). Carlos Alberto Figueroa Castro, Un día incongruente. Guillermo Flores Avendaño, El son de la tusa. Julio Quevedo Avila, Fantasía de una historia verdadera. Celso Arnoldo Lara Figueroa, Lágrimas del Sombrerón. Víctor Manuel Muñoz Cruz, Rossanna con sus ideologías. Leonel Méndez Dàvila, Círculos azogados (El brujo de Sigüilá). Roberto Paz y Paz, De esos ya hay bastantes. Octavio Augusto Salguero Gálvez, Yo maté al Diablo. Eduardo Enrique Sarceño Zepeda, Las noches de Nacho. Víctor Soto de Avila, En el día de San Juan. Luis Rodolfo Sarceño Zepeda, ¿Qué hiciste Jacinto? Jorge Augusto Sarceño Zepeda, Las espinas del riyo. Ramón Zelada Carrillo, Mecho cara fruncida. Alfredo Garrido Antillòn, Promesa de amanecida. René Arturo Villegas Lara, El día que vivieron los muertos. Octavio Augusto González Poza, El señor supervisor. Luis Alfredo Arango Enríquez, Chepe sueño. Humberto Elías Solórzano Pérez, Bagazo. Julio Morales Sandoval, Los últimos días de Medardito. Edgardo Carrillo Fernández, Nuevo cometa. Luis Antonio Díaz Vasconcelos, Tiembla el misterio.

In the "Nota aclaratoria" at the end of the second vol., the editor characterizes the work as a "recuento de un centenar de cuentistas o seudocuentistas, que quizá algún valor, aunque sea ínfimo, pueda proporcionar a la literatura guatemalteca."

**M 3** Echeverría, Amílcar, ed. and intro. Antología de prosistas guatemaltecos: cuento, novela, leyenda, tradición. Intro. Hugo Cerezo Dardón. 1st ed., 1957. 2nd ed. Guatemala City: Editorial José de Pineda Ibarra, 1968. 2 vols. 288 + 544 pp.

Vol. 1: Manuel Diéguez Flores, Los antropófagos de Tesulutlán, Los dos rivales. Miguel Angel Asturias, Leyendas del Volcán, Leyenda del Sombrerón, Leyenda de El Conejo. Francisco Barnoya Gálvez, Le leyenda del Xocomil, La llorona, La Siguanaba. Antonio José de Irisarri, El cristiano errante. Manuel Montúfar Alfaro, El alférez real. José Milla y Vidaurre, La hija del adelantado, Los Nazarenos. Ramón A. Salazar, Conflictos, Alma Enferma, Stella. Máximo Soto Hall, El problema. Enrique Martínez Sobral, Alcohol, Humo, Inútil combate.

Vol. 2: Rafael Arévalo Martínez, El hombre que parecía un caballo, El mundo de los maharachías. Carlos Wyld Ospina, El solar de los Gonzagas, La gringa. Flavio Herrera, El tigre, La tempestad, Caos. Miguel Angel Asturias, El Señor Presidente, Hombres de maíz, Viento fuerte. Rosendo Santa Cruz, Cuando cae la noche. Mario Monteforte Toledo, Anaité, Entre la piedra y la cruz. Virgilio Rodríguez Macal, Guayacán. Alfonso Enrique Barrientos, El negro. Augusto Monterroso, Primera dama. Wilfredo Valenzuela Oliva, El velorio. Roberto Paz y Paz, El banco de la inteligencia y celebración sin efecto. Carlos Alberto Figueroa, Pesimista hasta la muerte. José Marla López Valdizón, Mi hijo nació difunto. Raùl Carrillo Meza, Yo soy mi padre. Edgardo Carrillo Fernández, Nuevo cometa. Lionel Méndez Dàvila, Siete círculos azogados (El brujo de Sigüilá). Amílcar Echeverría, Patagón.

Seventy page study at the beginning of the first vol., biblio., bio-bibliographical notes on authors. The selections included starting with Irisarri and ending with Rodríguez Macal are excerpts from novels or novellas. The only section labeled explicitly "La cuentística guatemalteca" starts with Barrientos and continues to the end of the second vol. The second vol. also contains an appendix on the accusation that Ruth Lamb's Antología del cuento guatemalteco includes plagiarized passages from the first edition of Echeverría's anthology.

**M 4** Lamb, Ruth Stanton, ed., intro and notes. Antología del cuento guatemalteco. Mexico City: Ediciones de Andrea, 1959. 142 pp.

Rafael Arévalo Martínez, El empleo de un año. Carlos Wyld Ospina, Juan Barrabás. **Valentín Dávila Barrios, La rosa negra.** Mariano Rodríguez Rossignon, El crimen de Basilio. **Flavio Herrera, Cenizas.** Miguel Angel Asturias, Ocelotle 33. **Carlos Samayoa Cinchilla, El venado de la joya grande.** Carlos Samayoa Aguilar, El hombre de los bastones. **Miguel Marsicovétere y Durán, Ojos tiernos.** Rosendo Santa Cruz, La caza del tigre. Francisco Barnoya Gálvez, **La leyenda del caballo de Cortís.** Virgilio Rodríguez, La mansión del pájaro serpiente. **J. Fernando Juárez y Aragón, La flor del "Amate."** Adalberto Jiménez, De regreso a la montaña. Mario Monteforte Toledo, La frontera.

Extensive intro., bio-bibliographical notes and biblio. However, see the note on the previous item.

**M 5**  Leiva, René, ed. and intro. <u>Reunión de cuentos</u>. Colección Guatemala, 9. Serie Miguel Angel Asturias, 3. Guatemala City: Tipografía Nacional, 1984. 204 + x pp.

Francisco Jose Solares-Larrave, Plazo fijo. Miguel Angel Vásquez, La muerte toma la ciudad. Eduardo P. Villaloro, Relevo en la madrugada, Romualdo se va de fiesta. Marco Augusto Quiroa, La tienda, Malapata, Todo el monte es de orégano, Desnuda por la calle. Víctor Muñoz, Horace. Hugo Arce, ¿Mató coche contento tu tata anoche? Superman. Edgardo Carrillo Fernández, Luzdema. Irina Darlée, Adolorido del alma. Octavio Salguero, El viejo (microbiografía de una pasión). Ligia Escribá, Incidente callejero. Rafael Pérez Rosales, El encanato del tata Miguel. Octavio Salguera, Cacería. Germán Duarte, Candelaria. Antonio Ortiz, El striptease y el cuarto poder. Rosalía de Alvarez, Gabriel Peña--único apellido. María del Carmen Escobar, El santo. Luis Alberto Luna de León, Observador silencioso, "Ego, te absolve." Karl Krause Forno, La pequeña pocomán. Amílcar Zea, Un día llegaré a ser estrella. Alicia María Roxana Orante Córdova, Anatomía de un suicidio. Octavio Salguera, "El Camborondongo." Mariabelem, El vagón lleno de fruta. Pablo Troy Martínez, El nacimiento de Raxaná. Ana María Flores de De León, La carta que no llegó. Ovidio García Morales, Enigma. César Alonzo Lima, Doña Julia.

Stories from the "Certamen Federico Hernández de León" in 1983.

**M 6**  Lión, Luis de, et al. <u>Certamen permanente centroamericano "15 de septiembre" 1985</u>. Guatemala City: n. p., 1986. 150 pp.

Luis de Lión, Pájaro en mano. William Lemus, Rostros de vórtice y agonía. Manuel Corleto, Ayer tuve un sueño.

Stories from a contest.

**M 7**  Marsicovétere y Durán, Miguel, ed. "Antología de cuentistas guatemaltecos." <u>Revista del Maestro</u> 3.10 (1948): 110-141.

Miguel Angel Asturias. Alfredo Balsells Rivera. Pedro Pérez Valenzuela. Carlos Samayoa Aguilar. Enrique Gómez Carrillo.

Unable to annotate.

**M 8**  Méndez de Penedo, Lucrecia, ed., intro. and notes. <u>Joven narrativa guatemalteca</u>. Guatemala City: RIN-78, 1980. 64 pp.

Franz Galich, El ratero. Max Araujo, Poeta, El invento, El bachiller. Mario Alberto Carrera, Marylin. Méndez Vides, La venganza de mi amigo. Sam Colop, Quiché Achí guerrero. Víctor Múñoz, La penúltima invasión de las hormigas. Dante Liano, La griega.

The writers all belong to a cooperative called RIN-78.

**M 9** Monterroso, Augusto, et al. <u>Cuentos de Guatemala 1952</u>. Intro. Rafael Sosa. Guatemala City: Ediciones Saker-Tí, 1953. 47 pp.

Augusto Monterroso Bonilla, Uno de cada tres. Lola Villacorta Vidaurre, Escuela rural. Rubén Barreda Avila, La rebelión de los descalzos.

Winners of the "Primer Certamen Nacional de Cuento." Monterroso won the first prize.

**M 10** Orantes, Alfonso, ed. and intro. "Cuentos de Guatemala." Biblioteca Selecta (Panama City) 2.13 (1947). 54 pp.

> Máximo Soto Hall, La Tzehua. Rafael Arévalo Martínez, La cajita. Carlos Wyld Ospina, Felipe Esquipulas. Flavio Herrera, La deuda. Arqueles Vela, El hormiguero. Carlos Samayoa Aguilar, El hombre de los bastones. Miguel Angel Asturias, El hermano Pedro. Carlos Samayoa Chinchilla, Los revolucionarios. Rosendo Santa Cruz, Rosalinda. Francisco Barnoya Gálvez, Confidencia que le hizo un indio bolo a otro indio.

Brief intro., no notes on stories or authors.

**M 11** Salazar, Melintón, ed. and intro. Cuentos verapacenses. Intro. Carlos Ayala. Guatemala City: Editorial Istmo, 1968. 109 pp.

> Lola Villacorta Vidaurre, Escuela rural, El dolor del cacique. Rosendo Santa Cruz, Zacarías Xol. Francisco Reyes, Jut. . . jut, pájaro mutilado, Los chuchos. Oscar A. Sierra, Cuando el maíz llora, Otra vez el cacique. Rafael Arévalo Morales, Petit, La Baltasara. Marco Vinicio Lemus López, La quebrada, El fuego es dador de vida. Carlos Arévalo Morales, Los chiles del ingeniero Lanza, La "ayayay." Magdalena Ponce de Véliz, La patoja del Manuel Mucú. Oscar Ovalle Samayoa, El curandero. Gualberto Cú Caal, Las tres cruces. Enrique Prera Sierra, La serpiente mujer. Waldemar Godoy Prado, Bagazo de caña.

Stories from the Verapaz region. Publication sponsored by the Asociación Regional Alta Verapacense.

**M 12** Solares Larrave, Francisco José, et al. Premios cuento. Guatemala City: Ministerio de Cultura y Deportes de Guatemala, 1987. 143 pp.

> Francisco José Solares Larrave, Las viejas tradiciones y otras nuevas. Francisco Nájera, El sueño de Dios. William Lemus, Octubre es un pueblo.

Winners of the "Certamen Permanente Centroamericano '15 de Septiembre'" for 1987.

# N. Honduras

**N 1** Acosta, Oscar, and Roberto Sosa, eds. <u>Antología del cuento hondureño</u>. Intro. Arturo Quesada. Tegucigalpa: Universidad Nacional Autónoma de Honduras, 1968. 242 pp.

Juan Ramón Molina, El Chele, La niña de la patata. Froylán Turcios, La mejor limosna, Katie. Rafael Heliodoro Valle, ¡M'Hijito! Samuel Díaz Zelaya, Los Pencos. Arturo Martínez Galindo, El incesto, La tentación, El padre Ortega. Arturo Mejía (nieto), La culebra. Federico Peck Fernández, Vaqueando. Marcos Carías Reyes, Vidas rotas, El corvo. Rafael Paz Paredes, El guarda Téllez. Alejandro Castro (hijo), El prisionero, Casas vecinas. Víctor Cáceres Lara, Paludismo, El Lepasil. Santos Juárez Fiallos, Pasajes gratis. Luis Díaz Chávez, Gaspar Nahualá. Eliseo Pérez Cadalso, El Tunco Crescencio, Pozo de Malacate. Jaime Fontana [Víctor Eugenio Castañeda], Lepazalt. Orlando Henríquez, Nacimiento último. Héctor Bermúdez Milla, Entre ceja y ceja. Armando Zelaya, En la cantera. Adolfo Alemán, El jarrón de los mayas. David Moya Posas, El prófugo. Justiniano Vásquez, El macho Bermejo. Oscar Acosta, Los combatientes, El vencedor, La letra L H, La búsqueda, El regresivo. Francisco Salvador, Tiempo de lucha. Marcos Carías [Fausto Zapata], Vuelta. Edmar C. Viana, Una noche de arena. Eduardo Bahr, La alcachofa es un caso de silogismo. Julio César Escoto, Resistir. No Resistir. La Resistencia. ¿Y por qué la Resistencia?

Brief intro. says that this is the first short story anthology in Honduras, and that the authors included were born between 1875 and 1944.

**N 2** Oviedo, Jorge Luis, ed. and intro. <u>El nuevo cuento hondureño</u>. Tegucigalpa: Dardo Editores, 1985. 129 pp.

Pompeyo Del Valle, La calle prohibida, Una elfina. Marcos Carías, Día de la boda. Eduardo Bähr, Crónica de un corresponsal no alineado, Los héroes de la fiebre. Julio Escoto, Relato primero del fotógrafo loco, Abril, antes del mediodía. Roberto Castillo, Anita la cazadora de insectos, La laguna. Edilberto Borjas, Ultimo acto, Lo peor de todo es que. Horacio Castellanos Moya, Como si lu hubiéramos jodido todos, Los predicadores.

Useful intro.

**N 3** Undurraga, Antonio de, ed and intro. <u>Honduras, fábulas y cuentos</u>. Tegucigalpa: Tipografía Nacional, 1970. 320 pp.

Juan Ramón Molina, El Chele. Luis Andres Zúñiga, El escarabajo y la luciérnaga, El mono sabio, Martín Pescador y sus rentas, Los aspirantes al trono, El gran equilibrista, El señor intendente, Los conjurados, El diputado hablanchín, La muerte del cisne, El barbero, La alondra y el pito real, El derecho de la fuerza, El manicomio, El sapo y la estrella, Una fiesta en la corte.  Marco Antonio Rosa, Cuentos de camino real, Un domingo en la montaña. Arturo Martínez Galindo, La pareja y uno más, La tentación, El incesto, La amenaza invisible. Marcos Carías Reyes, La walkyria, Festín, Vidas rotas, La familia de Jacinta, Al azar, Un tonto, Destino. Argentina Díaz Lozano, La furia de Cucuyagua. Alejandro Castro (hijo), Confesiones de un niño descalzo, Pasión, El sombrero de paja, El prisionero.  Víctor Cáceres Lara, Parricidio, La revolución, Luna de miel, La espera terrible, La ciguata, La Juana chica.  Santos Juárez Fiallos, La mujer en el ómnibus, El arma en la mente, El milagro, El hombre que no quería hablar.  Eliseo Pérez Cardoso, El Tunco Crescencio, Los caminos de la carne.  Orlando Henríquez, Aquellos ojos verdes, Nacimiento último, Thanks Giving Day.  Oscar Acosta, El hombre feliz, La espada, El cazador, Palabra de honor, El Duende.

Bio-bibliographical notes, glossaries.

# O. Mexico

**O 1** Acosta de Piña, María del Carmen, et al. <u>Primera antología de narrativa tamaulipeca</u>. N. p.: Gobierno de Tamaulipas, Dirección General de Asuntos Culturales, 1983. 120 pp.

María del Carmen Acosta de Piña. Juan José Aguilar León. María Prisca Báez Lara. Liduvina Benavides Peña de Ruiz. Juan Francisco Brondo Cepeda. Delfina Cabrera González. Luis Miguel Díaz Cuan. Olga G. de Gochicoa. Carlos González Salas. María Luz de Leal. Lucila Romero López de Bonilla. Manuel F. Rodríguez Brayda. Keyla Rodríguez Huerta. Alejandro Rosales Lugo. Altair Tejeda de Tamez.

Very brief unsigned intro.

**O 2** Aguayo, Miguel, et al. <u>Anuario del cuento mexicano 1962</u>. Mexico City: Instituto Nacional de Bellas Artes, 1963. 312 pp.

Miguel Aguayo. Inés Arredondo. Teresa Aveleyra Arroyo de Anda. Raquel Banda Farfán. Salvador Barros Sierra. Sarah Batiza. José María Benítez. María Elvira Bermúdez. Alberto Bonifaz Nuño. Salvador Calvillo Madrigal. Emilio Carballido. Raúl Carrancá y Rivas. Ulises Carrión. Luis Córdova. Hugo Covantes. Alberto Dallal. Amparo Dávila. Emma Dolujanoff. Guadalupe Dueñas. Esteban Durán Rosado. José Luis Escamilla. Beatriz Espejo. Jorge Ferretis. Salvador Gallardo Topete. Juan García Ponce. José Guadalupe Herrera Carrillo. Ignacio Ibarra Mazari. Carlos Juan Islas. Ernesto Jubil. Lilia Rosa. Jorge López Páez. Elsa de Llarena. Fernando Macotela. Alfredo Márquez Campos. Jesús Medina Romero. Juan Vicente Melo. Samuel de la Mora. María Esther Ortuño de Aguiñaga. José Emilio Pacheco. Gabriela del Perches. Sergio Pitol. Carmen Rosenzweig. Gustavo Sainz. Ricardo Salgado Corral. Irma Sabina Sepúlveda. Rafael Solana. Juan Manuel Torres. Edmundo Valadés. Carlos Valdés. Víctor Villela. León Wainer-Kahn.

The last of the series of yearbooks of the Mexican short story that started in the mid-1950s.

**O 3** Agüeros, Victoriano, ed. <u>Novelas cortas de varios autores</u>. Biblioteca de Autores Mexicanos, 33, 37. Mexico City: Imprenta de V. Agüeros, 1901. Unable to annotate.

**O 4** Aguilar C., Héctor, et al. <u>El día menos pensado . . . (y otros 14 cuentos de jóvenes premiados)</u>. Mexico City: Organización Editorial Novaro, 1969. 140 pp.

Héctor Aguilar C., El día menos pensado. Rafael Torres Arias, Siempre lo mismo. Fernando Javier Morett, Jr., Un amor para mi vida. Alejandro Ordorica Saavedra, Alguien tiene que morir, Aún lloraba. José Guillermo Zambrano, Sin título. Antonio Sarabia, Paredes. Arturo Federick, El melómano. Rafael Torres Arias, Crónicas, El todo par la nada. Jaime Bernal Macouzet, Y dejé de ser abogado. Hasso Opitz, ¡Ayer-- nada! Marco di Carlo, Sin título. José Guillermo Zambrano, El vestido azul, Testimonio.

Contestants in a short story competition organized by the Escuela de Ciencias y Técnicas de la Información of the Universidad Iberoamericana in Mexico City.

**O 5** Aguilar, Ricardo, Armando Armengol, and Oscar U. Somoza, eds. and intro. <u>Palabra nueva: Cuentos chicanos</u>. El Paso: Texas Western Press, The University of Texas at El Paso, 1984.

Luca Corpi, Los Cristos del alma. Francisco X. Alarcón, Las repatriaciones de noviembre. Alice Gaspar de Alba, El pavo. Miguel Méndez M., Juanrobado. Fausto Avendaño, El forastero. A. Gabriel Meléndez, Cuento de hadas. Rosaura Sánchez, Crónica del barrio. Ernesto Rubí, La entrevista. César A. González, The Wizard or things that go bump in the night. Willivaldo Delgadillo and José Manuel García, Puede sonarte raro el nombre. Salvador Rodríguez del Pino, Cuentos de la Costa Grande. Agapito Mendoza, El Tury's. Albert E. Cota, Pásame una taza amarga. José Antonio Burciaga, La sentencia. Rolando Hinojosa Smith, Con el pie en el estribo.

Stories from a contest for Chicano writers.    Good intro. on the development of Chicano writing.

**O 6** Agustín, José, et al. <u>De los tres ninguno</u>. Mexico City: Federación Editorial Mexicana, 1974. 125 pp.

José Agustín, Cuarenta arquetipos desenvainan, Punto decisivo, Llenos de confianza lo miran. René Avilés Fabila, La lluvia no mata las flores, La otra dimensión o la dama del cuadro, La antesala de la muerte, Introducción al estudio del derecho mexicano, Los juegos. Gerardo de la Torre, Farolito, Un cadáver en la esquina, Una noche oscura y tormentosa, Vanessa.

No intro.

**O 7** Alderete, Jesús R., et al. <u>Anuario del cuento mexicano 1955</u>. Intro. Andrés Henestrosa. Mexico City: Instituto Nacional de Bellas Artes, 1956. 346 pp.

Jesús R. Alderete, La bicha. Juan José Arreola, Parábola del trueque. Carmen Báez, Dos o tres meses. María Elvira Bermúdez, La clave literaria. Juan de la Cabada, La llovizna. Clemente Cámara Ochoa, La entrevista. Alfredo Cardona Peña, El caso del profesor Grammáticus. Antonio Castro Leal, El espía del alma. Luis Córdova, Cenzontle. Crisanto Cuéllar Abaroa, ¡Yo soy Domingo Arenas! Gerardo Cuéllar, Mi hermano Marcos. Sadot Fabila H., Extraña bibliomanía. Jorge Ferrat Alday, Las camelias de mamá. Gastón García Cantú, Los falsos rumores. César Garizurieta, Juanita "La Lloviznita." Henrique González Casanova, La ruptura. Enrique González Rojo, La cacería. Eduardo Lizalde, Las cadenas. Margarita Mendoza López, . . . De un país inexistente. Roberto Núñez y Domínguez, Alma viajera. Eglantina Ochoa Sandoval, Un ángel llora. Ana Ortiz, El diablo y el hombre. María Esther Ortuño de Aguiñaga, Allá en Santa Marta. Alberto Quiroz, Algodón. José Revueltas, El lenguaje de nadie. Salvador Reyes Nevares, Algunos apuntes relativos al Monte de la Verdad. José Rojas Garcidueñas, Historia de "Amigo." Juan Rulfo, El día del derrumbe. Rubén Salazar Mallén, El puente. Eugenio Trueba Olivares, El pañuelo. Francisco L. Urquizo, La sombra. Edmundo Valadés, La muerte tiene permiso.

Second volume in the series of yearbooks of the Mexican short story.

**O 8** Alfonso, Guadalupe, et al. <u>Pasos</u>. Mexico City: Ediciones Oasis, 1968. 200 pp.

Guadalupe Alfonso. J. Alberto Casillas. Hugo Covantes. Hugo Estrada. Iván García Contreras. Fernando Martínez. Gonzalo Martré. José Muñoz Ramos. Elia G. Ramírez. Rafael Torres Arias. Carlos Vázquez Gargallo.
Unable to annotate.

**O 9** Alurista, ed. Southwest Tales in Memory of Tomás Rivera: A Contemporary Collection.
Unable to annotate.

**O 10** Amor, Guadalupe, et al. Anuario del cuento mexicano 1959. Mexico City: Instituto Nacional de Bellas Artes, 1960. 248 pp.

Guadalupe Amor, La cómplice. Juan José Arreola, Cocktail party. José María Benítez, Amanecer. María Elvira Bermúdez, La búsqueda. Alberto Bonifaz Nuño, Evasión. Salvador Calvillo Madrigal, El señor aquél. Emilio Carballido, Después del combate. Rosario Castellanos, La muerte del tigre. Antonio Castro Leal, El dragón pragmatista. Luis Córdova, Los trabajos perdidos. Amparo Dávila, Moisés y Gaspar. Emma Dolujanoff, Llano Grande. Guadalupe Dueñas, Carta a un aprendiz de cuentos. Jorge Ferretis, Un trompo en el corazón. Sergio Galindo, Los muertos por venir. Rafael Gaona, Una criatura de Dios. Raúl Renán González, Los zopilotes blancos. Ignacio Helguera, La manzana mordida. Vicente Leñero, El castigo. Miguel N. Lira, La Virgen y la rosa. Jorge López Páez, Los invitados de piedra. Tomás Mojarro, Cruenta alegría, cenzontle. Eglantina Ochoa Sandoval, Flor de sonido. José Emilio Pacheco, La luna decapitada. Sergio Pitol, En familia. José Revueltas, Dormir en tierra. Salvador Reyes Nevares, El vitral de la corneja. Carmen Rosenzweig, En una tarde. Ramón Rubín, El ánima de Juan Cocospe. Juan Rulfo, La herencia de Matilde Arcángel. Gustavo Sainz, La deshabitada. Arturo Sotomayor, Aquella tarde llovía. Edmundo Valadés, En cualquier ciudad del mundo. Carlos Valdés, El héroe de la ciudad.

Part of the series of yearbooks of the Mexican short story.

**O 11** Anaya, Rudolfo, and Antonio Márquez, eds. Cuentos chicanos: A Short Story Anthology. Albuquerque: University of New Mexico Press.
Unable to annotate.

**O 12** Aragón, José, et al. Relatos de autores chihuahuenses. Intro. Alfredo Jacob. Chihuahua: Editorial Paquime, 1976. 186 pp.

José Aragón, Hace mucho que me estás esperando, Un retoño con ramas hasta el cielo. Isauro Canales, La noche de la esperanza, La palabra. Alberto Carlos, El cazador de ausencias, No conviene hacer amigos. Sergio Cervantes, Castigo, Como antes. Lulu Creel Muller, Adiós, hijo mío, adiós, Todo tiempo pasado fue. Fernando Chávez Amaya, Regreso, Sólo era un extraño. Margarita Flores Castillo, El premio, Cuento sin nombre. Pascual García Orozco, Fusil Mojado, La bella Isabel Amparo. Lourdes Garza Quesada, Una mujer sin dificultades, Ese pueblo esperanzado. Miguel Angel Macías, Navegar, Historias. Pedro Medrano, Cuento que no lo es, Una cita inesperada. Miguel R. Mendoza G., Venado charaguatudo, Chamaco. Jesús Miguel Moya, Nadie puede decirme que, Ella dice que me quede. Ana María Neder, Un huerto lleno de cosas raras, ¡Caramba! Héctor Ornelas K., Naguas largas, Despedida de Soltera. Manuel Talavera, Al amanecer, Alicia.

Intro. explains relative lack of short stories in the state of Chihuahua because of the geographical isolation suffered by the writers.

**O 13** Arana, Federico, et al. Narrativa de hoy, técnica y difusión. Mexico City: Difusión Cultural/Departamento de Humanidades, UNAM, 1979. 308 pp.

Federico Arana. Manuel Capetillo. Luis Chumacero. Alberto Dallal. Edmundo Domínguez Aragonés. Héctor Gally. Humberto Guzmán. Hugo Hiriart. Salomón Laiter. David Martín del Campo. María Luisa Mendoza. Carlos Montemayor. Raúl Navarrete. Jorge Arturo

Ojeda. Orlando Ortiz. Francisco Prieto. Emma Rueda Ramírez. Bernardo Ruiz. Esther Seligson. Ignacio Solares. Juan Tovar.

Unable to annotate.

**O 14** Arenas [Hernández], Francisco Javier, et al. <u>Cuentos para mayores</u>. Intro. Manuel Ramírez Reyes. Mexico City: Librería de Manuel Porrúa, 1966. 155 pp.

Francisco Javier Arenas, Rey, El embrujao, El gato de Allan Poe, Niño tonto, En el umbral. José Luis Carrasco D., Los lirios de Carlota. Alberto León de Elías, Fin de año. Rosa Helú Dondé, Iris: de la niebla y del viento. Renata Saavedra Orihuela, Perro que ladra. Francisco Javier Arenas, Los dos Luna, Como todos los años, Sin nombre, Veinte centavos . . . y la vida por delante.

The intro. by Ramírez Reyes is devoted to the life and work of Arenas. There is also an intro. by Arenas in which he presents the other four authors.

**O 15** Arredondo, Inés, et al. <u>Anuario del cuento mexicano 1961</u>. Mexico City: Instituto Nacional de Bellas Artes, Departamento de Literatura, 1962. 252 pp.

Inés Arredondo, La Sunamita. Juan José Arreola, Allons voir si la rose. Raquel Banda Farfán, El prisionero. José María Benítez, Tres horas del sábado. María Elvira Bermúdez, Detente, sombra. Alberto Bonifaz Nuño, La llave maestra. Ulises Carrión, Las brujas. Rosario Castellanos, Las amistades efímeras. Luis Córdova, Diablicos, tlocololeros y otras danzas. Enrique Creel, Cuento de Nochebuena. Emma Dolujanoff, El venado niño. Guadalupe Dueñas, El ruiseñor y la rosa. Esteban Durán Rosado, La muerte verdadera. Beatriz Espejo, En mi vigilia. Juan García Ponce, Reunión de familia. Jorge Ibargüengoitia, Amor de Sarita y el profesor Rocafuente. Ignacio Ibarra Mazari, El elefante. Vicente Leñero, Nada. Lilia Rosa, Actos privativos. Jorge López Páez, Para Emilia. Fernando Macotela, El último cometa. Velia Márquez, Volantín. Gastón Melo, La camisa. Juan Vicente Melo, Los amigos. Octavio Novaro, El punto. Eglantina Ochoa Sandoval, Breve reseña histórica. María Esther Ortuño de Aguiñaga, El funeral. José Emilio Pacheco, Tarde de agosto. Sergio Pitol, Cuerpo presente. Salvador Reyes Nevares, El sucedáneo. Carmen Rosenzweig, Eran diez años. Gustavo Sainz, Toda la magia del mundo. Rubén Salazar Mallén, Penumbra. Rafael Solana, Un candidato. Arturo Sotomayor, La señorita Irma. Juan Manuel Torres, ¡Dónde tú estás! Edmundo Valadés, La cortapisa. Olivia Zúñiga, Tumba clandestina.

Part of the series of yearbooks of the Mexican short story.

**O 16** Atl, Dr. [pseud. of Gerardo Murillo], et al. <u>Novela de la Revolución mexicana</u>. Intro. G. L. A. Biblioteca Enciclopédica Popular, 81. Mexico City: Secretaría de Educación Pública, 1945. 95 pp.

Dr. Atl, El orador mixteco. Mariano Azuela, Los de abajo. Cipriano Campos Alatorre, Los fusilados. Martín Luis Guzmán, La fiesta de las balas. Gregorio López y Fuentes, 1913. Mauricio Magdaleno, El resplandor. Rafael F. Muñoz, Oro, caballo y hombre. José Rubén Romero, Mi caballo, mi perro y mi rifle. Francisco Rojas González, La negra Angustias.

Excerpts from novels.

**O 17** Azuela, Arturo, ed., intro. and notes. <u>Narradores de la Revolución mejicana</u>. Madrid: Editorial Revolución, 1986. 177 pp.

Mariano Azuela, Los de abajo. Martín Luis Guzmán, La fiesta de las balas. José Vasconcelos, Adriana, Política y negocios, La amistad, El embajador yanqui. Rafael F. Muñoz, "Becerrillo," Dinamita en la noche. Agustín Yáñez, Al filo del agua. Mauricio Magdaleno, Los condenados. Juan Rulfo, Pedro Páramo. Jorge Ibargüengoitia, Los relámpagos de agosto.

Consists of fragments of novels.

**O 18** Barceló R., Víctor Manuel, ed. and notes. <u>Panorámica del cuento mexicano</u>. Biblioteca Colombiana de Cultura, Colección Popular, 124. Bogotá: Instituto Colombiano de Cultura, 1973. 189 pp.

Juan José Arreola, Confabulario total. Víctor Manuel Barceló R., La luna y los lunáticos. José María Benítez, Tres horas del sábado. Alberto Bonifaz Nuño, Evasión. Emmanuel Carballo, En la esquina. Rosario Castellanos, Balún Canán, Sergio Galindo, Polvos de arroz. Guadalupe Dueñas, El ruiseñor y la rosa. Juan García Ponce, Figura de Paja. Efrén Hernández, Tachas. Vicente Leñero, Los albañiles. Tomás Mojarro, Cañon de Juchipila. Ricardo Pozas A., Juan Pérez Jolote. Francisco Rojas González, El diosero. Ramón Rubín, El duelo. Juan Rulfo, Pedro Páramo. Gustavo Sainz, Gazapo. Edmundo Valadés, Al jalar del gatillo.

Some of the selections are excerpts from novels. Rather longwinded intro., short notes on authors.

O 19 Basáñez, Carmen, et al. Ergo sum. N. p.: n. pub., 1985? N. pag.

Sonia González, La noche es de los lobos. Pía Barros, Desayunos. Sonia Guralnik, París. Sara Karlic, Entre ánimas y sueños. Carmen Basáñez, En granaje. Pedro Mardones, Gaspar. Jorge Montealegre, Catalina. Mireya Keller, Los hombres no lloran. Luis Hermosilla, Margarita Matamala. Elena O'Brien, Los ojos del tiempo. Ana María del Río, Ojalá se me olvidará. Pilar Laporta, Pague por ver.

A boxed set of loose sheets, with one story printed on each sheet. Basañez's name appears first on the box, but no publication info. is given.

O 20 Bermúdez, María Elvira, ed. and intro. Cuento policíaco mexicano: Breve antología. Mexico City: Universidad Nacional Autónoma de México/Premiá, 1987. 153 pp.

Antonio Helú, Debut profesional. Rafael Bernal, La muerte poética. Rubén Salazar Mallén, El caso del usurero. Salvador Reyes Nevares, El vitral de la corneja. José Revueltas, Sinfonía pastoral. José Emilio Pacheco, Algo en la oscuridad. Vicente Leñero, ¿Quién mató a Agatha Christie?

Excellent intro., biblio.

O 21 Bermúdez, María Elvira, ed. Cuentos fantásticos mexicanos. Mexico City: Editorial Oasis, 1963.

Unable to annotate.

O 22 Bermúdez, María Elvira, ed. and intro. Los mejores cuentos policíacos mexicanos. Biblioteca Mínima Mexicana, 15. Mexico City: Ed. Libro-Mex, 1955. 143 pp.

Antonio Helú, Las tres bolas de billar. Rafael Bernal, De muerte natural. Pepe Martínez de la Vega, El muerto era un vivo. Antonio Castro Leal, El príncipe Czerwinski. Rubén Salazar Mallén, El caso del usurero. María Elvira Bermúdez, La clave literaria.

The intro. to Bermúdez's later anthology of crime fiction is much more impressive.

O 23 Berumen, Patricia, et al. Sin permiso: Cuentos. Intro. José Agustín. Mexico City: Editorial Domés, 1984. 121 pp.

Patricia Berumen, Experimento número uno. Oralba Castillo Nájera, Querido Melchor. Bernarda Solís, Fuera de toda sospecha. Patricia Gómez Maganda, Elektra. Bernarda Solís, En casa, La ruptura. Patricia Gómez Maganda, La noche del estreno. Paloma Jiménez Gálvez, La higuera. Patricia Gómez Maganda, La oportunidad. Paloma Jiménez Gálvez, Pobre Sofía. Patricia Gómez Maganda, El final de la espera. Paloma Jiménez Gálvez, La otra. Bernarda Solís, A sotavento. Oralba Castillo Nájera, Ya me tiene harta. Patricia Berumen, Tauromagia. Bernarda Solís, Entre sus chaquiras y sus lentejuelas.

Agustín's intro. is entitled "¿Sin permiso? Pues lléguenle." From the intro.: "Las cinco son chavas que no tuvieron que fajarse con la pobreza, pero sí con las horrendas dificultades que el dinero ofrece para un desarrollo auténtico y honesto; en mundos de frivolidad, de superficialidades y oropeles engañosos es difícil que una mujer decida romper con lo más enajenante del medio y procure buscarse a sí misma."

**O 24**    Bravo, Roberto, ed. and intro.    <u>Itinerario inicial (La joven narrativa de México)</u>. Colección Maciel, 8. Tuxtla Gutiérrez: Universidad Autónoma de Chiapas, 1985. 300 pp.

> Héctor Aguilar Camín, Versión para Teresa Alessio. Ignacio Betancourt, De cómo Guadalupe bajó a la montaña y todo lo demás. Marco Antonio Campos, Desde el infierno. Salvador Castañeda, Entre carrizos. Carlos Chimal, Uma bomba para Doménica. Alberto Enríquez, Otra vez el círculo. Alejandro García, Los furiosos guaruras desencandenados. Emiliano González, Rudisbroeck o los autómatas. Humberto Guzmán, Código de túneles. Alberto Huerta, Tarántula. Bárbara Jacobs, La vez que me emborraché. Saúl Juárez, Uno se cansa. Ethel Krauze, Rumbo al Popo. Hernán Lara Zavala, A la caza de iguanas. Gerardo María, Rumbo al campo. David Martín del Campo, Ella nos acompañaba por todas las ciudades. Gustavo Masso, La madrugada de los abortados. Silvia Molina, Amira y los monstruos de San Cosme. David Ojeda, Sobra un cadáver y un recuerdo. Emiliano Pérez Cruz, Ustedes no saben, pero ya ven. María Luisa Puga, Difícil situación. Carlos Ramírez, Imágenes. Agustín Ramos, Corpus. Luis Arturo Ramos, Vuelta a casa. Bernardo Ruiz, El Club de la Lechuza. Guillermo Samperio, Desnuda. Morris Schwarzblat, Día de campo. Jaime Vázquez, Dilecto amigo. Juan Villoro, Un pez fuera del agua.

Intro. begins with an attack on Gustavo Sainz, whose <u>Jaula de palabras</u> is said to be a mixture of new writers and already established ones, packaged as "new." Rest of intro. tries to explain the difference between this "Nueva-Joven literatura" and the "literatura de la Onda."

**O 25**    Bruce-Novoa, Juan, and José Guillermo Saavedra, eds.    <u>Antología retrospectiva del cuento chicano</u>. Mexico City: Consejo Nacional de Población, 1988. 217 pp.
Unable to annotate.

**O 26**    Brushwood, John S., ed. and intro.    <u>Los ricos en la prosa mexicana</u>. Mexico City; Editorial Diógenes, 1970. 151 pp.

> José Agustín, La tumba. Manuel Farill, Los hijos del polvo. Sergio Galindo, La comparsa. Carlos Fuentes, La muerte de Artemio Cruz. Agustín Yáñez, Ojerosa y pintada. Jorge López Páez, Josefina Escobedo. Mariano Azuela, Las tribulaciones de una familia decente. José López Portillo y Rojas, Fuertes y débiles. Gregorio López y Fuentes, Tierra. Carlos González Peña, La fuga de la quimera. Heriberto Frías, El último duelo. Ignacio Manuel Altamirano, La vida en México. Manuel Payno, El fístol del diablo. José Joaquín Fernández de Lizardi, La Quijotita y su prima.

Some of the selections are excerpts from longer works.    Extensive intro. on representation of class relations in Mexican literature.

**O 27**    Cabada, Juan de la, et al. <u>Nuestros cuentos</u>. Colección Tehutli 2. Mexico City: Unidad Mexicana de Escritores, 1955. 106 pp.

> Juan de la Cabada, La llovizna. Eglantina Ochoa Sandoval, Los Roli. Julio Hernández Terán, Sor Teresa. Alberto Quirozz, Cantimploro Redes. Máximo Magdaleno, La espera. Celedonio Martínez, Juan de la Vaca. Patricia Cox, Estafa de esperanzas. Héctor Morales Saviñón, El país de los cuentos. Ramiro Aguirre, Las chicas de Wyoming.

For second volume see listing under Campos Alatorre.

**O 28**    Campo, Xorge del, ed. and notes. <u>El cuento del fútbol: Textos, cuentos y contextos</u>. Mexico City: Ediciones Luzbel, 1986. 136 pp.

José Revueltas. Gonzalo Martré. Juan Cervera. Roberto López Moreno. Mario Enrique Figuero. Pedro Valdez. Guillermo Samperio. Oscar Wong. Eusebio Ruvalcaba. Luis de la Peña. Juan Villoro. Eloy Pineda.
Stories about soccer.

**O 29**  Campo, Xorge del, ed., intro. and notes.  Cuentistas de la Revolución mexicana.  Mexico City: Comisión Nacional para la Celebración del 175 Aniversario de la Independencia Nacional y del 75 Aniversario de la Revolución Mexicana, 1985. 8 vols.  223 + [?] + [?] + 213 + 171 + 302 + 183 + 213 pp.

Vol. 1: Mariano Azuela, De cómo al fin lloró Juan Pablo, La nostalgia de mi coronel, Anuncio a línea desplegada, Un rebelde. Gerardo Murillo [Dr. Atl], La juida, El niño y el general, El soldado y su mujer. Martín Luis Guzmán, La fiesta de las balas, Un préstamo forzoso, Pancho Villa en la cruz, La muerte de David Berlanga. Julio Torri, Los fusilamientos. Manuel W. González, La toma del Palatol, ¿Quién fue Homero? ¡Ay viene el viejo! Francisco L. Urquizo, Lesa, Lo imprevisto, Alma agrarista, Mi batallón, De retirada, La tristeza del viejo, La cabeza de Blanquet. Ermilo Abreu Gómez, Así era entonces, Don Fernando. José Mancisidor, Mejor que perros. Francisco Monterde, El mayor Fidel García, Lencho.
Vol. 4: Benita Galeana, Con los soldados, La lucha con los dorados. Cipriano Campos Alatorre, Los fusilados. Mauricio Magdaleno, El compadre Mendoza. María Esther Nájera ["Indiana Nájera"], Nochebuena, La peseta. Cármen Báez, La cilindra, El hijo de la tiznada, Canción de cuna, La venganza, El libertador. Luis Córdova, Domingo Lunes. Mario Pavón Flores, Los gusanos rojos. Arturo Sotomayor, El general se escapó. Antonio Acevedo Escobedo, Sombra en luz, Memorias de la 595. Nellie Campobello, Hombres del norte: Cartucho, Elías, El Kirilí, Bustillos, Bartolo, Agustín Gracia, Villa. Alejandro Gómez Maganda, Ahí viene la bola, Dimas Fierro, El político, Alba roja.
Vol. 5: Isaac Rojas Rosillo, El maicito. Ramón Rubín, El colgado. José Revueltas, Dios en la tierra. Edmundo Valadés, La muerte tiene permiso, Las raíces irritadas. Gastón García Cantú, La voz. Juan Rulfo, Nos han dado la tierra. Salvador Reyes Nevares, Historia de un hombre digno. Francisco Salmerón, La vereda del venado, Ora hay que dormirse a fuerza, Suplemento. Cayetano Rodríguez Beltrán ["Onateyac"], Brigadier. Teodoro Torres ["Caricato"], Algo sobre Pancho Villa, Historia de un bilimbique falso. Juan Vereo Guzmán, La sangre de los vencidos. Jack London, El mexicano. John Reed, Soldados de fortuna, Peones. Pepe Ulises ["El amargao"], Un carranclán 100 por 100. Antonio Enríquez Filio, El hermano Carmelo. Segundo Valdez, El bandolero de Huasteca Potosina. Celia Herrera, La vida en Parral: tenebrosa pesadilla. Reynaldo Pérez Gallardo, Los cuatro caballos del jefe, Los tres tenientes, El asistente fatídico, El tiro de gracia. Enrique Othón Díaz, El asalto. Cutberto Hernández Torres, Crisóforo Gil. Carlos Luquín, Juan Silvestre.
Vol. 8: Marcelino Dávalos, ¡Huelguistas! Praxedis G. Guerrero, Episodios revolucionarios Las Vacas, Viesca, Palomas, La muerte de los héroes. Juan Macedo López, El jefe Félix Ramírez (Apuntes de un asistente). Alberto Quirozz, Cacería. Lorenzo Turrent Rozas, Camino. Enrique Barreiro Tablada, Contra el embajador. Alvaro Córdoba, Marcos, Sol. Consuelo Uranga, Un crimen. Solón Zabre, El huelguista. Guillermo H. Ramírez, Cómo murió la viuda de Heraclio Bernal, La masacre de Chaparro, Michoacán, Un incidente en Parral, José Miraso y la muerte de Villa, José Altamirano Dávalos, bandido audaz y romántico. Jesús Carranza Góntiz, El burro que se hizo cristo.

Vol. 6 consists of bio-bibliographical notes on authors not included in the volumes of the anthology.  Vol. 7 also includes information on the theater of the revolution. Vol. 8 includes bio-bibliographical notes on a variety of novelists of the revolution. Unable to annotate vols. 2 and 3.

**O 30**  Campo, Xorge del, ed.  Narrativa joven de México.  Intro. Margo Glantz. Mexico City: Siglo XXI Editores, 1969. 252 pp.

Juan Tovar, Cuide su vida. Gerardo de la Torre, La primera vez, El último jueves. Eugenio Chávez, Lo extraño, Concierto para guitarra y tiempo, El error. Xorge del Campo, El espejo, El verdugo I, El verdugo II, El verdugo III, El cielo y el hombre. Elsa Cross, La prueba, Soliloquio, Por ahí. Eduardo Naval, Germinación, El viaje. Roberto Páramo, Los diádocos.

Manuel Farill Guzmán, Cuernoslargos, Tu obra. Juan Ortuño Mora, Aniversario, Búsqueda. René Avilés Fabila, El viento de la ciudad. José Agustín, Cuál es la onda.

Important anthology of emerging new literature in Mexico, later expanded by Glantz as Onda y escritura en México.

**O 31**  Campos, Marco Antonio, and Alejandro Toledo, eds. Narraciones sobre el movimiento estudiantil de 1968. Intro. Marco Antonio Campos. Xalapa: Universidad Veracruzana, 1986. 163 pp.

José Revueltas, Ezequiel o la matanza de los inocentes. Juan Tovar, De oídas. Guillermo Samperio, Venir al mundo. Jorge Aguilar Mora, Si muero lejos de ti. Fernando del Paso, La cofradía del pedo flamígero. Agustín Ramos, Al cielo por asalto. Hernán Lara Zavala, En la oscuridad. Roberto López Moreno, El general. Gonzalo Martré, Acero verde. Gerardo de la Torre, El vengador.

Stories about the student movement and the Tlatelolco massacre.

**O 32**  Campos Alatorre, Cipriano, et al. Nuestros cuentos (Segunda serie). Colección Tehutli 4. Mexico City: Unidad Mexicana de Escritores, 1955. 117 pp.

Cipriano Campos Alatorre, Un amanecer extraño. Francisco Rojas González, La celda 18. Julio Jiménez Rueda, El sueño de Martín Espelunca. Rafael Muñoz, Agua. Jorge Ferretis, Un viejo de plata. José Martínez Sotomayor, Desilusión. Alberto Quirozz, El Ballena. Efrén Hernández, De Nicomaco. Rubén Salazar Mallén, Fragmento. Enrique Vázquez Islas, Doña Machi. Arturo Sotomayor, El general se escapó. Juan José Arreola, Parturient montes.

For first vol. see listing under Cabada.

**O 33**  Carballo, Emmanuel, ed. and intro. Cuentistas jaliscienses de los siglos XIX y XX. Mexico City: El Día, 1983. 24 pp.

Manuel Alvarez del Castillo. Juan José Arreola. Mariano Azuela. Cipriano Campos Alatorre. José López Portillo y Rojas. José Martínez Sotomayor. Francisco Rojas González. Ramón Rubín. Juan Rulfo. Victoriano Salado Alvarez. Agustín Yáñez.

Literary supplement "El Gallo Ilustrado" 1123 (31 December 1983). Unable to annotate.

**O 34**  Carballo, Emmanuel, ed. and intro. Cuentistas mexicanos modernos. Biblioteca Mínima Mexicana, 26-27. Mexico City: Libro-Mex Editores, 1956. 2 vols. 128 + 168 pp.

Vol. 1: Juan Rulfo, El hombre. Juan José Arreola, El guardagujas. Alfonso Toral Moreno, Uxor. Armando Olivares, Parménides. Edmundo Valadés, El pretexto. Gastón García Cantú, El día del juicio. Guadalupe Dueñas, Historia de Mariquita. Eugenio Trueba, Sobre documentos. Jorge López Páez, Celo profesional. Ricardo Garibay, Instantáneas de la muerte y de la espera. Henrique González Casanova, Con aquellas palabras.
Vol. 2: Sergio Magaña, La mujer sentada. Emilio Carballido, Los huéspedes. Carmen Rosenzweig, Una noche con mi abuelo. Enrique Alatorre Chávez, La horia. Carlos Valdés, ¡Salvar al mundo! Antonio Souza, La gorgona. Manuel Michel, Las Inesitas. Carlos Fuentes, Calavera del quince. Alfredo Leal Cortés, La verdadera. Tomás Mojarro, La cartera. Elena Poniatowska, La hija del filósofo. José de la Colina, Historia de un viejo y un tranvía. Hugo Padilla, El término.

The first of Carballo's anthologies.

**O 35**  Carballo, Emmanuel, ed. and intro. El cuento mexicano del siglo XX: Antología. Mexico City: Empresas Editoriales, 1964. 892 pp.

Martín Luis Guzmán, Cómo acabó la guerra en 1917. José Vasconcelos, Una cacería trágica. Julio Torri, De funerales, La conquista de la luna, Era un país pobre, De fusilamientos, El héroe, Anywhere in the South, La cocinera, Le poète maudit. Alfonso Reyes, En las repúblicas del Soconusco. Artemio de Valle Arizpe, Milagro portentoso. Mariano Azuela, Víctimas de la opulencia. Gregorio López y Fuentes, Tierra de temporal. Rafael F. Muñoz, Oro, caballo y hombre. Mauricio Magdaleno, Cuarto año. Francisco Rojas González, La parábola del joven tuerto. Lorenzo Turrent Rozas, Jack. Cipriano Campos Alatorre, Un amanecer extraño. Luis Córdova, El Tejón. Ramón Rubín, El fugitivo. José Martínez Sotomayor, El reino azul. Efrén Hernández, Tachas, Una historia sin brillo, Santa Teresa, Cerrazón sobre Nicomaco. Juan de la Cabada, La llovizna. Agustín Yáñez, Sangre de sol. Francisco Tario, La banca vacía. Rafael Solana, El oficleido. Juan José Arreola, El guardagujas, El prodigioso miligramo, La migala, Parábola del trueque, Anuncio, Una mujer amaestrada, In memoriam, Homenaje a Otto Weininger, Post scriptum, La trampa, Caballero desarmado, El encuentro, Teoría de Dulcinea. Elena Garro, La culpa es de los tlaxcaltecas. Alberto Bonifaz Nuño, La imagen y el tiempo. Armando Olivares Carrillo, El gran perro muerto. Edmundo Valadés, Al jalar el gatillo. Gastón García Cantú, Las fuerzas vivas. Emma Dolujanoff, Arriba del mezquite. Rosario Castellanos, La rueda del hambriento. Eugenio Trueba, Sobre documentos. Guadalupe Dueñas, Al roce de la sombra. Amparo Dávila, La celda. Carlos Fuentes, Chac Mool. Alfredo Leal Cortés, Orestes. José Emilio Pacheco, Parque de diversiones. Gustavo Sainz, Paisaje de fogón. Rafael Bernal, La media hora de Sebastián Constantino. José Revueltas, Dios en la tierra, La palabra sagrada, Dormir en tierra. Juan Rulfo, ¡Diles que no me maten!, Luvina, No oyes ladrar los perros, Anacleto Morones. Ricardo Garibay, Alemán tomando cerveza. Sergio Magaña, La mujer sentada. Emilio Carballido, La desterrada. Tomás Mojarro, Filtrarse oscuramente. Eraclio Zepeda, Vientooo. Xavier Vargas Pardo, Dios mediante. Carmen Rosenzweig, Juventud. Jorge López Páez, Josefina Escobedo. Arturo Martínez Cáceres, In memoriam. Carlos Valdés, Arenas de oro. Inés Arredondo, La Sunamita. Arturo Souto Alabarce, In memoriam. Juan Vicente Melo, Los amigos. Sergio Pitol, Los Ferri. Juan García Ponce, Imagen primera. José de la Colina, Barcarola. Marco Antonio Pulido, Asíntota. Juan Tovar, Dulce como un secreto.

The intro. and chronology occupy the first 188 pages, and there is an extensive final biblio. The most important scholarly anthology of the short story in Mexico.

**O 36** Carballo, Emmanuel, ed. and intro. Cuento mexicano del siglo XX/1 breve antología. Textos de humanidades. Mexico City: Coordinación de Difusión Cultural, Dirección de Literatura/UNAM, 1987. 143 pp.

Julio Torri, De funerales, La conquista de la luna, Era un país pobre, De fusilamientos, El héroe, Anywhere in the South, La cocinera, Le poète maudit. Efrén Hernández, Una historia sin brillo. José Revueltas, La palabra sagrada. Juan Rulfo, Luvina. Juan José Arreola, El guardagujas. Elena Garro, La culpa es de los tlaxcaltecas. Carlos Fuentes, Muñeca reina.

Good intro.

**O 37** Carballo, Emmanuel, ed. and intro. Las fiestas patrias en la narrativa nacional. Mexico City: Editorial Diógenes, 1982. 107 pp.

José Joaquín Fernández de Lizardi, El 27 de septiembre. Victoriano Salado Alvarez, Un 16 de septiembre. Guillermo Prieto, El grito. Ignacio Manuel Altamirano, Las fiestas de septiembre. Manuel Gutiérrez Nájera, La carta. Angel de Campo, Pobre Jacinta, Micrós. Amado Nervo, Patriotismo impermeable. Luis G. Urbina, La campana de Palacio. Salvador Quevedo y Zubieta, Socialismo inconsciente. Rafael López, El grito de antaño. Federico Gamboa, Santa en la plaza. Carlos González Peña, En el Zócalo. José Rubén Romero, El 16 de septiembre en Morelia. Carlos Fuentes, Calavera del quince.

Intro. explores historical background of the Grito de Hidalgo and provides a critical study of the literary works about it.

**O 38** Carballo, Emmanuel, ed., intro. and notes. Narrativa mexicana de hoy. Madrid: Alianza Editores, 1969. 268 pp.

José Revueltas, La palabra sagrada. Juan José Arreola, El guardagujas. Juan Rulfo, Luvina. Elena Garro, La culpa es de los tlaxcaltecas. Emilio Carballido, La desterrada. Carlos Fuentes, La muñeca reina. Juan Vicente Melo, El verano de la mariposa. Juan García Ponce, Tajimara. Salvador Elizondo, La historia según Pao Cheng. Sergio Pitol, Hacia Varsovia. José de la Colina, Barcarola. Eraclio Zepeda, Vientooo. José Emilio Pacheco, La reina. Juan Tovar,

Final feliz. José Agustín, Lluvia. Parménides García Saldaña, El rey criollo. Orlando Ortiz, La duda.

Extensive intro. and bio-bibliographical notes.

**O 39**  Casahonda Castillo, José, ed., intro. and notes. Cuentos chiapanecos. Tuxtla Gutiérrez: Ediciones del Instituto de Ciencias y Artes de Chiapas, 1965. 117 pp.

Daniel A. Zepeda, El caballo de la molendera. Flavio Guillén, La perolada. Alfonso M. Grajales Gómez, Juyenda inútil. Jacob Pimentel Sarmiento, El hombre perro, Tío chinto. Alfonso Balboa Robles, El indio que cruzó las piernas. Armando Duvalier Cruz Reyes, Pagre Piegra. Fernando Falconi Castellanos, Las alas del ángel. José Casahonda Castillo, Belarmino Faviel, La Liendre que fue una dama. Rosario Castellanos, Los convidados de agosto. Eraclio Zepeda Ramos, No se asombre, sargento.

Stories from the southern state of Chiapas.

**O 40**  Cira Ayala, J. Luis Carlos et al. Juan Sánchez Rueda: Cuentos. Mexico City: Editorial Tonantzín, 1968. 171 pp.

J. Luis Carlos Cira Ayala, ¿Fantasía o realidad? El güero, El visitante, ¡Despierta . . . muchacho! Raymundo Santana Sánchez, Despertar, La tierra vuelve a su lugar, El santo volteado, Regreso, Recuerdos lejanos. Benjamín Zizumbo Herrera, El profe es un líder, Una cita con el destino, El "tun-tum," Un sueño que fue realidad, El jinete de "Las Palmas." Vicente Becerril Rangel, El palo ensebado. Lilia Borges Navarro, Soñé que era profesor. María Guadalupe Cedillo Olivo, El torito de petate. J. Guadalupe Huerta Gómez, Acuarela campirana.

Stories by the members of the Grupo Orépani, all schoolteachers.

**O 41**  Cohen Alfie, Regina, et al. Al vino vino. Mexico City: Dirección General de Difusión Cultural, UNAM, 1981. 132 pp.

Regina Cohen Alfie. Gabriela Díaz de León. Amelia Domínguez Mendoza. Rosario Lara. Magally Martínez Gamba. Arturo Noyola Robles.

Published by the magazine Punto de Partida. Unable to annotate.

**O 42**  Cohen, Regina, et al. Los tigres están ahí. Cuadernillo de Taller y Seminario, 34. Mexico City: Universidad Nacional Autónoma de México, 1983. 47 pp.

Regina Cohen, Como una espiral circular, pero infinita, Desencuentros. César Cristiá, El ojo inmóvil de la cerradura. Sergio Xavier Gama, Cosecha de invierno, Silencios. Lourdes Gomes Voguel, El jardín, Figuras. Rosario Lara, La vencedora, Espacio teatral, El pacto. Paloma de Lille, Cuento de junio. Gabriel López, Depredador. Eloy Pineda, Encuentros con hombres notables. Emma Villarreal, La flor de piedra.

Winning stories from the Concurso Punto de Partida for 1983.

**O 43**  Congrains Martín, Enrique, ed. and intro. Antología contemporánea del cuento mexicano. Mexico City: Instituto Latino-Americano de Vinculación Cultural, 1966. 242 pp.

Juan de la Cabada, La botica. Agustín Yáñez, Isolda o la muerte. José Revueltas, El encuentro. Edmundo Valadés, La muerte tiene permiso. Gastón García Cantú, La voz. Juan José Arreola, Corrido, El rinoceronte. Juan Rulfo, Talpa. Jorge López Páez, Los invitados de piedra. Guadalupe Dueñas, La historia de Mariquita. Emilio Carballido, Cubilete. Rosario Castellanos, Cuarta vigilia. Carlos Valdés, La calle es aún nuestra. Amparo Dávila, El huésped. Carlos Fuentes, La línea de la vida. Tomás Mojarro, Cruenta alegría, cenzontle. Eraclio Zepeda, No se asombre, sargento. Arturo Souto Alabarce, Coyote 13. José Emilio Pacheco, La luna decapitada.

The first of the country anthologies published by the Instituto Latinoamericano de Vinculación Cultural. Extensive notes on authors and stories.

**O 44**  Cornejo, Gerardo, ed. and intro. <u>Cuéntame uno</u>. Hermosillo: El Colegio de Sonora, 1985. 183 pp.

Edmundo Valadés, El extraño. Federico Campbell, Anticipo de incorporación. Gerardo Cornejo M., Quirino Ala-Blanca, ¡Aquí te vas a quedar . . .!, Viajeros. Sergio Valenzuela Calderón, Asesinato, elecciones y nacionalización de la nalga, Nunca fuí como te amo, Leyenda de la cerveza. Luis Enrique García, Veinticinco centavos de dólar, Llámame Sol, La señal de la cruz. Miguel Méndez M., Tata Casehua. Carlos Moncada, Una fuente a la entrada del motel. La felicidad es para tres. Leo Sandoval, Rosa la de San Juan, La noche de bodas de Miguel Contreras. Greco Sotelo Montaño, Abuelo Moah, Tarde de chapulines. Josefa Isabel Rojas Molina, La pared. Raúl Acevedo Savín, El ojo de los labios sangrantes. Yo soy aquel chavalo. José Juan Cantua, Los herejes. Miguel Manríquez Durán, Sobre el pasto, A T. S. Conrado Córdova-Trejo, El pintor, El hombre. Francisco Luna Preciado, Los reyes vagos. José Teherán, El río, Detrás de la medalla estás, Rúbrica de una espera. Jesús Lauro Paz Luna, La espera. Ana Leticia Gaspar Bojórquez, En defensa propia, Despertar. Jesús Antonio Villa, La noche vino del mar, Trabajo nocturno, En la poltrona de Mimbre. Margarita Elena Oropeza Ramos, El encuentro, Volver a olvidar. Sonia Sotomayor, La Yaquí. Reyes Eduardo Flores, El sol. Humberto Sotomayor, La ventana, René Amao, María Girasol.

Stories from the northern state of Sonora.

**O 45**  Cornyn, J. H. <u>Cuentos mejicanos</u>. Richmond, Virginia, 1925. Unable to annotate.

**O 46**  Cortés, Jaime Erasto, ed. <u>Antología de cuentos mexicanos del siglo XIX</u>. Colección Obras Inmortales. Mexico City: Ediciones Ateneo, 1978. Unable to annotate.

**O 47**  Cortés, Jaime Erasto, ed., intro. and notes. <u>Dos siglos de cuento mexicano XIX y XX</u>. Mexico: Ed. PROMEXA, 1979. 596 pp.

Manuel Payno. Ignacio Rodríguez Galván. Guillermo Prieto. José María Roa Bárcena. Florencio M. del Castillo. Vicente Riva Palacio. Ignacio Manuel Altamirano. Juan Díaz Covarrubias. Pedro Castera. Justo Sierra. José Portillo y Rojas. Juan de Dios Peza. Rafael Delgado. Manuel José Othón. Manuel Gutiérrez Nájera. Carlos Dufóo. Federico Gamboa. Luis G. Urbina. Alberto Leduc. Victoriano Salado Alvarez. Angel de Campo. Amado Nervo. Heriberto Frías. Rubén M. Campos. José Revueltas. Edmundo Valadés. Juan Rulfo. Juan José Arrreola. Augusto Monterroso. Rosario Castellanos. José Luis González. Sergio Galindo. Carlos Valdés. Amparo Dávila. Carlos Fuentes. Arturo Souto Alabarce. Juan García Ponce. Juan Vicente Melo. Salvador Elizondo. Tomás Mojarro. Sergio Pitol. José de la Colina. Eraclio Zepeda. Gerardo de la Torre. José Emilio Pacheco. Juan Tovar. José Agustín Ramírez. Guillermo Samperio.

Unable to annotate.

**O 48**  Covarrubias, Miguel, ed. and intro. <u>Juegos cotidianos</u>. Colección Nueva Narrativa 2. San Nicolás de los Garza: Facultad de Filosofía y Letras, Universidad Autónoma de Nuevo León, 1983. vi + 105 pp.

Héctor Alvarado Díaz, Juegos cotidianos, El recuerdo, Dieta, El eterno advenimiento del dios, Hemos ganado la paz, Un pequeño accidente, Final del cuento, Misiva, Cumpleaños, Lecciones orales, Inspiración. Eduardo Arellano Elías, Maruca entre las ramas, Estamos en jaque, Horizontal, Diario de sueños. Francisco García Rodríguez, A las cuatro, El barrio de los pajareros. Margarita Minerva Villareal, Reunidos, Canción de cuna, La muchacha que trasciende el invierno.

Stories written in the Taller de Creación Literaria of the Facultad de Filosofía y Letras of the Universidad Autónoma de Nuevo León between 1981 and 1983.

**O 49**  Cruz, María Eugenia, et al. <u>A pesar de los aviones</u>. Mexico City: Delegación Venustiano Carranza, 1982. 48 pp.

María Eugenia Cruz. Daniel García Fernández. María Luisa López Castro. Eduardo Mendoza. Antonio Rico. Andrés Vega. Irma Woo.
Unable to annotate.

**O 50** Cuentalia: Revista de cuentos mexicanos inéditos. Mexico City, 1952. Unable to annotate.

**O 51** Cuentos mexicanos. Mexico City: Ediciones de "El Nacional," 1898. Unable to annotate.

**O 52** Curiel, Fernando, Margo Glantz and Francisco Guzmán, eds. Fin del viejo régimen: Cada veinte años: Cuentistas mexicanos del siglo XX. Mexico City: Secretaría de Educación Pública, 1984. 95 pp.
> Amado Nervo, La serpiente que se muerde la cola. Mariano Azuela, El hombre masa. Gerardo Murillo, El orador mixteco. Ciro B. Ceballos, En el campo. Bernardo Couto Castillo, ¿Asesino Mariano Silva y Aceves, El poeta Lucrecio. Martín Luis Guzmán, La muerte de David Berlanga. Genaro Estrada, El biombo, Los libros prohibidos, El sabio, El aparecido, La ronda. Artemio de Valle Arizpe, Interpretaciones al gusto. Ramón López Velarde, Mi pecado, Caro data vermibus. Alfonso Reyes, La reina perdida, Diógenes. Julio Torri, Para aumentar ia :ifra de accidentes, Mujeres, El héroe, Los unicornios.

Part of a series of anthologies published by the education ministry: see the next two items. This one covers the first years of the century.

**O 53** Curiel, Fernando, Margo Glantz and Francisco Guzmán, eds. Los hijos de la Revolución: Cada veinte años: Cuentistas mexicanos del siglo XX. Mexico City: Delegación Venustiano Carranza, 1984. 96 pp.
> Juan de la Cabada. Antonio Castro Leal. Jorge Ferretis. Efrén Hernández. Mauricio Magdaleno. Francisco Monterde. Rafael F. Muñoz. Francisco Rojas González. Arqueles Vela.

Writers from the time of the Mexican revolution and its aftermath. Second vol. of the series.

**O 54** Curiel, Fernando, Margo Glantz and Francisco Guzmán, eds. El país industrial: Cada veinte años: Cuentistas mexicanos del siglo XX. Mexico City: Delegación Venustiano Carranza, 1984. 104 pp.
> Juan José Arreola. Emilio Carballido. Amparo Dávila. Carlos Fuentes. Sergio Galindo. Jorge Ibargüengoitia. Augusto Monterroso. José Revueltas. Ramón Rubín. Juan Rulfo. Edmundo Valadés.

Contemporary writers. The third vol. of the series.

**O 55** Domínguez Michael, Christopher, ed., intro. and notes. Antología de la narrativa mexicana del siglo XX 1. Mexico City: Fondo de Cultura Económica, 1989. 1410 pp.
> Salvador Quevedo y Zubieta, La camada. Federico Gamboa, La llaga. José López-Portillo y Rojas, Fuertes y débiles. Carlos González Peña, La fuga de la quimera. Miguel Arce, ¡Ladrona! Julio Sesto, La tórtola del Ajusco. Heriberto Frías, ¿Aguila o sol? Juan A. Mateos, La majestad caída. Mariano Azuela, Los de abajo. José Vasconcelos, La tormenta. Martín Luis Guzmán, Ineluctable fin de Venustiano Carranza. Francisco L. Urquizo, Tropa vieja. Rafael F. Muñoz, Oro, caballo y hombre. Nellie Campobello, Las manos de mamá. Gregorio López y Fuentes, Campamento. Mauricio Magdaleno, El resplandor. José Guadalupe de Anda, Los cristeros. Fernando Robles, La virgen de los cristeros. Jesús Goytortúa Santos, Pensativa. Antonio Estrada, Rescoldo. Antonio Médiz Bolio, Este es el libro de Uxmal y del rey enano. Ermilo Abreu Gómez, Nachi Cocom. Francisco Rojas González, El cenzontle y la vereda. Miguel Angel Menéndez, Nayar. Juan de la Cabada, La cantarilla. Ramón Rubín,

El canto de la grilla. José Rubén Romero, La vida inútil de Pito Pérez. José Mancisidor, La ciudad roja. Rubén Salazar Mallén, Soledad. Alfonso Reyes, La cena. Julio Torri, Ensayos y poemas, De fusilamientos. Mariano Silva y Aceves, Animula, Muñecos de cuerda. Carlos Díaz Dufoo (hijo), Epigramas. Francisco Monterde, El madrigal de cetina. Artemio del Valle Arizpe, Ejemplo. Julio Jiménez Rueda, Sor Adoración del divino verbo. Genaro Estrada, Pero Galín. Arqueles Vela, La señorita Etcétera. Gilberto Owen, Novela como nube. Xavier Villaurrutia, Dama de corazones. Salvador Novo, El joven. Jaime Torres Bodet, Margarita de niebla. Efrén Hernández, Cerrazón sobre Nicómaco. José Martínez Sotomayor, La rueca de aire. Bernardo Ortiz de Montellano, Diario de mis sueños. Octavio G. Barreda, El Dr. Fu-Chang-Li. Carlos Noriega Hope, "Che" Ferrati, inventor. Renato Leduc, Los banquetes. Octavio Paz, ¿Aguila o sol? Juan José Arreola, Confabulario total. Fernando Benítez, El rey viejo. Agustín Yáñez, Al filo del agua. José Revueltas, Los días terrenales. Juan Rulfo, Luvina. Elena Garro, Los recuerdos del porvenir. Rosario Castellanos, La suerte de Teodoro Méndez Acubal. Eraclio Zepeda, Benzulul. Sergio Galindo, Otilia Rauda. Jorge López Páez, El solitario Atlántico. Amparo Dávila, Tiempo destrozado. Francisco Tario, Entre tus dedos helados. Edmundo Valadés, El verdugo. Ana Mairena, Los Extraordinarios. Ricardo Garibay, Lolo Campa el venadito. Luis Spota, Casi el paraíso. Rafael Bernal, El complot mongol. Rodolfo Usigli, Ensayo de un crimen. Archibaldo Burns, En presencia de nadie. Josefina Vicens, El libro vacío.

Includes extensive general intro., intros. to the sections, bio-bibliographical notes and indexes. Many of the texts included are excerpts from novels. Unable to annotate the second vol.

**O 56** Dueñas, Guadalupe et al. <u>Pasos en la escalera/ La extraña visita/ Girándula.</u> Intro. Agustín Yáñez. Mexico City: Editorial Porrúa, 1973. 188 pp.

Guadalupe Dueñas. Angeles Mendieta Alatorre. Mercedes Manero. Margarita López Portillo. Carmen Andrade. Beatriz Castillo Ledón. Ester Ortuño.

Contents consist of three stories (one with each of the titles given) by each of the authors.

**O 57** Ferretis, Jorge, et al. <u>12 cuentistas potosinos contemporáneos.</u> Intro. María del Carmen Millán. San Luis Potosí: Letras Potosinas/Asociación de Escritores, Artistas y Periodistas, 1959. 152 pp.

Jorge Ferretis. Jesús R. Aldrete. Jesús Goytortúa. Jesús C. Pérez. Miguel Alvarez Acosta. Rafael Montejano y Aguiñaga. María Esther Ortuño de Aguiñaga. Luis Reyes de la Maza. María Amparo Dávila de Coronel. Jesús Medina Romero. Gabriel Echenique. Raquel Banda Farfán.

Stories from the state of San Luis Potosí.

**O 58** Fontaine, Joffre de la, ed. and intro. <u>Diez cuentos mexicanos contemporáneos.</u> Xalapa: Universidad Veracruzana, 1967. 172 pp.

José Revueltas, La palabra sagrada. Juan José Arreola, El guardagujas. Juan Rulfo, Diles que no me maten! Elena Garro, La culpa es de los tlaxcaltecas. Rosario Castellanos, La suerte de Teodoro Méndez Acubal. Carlos Fuentes, Chac Mool. Juan García Ponce, Imagen primera. Elena Poniatowska, Cine Prado. Sergio Pitol, Hacia Varsovia. Juan Tovar, Wienerblut.

Includes Spanish-English glossary.

**O 59** Fuentes, Aquiles, ed. and biblio. <u>Anuario del cuento mexicano 1954.</u> Intros. Miguel Alvarez Acosta and Andrés Henestrosa. Mexico City: Instituto Nacional de Bellas Artes, 1955. 547 pp.

Ermilo Abreu Gómez, Ravachol. Jesús R. Alderete, El paliacate. José Alvarado, El acta de defunción. Angel Bassols Batalla, Una flor del trópico. María Elvira Bermúdez, Cuando el río suena. Alberto Bonifaz Nuño, La imagen y el tiempo. Juan de la Cabada, El alma en pena. Salvador Calvillo Madrigal, Pan de alegría. María Enriqueta Camarillo de Pereyra, En el torreón de un castillo. Juan R. Campuzano, Una investigación. Emmanuel Carballo, El anillo del señor Arzobispo. José de la Colina, Si morir no tuviera importancia. Luis Córdova, Domingo Lunes. Guadalupe Dueñas, Las ratas. Salvador Echavarría, Un crimen perfecto. Carlos Fuentes, Chac Mool. Gastón García Cantú, Las fuerzas vivas. Ricardo Garibay, Legítima defensa. César Garizurieta, Fonofobia. Enrique González Rojo, Un peligro. Jesús R. Guerrero, Un ensueño posible. José Guadalupe Herrera Carrillo, Buena suerte. Jorge Ibargüengoitia Antillón, Mi vida con Josefina. Alfredo Leal Cortés, La verdadera. Germán List Arzubide, Es la Revolución. Ladislao López Negrete, El cisne fugitivo. Ramón López Velarde, El obsequio de Ponce. Eduardo Luquín, Grito de rebeldía. Laura Madrigal, La cosecha. Mauricio Magdaleno, El caimán. Tomás Mojarro Medina, La cartera. Armando Olivares, El gran perro muerto. Leonardo Pasquel, La mujer de mi compadre. Joaquín Antonio Peñalosa, De cómo el señor Obispo se confesó conmigo. José Pérez Moreno, Y seguía cantando el arroyo. Salvador Reyes Nevares, Historia de un hombre digno. Ramón Rubín, El duelo. Juan Rulfo, Un cuento. Jaime Sabines, Adán y Eva. Rafael Solana, La deuda. Eugenio Trueba Olivares, Angelito el horroroso. Edmundo Valadés, Al jalar del gatillo. Artemio del Valle Arizpe, Lorencillo en Veracruz. Lola Vidrio, A las 7.30 en punto.

This is the first in the series of yearbooks of the Mexican short story. The Rulfo story is the first segment of Pedro Páramo, though the town Comala is here called Tuxcacuexco.

**O 60** Galán, Ysabel, et al. El mismo camino. Mexico City: Dirección General de Difusión Cultural, UNAM, 1983. 144 pp.

Ysabel Galán. Martha Aurora. Lourdes Gómez Voguel. Lilia Martínez Campillo. Teresa Martínez Terán. Bernarda Solís.

Published by the magazine Punto de partida. Unable to annotate.

**O 61** Gally C., Héctor, ed., intro. and notes. 30 cuentos de autores mexicanos jóvenes. Mexico City: Ed. Pax-México, 1967. 448 pp.

Juan Rulfo. Juan José Arreola. Elena Garro. Emilio Carballido. Rosario Castellanos. Inés Arredondo. Carlos Fuentes. Carlos Valdés. Amparo Dávila. Tomás Mojarro. Juan García Ponce. Vicente Leñero. Sergio Pitol. José de la Colina. José Emilio Pacheco. Gustavo Sainz. Luis Moncada Ivar. Ulises Carrión. Juan Tovar. Jorge Arturo Ojeda.

Unable to annotate.

**O 62** Glantz, Margo, ed. and intro. Onda y escritura en México: jóvenes de 20 a 33. Mexico City: Siglo XXI Editores, 1971. 473 pp.

Jorge Aguilar Mora, Yoria y la prisionera de Amberes. René Avilés Fabila, Los amantes. José Joaquín Blanco, El triunfo, Casi himno, casi muerte, El hacedor, Luz sin estrella, vacía, Aubrey Beardsley, El otro infierno, La búsqueda. Ulises Carrión, De Alemania. Fernando Curiel, No obstante la palabra. Margarita Dalton, Las cinco de la tarde. Gerardo de la Torre, El vengador. Xorge del Campo, La vuelta al hogar, La eterna sombra, Imagen, Trauma de infancia, La voz del puritano, La herencia, Y Cristo como el órate, Metamorfosis, Invención de Ulises acuático, Lujuria de un doble crimen simultáneo. Edmundo Domínguez Aragonés, El día que cayó Mictantecuhtli. Manuel Echeverría, Las manos en el fuego. Luis Carlos Emerich, Under. Manuel Farill, Tranquilamente, sin prisas, Mariposa. Parménides García Saldaña, Good Bye Belinda. José Agustín, Cuál es la onda. Héctor Manjarrez, Baptismos. Carlos Montemayor, Canto, Acerca de predicaciones, Exorcismos, Persecución de Demonios, La promesa, La venida, Fragmento, De poesía. Raúl Navarrete, Toda una tarde al viento, Siete pájaros blancos. Jorge Arturo Ojeda, Don Archibaldo. Orlando Ortiz, Cuento póstumo. José Emilio Pacheco, Algo en la oscuridad. Roberto Páramo, La barricada misteriosa. Eduardo Rodríguez Solís, Ocho. Gustavo Sainz, Obsesivos días circulares. Esther Seligson, Juego de luces. Víctor Manuel Torres, El globo, Amadeo o la consumación de los deseos. Juan Manuel Torres, El mar. Juan Jacobo Trigos, El caracol, La peluca. Jaime Turrent, La burbuja azul, Río nocturno.

The most important anthology of the younger generation of Mexican writers. Includes an excellent intro., notes and biblio.

**O 63** González Dueñas, Daniel, et al. <u>Atanor</u>. Intro. Alejandro Toledo. Mexico City: Dirección General de Difusión Cultural UNAM, 1985. 132 pp.

Daniel González Dueñas. Daniel García. Francisco Guzmán.

Published by the magazine <u>Punto de Partida</u>. Unable to annotate.

**O 64** González Guerrero, Gustavo, et al. <u>Primer encuentro estatal Michoacán: Antología</u>. Intro. María Teresa Cortés Zavala. Morelia: Balsal Editores, 1987. 234 pp.

Gustavo González Guerrero, Mi tío, Una noche de invierno. Emeterio Payá Valera, La cojera del señor Arfán, Mientras dure la guerra, hijo mío. Heriberto Guzmán, Santo Domingo, José Trinidá, mi compadre, La mujer araña. José González Alcocer, Como si no hubiera huellas. Alejandro Delgado, Entropía. Rosalinda Oviedo, La mariposa con alas de oro, La esponjita, El encuentro. José Villa Moreno, Los ojos de Mari, El conserje. Salvador Jara Guerrero, Intimidad. Miguel Angel Martínez Ruiz, Recuerdo de una noche olvidada. Gabriel Mendoza Jiménez, Nadie se muere en la víspera. Virgilio Sánchez Calzada, Desencuentro, Apócrifo, Metamorfosis. Manuel Reyes Ramos, Renuncia, Remembranza futura, Axuca. Quetzal Rieder Espinoza, Día monólogo, monodiálogo, día logo mono (a capriccio), Pedagogía. Salvador C. González García, Onirilla, Bajo la parota. José G. Baeza Campos, Los signos aparentes. J. L. Rodríguez Avalos, Pintoresquiada, Inflación, Un largo día sin tema, Divino, Para detonar una bomba atómica, Apócrifo, Un pensador frente a un osito panda pensador, Sin cuento, Cuento no. 15, Sin provecho, Tanguera. José Corona Núñez, La naranja "botón de oro." Alberto Rendón Guillén, Tariakeri, Yunuén, El sacrificio de los dioses. Elías Rodríguez Avila, Recoger mis pasos, María de la Paz, Lejos de la esperanza. Carlos Arenas, Crónica de José Anguiano chofer de un carro de sitio. Juan Iriarte Méndez, Cuauhtémoc y la conquista de España. Mario Quiroz Lecón, Nueva semblanza de la muerte, Taller de servicio. Alberto Navarrete López, Mi tío Benigno. José Zavala Paz, Leyenda de la Alhóndiga de Valladolid. Verseo, La sonrisa de Folial. Elba Rodríguez Avalos, El lago.

The intro. essay is entitled "El cuento en Michoacán a principios de siglo."

**O 65** González Pagés, Andrés, ed. and intro. <u>Letras no euclidianas: (Veinte cuentistas jóvenes de México)</u>. Mexico City; Ediciones El Caballito, 1979. 313 pp.

Arturo Arredondo, De Coconita a Puerto Arturo. Jorge Corzo T., Las cábalas, Atotrópico, Obstinado y pueril el aire. Roberto Mares, Babel. Celia Moreno, Estrella rutilante, Daniela. Gustavo Mota, El error, El proceso más simple, Los anillos de Saturno. Tomás Perrín Escobar, Y nada tengo que ver con esta botica donde viven todos ustedes. Gabriel Ríos Cortés, El retrato del abuelo, A causa de lo relativo. Raúl Rodríguez Cetina, Mariana, Pesada carga del silencio. Guillermo Samperio, Carta de una ilusión pedante, Al abrir las puertas. Augusto Mario Delfino Torres, Cuento demográfico. Francisco Vargas, primera versión aparecida en la página preliminar de la autobiografía de un niño de cuatro años, llamado Pilillo, y que por eso no se le pone título, Teoría general de la culpa recíproca, De nueva cuenta, Tu regreso. Hugo Velasco Bedrán, Alejandra. Gerardo Velásquez, Aquella madrugada en Aconcá. Benito Zagal Gómez, El juicio a los gosnyks de Algorab V. Abelardo Iparrea Salaia, El fusilamiento. Pedro Pablo Pacheco Corral, Feliz Año Nuevo. Luis Fragoso Ramos, Una semana de vacaciones. Marisol Gutiérrez, Fría. Antonio Moreno, Cuentos del Ego: I, Cuentos del Ego: II. Humberto Guzmán, La calle.

The editor explains in the intro. that the anthology was ready for publication in 1973 but was delayed.

**O 66** Guzmán, Humberto, et al. <u>La calle</u>. Zacatenco: Instituto Politécnico Nacional, Unidad Profesional de Zacatenco, 1968. 143 pp.

Humberto Guzmán, La calle. Sergio Grajales Espejo, Diálogo con la muerte. Carlos Magdaleno Domínguez, El tío triste. César González Ochoa, Lunes, muertes y miércoles. Amado Jiménez González, La mulata. Moisés Barrera Escudero, El espectáculo. Miguel Angel Flores, My friend. Isaías Cardona Reyna, Orate.

Stories from the Primer Concurso Nacional de Cuento, 1967.

**O 67** Guzmán, Martín Luis, et al. <u>La fiesta de las balas: Cuentos de México</u>. Santiago: Empresa Editora Nacional Quimantu, 1973. 159 pp.

> Martín Luis Guzmán, La fiesta de las balas. Agustín Yáñez, Gota serena o las glorias del campo. José Revueltas, Los hombres en el pantano. Juan Rulfo, ¡Diles que no me maten! Juan José Arreola, El guardagujas. Salvador Elizondo, Puente de piedra.

Cheap popular edition from Allende's Chile.

**O 68** Hernández Valenzuela, Oscar, ed., intro. and notes. <u>Antología de la nueva narrativa bajacaliforniana</u>. Mexicali: Universidad Autónoma de Baja California, 1987. 279 pp.

> Federico Campbell, Insurgentes Big Sur. Roberto Castillo, Historia real de un hombre imaginario, Susana, Tester Azo, Tiakun, El puerto de los arcos, Tukat. Luis Humberto Crosthwaite, Incendio y demás en el edificio de enfrente. Rosina Conde, Por alguna circunstancia, Viñetas revolucionarias. Oscar Contreras, Los invencibles, Para decir tu nombre. José Manuel DiBella, Barro cocido, La tarjeta. Edgar Gómez Castellanos, Lento transcurrir, Bar San Diego. Jesús Guerra, Aguila que cae, El pescado es pura proteína, Alas de noche. Oscar Hernández, Mexicali: tierra de poetas, Romero revisitado, La última de las bacantes, Información turística, Lo digo como lo digo, Historia de chinos. Jorge Raúl López, El tiliches, De cuando la neblina dioi de que hablar. Edgardo Moctezuma, Bar Gloria. Oscar Montaño, Angelina. Francisco Morales, Memoria de palmares. Edgar Pavia, La isla. Rosa María Pérez, La ofrenda. Fernando Trejo Dozal, Flecha ígnea, Uno de pericos, Penumbra, Un beso, Finale, Cuento, El estanque rosado, La daga vengadora. Irma Torres, La última esperanza, Justina, Un nuevo camino, Baconara, Pisadas. Gabriel Trujillo, Mom-this-bei, Incursión, Versiones, El titiritero, El estadio, La Jolla: Domingo por la mañana. Delia Valdivia, Al terminar con el día, Siempre, siempre. . . , No es lo mismo, Era tan grande, La bolsa. José Manuel Valenzuela, Los condominios, La limosnera, Viuda negra, Clarita, El tonto, Los gamines. Reynaldo Vázquez, Austreberto, Cuento, Verdad curada. Jesús Vidaurrázaga, Restuastrario, Horacio alado, Yucupicio, el idiota, Se estaba arrimando un día feliz, Mi testamento. Laura Villedazveytia, ¿Quién entiende? Deducciones, El último toque de rubor en mis mejillas, Equilibrio, Fotografía matrimonial.

Stories from the state of Baja California. Intro. explores the question of frontier literatures.

**O 69** Huerta, David, ed., intro. and notes. <u>Cuentos románticos</u>. Biblioteca del Estudiante Universitario, 98. Mexico City: Universidad Nacional Autónoma de México, 1973. 258 pp.

> Conde de la Cortina, Euclea o la griega de Trieste. José Joaquín Pesado, El amor frustrado. Manuel Payno, Amor secreto. Ignacio Rodríguez Galván, Manolito el pisaverde. Guillermo Prieto, El marqués de Valero. José María Roa Bárcena, Buondelmonti. Florencio M. del Castillo, Botón de rosa. Vicente Riva Palacio, El abanico. Ignacio Manuel Altamirano, Atenea. Juan Díaz Covarrubias, La sensitiva. Pedro Castera, Un viaje celeste. Justo Sierra, Marina. Alberto Leduc, Plenilunio.

Stories from nineteenth century Mexico. Good intro.

**O 70** Jaramillo Levi, Enrique, ed., intro. and biblio. <u>El cuento erótico en México</u>. Mexico City: Editorial Diana, 1975. 429 pp.

> José Revueltas, Noche de Epifanía. Edmundo Valadés, La cortapiza. Juan José Arreola, Epitalamio. Juan Rulfo, Talpa. Guadalupe Dueñas, Pasos en la escalera. Emilio Carballido, Las flores blancas. Sergio Fernández, Historia de una tentación. Sergio Galindo, Retrato de Anabella. Amparo Dávila, Arboles petrificados. Jorge Igargüengoitia, La mujer que no. Inés Arredondo, Estío. Carlos Fuentes, Vieja moralidad. Salvador Elizondo, El ángel azul. Ulalume González de León, Mon dieu, Carnap, queso y ciruelas. Julieta Campos, Celina o los gatos. Juan García Ponce, El gato. Sergio Pitol, En familia. Elena Poniatowska, La felicidad. Oscar Zorrilla, Aquella virgen loca, jamás prudente. Fernando del Paso, El estudiante y la reina. Alberto Dallal, El aprendiz. Delfina Careaga, El exilio. Gerardo de la Torre, El vengador. René Avilés Fabila, Casa del silencio. Andrés González Pagés, Una caberna

húmeda y verde. Roberto Páramo, Stardust. Agustín Monsreal, Amanda. Esther Seligson, Tampoco diré que llovía. Juan Tovar, Mediodía. Ulises Carrión, La francesa. Antonio Delgado, La muerte de la osa mayor. Riccardo Díazmuñoz, De las agujas y de cómo los colores y el bordado. Héctor Gally, Fiesta I: Gonzalo. José Antonio Aguilar, Visita nocturna. Jorge Arturo Ojeda, Flavio. Alejandro Aura, Los Bañus de Celeste. Juan Ortuño Mora, Aniversario. José Agustín, Lluvia. Héctor Manjarrez, Johnny. Manuel Farill Guzmán, Mariposa. Orlando Ortiz, La duda. Mario Enrique Figueroa, Ocaso. Agustín Cortés Gaviño, Infinito. Israel Castellanos, La mujer esa. Xorge del Campo, El espejo. Humberto Guzmán, Ella. Angeles Mastretta, Tu silencio en pedazos. Oscar Mata, Conclusión. Jesús Luis Benítez, Y uno pregunta siempre. Emiliano González, Memorias de un caracol.

Rather solemn intro. on sexology and the sexual revolution. Brief bio-bibliographical notes. Final biblio.

**O 71** Jiménez Alarcón, Moisés, et al. <u>Cuentos</u>. Mexico City: Grupo Ocelotl, 1964. 274 pp.

Moisés Jiménez Alarcón, Los tigres, Magnolias, Los cinco pintavenados. Olga Medina Treviño, Acuarela de un recuerdo, El niño de la noche, Noche de muertos, El sótano. Margarita Ojeda López, Ofrenda, Un caso de reprobación, En la antesala del asesinato, Después de la noche, Divorcio post-mortem. María Elena Peniche Léger, Más allá de los pinos, Gente feliz, Muerte en la vida, Abismo, Ildana. Elizabeth Velázquez Becerra, Para holocausto, Un pastel para la maestra, Relato burocrático con un anexo, El trino y el tiempo. José Vizcaíno Pérez, Dilema, Franqueza, Camino de rosas, El cardo rodador, Resistencia, El antropólogo.

Works by members of "Grupo Ocelotl."

**O 72** Jiménez Rueda, Julio. <u>Antología de la prosa en México</u>. Mexico City: Ediciones Botas, 1931. There is a second edition (1938). Unable to annotate.

**O 73** Leal, Luis, ed., intro. and notes. <u>Antología del cuento mexicano</u>. Antologías Studium, 3. Mexico City: Ediciones de Andrea, 1957. 165 pp.

El Popol Vuh, Por qué el sapo no puede correr. Fernando Alva de Ixtlixóchitl, La reina infiel. Juan Suárez de Peralta, Suceso extraño de la hermana de Alonso de Avila. Fr. Joaquín Bolaños, El médico Rafael de la Mata, amigo de la Muerte. José Joaquín Fernández de Lizardi, Duelo entre un comerciante negro y un oficial inglés. Guillermo Prieto, Un cuento. José Tomás de Cuéllar, El Viernes de Dolores. Ignacio M. Altamirano, El enamorado Haro. Justo Sierra, La fiebre amarilla. José María Roa Bárcena, Lanchitas. Vicente Riva Palacio, El buen ejemplo. Manuel Gutiérrez Nájera, Historia de un peso falso. Amado Nervo, Una esperanza. José López Portillo y Rojas, La horma de su zapato. Rafael Delgado, El desertor. Angel de Campo, El "Pinto." Alfonso Reyes, La cena. Francisco Monterde, Un salteador. Mariano Azuela, Do cómo al fin lloró Juan Pablo. Martín Luis Guzmán, Pancho Villa en la Cruz. Francisco Rojas González, ¿Dónde está el burro? Las barajas de Jacinto. José Martínez Sotomayor, El timbalero. José Revueltas, Preferencias. Juan José Arreola, El rinoceronte. Juan Rulfo, ¡Diles que no me maten!

A companion vol. to Leal's history and bibliography of the Mexican short story (see criticism section).

**O 74** Leal, Luis, ed. and intro. <u>Anuario del cuento mexicano 1960</u>. Mexico City: Instituto Nacional de Bellas Artes, Departamento de Literatura, 1961. 261 pp.

Raquel Banda Farfán, Mala yerba. Huberto Batis, En las ataduras. José María Benítez, Victoria. María Elvira Bermúdez, Antea. Alberto Bonifaz Nuño, El último castillo. Rosario Castellanos, El advenimiento del águila. Luis Córdova, Tierra de indios. Amparo Dávila, El entierro. Emma Dolujanoff, El gallo de oro. Guadalupe Dueñas, "No moriré del todo." Luis Horacio Durán, Miedo. Manuel Echeverría, La tierra dura. Beatriz Espejo, El retorno. Jorge Ferretis, El viento y las autobiografías. Juan García Ponce, Cariátides. Raúl Renán González, El general Odilón. Francisco González Pineda, Solimán. Andrés Henestrosa, Bendayuuze. María Luisa Hidalgo, Renato Camaleón. Lilia Rosa, El muro. Eduardo Lizalde, La muerte del jardín. Gabriel López Chiñas, Conejo ante Dios. Jorge López Páez, El retorno maléfico. Eglantina Ochoa Sandoval, Una oración por el muerto. María Ester Ortuño de Aguiñaga, Mi vestido azul añil. José Emilio Pacheco, El parque hondo. Sergio Pitol, La casa del abuelo. Salvador Reyes Nevares, La sala de espera. Carmen Rosenzweig, Macario. Ramón Rubín, El colgado. Rubén Salazar Mallén, La carta. Francisco Salmerón, La vereda del venado. Rafael Solana, El oficleido. Arturo Sotomayor, El general que escapó. Edmundo Valadés, El cuchillo. Carlos Valdés, Arenas de oro. Xavier Vargas Pardo, Dios mediante. Eraclio Zepeda, Vientooo.

Part of the series of yearbooks of the Mexican short story.

**O 75** Leal, Luis, ed. and intro. <u>El cuento mexicano: De los orígenes al modernismo.</u> Serie del Nuevo Mundo. Buenos Aires: Editorial Universitaria de Buenos Aires, 1966. 140 pp.

Popol Vuh, Por qué el sapo no puede correr. Fray Bernardino de Sahagún, Fábula del conejo que está en la luna. Hernando Alvarado Tezozómoc, Moctezuma y el hortelano. Juan Suárez de Peralta, Suceso extraño de la hermana de Alonso de Avila. Juan de Palafox y Mendoza, Un Salomón indígena. José Joaquín Fernández de Lizardi, Duelo entre un comerciante negro y un oficial inglés. José Bernardo Couto, La mulata de Córdoba. Guillermo Prieto, Lucero del alba. José María Roa Bárcena, Lanchitas. Vicente Riva Palacio, El buen ejemplo. Justo Sierra, La fiebre amarilla. José López Portillo y Rojas, La horma de su zapato. Rafael Delgado, El desertor, El asesinato de Palma Sola. Manuel Gutiérrez Nájera, Historia de un peso falso, La mañana de San Juan. Carlos Díaz Dufoo, La última hada. José María Barrios de los Ríos, Los gambusinos. Luis González Obregón, Los polvos del virrey. Victoriano Salado Alvarez, El violín. Angel de Campo [Micrós], El "Pinto," Notas de cartera. Luis G. Urbina, La tragedia del juguete. Amado Nervo, Una esperanza, El "ángel caído." Rubén M. Campos, El cascabel al gato.

A number of the selections are excerpts from longer works.

**O 76** Leal, Luis, ed. and intro. <u>El cuento veracruzano (Antología).</u> Colección Aguila o Sol, 1. Xalapa: Universidad Veracruzana, 1966. 211 pp.

José Bernardo Couto, La mulata de Córdoba. José María Roa Bárcena, El hombre del caballo rucio. Juan Díaz Covarrubias, Episodio juvenil. Rafael Delgado, El asesinato de Palma Sola. Carlos Díaz Dufoo, Por qué la mató. Cayetano Rodríguez Beltrán, Abigeo. María Enriqueta Camarillo de Pereyra, La fuerza de un deseo. José de J. Núñez y Domínguez, El pescador de estrellas. José Mancisidor, Mejor que perros. Gregorio López y Fuentes, Noble campaña. Lorenzo Turrent Rozas, Vida de perro. Celestino Herrera Frimont, El notario Lechuga. César Garizurieta, El hombre del despertador. Rubén Salazar Mallén, Pudor. Mario Pavón Flores, Bajos fondos. Luis Córdova, El rapto de las sabinas. Rafael Solana, El crimen de tres bandas. Jorge López Páez, Los invitados de piedra. Francisco Salmerón, La tonal del comisariado. Emilio Carballido, Cubilete. Sergio Galindo, Pato. Juan Vicente Melo, Los signos oscuros. Carlos Juan Islas, Isidoro Istacu.

Useful intro. and notes on authors. Final biblio.

**O 77** Leal, Luis, ed. and intro. <u>Cuentos de la Revolución.</u> Biblioteca del Estudiante Universitario, 102. Mexico City: Universidad Nacional Autónoma de México, 1987. 172 pp.

Ricardo Flores Magón, El Apóstol. Gerardo Murillo [Dr. Atl], La juida. Mariano Azuela, Anuncios a línea desplegada. José Vasconcelos, El fusilado. Martín Luis Guzmán, La fiesta de las balas. José Rubén Romero, Como un blasón. Francisco L. Urquizo, El fugitivo. Jose Mancisidor, Mejor que perros. Gregorio López y Fuentes, Uno a media calle. Rafael F. Muñoz, Oro, caballo y hombre. Celestino Herrera Frimont, La guacha. Lorenzo Turrent Rozas, Vida de El Perro. Francisco Rojas González, El caso de Pancho Planas. Cipriano Campos Alatorre, El procedimiento. Mauricio Magdaleno, Leña verde. Carmen Báez, La Cilindra. Antonio Acevedo Escobedo, Sombra en luz. Nellie Campobello, 4 soldados sin 30-30. José Alvarado, Memorias de un espejo. Ramón Rubín, El colgado. José Revueltas, Dios en la tierra. Juan Rulfo, El llano en llamas.

Excellent intro. and selection.

**O 78**  Lerín, Manuel and Marco Antonio Millán, eds.  <u>29 cuentistas mexicanos</u> <u>actuales</u>.  Mexico City: Ediciones de América Revista Antológica, 1945.  348 pp.

> José Vasconcelos.  Artemio del Valle Arizpe.  Francisco L. Urquizo.  Ermilo Abreu Gómez. José Martínez Sotomayor.  Gregorio López y Fuentes.  Ernesto Parres.  Rafael F. Muñoz. Jorge Ferretis.  Juan de la Cabada.  Efrén Hernández.  Agustín Yáñez.  Octavio Bustamante. Francisco Rojas González.  Manuel González Ramírez.  César Garizurieta.  Rubén Salazar Mallén.  Raúl Ortiz Avila.  Raúl Noriega.  Cipriano Campos Alatorre.  Andrés Henestrosa. José López Bermúdez.  Ramón Rubín.  Joel Patiño.  Roberto Guzmán Araujo.  Jesús R. Guerrero.  Ricardo Cortés Tamayo.  José Revueltas.  Rafael Solana.

Unable to annotate.

**O 79**  Llarena, Elsa de, ed. and intro.  <u>14 mujeres escriben cuentos</u>.  Colección Narrativa Representativa, 25.  Mexico City: Federación Editorial Mexicana, 1975. 190 pp.

> Inés Arredondo, Río subterráneo, En la sombra.  Raquel Banda Farfán, Hueso, La luna de ronda.  Sarah Batiza, ¿Por qué lo hiciste, Pierre?  María Elvira Bermúdez, Las postrimerías, La muerte del tigre.  María Amparo Dávila, El desayuno, Moisés y Gaspar.  Emma Dolujanoff, Dios me prestó sus manos, El venado niño Jesús, La señorita Aury.  Beatriz Espejo, El caserón de la Reforma, La modelo.  Elena Garro, ¿Qué hora es . . . ?  María Esther Perezcano de Salcido, El derecho de pernada, ¿Juan Manuel?  Elena Poniatowska, Love-story.  Carmen Rosenzweig, Santa Sofía, Juventud.  Graciela Santana Symanski, El culón, Paciencia.

A selection of women writers who began publishing in the 1960s.  A number of the works were previously unpublished.

**O 80**  Llarena, Elsa de, and Josefina Torres López, eds. and notes.  <u>Así escriben los</u> <u>mexicanos</u>.  Buenos Aires: Ediciones Orión, 1975.  306 pp.

> Juan José Arreola, En verdad os digo, El rinoceronte, La migala.  Rosario Castellanos, Balún-Canán.  Fernando del Paso, José Trigo.  Salvador Elizondo, Farabeuf.  Carlos Fuentes, Cambio de piel.  Jorge Ibargüengoitia, Los compañeros de viaje.  Vicente Leñero, Sureño y yo.  Carlos Monsiváis, Días de guardar.  Octavio Paz, El ramo azul, Mi vida con la ola, Encuentro.  Elena Poniatowska, Las lavanderas, La jornada, Esperanza número equivocado.  José Revueltas, Dormir en tierra.  Alfonso Reyes, Silueta del indio Jesús, Floreal, Plácida siesta, Calidad metálica.  Juan Rulfo, El llano en llamas.  Luis Spota, Casi el paraíso.  Agustín Yáñez, Las avispas o la mañana de ceniza.

The first editor's surname is consistently misspelled Llerena on the cover and title page.  Brief intro.

**O 81**  Mancisidor, José, ed., intro. and notes.  <u>Cuentos mexicanos de autores</u> <u>contemporáneos</u>.  Mexico City: Editorial Nueva España, 1946.  760 pp.

> Ermilo Abreu Gómez, Así era entonces, Don Fernando.  Antonio Acevedo Escobedo, Sombra en luz, Memorias de la 595.  Juan José Arreola, Hizo el bien mientras vivió, Un pacto con el diablo.  Dr. Atl [Gerardo Murillo], Un robo sacrílego, "La judía."  Mariano Azuela, Anuncios a línea desplegada, ¡Tal será la voluntad de Dios!  Carmen Báez, La Cilidra, La Pájara.  Angel Bassols, Algún día serás nuestra hermana, Aun restan.  Fernando Benítez, Un ángel, Un extraño personaje.  José María Benítez, Olor de retama, Dominguito.  Juan de la Cabada, La botica, María "La Voz."  Cipriano Campos Alatorre, Un amanecer extraño, El matón de Tonalá.  Juan Campuzano, Cara de perro, El psicologeador.  Antonio Castro Leal, El cazador del ritmo universal, El príncipe Czerivinski.  Luis Córdova, Día de muertos, El tejón.  Jorge Ferretis, Hombres en tempestad, Camino de fierro.  César Garizurieta, Una madre de papel, El apóstol del ocio.  Jesús R. Guerrero, El tololoche de Tierra Caliente, Un hombre.  Martín Luis Guzmán, Un préstamo forzoso, La fiesta de las balas.  Efrén Hernández, Santa Teresa, Un gran escritor muy bien agradecido.  Celestino Herrera Frimont, Aquellas ramas de ceiba, El ejido.  Armando List Arzubide, El cojo Damián, La aurora.  Germán List Arzubide,

Denuncia, La tierra de todos. Gregorio López y Fuentes, Tierra de temporal, El pozo agotado. Mauricio Magdaleno, El Rey del Fuego, Leña verde. José Mancisidor, El ojo siniestro e implacable, El hombre que desintegró el átomo. José Martínez Sotomayor, Por las nubes, Timidez. Francisco Monterde, Una moneda de oro, El que bebía para olvidar. Rafael F. Muñoz, El hombre malo, Un asalto al tren. Mario Pavón Flores, Las compresoras Thomassen, Diario lírico de un maestro. José Revueltas, La soledad, El quebranto. Francisco Rojas González, Guarapo, El pajareador. Isaac Rojas Rosillo, María Encarnación, El maicito. Lorenzo Turrent Rozas, Jack, Cuento de febrero. José Vasconcelos, El fusilado, El gallo giro. Aqueles Vela, La ilusión de una chiquilla, Una aventura desconocida. Agustín Yáñez, Guerra, Estío.

Useful intro. and compilation.

**O 82** Mancisidor, José, ed., intro, and notes. Cuentos mexicanos del siglo XIX. Mexico City: Editorial Nueva España, 1946. 749 pp.

Ignacio Manuel Altamirano, La Navidad en las montañas. José María Barrios de los Ríos, Los gambusinos, El buque negro. Angel de Campo, El fusilado, Primer capítulo. Rubén M. Campos, Un suicidio, Los dos compadres. Pedro Castera, Sobre el mar, Un amor artístico. Florencio M. del Castillo, Botón de rosa. Bernardo Couto Castillo, Ultimos momentos, Una obsesión. Alejandro Cuevas, Ante el jurado, Sleeping Car. Rafael Delgado, Epílogo, Al asesinato de Palma Sola. Carlos Díaz Dufoo, Historias del boulevard, El centinela. Benito Fentanes, Labor fatídica, Caramelo. Cleto Fernández, Claro-oscuro, Cosas de ayer. Luis Frías Fernández, El dependiente, El primer cigarro. Heriberto Frías, Un drama de familia, Los perros de Tomóchic. Aurelio González Carrasco, ¡Fuera abajo!, La Nochebuena del capitán. Manuel Gutiérrez Nájera, Después de las carreras, La pasión de Pasionaria. Alberto Leduc, Un cerebral, Fragatita. José López Portillo y Rojas, Ramo de oliva, Reloj sin dueño. Octavio Mancera, Entre ruinas, Cataléptica. Esteban Maqueo Castellanos, A caballo a los infiernos, Polifemo. Amado Nervo, Una esperanza, Un mendigo de amor. Francisco M. de Olaguíbel, El crimen de Margarita, La muerte de Heliogábalo. Manuel José Othón, El pastor Corydón, Nahual -?-. Manuel Payno, Amor secreto, La víspera y el día de una bo' . Juan de Dios Peza, Un extraño hermano, El libro de carne. Ezequiel A. Pimentel, Los reyes magos, De la ranchería. Guillermo Prieto, El marqués de Valero, Aventura de Carnaval. Vicente Riva Palacio, Un Stradivarius, El buen ejemplo. José María Roa Bárcena, El crucifijo milagroso, Lanchitas. Cayetano Rodríguez Beltrán, El anónomo, La Gaviota. Victoriano Salado Alvarez, La celosa, Historia del hombre que se hizo sabio. Abel C. Salazar, Almas jóvenes, Un alma triste. Justo Sierra, La playera, En Jerusalén. Luis G. Urbina, Anteojos y palomas, Un entreacto de "Sansón y Dalila." Guillermo Vigil y Robles, La promesa, Aventuras de una casaca. Francisco Zárate Ruiz, La cabeza del muñeco, El Río Hondo.

Generous selection of stories from the nineteenth century.

**O 83** Maples Arce, Manuel, ed. and intro. Siete cuentos mexicanos. Biblioteca Selecta (Panama City) 1.5 (1946). 58 pp.

Vicente Riva Palacio, El buen ejemplo. Victoriano Salado Alvarez, Ordalías. Julio Torri, La cocinera. Gregorio López y Fuentes, El Hombre que Miraba en la Obscuridad [sic]. Ermilo Abreu Gómez, Miguelito. Francisco Rojas González, Guarapo. Juan de la Cabada, Aries o corto circuito.

Intro. is much fuller than that to the corresponding vol. on Guatemala edited by Alfonso Orantes. Vol. also contains interesting advertisements on the benefits of Vitamin A, the Panamanian national lottery and a variety of businesses.

**O 84** Martín, ed. and intro. Cuentos para homosexuales. Mexico City: Ediciones Aparte, 1987. 125 pp.

El caminante de los bosques. La historia de Octavio. El curso de verano. Gargantas. Deseo de reprimidos. Evolución en ciclo. ?l pajar. Arañas. La entrevista. Fragmento climático. Ligando recuerdos. El brujo de Tania. Ardiente. La fiesta de Olga. El encaje olvidado. Tomando fotos. La orgía. El cerco del olvido. Katar Poniax. Frustración de carga. Terry Collax.

The intro. by "Martín" explains that the MS. was found when a building was demolished. The authorship of the stories is said to be uncertain; they appear to be by a single author.

**O 85** Martínez Luis, Dionisio, et al. Hay un cuento (Publicación colectiva APOCO). Colección Siete Venado. Oaxaca: Casa de la Cultura Oaxaqueña, Asociación de Poetas y Cuentistas de Oaxaca, 1987. 41 pp.
> Dionisio Martínez Luis, Hablando de su muerte, Esperando Amalia, Profesora, Insurrecto. Jorge Magariño, Adán, Mi teniente. Alejandro Cruz Martínez, Costumbre. José Luis Reyes Hernández, El boletín, Manuel. Filadelfo Figueroa, Ramón González, Alejo Escamilla Palacios, La quedada. Ariel Díaz Aguilar, Ensoñación.

Stories from Oaxaca. Extremely brief intro.

**O 86** Médiz Bolio, Antonio, et al. Literatura indígena moderna. Intro. José Luis Martínez. Mexico City: Ediciones Mensaje, 1942. 165 pp.
> Antonio Médiz Bolio, La tierra del faisán y del venado. Ermilo Abreu Gómez, Canek. Andrés Henestrosa, Los hombres que dispersó la danza.

Following Mariátegui's distinction, these should probably be classified as "cuentos indigenistas," not "cuentos indígenas."

**O 87** Millán, María del Carmen, ed. and intro. Antología de cuentos mexicanos. Mexico City: Editorial Nueva Imagen, 1977. 2 vols. 230 + 214 pp.
> Vol. 1: Rafael F. Muñoz, El feroz cabecilla. Jorge Ferretis, Hombres en tempestad. Juan de la Cabada, María, "la Voz," La llovizna. Francisco Rojas González, La parábola del joven tuerto, La venganza de "Carlos Mango," El pajareador. Efrén Hernández, Tachas. Mauricio Magdaleno, Pasos a mi espalda, El héroe de Peñuelas. Armando Olivares Carrillo, Tiempo de aguas. Francisco Tario, Entre tus dedos helados. Ramón Rubín, El colgado. José Revueltas, Noche de Epifanía, Dios en la tierra. Rafael Bernal, La media hora de Sebastián Constantino. Rafael Solana, La décima. Edmundo Valadés, La infancia prohibida, Rock. Gastón García Cantú, Las fuerzas vivas. Juan José Arreola, Homenaje a Otto Weininger, El rinoceronte, El prodigioso miligramo, Una mujer amaestrada, Pueblerina.
> Vol. 2: Juan Rulfo, Talpa, No oyes ladrar los perros. Guadalupe Dueñas, La tía Carlota, No moriré del todo. Ricardo Garibay, Guerra en el baldío. Emilio Carballido, La caja vacía, La desterrada. Rosario Castellanos, Domingo. Sergio Galindo, Querido Jim. Amparo Dávila, Alta cocina, Moisés y Gaspar. Inés Arredondo, La Sunamita. Carlos Fuentes, Las dos Elenas, La muñeca reina. Salvador Elizondo, La puerta, La historia según Pao Cheng. Juan García Ponce, Después de la cita. Sergio Pitol, Victorio Ferri cuenta un cuento. José de la Colina, La lucha con la pantera. Eraclio Zepeda, No se asombre, sargento, Los trabajos de la ballena. José Emilio Pacheco, La fiesta brava, El viento distante.

Extensive notes on authors in addition to general intro.

**O 88** Millán, María del Carmen, ed. and intro. Antologías de cuentos mexicanos. SepSetentas, 292-94. Mexico City: Secretaría de Educación Pública, 1976. 3 vols. 215 + 198 + 183 pp.
Contents are the same as the previous item, divided into three instead of two volumes.

**O 89** Miranda Carabés, Celia, ed., intro. and notes. La novela corta en el primer romanticismo mexicano. Intro. essay by Jorge Ruedas de la Serna. Mexico City: Universidad Nacional Autónoma de México, 1985. 400 pp.
> Manuel Payno, El rosario de Concha Nácar, Aventura de un veterano. José María Lacunza, Netzula. Guillermo Prieto, Manuelitas, El marqués de Valero. Conde de la Cortina, Euclea o la griega de Trieste. José Joaquín Pesado, El inquisidor de México, El amor frustrado. José Ramón Pacheco, El criollo. Ignacio Rodríguez Galván, Manolito el pisaverde, La procesión.

Domingo Revilla, Una pasión. Mariano Navarro, Angela. Francisco Zarco, La ocasión hace al ladrón. Ramón Isaac Alcaraz, La condesa de Peña-Aranda. Juan N. Navarro, Margarita.

Excellent introductory material by the editor and by Ruedas de la Serna. The material included is largely the same as that in the item listed below under Pesado.

**O 90** Monsiváis, Carlos, ed. and intro. A ustedes les consta: Antología de la crónica en México. Mexico City: Ediciones Era, 1980. 366 pp.

Manuel Payno, Un viaje a Veracruz en el invierno de 1843, El coloquio, El lépero, La china. Guillermo Prieto, La invasión yankee, El grito, Los valientes no asesinan. Francisco Zarco, El presidente. La presidencia. Ignacio Manuel Altamirano, Una visita a la Candelaria de los Patos. Manuel Gutiérrez Nájera, La novela de una tranvía. Luis González Obregón, Curructacas y petimetres. Angel de Campo, El fusilado. Amado Nervo, El descanso de la marquesa. Luis Pérez Verdía, El asesinato del gobernador de Jalisco, Ramón Corona. Dr. Atl, Primitivo Ron. Martín Luis Guzmán, Valle-Inclán ante el juez, Tránsito sereno de Porfirio Díaz. Artemio del Valle Arizpe, Las tortas de Armando. Renato Leduc, Miguel Othón Robledo, un poeta olvidado. Mario Gill, La huelga de Nueva Rosita. [Gregorio] Ortega, Salvador Díaz Mirón, Luis G. Urbina, Vargas Vila. Salvador Novo, De "Return Ticket," Narciso, rojo, and Lombardotoledanología. José Alvarado, La ciudad de México, Algun día una lámpara votiva. Ricardo Cortés Tamayo, El bañero, El masajista. Fernando Benítez, María Sabina y sus cantos chamánicos. Arturo Sotomayor, Las hornacinas. José Revueltas, Un sudario negro sobre el paisaje. Gabriel Vargas, Ejemplos de Don Jilemón y la familia Burrón. Ricardo Garibay, Las glorias del Gran Púas. Julio Scherer García, Para el presidente Mao, el mundo es China. Elena Poniatowska, La inteligencia frente al sufrimiento, ¿Le muevo la panza? Vicente Leñero, El derecho de llorar. José Emilio Pacheco, Ultimas confesiones de Rousseau (1778-1978), 17 de julio, 1928: Toral, una imaginación. Miguel Reyes Razo, Ese maldito polvo que no deja de caer, Todo queda en la tienda de raya. Carmen Lyra, El Desengaño: hablan los campesinos, Nicaragua, "en el peor momento de su historia." Héctor Aguilar Camín, Ataca matraca, En un palco y al pie de la grilla. José Joaquín Blanco, Plaza Satélite, Panorama bajo el puente, La plaza del Metro. Jaime Avilés, Iztapalapa, otra vez, "Padre, quiero conocerte." Ramón Márquez, Yoko: historia de un impune crimen policial.

Excellent intro. discusses esthetic and narrative dimensions of the crónica. Notes on authors and biblio. at end.

**O 91** Monsiváis, Carlos, ed. and intro. Lo fugitivo permanece: 21 cuentos mexicanos. Mexico City: Cal y Arena, 1989. 309 pp.

Juan de la Cabada, La llovizna. José Revueltas, Dios en la tierra. Edmundo Valadés, La muerte tiene permiso. Juan José Arreola, El prodigioso miligramo. Juan Rulfo, Anacleto Morones. Elena Garro, La culpa es de los tlaxcaltecas. Augusto Monterroso, La oveja negra, El concierto. Ricardo Garibay, Ingredientes de arte. Jorge Ibargüengoitia, Conversaciones con Bloomsbury. Carlos Fuentes, Las dos Elenas. Juan García Ponce, Tajimara. Juan Vicente Melo, La hora inmóvil. Sergio Pitol, Semejante a los dioses. Elena Poniatowska, El limbo. Eraclio Zepeda, Vientooo. José Emilio Pacheco, Tenga para que se entretenga. José Agustín, Luto. Héctor Aguilar Camín, Mañana lloraré. Guillermo Samperio, Lenin en el fútbol. Juan Villoro, El verano y sus mosquitos.

Excellent intro. Bio-bibliographical notes.

**O 92** Monterde, Francisco, ed. and intro. Dieciocho novelas de "El Universal Ilustrado" 1922-1925. Mexico City: Instituto Nacional de Bellas Artes, Departamento de Literatura, 1969. 282 pp.

Armando C. Amador, Syphros. Carlos Barrera, Las sierpes negras. Juan Bustillo Oro, La penumbra inquieta (Cuentos de cine), El ladrón de Bagdad, Un peligro, La broma de los relojes, Un método original. Daniel Cosío Villegas, Nuestro pobre amigo. Marco-Aurelio Galindo, El ladrón bien educado, Este infeliz. J. M. González de Mendoza, La luna en el agua, El hombre que andaba y otros cuentos verosímiles, El extraño viaje del mendigo, La penúltima hora, Los retratos de los abuelos, El ciego, El cinco de junio, El viejo y el cántaro, El sexto yo. Antonio Helú, El centro de gravedad. Manuel Horta, El caso vulgar de Pablo Duque. Xavier

Icaza, La hacienda.  Gregorio López y Fuentes, El vagabundo.  Eduardo Luquín, Agosto. María Enriqueta, El consejo del buho.  Francisco Monterde, Dantón.  Carlos Noriega Hope, La grande ilusión.  Gilberto Owen, La llama fría.  Félix F. Palavicini, Los irredentos.  Arqueles Vela, La señorita Etcétera.

Interesting intro. on the phenomenon of the "novela semanal" in periodical publications of the 1920s.

**O 93**  Monterde, Francisco, ed.  El temor de Hernán Cortés y otras narraciones de la Nueva España.  Mexico City: UNAM, 1943.  344 pp.
Unable to annotate.

**O 94**  Moreno, Daniel, ed. and notes.  13 cuentistas y narradores.  Club del Libro Colimense, 29.  Mexico City: Costa-Amic, 1980.  255 pp.
Gregorio Torres Quintero.  Manuel Velázquez Andrade.  Carlos Calvillo.  Miguel Galindo. Francisco Hernández Espinosa.  Juan Macedo López.  Carlos Ceballos Silva.  Gregorio Macedo. Salvador Macías.  Ricardo Guzmán Nava.  Alfonso de la Madrid Ochoa.  Hilario Cárdenas. Ernesto Terríñez Sámano.
Unable to annotate.

**O 95**  La novela corta.  Mexico City, 1926-28.  7 vols.
Unable to annotate.

**O 96**  Ocampo, Aurora M., ed. and intro.  Cuentistas mexicanas, siglo XX.  Nueva Biblioteca Mexicana, 45.  Mexico City: UNAM, 1976.  x + 319 pp.
María Enriqueta Camarillo y Roa de Pereyra, De paso, La fuerza de un deseo, Esquilo y Bécker, Visita misteriosa.  María Lombardo de Caso, Una pareja envidiable, Don Chepito el conforme, Una lección.  Judith Martínez Ortega, Parto, Incesto, Un hombre.  Mercedes Manero, La tórtola, El ángel caído.  Nellie Campobello, Nacha Ceniceros, Los 30-30, La sentencia de Babis, Un villista como hubo muchos.  María Elvira Bermúdez, Alegoría presuntuosa.  Griselda Alvarez, I, II, X.  Angeles Mendieta Alatorre, La Casa de las Damas del Cardo.  Guadalupe Amor, La señora Yamez, El té de la ternura, La que sube la escalera, La cansada, Raquel Rivadeneira.  Guadalupe Dueñas, La tía Carlota, La extraña visita.  Elena Garro, La culpa es de los tlaxcaltecas.  Emma Dolujanoff, La cuesta de las ballenas.  Rosario Castellanos, Cuarta vigilia, Vals Capricho, Lección de cocina.  Carmen Rosenzweig, Juventud. Amparo Dávila, La señorita Julio, Tina Reyes.  Raquel Banda Farfán, El juramento, Fidelina, La mujer de Faustino.  Inés Arredondo, Mariana, En la sombra, Río subterráneo.  Julieta Campos, Celina o los gatos.  Maruxa Vilalta, Morir temprano, mientras comulga el general. Elena Poniatowska, La procesión, La Borega, El recado.  Esther Seligson, Infancia, Réquiem. Margarita Dalton, El vidente, El parque, La verdad es responsable.
Intro. addresses usual questions of definition of the genre more than the specific contributions of women writers.  Extensive notes on authors, final biblio.

**O 97**  Orozco, Fernando, ed. and intro.  Cuentos y narraciones de la Ciudad de México.  Colección Popular, Ciudad de México, 16.  Mexico City: Departamento del Distrito Federal, 1974.  113 pp.
José Bernardo Couto, La mulata de Córdoba y la historia de un peso.  Vicente Riva Palacio, Las mulas de su Excelencia.  Manuel Gutiérrez Nájera, La novela del tranvía.  Angel del Campo, El jarro.  Genaro Estrada, El paraíso colonial.  Ramón López Velarde, Semana mayor. Salvador Novo, Lota de loco.  René Avilés, El hombre del cheque.
The intro. is a general essay "El cuento en México," mostly a list of authors and dates, with no discussion of the specific theme of the capital city.

**O 98**   Ortiz de Montellano, Bernardo, ed. and intro.   Antología de cuentos mexicanos.   Madrid: Editorial Calleja, 1926.   289 pp.   [2nd ed.: Mexico City, 1954. Later ed.: Mexico City: Editora Nacional, 1973.]

> José María Roa Bárcena. Vicente Riva Palacio. José López Portillo y Rojas. Rafael Delgado. Manuel José Othón. Manuel Gutiérrez Nájera. Cayetano Rodríguez Beltrán. Victoriano Salado Alvarez. Alberto Leduc. Angel de Campo. Heriberto Frías. Rubén M. Campos. María Enriqueta. José Vasconcelos. Carlos González Peña. Mariano Silva y Aceves. Artemio del Valle Arizpe. Julio Torri. Alfonso Reyes. Guillermo Jiménez. Jorge de Godoy. Francisco Monterde. Julio Jiménez Rueda. Manuel Horta.

Millán calls this one of the first short story anthologies in Mexico.

**O 99**   Pasquel, Leonardo, ed. and intro.   Cuentistas veracruzanos.   Mexico City: Editorial Citlaltépetl, 1980.   294 pp.

> Carlos Arévalo, El vagabundo. Francisco José Ariza, Deserción frente al enemigo. Gonzalo Beltrán Luchichi, El mulato del río. Avelino Bolaños, El ángulo recto. Ofelia Broissin Abdalá, Barro y almas. Luis T. Carmona, María Lola. María Enriqueta Camarillo de Pereyra, Zaqueo, el humilde. Fernando Córdoba Lobo, El cuervo. Martín Cortina, La diosa de la falda azul. Rafael Delgado, Mi única mentira. Carlos Díaz Dufoo, Robinsón mexicano. Ricardo Domínguez, El gato. Benito Fentanes, La mañosa. Blanca Rosa Fentanes de Carballido, El lagarto. Sergio Galindo, Sirila. Lourdes de la Garza, La última vez que lo vi. César Garizurieta, El herrero y el yunque. Celestino Herrera Frimont, General Chemale. Juan Bartolo Hernández, La cuna. Alejandro Hernández Zamudio, Cuidado con él. Grregorio López y Fuentes, Patria. Victoriano Martínez Lara, El melcochita. Luis G. Murillo, El papalote. Carlos Muro Díaz, La noche que salió el vampiro. Rubén Pabello Acosta, Cuento. Leonardo Pasquel, La mujer de mi compadre. Mario Pavón Flores, Siluetas en el frente. Rafael E. Portas, El último adiós. Francisco Rendón Gómez, Contrastes. Chaco Robles Prom, Resentimiento. José María Roa Bárcena, Noche al raso. Cayetano Rodríguez Beltrán, Diálogo a obscuras. Justino Sarmiento, El hijo del hombre. Flavio Tejeda, Chon Peña. Eduardo Turrent Rosas, Cuento de un cuchillo.

Stories from the eastern state of Veracruz.

**O 100**   Pesado, José Joaquín, et al.   Novelas cortas de varios autores.   Biblioteca de Autores Mexicanos, 33, 37.   Mexico City: Biblioteca de Autores Mexicanos, 1901. 2 vols.   499 + 551 pp.

> Vol. 1: José Joaquín Pesado, El Inquisidor de México, El amor frustrado. Ignacio Rodríguez Galván, La hija del oidor, Manolito el Pisaverde, La procesión, Tras un mal nos vienen ciento. José María Lafragua, Netzula. Mariano Navarro, Angela. J. R. Pacheco, El criollo. Anonymous, Don Juan de Escobar, El visitador, La cruz rústica, Ricardo y Laura, Un rasgo de la vida de Trujillo.
> Vol. 2: Félix M. Escalante, María. Ramón de la Sierra, Angelina, Luisa, Una traición y una venganza, Julio y Adela. Eufemio Romero, Los ojos y el corazón, Anita, Jugar con dos barajas, La pobre viuda, La taza de te, El paroxismo, La adivinación. Luciano Muños, El fracticidio. M. Trejo, El mártir de la Angostura. Miguel Martel, Elena o el amor de un pirata. Anonymous, El crucifijo de plata, El pintor de México, La lugareña, Ernestina, En un cementerio, Una boda en noche de Norte, La mujer económica, Una familia de provincia, Un secreto de casada, La fe empeñada.

Important early anthology.

**O 101**   Priego, María Teresa, et al.   Puros cuentos.   Colección Cuadernos de la Ventana, 1.   Monterrey: Difusión Cultural de la Universidad Autónoma de Monterrey, 1984.   488 pp.

> María Teresa Priego. Antonio Hernández Aréchiga. Rogelio E. Mendoza Martínez. Eligio Coronado. Hugo Valdés Manríquez. Rogelio Hernández Romero. Gustavo Adolfo Páez.

Unable to annotate.

**O 102**   Rabago P., Gabriela, ed. and intro.   Estancias nocturnas: Antología de cuentos mexicanos.   Colección Textos Literarios.   Serie: Nuestra Palabra.   Mexico City: Instituto Politécnico Nacional, 1987.   193 pp.

> Juan de la Cabada, Tarrarrurra. Francisco Tario, El mico. José Revueltas, Ezequiel o la matanza de los inocentes. Edmundo Valadés, Las raíces irritadas. Juan José Arreola, Parábola del trueque. Guadalupe Dueñas, La timidez de Armando. Sergio Galindo, Retrato de Anabella. Inés Arredondo, La Sunamita. Amparo Dávila, Oscar. Salvador Elizondo, La puerta. Juan García Ponce, El gato. Sergio Pitol, En familia. José Emilio Pacheco. Jesús Gardea, El fuego en el árbol. Antonio Delgado, Rosario. Guillermo Samperio, La señorita Green. Gabriela Rábago Palafox, Criaturas de la noche. Ricardo Elizondo Elizondo, La visita. David Ojeda, Pelotita de ping-pong. Daniel Sada, Desencuentros.

Brief intro. explains that an effort was made to include stories that had not been anthologized before.

**O 103**   Ramírez Cabañas, Joaquín, ed.   Antología de cuentos mexicanos, 1875-1910.   1st ed., 1943. 4th ed. Colección Austral. Buenos Aires: Espasa-Calpe, 1962. 148 pp.

> Vicente Riva Palacio, Las mulas de Su Excelencia, La burra perdida. José María Roa Bárcena, Lanchitas. Justo Sierra, La sirena. Juan de Dios Peza, Prisioneros mexicanos. José López Portillo y Rojas, Sor María Margarita. Rafael Delgado, Para testar. Manuel Gutiérrez Nájera, El vestido blanco. Carlos Díaz Dufóo, Una duda. Luis G. Urbina, Anteojos y palomas. Amado Nervo, Lía y Raquel. Cayetano Rodríguez Beltrán, Dorotea. Victoriano Salado Alvarez, Ordalías.

Brief intro. explains that the stories were chosen from the period of the rule of Porfirio Díaz.

**O 104**   Raviolo, Heber, ed. and intro.   Panorama del cuento mexicano.   Montevideo: Ediciones de la Banda Oriental, 1980. 2 vols. 110 + 112 pp.

> Vol. 1: José Vasconcelos, Una cacería trágica. Martín Luis Guzmán, La fiesta de las balas. Alfonso Reyes, Silueta del indio Jesús. Rafael F. Múñoz, Oro, caballo y hombre. Lorenzo Turrent Rozas, Jack. Juan de la Cabada, La llovizna. Francisco Rojas González, El diosero. Agustín Yáñez, Sangre de sol. Luis Córdova, El tejón. José Revueltas, El lenguaje de nadie. Edmundo Valadés, Las raíces irritadas. Rafael Bernal, La media hora de Sebastián Constantino. Juan José Arreola, En verdad os digo. Juan Rulfo, Es que somos muy pobres, Paso del norte.
> Vol. 2: Emma Dolujanoff, Arriba del mezquite. Xavier Vargas Pardo, Dios mediante. Rosario Castellanos, Modesta Gómez. Emilio Carballido, La desterrada. Carlos Valdés, Arenas de oro. Carlos Fuentes, La muñeca reina. Vicente Leñero, Sureño y yo. José de la Colina, El tercero. Eraclio Zepeda, Vientooo. Juan Tovar, Final feliz. Parménides García Saldaña, El rey criollo.

The first vol. includes authors born between 1881 and 1918 (stories published between 1910 and 1964), the second between 1922 and 1944 (stories published between 1959 and 1969). Contains biblio.

**O 105**   Rivas, Humberto, ed., intro. and notes.   Parte del horizonte.   Mexico City: Ediciones de la Revista Punto de Partida/UNAM, 1982.   107 pp.

> Rafael Calva, El pozo de los deseos, Revelación. Sergio Soto, El otro señor Benet, La penumbra de Ester, El manual. Cristina Rivera Garza, Los copos bicolores, Cadáver oceánico. Octavio Reyes, Las niñas del Amor I. Laura Aguilar, La luna de los jabalíes, Conteo, El viento, Sobre algo que no puedo recordar. Humberto Rivas, Ecos visuales, Nos detuvimos, Ambulancia 44. Daniel Goldin, La espiral y la grieta, Mana de espanta-pájaros. Alejandro Toledo, La primera volta, Por qué maté a Mickey Mouse, Mala caligrafía.

Younger writers.

**O 106**   Rogers, Paul, ed.   Escritores contemporáneos de México.   Boston: Houghton Mifflin, 1949.   237 pp.

José Mancisidor. Francisco Rojas González. Julio Torri. Rafael F. Muñoz. Mariano Azuela. José Rubén Romero. Lorenzo Turrent Rozas. Ermilo Abreu Gómez. Nellie Campobello. Martín Luis Guzmán. Gregorio López y Fuentes.

Contains intro. about the Mexican Revolution and its literature.

**O 107** Rojas González, Francisco, et al. Cuentos mexicanos: Colección de autores exclusivamente mexicanos. Mexico City, 1940. 2 vols. 119 + 135 pp.

> No. 1: Francisco Rojas González, Historia de un frac. Rubén M. Campos, Los dos compadres. Rafael Delgado, El desertor. Vargas Rea, El éxito de Pedro Pérez. Angel de Campo [Micrós], El niño de los anteojos azules. Guillermo Prieto, Correspondencia sobre el matrimonio, Vida campestre. José María Barrios de los Ríos, La cueva de los murciélagos. José Joaquín Fernández de Lizardi ["El Pensador Mexicano"], Aventura de un Locero.
>
> No. 2: José M. Roa Bárcena, Combate en el aire. José Ferrel, ¡Estas mujeres! Luis Jacobo López, El hombre q'encontró su manía. Manuel Payno, Viaje sentimental a San Angel.

Apparently a short-lived periodical. The Library of Congress has only these two volumes.

**O 108** Romero Flores, Jesús, ed. and intro. Leyendas y cuentos michoacanos (antología). Mexico City: Ediciones Botas, 1938. 2 vols. 355 + 366 pp.

> Vol. 1: Eduardo Ruiz, Una boda en Tierra Caliente. Ismael Vélez, Mi jefecito. J. Rafael Rubio, El hombre doble. José Sobreyra Ortiz, Juan el ordeñador, ¡Pobre Jacinto! Fidel Silva, La ciudad y la sierra. J. Rubén Romero, Castigado. J. Isaac Arriaga, Apólogo, Cita eterna. J. Rubén Romero, Un día de campo. Luis Mora Tovar, Lo inexorable. Jesús González Valencia, ¡Sola! Guilebaldo Murillo, Más bueno que el pan. Salvador Ortiz Vidales, Una historia romántica. Isidro Castillo, Las toalleras. Eduardo Villaseñor, La bruja. Jesús Millán, El descarrilador de trenes. Jesús González Valencia, Señora Bartola. J. Rubén Romero, La serenata. Salvador Ortiz Vidales, Rastro de águilas. Jesús Romero Flores, Víctimas de la guerra. Isidro Castillo, La herencia del tío Trino. José Barriga Zavala, El milagro. Rafael Reyes, Cuentos breves. Alfredo Maillefert, Estampas de Morelia. Gumersindo Quesada Bravo, El coco. Leopoldo Zincúnegui Tercero, Fusilada. José Rodríguez Gil, El gambusino.
>
> Vol. 2: Salvador Ortiz Vidales, Recuerdos de la infancia. Lucas Ortiz B., El extraño. José Alvarez del Villar, ¡Ejemplo, caballos trotones! Salvador Pineda, En las riberas del Balsas. Carmen Báez, Justicia. Melesio Aguilar Ferreira, Ladrones. Luis Guzmán, Siluetas de la provincia: Nicolás. Sara Malfavaund, ¡Ya estás vengada, Gualupa! Luis Octavio Madero, Claustro. Ernesto Magaña Cosío, Con el corazón roto. Mariano Silva y Aceves, Cara de virgen. Donato Arenas López, Nobleza. José Corona Núñez, El nacimiento de Cuerohperi. Jesús Romero Flores, Como las aves. Ismael Vélez, Huanita. Felipe E. Calvillo, Quiritzícuaro. Timoteo Guerrero, Sesihángari. Felipe E. Calvillo, Combate de las Flores. Francisco de P. León, Urani. José Corona Núñez, Leyenda de la Laguna de Guitzeo. Mariano Espinosa, La divina Inchátiro. Salvador Ortiz Vidales, La leyenda de Atzimba. Eduardo Ruiz, Tacamba. José Corona Núñez, Mintzita. Felipe E. Calvillo, Por siempre feliz, Mariana. Ignacio Ojeda Verduzco, Un rasgo de Trujillo. Felipe E. Calvillo, La patriota, Suicida heroica. Manuel Mesa, Semblanzas, anécdotas y sucedidos.

Stories, legends and tradiciones from the state of Michoacán.

**O 109** Sainz, Gustavo, ed., intro. and notes. Los mejores cuentos mexicanos. Mexico City: Ediciones Océano, 1982. 307 pp.

> Alfonso Reyes, La mano del comandante Aranda. Efrén Hernández, Tachas. Juan José Arreola, El guardagujas. Juan Rulfo, Anacleto Morones. Carlos Fuentes, Tlactocatzine, del jardín de Flandes. José Revueltas, Hegel y yo. Sergio Magaña, La mujer sentada. Elena Garro, Perfecto Luna. Tomás Mojarro, Filtrarse oscuramente. José de la Colina, La tumba india. Arturo Souto, Coyote 13. Juan García Ponce, El gato. Sergio Pitol, Encuentro nupcial. Guadalupe Dueñas, Historia de Mariquita. Sergio Galindo, Este laberinto de hombres. Emilio Carballido, La caja vacía. Salvador Elizondo, En la playa. Eraclio Zepeda, Asalto nocturno. José Emilio Pacheco, Cuando salí de la Habana, válgame Dios. Armando Ayala Anguiano, El mundo elegante. María Luisa Mendoza, Debió de ser Mapimí. Guillermo Samperio, En el

departamento del tiempo. María Luisa Puga, Las posibilidades del odio. Brianda Domecq, Galatea.

Includes brief intro. and bio-biographical notes by Sainz.

**O 110**  Sainz, Gustavo, ed. and intro. Jaula de palabras: Una antología de la nueva narrativa mexicana. Mexico City: Editorial Grijalbo, 1980. 478 pp.

Enrique Aguilar, El wama. Héctor Aguilar Camín, Evocación de Julia. José Agustín, Yautepec. Inés Arredondo, Ríos subterráneos. René Avilés Fabila, Préstenos su santo... Jesús Luis Benítez, Para habitar en la felicidad. Ignacio Betancourt, De cómo Guadalupe bajó a La Montaña y todo lo demás. Roberto Bravo, El desagravio. Juan de la Cabada, Tarrarrurra. Emilio Carballido, La paz después del combate. Raúl Casamadrid, Juegos de salón. Salvador Castañeda, Si el viejo no aparece. Javier Córdova, Blood rock o ahora va la nuestra. Carlos Chimal, Acidez mental del pasado. Alberto Dallal, El hermano. Antonio Delgado, Rosario. Alberto Enríquez, Cuéntame de Carolina. Beatriz Espejo, La modelo. Josefina Estrada, No vendrá nadie a verte, sino la muerte. Carlos Fuentes, Estos fueron los palacios. Sergio Galindo, Retrato de Anabella. Juan García Ponce, Retrato. Jesús Gardea, Los viernes de Lautaro. Sergio Gómez Montero, Abre mi boca a la luz. Fidencio González Montes, Juego de ajedrez. Raúl Hernández Viveros, Lección de anatomía. Alberto Huerta, Sin salida. Ethel Krauze, La mula en la noria. Gerardo María, El monstruo. Gustavo Masso, Aquí nomás de hablador. Luis Moncada Ivar, La mentirosa. Agustín Monsreal, Noche de los copos rojos. Hortensia Moreno, Teléfono. Dámaso Murua, El misterio del cuarto. David Ojeda, El convoy de tropas. Jorge Arturo Ojeda, Lorenzo. José Emilio Pacheco, Historias de federales y cristeros. Emiliano Pérez Cruz, Todos tienen premio, todos. Elena Poniatowska, Esperanza número equivocado. María Luisa Puga, Inmóvil sol secreto. Armando Ramírez, Ratero. Luis Arturo Ramos, Vuelta a casa. Octavio Reyes, La muerte de los Galaxie Ford. Humberto Rivas, ¿A usted lo quieren? Eusebio Ruvalcaba, Rita. Guillermo Samperio, Aquí, Georgina. Morris Schwarzblat, Día de campo. Sergio Soto, Oscar. Juan Tovar, El lugar del corazón. Juan Villoro, Yambalalón y sus siete perros. Luis Zapata, Una de cal. Eraclio Zepeda, El muro.

An excellent broad selection of current Mexican writing. For a savage attack on this anthology, see Bravo.

**O 111**  Sainz, Gustavo, ed. and intro. Ojalá te mueras y otras novelas clandestinas mexicanas. Gerona: Ediciones Océano, 1982. 269 pp.

Arlés, Ojalá te mueras. Olivia Zúñiga, La muerte es una ciudad distinta. Arturo Martínez Cáceres, Babel.

Short novels from earlier in the century, rescued from oblivion.

**O 112**  Saldaña, Manuel, et al. Antología de cuentos. Morelia: Escuela Normal Superior José María Morelos, 1983. 144 pp.

Manuel Saldaña. Demetrio Rodríguez. Rosalinda Oviedo Garza. Gustavo González Guerrero. Epifanio Juárez García. Antonio Mendiola. Alberto Blanco Maldonado. Enrique González. Jorge Servín. Demetrio López. Carlos Arenas García. Pedro Valdés Martínez. Jesús Pardo Serrato.

Unable to annotate.

**O 113**  San Jorge, Xóchitl de, et al. Ellas cuatro, un cuento. Mexico City: Plaza y Valdés Editores, 1988. 189 pp.

Xóchitl de San Jorge, Viaje nocturno, Empeños, Escalerofobia, El nombre, La Dama, Mensaje, Recuerdos en mecedora, Como Dioses, La otra ciudad, San Jorge no sabía de la crisis, La Pichona, Viaje nocturno, Naufragio, El espejo, Para un gastrónomo, Las ánimas. Rocío Incera, En alguna playa, Impresiones y tráfico, Cardumen, La Florentina, Tránsito, Adam Cicevic, A la deriva, Sólo dos, Alternativas, Descanso, Hojas de té. Maruxa Salas, Ella, Prueba de amor, Te amo, Irremediablemente tuya, Atrapada, Letargo, La confesión, Complicidad, Tiempo vacío, El acaloramiento, La explicación, Flores, ¿Por qué me trajeron aquí? La opción, El cambio, La junta, La noticia, Retrato, El otro. Yolanda Argudín, I, II, III, IV, V, VI, VII, VIII, IX, X.

Stories by four women who participated in a creative writing workshop at the Casa de la Cultura in Coyoacán, led by Rafael Ramírez Heredia.

**O 114** Sánchez García, Alfonso, et al. La historia que soñé. Mexico City: Editorial Diana, 1978. 387 pp.

Alfonso Sánchez García, Clara y Toribio. Graciela Puente Jaime, Las gemelas. Gloria López Villaseñor, Reencuentro. Ernesto Villanueva, Citlalli se muere. Francisco José Amparan H., El puente de plata. J. Gerardo Gómez Macías, El diario de Arcturus (o "La realidad de una leyenda"). Alberto Rudich I., ¿Estás listo para morir? María Enriqueta Espinoza Peña, Piel de recuerdos. María Luisa Hernández H., El sótano. María Josefina Ponce Cortés, Longitud de la noche. Gerardo Amancio Armijo, El 2066 de la calle 8.

Contestants in a contest organized by the magazine Activa and the radio station XEW: "La condición básica era narrar brevemente una historia, un cuento que hablara bien de la gente."

**O 115** Sánchez Murguía, Felipe, ed. and intro. 33 cuentos mexicanos. Mexico City: Editorial Arana, 1964. 169 pp.

Vicente Riva Palacio, Un Stradivarius. Gregorio López y Fuentes, Tierra de temporal. Gregorio Torres Quintero, El sueño del pobre y del rico. Edmundo Valadés, La muerte tiene permiso. Esteban Maqueo Castellanos, Polifemo. Francisco Monterde, Una moneda de oro. Francisco Rojas González, El pajareador. Mario Pavón Flores, Las compresoras Thomassen. Ezequiel A. Pimentel, Los Reyes Magos. Jorge Ferretis, Hombres en tempestad. Guillermo Vigil Robles, De centinela. Gregorio Torres Quintero, El guapo. Mariano Azuela, Tal será la voluntad de Dios. Ermilo Abreu Gómez, Don Fernando. Victoriano Salado Alvarez, La celosa. Gastón García Cantú, La voz. Francisco Rojas González, La venganza de "Carlos Mango." Vicente Riva Palacio, Las mulas de su excelencia. Victoriano Salado Alvarez, El violín. Benito Fentanes, Labor fatídica. Eduardo Luquín, Grito de rebeldía. Juan de Dios Peza, El libro de carne. Carmen Báez, La cilindra. Juan Rulfo, Nos han dado la tierra. Francisco Rojas González, La triste historia de Pascola Cenobio.

Brief intro. on usefulness of the anthology in secondary schools.

**O 116** Stanton, Ruth, and L. Lodge, eds. and intro. Una moneda de oro y otros cuentos mexicanos modernos. New York: Harper & Brothers, 1946. x + 244 pp.

Francisco Monterde, Una moneda de oro. Rafael F. Muñoz, Servicio de patrulla, El Niño. Gregorio López y Fuentes, Una carta a Dios, Quetzalcóatl. Donato Arenas López, Nobleza. Fidel Silva, La ciudad y la sierra. Jorge Ferretis, Una patada sublime, Está verde la esperanza. Jesús Millán, El descarrilador de trenes. Alejandro Gómez Maganda, ¡Ahí viene la bola! Dr. Atl, El muerto sentado. Manuel Gamio, El cerillo, El conjuro. Jesús Romero Flores, Víctimas de la guerra. Mariano Azuela, Lo que se espuma.

Stanton later published an anthology of Costa Rican short stories using the name Ruth S. Lamb. Extensive intro. (in English) on the Mexican short story. Seems to be the first anthology to contain an idiotic story that appears in many subsequent short story anthologies published in the United States, "Una carta a Dios." (None of the anthologies published in Mexico include it.)

**O 117** Tapia Bolívar, Daniel, ed. and intro. Cuentos del Ateneo. Mexico City: Compañía General de Ediciones, 1960. 191 pp.

Daniel Tapia Bolívar, Niebla. Sol Arguedas, El retorno. Fernando Medrano Teba, ¡Patria chica! Antoniorrobles, Simpleza dividida por 7. Gustavo de la Llave, El regreso. Humberto Valdés Pérez, Tenía que ser Hunt. Héctor Tizón, Gemelos. Gabriel Trillas Blázquez, El regreso del mosén.

Sixty page intro. by Tapia Bolívar, "Breve itinerario del cuento," on the genre.

O **118**  Torres, Vicente Francisco, ed. and intro.  El cuento policial mexicano.
Mexico City: Editorial Diógenes, 1982. 131 pp.

> Rafael Solana, El crimen de tres bandas.  Antonio Helú, El fistol de corbata.  María Elvira
> Bermúdez, El embrollo del reloj.  Rafael Bernal, La muerte madrugadora.  Raymundo Quiroz
> Mendoza, El amor es veneno.  Vicente Fe Alvarez, Los dientes delatores.  Pepe Martínez de
> la Vega, El secreto de la lata de sardinas.  Juan E. Closas, El crimen en la facultad de medicina.
> Rafael Ramírez Heredia, La risa va por Barrios.  Luis Arturo Ramos, Lo mejor de Acerina.

Extensive intro. tells history of crime fiction in Mexico, including discussion of
magazines and anthologies.

O **119**  Torres-Ríoseco, Arturo, and E. R. Sims, ed., intro. and notes.  Mexican Short
Stories.  New York: Prentice-Hall, 1932. 180 pp.

> María Enriqueta, Los gorriones.  Guillermo Jiménez, El caso del señor Octavio.  Angel de
> Campo, Yes.  Amado Nervo, Una esperanza.  Alfonso Reyes, La cena.  Manuel Gutiérrez
> Nájera, Rip-Rip.  José López Portillo y Rojas, El rector y el colegial.  Rafael Delgado, Rigel.
> Julio Jiménez Rueda, Del rancio solar.  José Vasconcelos, El fusilado.

With Spanish-English glossary.

O **120**  Treviño Castro, Javier, ed. and intro.  Primer encuentro regional de
narradores.  Epilogue by Marco Antonio Campos.  Monclova: Museo Biblioteca
Pape, 1986. 64 pp.

> Armando Alanís.  Francisco José Amparán.  Héctor Cabello.  Alva Castillo.  Gabriel Contreras.
> Ricardo Elizondo Elizondo.  Guillermo Lavín.  Jesús de León.  Mario Anteo.  J. Carlos Mireles
> Charles.  Reynol Pérez Vázquez.  Juan José Rodríguez R.

Writers from Coahuila.

O **121**  Treviño Castro, Javier, ed. and intro.  Segundo encuentro regional de
narradores: Más cuentos.  Monclova: Museo Biblioteca Pape, 1987. 55 pp.

> Javier Treviño Castro, Corte y confección.  Silvia Molina, La familia vino del norte.  Jorge von
> Ziegler, Visión.  Rosario Domínguez, Miércoles de canasta.  Tarcicio Pereyra F., La ventaja de
> la tortuga.  Eva María Dávila, El milagrito de penas.  Agustín Tapia, De inventos, What's your
> name.  Elena Ramírez, Lucía.  Gerardo Carrera, La vaca, Otra historia.  Carmen Quiroga, El
> recital de los espejos.  Pedro Moreno Salazar, Jinetes en la tormenta.  Blanca Ruiz, Las
> cosquillas rabiosas.  Salvador Salado, Mediodía.  Magaly Sánchez, Charo.  Antonio García, Un
> cuento para un desconocido.  José Luis Velarde, Manipulación, Maquillaje.  Ricardo Elizondo,
> Setenta veces siete.

Stories read by writers from Coahuila at the second such congress.  Brief notes on
authors.

# P. Nicaragua

**P 1** Aburto, Juan, et al. <u>Cinco cuentos</u>. León: Ediciones Ventana, 1964. 47 pp.
  Juan Aburto. Mario Cajina Vega. Fernando Gordillo. Sergio Ramírez. Fernando Silva.
Unable to annotate.

**P 2** Arellano, Jorge Eduardo, ed., intro. and notes. <u>Cuentistas de Nicaragua</u>.
Managua: Ediciones Distribuidora Cultura, 1984. 291 pp.
  Gustavo Adolfo Prado, El ladrón nazareno, José Iglesias, Lucha de esclavos. Anselmo Fletes
  Bolaños, El testamento de una mula, La venta de un negro, Véndeme medio. Rubén Darío,
  Un sermón, Al amigo Azaroff, Huitzilopoxtli. Carlos A. Bravo, El valentón de Chontales.
  Manuel Antonio Zepeda, Historias de Salvador Castelblanco, vendedor de veneno. Manolo
  Cuadra, De Quilalí a Illinois, Música de la soledad. Adolfo Calero Orozco, Al maestrita y el
  boticario, El tesoro de la paisana, Solo un epitafio. Hernán Robleto, El tío José Angel, Al
  ladrar de los perros. Juan Felipe Toruño, La medicina. Mariano Fiallos Gil, El coyote y la
  Elsita, Judit y el puritano. Fernando Centeno Zapata, El viaje. María Teresa Sánchez, El
  hombre feliz, El ciudadano. Emilio Quintana, La caja de lustrar. Lizandro Chávez Alfaro, El
  zoológico de papá, Fragor de la inocencia. Fernando Silva, El bote, Saturno. Juan Aburto, El
  chechereque, El Sisimico, Chepe, mi amaigo, Los espectros de Estelí. Mario Cajina Vega, Viaje
  a Septiembre, Hasta aquí llegamos los nahuas. Sergio Ramírez, Bendito-Escondido, De la
  afición a las bestias de silla. Fernando Gordillo, Asunto financiero, Dura es la ley. Carlos
  Alemán Ocampo, Luis Morales, el famoso. Jorge Eduardo Arellano, ¡Qué tal!, El alemán y
  su mejor amigo el Coronel Padilla. Horacio Peña, La casa. Mario Santos, En medio del
  aguacero se llevaron a mi primo. Pedro Joaquín Chamorro C., Dando y dando.
Divided into the following sections: "Narradores costumbristas," "Rubén Darío,"
"Fundadores," "Principales cultivadores hasta los años cincuenta," "Cuentistas de los
años sesenta," "Cuentistas de los años setenta." Brief intro., bibliography of
anthologies, notes on authors.

**P 3** Fiallos Gil, Mariano, ed. and intro. <u>Antología del cuento nicaragüense</u>.
Managua: Ediciones del Club del Libro Nicaragüense, 1957. 280 + x pp.
  Adolfo Calero Orozco, Claudio Robles, padre de Sebastián Robles, Catín, criatura inolvidable,
  Las gallinas de la difunta. Mario Cajina Vega, Los machetes, La marimba, El Malinche.
  Fernando Centeno Zapata, La sequía, Cuando se llega la hora, El viaje. Manolo Cuadra,
  Torturados, Almidón, De Quilalalí a Illinois. Emilio Quintana, Inundación, Tierra Honda,
  Azúcar. Otto Schmidt, El Cadejo, Cacería en Chinandega, El Grito del Rondán. Sebastián

Vega (hijo), Coronel, El cimarrón, El tigre. María Teresa Sánchez, Juan Turín, El hombre feliz. Ramón Barreda, Caín Rodríguez. Hernán Robleto, La luz en el estercolero, Perro de pobre. Jacobo Ortegaray, La rosa de Curinguá. Fernando Silva Espinoza, El viejo, Los promesantes. Juan Velásquez Prieto, Por una mula. Salvador Lacayo de la Selva, El gran cambio. Juan Felipe Toriño, Chupasangre.

Intro. asserts that most of the stories are on rural themes, and asks that stories be written "no tan solo sobre indios tristes y enfermos o mestizos inconformes, sino sobre problemas comunes al alma humana." Bio-bibliographical notes. Extensive glossary of nicaragüismos at end.

**P 4** Ramírez, Sergio, ed. and intro. Cuento nicaragüense. Separata from Revista Conservadora del Pensamiento Centroamericano 109 (1969). 88 pp.

Cuentos del Tío Coyote y el Tío Conejo. Rubén Darío. Adolfo Calero Orozco. Mariano Fiallos Gil. Fernando Centeno Zapata. Fernando Silva. Raúl Elvir Rivera. Pablo Antonio Cuadra. José Coronel Urtecho. Joaquín Pasos. Manolo Cuadra. Juan Aburto. Lizandro Chávez Alfaro. Ernesto Cardenal. Mario Cajina Vega. Fernando Gordillo. Sergio Ramírez. Iván Uriarte.

Later expanded into following item.

**P 5** Ramírez, Sergio, ed. and intro. El cuento nicaragüense. 1st ed.: 1976. 2nd ed. Managua: Editorial Nueva Nicaragua, 1981. 267 pp.

Anónimo, Tío Coyote y Tío Conejo, El rey de Hojarasca, Tío Tigre, Tío Buey y Tío Conejo, Tío Conejo, Tía Zorra y Tío Zope, Cuando Tío Conejo fue donde Tata Dios. Rubén Darío, El fardo, El rey burgués (cuento alegre), Betún y sangre. Adolfo Calero Orozco, Claudio Robles, padre de Sebastián Robles. José Coronel Urtecho, El mundo es malo, La diosa coja. Mariano Fiallos Gil, Horizonte quebrado, Minas. Manolo Cuadra, Torturados, Pedrito. Pablo Antonio Cuadra, Eleuterio Real, Pedro Onofre. Joaquín Pasos, Angel pobre. Juan Aburto, 12 cartas y un amorcito, Patio muerto. Fernando Centeno Zapata, Volvió con una cruz, La última lluvia. Ernesto Cardenal, El sueco. Fernando Silva, Los húngaros, El pollo de los tres. Lizandro Chávez Alfaro, Los monos de San Telmo, Las tinieblas. Mario Cajina Vega, Los machetes, Cóctel 66. Fernando Gordillo, Ordenes, Fiestas patrias. Sergio Ramírez, El Centerfielder, Charles Atlas también muere. Jorge Eduardo Arellano, Kid Tamariz.

Includes works from the oral tradition as well as written stories. The contents of the first and second editions are identical, despite the changed political situation.

**P 6** Ramírez, Sergio, ed. and intro. Cuento nicaragüense. Preface by Pedro Orgambide. Buenos Aires: Editorial Nueva América, 1985. 304 pp.

Same as previous item, except for addition of Orgambide preface.

# Q. Panama

**Q 1** Alba, Manuel María, et al. <u>Cuentos panameños</u>. Biblioteca Colombiana de Cultura, Colección Popular, 24. Bogotá: Instituto Colombiano de Cultura, Ministerio de Educación Nacional, 1972. 155 pp.

> Manuel María Alba, El pargo negro. Ernesto J. Castillero, El penitente de la otra vida. Octavio Méndez Pereira, El espíritu de Balboa. Mario Augusto, Nochebuena dulce. Luisita Aguilera Patiño, El chorro de las mozas. Sergio González R., La niña encantada del salto del pilón. Rogelio Sinán, Una excursión al Darién. Julio B. Sosa, Se llamará Jesús. Salomón Ponce Aguilera, El árbol viejo. Teresa López de Ballarino, El gallo Vicente. Lucas Bárcenas, Miedo. Darío Herrera, La zamacueca. Ignacio Valdés, Los encargos. Gil Blas Tejeira, El tesoro maldito.

"Antología y reseñas biográficas suministradas por la Embajada de Panamá." General intro. to series. Brief bio-bibliographical notes.

**Q 2** Avila, José A., ed. <u>Cuentos panameños II: Antología</u>. Intro. Edgard Sánchez Salazar. Biblioteca Colombiana de Cultura, Colección Popular, 74. Bogotá: Instituto Colombiano de Cultura, 1973. 119 pp.

> Justo Arroyo, Testamento. José A. Avila C., La rutina. Carlos Francisco Changmarín, Seis madres. Eustorgio Chong Ruiz, La espera. Enrique Chuez, Adiós Ursula. Jaime García S., Una historia como otras. Moravia Ochoa López, Honey. Bertalicia Peralta, Cuando me paro a contemplar mi estado. Pedro Rivera, La sorpresa. Saúl Trinidad Torres, Los significados.

Continuation of previous item: younger writers.

**Q 3** Benítez Rojo, Antonio, ed. <u>Canal: tres relatos panameños</u>. Colección La Honda. Havana: Casa de las Américas, 1974. 97 pp.

> Joaquín Beleño C., Canal. Carlos Francisco Changmarín, Faragual. Rogelio Sinán, Bobby.

No intro. Brief notes on authors.

**Q 4** Cabezas, Berta María, ed. and intro. <u>Narraciones panameñas (Traducciones, leyendas, cuentos, relatos)</u>. Mexico City: Editorial Selecta, 1954. 213 pp.

> Salomón Ponce Aguilera, El árbol viejo. Darío Herrera, La zamacueca. Octavio Méndez Pereira, El espíritu de Balboa. Ernesto J. Castillero R., El penitente de la otra vida. Manuel María Alba C., El pargo negro. Santiago D. McKay, Bueno es culantro, pero no tanto. Gil Blas Tejeira, El tesoro maldito. Nacho Valdés, Los encargos. Sergio González R., La niña

encantada del salto del pilón. Rogelio Sinán, Una excursión al Darién. Lucas Bárcena, Miedo. Julio B. Sosa, Se llamará Jesús. Teresa López de Vallarino, El gallo Vicente. Luisita Aguilera Patiño, El chorro de las mozas. Mario Augusto, Nochebuena dulce.

Contains bio-bibliographical notes. There is also an identical Panamian edition published by the Agencia Internacional de Publicaciones in 1982.

**Q 5** Fuentes, Cipriano, ed. and intro. Narradores panameños. Caracas: Doble Fondo Editores, 1984. 164 pp.

Darío Herrera, La zamacueca. Ricardo Miró, El Jesús malo. Rogelio Sinán, Eva, la sierpe y el árbol. Manuel Ferrer Valdés, Los alacranes. Ricardo J. Bermúdez, El caballo en la cristalería. José María Sánchez, Ino. Joaquín Beleño, Un sábado de pagamento. Ramón H. Jurado, La casa en el cuarto siete. Enrique Chuez, Pulga. Justo Arroyo, Revelación. Pedro Rivera, La sorpresa. Moravia Ochoa López, Aguacero. Dimas Lidio Pitty, La casa muda. Enrique Jaramillo Levi, La figura. Roberto McKay, A red, red fall.

Good intro., bio-bibliographical notes.

**Q 6** Jaramillo Levi, Enrique, ed and intro. Antología crítica de la joven narrativa panameña. Antologías FEM, 2. Mexico City: Federación Editorial Mexicana, 1971. 285 pp.

Ernesto T. Lefevre, La venganza. Enrique Chuez, La mecedora, La mujer, La obra de teatro, Cuando le quité la vida, El pavo, Adiós, Ursula. Griselda López, Un minuto, Me comeré la tierra, Traigo dentro muchas cosas. Luis Carlos Varela Jiménez, Entrevista, La imagen disecada, El sepulcro o el espejo. Pedro Rivera, Entrevista, Knockout, Dos juntos separados, El juego, Un niño como otro, Peccata Minuta. Bertalicia Peralta, La vuelta, Bach a las nueve, El enemigo, Elio, La virgen de la aldea. Benjamín Ramón, Entrevista, Cundeamor, Hablando solo, Luna queso, La espera, Dice. Moravia Ochoa López, Aguacero, Vuelta del pescador, Madrecita, Sin madrugada, A casa, El uno más el otro. Dimas Lidio Pitty, Tercer piso al fondo, La casa muda, Estación en dos tiempos. Arysteides Turpana, Moli, Machikua. Enrique Jaramillo Levi, Entrevistas, Brujalinda, Engendro en noche triste, La paloma, Inercia, La cueva, Ofertorio. Roberto McKay, La otra Marilyn, A red, red fall.

Brief intro., long (60 pp.) essay at end on the stories included.

**Q 7** Miró, Rodrigo, ed. and intro. El cuento en Panamá: estudio, selección, bibliografía. Panama City: Imprenta de la Academia, 1950. 203 pp.

Salomón Ponce Aguilera, La apuesta. Darío Herrera, La zamacueca. Ricardo Miró, El Jesús malo. Gaspar Octavio Hernández, Edénica. J. Darío Jaén, El hombre que no tuvo la culpa. Ignacio de J. Valdés Jr., Cásate, hijo, cásate. José María Núñez, Un hombre. Gil Blas Tejeira, Salomé. Graciela Rojas Sucre, Fonchingale. Rodolfo Aguilera Jr., Rodríguez. Rogelio Sinán, A la orilla de las estatuas maduras. Roque Javier Laurenza, Muerte y transfiguración de Emiliano García. Manuel Ferrer Valdés, La novia de octubre. Julio B. Sosa, Se llamará Jesús. José María Sánchez B., Ino. El Bachiller Carrasco, La plata manda. Tobías Díaz Blaitry, El loco. Mario Augusto Rodríguez, Sequía. Ramón H. Jurado, Piedra. Juan O. Díaz Lewis, Viernes santo bautista. Carlos Francisco Changmarín, Seis madres.

Except for one story from the colonial period, the selections are from the twentieth century. Extensive intro. and biblio.

**Q 8** Moore, Evelyn, ed. and trans. Sancocho: Stories and Sketches of Panama. Panama City: The Panama American Publishing Company, 1938. 194 pp.

Guillermo Andreve, Mountain Idyll. Samuel Lewis, The Ransomed Indian Maid, The Legend of La Campana, Crossing the Isthmus in 1853. Santiago McKay, Sal-Si-Puedes, The Cross of the Escartines, Pirulí and Longolón. Salomón Ponce Aguilera, The Recruits. José Huerta, The Little Lapdog of Yvonne, A Well Planned Insult, Dead of a Toothache, Tamborito in Pesé. E. J. Castillo R., The Technique of the Tamborito. Octavio Méndez Pereira, Christmas Eve in Aguadulce. Graciela Rojas Sucre, On Account of the Piñata. Elida L. C. de Crespo, Village Fiesta, Maruja, Seña Paula. Julio Arjona, La Junta. Francisco Carrasco M., Voices. Moisés

Castillo, Counterpoint, The Witch's Wake, The Miracle of Ciriaco. Lucas Bárcena, The Will of Don Julián. Nacho Valdés, Carnival in Santiago, A Country Wedding, Savage Litany, The Little Deer of the Virgin, Justice, Evil Eye, Devil's Peak.

Fans of Carmen Miranda will like the illustrations.

**Q 9** Peralta, Bertalicia, et al.   <u>Tres cuentistas panameños: Premio Itinerario</u>. Panama City: Ediciones Instituto Nacional de Cultura, 1978.  45 pp.

Bertalicia Peralta, Encore, Guayacán de marzo. José A. Córdova, Apenas queda tiempo, El animal, Anaisi, No doy aviso, viva Sandino, ¿Ha olvidado usted el Imperio Romano? Francisca de Sousa, Un taxi especial.

Stories from a contest.

**Q 10** Ruiz Vernacci, Enrique, ed.  "Introducción al cuento panameño." Note by Adolfo Sánchez Vásquez.  <u>Biblioteca Selecta</u> (Panama City) 1.3 (1946).  56 pp.

Salomón Ponce Aguilera, El árbol viejo. Darío Herrera, La nueva Leda. Ricardo Miró, El gran peso.

The preface by Sánchez Vásquez is entitled "Perfil del cuento en América." The editor's intro., "Introducción al cuento panameño," takes up about two thirds of the little volume.

**Q 11** Spencer, Phyllis, ed. and trans.  <u>Short Stories of Panama</u>.  Colón: Imprenta El Independiente, n. d.  83 pp.

Gil Blas Tejeira. Octavio Méndez Pereira. Nacho Valdés. Gaspar Octavio Hernández. Darío Herrera. Moisés Castillo. Santiago D. McKay. Augustus Vives S. José María Núñez. R. Azores. Mario Augusto. Don Rhu.

Unable to annotate.

# R. Paraguay

**R 1** Alvarenga C., Pedro A., et al. <u>Concepción en las artes: La región norteña en la cultura de la nación paraguaya: Exponentes de su narrativa: Cuentos, relatos y páginas literarias de los escritores norteños del siglo XX.</u> Intro. Luis María Martínez. Concepción: Ediciones Futuro, 1973. 382 pp.

> Pedro A. Alvarenga C., Memorias de un ochocentista. Héctor Anzoátegui, Exorcismo. Miguel Angel Aponte A., La madre de los dolores. Emilio Armele, Acerca de "El hombre de gris." Emilio Armele Jara, Hoy y mañana. Nayib Armele, Espejo de ensueños. Eusebio Aveiro Lugo, Salmos profanos. Antonio Bonzi Penayo, El color de las rejas. Esteban Cabañas, Itinerario para un día. Vicente Cabrera Carduz, El señor diablo. Feliciano Cal, El vencido. Carmel Castiglioni Pérez, La hoja de parra. Leopoldo Centurión, Fémina. Julián Milciades Concha, Lágrimas de sangre. Teodosio Cueto, La sombra. Sergio Enrique Dacak, Amanecer. Leónidos Diana, Oroite. Angélica Domínguez, Esquema de una duda. Teófilo Domínguez, Mauricia la bananera. Martín Goicoechea Menéndez, El asta de la bandera. J. Pastora González Rivas, Hora silenciosa. Carlos Grosso Sosa, El pañuelo verde. Luciano Gutiérrez, Aguas fragorosas. Juan Bautista Ibáñez, Ykua pora. Alejandro Islas, En una tarde de verano. Carmen F. López de Guggiari, Reportaje a la vida. Laureano López Giménez, Canto a mi tierra. Thelma Mariño de Arestivo, La bruja del callejón. Aurelia Martínez de Morillo, La partida. Reinaldo Martínez, Matrimonio de conveniencia. Lorenzo Medina, José a Asunción Flores en tránsito a la inmortalidad. Jorge Sebastián Miranda, Juventud y anhelo. José D. Molas, El pacto de los niños. Cándido Núñez, La leyenda del Ka'a Jary. Cecilio Ocáriz, La Zapallada de Canuto. Juan Bernardo Otañ, El diablo trunco. Marcelino Pérez Martínez, Ka'a pora. José D. Portillo, La despedida de un patriota. Sergia Ramos, El pecado de ser negro. Luis Resquín Huerta, Una fiesta en Kurusu Ñu. Jorge R. Ritter, La bombilla del comisario. J. Antoliano Rodríguez, El pobre iluso. Rogelio Sarroca, El mendigo. Marcial Suárez Ayala, El paso de un recuerdo. Fortunato Toranzos Bardel, En el lago Ypakarai. Carlos Z. Torres, Voluntario Yerbatero. César Torres Antúñez, Piky. Benigno Villa, Después de la lucha.

The intro. by Martínez makes clear that Emilio Armele was responsible for the selections, though his name does not appear on the title page. Includes notes on spelling of Guaraní and extensive biblio.

**R 2** Ferrer de Arréllaga, Renée, et al. <u>Premio Instituto Paraguayo de Cultura Hispánica 1984 de Cuentos.</u> Intros. Manfredo Ramírez Russo, Mario Halley Mora, and José Antonio Bilbao. Asunción: Ediciones Mediterráneo, 1984. 103 pp.

Renée Ferrer de Arréllaga, La cura, La visita, La confesión.  Moncho Azuaga, La monja que iba en busca de las correspondencias, Los restos, Escapando por la ventana de todos los días. José de Jesús Aguirre Escobar, La alzaprima, La lanza, El fantasma.  Neida Beatriz Bonnet de Mendonça, "Pyharepyte," Vamos a jugar, ¿Puedo cuidarte?  Ana Sara Karlik de Arditi, Se me pierden las cosas, De honor se trata, De la tierra y el cielo.  Darío González Troche, El viejo, Historia de la impotencia, La catequista.

Stories from a contest.

**R 3**  Pérez Maricevich, Francisco, ed. and intro.  <u>Breve antología del cuento paraguayo</u>.  Asunción: Ediciones Comuneros, 1969.  200 pp.

Rafael Barrett, De cuerpo presente, El maestro, A bordo.  Eloy Fariña Núñez, Bucles de oro. José S. Villarejo, La rebelión de Pedro David.  Gabriel Casaccia, El mayor, El novio de Micaela.  Augusto Roa Bastos, La excavación, El baldío, Borrador de un informe, Bajo el puente. Josefina Plá, La mano en la tierra, El espejo.  Hugo Rodríguez-Alcalá, Cajón sagrando bajo el arco iris.

Good intro. discusses relations between Paraguayan history and literature (and between historiography and fiction).  Selections end with the "generación del 40": a further vol. of more recent writers, edited by Leny Pane Chelli, is promised in the intro.

**R 4**  Pérez Maricevich, Francisco, ed. and intro.  <u>Ficción breve paraguaya de Barrett a Roa Bastos</u>.  Asunción: Díaz de Bedoya y Gómez Rodas Editores, 1969.  218 pp.

Rafael Barrett, De cuerpo presente, El maestro, A bordo.  Eloy Fariña Núñez, Bucles de oro. Natalicio González, El tartamudo.  Julio Correa, Nicolasita del Espíritu Santo.  Vicente Lamas, El "abogado."  José S. Villarejo, La rebelión de Pedro David.  Gabriel Casaccia, El mayor, El novio de Micaela.  Carlos Zubizarreta, Complicidad de la sangre.  Josefina Plá, La mano en la tierra, El espejo.  Hugo Rodríguez-Alcalá, Cajón sagrando bajo el arco iris.  Augusto Roa Bastos, La excavación, El baldío, Borrador de un informe, Bajo el puente.

A slightly expanded edition of the previous item.  This time no mention is made of a further vol. edited by Leny Pane Chelli, but Pérez Maricevich promises the publication of <u>Panorámica del relato en el Paraguay</u>, to include recent writers.

**R 5**  Plá, Josefina, ed.  <u>Crónicas del Paraguay</u>.  Intro. Francisco Pérez Maricevich. Buenos Aires: Jorge Alvarez Editor, 1969.  174 pp.

Gabriel Casaccia, La fuga, La vuelta.  Jorge R. Ritter, El árbol tumbado.  Josefina Plá, Sisé, La mano en la tierra.  Augusto Roa Bastos, Borrador de informe, Bajo el puente.  Hugo Rodríguez Alcalá, Cajón sangrando bajo el arcoiris.  Rubén Bareiro Saguier, Ronda nocturna. Carlos Villagra Marsal, Arribeño del norte.  Francisco Pérez Maricevich, El coronel mientras agonizo.

Intro. focuses on the contributions of Casaccia and Roa Bastos to Paraguayan narrative.

**R 6**  Rodríguez-Alcalá, Hugo, ed. and intro.  <u>19 trabajos</u>.  Asunción: Taller Cuento Breve, 1984.  141 pp.

Charo Avila de Jariton, Don Juan Segura.  Stella Blanco Sánchez de Saguier, Viento sur, Secuela y aliento.  Nata de Mendonça, Azúcar quemada, Gotas pesadas.  Raquel Chaves, Glosa a un cuento de Borges, Final de errancias.  Renée Ferrer de Aréllaga, La venganza, El delator. Ana Jaraloyes, Agustín Garrote, Las dos paraguas.  Emi Kasamatsu de Enciso, Una pequeña historia de amor.  Luisa Moreno de Gabaglio, El antiguo catalejo.  Dirma Pardo de Carugati, El sombrero de jipi-japa, Baldosas negras y blancas.  María Raquel Saguier de Robbiani, La carta, El éxodo.  Horacio S. Sosa Tenaillon, La princesa Mimi, La resurrección.

Selections from the Taller Cuento Breve of 1984, led by Rodríguez Alcalá.  The "text" used in the workshop was Borges's <u>Obras completas</u>, hence there are traces of his influence here.

**R 7**  Rodríguez-Alcalá, Hugo, ed. and intro.  Queriendo contar cuentos: Taller cuento breve. Asunción: Casa América, 1985.  172 pp.

> María Rosario Avila de Jariton, Encuentro.  Stella Blanco Sánchez de Saguier, Liberación, El adiós de una reina.  Neida Bonnet de Mendonça, La crueldad se paseaba, Viniendo de atrás. Carmen Escudero de Riera, La huída, El último atardecer.  Renée Ferrer de Arréllaga, Biopsia, Helena.  Carmen Gaona de Sosa Gautier, La venganza secreta.  Ana Javaloyes, María Salvadores, Comadre Ulá.  Emi Kasamatsu de Enciso, Yo, Oliver, Brotes de Otoño.  Luisa Moreno de Gabaglio, Justina.  Edith Mujica Jurisic, El viaje, La carta, Fin de Bandeira.  Dirma Pardo de Carugati, La muerte anticipada, David and Betsy.  Raquel Saguier de Robbiani, La carabela, El espejo.  Horacio C. Sosa Tenaillon, El fusil ametrallador, Los timbrazos.  Alicia Trueba Arteaga de Martínez, Abolengo.

Selections from the Taller Cuento Breve of 1985.

**R 8**  Rodríguez Alcalá, Hugo, ed. and intro.  Veintitrés cuentos de taller. Asunción: Taller Cuento Breve, 1988.  138 pp.

> Stella Blanco Sánchez de Saguier, Las huellas del silencio.  Neida Bonnet de Mendonça, Momento perfecto.  María Luisa Bosio, Carta a una amiga.  Carmen Escudero de Riera, El niño de los globos, Noches de luna.  Carmen Gaona de Sosa Gautier, El medallón.  Ana Javaloyes, El enemigo olvidado, Mujeres al volante.  Emi Kasamatzu de Enciso, ¿Es pecado tener hijas?, Tumbas y jazmines.  Lucy Mendonça de Spinzi, No te quedes Juliana, El amigo. Luisa Moreno de Gabaglio, La celda no. 7, La cosecha.  Edith Mujica, Lago azul.  Dirma Pardo de Carugati, A las siete de la tarde, La infiel.  Margarita Prieto Yegros, Nunca digas nunca, Viaje a las dos fronteras.  Horacio Sosa Tenaillon, Judit, El cautivo.  Alicia Trueba de Martínez, El retorno, La intrusa.

More stories from the Taller Cuento Breve.

**R 9**  Silveyra Quintana, Diana Lidia, et al.  Cuentos.  Asunción: Cooperativa Universitaria, 1986.  93 pp.

> Diana Lidia Silveyra Quintana, El anillo.  Ramón Sosa Azuaga, Fin de semana, señor Adán. Santiago Caballero Britos, La viga.  Ramón Corvalán, Crónica de una sobremoriencia.  César Augusto Domínguez Casola, Todas las mujeres, Elvira.  Ramón Sosa Azuaga, Rudecindo, Yasy Rendague.  Lisandro Cardozo, La llave en la puerta.  Modesto Escobar, Tres días en blanco. Ramón Antonio Bonzi, Encuentro sobre la encrucijada.

No intro.

# S. Peru

**S 1** Adolph, José B., ed. <u>Cuentistas peruanos de hoy</u>. Lima: Instituto Goethe, 1985. 136 pp.

> Carlos Eduardo Zavaleta, Perú, país de alemanes. Julio Ramón Ribeyro, La insignia. Edgardo Rivera Martínez, Una flor en la Buena Muerte. Harry Belevan McBride, Apuntes para escribir la historia de un farsante. Julio Ortega, Persona. Eleodoro Vargas Vicuña, Esa vez del huaico. Eduardo González Viaña, En Pacasmayo, los vieron pasar por el aire. Reynaldo Naranjo, La próxima semana ya pasó. Mariella Sala, Noche limeña. Manuel Ibáñez Rosazza, Roberto, la rosa y la felicidad. Marcos Yauri Montero, El regreso. Cronwell Jara, El asno que hacía milagros. Luis Loayza, Fragmentos. José B. Adolph, Sueños de manzanas y sangre.

No intro. Brief bio-bibliographical notes.

**S 2** Adolph, José B., et al. <u>Avenida Oeste y los cuentos ganadores del Premio Copé 1981</u>. Intro. Abelardo Oquendo. Lima: Ediciones Copé, 1982. 268 pp.

> José B. Adolph, ¿Recuerdas Amanda? Jorge Bruce Mitrani, La desesperación es una playa. Felipe Buendía, Bagnolet. Julio Carmona, La guitarra. Oscar Colchado Lucio, El águila de Pachagoj. Jorge F. Chávez Peralta, Del Pai-An a la otra realidad. Rafael Drinot Silva, Obdulio en el balcón. Manuel Ibáñez Rosazza, Se alquila cuarto con baño, razón arriba. Siu Kam Wen, Historia de dos viejos. Carlos MacLean Crestani, En el ojo del tiempo. Edmundo Motta Zamalloa, Mara. Julio Ortega, Avenida Oeste. Luis Rey de Castro, La batalla. Teófilo Rocca Gomero, Por un barrilito de petróleo. Armando Robles Godoy, Tercer acto. Carlos Schwalb Tola, El remolino. Carlos Villanes Cairo, La fiesta.

Part of the series of vols. from a contest held every two years, sponsored by Petroperú.

**S 3** Adolph, José B. et al. <u>La fuga de Agamenón Castro y los cuentos ganadores del Premio Copé 1985</u>. Intro. Carlos Orellana Quintanilla. Lima: Ediciones Copé, 1986. 301 pp.

> José B. Adolph, La sonrisa de Amelia. Oscar F. Araujo León, Sobre un fondo gris. Luis Dante Bobadilla Ramírez, El viejo. Andrés Cloud Cortez, Con la soga al cuello. Alberto Cuadros Román, Una piedra en el camino. Federico de Cárdenas, Adelaida. Roger Díaz Arrué, La biblioteca. Alejandro Estrada Mesinas, No sabía cómo llamarle . . . César A. Franco Cortes, Fuentes. Cronwell Jara Jiménez, La fuga de Agamenón Castro. Fernando Arturo Iwasaki Cauti, El tiempo del mito. Ambrosio Malpartida Besada, Los colores de la vida. Edmundo Motta Zamalloa, En San Salvador no pasa nada. Iván Orbegoso Aponte, El ángel

del paso escarlata. Arnaldo Panaifo Teixeira, Julia Zumba, la nodriza reina. Luis Rey de Castro, Espejos. Roberto Reyes Tarazona, ¿Se acabaré la rabia? Enrique Rosas Paravicino, Al filo del rayo. Jorge Antonio Valenzuela Garcés, La certeza de la señora Lacoste. Zein Zorrilla, Castrando al buey.

Part of the same series as the previous item.

**S 4** Adolph, José B., et al. Premio Copé de Cuento 1979. Intro. Ricardo González Vigil. Lima: Ediciones Copé, 1981. 333 pp.

José P. Adolph, Vacaciones en Albania. Oscar F. Araujo León, Zona de Neblina. Carlos A. Bravo Espinoza, El gerente. Felipe Buendía, Ojos de Lince ("El gabinete de los muebles chinos"). Moisés Campos Wilson, Antacocha. Oscar Colchado, Isla blanca. Alfredo Cornejo Chávez, Del amor y otros flagelos. Mario Choy, Butaca del Paraíso. Washington Delgado, La muerte del Dr. Octavio Aguilar. Eduardo González Viaña, No sueñes con palomas. Cronwell Jara, ¿Quién mató a Herminio Rojas? José Medina Rothmund, Profecía de Hilario. Porfirio Meneses, El zorro. Alfredo Pita, En camino. Alfredo Quintanilla, De todas maneras quiero ir a la gloria. Luis Rey de Castro, La novela. Armando Robles Godoy, Para Elisa. Luis Enrique Tord, Oro de Pachacamac. César Toro Montalvo, Margarita de nueces. Alfonso La Torre, Colofón.

This seems to be the first vol. from the Petroperú short story contest.

**S 5** Ampuero, Fernando, et al. Los nuevos nuevos. Lima: Editorial Cumbres, 1971. 73 pp.

Fernando Ampuero, Flora, Fauna. Nelson Castañeda, La labor de Manuel, Al otro lado de la calle. César Vega Herrera, La máscara de Alkitrán, No solamente viajar.

No intro.

**S 6** Avemann Schnitger, Erich, Carlota Carvallo de Núñez, and Rosario Núñez de Patrucco, eds. El Amaru y otros cuentos del Perú. Lima: Ediciones Inca, 1976. 74 pp.

Unable to annotate.

**S 7** Barrenechea Vinatea, Ramón, ed. Crónicas sabrosas de la vieja Lima. Lima: Ediciones Peisa, 1969-70. 2 vols. 237 + 237 pp.

Vol. 1: Eudocio Carrera Vergara, A jaranear primero, lectores, pero como manda Dios. José Gálvez Barrenechea, Lima, ciudad de campanas y de campanillas. Ricardo Walter Stubbs, El alma de los barrios. Fernando Oré-Garro, Amancaes. Manuel de Mendiburu, Corridas de toros. Ladislao F. Meza, El primer convento de mujeres que se fundó en Lima. Edgardo Rebagliati, La vieja estación, "Rinconete," El "cachaco" limeño. César Miró, El caballo de paso, la jarra de oro y la nostalgia. Jenaro Herrera, La calle de la Vera Cruz. Luis Alberto Sánchez, Mi ciudad. Federico Elguera, Los gallinazos de Lima. Ricardo Palma, La llorona del Viernes Santo. Carlos Camino Calderón, Las jaurías de Otero. N. A. G., La entrada a Lima de Nicolás de Piérola. Raúl Porras Barrenechea, La fundación de Lima. Rosa Patrón Irigoyen, El sermón de la Samaritana. Fausto Gastañeta, Los barrios de Lima. Tito Justo, Las malas lenguas. Juan Apapuclo Carrales, Reportaje a un torero sobre Lima y sus cosas. Ramón Barrenechea, La marinera limeña. Anónimo, Los que se retratan.

Vol. 2: José Gálvez, La cometa. Federico Elguera, Los gallos. Eudocio Carrera Vergara, Los carnavales limeños antañeros. Enrique A. Carrillo, Fiestas Julias, Dirección: Malambo. Pedro Barrantes Castro, Las dos viejas. Luis Antonio Eguiguren, Lima y la Universidad. Juan Manuel Ugarte Eléspuru, Tauromaquia limeña. Aurelio Miró Quesada S., Lima prehispánica. Abelardo Gamarra ["El Tunante"], Factores electorales. Ramón Barrenechea V., Picantes, chicha y picarones. Rosa Patrón Irigoyen, El Señor de los Milagros, Sobre la fundación de la Biblioteca de Lima. Ricardo Palma, El Virrey de la adivinanza. Juan Apapucio Corrales, La leyenda de Angel Valdez. Manuel Jesús Orbegozo, La eterna Rosa Mercedes. Carlos Ortega, Cirios, turrón y penitencia. L. A. S. S., Cadenetas y quitasueños. "Rikitiki," Coches y cocheros.

Anónimo, Las fiestas del Carnaval. Jaime Hugo Rivera, Un recuerdo llamado tranvía. Fausto Gastañeta, Vida y milagros de doña Caro.
Each vol. also contains one poem at the end.

**S 8** Barrig, Maruja, ed. and intro. La ley es la ley: La justicia en la literatura peruana: Antología. Lima: Centro de Estudios de Derecho y Sociedad, 1980. 228 pp.

Ciro Alegría, El mundo es ancho y ajeno. José María Arguedas, Yawar Fiesta, Los ríos profundos, El sexto, El sueño del pongo, Todas las sangres. Julio Ramón Ribeyro, Los geniecillos dominicales, Al pie del acantilado, Crónica de San Gabriel, Interior "L.," Cambio de guardia. Oswaldo Reynoso, En octubre no hay milagros. Gregorio Martínez, Canto de sirena. Luis Urteaga Cabrera, Los hijos del orden. Manuel Scorza, Redoble por Rancas, Historia de Garabombo el invisible, El jinete insomne, La tumba del relámpago. Enrique López Albújar, El caso de Julio Zimens, Ushanan-jampi. Guillermo Thorndike, El caso Banchero.

Interesting intro. on struggles over legality in Peruvian society and letters. Many of the selections are excerpts from novels.

**S 9** Bazán, Armando, ed. and intro. Antología del cuento peruano. Santiago: Zig-Zag, 1942. 258 pp.

César Vallejo, Cera. María Wiesse, El hombre que se parecía a Adolfo Menjou. Héctor Velarde, "In corium," Sociales. Fernando Romero, La creciente, El abrazo. José Diez-Canseco, Jijuna. Armando Bazán, Ave de presa. Arturo Burga Freitas, El árbol de las "lágrimas de sangre." Ciro Alegría, La uta y el puma azul. Rosa Arciniega, Vísceras de la ciudad. José María Arguedas, Warma Kuyay.

The intro. is entitled "Los cuentistas peruanos y la cultura occidental." Important early anthology.

**S 10** Belevan, Harry, ed. and intro. Antología del cuento fantástico peruano. Lima: Universidad Nacional Mayor de San Marcos, Dirección Universitaria de Biblioteca y Publicaciones, 1977. 194 pp.

Clemente Palma, Los ojos de Lina, La granja blanca, La leyenda de hachisch. Enrique López Albújar, Una posesión judicial. Ventura García Calderón, La momia, La llama blanca. Abraham Valdelomar, Los ojos de Judas, Finis Desolatrix Veritae. César Vallejo, Más allá de la vida y la muerte, Teoría de la reputación. Carlota Carvallo de Núñez, El pájaro dorado o la mujer que vivía bajo el árbol de pan. María Telleria Solari, La apoteosis de la maestra. Felipe Buendía, El baúl. Julio Ramón Ribeyro, Doblaje, Ridder y el pisapapeles, Los jacarandas. José B. Adolph, Marita en el parque. Eduardo González Viaña, Muertes y resurrecciones de Santiago el Viejo. Harry Belevan, Que em paz descanse Antonio B., Maimónides el filósofo.

Extensive intro. on the fantastic, with ideas largely derived from Todorov.

**S 11** Benavides, Jorge Eduardo, et al. Cide Hamete Benengeli coautor del Quijote y los cuentos ganadores del Premio Copé 1987. Intro. Cronwell Jara Jiménez. Lima: Ediciones Copé, 1989. 313 pp.

Jorge Eduardo Benavides, Cuentario. Víctor Borrero Vargas, El sueño de Onésimo. José Alberto Bravo de Rueda, Arakné. Samuel Cardich, Un hombre sin nadie. Dante Castro Arrasco, Ñakay pacha (El tiempo del dolor). Fernanco Castro Ramírez, El lavaplatos. Andrés Cloud Cortez, Concierto de despedida. Jorge Cuba Luqe, Colmena 624. Marco del Carpio, El hombre araña. Jorge Díaz Herrera, Las tentaciones de don Antonio. Fernando Dumett Canales, Ob. cit. (p. 99). Luis Espinoza Aguilar, Piedra al agua. Alejandro Estrada Mesinas, Rubirosa. Fernando Gilardi Velasco, El relato final. Pablo Huapaya Alvarado, Los dorados días del amor. Eduardo Paz Esquerre, El desafío de los huacos. Roberto Reyes Tarazona, El pez grande. Enrique Rosas Paravicino, Temporal en la cuesta de los difuntos. Luis Enrique Tord, Cide Hamete Benengeli, coautor del Quijote. Roberto Urrutia Sánchez, La pirámide.

César Vega Herrera, ¿Acaso somos choros? Macedonio Villafán Broncano, Sueños y viajes en las quebradas.

Stories from a contest sponsored every two years by Petroperú.

**S 12**    Bermejo, Vladimiro, ed. and notes.    Cuentistas arequipeños.    Arequipa: Editorial Lumen, 1958.

> Juan Manuel Polar, El rapto de Miz-Miz, El santuario de Chapi, Un oficial de herrería. Francisco Gómez de la Torre, Misia Pituca. Augusto Aguirre Morales, Dolor ebrio, El alma de ella, El ganadero. Juan Manuel Osorio, Cavallería Rusticana. César Guillermo Corzo, El último gol. Juan Manuel Cuadros, El Rudecindo y la Tomasa. Alfredo Arispe, Alma de pólvora. Enrique Portugal, EL fantasma del callejón de la catedral. Julio C. Vizcarra, La muerte de Sarrasqueta, Olivares del Huerto, Los amores que no duran. Gastón Aguirre Morales, Tic-Tac.

**S 13**    Bonilla Amado, José, ed.    Antología del cuento peruano.    Lima: Ediciones Nuevo Mundo, 1963.

> Ricardo Palma, El obispo Chicheñó. Manuel Beingolea, Mi corbata. Ventura García Calderón, El alfiler. Abraham Valdelomar, El vuelo de los cóndores. Enrique López Albújar, Ushanan-Jampi. Francisco Vegas Seminario, Taita Dios nos señala el camino. José Diez Canseco, El trompo. José María Arguedas, La agonía de Rasu Ñiti. Eleodoro Vargas Vicuña, El desconocido. Luis Alvarez Maza, Las piedras en el camino. C. E. Zavaleta, El cuervo blanco. José Bonilla Amado, La sequía. Julio Ramón Ribeyro, La insignia. Enrique Congrains Martín, El niño de junto al cielo.

**S 14**    Bonilla Amado, José.    Cuentos infantiles peruanos (antología).    Lima: Ediciones Nuevo Mundo, 1963. 102 pp. [2nd ed., 1964. 3rd ed., 1977.]
Unable to annotate.

**S 15**    Bravo, José Antonio, ed.    La generación del 50: Antología.    Intro. Manuel Jesús Orbegoso. Lima: Universidad Nacional Mayor de San Marcos, 1989. 230 pp. Unable to annotate.

**S 16**  Buendía, Felipe, ed.  Literatura fantástica.  Lima: Editorial Tierra Nueva, 1959.

> Clemente Palma, El príncipe alacrán. Alberto Wagner de Reyna, Las campanas. Gustavo Pineda Martínez, Señoras y señoritas. Luis León Herrera, La ley del zapatero, Los funerales del aviador de juguete. Felipe Buendía, El baúl. Julio Ramón Ribeyro, La insignia.

**S 17**  Buendía Sialer, Bruno, ed., intro. and notes.  Ciertos yrreales.  Lima: Editorial Perla, 1985. 95 pp.

> Felipe Buendía, Meredí. José Durand, Travesía, Manaties y sirenas. Luis León Herrera, Vida de perros, Los funerales del aviador de juguete. Luis Loayza, El avaro. Manuel Mejía Valera, Nadab. Julio Ramón Ribeyro, La insignia, Doblaje, Demetrio.

The title plays with two colors of type to read simultaneously "Ciertos y reales" and "Ciertos irreales." Stories of the fantastic.

**S 18**  Cabel, Jesús.  Nuestros cuentos infantiles.  Lima: Ediciones Sagsa, 1984. 175 pp.
Unable to annotate.

**S 19**    Carrillo, Francisco, ed. and intro.    Cuento peruano (1904-1966).    Lima: Ediciones de la Biblioteca Universitaria, 1966. 300 pp.

> Clemente Palma, Los ojos de Lina, Los canastos. Abraham Valdelomar, El caballero Carmelo, El hipocampo de oro. Enrique López Albújar, El campeón de la muerte. Manuel Beingolea, Historia de un tamabor. Ventura García Calderón, Amor indígena. César Vallejo, Más allá

de la vida y la muerte. José Diez Canseco, El gaviota, Jijuna, El trompo. Fernando Romero, La creciente. Ciro Alegría, Calixto Garmendia. José María Arguedas, Warma Kuyay. Carlota Carvallo de Núñez, Los dos cerros. Francisco Izquierdo Ríos, Los niños pájaros. Eleodoro Vargas Vicuña, Tata Mayo, Taita Cristo. Carlos Zavaleta, Mamá Alba. Manuel Mejía Valera, Deus, in laudem tuam. Julio Ramón Ribeyro, La insignia, Al pie del acantilado. Enrique Congrains, Domingo en la jaula de estera. Oswaldo Reynoso, El príncipe. Antonio Gálvez Ronceros, La cena. Eduardo González Viaña, Los peces muertos.

Brief intro. states that the main tendencies in the Peruvian short story are: "la fantástica o de pura ficción," "la realista o regionalista," "la social" and "la urbana."

**S 20** Carrillo, Francisco, ed. and intro. Cuento peruano (1904-1971). 2nd ed. Lima: Ediciones de la Biblioteca Universitaria, 1971. 306 pp.

Intro. and contents are the same as the previous item, except for the addition here of Alfredo Bryce Etchenique, "Con Jimmy, en Paracas."

**S 21** Carrillo, Francisco, ed. Lima en diez cuentos. Lima: Ediciones de la Biblioteca Universitaria, 1966. 143 pp.

César Vallejo, Cera. Héctor Velarde, Sociales. José Diez Canseco, El trompo. Ciro Alegría, Duelo de caballeros. Eugenio Buona, El accidente. Carlos E. Zavaleta, El cuervo blanco. Julio Ramón Ribeyro, Los gallinazos sin plumas. Oswald Reynoso, Cara de ángel. Enrique Congrains, El niño de junto al cielo. Mario Vargas Llosa, Día domingo.

The note by Carrillo is signed with the initials "F. C."

**S 22** Carrillo, Francisco, ed. and notes. 11 cuentos clásicos peruanos. Lima: Ediciones de la Biblioteca Universitaria, 1973. 184 pp.

Abraham Valdelomar, El caballero Carmelo. Enrique López Albújar, El brindis de los Yayas. César Vallejo, Paco Yunque. José Diez-Canseco, Jijuna. Julián Huanay, Maruja. Ciro Alegría, Calixto Garmendia. José María Arguedas, Warma Kuyay (Amor de niño). Eleodoro Vargas Vicuña, Tata Mayo. Julio Ramón Ribeyro, Los gallinazos sin plumas. Enrique Congrains, El niño de junto al cielo. Oswaldo Reynoso, Cara de ángel.

Brief intro., good bio-bibliographical notes.

**S 23** Carvallo de Núñez, Carlota, ed. Cuentos fantásticos. Lima: Editorial Universo, 1969. 43 pp.

Unable to annotate.

**S 24** Carvallo de Núñez, Carlota, ed. Cuentos de Navidad. Lima: Ediciones Peisa, 1970. 93 pp.

Unable to annotate.

**S 25** Castillo, Rocío, et al. Cuentan las mujeres. Lima: Instituto Goethe, 1986. 110 pp.

Rocío Castillo, Polvo acumulado. Carolina Carlessi, Boda en París. Blanca Figueroa, El cuerpo. Marilyn Alvarez del Villar, La espera. Yolanda Westphalen, El complot. María Teresa Ruiz Rosas, Dios te salve. Clara Rojas, Una diosa en las tinieblas. Cristina Denegri, La gota de agua. Graciela Mosquera, Un niño malcriado. Virginia Mayorga, La corona del rey. Cindy-Lee Campbell, Adonais. Adriana Alarco, La ventaja de no estar despierto. Patricia Altamirano, Síntomas de un escape. Aida Balta, Nos tenemos que recuperar de la muerte. Mariella Sala, Barcelona. Ursula Cavero, Aspasia.

Stories (first published in the Lima Kurier, the newspaper of the Goethe Institute) by women writers.

**S 26** Cisneros, Luis Jaime, ed. and intro. <u>Cuentistas modernos y contemporáneos.</u> Biblioteca Básica de Cultura Latinoamericana, 19. Lima: Editora Latinoamericana/Patronato del Libro Peruano, 1957. 125 pp.

> Clemente Palma, Los canastos. Ventura García Calderón, El alfiler. César Vallejo, Paco Yunque, Calixto Garmendia. José Diez Canseco, Jijuna. José María Arguedas, Warma Kuyay. Fernando Romero, La creciente. Sebastián Salazar Bondy, El matrimonio. E. Vargas Vicuña, Esa vez del huaico. Carlos E. Zavaleta, Una figurilla. Enrique Congrains, El niño de junto al cielo. Eugenio Buona, La entrega. Luis Loayza, Cerca de la selva.

The purpose of the anthology, according to the intro., is "despertar amor al libro peruano difundiendo los nombres clásicos de nuestra literatura, y estimular al escritor novel acercándolo al pueblo."

**S 27** Colchado Lucio, Oscar, et al. <u>Cordillera Negra y los cuentos ganadores del Premio Copé 1983.</u> Intro. Estuardo Núñez Hague. Lima: Ediciones Copé, 1984. 205 pp.

> Oscar Colchado Lucio, Cordillera Negra. Alberto Cuadros Román, Apagón. César Franco, La carta. Mario Ghibellini Harten, La revancha de "Red Demon." Carlos Andrés Herrera Rodríguez, Morgana. José Hidalgo, El velatorio inconcluso del Profeta Miguel. Fernando Arturo Iwasaki Cauti, Mal negro es el Congo. Carlos MacLean Crestani, La Carta. Ambrosio Malpartida Besada, La oscuridad de adentro. Edmundo Motta Zamalloa, Los perros se oyen aquí. Armando Robles Godoy, Un cálido invierno. Luis Enrique Tord, La nave del dragón. Zein Zorrilla, Dos jinetes.

Stories from a contest sponsored every two years by Petroperú.

**S 28** Collao Talavera, Jaime, et al. <u>Cuentos.</u> Arequipa: Ediciones de la Casa de la Cultura, 1964. 47 pp.

> Jaime Collao Talavera, El que guía, Muchacho solitario. Oscar Silva, Coronelazo. Amelia Díaz Valdivia, El algarrobo desarraigado. José Vargas Cano, El honor.

"Segundo premio y menciones honrosas Concurso de Cuento de la Casa de la Cultura de la Municipalidad de Arequipa 1964."

**S 29** Congrains Martín, Eduardo, ed. <u>Cuentos peruanos.</u> Buenos Aires: Embajada Cultural Peruana, 1957.
Unable to annotate.

**S 30** Corcuera, Arturo. <u>Fábulas, cuentos y adivinanzas.</u> Lima: Editora Lima, n. d. 63 pp.
Unable to annotate.

**S 31** Córdova de Rosas, Isabel, ed. and intro. <u>Antología de la narrativa de Junín.</u> Huancayo: Editorial San Fernando, 1974. 205 pp.

> Adolfo Vienrich de la Canal, El hermano codicioso (El origen del venado), El zorro, el cóndor y el cernícalo, La huachua y el zorro. Pedro S. Monge, La pastora, el guaranguay y el picaflor, Tres almas que anuncian su muerte, Una multiplicación milagrosa, La fortuna del remendón, La justicia de los cerros o el castigo del ambicioso. Carlos Parra del Riego, Porqué maté al niño. Víctor Modesto Villavicencio, Amor de tísicos. Augusto Mateu Cueva, La noche de San Sebastián. Julián Huanay, Maruja, El peladito. Edgardo Rivera Martínez, Adrián. Eleodoro Vargas Vicuña, Taita Cristo, Ojos de lechuza. Ricardo Sotomayor Girón, La pastora Silbina. César Alfaro Gilvonio, El regreso. Félix Huaman Cabrera, En un rincón del valle. Carlos Villanes Cairo, El castigo de Cani Cruz, La flagelación de Toribio Cangalaya.

Extensive intro., "Visión panorámica de la narrativa en Junín." Bio-bibliographical notes.

**S 32**  Córdova [de] Rosas, Isabel, ed. and intro. <u>Narradores de Junín</u>. Huancayo: Isabel Córdova Rosas, 1979. 202 pp.

> Adolfo Vienrich, El hermano codicioso, El asesino y el pastor, El zorro, el cóndor y el cemícalo, La jarachupa y el utushcuro.  Pedro S. Monge, El contrato con el Diablo, Los panteoneros deben ser estables, El baile de las almas, El cura que quería comprar una bola de oro.  Mario Villafranca, Ayahuasca, o lo que hay al final del camino.  Carlos Villanes Cairo, La historia del chiguaco, la comida de los hombres y los colores de los pájaros, La madre tierra y los hermanos haraganes, La leyenda de Kiswarpukio, El rubio hijo de Wallallo y su destino eterno, El regalo, Tomás Laimes.  Miguel A. Martínez, El prisionero de Xauxa-Tambo, Un episodio de la vida del Mariscal Cáceres.  Carlos Parra del Riego, Un héroe civil.  Víctor Modesto Villavicencio, Amor de tísicos.  Augusto Mateu Cueva, El riego.  Serafín Delmar, Cuentos de niños pobres.  Julián Huanay, Alambramiento, El retoño.  Eleodoro Vargas Vicuña, Tata Mayo, El traslado.  Edgardo Rivera Martínez, Izurita.  Ricardo Sotomayor, La pastora Silbina.  César Alfaro Gilvonio, El regreso.

Long intro. on oral and written tradition in the region covered by the anthology. Some of the selections are excerpts from novels.

**S 33**  Cornejo Polar, Antonio, and Luis Fernando Vidal, eds. and intro. <u>Nuevo cuento peruano (Antología)</u>. Chronology by Américo Mudarra Montoya. Lima: Mosca Azul Editores, 1984. 145 pp.

> Edgardo Rivera Martínez, Angel de Ocongate.  Antonio Gálvez Ronceros, Octubre.  Julio Ortega, Avenida Oeste.  Gregorio Martínez, El aeropuerto.  Luis Fernando Vidal, Sahumerio.  Harry Belevan, El misterio del robo de los jueces.  Hildebrando Pérez Huarancca, Cuando eso dicen.  Augusto Higa, Que te coma el tigre.  Fernando Ampuero, El departamento.  Cronwell Jara, Hueso duro.

Covers the period from 1968 to 1983, focusing, according to the intro., on writers younger than those included in the similar anthologies by Carrillo and Oquendo. Biblio., chronology.

**S 34**  Cornejo Ubillús, Edmundo, and Jorge Falcón, eds. <u>Navidad: antología</u>. Lima: Imprenta El Cóndor/Instituto Peruano de Bibliografía, 1953.

> Abraham Valdelomar, Carta pascual al Señor Jesús de Nazareth.  Juan Parra del Riego, Nochebuena mágica.  José Eulogio Garrido, Mi "Nacimiento."  Enrique Bustamante y Ballivián, El Niño Dios.  César Miró, Peripecia anacrónica de los Tres Reyes Magos.  José Gálvez, La navidad limeña.  Alejandro Romualdo Valle, Pascua personal.  Hildebrando Castro Pozo, Las pascuas de Papá Noel.  Francisco del Castillo, La adoración de los Reyes.  Adán Felipe Mejía, Los Reyes Magos.  Francisco Xandoval, Canción pueril de Noche Buena.

Stories about Christmas.

**S 35**  Delgado Pastor, Armando, ed. <u>Cuentos peruanos</u>. Lima: Ministerio de Educación Pública, 1946. 327 pp.

> Alfonso Peláez Bazán.  Porfirio Meneses.  Francisco Izquierdo Ríos.

Unable to annotate.

**S 36**  Escobar, Alberto, ed. and intro. <u>El cuento peruano 1825-1925</u>. Buenos Aires: Editorial Universitaria de Buenos Aires, 1964. 119 pp.

> Felipe Pardo y Aliaga, Un viaje.  Ricardo Palma, Don Dimas de la Tijereta, Los ratones de fray Martín.  Abelardo Gamarra, Don Flemón.  Adolfo Vienrich, La huachua y el zorro.  Jorge Minta, Hacia el pasado.  Clemente Palma, Los ojos de Lina.  Manuel Beingolea, Mi corbata.  Enrique A. Carrillo ["Cabotín"], La ciudad de las viejas.  Ventura García Calderón, El alfiler.  Abraham Valdelomar, Los ojos de Judas, El caballero Carmelo.  Enrique Enrique López Albújar, Los tres jircas.  César Vallejo, Cera.

Good intro. Bio-bibliographical notes.

**S 37**  Escobar, Alberto, ed. and intro.  <u>Cuentos peruanos contemporáneos</u>. Lima: Ediciones Peruanas, 1958.  91 pp.

> Eleodoro Vargas Vicuña, Tata mayo. José Durand, Ensalmo del café. Rubén Sueldo Guevara, Manantial santo. José Bonilla Amado, La sequía. Tulio Carrasco, Antucha Hualli. Julio Ramón Ribeyro, El banquete. Enrique Congrains, Domingo en la jaula de Estera. Wolfgang Luchting, Precursores.

From the intro.: "lejos de la uniformidad, estos cuentos, elegidos entre lo édito e inédito de los dos años últimos, muestran las varias maneras como nuestros cuentistas suelen entender el trabajo literario."

**S 38**  Escobar, Alberto, ed., intro. and notes.  <u>La narración en el Perú</u>. 1st ed., 1956. 2nd ed. Lima: Mejía Baca, 1960.  512 pp.

> Juan de Betanzos, De cómo hizo Con Tici Viracocha el cielo e la tierra e las gentes desta provincia del Perú. Pedro Cieza de León, Viracocha. Pedro Gutiérrez de Santa Clara, Pareja del sol y la luna. Antonio de la Calancha, El principio que daban los indios yungas a su creación y a la de este mundo. Cristóbal de Molina, Leyenda de las Guacamayas y el diluvio. Anello Oliva, Quitumbe, Otoya y los gigantes. Fernando de Montesinos, De las señales que hubo en el cielo. Miguel Cabello Balboa, Leyenda de Naymlap. Pedro Sarmiento de Gamboa, Fábula del origen de los Ingas del Cuzco. Garcilaso de la Vega, El sol envía a Manco Cápac y Mama Ocllo. Juan de Santa Cruz Pachacútec, La serpiente. Bernabé Cobo, La muerte de Huayna Cápac. Miguel Cabello Balboa, Notable historia de los amores de Quilaco Yupanqui de Quito y Curicuillor del Cuzco. Martín de Morúa, El pastor Acoytrapa y la Ñusta Chuquillanto. Francisco de Avila, Historia de los huacas y de Cuniraya Huiraccucha. Alonso Henríquez de Guzmán, Historia del caballero noble desbaratado. Fray Reginaldo de Lizárraga, Del capitán Francisco Draque, inglés que entró por el estrecho de Magallanes. Garcilaso de la Vega, La aventura de Rodrigo Niño y los Galeotes, Historia de Pedro Serrano. Antonio de la Calancha, Sentencia original. Diego de Córdova y Salinas, Crónica de la religiosísima provincia de los doce apóstoles. Bernardo de Torres, Milagro de San Nicolás de Tolentino. Diego Esquivel y Navia, El sacerdote condenado. Gaspar de Villarroel, La verdadera historia de un gran nadador. Concolocorvo, Anécdota de las cuatro P P P P de Lima. P. Fixiogamio, Sobre los gastos excesivos de una tapada. Felipe Pardo y Aliaga, Un viaje. Emilio Gutiérrez de Quintanilla, El sargento Roldán. Manuel Ascensio Segura, Los carnavales. Narciso Aréstegui, Miguelito. Ricardo Palma, Don Dimas de la Tijereta, Los ratones de Fray Martín. José Antonio de Lavalle, Nuestra Señora del Milagro de Corongo. Luis Benjamín Cisneros, Amor de niño. Manuel González Prada, El amigo Braulio. Mercedes Cabello de Carbonera, Profesiones de porvenir. Abelardo Gamarra, Don Flemón. Clorinda Matto de Turner, Malccoy. Manuel Moncloa Covarrubias, Pretendientes. Federico Elguera, ¡Vengan esos cinco! Federico Blume, ¡Oh dicha! Amalia Puga de Losada, El jabón de hiel. Adolfo Vienrich, La huacha y el zorro. Jorge Miota, Hacia el pasado. Clemente Palma, Los ojos de Lina. José Antonio Román, El muelle viejo. Manuel Beingolea, Mi corbata. José Santos Chocano, El alma de Voltaire. Enrique A. Carrillo, La ciudad de las viejas. Carlos Camino Calderón, La familia Pichilín. Raimundo Morales de la Torre, Hojas secas. Ventura García Calderón, El alfiler. Abraham Valdelomar, Los ojos de Judas, El caballero carmelo. Augusto Aguirre Morales, Invocación. Ismael Silva Vidal, Confesión de tarde. Enrique López Albújar, Los tres Jircas. Angélica Palma, Fifina. José de la Riva Agüero, La ciudad de Ayacucho. Luis E. Valcárcel, La obediencia. César Vallejo, Paco Yunque, Cera. César Falcón, Los buenos hijos de Dios. María Wiesse, El milagro. Gamaliel Churata, Tojjras. Carlos Parra del Riego, Insurrección militar. Raúl Porras Barrenechea, El testamento de Mancio Serra. Francisco Vegas Seminario, Taita Dios nos señala el camino. Alfonso Peláez Bazán, Querencia. Vladimiro Vermejo, Fuegos artificiales. José Portugal Catacora, Titiccacca. José Eulogio Garrido, El carbunclo. Héctor Velarde, El fenómeno de la T.V. Luis A. Sánchez, Don Manuel. José Diez Canseco, El trompo. Fernando Romero, Rosarito se despide. Adalberto Varallanos, La muerte de los 21 años. Luis Valle Goicochea, El naranjito de Quito. Ciro Alegría, Muerte de cabo Cheo López. Rosa Arciniega, Playa de vidas. Julio Garrido Malaver, Cuentos para la luz. Arturo Jiménez Borja, La achiqué. José María Arguedas, Warma Kuyay, La amante de la culebra. María Rosa Macedo, Camaronero. Carlos Pareja, El cartero. Alberto Wagner de Reyna, Don Rodrigo, el vagabundo. Porfirio Meneses, Amor como nube.

Cota Carvallo, Oshta y el duende.  Marco Antonio Corcuera, La venganza del grito.  Martín Adán, La casa de cartón.  Carlos Thorne, Los días fáciles.  Glauco Machado, Locura.  Sebastián Salazar Bondy, Un chaleco color de rosa.  Eleodoro Vargas Vicuña, Tata Mayo.  Rubén Barrenechea Núñez, La máscara ardiente.  José Durand, El calendario del deudor.  Manuel Mejía Valera, Lienzos de sueño.  Luis Alvarez Maza, El pelón.  Rubén Sueldo Guevara, Vástagos del diablo.  José Alvarez Maza, El pelón.  Rubén Sueldo Guevara, Vástagos del diablo.  José Bonilla Amado, La sequía.  C. E. Zavaleta, Venganza de indios.  Julio Ramón Ribeyro, Los gallinazos sin plumas.  Enrique Congrains Martín, El niño de junto al cielo.  José Miguel Oviedo, El Redentor.  Mario Vargas Llosa, Arreglo de cuentas.

The anthology is divided into the following sections: "Tradición oral y narración escrita," "En torno de las 'Tradiciones,'" "Hacia la actualidad y su descripción," "Entre dos siglos: melodía y color," "Evocación y militancia social," "Pluralidad regional--sentimiento unitario."  There is a long general intro. and a further intro. to each section.

**S 39** Eslava, Jorge, ed. and intro.  <u>Cemento fresco: cuentos peruanos</u>.  Cajamarca: Ediciones Los Reyes Rojos, 1985.  196 pp.

> Sebastián Salazar Bondy, Soy sentimental.  Julio Ramón Ribeyro, Sobre los modos de ganar la guerra, El próximo mes me nivelo.  Oswaldo Reynoso, Cara de ángel, El Príncipe.  Luis Loayza, Enredadera.  Mario Vargas Llosa, Día domingo, Los jefes.  Antonio Gálvez Ronceros, Soldados de la amargura.  Alfredo Bryce Echenique, Yo soy el rey, Con Jimmy, en Paracas, Una mano en las cuerdas.  Jorge Díaz Herrera, Amor propio.  Augusto Higa, El equipito de Mogollón.  Fernando Ampuero, ¡Paren el mundo que acá me bajo!  Alejandro Sánchez Aizcorbe, Maní con sangre.

Strange lyrical intro., "Encuentro en los peldaños."

**S 40**  Eslava, Jorge, ed. and intro.  <u>Cuento antología peruana última</u>.  Lima: Los Reyes Rojos Ediciones, 1983.  234 pp.

> Andrés Zavallos, El relámpago, Desde cuando hay conejos, Dionde hay perros calatos, El venado herido.  Sebastián Salazar Bondy, El matrimonio.  Eleodoro Vargas Vicuña, Pobre negro.  Carlos Eduardo Zavaleta, Juana la campa te vengará.  Julio Ramón Ribeyro, Los gallinazos sin plumas.  Juan Rivera Saavedra, Lío callejero, Imaginación, La piedra.  Antonio Gálvez Ronceros, Joche, Monólogo para Jutito.  Enrique Congrains, El niño de junto al cielo.  Oswaldo Reynoso, El rosquita.  Luis Loayza, Sueño del Sr. Chismoso, El visitante, El avaro.  Mario Vargas Llosa, El desafío.  Alfredo Bryce Echenique, Pepi Monkey y la educación de su hermana.  Jorge Díaz Herrera, El rey ogrón, Don Manuel y su amigo Campeón, Demasiado tarde.  Eduardo Gonzáles Viaña, Toro, Muertes y resurrecciones de Santiago El Viejo.  Felix Toshihiko Arakaki, Yo.  Gregorio Martínez, Anónimo, Cómo matar al lobo.  Luis Fernando Vidal, Mundo dividido.  Harry Belevan, Que en paz descanse Antonio B. . .  Augusto Higa, El Equipito de Mogollón.  Jorge Cronwell Jara, Huso duro.  José María Iztueta, Tres perros bravos, Uno, Tres.

All but one of the authors were born after 1950.

**S 41**  Eslava, Jorge, ed. and intro.  <u>Puro cuento</u>.  Lima: Editorial Colmillo Blanco, 1988.  152 pp.

> Abraham Valdelomar, El vuelo de los cóndores.  César Vallejo, Paco Yunque.  José Diez-Canseco, El trompo.  Ciro Alegría, Güeso y pellejo.  José María Arguedas, Yawar Willay.  Sebastián Salazar Bondy, El señor Gallinazo vuelve a Lima.  Eleodoro Vargas Vicuña, Pobre negro.  Julio Ramón Ribeyro, Los merengues.  Enrique Congrains, El niño de junto al cielo.  Antonio Gálvez Ronceros, Jutito.  Luis Loayza, Recuerda otro verano.

Cautious selection.

**S 42**  Estrada Morales, José H.  <u>Cuentos piuranos</u>.  Piura: Gran Unidad Escolar San Miguel, 1966.

Jorge Moscol U., El cholo capitulero. Federico Varillas, Una como muchas. Juan Antón y Galán, La revancha.
Mimeographed ed.

**S 43**  Estremadoyro, Carlos A., ed. and intro.  Cuentos peruanos.  Biblioteca Peruana, 16.  Lima: Ediciones Peisa, 1978.  189 pp.

Felipe Pardo y Aliaga, Un viaje. Abraham Valdelomar, El hipocampo de oro. César Vallejo, Más allá de la vida y la muerte, Cera. Manuel Beingolea, Historia de un tambor. Carlos Camino Calderón, La familia Pichilín. Ventura García Calderón, El alfiler. Manuel González Prada, El amigo Braulio. Clemente Palma, Los ojos de Lina. Enrique López Albújar, Ushanan Jampi, El campeón de la muerte. José Diez Canseco, El trompo. Ciro Alegría, Calixto Garmendia. José María Arguedas, La agonía de Rasu-ñiti. José Ferrando, Ley de fuga. Eleodoro Vargas Vicuña, Tata Mayo.

The editor characterizes himself as someone who is not an authority on the short story in Peru, "ni siquiera aprendiz de brujo en la crítica literaria." The stories are said to have been chosen "más con cariño que con sapienza."

**S 44**  Fernández Cuenca, Justo, ed. and notes.  Antología de cuentistas ancashinos.  Huaraz: Edición Nueva Era, 1948.

Aurelio Arnao, Galerías Serranas, El pishtaco, La despenadora, Lo irreparable. José Ruiz Huidobro, Aquel panfletario, Memorias de un sepulturero. Ladislao F. Meza, Interesantes declaraciones del Emperador de las Tinieblas, Iblis el Terrorífico, Los héroes. José Manuel Tapia, Fray Paloma, El hombre de los ojos verdes. Octavio Araya Soto, El crimen de Julio Toral. Sixto Alegre, El dominio de la conciencia del mal, Mi venganza fue una intensa conmoción de arte. Juan Eugenio Garro, Un inferhombre, ¡Hermano! Abdón M. Pajuelo, Diálogos íntimos, Una tarde en Canapún. Ernesto Reyna, El Karko no falla, El cóndor. Vicente Gamarra Agüero, Presidirias, Motivos rurales del Río Santa.

**S 45**  Fuente, José Félix de la, et al.  Narradores de La Libertad.  Lima: Ediciones de Cuadernos Trimestrales de Poesía, 1958.  115 pp.

José Félix de la Fuente, Las islas azules. Carlos Camino-Calderón, La familia Pichilín. José Eulogio Garrido, Esta casa. César Vallejo, Paco Yunque. Ciro Alegría, La piedra y la cruz. Luis Valle Goycochea, El naranjo de Quito. Marco Antonio Corcuera, La maldición burlada. Horacio Alva, La esperanza de Cayetano Aquiño. Alberto Cerna Rebaza, Los ojos jade. Alberto Ríos, El mensaje. Clauco Machado, Locura. Eduardo Quiroz, Boa.
Stories from the department of La Libertad in northern Peru.

**S 46**  Garcés Larrea, Cristóbal, ed.  Narradores peruanos contemporáneos.  Guayaquil: Editorial Ariel, 1975.

César Vallejo, Paco Yunque. Ciro Alegría, Los perros hambrientos. José María Arguedas, El viejo. Eleodoro Vargas Vicuña, El cargador. Julio Ramón Ribeyro, Los moribundos. Sebastián Salazar Bondy, Alférez Arce, Teniente Arce, Capitán Arce. Oswaldo Reyno, Cara de ángel. Mario Vargas Llosa, Día domingo. Miguel Gutiérrez, El viejo saurio se retira. Eduardo González Viaña, Toro. Luis Urteaga Cabrera, Los hijos del orden. Francisco E. Carrillo, El viejo.
Some of the selections are fragments of novels.

**S 47**  García Calderón, Ventura, ed.  Cuentos peruanos.  Madrid: Aguilar, 1952.
Unable to annotate.

**S 48**  González Vigil, Ricardo, ed. and intro.  El cuento peruano 1959-1967.  Lima: Ediciones Copé, 1984.  529 pp.

Franciso de Avila, Dioses y hombres de Huarochiri. José María Arguedas, El sueño del pongo. Manuel Robles Alarcón, Fantásticas aventuras del Aroj y el Diguillo. Alfonsina Barrionuevo, El hermanito de Dios. Juan Ramírez Ríos, La leyenda del domingo siete. Piros, La reforma de la tierra. Héctor Velarde, Cambio de gobierno. Ernesto Reyna, El séptimo huaco. José Diez Canseco, Repartición de premios. Carlota Carvallo de Núñez, El pájaro dorado o La mujer que vivía bajo el árbol del pan. José María Arguedas, La agonía de Rasu-ñiti. Mario A. Puga, Buenos días, señor Prefecto. Catalina Podestá, La voz del caracol. Sara María Larrabure, Los desplazados. Honorio Vásquez Mestas, Ulalia. Eleodoro Vargas Vicuña, Taita Cristo. José Durand, La cita. Manuel Mejía Valera, Una vez por todas. C. E. Zavaleta, Venganza de indios, Mamá Alba. Juan Gonzalo Rose, Las vísperas fugadas. Eugenio Buona, Los hijos. Julio Ramón Ribeyro, Las botellas y los hombres, Al pie del acantilado. Oswaldo Reynoso, El Príncipe. Antonio Gálvez Ronceros, El Buche. Felipe Sanguinetti, El Cuchichancho. José Miguel Oviedo, El héroe. Edgardo Rivera Martínez, Adrián. Mario Vargas Llosa, Día domingo. Juan Morillo Ganoza, Pichana. Eduardo González Viaña, ¡Que no lo sepan ellos!

Part of a series the intention of which is "seleccionar los textos más valiosos y representativos del relato corto peruano, desde sus muestras más remotas hasta el presente." Extensive intro. and bio-bibliographical notes. Includes examples of stories from the oral tradition and "etnoliteratura." Biblio.

**S 49** González Vigil, Ricardo, ed. and intro. <u>El cuento peruano 1968-1974</u>. Lima: Ediciones Copé, 1984. 539 pp.

Carmen Taripha and Benjamín Ríos, Tutupaka Llakkta o el mancebo que venció al diablo. Max Uhle, El ratón y el zorro, El hombre y la víbora. Alejandro Ortiz Rescaneire, Inkarrí (Chacaray), Inka (Huamanga), ¿Por qué no se quiere ir a la escuela? Jorge Flores Ochoa, Inkariy y Qollriy. Aguarunas and José Luis Jordana Laguna, Jémpue, el picaflor y el origen del fuego, El aguaruna que mató a Panki, la boa, El mono y el tigre hacen una guerra, El misterioso huevo del pájaro Tseátik. Ciro Alegría, El barco fantasma. Enrique López Albújar, El solo a oros de Portaro. César Vallejo, Magistral demonstración de salud pública. Julián Huanay, El negro Perico. Armando Robles Godoy, En la selva no hay estrellas. Carlos Thorne, Oxapampa Mueller. C. E. Zavaleta, Juana la Campa te vengará. Manuel Scorza, Donde el zahorí lector oirá hablar de cierta celebérrima moneda. Julio Ramón Ribeyro, Sobre los modos de ganar la guerra, La juventud en la otra ribera. Luis Rey de Castro, El túnel. José B. Adolph, La cárcel, Norman. Luis Loayza, La segunda juventud. José Hidalgo, Los nietos. Alfrdo Bryce Echenique, Baby Schiaffino. Miguel Gutiérrez, Una vida completamente ordinaria. Luis Urteaga Cabrera, Carretera de penetración. Eduardo González Viaña, Una batalla perdida. Fléix Toshihiko Arakaki, Yo. Gregorio Martínez, Antes de las doce. Edmundo de los Ríos, Una historia sin importancia. Augusto Higa Oshiro, El equipito de Mogollón. Fernando Ampuero, Paren el mundo que acá me bajo.

Extensive intro., notes, biblio. According to the intro., "Predominó lo sórdido, lo frustrante y o tanático en los cuentos del período."

**S 50** González Vigil, Ricardo, ed. and intro. <u>El cuento peruano 1975-1979</u>. Lima: Ediciones Copé, 1983. 427 pp.

Carlos Villanes Cairo, La historia de Wirakocha Pachayachachi, Tulumanya, el dios Arco Iris, La leyenda de Quiswarpuquio. Marcos Yauri Montero, Ganchiscocha. Ricardo Valderrama Fernández and Carmen Escalante Gutiérrez, Gregorio Condori Mamani, Origen del Apu Ausangate. Capanahuas, El Creador. Aguarunas, Lo que el sol hizo para matar la lluvia. Cashinahuas, La invención de la ayahuasca, El enamorado que se perdió el vuelo de los cashinahua. Juan de Mogrovejo y de la Cerda, La endiablada. Ciro Alegría, El brillante. Carlos E. Zavaleta, La persecución del fauno. Alfonso La Torre, Flamboyán. Manuel Scorza, Cecilio Encarnación. Julio Ramón Ribeyro, Silvio en el Rosedal. Antonio Gálvez Ronceros, Octubre. José B. Adolph, El día que saltaron los chinos. Luis Loayza, Enredadera. Edgardo Rivera Martínez, Ciudad de fuego. Mario Vargas Llosa, El escribidor. Guillermo Thorndike, La inolvidable fiesta del millonario de Nopla. Gastón Fernández Carrera, La carta. Jorge Díaz Herrera, De pan crudo a pan crudo. Gregorio Martínez, La cruz de Bolívar. Luis Fernando Vidal, Una copita de ron. Harry Belevan, La otra cara de la moneda. Augusto Higa Oshiro, Que te coma el tigre. Omar Ames, Al ritmo de Celia Cruz o Roberto Ledesma. Roberto Reyes Tarazona, Walter Castillo: ausente. Javier Pardo, Historia de Ana.

Like the other vols, includes stories from the oral tradition, extensive intro., notes and biblio. Some selections are excerpts from novels.

**S 51** Helfgott, Sarina, ed. <u>Cuento</u>. Lima: Ediciones Tierra Nueva, 1959. 91 pp.

Carlota Carvallo de Núñez, El pájaro niño. Sara María Larrabure, La escoba en el escotillón. María Rosa Macedo C., Campamento. Magda Portal, El viaje inútil. Elena Portocarrero, Huayno. Virginia Roca, La aldaba. Rosa María Rojas Guerrero, Nueva historia de la cigarra cantante. Katia Saks, La libreta. María Wiesse, David y Saúl.

Stories by women writers from the Primer Festival de Escritoras Peruanas de Hoy.

**S 52** Ibáñez, Francisco, ed. <u>Cuentos de mi tierra: Colección dedicada a los chicos y chicas, y a los que no lo son, en cuya lectura se quedarán más de una vez boquiabiertos y con un palmo de narices</u>. Intro. Artemio Peraltilla Díaz. 1st ed., c. 1864. 3rd ed. Arequipa: Imprenta Editorial El Sol, 1974. 146 pp.

Flétame a Eugenia. El obispo y los camanejos de antaño. El campesino. El puñado de aceite. Los zapatos de Juana. La semilla de órgano. Aparejarla bien. Conmigo no hay tequeteque. Ni tan crudos ni tan codicos. La noche buena. Cada cual en su oficio. Don Juan Catorce mata siete de un golpe. El novicio castigado. La pena tas el delito. Ir por lana. El niño malcriado. Cocurucho. El sacristán y el camanejo. El padre de un convento. El ángel del apocalípsis. La lámpara de la Virgen del Rosario. La procesión de las ánimas. El cumpleaños del obispo. La pagarás. La fantasma. El tesoro perdido. Que lo peinen y le den chocolate. La excomunión. El caballito de siete colores. El mono juez. Juan soldado y Cachuquino. Si lo casan, la aciertan. El Padre Capellán. Un plato de puchero. El zoncito. Un camanejo de antaño. La fea y la bonita. ¿Todavía, estoy de "Cuchi?"

Unsigned humorous stories, mostly for children. Included here because of historical interest.

**S 53** Jimenes Borja, Arturo, ed. <u>Cuentos y leyendas del Perú</u>. Lima: Ediciones del Instituto Peruano del Libro, 1940. 33 pp.

Unable to annotate.

**S 54** López Albújar, Enrique, et al. <u>Cuentos peruanos: Antología</u>. Bogotá: Biblioteca Colombiana de Cultura, 1971. 176 pp.

Enrique López Albújar, El brindis de los Yayas. Clemente Palma, El último fauno, Duelo con el coronel Lizarzaburu. Manuel Beingolea, Levitación. Ventura García Calderón, Coca. Abraham Valdelomar, El vuelo de los cóndores. César Vallejo, Paco Yunque. Martín Adán, Mi primer amor. Fernando Romero, Maritierra. Ciro Alegría, Calixto Garmendia. José María Arguedas, Warma Kuyay.

Brief bio-bibliographical notes at end.

**S 55** Malpartida Besada, Ambrosio, ed. and intro. <u>El cuento huanuqueño</u>. Huánuco: Instituto Nacional de Cultura, Filial en Huánuco, 1982. 95 pp.

Samuel Armando Cardich, En esta casa llena de niños. David Cajahuaman Picoy, Aparicio Pomares. Andrés Cloud Cortez, A la hora de la oración. Carlos Eduardo Crosby Crosby, El desfile. Víctor Domínguez Condezo, Taparakuy. Virgilio López Calderón, Cartas de mi sobrina. Ambrosio Malpartida Besada, Sin saber por qué. Manuel Nieves Fabián, Una y más muertes. Cinicio Palacios Pariona, Juliancha. Armando Ruiz Vásquez, El billete, Los patos de Lenina. Raúl Vergara Rubín, Falso reencuentro.

Stories from the Andean department of Huánuco.

**S 56** Manrique Vargas, César A., ed. and intro. <u>Libro de lectura: Leyendas y cuentos peruanos</u>. N. p.: n. p., n. d. 124 pp.

Abraham Valdelomar, El caballero Carmelo. Sebastián Salazar Bondy, El Señor Gallinazo vuelve a Lima. Ricardo Palma, El alacrán de Fray Gómez. José Diez Canseco, El Trompo. Enrique López Albújar, Ushanam Jampi. Manuel Beingolea, Mi corbata. Ventura García Calderón, La sopa de piedras. Ciro Alegría, Los perros hambrientos. Julio Ramón Ribeyro, Los moribundos. César Vallejo, Mas allá de la vida y de la muerte. Manuel González Prada, El amigo Braulio. César A. Manrique Vargas, Toro Pukllay. José María Arguedas, La agonía de "Rasu Ñiti."

Brief notes on authors at end.

**S 57** Martínez Green, Ricardo, ed. Cuentos. Lima: Ediciones Peruanas Simiente, 1960.

Ventura García Calderón, La selva que llora. José Diez Canseco, Repartición de premios. José Durand, La travesía del mercader. Eleodoro Vargas Vicuña, El traslado. Cuentos populares quechuas: El torito de la piel brillante.

Also includes stories from other parts of the world. According to Martínez Vigil, "Martínez Green" is the pseudonym of Pedro Cateriano and Luis Rey de Castro.

**S 58** Mendoza, Mauro, ed. Ancash, tradiciones y cuentos. Lima: Ediciones Peruanas, 1958.

Ricardo Palma, Las tres etcéteras del Libertador, Justicia de Bolívar, A muerto me huele el godo. Celso V. Torres, Finanzas de Uniperio, La temeridad y la justicia de Dios. Víctor Manuel Izaguirre, Fuego graneado, Fiesta de barrio. Aurelio Arnao, Lo irreparable, Historia vulgar de un hombre de bien. José Ruiz Huidobro, Los amores del diablo. Ladislao F. Meza, El secreto de una cabellera rubia. Alejandro Tafur Pardo, La heroína del amor casto. David Izaguirre, Estampas huaracinas: don Alejandro. Antonio Raimondi, Notas de viaje: Los chimbadores. Abelardo Gamarra, El Callejón de Huaylas en 1883.

Regional stories and tradiciones.

**S 59** Meneses, Carlos, ed. and intro. Cuentos modernos (autores peruanos). Lima: Ediciones Meteoro, 1961. 103 pp.

Ciro Alegría, Piedra y cruz. José María Arguedas, Hijo solo. Alfonso La Torre, Vértigo. José Miguel Oviedo, El héroe. Julio Ramón Ribeyro, El profesor suplente. Manuel M. Valera, El tiempo del fin. Mario Vargas Llosa, Arreglo de cuentas. Eleodoro Vargas Vicuña, La Pascualina. Alberto Wagner de Reyna, Una chica con labios color naranja.

Brief intro.

**S 60** Meneses, Carlos, and Wolfgang A. Luchting, eds. and intro. El cuento peruano contemporáneo. Mexico City: Editorial Signos, 1983. 145 pp.

José María Arguedas, Warma Kuyay. Carlos E. Zavaleta, Juana la Campa te vengará. Julio Ramón Ribeyro, Cosa de machos. Carlos Calderón Fajardo, Eliana y el tigre del sur. Oswaldo Reynoso, El príncipe. José B. Adolph, Marita en el parque. Mario Vargas Llosa, El abuelo. Alfredo Bryce Echenique, Con Jimmy en Paracas. Miguel Gutiérrez, Ramón. Gregorio Martínez, Agua de caléndula. Augusto Higa Oshiro, Que te coma el tigre. Fernando Ampuero, Maida sola. Gerardo Sologuren, La noche de Pablo.

Brief intro.

**S 61** Meneses L., Porfirio. Cuentos peruanos: Antología de medio siglo. Lima: Gran Unidad Escolar Bartolomé Herrera, 1954. 223 pp.

Clemente Palma, Los ojos de Lina. Enrique López Albújar, Cachorro de tigre. Manuel Beingolea, Un apuro. Ventura García Calderón, La venganza del cóndor. Abraham Valdelomar, El hipocampo de oro. Francisco Vegas Seminario, Taita Dios nos señala el camino. Carlos Parra del Riego, El niño amartelado. José Diez Canseco, El trompo. Fernando Romero, El nido extraño. Alfonso Peláez Bazán, La querencia. Francisco Izquierdo Ríos, Ladislao, el flautista. José María Arguedas, Warma Kukay. Manuel Robles Alarcón,

¡Salvanós, Taytacha! María Rosa Macedo, Carnaval. Eleodoro Vargas Vicuña. Carlos E. Zavaleta, El ultraje. Julio Ramón Ribeyro, La insignia. Elena Portocarrero, Jequetepeque. Selections for school children: "se ha procurado que asuntos y personajes estén lo más cerca posible de los niños o de su curiosidad." Very brief notes on authors.

**S 62** Molina, Alfonso, ed. and intro. Antología del cuento revolucionario del Perú. 1st ed. 1967. 2nd ed. Lima: Ediciones Peisa, 1970. 171 pp.

> César Vallejo, Paco Yunque. César Falcón, Los buenos hijos de Dios. Ciro Alegría, Calixto Garmendia. José María Arguedas. Sebastián Salazar Bondy, El último pasajero. Julio Ramón Ribeyro, Al pie del acantilado. Mario Vargas Llosa, Los jefes.

From the intro.: "Los cuentos aquí seleccionados demuestran en sí y por sí que existe en el Perú una literatura de denuncia objetiva, la que, utilizando la narración como medio expresivo, nos sitúa ante un conjunto social concreto engendrado por la sociedad burgues o mejor: la pequeña burguesía."

**S 63** Mostajo, Francisco, ed. and intro. Pliegos al viento. Arequipa: Tipografía Quirós, 1908. [Rpt. Arequipa: Ediciones Populibro, 1958. 184 pp.]

> Cayetano Sánchez, Composición. M. A. Cateriano, La plegaria de las 10 de la noche. A. Belisario Calle, Cielo, infierno y purgatorio. J. Ignacio Gamio, Almas distantes. Jorge Polar, Cena de bohemios. E. Zegarra Ballón, El violar de Lena. J. M. Polar, Después de la derrota. Renato Morales, Recuerdos de Samuel Velarde. Francisco Gómez de la Torre, Misiá Pituca. Sixto Morales, Silueta. Modesto Málaga, En el cadalso. Francisco Mostajo, Falordia nocturnal. A. Gustavo Cornejo, Mi último poema. A. Guinassi Moran, Dios los crían y ellos se juntan. J. Víctor Neira, Dualidad. J. M. Gonzales Zúñiga, Rosica. Eduardo Gómez, Instantáneas. Carlos G. Delgado, El contagio. Augusto Aguirre Morales, Dolor ebrio. R. Zuñiga Quintana, Las dos vidas de Bolívar. Pedro G. Delgado, Una carta. Moisés A. Campos, Santusa. Víctor J. Dávila, Triste nobleza. Alberto Ballón Landa, Fatalidad. Juan José Reynoso, Los dobles en mi tierra. Juan Manuel Osorio, Quimerino.

According to Vidal, this is the first short story anthology published in Peru.

**S 64** Neira González, Max, ed. and intro. Nueva imagen del cuento surperuano. Arequipa: Ediciones Jornada Poética, Editorial Miranda, 1972. 167 pp.

> José Portugal Catacora, La katita. Roberto Barrionuevo, Nicanor, el fiero. Juan Manuel Cuadros, El rudecindo y la tomasa. José María Arguedas, El barranco. M. Gallegos Sanz, Por veinte choclos. Olivares del Huerto, El brujo. Mateo Jaika, Mama Kcocha. Emilio Romero, T.B.C. Oscar Silva, Los niños de piedra. Alfredo Macedo Arguedas, Yana. Gastón Aguirre Morales, El milagro. Isaac Torres Oliva, El contrabando. Jaime Collado Talavera, Hermanos, La solterona. Honorio Vásquez Mestas, Ulalia. Eleodoro Vargas Vicuña, El traslado. Oswaldo Reinoso, Carambola. Mario Vargas Llosa, El profesor suplente. José A. Váldez Pallete, Castillos. Alfredo Cornejo Chávez, El esquema. Jorge Bacacorzo, Amor terrestre. Juan Torres M., La pintura enloquece. César Vega H., El último refugio. Max Neira G., Escalinata. Oscar Valdivia, Tú no eres culpable. Raúl Figueroa, La pensión escolar. Marco Nobel Villegas, Los invasores. Marco Carreón, Stop-Stop.

Brief intro. explains that the selection "se ha orientado hacia el escogimiento de textos inéditos y editados, tanto en libros, revistas y periódicos, de modo que bien podrían faltar piezas de mayor calidad." Published by the magazine Jornada Poética.

**S 65** Nieri de Dammert, Graciela. Cuentos infantiles del Perú. Intro. Carlota Carvallo de Núñez. Lima: P. L. Villanueva, 1964. 119 pp.
Unable to annotate.

**S 66** Niño de Guzmán, Guillermo, ed., intro. and notes. En el camino: Nuevos cuentistas peruanos. Lima: Instituto Nacional de Cultura, 1986. 213 pp.

Cronwell Jara, Montacerdos. Guillermo Saravia, Mi secreto con Fabiola. Sui Kam Wen, El tramo final. Zein Zorrilla, Mariposa Barbarán. Mariella Sala, Desde el exilio. Alejandro Sánchez Aizcorbe, Maní con sangre. Mario Choy, Butaca del paraíso. Ernesto Mora, Sabor a ti. Carlos Schwalb, El remolino. Augusto Tamayo San Román, Los volcanes. Alonso Cueto, Encuentro con Alina. Guillermo Altamirano, El conde Lugastro. Rafael Moreno Casarrubias, Amalia en la casa del aburrimiento. Walter Ventosilla, Mes de setiembre Marcelina. Maio Ghibellini, La revancha del "Red Demon."
Editor defines the generation included here (born between 1950 and 1960) as "la generación del desencanto." Biblio.

**S 67** Núñez, Estuardo, ed. and intro. <u>Bolívar, Ayacucho y los tradicionistas</u> <u>peruanos</u>. Lima: Comisión Nacional del Sesquicentenario de la Independencia del Perú, 1974. 186 pp.

Luis Alayza Paz Soldán, El Capitán Bustos. Ciro Alegría, Entre Bolívar, espartero u un extra. Eleazar Boloña, Muera el virrey. Eleazar Boloña, Entre mis bravos no hay traidores. Juan Vicente Camacho, Recuerdos de antaño. Carlos Camino Calderón, El libertador ¡y su señora madre! El clavo que el libertador no pudo arrancarse, El brujo de Chicama. Luis Benjamín Cisneros, La medalla de un libertador. Abelardo Gamarra, Una minga patriótica. Augusto León Barandirán, El padrinazgo de Bolívar. Juan de Mata Peralta R., Un beso y una bofetada. Ricardo Palma, Pan, queso y raspadura, Justicia de Bolívar, Bolívar y el cronista Calancha, La fiesta de Simón Garabatillo, Agua mansa. Juan Francisco Pazos Varela, Hipolita y matea. Juan Salaverry, El taco favorito de Bolívar. Enrique D. Tovar, La casaca de Simón Rodríguez.

Intro. essay entitled "Bolívar como asunto literario." Interesting collection of <u>tradiciones</u> about the war of independence.

**S 68** Núñez, Estuardo, ed.    <u>Cuentos</u>.    Biblioteca de Cultura Peruana Contemporanea, 10-11. Lima: Ediciones del Sol, 1963. 2 vols. 409 pp. total [pagination continues from first to second volume].

Vol. 1: Amalia Puga de Losada, Tragedia inédita. Jorge Miota, El pasado muerto. Clemente Palma, Los ojos de Lina. José Antonio Román, El cuaderno azul. Juan Manuel Osorio, Quimerino. Carlos E. B. Ledgard, Venus victrix. Manuel Beingolea, Levitación. José Félix de la Puente, El ciego. Carlos Camino Calderón, La familia Pichilín. Augusto Aguirre Morales, El alma de ella. Enrique López Albújar, Ushanan, Jampi. Luis Alayza Paz Soldán, Propósito de enmienda. Ventura García Calderón, Viernes santo criollo. Abraham Valdelomar, Los ojos de Judas. Roberto Barrionuevo [Pedro Oros], Nicanor, el fiero. Emilio Romero, Casta de perros. Víctor Enríquez Saavedra [Mateo Jaica], Casarasiri. Román Saavedra [Eustaquio Kallata], Estepa en llamas. Fernando Romero, El ponguete. J. Alberto Cuentas Zavala, La última suerte. Oscar Cano Torres, El testamento. Alfredo Macedo Arguedas, Yana. Francisco Izquierdo Ríos, Sinti, el viborero. María Rosa Macedo de Camino, Voces junto al río. Porfirio Meneses, Tifus.

Vol. 2: César Vallejo, Cera. César Falcón, Un padre ilustre. Gamaniel Churata [pseud. of Arturo Peralta], La divina Mama Kuka. María Wiesse, El hombre que se parecía a Adolfo Menjou. Carlos Parra del Riego, El sueño de una noche de angustia. Alberto Hidalgo, El asunto del doctor 30. Héctor Velarde, In corium. Armando Bazán, Aspirante a estrella. Francisco Vegas Seminario, Taita Dios nos señala el camino. José Diez Canseco, El trompo. Adalberto Varallanos, Terrible. Esteban Pabletich, El pelado. Vladimiro Bermejo, La venganza del escribano. Arturo Burga Freitas, La Yara. Rosa Arciniega, Playa de vidas. Ciro Alegría, Calixto Garmendia. Carlos Pareja P. S., El cartero. Carlota Carvallo de Núñez, El arbolito. Alberto Wagner de Reyna, ¿Para qué? Mario A. Puga, Sonko y los niños. Rubén Sueldo Guevara, El silvido. José Bonilla Amado, La sequía. Raúl Estuardo Cornejo, Froilán Alama. Emilia Romero de Valle, Salustiano, el enterrador. Alfonso Peláez Bazán, La rata. Martín Adán, Trance de poder. José María Arguedas, La agonía de "Rasu ñiti." Catalina Podestá, La voz del caracol. Sara María Larrabure, Peligro. Armando Robles Godoy, El rabión. Carlos Thorne, Un hombre sensato. Sebastián Salazar Bondy, Volver al pasado. Eleodoro Vargas Vicuña, La mula mañuca. Luis León Herrera, La ley del zapatero. José Durand, Gatos bajo la luna. Manuel Mejía Valera, Una vez por todas. Marco Antonio Corcuera, Las dos justicias. Carlos E. Zavaleta, El suelo es una flor. Eugenio Buona,

Mercedes Rueda. Julio Ramón Ribeyro, Scorpio. Enrique Congrains Martín, El niño de junto al cielo. Oswaldo Reinose, Colorete. Carlos Mino Jolay, La hostería. Luis Loayza, Todas las flores. José Miguel Oviedo, El redentor. Antonio Gálvez Ronceros, Joche.

Brief intro.

**S 69**  Núñez, Estuardo, ed. <u>Los mejores cuentos peruanos</u> 2. 2nd ed. Lima: Patronato del Libro Peruano, 1956. 124 pp.

José María Arguedas, Agua, Orovilca. Francisco Vegas Seminario, Taita Dios nos señala el camino, El despenador. Julio Ramón Ribeyro, Los gallinazos sin plumas, Mar afuera.

The first volume is listed below under Suárez Miraval.

**S 70**  Núñez, Estuardo, ed. and intro. <u>Tradiciones desconocidas</u>. Lima: Ediciones Peisa, 1974. 175 pp.

Manuel Atanasio Fuentes, A la otra esquina por ellos, La Respingona, Don Sebastián, Lorenzita, Dos Juanas y un pavo fresco, Michis Huaca, El General Camote, Un cura y un subteniente, ¿Has visto a la nueva?, La pileta de San Bartolomé. Marco A. de la Fuente, El triunfo de San Bártolo, Don Ricardo Palma "tradicionado." Aurelio Villarán, Un tesoro escondido, A quien Dios no le da hijos, La sotana del cura, El niño Pepito, Una elección de mayordomo.

According to the intro., the vol. includes all of the <u>tradiciones</u> by the three authors.

**S 71**  Oquendo, Abelardo, ed. and intro. <u>Narrativa peruana 1950-1970</u>. Madrid: Alianza, 1973. 308 pp.

C. E. Zavaleta, Juana la Campa te vengará. E. Vargas Vicuña, Taita Cristo. Enrique Congrains Martín, Domingo en la jaula de estera. Julio Ramón Ribeyro, Las botellas y los hombres. Luis Loayza, La segunda juventud. Mario Vargas Llosa, Toñita. Oswaldo Reynoso, Las Kantutos. Juan Morillo Ganoza, Pedro y Pilanco. Eduardo González Viaña, Una batalla perdida. Julio Ortega, Simple, efímero deseo. José B. Adolph, Norman. Alfredo Bryce Echenique, Antes de la cita con los Linares. Miguel Gutiérrez, Ejercicios espirituales. Luis Urteaga Cabrera, Los hijos del orden.

The frontmatter, almost fifty pages long, consists in large measure of the answers provided by the authors to a survey by the editor. The questions include: "¿Tiene, ha tenido, trabajos ajenos a la literatura? ¿Cuáles?" and "¿Cuáles han sido el más bajo y el más alto tiraje de obras suyas?"

**S 72**  Orrillo, Winston, ed. <u>Perú en el cuento: Antología de ayer y hoy</u>. 2nd ed. Buenos Aires: Editorial Convergencia, 1976. 141 pp.

Julio Ramón Ribeyro, Al pie del acantilado. Clemente Palma, Los ojos de Lina. Enrique López Albújar, Ushanan-jampi. Ventura García Calderón, El alfiler. César Vallejo, Paco Yunque. Abraham Valdelomar, El hipocampo de oro. César Falcón, Los buenos hijos de Dios. Ciro Alegría, Calixto Garmendia. Sebastián Salazar Bondy, El último pasajero. José María Arguedas, Agua. Elena Portocarrero, Propietario.

Also includes a poem, Marcos Yuri Montero's "Canto a Túpac Amaru." Intro. celebrates Peruvian revolution.

**S 73**  Oviedo, José Miguel, ed. and intro. <u>Diez peruanos cuentan</u>. Montevideo: Arca, 1968. 149 pp.

Ciro Alegría, Calixto Garamendia. José María Arguedas, La agonía de Rasu-Ñiti. Sebastián Salazar Bondy, Soy sentimental. Eleodoro Vargas Vicuña, Tata Mayo. Julio Ramón Ribeyro, Al pie del acantilado. Carlos E. Zavaleta, El Cristo Villenas. Enrique Congrains Martín, El niño de junto al cielo. Luis Loayza, Todas las flores. Mario Vargas Llosa, Día domingo. Eduardo González Viaña, Muerte de Dimas.

Good intro., bio-bibliographical notes.

**S 74**  Oviedo, José Miguel, ed. and intro. <u>Narradores peruanos</u>. 2nd revised ed. Caracas: Monte Avila, 1976. 241 pp.

> Ciro Alegría, Calixto Garmendia, Cuarzo. José María Arguedas, Warma Kuyay, La agonía de Rasu Niti. Eleodoro Vargas Vicuña, Tata Mayo. Carlos E. Zavaleta, El Cristo Villenas. Julio Ramón Ribeyro, Una aventura nocturna, Al pie del acantilado, Noche cálida y sin viento. Enrique Congrains Martín, El niño de junto al cielo. Oswaldo Reynoso, Colorete. Jose B. Adolph, Desde las sombras. Luis Loayza, Todas las flores. Mario Vargas Llosa, Los jefes, Día domingo. Alfredo Bryce Etchenique, Con Jimmy en Paracas. Eduardo González Viaña, Batalla de Felipe en la casa de palomas. Harry Belevan, La otra cara de la moneda. Fernando Ampuero, Maida sola.

Includes a fine introductory study, "El cuento contemporáneo del Perú."

**S 75**  Palma, Ricardo, et al. <u>Antología del cuento peruano</u>. Lima: Ediciones Nuevo Mundo, 1963. 153 pp.

> Ricardo Palma, El obispo chicheño. Manuel Beingolea, Mi corbata. Ventura García Calderón, El alfiler. Abraham Valdelomar, El vuelo de los cóndores. Enrique López Albújar, Ushanam-Jampi. Francisco Vegas Seminario, Taita Dios nos señala el camino. José Diez Canseco, El trompo. José María Arguedas, La agonía de "Rasu Ñiti." Eleodoro Vargas Vicuña, El desconocido. Luis Alvarez Maza, Las piedras en el camino. C. E. Zavaleta, El cuervo blanco. José Bonilla Amado, La sequía. Julio Ramón Ribeyro, La insignia. Enrique Congrains M., El niño de junto al cielo.

No intro. or notes.

**S 76**  Palma, Ricardo, et al. <u>Cuento</u>. Lima: Concejo Provincial de Lima, 1959.

> Ricardo Palma, Un litigio original, La excomunión de los alcaldes de Lima, Los cuatro pppp de Lima. Acisclo Villarán, Juan de la Coba con sus pelos y señales. Aurelio Arnao, El amable milagro de la Valvanera. Felipe Pardo y Aliaga, Un viaje. Manuel Ascencio Segura, Los carnavales. Ventura García Calderón, Chamico. Enrique López Albújar, La desposada póstuma. César Vallejo, Cera. José Diez Canseco, El trompo. Julio Ramón Ribeyro, Los gallinazos sin plumas. Martín Adán, La casa de cartón. Sebastián Salazar Bondy, El matrimonio. Enrique Congrains Martín, El niño de junto al cielo.

**S 77**  Palma, Ricardo, et al. <u>Cuentos peruanos: Antología completa y actualizada del cuento en el Perú</u>. Buenos Aires: Embajada Cultural Peruana/Talleres Gráficos del Atlántico, 1957. 242 pp.

> Ricardo Palma, El obispo Chicheñó. Enrique López Albújar, Ushanan Jampi. Manuel Beingolea, Mi corbata. Ventura García Calderón, El alfiler. Abraham Valdelomar, El caballero Carmelo. César Vallejo, Paco Yunque. Héctor Velarde, Enriquito y la técnica. Francisco Vegas Seminario, Las orejas del centurión. José Diez Canseco, Jijuna. Hernando Romero, El nido extraño. Ciro Alegría, La piedra y la cruz. José María Arguedas, Warma Kuyay. María Rosa Macedo, Camaronero. Sebastián Salazar Bondy, El niño dormido. Eleodoro Vargas Vicuña, Esa vez del Huaico. Carlos Eduardo Zavaleta, La batalla. Julio Ramón Ribeyro, Scorpio. Enrique Congrains Martín, Domingo en la jaula de estera.

Brief bio-bibliographical notes at end.

**S 78**  Peláez Bazán, Alfonso, et al. <u>Cuentos peruanos</u>. Lima: Ministerio de Educación Pública, 1946. 327 pp.

> Alfonso Peláez Bazán, Querencia, Maximino, Truhán, El silabo, Los "cuernos" de la luna, El Toro Bayo, Un rodeo en la hacienda Opaván, La rata, La buena suerte. Porfirio Meneses, Casicha, Contrabando, La procesión, Arrieros, La fuga, Los comunes, Helme, Jobina Saico, Yaycupaco. Francisco Izquierdo Ríos, Bernacho, Ovejía, Los agregados de tayta Uva, Ladislao el flautista, Tayta Cashi, Los liclics y Dios, Braulio Cullampe el sacristán, Juan Urquía, Lindaura Castro, El tuhuayo y la luna, Sinti el viborero.

The stories by Peláez Bazán comprise the volume Tierra mía. The stories by Meneses are from Cholerías. The stories by Izquierdo Ríos are from Tierras del alba.

**S 79** Portugal Catacora, José, ed. and intro. El cuento puneño. Intro. Francisco Izquierdo Ríos. Puno: Tipografía e Imprenta Comercial, 1955. xxii + 503 pp.

José Antonio Cáceres, Excursión lacustre. J. Felipe Riveros, Capotazos. Alfredo Morales, Soñando. José Antonio Encinas, El vaso simbólico. Aurelio Gonzales Ormachea, Justicia andina. Manuel A. Quiroga, Gaudeamus. Julián Palacios R., Pleito entre el Pucu-pucu y el gallo. Federico More, Sólo en los Andes la noche tiene plano y tiempo. Adrián Cáceres Olazo, Una tragedia del alcohol. Víctor Villagra, Cuentos de penas y aparecidos. Vicente Cuentas Zavala, El destino. Moisés Yuychud, El mal del siglo. Víctor Chave Cabrera, Llipllej-uma. Benjamín Dueñas Tovar, Los Quivios. Ernesto More, Kilisani. J. Alberto Cuentas Zavala, La última suerte. Juan Felipe Arce, Las travesuras del pequeño Lamón. Francisco Chukiwanka Ayulo, Un drama en la Puna. Antonio Rodríguez del Valle, Las vicuñas. José Solórzano Castilla, La gitanilla. Alberto Rivarola, A la descuidada se clavan los banderillos. Arturo Peralta, El gamonal. Lizandro Luna, El Illa. Aurelio Martínez, Nobleza. César Zumarán, De barrios vecinos. Eduardo Fournier, La fuerza de la sangre. María Luisa Ancieta, Los exámenes. José María Franco Inojosa, La leyenda de la Honda. Alejandro Peralta, ¿.............? Manuel Núñez Butrón, Ha muerto Doña Jesusa Apaza Ccalla. Alfredo Briones, En el campo. Ernesto Jiménez Franco, El final de una orgía. Juan José Jiménez, Amor volandero. Emilio Romero, T.B.C. Eduardo Pineda Arce, Marca catacora. Luis A. Rodríguez, Cromos andinos. Víctor Villar Chamorro, Domingo de Pascua. Enrique L. Ancieta, Las dos noches. Amodeo Londaeta Basadre, Tragedia en el Altiplano. José Antonio Salguero, Recuerdos de la infancia. Isaac G. Iturri, El relicario. Gustavo Sánchez, A los quince años. Emilio Armaza, Historia de dos ambiciones y recuerdo de un encanto. Alejandro Macedo Aragón, Don Sisebuto, candidato. Dante Nava, El Karabotas. Enrique Gallegos, Tragedia pastoril. Fernando Tapia, Manusto, el anacoreta. César Guillermo Corso, La ingratitud. José Catacora Solórzano, Qhencha. José N. Beltrán, El cóndor. Víctor Enríquez, Casarasiri. Juan José Huirse Reyes, ¿Profesor? Consuelo Ramírez de Torres Luna, El zorro en el cielo. Luis N. Chevarría, El cuento de hoy. Román Saavedra, Estepa en llamas. Mario Franco Inojosa, Todo avisaba que tenía que ser así. Benjamín Edilberto Arriaga, Literarias. Emilio Vásquez, La hora. Lucas Guerra Solís, Epopeya del Alkamari. Lino Luis Martínez Pinazo, Concurso de belleza. Benjamín Camacho, Pobre escolar andino. Víctor Cuentas Ampuero, Misawi. Samuel Perea Bouroncle, La vieja rebelde. José Díaz Bedregal, La más rica alimentación de mi vida. Inocencio Mamani, El último beso de la tarde. Alejandro del Castillo, El Señor Profesor y los bellacos. Armando Caballero, Un tipo raro. Daniel Castillo, La lección aprendida. Emilio Frisancho, Tiburcio Huanca. Ricardo Arbulú Vargas, La bola moderna. Humberto Traverso, Santos Mamoni, el indio que se civilizó. Vladimiro Bermejo, La venganza del escribano cordero. Andrés Achata Cabrera, Trejos. Luis Trigoso Arias, Werajocha Pilpinto. Jesús H. Perea, La venganza del brujo. Andrés Andrade Aza, El asesinato de Antuco. José Portugal Catacora, La Katita. Mario Alberto Gil, La planchadora. Héctor Estrada Serrano, El cóndor y el joven. Oscar Cano Torres, El testamento. Migdonio Castillo, Los hermanos del Tugurio. Alberto Paredes, Leyenda de los amores de una sapa. Mercedes Bueno Morales, Kollana. Nilda Quiroga del Castillo, Qué triste es ser pobre. Irene Sánchez viuda de Guillén, El zurrón. Luis Portugal Camacho, Don Mallko. Victoria Saavedra Robledo, El hijo ausente. Aurora Paredes viuda de Tello, La maestra Dominga. Alfredo Macedo Arguedas, Yana. Enrique Cuentas Ormachea, El Qeulla. Francisco Bermejo, La venganza. Julio Alejandro Chambi Zea, Odisea de un altipampino. Luis Lenz, La leyenda del cóndor y la pastora. Agripina Gutiérrez viuda de Cornejo, Historia de una naranja. Héctor Cano Torres, La escuela. Elvira Murguía, Romance andino. Carmela Chevarría, Soledad. Jorge Alberto Paniagua Daniels, El trombón de Vara. Abel Durán Lanza, La incuña. Oswaldo Núñez Geldrez, Kantati Ururi. Juan Peñoranda Catacora, Hambre en la Puna. Fernando Manrique, Noche abigea. Humberto Soto Hinojosa, La tragedia de Guillermo-Humberto. Honorio Vásquez, Las maldiciones. Héctor Teobaldo Loayza. José Paniagua Núñez, Ella.

Vast collection of stories from Puno in southern Peru. Includes a "colofón" by Eleazar Bustamante as well as intros. by the editor and by Francisco Izquierdos Ríos and a brief biblio.

**S 80**  Primera antología del cuento infantil de la provincia del Santa. Chimbote: Programa de Desarrollo Socio-económica de Ancash-Chimbote/Unicef, 1983. 64 pp. Unable to annotate.

**S 81**  Ramos-García, Luis and Luis Fernando Vidal, eds. From the Threshold (Desde el umbral). Intros. Dave Oliphant and Luis Fernando Vidal. Austin: Studia Hispanica Editors/Prickly Pear Press, 1987. 313 pp.

> Antonio Gálvez Ronceros, Octubre. Edgardo Rivera Martínez, Azurita. Alfredo Bryce Echenique, Con Jimmy, en Paracas. Luis Urteaga Cabrera, Una voz en el viento. Eduardo González Viaña, Toro. Jorge Díaz Herrera, La señorita Rebeca. Gregorio Martínez, Antes de las doce. Carlos Villanes Cairo, El castigo de Cani Cruz. Luis Fernando Vidal, Una copita de ron. Santiago Merino Acevedo, Alguien cruza la calle. Augusto Higa Oshiro, Que te coma el tigre. Hildebrando Pérez Huaraneca, Cuando eso dicen. Carlos Calderón Fajardo, Eliana y el tigre del sur. Omar Ames, La señorita Solari. Roberto Reyes Tarazona, Ratas en la casa. Fernando Ampuero, Maida Sola. Carlos Orellana, Una noche para Mr. Hyde. Jorge Mario Colán, Correo Central de Sullana. Siu Kam-Wen, La vigilia. Cronwell Jara Jiménez, Dos gallos. José M. Iztueta, Toyita. Mario Choy, Quiera Dios que seas dichosa. Guillermo Niño de Guzmán, Caballos de medianoche. Guillermo Altamirano Vega, El conde Lugastro.

Bilingual edition. The English translations of the titles are all close to the originals, so they have not been listed. The translations are overly literal and quite awkward.

**S 82**  Raviolo, Heber, ed. and intro. Panorama del cuento peruano. Montevideo: Ediciones de la Banda Oriental, 1981. 2 vols. 109 + 91 pp.

> Vol. 1: Ricardo Palma, El alacrán de Fray Gómez. Enrique López Albújar, El alfiler. José Diez Canseco, Jijuna. Ciro Alegría, La ofrenda de piedra, El tigre y el venado, Sangre de caucherías. José María Arguedas, Hijo solo, Agua.
> Vol. 2: Sebastián Salazar Bondy, El niño dormido. Eleodoro Vargas Vicuña, La batalla. Julio Ramón Ribeyro, Al pie del acantilado. Enrique Congrains Martín, El niño de junto al cielo. Luis Loayza, La segunda juventud. Mario Vargas Llosa, Día domingo. Harry Belevan, La otra cara de la moneda.

Brief intros. and notes on authors.

**S 83**  Rey de Castro, Luis, Rosa Cerna Guardia, and Felipe Buendía. El túnel, 42, Una rosa blanca, Viaje a Francia. Intro. Carlos Thorne. Lima: Cámara Peruana del Libro, 1973. 101 pp.

> Luis Rey de Castro, El túnel. Rosa Cerna, Una rosa blanca. Felipe Buendía, Viaje a Francia. Luis Rey de Castro, 42.

"Cuentistas premiados en el Concurso de la Feria del Libro Ricardo Palma 1972."

**S 84**  Ribeyro, Julio Ramón, et al. Los gallinazos sin plumas (Cuentos del Perú). Santiago: Empresa Editora Nacional Quimantu, 1973. 141 pp.

> Julio Ramón Ribeyro, Los gallinazos sin plumas. Abraham Valdelomar, El caballero Carmelo. Ciro Alegría, Muerte del cabo Cheo López. José María Arguedas, Warmna Kuyay. Carlos E. Zavaleta, El Cristo Villenas. Mario Vargas Llosa, Día domingo.

Cheap popular edition from Allende's Chile.

**S 85**  Rumrrill, Róger, ed., intro. and notes. Narradores de la selva. Iquitos: Ediciones Populares Selva, 1966. 130 pp.

> Humberto del Aguila, El collar del curaca. Arturo Burga Freitas, Bajo el cielo de los chamas. Arturo D. Hernández, El animal sobre sus patas traseras. Jenaro Ernesto Herrera, Yara.

> Francisco Izquierdo Ríos, Gavicho. César Lequerica Delgado, Humisha de carnaval. Germán Lequerica Perea, El monstruo. Víctor Morey Peña, El motelo. Francisco Odicio Román, Huishmabu. Juan Ramírez Ríos, La leyenda del Domingo Siete. Manuel Tunjar Guzmán, Laa redada. Jaime Vásquez Izquierdo, Albañilerías.

Stories from the Peruvian Amazon. Good intro. and bio-bibliographical notes.

**S 86** Salazar Bondy, Sebastián, ed. <u>Cuentos infantiles peruanos</u>. Lima: Editorial Rumbos Nuevos, 1958. 78 pp. 2nd ed.: Lima: Juan Mejía Baca/ Editorial Rumbos Nuevos, 1958. 95 pp.
Unable to annotate.

**S 87** Soracel, Lourdes, and Víctor Soracel, eds. <u>Cuentos infantiles peruanos</u>. Lima: Ediciones Rikchay Perú, 1982. 83 pp.
Unable to annotate.

**S 88** Soracel, Víctor, ed. and notes. <u>20 cuentos peruanos</u>. Lima: Ediciones Rikchay Perú, 1980. 130 pp.

> Inca Garcilaso de la Vega, Historia de Pedro Serrano. Felipe Pardo y Aliaga, Un viaje. Ricardo Palma, Los ratones de Fray Martín. Clemente Palma, Los ojos de Lina. Enrique López Albújar, Los tres jircas. Manuel Beingolea, Mi corbata. VEntura García Calderón, Fué en el Perú. Abraham Valdelomar, El caballero Carmelo. César Vallejo, Cera. José Diez Canseco, El trompo. Fernando Romero, El delgado de los simios. Julián Huanay, Marujo. Ciro Alegría, Calixto Garmendia. Francisco Izquierdo Ríos, El bagrecico. José María Arguedas, Warma Kuyay (Amor de niño). Eleodoro Vargas Zavaleta, Mi antigua sirvienta. Julio Ramón Ribeyro, La insignia. Enrique Congrains Martín, El niño de junto al cielo. Julián Palacios, Pleito entre el pucupucu y el gallo.

According to the intro., the selection of stories "privilegia los temas del amor y la solidaridad, en su sentido íntimo y familiar, así como trascendente y social." Brief notes on authors.

**S 89** Suárez Miraval, Manuel, ed. and intro. <u>Los mejores cuentos peruanos</u> 1. 2nd ed. Lima: Patronato del Libro Peruano/Editora Latinoamericana, 1958. 121 pp.

> Ventura García Calderón, Fue en el Perú, La sopa de piedras, Coca. Abraham Valdelomar, El caballero Carmelo, El vuelo de los cóndores, Los hijos del sol: el alma de la quena. José Diez Canseco, El trompo. El gaviota.

The second volume is listed above under Estuardo Núñez.

**S 90** Sueldo Guevara, Rubén, ed. and notes. <u>Narradores cuzqueños</u>. Cuzco: Primer Festival del Libro Sur-Peruano, 1958. 104 pp.

> Narciso Aréstegui, El gran Soflama. Clorinda Matto de Turner, La peña del castigo. Jorge Miota, La pared de enfrente, El pasado muerto. José Angel Escalante, Juramento de indio, Tragédia inútil. Luis E. Valcárcel, Hambre, Pitusiray. Roberto Barrionuevo, Catacha, La broma. Roberto Latorre, El Nákaj, La Sabela, Caña brava.

A cheap edition without the extensive introductory materials of the later eds.

**S 91** Sueldo Guevara, Rubén, ed., intro. and notes. <u>Narradores cusqueños</u>. 3rd ed. Lima: Imprenta Avanzada, 1984. 294 pp.

> Inca Garcilaso de la Vega, Viracocha. Francisco de Avila, Macahuisa. Vasco de Contreras y Valverde, Primera fundación de la ciudad del Cuzco, Segunda fundación de la ciudad del Cuzco. Diego de Esquivel y Navia, Las misiones de fray José de San Antonio, El sacerdote condenado. Narciso Aréstegui, El gran soflama. José Manuel Valdez y Palacios, Ollantay. Clorinda Matto de Turner, La peña del castigo. Jorge Miota, La pared de enfrente, El pasado muerto. Lizandro Caller, Urpi y Malco, En la casa cural. José Angel Escalante, Juramento de indio. Angel Valdeiglesias, Un nocturno libelista. Darío Eguren Larrea, El hombre que se casó

por dinero. Luis E. Valcárcel, Hambre, Pitusiray. Roberto Barrionuevo, Catacha. Roberto Latorre, El nákaj, La sabela. José Antonio Velzaco, La camiserita, Examen de conciencia. Humberto Pacheco, La caza del cóndor. Román Saavedra, Cabo Fabián, En el cacharpari. Abel Ramos Perea, Davico, Amor cholo. Alfonso La ·Torre, Barro. Alfonsina Barrionuevo, Se llamaba Pajarito, Micaela. Angel Avendaño Farfán, El día que llegaron los aviones. Emperatriz Escalante Gutiérrez, La bruja buena. Rubén Sueldo Guevara, Vástagos del diablo, El fugitivo.

The contents of this ed. are almost identical with those of the 1967 ed. published in Lima by the Editorial Letras Peruanas.

**S 92** Taxa Cuádroz, Elías, ed. and intro. <u>La costa en la narración peruana</u>. Lima: Ed. Continental, 1968. 320 pp.

Carlos Parra del Riego, Insurrección militar. Vladimiro Vermejo, Fuegos artificiales. Carlos Camino Calderón, Al pie de la letra. Eduardo Ribeyro Villafuerte, "La sospecha." Eugenio Buona, La entrega. Francisco Caso, Brujerías y hechizos, Carapulca. Francisco Vegas Seminario, El primogénito de los godos. José Diez Canseco, Jijuna. José Ferrando, Chicha, mar y bonito. Ciro Alegría, Duelo de Caballeros. Julio Ortega, Los Muertos, Noche de sábado. José Eulogio Garrido, El Carbunclo. Luis Valle Goicochea, El naranjito de Quito. Rosa María Macedo, Camaronero. Carlos Pareja Paz Soldán, El cartero. Mario Vargas Llosa, Arreglo de cuentas. Abraham Valdelomar, El caballero Carmelo, Hebaristo, el sauce que murió de amor. Mario A. Puga, Buenos días, señor Prefecto, Se fué con la montonera. Jorge Bacacorzo, Lázaro. Carlos Thorne, Los días fáciles. Glauco Machado, Locura. Eduardo Gonzales Viaña, Los peces muertos, Muerte de Dimas. Antonio Gálvez Ronceros, La cena. Julián Huanay Raymondi, El negro Perico. Eliseo García, El apatronado. Rosa Cerna Guardia, Un niño y la estrella del mar. José Watanabe, El trapiche. Juan Morillo, Pichana. José Antonio Román, El muelle viejo. Mercedes Cabello de Carbonera, Profesiones de porvenir. Abelardo Gamarra, Don Flemón. Emilio Gutiérrez de Quintanilla, El sargento Roldán. Manuel Robles Alarcón, Los serranos.

This vol. shares two intros. by the editor with the other vols. in the series on the regions of Peru: "Presentación" and "Breves palabras." No specific intro. is made to each vol. Brief notes on authors.

**S 93** Taxa Cuádroz, Elías, ed. <u>Cuentos peruanos para niños</u>. Lima: Editorial Universo, 1968. 254 pp.

Nelly MacKee de Maurial, El espíritu del agua. Celia Barrios Gonzáles, Garuita. María Antonieta Salazar Alegre, La rebeldía de los juguetes. Jaime Galarza Alcántara, Juanito Carbón. Graciela Nieri de Dammert, El narango. Rosa Cerna Guardia, El vendedor de baratijas. Esther M. Allison, Las "lágrimas de la virgen." Manuel Robles Alarcón, Don Antonio Atoj y su compadre Don Diguillo Hucucha. Arturo Jiménez Borja, La achiqué. Alfonsina Barrionuevo, El hermanito de Dios. Jorge Flores Ramos, El picaflor de Pepito. José Hidalgo, "Diamela." Carlota Carvallo de Nuñez, El pájaro-niño. Ricardo Palma, El alacrán de Fray Gómez. Luis Valle Goicochea, El naranjito de Quito. Alfonso Peláez Bazán, Querencia. Francisco Izquierdo Ríos, Gavicho, Ladislao el flautista. Ventura García Calderón, Yacu-Mama. Matilde Indacochea, El pescador. Mario Puga I., Sonko y los niños. Porfirio Meneses L., La procesión. Carlos Mino Jolay, Pelota de Trapo. José Diez Canseco, El trompo. Abraham Valdelomar, El caballero Carmelo, El vuelo de los cóndores. Mercedes Eguren López, El vendedor de ilusiones. Antonio Garland, "De los otros." Carlos Thorne, Los días fáciles. Mateo Jaika, Les lechuzas. Jorge Bacacorzo, Amor terrestre. Eleodoro Vargas Vicuña, El desconocido. César Vallejo, Paco Yunque.

Brief intro. on attempt to give Peruvian children "una visión amplia de la realidad nacional, en las bellas narraciones escritas por autores peruanos."

**S 94** Taxa Cuádroz, Elías, ed. and intro. <u>Lima en la narración peruana</u>. Lima: Editorial Continental, 1967. 324 pp.

Eugenio Buona, Sala de espera. José Torre de Vidaurre, El ángel loco. Federico Elguera, El malillero. Armando Bazán, Marfil china. José Ortiz Reyes, Espectros. Eduardo Ribeyro, Los cuadros. Manuel González Prada, El amigo Braulio. César Vallejo, Cera. Martín Adán, La casa de cartón. José Diez Canseco, El trompo. Ricardo Palma, Al pie de la letra, Las tres etcéteras del Libertador, Don Dimas de la Tijereta. Enrique A. Carrillo, La ciudad de las viejas. Carlos Camino Calderón, La familia Pichilín. Manuel Moncloa Covarrubias, Pretendientes. Luis Benjamín Cisneros, Amor de niño. Manuel Beingolea, Mi corbata. Clemente Palma, Los ojos de Lina, Los canastos. Manuel Ascencio Segura, Los carnavales. Felipe Pardo y Aliaga, Un viaje. Héctor Velarde, El fenómeno de la TV, Yo capitulero, Turismo y Cultura. Enrique Congrains, Domingo en la jaula de estera, El niño de junto al cielo. José Miguel Oviedo, El redentor. Julio Ramón Ribeyro, Los gallinazos sin plumas, Al pie del acantilado. Francisco Izquierdo Ríos, El gorrión. Mario Vargas Llosa, Día domingo. Oswaldo Reynoso, El príncipe, Cara de ángel. Sebastián Salazar Bondy, Soy sentimental, Volver al pasado. Felipe Sanguinetti, El cuchichancho, El abuelo Santiago.

See note on coastal vol. by same editor.

**S 95** Taxa Cuádroz, Elías, ed. <u>La selva en la narración peruana</u>. Lima: Editorial Continental, 1967 (?). 274 pp.

Arturo D. Hernández, El animal sobre sus patas traseras, Sangama. Alejandro Manco Campos, Olimpia, la Aguaruna, La casa de tunche. Ventura García Calderón, Yacu-Mama. Fernando Romero, La creciente, Yacu-Runas, Las tangaranas. Juan Ramirez Ríos, La leyenda del domingo siete. Jaime Vásquez Izquierdo, Albañilerías. Víctor Morey Peña, El Motelo. Manuel Tunjar Guzmán, La redada. Francisco Odicio Román, Huishmabu. Germán Lequerica Perea, El monstruo. Arturo Burga Freitas, Bajo el cielo de los Chamas. Humberto del Aguila Arriaga, El collar del curaca. Jenaro Ernesto Herrera, Yara. César Lequerica Delgado, Humisha de carnaval. Francisco Izquierdo Ríos, La maestra de la selva, El bagreico. Ciro Alegría, La madre. José Diez Canseco, El kilómetro 83. José Ferrando, Vampiros de la selva, Todo un hombre, Panorama hacia el alba.

See note on coastal vol. by same editor.

**S 96** Taxa Cuádroz, Elías, ed. <u>La sierra en la narración peruana</u>. Lima, Editorial Continental, 1968. 335 pp.

José María Arguedas, Warma Kuyay, La agonía de "Rasu Ñiti." Alfonsina Barrionuevo, El hermanito de Dios, El minero. Hernán Velarde Vargas, La muerte del jaguar, La escopeta de Leoncio Qori. Mario Florián, Abdón Cancha, Mataleones. Carlos Zavaleta, Mamá Alba. Ciro Alegría, Cuarzo, Calixto Garmendia. Eleodoro Vargas Vicuña, Tata Mayo, El desconocido, Memoria por Raúl Múñoz Mieses. José Ferrando, Ley de fuga. Enrique López Albújar, Ushanan-Jampi, El campeón de la muerte. Ventura García Calderón. El alfiler, Amor indígena. César Vallejo, Paco Yunque, Más allá de la vida y la muerte. Ernesto Reyna, El séptimo huaco. Francisco Vegas Seminario, La momia del cacique. Eugenio Buona, Mercedes Rueda. Manuel Robles Alarcón, Chukchu. Gustavo Alencastre Montufar, El destino de Santos Huayta. Porfirio Meneses, Amor como nube, La hija en el otoño. Francisco Izquierdo Ríos, Ladislao el flautista. Amalia Puga de Losada, El jabón de hiel. Adolfo Vienrich, La huachua y el zorro. Luis Alvarez Maza, La piedra en el camino, El pelón. Rubén Sueldo Guevara, Vástagos del diablo. José Bonilla Amado, La sequía. Jorge Flores Ramos, Espigas pan y amor. Honorio Vásquez Mestas, Ulalia. Carlota Carvallo de Núñez, Los dos cerros.

See note on coastal vol. by same editor.

**S 97** Valdelomar, Abraham, et al. <u>Cuentos peruanos</u>. Lima: Círculo de Novelistas Peruanos, 1955. 133 pp.

Abraham Valdelomar, El vuelo de los cóndores. Manuel Beingolea, Mi corbata. Fernando Romero, El abrazo. Sebastián Salazar Bondy, Ya mujer. Porfirio Meneses, La fuga. Julio Ramón Ribeyro, Scorpio. Enrique Congrains Martín, Anselmo Amancio.

No intro. or notes.

**S 98** Vidal, Luis Fernando, ed. and intro. <u>Cuentos limeños (1950-1980)</u>. Biblioteca Peruana, 64. Lima: Ediciones Peisa, 1981. 229 pp.

Sebastián Salazar Bondy, Volver al pasado. Enrique Congrains Martín, Domingo en la jaula de estera. Julio Ramón Ribeyro, El marqués y los gavilanes. C. E. Zavaleta, El muñeco. Luis Loayza, La segunda juventud. Julián Huanay, El negro Perico. Oswaldo Reynoso, Cara de ángel. Antonio Gálvez Ronceros, Soldados de la amargura. Mario Vargas Llosa, Día domingo. Miguel Gutiérrez, Una vida completamente ordinaria. Alfredo Bryce Echenique, Yo soy el rey. Luis Urteaga Cabrera, Una voz en el viento. Raúl Keil Rojas, De pelos cola gato. Luis Fernando Vidal, Una copita de ron. Augusto Higa Oshiro, Que te coma el tigre. Fernando Ampuero, Maida Sola. Omar Ames, Al ritmo de Celia Cruz o Roberto Ledesma. Roberto Reyes Tarazona, Ratas en la casa.

Long and useful intro., "El cuento urbano limeño." Notes on authors.

**S 99** Wiesse, María. <u>Quipus: relatos peruanos para niños</u>. Lima: Imprenta "La voce d'Italia," 1936. 90 pp.
Unable to annotate.

**S 100** Yáñez, Luis, ed. <u>Cuentos peruanos</u>. Lima: Editorial Universo, 1975.
Unable to annotate.

**S 101** Yáñez, Luis, ed. <u>Cuentos peruanos 2</u>. Intro. Javier Sologuren. Lima: Editorial Universo, n. d.  223 pp.

César Vallejo, Cera, Paco Yunque. José Diez Canseco, Jijuna, El trompo. Fernando Romero, La creciente. Ciro Alegría, Calixto Garmendia, Panki y el guerrero. José María Arguedas, Warma kuyay (Amor de niño), El barranco. Francisco Izquierdo Ríos, El bagrecico. Sebastián Salazar Bondy, No hay milagros. Eleodoro Vargas Vicuña, Taita Cristo. Carlos E. Zavaleta, El suelo es una flor. Julio Ramón Ribeyro, Los gallinazos sin plumas, El próximo mes me nivelo. Enrique Congrains Martín, El niño de junto al cielo. Oswaldo Reynoso, Colorete. Antonio Gálvez Ronceros, La cena. Mario Vargas Llosa, El desafío. Eduardo González Viaña, El sacrilegio.

For school use. Includes instructions to students on how to do homework, take notes on stories, study new vocabulary. Includes final glossary.

# T. Puerto Rico

**T 1** Barradas, Efraín, ed. and intro. <u>Apalabramiento: Diez cuentistas puertorriqueños de hoy</u>. Hanover, New Hampshire: Ediciones del Norte, 1983. 250 pp.

> Luis Rafael Sánchez, Etc., Los desquites. Tomás López Ramírez, Banda de acero, Ciudad que no tiene fantasmas. Manuel Ramos Otero, Vida ejemplar del esclavo y el señor, La otra isla de Puerto Rico. Rosario Ferré, Pico Rico Mandorico, El regalo. Magali García Ramis, Flor de cocuyo, Cuando canten "Maestra vida." Juan Antonio Ramos, Hay una mosca en mi plato, Edelmira. Edgardo Sanabria Santaliz, Antes del último día, Después del huracán. Manuel Abreu Adorno, Actualidad de Goethe, Aproximación a una primera plana de El Vocero. Carmen Lugo Filippi, Milagros, calle Mercurio, Con llave digo basta. Ana Lydia Vega, Letra para salsa y tres soneos por encargo, Kembé (Crónica-evangelio para un 19 de diciembre).

The most important anthology of current writing in Puerto Rico. Good intro., bio-bibliographical notes, biblio.

**T 2** Belaval, Emilio S., et al. <u>Ocho cuentos de Puerto Rico</u>. San Juan: Instituto de Cultura Puertorriqueña, Libros del Pueblo, 1966. 49 pp.

> Emilio S. Belaval, Santiguá de Santigüero. Abelardo Díaz Alfaro, El josco. Tomás Blanco, Naufragio. José Luis González, En el fondo del caño hay un negrito. Emilio Díaz Valcárcel, La muerte obligatoria. René Marqués, Tres hombres junto al río. Pedro Juan Soto, Los inocentes. Edwin Figueroa, El rebelde.

Illustrated. Brief intro.

**T 3** Carreras, Carlos N., ed. and intro. <u>Florilegio de cuentos puertorriqueños</u>. San Juan: Editorial Puerto Rico Ilustrado, 1924. ii + 171 pp.

> Mariano Abril, Los ojos negros. Eugenio Astol, Vida de rosa. Antonio Blanco Fernández, Alma puertorriqueña. M. Meléndez Muñoz, La palabra de un hombre, Un tercero en discordia. Juan Braschi, La ironía que pasa. Cayetano Coll y Toste, El fantasma gris. Manuel Fernández Juncos, Tribilín. M. González García, La corrida de Reyes. "La Hija del Caribe," Cira. Jacinto Texidor, Las mariposas. Pedro C. Timothée, Los pueblos de las hadas. Rafael E. Torregrosa, Las tres escuelas. M. Ríos Ocaña, La audacia de lo desconocido. Luis Samalea Iglesias, La primera rosa. M. Vázquez Alayón, El Flamboyant. Angel Manuel Villamil, Pompas de jabón. "Liana," Fin de un ensueño. Emilia V. de Armstrong, Las lavanderas.

Jorge Adsuar, La risa. José A. Balseiro, La muerte de las rosas. Cristóbal Real, Allá en las cumbres.
Brief intro.


**T 4**  Cooke, Paul J., ed. and intro.  Antología de cuentos puertorriqueños.  Intro. José Luis González.  Godfrey, Illinois: Monticello College, 1956.  160 pp.

Emilio S. Belaval, La santiguada del santiguero, La candelaria de Juan Candelario, Tormenta Platanera. René Marqués, Otro día nuevo. José Luis González, En el fondo del caño hay un negrito, La carta. Abelardo Díaz Alfaro, El Josco, Santa Clo va a la cuchilla, Peyo Mercé enseña inglés. Juan Enrique Colberg, El caso de Pedro Garúa. Wilfredo Braschi, Una oración bajo la nieve. Edwin Figueroa, Aguinaldo negro. Pedro Juan Soto, Garabatos. Emilio Díaz Valcárcel, El tegreso. Tomás Blanco, El coquí. A. Collado Martell, La venganza. A. Oliver Frau, El hijo del otro, Chemán, el correcostas. Manuel Toro, Mi padre. Miguel Meléndez Muñoz, Tirijala, Dos cartas. Vicente Palés Matos, Tierra estéril.

From the intro. by Cooke: "Contestando a los críticos que dicen que la literatura puertorriqueña revela nada más que odio hacia los norteamericanos y gritos contra la influencia de ellos, digo que esta antología prueba que los autores fundan su obra no en el amor a lo ajeno, lo cual es envidia, sino en el amor a su patria." González in his intro. says: "No hay entre nosotros uno solo que ignore que la verdadera universalidad no se logra sino profundizando en lo más entrañablemente nacional," and adds, from his exile in Mexico City, that "nuestra actividad como escritores está indisolublemente ligada a nuestra actividad como ciudadanos en lucha por la libertad."


**T 5**  Cuchi Coll, Isabel, ed. and intro.  Isla en las voces del cuento: Cuentistas de la Sociedad de Autores Puertorriqueños.  San Juan: Sociedad de Autores Puertorriqueños, 1972.  164 pp.

Amelia Agostini de Del Río, Estremecimientos de amor y poesía. Wilfredo Braschi, El niño de la gorra. Isabel Cuchi Coll, La adúltera. Carmen Leila Cuevas de Cantellops, Murió como lo que era: un bohemio. Abelardo Díaz Alfaro, Los perros. Aníbal Díaz Montero, El alcohólico. Margarita Gardón, Las dos hermanas. Violeta López Suria, La barra. Samuel Lugo, La partida. Washington Lloréns, Montaña en flor. Walter Murray Chiesa, Otoqui. Olga Ramírez de Arellano de Nolla, El adversario. Angel Rigau, Sobre la mar nace un grito. Néstor Rodríguez Escudero, El tesoro de la gruta. Rosita Silva de Muñoz, El poder de la distancia. José A. Romeu, El viaje de Benito Pérez. Cesáreo Rosa-Nieves, Las manos muertas.

Brief intro.


**T 6**  Díaz Valcárcel, Emilio, ed. and intro.  17 del taller: Antología de cuentos y relatos.  San Juan: Instituto de Cultura Puertorriqueña, 1978.  121 pp.

Edgardo Sanabria Santaliz, Ni la blancura de las cosas, Cháchara. Gloria A. Vega Vega, Inventario, Encuentro. E. Parrilla S., Preludio. Moisés Vélez Sáez, Burocracia, El vivió igual que todos. Ricardo Alegría Pons, El día nuestro de cada día, La sociedad Minotauro. Isabel Cintrón Servidumbre, La visita. Tomás Reyes, La huída del cuerpo, Cuando el hombre deja de arrastrarse. Efraín Basora Irizarry, El regalo, Alucinación. Mayra Montero, Ya no estaremos a las seis veinticinco, Delma.

Stories from the Taller de Narrativa of the Instituto de Cultura Puertorriqueña for 1976 and 1977.


**T 7**  Huyke y Bozello, Juan Bernardo.  Cuentos de Puerto Rico.  Intro. Francisco Rodríguez López.  Chicago: Rand McNally, 1926.  276 pp.  Unable to annotate.


**T 8**  Laguerre, Enrique A., ed. and intro.  Antología de cuentos puertorriqueños. 1st ed., 1971.  2nd ed. Mexico City: Editorial Orión, 1981.  177 pp.

Manuel Fernández Juncos, Confusión. Calletano Coll y Toste, El fantasma gris. Matías González García, El convite del compadre Baltasar. Juan B. Huyke, La leyenda del Yunque. Miguel Meléndez Muñoz, Tirijala. Pablo Morales Cabrera, La domadora de leones, Martín Pescador. María Cadilla, El volteador. Angel M. Villamil, ¡Quién lo hubiera sabido! Jacinto Texidor, Las mariposas. Luis Samalea Iglesias, La Primera rosa. Antonio Oliver Frau, Aquella noche en la sierra, La rapaza del circo, Más allá de la muerte, Amores de Tierra Adentro. Enrique A. Laguerre, Raíces. Humberto Padró, Una sortija para mi novia. Alfredo Collado Martel, La súplica del vendedor de frutas. José Luis González, La carta. Abelardo Díaz Alfaro, Peyo Mercé enseña inglés.

The second edition is identical to the first. The intro. of the stories in the vol., "en los que predominan elementos costumbristas puertorriqueños," have been chosen as readings for adolescents.

**T 9** Ledesma, Moisés, ed. and notes. Cuentos de Puerto Rico. Intro. M. S. T. New York: Plus Ultra Educational Publishers, n.d.  157 pp.

Abelardo Díaz Alfaro, Los perros. María Teresa Babín, El cañaveral. María Cadilla de Martínez, El médico misterioso, El barbero pueblerino. Cayetano Coll y Toste, Mi primera peseta, El huracán de San Ciríaco. Moisés Tirado, Sembrando ideales, El milagro de nochebuena. Juan Ernesto Fonfrías, Un tiro de olla. Enrique Laguerre, Pacholí. Moisés Ledesma, Denominador común, Ni soy ni tengo.

Puerto Rico is characterized in the intro. as possessed of a "cultura insular que es hispánica con ahinco." Bio-bibliographical notes.

**T 10** Marqués, René, ed. and intro. Cuentos puertorriqueños de hoy. 1st ed., 1959. 6th ed. Río Piedras: Editorial Cultural, 1977.  287 pp.

Abelardo Díaz Alfaro, El Josco, Los perros. José Luis González, La carta, En el fondo del caño hay un negrito, El pasaje. René Marqués, Otro día nuestro, En la popa hay un cuerpo reclinado. Pedro Juan Soto, Los inocentes, La cautiva. Edwin Figueroa, Aguinaldo negro, Lolo Manco. José Luis Vivas, El fósforo quemado, Interludio. Emilio Díaz Valcárcel, Sol negro, El sapo en el espejo. Salvador M. de Jesús, La llama del fósforo, Vertiente.

Highly influential anthology of the "generación del 40."

**T 11** Martínez Tolentino, Jaime, ed. and intro. Cuentos modernos (Antología). Río Piedras: Editorial EDIL, 1975.  190 pp.

Wilfredo Ruiz Oliveras, La venida de los arios, Y accidentalmente. . . Kirk, Partida de defunción, La fiesta de los niños, Su llamada. Germán Delgado Pasapera, El testigo, El juguete, Aquella noche, Las paralelas, Estadísticas. Carmelo Rodríguez Torres, Del lado allá del 98, Regolfo. Jaime Martínez Tolentino, Miedo, El encuentro, La tormenta, El amuleto. Luis Cartañam, Crac crac, Negrito de azabache, Jaque mate al rey, Visión desde la playa, Balún. Sotero Rivera-Avilés, Una estampa para leerse sobre la tierra seca, El regreso, Gaviotas en el sur. Rolando E. Peinado, Informe sobre la búsqueda de quien resultó ser el consejero del Doctor Kissinger, Y llaman desde lejos a Pitusa. Angel Encarnación Rivera, El entierro de Elena.

Less known writers.

**T 12** Meléndez, Concha, ed. and intro. El arte del cuento en Puerto Rico. Biblioteca Puertorriqueña, 4. New York: Las Américas Publishing, 1961.  397 pp.

Alfredo Collado Martell, La última aventura del Patito Feo, Guillo "El holandés." Antonio Oliver Frau, Chemán, el correcostas, La simiente roja, Juan Perdío. Tomás Blanco, Cultura: tres pasos y un encuentro, Los aguinaldos del infante: glosa de epifanía, La dragontea: cuento de Semana Santa. Emilio S. Belaval, El verano de Hortensita se complica, Santiaguá de santiagüero, Nuestra Cruz Menchaca. Enrique A. Laguerre, Raíces, Naufragio, El enemigo. Luis Hernández Aquino, Aire de Guazabara, Un enigma y una clave. Julio Marrero Núñez, Requiem por un soldado del rey de España. Manuel del Toro, Mi padre. Luis Quero Chiesa, La protesta, Detrás de aquella lucecita. Esther Feliciano Mendoza, Reflejos de salitral. Juan

Enrique Colberg Petrovich, Dos raptos, Manuel o el heroísmo. Abelardo Díaz Alfaro, Santo Clo va a la cuchilla, Bagazo, Los perros. René Marqués, La muerte, La sala, Tres hombres junto al río. Héctor Barrera, El Judas. Edwin Figueroa, El sol de los muertos, Lolo manco, Raíz amarga. José Luis González, La carta, Una caja de plomo que no se podía abrir, En el fondo del caño hay un negrito. José Luis Vivas Maldonado, El héroe, El de los cabos blancos, Interludio. Salvador M. de Jesús, Lágrimas de mangle, La otra hija de Jairo. Pedro Juan Soto, Garabatos, Los inocentes. Emilio Díaz Valcárcel, Dos hombres, El soldado Damián Sánchez, La mente en blanco.

The edition indexes the contents by author without listing any titles. The anthology includes works by members of two "generations," that of 1930 and that of 1940.

**T 13** Meléndez, Concha, ed. and intro. El cuento. Notes by Josefina del Toro. Antología de Autores Puertorriqueños, 3. San Juan: Ediciones del Gobierno, 1957. 332 pp.

Matías González García, La primera cría, El convite del compadre Baltasar. Pablo Morales Cabrera, El deshoje, Las bodas de Bengala, Las T. T. T. Salvador Brau, El cuento de Juan Petaca. Miguel Meléndez Muñoz, Binipiquí, La muerte del "Cabro Maneco." María Cadilla de Martínez, El pródigo. Alfredo Collado Martell, Diálogo de Arcillas, Su primer ideal, El anillo de Lord Arthur. Antonio Oliver Frau, Amores de tierra adentro, El segador. Washington Lloréns, El retrato. Humberto Padró, Ironía de sueño, El diario del muerto. Angel M. Villamil, ¡Quién lo hubiera sabido! Enrique A. Laguerre, Pacholí, Raíces. Tomás Blanco, Naufragio, La hiel de los Caínes, Los aguinaldos del Infante. Emilio S. Belaval, El niño morado de Monsona Quintana, Tormenta platanera, La viuda del manto prieto. Abelardo Díaz Alfaro, El josco, El boliche, Los perros. José Luis González, El escritor, En el fondo del caño hay un negrito, Una caja de plomo que no se podía abrir. René Marqués, El miedo, Otro día nuestro, Dos vueltas de llave y un arcángel. Manuel del Toro, Mi padre. Juan Enrique Colberg Petrovich, El caso de Pedro Garúa. Edwin Figueroa, Aguinaldo negro. María Teresa Serrano de Ayala, El castigo. Pedro Juan Soto, Garabatos, Los inocentes. Ester Feliciano Mendoza, La mancha de plátano. Charles Rosario, Regalo de Reyes. Héctor Barrera, El Judas. José Luis Vivas Maldonado, El fósforo quemado. Violeta López Suria, La muñeca, Rey. Luis Quero Chiesa, José Campeche.

Important 35 page intro. Stories range from late nineteenth-century regionalist fiction to works by the "generation of 1940."

**T 14** Rosa-Nieves, Cesáreo, ed. and intro. El costumbrismo literario en la prosa de Puerto Rico (Antología). San Juan: Editorial Cordillera, 1971. 2 vols. 210 + 257 pp.

Vol. 1: Manuel A. Alonso, Bailes de Puerto Rico, Carteras de San Juan y San Pedro. Alejandro Tapia y Rivera, Recuerdos de Santiago. Julio L. de Vizcarrondo, El hombre Velorio. José Antonio Daubón, Un baile de máscaras, Nuestras calles. José María Monge, Carta de Justo derecho al Caribe. Salvador Brau, La herencia devota. Manuel Fernández Juncos, La plaza del mercado, El curandero. Fernando de Ormaechea, El día de los difuntos. Cayetano Coll y Toste, La fiesta de Cruz. Manuel Zeno Gandía, Sobre la música brava en Puerto Rico. Roberto H. Todd, Nuestras estátuas históricas. Miguel Meléndez Múñoz, La vereda, El bohío. Matías González García, La semana santa.
Vol. 2: Nemesio R. Canales, La seriedad de mi tío, Las bandas municipales. Rafael W. Ramírez de Arellano, Cómo vivían nuestros abuelos. María Cadilla de Martínez, Las modas, Las candelarias. José S. Alegría, La jugada de gallos, La fiesta de Reyes. Tomás Blanco, Esencia de la mañana y musaraña de la noche. Luis Palés Matos, Baquiné. José A. Balseiro, La danza puertorriqueña. Washington Lloréns, Montaña en flor. Cesáreo Rosa-Nieves, El aguinaldo navideño en Puerto Rico. Emilio S. Belaval, Tradición. Enrique Laguerre, Raíces. Carmen Marrero, Carreteros, El comer borincano. Ernesto Juan Fonfrías, El palomar. Aníbal Díaz Montero, Jugador de ventaja, Islero. Ester Feliciano Mendoza, Cucas, paletas, besitos de coco, Los pescadores de la princesa. Abelardo Díaz Alfaro, Las fiestas patronales, El ventorrillo de Don Guille. Ricardo E. Alegría, Origen de la Fiesta de Santiago en Loíza.

Useful intro. on costumbrismo in Puerto Rico.

**T 15**    Rosa-Nieves, Cesáreo, and Félix Franco Oppenheimer, eds. and intro. Antología general del cuento puertorriqueño. San Juan: Editorial Campos, 1959. 2 vols. 420 + 446 pp.

Vol. 1: Manuel A. Alonso y Pacheco, Perico Paciencia. Alejandro Tapia y Rivera, Don Asino. Julio L. de Vizcarrondo, El hombre velorio. Eugenio María de Hostos, El barco de papel. Francisco J. Amy, Los tres jorobados. Manuel M. Corchado y Juarbe, El amor de una madre difunta. Francisco del Valle Atiles, Idilio y realidad. Manuel Fernández Juncos, Tribilín. Salvador Brau, El cuento de Juan Petaca. Cayetano Coll y Toste, Guanina. Antonio Cortón, El enamorado. Luis Bonafoux y Quintero, Nada. Manuel Zeno Gandía, Y Gastón fue. Federico Degetau y González, Sueño de oro. Ana Roque de Duprey, Andina. Francisco Gonzalo Marín, El termómetro. Mariano Abril y Ostalo, Los ojos negros. Pedro C. Timothée, Goyita Camarero. Pablo Morales Cabrera, La domadora de leones. Matías González García, La bruja. Félix Matos Bernier, Ortigas y amapolas. Jacinto Texidor y Alcalá del Olmo, Las mariposas. Manuel Vázquez Alayón, El flambloyant. Trinidad Padilla de Sanz, Cira. Eugenio Astol Bussati, Mira mis dientes. Ramón Juliá Marín, El ladrón de gallinas. Nemesio R. Canales, La seriedad de mi tío. Luis Salamea Iglesias, La primera rosa. Jorge Adsuar Boneta, La risa. Juan B. Huyke y Bozello, La tormenta. Juan Braschi, La ironía que pasa. Juan Rivera Viera, Luisa, la taquígrafa. María Cadilla de Martínez, El pródigo. Miguel Meléndez Muñoz, Tirijala. Angel M. Villamil, Un duelo a duelos. Carlos N. Carreras, Luna verde. Alfredo Collado Martell, Guillo "el holandés." Manuel Ríos Ocaña, La audacia de lo desconocido. Arturo Gigante, El milagro del Jueves Santo. Antonio Oliver Frau, Aquella noche en la sierra.

Vol. 2: José Balseiro, Don Tano y el mundo de sus sueños. Pablo de la Torriente Brau, Ultimo acto. Washington Lloréns Lloréns, Montaña en flor. Tomás Blanco Geigel, La hiel de los caínes. Cesáreo Rosa-Nieves, El hombre negro del río. Luis Rechani Agrait, Los descendientes de Poncio Pilatos. Tomás de Jesús Castro, El fantasma de Westchester. Rosita Silva de Quiñones, El poder de la distancia. Samuel Lugo, La rueda del difunto. Vicente Palés Matos, Los verdaderos sucesos de la garita del diablo. Emilio S. Belaval, Cuentos de la plaza fuerte. René Jiménez Malaret, Ironías de Navidad. Humberto Padró, La doble sorpresa. Enrique A. Laguerre, Raíces. Gustavo Palés Matos, El contrabandista. Jorge Felices, Hambre. Manuel Méndez Ballester, Tierra. Ernesto Juan Fonfrías, Un tiro de olla. Julio Soto Ramos, La alambiquera de las mesas. Carmelina Vizcarrondo, Malén, el cieguito. Julio Marrero Núñez, Excursión al Morro. Aníbal Díaz Montero, Sangre de campeones. Manuel del Toro, Mi padre. Luis Quero Chiesa, José Campeche. Nestor A. Rodríguez-Escudero, La muerte del buzo. César Andreu Iglesia, La medalla. Ester Feliciano Mendoza, Pajuncia. Juan Enrique Colberg, Doña Rúa, "La hechicera." Abelardo Díaz Alfaro, Los perros. Josemilio González, Penco triste. Wilfredo Braschi, Una oración bajo la nieve. René Marqués, Prólogo a un cuento, Otro día nuestro. Miguel Serrano Hernández, Pelujillas. Héctor Barrera Cintrón, El Judas. Charles Rosario, Regalo de Reyes. Edwin Figueroa, Aguilnaldo negro. Guillermo Paz, Antonio Roquefort. María Teresa Serrano de Ayala, El castigo. Violeta López Suria, La muñeca. Arturo Parrila, Un liberal menos. José Luis Vivas Maldonado, Mamisa. José Luis González, En el fondo del caño hay un negrito. Salvador M. de Jesús, Lágrimas del mangle. Pedro Juan Soto, Garabatos. Emilio Díaz Valcárcel, El regreso.

Extensive intro., good notes on authors.

**T 16** Silva de Quiñones, Rosita, ed. Antología puertorriqueña. San Juan: Imprenta Cantero, Fernández y Compañía, 1928. 253 pp. Unable to annotate.

**T 17** Vega, José Luis, ed. and intro. Reunión de espejos. Río Piedras, Editorial Cultural, 1983. 303 pp.

Luis Rafael Sánchez, Tiene la noche una raíz, Ejemplo del muerto que murió sin avisar que se moría. Manuel Ramos Otero, Hollywood memorabilia, La heredera. Tomás López Ramírez, Viejas fantasías de los parques, Banda de acero. Magali García Ramis, Una semana de siete días, Flor de cocuyo. Carmelo Rodríguez Torres, Fuencarral, El sapo de oro. Rosario Ferré, La muñeca menor, El collar de camándulas. Juan Antonio Ramos, El eco, Papo Impala está quitao. Edgardo Sanabria Santaliz, El día que el hombre pisó la luna, Los perros del cardenal.  Manuel Abreu Adorno, Llegaron los hippies, Jesse James y Billy the Kid.  Angel Encarnación, Antigénesis, Incompatibilidad.  Mayra Montero, Halloween en Leonardo's, 1983.  Carmen Lugo Filippi, Recetario de incautos, Notas para un obituario.  Ana Lydia Vega, Cráneo de una noche de verano, Otra maldad de Pateco.

Extensive intro., "El rostro en el espejo: Hacia el cuento puertorriqueño actual."  Good notes on authors, biblio.

**T 18**  Vélez, Diana, ed., intro. and trans.  Reclaiming Medusa: Short Stories by Contemporary Puerto Rican Women.  San Francisco: Spinsters/Aunt Lute, 1988.  185 pp.

Rosario Ferré, The Youngest Doll, Sleeping Beauty, Pico Rico, Mandorico.  Carmen Lugo Filippi, Milagros on Mercurio Street, Pilar, Your Curls.  Mayra Montero, Thirteen and a Turtle, Last Night at Dawn.  Carmen Valle, Dairy Entry #6, Dairy Entry #1.  Ana Lydia Vega, Three Love Aerobics, ADJ, Inc.

Spanish originals (as well as the translations) are given for "Pico Rico, Mandorico" and the first of the stories by Mayra Montero.  Very useful collection, with lively intro.

**T 19**  Vientós Gastón, Nilita, ed. and intro.  "El cuento puertorriqueño actual."  Sin Nombre 5 (1975).
Special issue of magazine.  Unable to annotate.

**T 20**  Wagenheim, Kal, ed. and intro.  Cuentos: An Anthology of Short Stories from Puerto Rico.  New York: Schocken Books, 1978.  170 pp.

Emilio S. Belaval, El niño morado de Monsona Quintana, Esperpento.  René Marqués, Tres hombres junto al río, Purificación en la Calle de Cristo.  Pedro Juan Soto, Campeones, Los inocentes.  Abelardo Díaz Alfaro, El Josco, Peyo Mercé enseña inglés.  José Luis González, En el fondo del caño hay un negrito, La noche que volvimos a ser gente.  Emilio Díaz Valcárcel, Sol negro, La muerte obligatoria.

A facing-page bilingual edition.  I have given Spanish titles only.  Good intro. and notes on authors.

# U. El Salvador

U 1  Barba Salinas, Manuel, ed. and intro. <u>Antología del cuento salvadoreño (1880-1955)</u>. San Salvador: Ministerio de Cultura, 1959. 516 pp. [2nd ed., 1976. 3rd ed., 1980. Identical contents.]

Salvador J. Carazo, En provincia, De caza, El regalo de Shang-té. Francisco Gavidia, La loba. Manuel Mayorga Castillo, Las azucenas, La escapatoria de San Pedro, El tío Trompetilla. José María Peralta Lagos, Pura fórmula, Un viaje desdichado, En el lago pintoresco. Arturo Ambrogi, La sacadera. José Gustavo Guerrero, El sueño. Francisco Herrera Velado, El eclipse, La piedra. Lisandro Villalobos, Meregildo, Los espantos del señor Valentín. Alberto Rivas Bonilla, Inocente Cordero, Amigo servicial. Salarrué, La botija, Un clown, Yansidara y Hianasidri. Eva Alcaine de Palomo [Eugenia de Valcácer], La botija, El milagro del Niño Zarco. Manuel Barba Salinas, Delfines bajo la luna. Ramón González Montalvo, La cita, Vientos de octubre. J. Edgardo Salgado, El perro suicida, La confesión de una ramera. Napoleón Rodríguez Ruiz, El domador de culebras, El janiche. Manuel Aguilar Chávez, Alfredo Funes, su taxi y el estreno agostino, La dentadura de oro. José Jorge Lainez, La carta de la Muerte, Derrumbe. Rolando Velásquez, La historia del bufón escarlata, Esencia de "azar." José María Méndez, Cocktail cianurado, Amor aniquilante, Ernesto el embobado. Luis Gallegos Valdés, El aviador desconocido, Miss Sandra 1930. Hugo Lindo, La verdad jurídica, Risa de tonto. Ricardo Martel Caminos, Los tísicos, La fuga. René Arteaga, El vendedor de sonrisas, La calle de David. Alvaro Menéndez Leal, Once naranjas. Pilar Bolaños, El trompo que no sabía bailar. Miguel Angel Ramírez, ¡Qué tontos son los enamorados!, Gota y estoicismo. Francisco Rodríguez Infante, La enredadera de huizayotes. Mario Hernández Aguirre, Ella y el mar, La vida es un cielo cerrado.

Brief intro. combating the idea that El Salvador is a "desierto intelectual, en nada propicio para manifestaciones del espíritu." Biographical notes on authors.

U 2  Gallagher, Jack, ed., trans. and intro. <u>Modern Short Stories of El Salvador</u>. 1st ed. 1966. 2nd ed. San Salvador: Ministerio de Educación, 1974. 178 pp.

Salarrué, The Bird Man, Neuma. Hugo Lindo, Crazy Man's Laugh, Forgive me, Father. Napoleón Rodríguez Ruiz, Janiche, The Sun Rises at Sunset. Luis Gallegos Valdés, The Unknown Flyer. José María Méndez, Memoirs of an Absent-Minded Man. Claudia Lars, The Man Who Did Nothing. Rolando Velásquez, Orange Blossom Essence. Waldo Chávez Velasco, The Doctors, The Vagrants. Alvaro Menéndez Leal, The Last Dream, The Malthusian.

A collection of stories selected and translated by the former cultural attache at the U. S. embassy in San Salvador.

**U 3**   Huezo Mixco, Miguel, ed.   <u>Pájaro y volcán</u>.   San Salvador: Universidad Centroamericana, 1989 (?).   190 pp.
Stories by members of the FMLN.   Unable to annotate.

**U 4**   Silva, José Enrique, ed. and intro.   <u>Breve antología del cuento salvadoreño</u>. Biblioteca del Estudiante Universitario, 1.   San Salvador: Editorial Universitaria, 1962.   174 pp.

> Francisco Gavidia, La vuelta del héroe. Arturo Ambrogi, El rezo del santo. José María Sifontes, El nido de turpiales. Salarrué, Semos malos. Napoleón Rodríguez Ruiz, El sol nace al poniente. Manuel Aguilar Chávez, Nixtamalero, reloj del pobre. José Jorge Lainez, La ventana. José María Méndez, La fuerza del sino de Don Alvaro. Hugo Lindo, Abajo y arriba. Cristóbal Humberto Ibarra, El milagrero.

Intro. states that writers in El Salvador, unlike their colleagues in other countries in Latin America, "aún nos mantenemos en una línea eminentemente localista." Brief remarks on authors in intro.

# V. Uruguay

**V 1**  Acevedo Díaz, Eduardo, et al.  <u>Cinco cuentos uruguayos</u>.  Montevideo: Universidad de la República, Departamento de Publicaciones, 1965.  88 pp.
> Eduardo Acevedo Díaz, El combate de la tapera. José Pedro Bellán, Claro de luna. Horacio Quiroga, Los desterrados. Carlos Reyles, Mansilla. Javier de Viana, La vencedura.

No intro. or notes.

**V 2**  Ahunchain, Alvaro, et al.  <u>Grupo Erato narradores</u>.  Intro. Rodolfo M. Fattoruso. Montevideo: n. pub., 1982.  84 pp.
> Alvaro Ahunchain, Mañana. Elsa Baroni de Barreneche, El huésped. Iris de Báudison, Un niño. Olga Mercedes Bermúdez de Tubino, Mis vacaciones. Zola Berreta Galli, La pasajera. Dora Brutti, Esto es un crimen. José Carmona Blanco, Retrato de Elena. Rosa Dans, Después de ayer. María Luisa Diez, La muerte de Benavídez. Margarita Goyri de Fernández, Aquella orquídea. Nelson A. Guerra, Maldoquio. María Ofelia Huertas Olivera, Juancho. Marta de Arévalo, Las horas perdidas. Fernando E. Juanicó Peñalva, Una absurda postal color sepia. Eros Luz, Juego. Rubinstein Moreira, Por el agujero de la cerradura. Domingo Luis Pastorino, Imprevisible. Delia Pérez Senac, El carné. Alfredo Pons, Julito y sus adultos. Julio Ricci, La cuestionable eficacia de la paz. Tonita Semelis, La bolita de cristal verde. Norma Suiffet, Opresión. Celia Testa de Pereira, Sola. Leonardo Tuso, La solución.

"Una muestra representativa de la producción narrativa de algunos integrantes de Grupo Erato, institución cultural destinada al desarrollo y la difusión de las artes." Rather fatuous intro.

**V 3**  Albistur, Jorge, ed. and intro.  <u>Los nuevos cuentan</u>.  Montevideo: Cámara Uruguaya del Libro, 1980.  79 pp.
> Hermes Salvador Millán Redín, Mr. Hurry. Jorge Nelson Varela Hermín, La compañía del señor Raúl Toledo. Jorge Daniel Fernández Barbas, Despedida. Alvaro Gabriel Ahunchain Ramos, La noche del frenesí. Luis Antonio Beauxis Cónsul, Discurso de recepción a los nuevos cadetes. Jorge Daniel Fernández Barbas, El viaje. Manuel Arduino, Todos desdeñan a los muertos. Cecilia Ríos, Un caso de identidad equivocada. Jorge Richard Iraola Alaniz, Examen. Teresa María Urbina Martínez, Si no llega el verano.

Stories from the Tercera Feria Internacional del Libro.

**V 4**    Alfaro, Hugo, ed. and intro.    <u>Los humoristas: Antología de Marcha.</u>
Montevideo: Biblioteca de Marcha, 1971.   218 pp.

> Juan Carlos Onetti, Ruderico I de Borgoña, ¿Xenofobias a mí? Julio C. Puppo, 1963: Nada
> menos que gran climatérico, El tango no muere, El cumpleaños del Cordón, Ah, la madre, El
> habitante, Barquita, Adiós al viejo "Marconi," El pabellón Segura, Cocaína, Los rusos, algo
> distinto en la Ciudad Vieja. Julio Castro, Decir adiós no es dirse. Mario Benedetti, Rango del
> Guarango, El hinchismo nacional, Una encuesta popular, ¡Sálvese quien pueda!, Niñoquepiensa,
> Europa y esta aldea, Introducción a la infancia, Verdades de mostrador, Analepsia de mi
> sueldo, Parca registrada, Señorita en picada, Una encuesta popular. Mauricio R. Muller,
> Chaplin vino, vio y venció, "E lucevan le stelle," El cine y la gente sencilla, El Uruguay no es
> bastante pintoresco, Los mendigos de Montevideo, El mejor papel de la Crawford, Mujer del
> añ para el doctor Schweitzer, El brindis del señor Chao Feng, E arrivato Martenó. Carlos
> María Gutiérrez, Con las cartas en la mano, Salir en los diarios, El hecho y su versión, Uruguay
> de nuestros choznos, El esqueleto en el armario. Manuel Flores Mora, El tesoro de los
> Mazzelatti, Cómo verá el futuro estos homenajes a Artigas. Elina Berro, Reforma, La Villa
> es un sueño, Muc. fina se nec., El senador. María Ester Gilio, El yo de Haedo y yo. Hugo
> Alfaro, Hinchando un poco. Carlos del Peral, Caballo de Troya Inc. Arthur N. García, La ley
> que habría impedido comer helados de cucurucho, Biografía del tipo, Vegetariano unánime.
> Carlos Maggi, La Patria y la tumba, Buena leche, Todaví no estamos a tiempo. Ignacio
> Domínguez Riera, Llamadas adicionales. Jorge Sclavo, De puro biógrafo. Mauricio Rosencof,
> El día que se le voló la mosca a Pelo.

Includes humor published in <u>Marcha</u> between 1941 and 1970.  Good intro.

**V 5**    Almada, Ibana, et al.    <u>Concurso de cuentos.</u>    Intro. Arturo Sergio Visca.
Montevideo: Ministerio de Educación y Cultura, Biblioteca Nacional, Sala de Lectura
Infantil, 1980.   N. pag.

> Ibana Almada, El cerro que cambió en el viaje. Mariana Amorín, Yo y los marcianos. Felipe
> Artigas L., Erase una vez un pueblo . . . Irene Asturias, La sorpresa de Mamá. Heber Ferraz
> Leite, Una larga espera. Pedro García, Historia de mi familia. Alfredo Ghierra, Pedro y su
> sueño. Alejandra Montenegro, En marzo del 2.800. Andrés Moura, Manchita. Federico
> Punzo, Batalla contra Marte. Gretel Segales, Mi amiga Isabel. Leonardo J. Szarfman, Chispa.
> Fabián Villella, Los libros me hablan. Laura Werba, Mi juguete vivo.

Stories by children, ages 9 to 12.

**V 6**    Amado Silva, Elmer, et al.    <u>Uruguay narrativa.</u>    Montevideo: Asociación
Escritores del Interior, 1986.   123 pp.

> Elmer Amado Silva, A cumplir, Primera vez. Elsa Baroni de Barreneche, La cosecha, Ella.
> Francia Calleros, El tordo. Blanca de García, Cuarenta y cinco minutos en la oscuridad.
> Gertrudis D. de Grauman, Despedida. Solveig Ibáñez Iglesias, Simoniaca. Fernando E.
> Juanicó Peñalva, Las pestañas de visón. Susana Mazzucchelli de Rey, Dios y el plomero, Un
> cuento para llevar. Carlos Medina, Manchurita. Susana Montiel, A gritos, El hombre de traje
> marrón. Rubens Mosera, Aventura de carnaval. Nelly Osores de Rovella, Calle de invierno
> al sur, Mirad las aves del cielo. Vicente Pérez Caffarena, Doña Bernarda. Pedro Recciutti
> Denucci, La última cita. Dafne Andrea Silva, Sala de emergencia. Omar Leo Solari, La
> prueba. Olga Ugartemendia, Marcel Cigarra, La señora que esperaba allí. Selva Urrutia de
> Ferrando, Milagro. Chela Villamil de Bengoa, Ensayo. Margarita Zahler, El sueño.

Brief intro.  Extensive notes on authors.

**V 7**    <u>Antología de cuentos universitarios.</u>  Montevideo: Universidad de la República,
Departamento de Publicaciones, 1989.   100 pp.
Unable to annotate.

**V 8**    Arregui, Mario, et al.    <u>La otra mitad del amor: contada por siete hombres.</u>
Intro. Armonía Somers.   Montevideo: Arca, 1968.   83 pp.

Mario Arregui, Un cuento de amor. Mario Benedetti, Cinco años de vida. Hiber Conteris, Redka. José Pedro Díaz, La mordedura de la víbora. Carlos Maggi, Trinidad. Carlos Martínez Moreno, Arnobeldus o el amor conyugal. Alberto Paganini, Retrospectiva del amor.

Funny and ferocious intro. by Somers on how pathetic male writers become when they write about love: she says it would be better if one of these gentlemen would just fill up a glass with "esa mezcla especial de sangre, semen y lágrimas." See also Rama, ed., Aquí la mitad del amor.

**V 9** Bay, Marisa, et al. Uruguay narrativa 1989. Montevideo: Asociación Escritores del Interior/Instituto Nacional del Libro, 1989. 177 pp.

Marisa Bay, El extranjero, Bibí. Elsa Baroni de Barreneche, Obsesiones: Los ojos amarillos, Un pozo, El amigo, El encuentro. Myrtha Bonilla Monegal, Simón, el último testigo, Cuando las aves emigran, El hombre del paraguas. Francia Calleros, Tobi, El guante. Carlos Gómez Gallo, Sin pedir ayuda, Cuando mamá lloró. Solveig Ibáñez Iglesias, Belén, Sin haberlo meditado, Sueños. Fernando E. Juanicó Peñalva, Marta o Tita o Titi. Carlos Medina, Alegría. Susana Montiel, Cuento en azul. Rubens Mosera, Tormenta de invierno, Nubes en el cielo. Domingo Luis Pastorino, El viento barrió las nubes. Vicente Pérez Caffarena, El abuelo Juan, El higuerón. Omar Leo Solari, El viejo Fermín, La viuda. Olga Urgatemendia, La reparación, Todo arreglado, Tres muertos en la ventana. Selva Urrutia, La carta, Velorio e pobre. Chela Villamil de Bengoa, Reflejos en la noche, Los retratos, Juan Angel.

Brief bio-bibliographical notes precede the stories. Another publication of the A. E. D. I. (see also Amado Silva).

**V 10** Bazán, Ana, et al. Porta cuentos. Intro. Alvaro Casal and Rubén Loza Aguerrebere. Montevideo: Ediciones del Taller, 1986. 79 pp.

Ana Bazán, Breve historia de una publicación, Crisis. Doménica Chialanza, La sonrisa de Marguerite. Raquel de León, El ajuar, La casa del fin del mundo. Marilyn Dias Capo, Otro viernes. Nélida Mendaro, Apuntes para un cuento de amor, Aguas benditas. H. R. Pastorin, Horizontes sin costa. Daniel Pita, Triste acuarela, Los pasos cansados. Susana Rostkier, El viejo maestro, Cuando no se oye el silencio. Angel Taboada, Tres sombras, La decisión.

Stories from the "Taller de Periodismo y Literatura del Museo de Arte Contemporáneo de El País."

**V 11** Benedetti, Mario, et al. Cuentos de nunca acabar. Montevideo: Ediciones Trilce, 1988. 159 pp.

Titles of stories: Monólogo interruptus por Miss Candy Loving. El jueves más terrible. La oscuridad bajo la mesa. La verruguita. Paralelo, sinuoso corazón. Serpientes. Vaivén. La venganza. Fuera del mundo. Quiero tanto a Sophie. De parte de Nadia. El regreso.

The publisher's note at the beginning explains that the erotic stories are all the work of Uruguayan authors, but does not assign the authorship of particular stories to individual authors, leaving the matching to the reader. The authors are: Mario Benedetti, Fernando Butazzoni, Miguel Angel Campodónico, Juan Capagorry, Víctor Cunha, Elvio Gandolfo, Sylvia Lago, Juan Carlos Mondragón, Teresa Porzecanski, Elbio Rodríguez Barilari, Elena Rojas and Alfredo Zitarrosa. A very clever idea, though the stories are uneven.

**V 12** Benedetti, Mario, et al. Siete cuentos de hoy. Montevideo: Sandino, 1973. 93 pp.

Mario Benedetti, Ganas de embromar. Jorge Onetti, Un elefante molesta mucha gente. Carlos M. Gutiérrez, Telefoto exclusiva. Mario Arregui, Los contrabandistas. Jesús Guiral, Ciencifixión. Walter Pedreira, Otras formas de morir. Grey Eyherabide, La muerte de la muerte.

No intro. Extensive notes on authors.

**V 13**  Bentancourt, Daniel, et al.  <u>Los diez cuentos de la décima</u>.  Montevideo: Cámara Uruguaya del Libro, 1987.  93 pp.

>   Daniel Bentancourt, Viaje sin regreso. Sergio Villaverde, Una otra posible vida. Hugo Burel, Contraluz. Julián Murguía, El reel, Alambradores. Rita Perdomo, La muerte de González. Elbio Rodríguez Barilari, La sorpresa, La niebla purpúrea, Fuera de la nada. Mireya Soriano Lagarmilla, Al comienzo de un invierno.

Stories from a contest organized by the Cámara Uruguaya del Libro, as part of the tenth Feria Internacional del Libro.

**V 14**  Burel, Hugo, et al.  <u>El humor está de feria</u>.  Intro. Wilfredo Penco. Montevideo: Cámara Uruguaya del Libro, Sexta Feria Internacional del Libro, 1983. 94 pp.

>   Hugo Burel, Serie Negra. Juan Capagorry, Prostibularia. Elina Carril Berro, Andá a carga al puerto, ¡yo! Julio César Castro, Por la vuelta. Antonio María Dabezies, La cibernética. César Di Candia, ¡Qué inconsciente, el inconsciente! Aquiles Fabregat, Homenaje moroso. Milton Fornaro, La Mirta está pa irse. José González, Los sueños de Palmiro Palmer. Carlos Núñez, Cursillo práctico para llegar a ser periodista. Anselmo Pallares, Psicoterapia y papel higiénico. Jorge Sclavo, El gran sueño realizado. Jorge Varlotta, Tres aproximaciones ligeramente erróneas al problema de la nueva lógica. Viterbo, Epidemia.

Humor.  Good intro.

**V 15**  Bustamante, Ernesto, et al.  <u>Uruguay narrativa</u>.  Montevideo: Asociación de Escritores del Interior, 1988.  159 pp.

>   Ernesto Bustamante, El secreto violado, Pequeña licencia, Las manos queridas. Hugo Ferrari, Tony/Cuzco. Blanca de García, El ungido y el pescador. Carlos Gómez Gallo, Señor de la Pampa: nuestro gaucho oriental. Solveig Ibáñez Iglesias, El bar, Seres-ficción, Sexo ilegítimo. Amalia Josipovich de Tuso, Mensaje, Orientación prematrimonial. Raquel Susana Martínez Martínez, Luisa, La nona, La tía Mimi, Canción sin tiempo. Susana Montiel, Domínguez, El río. Rubens Mosera, Tormenta de invierno, Nubes en el cielo. Vicente Pérez Caffarena, Mis primeras monedas. Margot Revello, Para Elisa. Miguel Angel Rey Fleitas, Flor de sangre, Cuarto compartido. Dafne Andrea Silva, El estafador. Celia Testa de Pereyra, Carta a los hijos, Carta al esposo, Carta a un hombre viejo. Mario Tugores, La hija verde, El mito de la casona. Selva Urrutia, El galpón de Demetrio, Azahares. Chela Villamil de Bengoa, El extraño caso del profesor Ledesma, Los recién nacidos.

Another publication by the A. E. D. I. (see also Amado Silva and Bay).

**V 16**  Campodónico, Miguel Angel, et al.  <u>Diez relatos y un epílogo</u>.  Epilogue by Armonía Somers.  Montevideo: Fundación de Cultura Universitaria, 1979.  154 pp.

>   Miguel Angel Campodónico, El silencio de mi voz. Tarik Carson, El resorte eterno. Tomás de Mattos, La gran sequía. Enrique Estrázulas, Ruedas de tren con sueño. Milton Fornaro, Los imprecisos límites del infierno. Héctor Galmés, Suite para solista. Mario Levrero, Capítulo XXX. Rubén Loza Aguerrebere, Miriam. Carlos Pellegrino, Niños de Dage. Teresa Porzecanski, Fantasmas en tu coronación.

Long (and rather pedantic) final essay by Armonía Somers, "Diez relatos a la luz de sus probables vivenciales."

**V 17**  Cardoso, Heber, ed. and intro.  <u>El cuento uruguayo contemporáneo</u>.  Buenos Aires: Centro Editor de América Latina, 1978.  175 pp.

>   Francisco Espínola, Rodríguez. Juan José Morosoli, El viaje hacia el mar. Enrique Amorim, Tiempo pa pensar. Felisberto Hernández, El comedor oscuro. Juan Carlos Onetti, El infierno tan temido. Mario Benedetti, Sábado de gloria. Carlos Martínez Moreno, Biografía. Armonía Somers, Muerte por alacrán. Julio C. Da Rosa, Hombre-flauta. Mario Arregui, Un cuento con un pozo. Sylvia Lago, Recibir al campeón. Mario César Fernández, Agradezco la confianza. Cristina Peri Rossi, La deserción. Eduardo Galeano, Tener dos piernas me parece

poco. Gley Ehyerabide, El cajón, la vela y . . .   Mercedes Rein, El vuelo.   Teresa Porzecanski, Parricidio.
Excellent intro. and notes on authors.

**V 18**   Carson, Tarik, et al.   Cuentos '75.   Montevideo: Aries, 1975.   131 pp.
Tarik Carson, La muerte de los reflejos insoportables.   Hugo Giovanetti Viola, Rapto a la nieve.   Antonio Silva, El dueño de las flores.   Manuel Márquez, Chocolate amargo, Dos historias de boliche.   Ariel Méndez, El hombre del mostrador, Canguro.
The unsigned intro. asserts that the vol. provides "un panorama fugaz--pero profundo--de nuestra actual narrativa, seleccionando a cinco de sus autores más allá de fronteras cronológicas, alucinantes o lunares."

**V 19**   Carson, Tarik, et al.   Seis cuentos uruguayos ilustrados 4.   Montevideo: Ediciones Club de Grabado de Montevideo, 1983.   N. pag.
Tarik Carson, La sombra que algunos hacen.   Mario Levrero, Feria de pueblo.   Armonía Somers, Requiem por una azucena.   Sandino Núñez, Cuento.   Anderssen Banchero, Para un jugador de fútbol.   Héctor Galmés, Contrabajo solo.
The stories are illustrated by contemporary Uruguayan artists.   Part of a series.

**V 20**   Castillo, Rubén, et al.   Trece cuentos por trece periodistas.   Intro. Federico Aínsa.   Montevideo: Ediciones Mar Dulce, 1969 (?).   125 pp.
Rubén Castillo, El elegido.   César Di Candia, El tío-abuelo.   Ildefonso Beceiro, Viejo y loco.   Cicerón Barrios Sosa, Predestinación.   Juan Carlos Somma, Felipe.   Fernando Aínsa, Hay que conocerlo.   Claudio Trabo, Un trabajo para Mabel.   Carlos Bonavita, El monte.   Gley Eyherabide, El libro y el escritor.   Raúl Salerno, Ayesha, ella o cualcuierotra.   Silvia Guerrico, Mar dorado y recuerdos.   Walter C. de Camilli, El intento.   Hiber Conteris, Sur.
Intro. discusses the ways journalists can use the stories they collect for literary purposes.

**V 21**   Castor, et al.   Narradores 72: Concurso Marcha.   Intro. Jorge Ruffinelli.   Montevideo: Marcha, 1972.   165 pp.
Castor, El cartero.   Anderssen Banchero, La casa del lago.   Alvaro Castillo, Las fresas y las frambuesas.   Manuel Márquez, Naipe marcado.   Hugo Giovanetti Viola, La infanta y el borracho.
Winning stories from the Concurso Marcha 1972.   Besides the extensive intro. by Ruffinelli, each author has written a brief preface.

**V 22**   Castro Di Falco, Oscar, et al.   Los mejores del Sorocabana.   Montevideo: Monte Sexto, 1986.   199 pp.
Oscar Castro Di Falco, Juegos de niños.   Sergio Gustavo Litewka, Horas extras.   Ana Luisa Valdés, Genealogía.   Hugo Manuel Mieres, Tres testimonios sobre un cuento prestado.   Gustavo Martínez Domínguez, Elegía.   Gustavo Seija, El juego de porcelana.   Alberto Gallo, La esquina de algún poema.   Hermes Salvador Millán Redín, El rengo Pereyra.   Olivier Morales Collazo, Cuento del que no tenía temor.   Miguel Angel Olivera, Correspondencia/Exilios.   Amanecer Dotta, La flaca.   Rita Perdomo, Desviación en la conducta de los espejos.   Carlos Vaz, La noche sagrada.   Armando Miraldi López, Balada para unos ojos.   Hugo Marinari Sexto, José Rodríguez.   Alfredo de Torres Bosch, La muchacha de la cerveza.
Stories from the Primer Concurso de Cuentos Sorocabana.   The winning stories appear first.

**V 23**   Cavallaro Cadeillac, Víctor, ed. and notes.   Lluvias de primavera: Cuentos gauchescos y regionales.   Montevideo: Editorial Popular Republicana, 1961.   77 pp.

Yamandú Rodríguez, Domingo. Juan José Morosoli, El compañero, Las cortas de maíz. Julio C. Da Rosa, Cuento de negros, Hombre-flauta. Javier de Viana, La vencedura, Cocina de estancia, Conversando, El zonzo Malaquias. Horacio Quiroga, A la deriva.

No intro. Brief notes on each author.

**V 24**  Cotelo, Rubén, ed. and intro. <u>Narradores uruguayos: Antología</u>. Caracas: Monte Avila, 1969. 292 pp.

Felisberto Hernández, El cocodrilo. Juan Carlos Onetti, El infierno tan temido, Jacob y el otro. L. S. Garini, La madera protectora o una forma de la desventura. María de Monserrat, Retrato al lápiz. Armonía Somers, El derrumbamiento. Mario Arregui, El gato. Carlos Martínez Moreno, Paloma. Mario Benedetti, El presupuesto. Mario César Fernández, 31 de marzo. María Inés Silva, El espejo de dos lunas. Jorge Onetti, El amor es un bicho. Sylvia Lago, Días dorados de la Señora Pieldediamante.

Includes a fine selection of works, and an interesting intro. on the links between Uruguayan history, politics and literature.

**V 25**  Da Rosa, Julio C., and Juan Justino Da Rosa, eds. and intro. <u>Antología del cuento criollo del Uruguay</u>. Montevideo: Ediciones de la Plaza, 1979. 251 pp. (2nd ed., 1980.)

Eduardo Acevedo Díaz, La cueva del tigre. Pedro Figari, Una visita en campaña. Javier de Viana, La tapera del cuarvo. Benjamín Fernández y Medina, La muerte. Vicente A. Salaverri, Los troperos. Fernán Silva Valdés, El curandero. Adolfo Montiel Ballesteros, La carreta. Pedro Leandro Ipuche, Severiano. Yamandú Rodríguez, El monte. José Monegal, El cerco. Juan Mario Magallanes, Ejemplo. Valentín Garcí Sáiz, El tío Tucú y el zorro. Celestino M. Fernández, Maopelada. Juan José Morosoli, Un gaucho. Enrique Amorim, Gaucho pobre. Francisco Espínola, María del Carmen. Cantiago Dossetti, El mensajero llega en la madrugada. Serafín J. García, Yunta. Angel María Luna, Aprontes. Víctor M. Dotti, Una pelea. Wenceslao Varela, El bobo Candelario. Eliseo Salvador Porta, El inmigrante. Mario Serafín Fernández, Filemón. Alfredo Dante Gravina, La seca. Adolfo González González, Deltero. Mario Arregui, Tres hombres, Ricardo Leonel Figueredo, Cangrejero. Milton Stelardo, Don Felipe. Julio C. Da Rosa, Cuento de negros. Rolina Ipuche Riva, Las gemelas del Paso del Yerbal. Domingo Luis Pastorino, El tronco caído. José María Obaldía, La operación del Latero. Elbio Pérez Tellechea, Viejo herrero. Alberto C. Bocage, La crecida. Juan Capagorry, Locadio y la luz mala.

"Integran pues, esta selección, cuentos que, no obstante estar hermanados por el común denominador de su campesinidad, provienen de las diversas y muy particulares extracciones del ser rural uruguayo: campo ganaderil, chacra a la canaria (o a la italiana), monte indígena, costa marítima o fluvial, pueblo chico (aldea, rancherío, centro poblado)."

**V 26**  Delgado, Martha, ed. and intro. <u>Los más grandes de nuestro tiempo</u>. Montevideo: Club del Libro, 1980. 101 pp.

Horacio Quiroga, El hijo, Los mensú. Francisco Espínola, ¡Qué lástima!  Felisberto Hernández, El cocodrilo. Juan Carlos Onetti, El infierno tan temido.

Published by the Club del Libro de Radio Sarandí. Good intro.

**V 27**  Delgado Aparaín, Mario, ed. and intro. <u>Cuentos bajo sospecha</u>. Montevideo: Ediciones Trilce, 1989. 119 pp.

Omar Prego, El sueño del justo. Juan Carlos Mondragón, El nombre de la muerte. Juan Fló, El tercero excluido. Mario Delgado Aparaín, Querido Charles Atlas. Ariel Muniz, El juego de las máscaras sonrientes. Hugo Burel, Dar en la tecla.

Crime fiction.

**V 28**   Delgado Aparaín, Mario, ed. and intro.   <u>Cuentos del mare nostrum</u>. Montevideo: Ediciones Trilce, 1988.  167 pp.

> Juan José Morosoli, El viaje hacia el mar. Carlos Martínez Moreno, Para matar a Gabriel. Elbio Rodríguez Barilari, El naufragio de Julián Fernández. Enrique Estrázulas, El poniente. Alfredo Zitarrosa, El desnaufragio. Elvio Gandolfo, Sobre las rocas. Eduardo Galeano, El hombre y el mar. Mario Benedetti, Verde y sin Paula. Juan Capagorry, Un perro. Hugo Burel, Indicios de Eloísa. Juan Carlos Legido, Haroldo o cómo interpretar el cambio de conducta de los lobos marinos. Haroldo Conti, Tristezas de la otra banda.

Stories about the sea. "La costa ofrecerá un escenario diverso y fascinante, oscilante entre la ficción pura y un realismo testimonial y poético, pero que en definitiva consolida una integración de último momento, largamente postergada, entre el hombre replegado sobre sí mismo y la naturaleza marginal de un mar que  todavía no se deja navegar." Includes one Argentine author, Conti, whose story concerns the Uruguayan coast.

**V 29**   Díaz, Félix Hernán, et al.   <u>Uruguay narrativa</u>.   Montevideo:  Asociación Escritores del Interior, 1987.  171 pp.

> Félix Hernán Díaz, Protagonistas de existir, Siglo XXI: El hombre que no creía en los cambios. Hugo Ferrari, La hora de la estrella, Una deuda de juego, La informativista. Blanca de García, Confesión. Gertrudis D. de Grauman, La verdad. Solveig Ibáñez Iglesias, La crisálida, Regreso a un sueño. Susana Mazzucchelli de Rey, Una esfera de acrílico, 25-Noviembre-25. Hugo Mernies Echegaray, Los canarios, Luces y sombras. Susana Montiel, La culpa. Rubens Mosera, Aventura de carnaval, La mujer rara. Vicente Pérez Caffarena, El gaucho de poncho blanco. Pedro Recciutti Denucci, Paisito de nostalgia. Julio César Rodríguez, Procesado. Dafne Andrea Silva, El nogal. Patricia Silva Ibáñez, Para cuando despiertes. Omar Leo Solari, El viejo Fermín, La viuda. Mario Tugores, El viejo Valdéz y el joven pastor, Buscando al amigo. Chela Villamil de Bengoa, Los retratos. Margarita Zahler, La falsa amiga, Aeropuerto.

Another vol. from the series published by the A.ʼE. D. I.

**V 30**  Díaz Aspiroz, Carmita, et al.  <u>Los diez mejores cuentos</u>.  Montevideo: Club Banco de Seguros, 1982.  38 pp.

> Carmita Díaz Aspiroz, Nos rifamos la pobreza, La magia del teatro. José Carmona Blanco, Reyes de Baraja. Ernesto Lavié, Más de treinta. Haime H. Nahson, Ciega. Gladys Yolanda Coitiño, Hace cuarenta años. Gino David Coniglio, Muerte natural. Emerson Klappenbach, La seca. Gustavo Alzugaray, Uría, el diablo y yo. Luis Antonio Beauxis, La sacra misión del obispo Fleming.

Stories from the "Tercer Concurso de Cuentos del Club Banco de Seguros."

**V 31**  Espínola, Francisco, et al.  <u>Los últimos cuentos</u>.  Montevideo: Editorial Girón, 1972.  62 pp.

> Francisco Espínola, Rodríguez. Eduardo Galeano, La pasión. Sylvia Lago, Vida de hogar. Carlos Martínez Moreno, El caballito gris. Clara Silva, Salvoconducto al infierno.

No intro.

**V 32**   Estrázulas, Enrique, et al.   <u>Diez sobres cerrados: cuentos</u>.   Montevideo: Ediciones Tauro, 1966.  147 pp.

> Enrique Estrázulas, Un mar color botella. Héctor Galmés Martínez, El hermano. Jorge Luis Freccero, Juego. Mehedy Hubert, Diecinueve--un espacio, dos rayas. Eduardo Mederos, La victoria de los vencidos. Carlos Manuel Varela, Los viejos. Angela Cáceres, El ángel infractor. Nelson Mezquida, El cafisho. Gustavo Seija, El entierro. Carlos Vaz, Jano.

Stories chosen in a contest during the seventh "Feria Nacional de Libros y Grabados" in 1966.

**V 33** Estrázulas, Enrique, et al. <u>Seis cuentos uruguayos ilustrados</u> 1. Montevideo: Club del Grabado de Montevideo, 1979-1980. N. pag.

> Enrique Estrázulas, La estatua. Carlos L. Mendive, Demolición. Milton Fornaro, Justo a la hora de la siesta. L. S. Garini, Carencia completa de sensibilidad. Marosa di Giorgio, Texto. Enrique A. Sobrado, ¿. . .?

The stories are illustrated with works by contemporary Uruguayan artists. Part of a series (others are listed under Carson and Giovanetti Viola).

**V 34** Fernández Franco, Gabriela Angela, et al. <u>El libro de los niños</u>. Montevideo: Cámara Uruguaya del Libro, 1979. 25 pp.

> Gabriela Angela Fernández Franco, Por siempre Laika. Shirley Graciela Cardozo, El pajarito. María Karenina Alzueta Cajaravilla, Mi amiguita. Juan José Acosta, Don Santiago, un hombre de campo. Adriana Rabelina Goyoaza, La niña y la noche. Alejandro Luis Castelnovo, La hora viajera. Pedro Máximo Rodríguez Quiroga, Las aventuras de Tu-Tu en el Uruguay. Alejandro Daniel Techeira Baladao, El niño y la oveja. Luis Eladio Pérez, Tormenta. Mirtha Gema Godoy, Martín y la gallinita blanca. Nicolás Giordano Costa, ¡Qué lindo sueño! Nibia Marlenne Bartel Suárez, Henry y su perro. María José Castelao, Rolando y su petisa. Laura Loreley Lamparello Couce, El niño del Año Nuevo. Osvaldo Buchichio, El niño, un sueño y una realidad. Raquel Lema Ferrando, Una escarapela de flores. Augusto Oliveri, La luna y las nubes. Juan Carlos Gilles Romero, Recuerdos de allá lejos.

Stories by children, chosen from entries in a contest organized for the "Segunda Feria Internacional del Libro."

**V 35** Fernández y Medina, Benjamín, ed. <u>Uruguay. Cuentos y narraciones de autores uruguayos contemporáneos</u>. Montevideo: Dornaleche y Reyes, 1895. 421 pp.

> Eduardo Acevedo Díaz. J. L. Antuña [Elzear]. D. Arena. M. Bernárdez. L. Cardoso Carvallo. R. de las Carreras [Jorge Kosta]. T. E. Díaz. B. Fernández y Medina. E. Ferreira. R. Fragueiro. J. Giribaldi Heguy. C. M. Maeso. D. Muñoz. V. Pérez Petit. G. Ramírez Chain. Carlos Reyles. R. Wilson.

The earliest Uruguayan anthology. Fernández y Medina also edited <u>Prosistas uruguayos contemporáneos</u>, an anthology mostly of essays.

**V 36** Filartigas, Juan M., ed. and intro. <u>Antología de narradores del Uruguay</u>. Montevideo: Editorial Albatros, 1930. 144 pp.

> Carlos Reyles, La muerte del caudillo. Justino Zavala Muniz, La crónica de la reja. Francisco Espínola, María del Carmen. Manuel Acosta y Lara, Los amantes de Granada. Javier de Viana, La vencedura. Eduardo Acevedo Díaz, El incendio. Valentín García Saíz, El narrador. Manuel de Castro, El velorio. Luis Giordano, Salomé.

The intro. is entitled "Nacionalismo rescatador." Most of the selections are excerpts from novels. Good notes on authors.

**V 37** García, Serafín J.. ed. and intro. <u>Panorama del cuento nativista del Uruguay</u>. Biblioteca de Escritores Uruguayos, 11. Montevideo: Editorial Claridad, 1943. 319 pp.

> Eduardo Acevedo Díaz, El combate de la tapera. Manuel Bernárdez, El desquite. Carlos Reyles, Mansilla. Domingo Arena, El burro de oro. Benjamín Fernández y Medina, Los pobres. Víctor Pérez Petit, Un sabandija. Javier de Viana, La vencedura. Otto Miguel Cione, Caraguatá. Constancio C. Vigil, En la noche. Pedro Leandro Ipuche, El flaco del viernes. Adolfo Montiel Ballesteros, El marido de la maestra. Vicente A. Salaverri, Los troperos. Agustín M. Smith, Manos brutas. Yamandú Rodríguez, Guachita. Enrique Amorim, La trampa del pajonal. Valentín García Saíz, Tarde o temprano. Juan José Morosoli, Rondadores. Francisco Espínola, El angelito. Julio Estavilla, Yararaca. Víctor M. Dotti, Los alambradores. Juan Mario Magallanes, Desertores. Alfredo Lepro, ¡Pobre Onofre! Santiago Dossetti, La

rebelión. Serafín J. García, Comienzo. Alfredo D. Gravina, La sorpresa. José E. Ormaechea, Antonio Serafín, contrabandista.

According to the intro., "el cuento nativista uruguayo, en su medio siglo aproximado de existencia, ha andado con más gallardo paso y hacia más segura ruta que la poesía de igual estirpe, no obstante ser ésta más que centenaria."

**V 38** García Calderón, Ventura, ed. Los mejores cuentos uruguayos. París: Franco-Ibero-Americana, n. d. 165 pp.
Unable to annotate.

**V 39**    Giovanetti Viola, Hugo, et al.    Seis cuentos uruguayos ilustrados 2.
Montevideo: Ediciones Club de Grabado de Montevideo, 1981-82. N. pag.
> Hugo Giovanetti Viola, Menina morta. Alberto C. Bocage, El puestero del diablo. Zelmar Riccetto, El alucinado. Nancy Bacelo, De magia somos. María Inés Silva Vila, La playa. Tomás De Mattos, Los tres viejos.

The stories are illustrated with works by contemporary Uruguayan artists. Part of a series.

**V 40** Guerra, Nelson A., and Fernando E. Juanicó Peñalva. El esquema, Los pechos verdes y otras muertes: Cuentos. Montevideo: n. pub., 1975.
> Nelson A. Guerra, De regreso, El mago: El huérfano, Un vals de Chopin, Las ilusiones azules, El esquema, Final. Fernando E. Juanicó Peñalva, Sucedió en un bar, Cosas viejas, Mentiroso como Juan Lindolfo, Más ángeles que muertes, Los pechos verdes.

Includes a note by Arturo Sergio Visca on Guerra's "El esquema," which won a short story contest sponsored by the Montevideo newspaper El País in 1975, and a note by Clara Silva on Juanicó Peñalva.

**V 41** Lago, Sylvia, ed. and intro.    Cuentos de ajustar cuentas.    Montevideo: Ediciones Trilce, 1990. 134 pp.
> Matilde Bianchi, Nick's Bar.  Renée Cabrera, La vida color de rosa.  Diana Correa, La mudanza. Carmita Díaz Aspiroz, Puertas. Dina Díaz, Ceremonias cotidianas. Blanca Emmi, Pablo Morari. María Antonio Grompone, El nacimiento de un héroe. Suleika Ibáñez, El dueño de la sangre. Alicia Migdal, Historia quieta. Susana Montiel, El río. Rita Perdomo, Desviación en la conducta de los espejos. Cristina Peri Rossi, De hermano a hermana. Teresa Porzecanski, Noticia. Mercedes Rein, Mediodía. Armonía Somers, Requiem por una azucena. Teresa Vásquez, La muchacha del octavo. Idea Vilariño, ¿Sucedido?

Stories by women authors, mostly "revenge narratives" according to the intro.

**V 42** Lasplaces, Alberto. ed. and intro.    Antología del cuento uruguayo.    Biblioteca Rodó, 106-7. Montevideo: Claudio García Editores, 1943-44. 2 vols. 189 + 189 pp.
> Vol. 1: Eduardo Díaz Acevedo, A correr sortija. Enrique Amorim, Miss Violet March. Domingo Arena, El burro de oro. Víctor Arreguine, Almas guerreras. José P. Bellán, Una noche. Manuel Bernárdez, El desquite. Otto Miguel Cione, El beso imprevisto. Roberto de la Carreras, Una aventura feliz. Santiago Dossetti, Sobeo. Víctor Dotti, La pelea de toros. Francisco Espínola, El hombre pálido. Benjamín Fernández y Medina, La muerte. Serafín J. García, Milicos.
> Vol. 2: Julio Herrera y Reissig, El traje lila. Alberto Lasplaces, La sirena. Carlos María Maeso, Misia Dorotea en el teatro. Juan Mario Magallanes, Una rodada. R. Francisco Mazzoni, La pequeña. Manuel Medina Betancor, La voz irresistible. Ballesteros Montiel, La china gorda. Juan J. Morosoli, La rezadora. Daniel Muñoz, La feria. Ildefonso Pereda Valdés, El sueño de Carlitos Chaplin. Víctor Pérez Petit, La china Ulogia. Horacio Quiroga, El hijo. Carlos Reyles, Mansilla. Yamandú Rodríguez, Domingo. Fernán Silva Valdés, El "Payé." Agustín M. Smith, Ha sido un "tronpesón." Javier de Viana, Entre púrpuras.

Brief intro. on the late appearance of the short story in Uruguay. Extensive notes on authors.

**V 43** León, Raquel de, et al. Figuraciones. Intro. Alvaro Casal and Rubén Loza Aguerrebere. Montevideo: Ediciones del Taller, 1987. 100 pp.

> Raquel de León, Cartas viejas, El loco Simón, Lluvia de mayo, Un día, una noche, un faro. Marylin Días Capo, Inesperadamente tú, La corrección. Nélida Mendaro, Tres seres, tres marcas, tres muertos, Mujeres solas, No, ninguno, El mar, el mar. Sara Schaerer, Los recomendados de Gonzaga, La sapito, Nostalgia en cuatro tiempos. Margarita de Lezama, Maleficio de espejo, Blanco y negro. Doménica Chialanza, Noche de brujas, Quizás en otro tiempo. Daniela Pita, Las hojas, Maritza, a partir de Becquer. Angel Taboada, No es bueno volver a ciertos lugares, Año 2078.

Stories by members of the "Taller de Periodismo y Literatura" of the Museo de Arte Contemporáneo.

**V 44** Malmierca, A. D., et al. Siete cuentos uruguayos. Montevideo: Editorial Mural, 1929. 92 pp.

> A. D. Malmierca. A. Montiel Ballesteros. Ildefonso Pereda Valdés. C. Sabat Ercasty. A. S. Silva. A. Soto (Boy). J. Verdié.

Unable to annotate.

**V 45** Márquez, Manuel, Daniel Mazzone, Jorge Ernesto Olivera, and Mireya Soriano Lagarmilla. Cuatro cuentistas cuentan. Montevideo: TAE, 1988. 83 pp.

> Manuel Márquez, El proyecto, Demora la noche, Iceberg. Daniel Mazzone, Intruso, Custer y Bernabé en el país del Urú, El cuadro. Jorge Ernesto Olivera, La expedición al Dorado, El día que pasó el gran Zeppelin, El hombre del último violín. Mireya Soriano Lagarmilla, La marcha, Ojos de cristal, El presidente.

Stories from the "Segundo Concurso de Narrativa de TAE Editorial."
Brief notes on authors.

**V 46** Nerone, José María, et al. Cuentos para leer en alta voz: Diez relatos de gente joven. Montevideo: Radio Carve, 1978. 75 pp.

> José María Nerone, El tío Alejandro. Gastón Silva, Sueño bárbaro. Oscar Jardín Gilardoni, Los mártires. José María Nerone, Seres humanos. María Nelly Daher, La cometa. Walter Goycoechea Zamuz, El vacío. Guillermo Lopeteguy, Velatorio y entierro. Felicia Rita Echave, Setiembre 23. Gustavo C. Giambruno, Introducción al progreso. Mónica Corchs, El jugador.

Winning stories from a contest sponsored by Radio Carve in 1977.

**V 47** Onetti, Jorge, et al. Siete escritores de hoy. Montevideo: Sandino, 1968. 65 pp.

> Jorge Onetti, Un elefante molesta mucha gente. Mario Benedetti, Ganas de embromar. Fernando Aínsa, Tres ovaciones para un marcado. Carlos María Gutiérrez, Jóven demócrata. Mario Arregui, Los contrabandistas. Jesús Guiral, Cienci-fixión. Alberto Cid, Atilio Silva, honradez, lista 35.

Stories of rebellion, "las respuestas que han dado siete escritores comprometidos a la selva que agobia a la nueva libertad, todavía no conquistada."

**V 48** Ortega de Fontana, Ginette, et al. Cuentos de Punta del Este 1980. Montevideo: Ediciones de la Plata, 1980. 123 pp.

> Ginette Ortega de Fontana, La vuelta. Mikel Baroja, El miope. Víctor Israel Cunha Melo, El cuento de Alicia. María Vila Alvarez Cuitiño, Freres humains. Rodolfo Livingston, Detrás de las torres. Guillermo Alvarez, Antes. Juan Alcides Irigoyen Arteche, Reportaje. María Celia de la Cruz Quiroga, Punto seguido. Alvaro Ahunchain, Ida solamente. Margarita Bado de Pick, Doña Mariquita teje en la barra. Alvaro Angel Malmierca, Reencuentro. Olga Baroffio,

El boom. Celia Calcagno, Según las escrituras. Sergio Otermin, Los cisnes. Beda Manuel Ocampo Feijóo, Hemingway no veranea en Punta del Este.

Stories from a contest sponsored by the Punta del Este bureau of the Montevideo newspaper El País.

**V 49**  Pemper, Alvaro, et al. Catorce cuentos por nueve autores. Intro. Wilfredo Penco. Montevideo: Arca/AEBU, 1988. 119 pp.

Alvaro Pemper, Las dos muertes de Alvaro Alonzo Buster, falsificador y mago. Wellington Viola Alles, Lindoro y Erminia. Alvaro Daniel Passaro, Navajas españolas, Bebida marrón, Fundar una ciudad. Wellington Viola Alles, Prieto, El fusilado. María Mercedes Días Capó, Otro viernes. Sergio Villaverde, Los trapos grises. Rita Perdomo, La muerte de González. Jorge López Gitar, Fuegos de San Juan. Rafael Mandressi, La playa del tiempo. Susana Menéndez, Muerte por recuerdo, Un amor para Ligera.

Stories by younger writers.

**V 50**  Penco, Wilfredo, ed., intro. and notes. Breve antología del cuento campero. Montevideo: Acali Editorial, 1980. 255 pp.

Eduardo Acevedo Díaz, A correr sortija. Serafín J. García, Milicos. Santiago Dossetti, Sobeo. Domingo Arena, El burro de oro. Enrique Amorim, Las quitanderas. Víctor Dotti, La pelea de toros. Benjamín Fernández y Medina, La muerte. Fernán Silva Valdés, El payé. Juan José Morosoli, La rezadora. Manuel Bernárdez, El desquite. Carlos Reyles, Mansilla. Javier de Viana, Entre púrpuras. Francisco Espínola, El hombre pálido. Yamandú Rodríguez, Domingo. Adolfo Montiel Ballesteros, La china gorda.

Good intro. surveys other collections of stories about rural life. This one excludes authors whose production began after 1943. Excellent and very extensive bio-bibliographical notes.

**V 51**  Pérez Pintos, Diego, ed. and notes. Los mejores cuentos camperos del siglo XIX. Colección Reconquista, 20. Montevideo: Ediciones de la Banda Oriental, 1966. 109 pp.

Eduardo Acevedo Díaz, El primer suplicio. Domingo Arena, El burro de oro. Víctor Arreguine, Ponce Araña. J. C. Blanco Acevedo, Carmelo. Manuel P. Bernárdez, El velorio vacuno, El desquite. Benjamín Fernández y Medina, La muerte. Santiago Maciel, Los centauros. Daniel Muñoz, Una acampada. Carlos Reyles, Mansilla. Javier de Viana, En las cuchillas.

Stories of rural life published between 1880 and 1900. Good intro. supplies historical background.

**V 52**  Porta cuentos. Montevideo, 1986.

Stories by graduates of the Taller de Periodismo y Literatura of the Museo de Arte Contemporáneo. Unable to annotate.

**V 53**  Rama, Angel, ed. and intro. Aquí cien años de raros. Montevideo: Arca, 1966. 117 pp.

Lautréamont, Los cantos de Maldoror. Horacio Quiroga, Para noche de insomnio. Federico Ferrando, Casos. Felisberto Hernández, El acomodador. José Pedro Díaz, Tres lugares. Luis S. Garini, Exceso de sensibilidad. Armonía Somers, El desvío. María Inés Silva Vila, La muerte segunda. Gley Eyherarbide, El salto. Héctor Massa, El sillón vienés. Luis Campodónico, El triángulo. Marosa di Giorgio, La guerra de los huertos. Jorge Sclavo, En una mancha. Mercedes Rein, Monte Pío. Tomás de Mattos, Dos cuentos.

From Rama's fine intro.: "No se trata de una línea de literatura fantástica que oponer a la realística dominante, según el esquema que cultivó la crítica argentina de hace dos décadas bajo la influencia del grupo Sur. Si bien apela con soltura a los

elementos fantásticos, los utiliza al servicio de un afán de exploración del mundo."
Brief notes on authors.

**V 54** Rama, Angel, ed. and intro. <u>Aquí la mitad del amor</u>. Montevideo: Arca, 1967
(?). 109 pp.

> Juana de Ibarbourou, Las nupcias. Sylvia Lago, Díaz dorados de la señora Pieldediamante.
> Clara Silva, Animal metafísico. María Inés Silva Vila, Las cruzadas. Armonía Somers, La
> inmigrante. Giselda Zani, La luna y la sangre.

Interesting intro. explores the rebellion of women writers against a literature of love
(written by men) which was "para ellas frecuentemente cárcel." See also Arregui, <u>La
otra mitad del amor</u>.

**V 55** Rama, Angel, ed. and intro. <u>Montevideo: Gente y lugares</u>. 1st ed., 1966. 2nd
ed. Montevideo: Arca, 1968. 121 pp.

> Hiber Conteris, Los sótanos. Gley Eyherabide, El Tigre. Mario C. Fernández, Infancia de un
> crack. Eduardo H. Galeano, Flores para el campeón. Jorge Musto, Tema de tango. Jorge
> Onetti, Té para dos. Mercedes Rein, La casa de la calle Carapé. Jorge Sclavo, Cuento de la
> rosa y la espada y un musgo casi verde.

The writers were born around 1930 and form part of what Rama calls the
"generación de la crisis." He chose stories in which Montevideo was "no el escenario
que la agencia turística ofrece al visitante, sino el ambiente, la atmósfera, el lenguaje
natural que utiliza un escritor y que muchas veces se manifiesta de modo sutil e
indirecto."

**V 56** Ramírez de Rossiello, Mercedes, ed. <u>La nueva narrativa</u>. Buenos Aires:
Centro Editor de América Latina, 1968. 101 pp.

> L. S. Garini, La mirada. Anderssen Banchero, Hormiga negra. Jorge Musto, Nosotros, otros.
> Mario César Fernández, Agradezco la confianza. Juan Carlos Somma, El ojo verde. Jorge
> Onetti, Las mojcas. Alberto Paganini, Las ninfas. Jesús C. Guiral, Posheen. Sylvia Lago, Las
> horizontales. Hiber Conteris, El milagro. Gley Eyherabide, El viejo o el taburete. Jorge
> Sclavo, Un arreglo. Fernando Aínsa, Hay que conocerlo. Eduardo Galeano, Homenaje.
> Teresa Porzecanski, Doña Florinda.

No intro. or notes.

**V 57** Raviolo, Heber, ed. and intro. <u>Trece narradores uruguayos contemporáneos</u>.
Montevideo: Camara Uruguaya del Libro, 1981. 117 pp.

> Julio C. Da Rosa, La tierra vieja y flaca. Mario Arregui, El canto de las sirenas. Milton
> Stelardo, El ideal de Ceferino Ledesma. Anderssen Banchero, Transfiguración de un gato.
> Alberto C. Bocage, Veinte mil guaraníes. Diego Pérez Pintos, Humo y ceniza. Enrique
> Estrázulas, Un cuento de ladrones. Rubén Loza Aguerrebere, María Nélida. Milton Fornaro,
> El séptimo hijo varón y los efectos de la luna. Hugo Giovanetti Viola, Vestuario de almas.
> Tarik Carson, La espléndida bolsa vital. Antonio María Dabezies, 32 de diciembre. Víctor
> Cunha, Cabaret con espejo.

Prepared for the fourth international book fair in Montevideo.

**V 58** Rela, Walter, ed. <u>15 cuentos para una antología: Narradores uruguayos de
hoy</u>. Montevideo: MZ Editor, 1983. 172 pp.

> Sylvia Lago, Dorados días de la señora Pieldediamante. Enrique Estrázulas, El veranillo de San
> Juan. Tarik Carson, Cuerpo mental. Ariel Méndez, El hombre del mostrador. Rubén Loza
> Aguerrebere, La casa del atardecer. Teresa Porzecanski, Construcciones. Tomás de Mattos,
> La gran sequía. Juan Capagorry, Volver al pueblo. Hugo Giovanetti Viola, Menina morta.
> Fernando Aínsa, Las palomas de Rodrigo. Julio Ricci, Las operaciones del amor. Héctor
> Galmés, Contrabajo solo. Rolina Ipuche Riva, La Vagina. Mario Delgado Aparaín, Historia
> de unos huesos con un general adentro. Milton Fornaro, ¡Feliz Navidad!

A continuation of the next item, with emphasis on recent writing.

**V 59**  Rela, Walter, ed. and notes. <u>20 cuentos uruguayos magistrales</u>. Buenos Aires: Plus Ultra, 1980. 240 pp.

> Eduardo Acevedo Díaz, El combate de la tapera.  Manuel Bernárdez, El velorio vacuno. Carlos Reyles, Mansilla.  Javier de Viana, La vencedura.  Horacio Quiroga, A la deriva. Montiel Ballesteros, El chasque.  Víctor Dotti, Los alambradores.  Yamandú Rodríguez, Domingo.  Juan José Morosoli, La rezadora.  Felisberto Hernández, El cocodrilo.  Giselda Zani, La broma.  Julio Da Rosa, Contrabandista.  Luis Castelli, Día de lluvia.  Armonía Somers, Historia en cinco tiempos.  Santiago Dosetti, El mensajero llega a la madrugada. Milton Stelardo, El daño.  José Monegal, El hombre del sombrero verde.  María de Monserrat, El pajarito de los domingos.  L. S. Garini, Cambises segundo.  Alberto Bocage, El ciervo.

An anthology that has been much criticized for its exclusion of Onetti, Benedetti and Espínola, evidently on political grounds.  Extensive bio-bibliographical notes.

**V 60**  Rodríguez Monegal, Emir, ed. and intro. <u>El cuento uruguayo: De los orígenes al modernismo</u>.  Buenos Aires: Editorial Universitaria de Buenos Aires, 1965.  135 pp.

> Isidoro de María, Fruta del tiempo.  Daniel Múñoz, Una acampada.  Eduardo Acevedo Díaz, El combate de la tapera.  Manuel Bernárdez, El desquite.  Javier de Viana, ¡Por la causa!, Facundo imperial, Puesta del sol.  Carlos Reyles, Mansilla.  Domingo Arena, El burro de oro. José Enrique Rodó, Los seis peregrinos.  Víctor Pérez Petit, La china Ulogia.

Good short intro. and bio-bibliographical notes.

**V 61**  Rodríguez Pereyra, Ricardo, et al. <u>Cuentos para leer en alta voz: Doce relatos de gente joven</u>.  Intro. Fulvio Nelson Maddalena.  Montevideo: CARVE, 1980. 91 pp.

> Ricardo Rodríguez Pereyra, La abuela.  Nelly Daher, La estrella vacía.  Alvaro Angel Malmierca Guillama, La casa en la frontera.  Federico E. Rodrigo Curbelo, Secretos del bosque.  Gustavo Mario Iribarne Aguiar, Iracema.  Eduardo Pérez, Crónicas de domingo.  Julio César Lamath Pereyra, Los viejos.  Daniel Aníbal De Paula Lorda, La espera.  Martín Hernández Martínez, El imperio del silencio.  Daniel Matteo Castro, El cruce.  Nilda Cristina Quijano Figueredo, El instinto.  Hermes Salvador Millán Redín, Todo distinto.

Stories from the "Séptimo Concurso Literario Premio CARVE 1979." The authors had to be between 20 and 25 years old.

**V 62**  Rossiello, Leonardo, ed., intro. and notes. <u>Narraciones breves uruguayas (1830-1880)</u>.  Montevideo: Túpac Amaru Editores/ Gotemburgo: Instituto Ibero-Americano, 1990.  xiv + 391 pp.
Unable to annotate.

**V 63**  Saad, Gabriel, and Heber Raviolo, eds., intro. and notes. <u>Antología del cuento humorístico uruguayo</u>.  Montevideo: Ediciones de la Banda Oriental, 1967. 121 pp.

> Javier de Viana, Fin de enojo, El comisario de Tuculuco, El delator.  Yamandú Rodríguez, Cansancio.  José Monegal, Incidente, Los diálogos de Secundino Gallo, Trifón Menchaca.  Juan José Morosoli, El burro, El viaje hacia el mar.  Francisco Espínola, Rodríguez.  Felisberto Hernández, Mi primer concierto.  Luis Castelli, Trago amargo.  Julio C. Da Rosa, Cuento de negros.

A collection of eight writers "que no son específicamente humoristas, pero que han sabido enriquecer, iluminar sus obras con la presencia de lo cómico, de la ironía o el absurdo, de la caricatura o la burla refinada, de la observación risueña de hábitos y costumbres."

**V 64** Salomón, Mónica, et al. <u>Cuentos para oír II</u>. Intro. Jorge Nelson Mullins. Montevideo: Club del Libro, 1977. 108 pp.

> Mónica Salomón, 32 de mayo. J. Carmona Blanco, El reencuentro. Ernesto Spinak, Asdrubal. Ricardo Scagliola, El romance. J. Carmona Blanco, Luminaria. María Luisa Blengio, Las flores azules. Catalina Ibarra Chávez, Cuatro años por Manuel. Maite Martínez, Ciencia ficción del día que te fuiste. Yahro Sosa, La esperanza. Jorge G. Vertiz, La casa invadida. Carlos Hatay, La dicha. Fernando G. Costa, Un hombre bueno. Gonzalo Peinado, Artificio averiguador. Alvaro Díaz Berenguer, Pequeña historia de hospital. Mercedes Ramírez de Rossiello, Insurrección. Maite Somellera, El concurso. Graciela González de Blanco, La jaula. Milton Fornaro, Pobre papá. Denry Torres, Otoño en crisis. Hugo Giovanetti Viola, Menina morta. Ricardo Scagliola, Petitorio. Delia Pérez Senac, Eulalia. Luis Fleitas Coya, El que huye. Hugo Giovanetti Viola, El gallo negro. María de la Luz Garrido, Dactioque. Cecilia Mérola Sóñora, Rencores. Guillermo Alvarez, Familiar. Gustavo Lerena, Posludio de tango en un bulín. Leonel Elgue Silveira, El huésped.

Stories from a contest sponsored by Radio Sarandí. The first prize went to J. Carmona Blanco for "Luminaria."

**V 65** Somellera, Maite, et al. <u>Cuentos para oír III</u>. Intro. Jorge Nelson Mullins. Montevideo: Club del Libro, 1978. 141 pp.

> Maite Somellera, Viaje a Italia en barquito de papel. Cecilia Mérola Sóñora, La valija de los recuerdos. Carlos E. Brandy, Génesis. Ibis de los Reyes, El dependiente. Mariana Saavedra Salaberry, ¿Liberación? Norberto A. Alfaya, La cama de las damelias. Denry Torres, La suerte. Ibis de los Reyes, Del oeste. Ricardo Scagliola, Anselmo y la calandria. Manuel Arduino Pavón, Cinco lunas rojas. Cecilia Ríos, Paz interior. Jorge Fernández Barbas, Esa voz. J. Carmona Blanco, La herencia. Manuel Arduino Pavón, El hermano de los sueños. Prudencio Hernández Martínez, El esquive. Delia Pérez Senac, Gente de Aparicio. Jorge Fernández Barbas, Al que madruga Dios lo alucina. Milton Fornaro, Justo a la hora de la siesta. Santiago Lumet, En un lugar, un día. Manuel Arduino Pavón, La separación. Lucía Montero, Justicia. Carlos María Federici, El día del juicio. Julio César Varela, Día de trabajo. Carlos María Federici, Complejo de culpa. Ernesto Luis Spinak, Golosinas. Ricardo Scagliola, La leyenda de la Cachila. Rubén Fernández Pereyra, Supermercado. Maite Somellera, Cruz por cornisa: Jaque al rey. Fernando E. Juanicó Peñalva, Siempre hay uno más. Jorge Fernández Barbas, La ley primera no se cumple. Daniel Da Rosa Fourcade, El tonto de Andrés. Rolando Speranza, Ida y vuelta. Cecilia Mérola Sóñora, Identidad y electrónicfa. Hugo Giovanetti Viola, La dama del cosmos. María Bonomi, Niebla. Milton Fornaro, Una de las posibles muertes del bandoneonista. Horacio Buscaglia, Casualmente, Canoria. Roberto Zorrilla de San Martín, La espera. René Peláez, El accidente. Nelson José Cernuschi, A Ito.

Stories from a contest sponsored by Radio Sarandí. The first prize went to Milton Fornaro for "Justo a la hora de la siesta."

**V 66** Torres Fierro, Danubio, ed. and intro. <u>Cuentos de la revolución</u>. Montevideo: Editorial Girón, 1971. 143 pp.

> Mario Benedetti, Relevo de pruebas. Eduardo Galeano, Te cuento un cuento de Babalú. Sylvia Lago, Tema de amor. Carlos Martínez Moreno, El peinado. Cristina Peri Rossi, Cosa secreta.

"Aquí hay cinco cuentos que, directa o indirectamente, hablan de revolución o, cuando menos, recogen los indicios de un cambio que si quizás no tiene toda la violencia que reclaman los académicos ofrece, en cambio, lo síntomos inequívocos de inquietud, alboroto y sedición."

**V 67** Viana, Javier de, et al. <u>Breve antología del cuento humorístico uruguayo</u>. Montevideo: Acali Editorial, 1979. 63 pp.

> Javier de Viana, El comisario de Tucutuco. Francisco Espínola, Rodríguez. José Monegal, Etica de los velorios. Yamandú Rodríguez, Cansancio. Juan José Morosoli, Un huérfano.

Mario Arregui, El ancho mundo.  Enrique Estrázulas, Alter ego.  Carlos Mendive, Tablado. Julio César Castro, Uno con elefante.

Humor.

**V 68**  Visca, Arturo Sergio, ed. and notes.  <u>Alborada: cuentos de hoy</u>.  Colección La Antología narrativa, 2.  Montevideo: Editorial Cisplatina, 1972.  111 pp.

> Felisberto Hernández, El acomodador, El comedor oscuro.  Juan Carlos Onetti, Bienvenido, Bob, El infierno tan temido.  Armonía Somers, Historia en cinco tiempos.  Mario Benedetti, El presupuesto, Insomnio.

No intro.  Good notes on authors.

**V 69**  Visca, Arturo Sergio.  <u>Antología del cuento uruguayo</u>.  Montevideo: Ediciones de la Banda Oriental, 1968.  6 vols.  139 + 120 + 124 + 105 + 104 + 107 pp.

> Vol. 1: Benjamín Fernández y Medina, Amor salvaje, La primera visita.  Manuel Bernárdez, El desquite, El velorio vacuno.  Domingo Arena, El burro de oro, Vida loca.  Juan Carlos Blanco Acevedo, Carmelo.  Santiago Maciel, El comisario del pago.  Teófilo Eugenio Díaz, El ramo de Gounod.  Samuel Blixen, Rigoletto.  Eduardo Acevedo Díaz, El combate de la tapera, El primer suplicio.
>
> Vol. 2: Javier de Viana, La yunta de Urubolí, Puesta de sol, Charla gaucha.  Carlos Reyles, Primitivo.  Horacio Quiroga, El almohadón de plumas, Los desterrados, Los precursores.  Julio Herrera y Reissig, El traje lila, José Enrique Rodó, El león y la lágrima.  José Pedro Bellán, Fuego fatuo, ¡Papá! ¡Hay un negro!
>
> Vol. 3: Montiel Ballesteros, El marido de la Maestra.  Pedro Leandro Ipuche, Fermín Quintana.  Juan José Morosoli, El campo, El cumpleaños, Soledad.  Yamandú Rodríguez, Badía Hermanos.  Enrique Amorim, Las quitanderas.  Francisco Espínola, El angelito, Rodríguez.  Santiago Dossetti, El negro Nieves.  Víctor Dotti, Los alambradores.
>
> Vol. 4: Felisberto Hernández, El balcón.  Juan Carlos Onetti, Esbjerg, en la costa.  Dionisio Trillo Pays, Agua estancada.  Giselda Zani, La broma.  Roberto Fabregat Cúneo, Tertulia hipocrática.  Serafín J. García, Compañerismo.  Alfredo Gravina, La danza macabra.  José Monegal, El alegato del negro Peluquilla, La tranca de Calderón.
>
> Vol. 5: Eliseo Salvador Porta, El padre, En el puesto del fondo.  Mario Arregui, Los caballos.  Luis Castelli, Día de lluvia.  Julio C. Da Rosa, Jaulero, La vieja Isabel.  Carlos Martínez Moreno, El carco.  Mario Benedetti, Sábado de gloria.  Angel Rama, Mujer con niño.  María Inés Silva Vila, Toda la noche golpeando.
>
> Vol. 6: Armonía Somers, El entierro.  L. S. Garini, El objeto desprestigiado.  María de Monserrat, Retrato al lápiz, Las manzanas y el fuego del otoño.  Milton Stelardo, La demorona.  Anderssen Banchero, Los Payró.  Mercedes Rein, El polvo, el paraguas, la clavícula del esqueleto.  Sylvia Lago, Los peces rojos.  Alberto Paganini, El parque, la fábrica de botellas, etc.  Gley Eyherabide, El círculo, La pantalla.  Eduardo Galeano, Homenaje.

The first volume is entitled "El fin de siglo."  The remaining volumes are 2, La generación del novecientos; 3, Los criollistas del veinte; 4, Urbanos y camperos; 5, Los del cuarenta y cinco; and 6, Los nuevos.  In later eds. some of the writers were removed for political reasons.

**V 70**  Visca, Arturo Sergio, ed. and intro.  <u>Antología del cuento uruguayo contemporáneo</u>.  Letras Nacionales, 3.  Montevideo: Universidad de la República, 1962.  503 pp.

> Montiel Ballesteros, Los sin patria, El chasque.  Pedro Leandro Ipuche, El paraguaycito.  José Monegal, Un monteador, El negro Ulpiano Maca y los Reyes, El sargento Cáceres.  Juan Mario Magallanes, Gaucho.  Juan José Morosoli, Montaraz, Siete Pelos, Hernández, Dos viejos.  Enrique Amorim, Gaucho pobre, La doradilla.  Francisco Espínola, Todavía, no, Rodríguez.  Santiago Dossetti, El cuidador, Domingo en la estancia, Sobeo.  Felisberto Hernández, El cocodrilo.  Víctor Dotti, El chimango.  Serafín J. García, El recuerdo indeleble.  Juan Carlos Onetti, El infierno tan temido.  Dionisio Trillo Pays, Agua estancada, Nuevo cauce.  Giselda Zani, La casa de la calle del Socorro.  Eliseo Salvador Porta, El padre, En el puesto del fondo.  Alfredo Gravina, La danza macabra.  Carlos Martínez Moreno, El salto del tigre.  Mario

> Arregui, Diego Alonso. Luis Castelli, Mundo verde y rojo, La isla del puerto. Mario Benedetti, Tan amigos, Retrato de Elisa, Los pocillos. Julio C. Da Rosa, Hombre flauta, La vieja Isabel. Angel Rama, Nacimiento. Marinés Silva de Maggi, Mi hermano Daniel.

Brief intro., more extensive notes on the individual authors.

**V 71** Visca, Arturo Sergio, ed. and intro. <u>Cuentos nativos</u>. Populibro Disa, 7. Montevideo: Distribuidora Ibana, 1964. 115 pp.

> Montiel Ballesteros, El marido de la maestra. Pedro Leandro Ipuche, El paraguaycito. Yamandú Rodríguez, Domingo. Juan José Morosoli, Siete pelos, Hernández. Enrique Amorim, La doradilla. Francisco Espínola, ¡Qué lastima!, Rodríguez. Santiago Dossetti, Sobeo. Víctor Dotti, El chimango.

Brief intro. discusses rise in 1920s of a "movimiento cultural cuyo signo saliente era la concentración sobre lo nacional." Good bio-bibliographical notes.

**V 72** Visca, Arturo Sergio, ed. and intro. <u>Los más jóvenes cuentan</u>. Montevideo: Arca, 1976. 151 pp.

> Manuel Alvarez, Zona prohibida. Hugo Burel Guerra, La última película. Mario Delgado Aparaín, Y así nace un pambelé y no desaparece. Tomás de Mattos, Los jueces prejuzgados. Milton Fornaro, Querida Susana. Hugo Giovanetti Viola, Caballo de dama. Malacoda, El arte de escribir un "thriller." Adriana Mendizábal, Cuarenta. César Murillo, La ventanilla. Ramiro Núñez, La muerte de Pérez. Antonio Carlos Pádova, La versión de Cordes. Carlos Pellegrino, Los tacujas. Teresa Porzecanski, Cuatro relatos homólogos. Gabriela Revel, "Bendición."

Writers been the ages of 20 and 35. Extensive intro. Notes on authors at end.

**V 73** Visca, Arturo Sergio, ed. and intro. <u>Nueva antología del cuento uruguayo</u>. Biblioteca Mayor, 1. Montevideo: Ediciones de la Banda Oriental, 1976. 415 pp.

> Eduardo Acevedo Díaz, El combate de la tapera. Javier de Viana, En las cuchillas, Puesta de sol. Horacio Quiroga, Los desterrados. José Pedro Bellán, Fuego fatuo. Pedro Leandro Ipuche, El paraguaycito. Yamandú Rodríguez, Badía hermanos. José Monegal, La tranca de Calderón. Juan José Morosoli, Soledad, Dos viejos. Enrique Amorim, Las quitanderas. Francisco Espínola, Qué lástima, Rodríguez. Santiago Dossetti, El negro Nieves. Felisberto Hernández, El cocodrilo. L. S. Garini, El artista fuera de su medio o la composición con verdes. Víctor Dotti, Los alambradores. Juan Carlos Onetti, Esbjerg, en la costa. Giselda Zani, La casa de la calle del Socorro. Eliseo Salvador Porta, En el puesto del fondo. Alfredo Gravina, Los ojos del monte. Armonía Somers, El entierro. María de Monserrat, El zaquizami. Mario Arregui, Un cuento con un pozo. Carlos Martínez Moreno, El simulacro. Milton Stelardo, La demorona. Luis Castelli, Mundo verde y rojo. Julio C. Da Rosa, Hombre-flauta, La vieja Isabel. Anderssen Banchero, Los Payró. María Inés Silva Vila, Toda la noche golpeando. Alberto Bocage, Muerte de don Primitivo.

Extensive intro. on history of Uruguayan short story. Good bio-bibliographical notes.

**V 74** Von der Heyde, Alejandro, ed. <u>Cuentos fantásticos uruguayos</u>. Buenos Aires: Ediciones Agón.

Unable to annotate.

# W. Venezuela

**W 1**   Aray, Edmundo, ed.   <u>Aquí Venezuela cuenta</u>.   Intro. Angel Rama. Montevideo: Arca, 1968.  151 pp.

> Julio Garmendia, La tienda de muñecos. Arturo Uslar Pietri, Simeón Calamaris. Guillermo Meneses, La mano junto al muro. Antonio Márquez Salas, ¡Como Dios! Gustavo Díaz Solís, Arco secreto. Alfredo Armas Alfonzo, Santo de cabecera. Oswaldo Trejo, Las islas. Salvador Garmendia, Muñecas de placer. Hernando Track, Mis parientes. Adriano González León, Ruido de tablas.

Rama's intro. is entitled "La lucha con lo real."

**W 2**   Balza, José, ed. and intro.   <u>El cuento venezolano: Antología</u>.   Caracas: Universidad Central de Venezuela, 1985.  502 pp.

> Pedro Emilio Coll, El diente roto. Luis Manuel Urbaneja Achelpohl, Upa, Pantaleón, upa. Rufino Blanco Fombona, El Catire. Pedro César Dominici, Extraño sino fatal de nuestros pianistas. Leoncio Martínez, Marcucho, el modelo. Rómulo Gallegos, La hora menguada. José Rafael Pocaterra, La nco Fombona, El Catire. Pedro Emilio Coll, El diente roto. Manuel Díaz Rodríguez, Las ovejas y las rosas del padre Serafín. Luis Mani latina. Teresa de la Parra, Historia de la Señorita Grano de Polvo bailarina del sol. Jesús Enrique Lossada, La máquina de la felicidad. Enrique Bernardo Núñez, El rey Bayano. Julio Garmendia, El cuento ficticio. Blas Millán, La radiografía. Antonio Arráiz, Oswaldo. Ramón Díaz Sánchez, Fuga de paisajes. Arturo Uslar Pietri, La lluvia. Antonia Palacios, Una plaza ocupando un espacio desconcertante. Guillermo Meneses, La mano junto al muro. Oscar Guaramato, Biografía de un escarabajo. Antonio Márquez Salas, El hombre y su verde caballo. Gustavo Díaz Solís, Arco secreto. Alfrn oscuridad, en carnes. Salvador Garmendia, Las hormiguitas. Orlando Araujo, Hacia El Dorado. Enrique Izaguirre, Lázaro Andújar, el que olvidó su nombre. Rafael Zárraga, Nubarrón. Esdras Parra, Por el norte, el mar de las Antillas. Adriano González León, En el Lago. Gustavo Luis Carrera, Almena de sal. Argenis Rodríguez, Entre las breñas. Denzil Romero, El hombre contra el hombre. Luis Britto García, Helena. Eduardo Liendo, Lágrimas de cocodrilo. David Alizo, Largas hilos de felicidad. Igor Delgado Senior, Tres lustros de no verte. Jorge Nunes, El ensartador. Francisco Massiani, Un regalo para Julia. Carlos Noguera, Gisela en ocho tiempos. Orlando Chirinos, Ultima luna en la piel. Ednodio Quintero, La puerta. Sael Ibáñez, Un sueño, otra muerte para Carol. Humberto Mata, Ekida. Laura Antillano, La luna no es de pan de horno. José Napoleón Oropeza, La empalizada. Benito Yradi, Para nombrar una mujer.

Balza states in the intro. that what links the stories is "un deseo de advertir a la imaginación en su insaciable voracidad por reflejar, imitar, alterar o comprender lo real." Brief notes on authors.

**W 3**  Berroeta, Pedro, et al.  Antología de cuentistas y pintores venezolanos. Caracas: Editorial Laude, 1975. 141 pp.

> Pedro Berroeta, Demetrio y el niño. Alfredo Armas Alfonzo, Los cielos de la muerte. Raúl Valera, Mañana sí será. Leoncio Martínez, Marcucho, el modelo. Oscar Guaramato, Biografía de un escarabajo. Pedro Sotillo, Los caminos nocturnos. Pablo Domínguez, Ponzoñas. José Rafael Pocaterra, La i latina.

The first in a series of illustrated volumes. No intro.

**W 4**  Blanco, Andrés Eloy, et al.  Más cuentos venezolanos.  Caracas: Ediciones Culturales INCE [Instituto Nacional de Cooperación Educativa], 1974. 87 pp.

> Andrés Eloy Blanco, La gloria del mamporal. José Rafael Pocaterra, La casa de la bruja. Rómulo Gallegos, La rebelión.

No intro.

**W 5**  Brigué, Jonuel, et al.  Narración '68: Cuentos.  Mérida: Ediciones Euroamérica, 1968. 63 pp.

> Jonuel Brigué, Combate en la mesa de Naumra. Yolanda Capriles, El comienzo del invierno. Lubio Cardozo, La animalización es un mar que rodea el equilibrio. Antonio Márquez, Empeños de poeta. Nancy M. de Romero, Un hermanito. Jorge Martens, Ese diciembre, La cobija de Mucuchíes, La cadena. Oswaldo Romero García, Absurdo.

A collection of stories on social themes by authors who, according to the brief initial note by the anonymous editor, will never win the Nobel Prize.

**W 6**  Castellanos, Rafael Román, ed. and notes.  Cuentos venezolanos.  Bogotá: Instituto Colombiano de Cultura, 1971-72. 2 vols. 198 + 187 pp.

> Vol. 1: Rufino Blauel Urbaneja Achelpohl, ¡Ovejón! Rómulo Gallegos, El crepúsculo del diablo. José Rafael Pocaterra, La i latina. Antonio Arráiz, Oswaldo. Mariano Picón Salas, Los batracios. Pablo Domínguez, El capitán y la estrella. Guillermo Meneses, La balandra "Isabel" llegó esta tarde. Julián Padrón, Penélope.
> Vol. 2: Arturo Uslar Pietri, Simeón Calamaris. Raúl Valera, Mañana sí será. Alfredo Armas Alfonzo, El miedo. Horacio Cárdenas Becerra, El mugroso. Gustavo Díaz Solís, Cachalo. Oscar Guaramato, Biografía de un escarabajo. Antonio Márquez Salas, La huida del verano. Humberto Rivas Mijares, El murado. Oswaldo Trejo, Aspasia tiene nombre de corneta. David Alizo, Quorum. Salvador Garmendia, Doble fondo. Adriano González León, Los pasos de rigor. Francisco Massiani, El llanero solitario tiene la cabeza pelada como un cepillo de dientes. Argelis Rodríguez, La carroña.

The first of Castellanos's several anthologies.

**W 7**  Castellanos, Rafael Ramón, ed., intro. and notes.  Cuentos venezolanos: Antología.  Caracas: Publicaciones Españolas, 1975. 2 vols. 143 + 139 pp.

> Vol. 1: Rufino Blanco Fombona, El catire. Pedro Emilio Coll, El diente roto. Manuel Díaz Rodríguez, Las ovejas y las rosas del padre Serafín. Luis Manuel Urbaneja Achelpohl, Ovejón! Rómulo Gallegos, El crepúsculo del diablo. José Rafael Pocaterra, La i latina. Julio Rosales, La romántica aventura. Antonio Arráiz, Oswaldo. Mariano Picón Salas, Los batracios. Pablo Domínguez, El capitán y la Estrella. Guillermo Meneses, La balandra Isabel llegó esta tarde. Julián Padrón, Penélope.
> Vol. 2: Arturo Uslar Pietri, Simeón Calamaris. Raúl Valera, Mañana sí será. Alfredo Armas Alfonzo, El miedo. Horacio Cárdenas Becerra, El mugroso. Gustavo Díaz Solís, Cachalo. Oscar Guaramato, Biografía de un escarabajo. Antonio Márquez Salas, La huida del verano. Humberto Rivas Mijares, El murado.

Largely the same as the previous item. The brief intro. groups the writers by generation. Brief bio-bibliographical notes precede each story.

**W 8**  Castellanos, Rafael Román, ed., intro. and notes. <u>Cuentos venezolanos: antología</u>. Caracas: Publicaciones Españolas, 1978. 5 vols. 223 + 235 + 224 + 230 + 225 pp.

> Vol. 1: David Alizo, Quorum. Francisco Andrade Alvarez, En el mar. Laura Antillano, La cola. Orlando Araujo, Un muerto que no era el suyo, Compañero de viaje. Eduardo Arcila Farías, Sudor. Alfredo Armas Alfonzo, El miedo, Los cielos de la muerte, La hora que no llegó. Antonio Arráiz, Oswaldo, La cucarachita Martínez y ratón Pérez. José Balza, Asomo, Desnudo. Pedro Berroeta, Demetrio y el niño. Andrés Eloy Blanco, La gloria de Mamporal. Rufino Blanco Fombona, El Catire. Gabriel Bracho Montiel, Odio. Arturo Briceño, Conuco. Yolanda Capriles, En el umbral del invierno. Horacio Cárdenas Becerra, El mugroso. Gustavo Luis Carrera, Ven, Nazareno. Pedro Emilio Coll, El diente roto.
>
> Vol. 2: Arturo Croce, Los ojos salvajes. Manuel Guillermo Díaz, La radiografía. Manuel Díaz Rodríguez, Las ovejas y las rosas del padre Serafín. Ramón Díaz Sánchez, El reino del octavo día, La Virgen no tiene cara. Gustavo Díaz Solís, Cachalo, Llueve sobre el mar, Arco secreto. Pablo Domínguez, El capitán y la estrella, Ponzoñas. Carlos Dorante, El encuentro. José Fabbiani Ruiz, Una historia vulgar. Rómulo Gallegos, El crepúsculo del diablo, La rebelión, Paz en las alturas.
>
> Vol. 3: Julio Garmendia, Las dos Chelitas, Manzanita. Salvador Garmendia, Doble fondo, El occiso. Joaquín González Eiris, La puntada. Adriano González León, Los pasos del rigor, El arco en el cielo. Ramón González Paredes, Primeras impresiones. Oscar Guaramato, Biografía de un escarabajo, La niña vegetal, La otra señorita. Mary Guerrero, El paseo. Mireya Guevara, El sueño. Nelson Himiob, La gata, el espejo y yo. Ramón Hurtado, Las violetas del padre Luis. Enrique Izaguirre, Testamento. Jesús Alberto León, Distancia. Andrés Mariño Palacio, Cuatro rostros en un espejo. Antonio Márquez Salas, La huida del verano, ¡Cómo Dios! El hombre y su verde caballo. Leoncio Martínez, Marcucho, el modelo.
>
> Vol. 4: Francisco Massiani, El llanero solitario tiene la cabeza pelada como un cepillo de dientes. Humberto Mata, Escape. Guillermo Meneses, La balandra "Isabel" llegó esta tarde, La mano junto al muro. José Moreno Colmenares, Prontuario. Héctor Mujica, Los tres testimonios, Las tres ventanas. José Napoleón Oropeza, El vuelo del ayer o el sueño de los sueños. Julián Padrón, "Penélope." Antonia Palacios, Continente de yerbas. Esdras Parra, El insurgente. Mariano Picón Salas, Los batracios, Peste en la nave. José Rafael Pocaterra, La I latina, De cómo Panchito Mandefuá cenó con el niño Jesús. José Ramírez, Huellas de mujer, Evocación. Dinorah Ramos, La carretera. Humberto Rivas Mijares, El murado. Argenis Rodríguez, La carroña. Julio Rosales, La romántica aventura, El can de media noche, El mútilo. Humberto Rumbos, Donde empiezan las casas de los pueblos.
>
> Vol. 5: José Salazar Domínguez, Por la hermosa costa del mar. Juan Pablo Sojo, Hereque. Pedro Sotillo, Los caminos nocturnos. Antonio Stempel París, Ciudad deshabitada. Oswaldo Trejo, Aspasia tenía nombre de corneta, Las islas. Manuel Trujillo, Mira la puerta y dice. Luis Manuel Urbaneja Achelpohl, ¡Ovejón! Arturo Uslar Pietri, Simeón Calamaris, El gallo, El rey zamuro, El conuco de Tío Conejo, El baile del tambor, La lluvia. Raúl Valera, Mañana sí será. Rafael Zarraga, Las veinte noches recientes.

The most extensive of Castellanos's anthologies, with prefaces to all five vols.

**W 9**  Celis, Fátima Yadira, et al. <u>Mención cuento</u>. Maracaibo: Universidad del Zulia, Vice-Rectorado Académico, 1988. 120 pp.

> Fátima Yadira Celis, Por el pequeño cielo de la puerta, Todas las formas del descenso. Marco Tulio Socorro M., Cirita. Steven Bermúdez, Con todas las noches en la barriga. Carlos Caridad Montero, Para no darme cuenta de nada. Carlos Larra, Cantos a la muerte.

Winners of the third literary contest sponsored by the Universidad del Zulia.

**W 10**  Coll, Pedro Emilio, et al. <u>Tres cuentos venezolanos</u>. Caracas: Ediciones Culturales INCE, 1974. 67 pp.

Pedro Emilio Coll, El diente roto. Arturo Uslar Pietri, La lluvia. Ramón Díaz Sánchez, La virgen no tiene cara.

No intro. or notes.

**W 11**  Congrains Martín, Enrique, ed.  Antología del cuento venezolano clásico y moderno.  Caracas: Instituto Latinoamericano de Vinculación Cultural, 1967. 302 pp.

> Manuel Díaz Rodríguez, Las ovejas y las rosas del padre Serafín. Luis Manuel Urbaneja Achelpohl, ¡Ovejón! Rufino Blanco Fombona, El Catire. Rómulo Gallegos, La rebelión, Paz en las alturas. José Rafael Pocaterra, De cómo Panchito Mandefuá cenó con el niño Jesús. Andrés Eloy Blanco, La gloria de Mamporal. Julio Garmendia, Guachirongo. Mariano Picón Salas, Peste en la nave. Arturo Uslar Pietri, El rey zamuro. Guillermo Meneses, La balandra "Isabel" llegó esta tarde. Antonia Palacios, Continente de yerbas. Antonio Márquez Salas, El hombre y su verde caballo. Gustavo Díaz Solís, Llueve sobre el mar. Alfredo Armas Alfonzo, La hora que no llegó. Héctor Mujica, Los tres testimonios. Oswaldo Trejo, Las islas. Esdras Parra, El insurgente. Enrique Izaguirre, Testamento. Salvador Garmendia, El occiso. Adriano González León, El arco en el cielo.

According to the editor, the Venezuelan short story is characterized by the constant theme of individual rebellion and conflict between individuals and social institutions, and by a reliance on introspective modes of narration.

**W 12**  Di Prisco, Rafael, ed. and intro.  Narrativa venezolana contemporánea.  Madrid: Alianza Editorial, 1971. 276 pp.

> José Vicente Abreu, Se llamaba S.N. David Alizo, Cirilo Madhav no ha muerto. Alfredo Armas Alfonzo, Dios y hombre. Orlando Araujo, Manos 0-010. José Balza, Largo. Gustavo Luis Carrera, Ven, nazareno. Gustavo Díaz Solís, Cachalo. José Fabbiani Ruiz, A orillas del sueño. Julio Garmendia, Las dos Chelitas. Salvador Garmendia, Doble fondo. Eduardo Gasca, Un viejo soldado. Adriano González León, Madan Clotilde. Carlos González Vega, La infancia de Boris. Oscar Guaramato, La niña vegetal. Enrique Izaguirre, Lázaro Andújar, el que olvidó su nombre. Rodolfo Izaguirre, Alacranes. Jesús Alberto León, Distancia. Héctor Malavé Mata, La única voz en la caída. Andrés Mariño Palacio, Batalla hacia la aurora. Antonio Márquez Salas, El hombre y su verde caballo. Guillermo Meneses, La mano junto al muro. José Moreno, Prontuario. Luis Britto García, Helena. Héctor Mujica, Los tres testimonios. Enrique Bernardo Núñez, La galera de Tiberio. Miguel Otero Silva, Clímaco Guevara. Renato Rodríguez, Al sur del Equanil. Oswaldo Trejo, Sin anteojos al cuerpo. Arturo Uslar Pietri, El venado.

A number of the selections are fragments of novels.  Extensive intro. and bio-bibliographical notes.

**W 13**  Díaz Fermín, Rafael, et al.  Cuentos de Navidad.  Caracas: Publicaciones Perfiles, 1949. 24 pp.

> Rafael Díaz Fermín, La vendimia del naranjal. Luis José Alvarado, Los juguetes y el niño pobre. Jean Aristeguieta, El símbolo de Navidad. Antonio Reyes, El pesebre del litoral guiareño, El pesebre de la selva guayanesa.

Illustrated vol. evidently for children.  No intro.

**W 14**  Díaz Sánchez, Ramón, et al.  Veinte cuentos: Premios del concurso anual del diario El Nacional 1943-1953.  Caracas: El Nacional, 1953. 279 pp.

> Ramón Díaz Sánchez, La virgen no tiene cara. Alejo Carpentier, Los fugitivos. Antonio Márquez Salas, El hombre y su verde caballo. Gustavo Díaz-Solís, Arco secreto. Arturo Croce, Un negro a la luz de la luna. Juan Chabás, Suceso. Pedro Berroeta, Instantes de una fuga. Arturo Uslar Pietri, El baile de tambor. Alfredo Armas Alfonzo, Los cielos de la muerte. Mariano Picón-Salas, Peste en la nave. Héctor Santaella, Dulce Jacinta. Oscar Guaramato, La niña vegetal. Guillermo Meneses, La mano junto al muro. Miguel de los Santos Reyero, El tic-tac de la paz. Joaquín González Eiris, La puntada. Raúl Valera, Mañana sí será.

Antonio Márquez Salas, ¡Como Dios! César Dávila Andrade, El hombre que limpió su arma. Manuel Trujillo, Mira la puerta, y dice. Manuel María Vallejo, La guitarra. Stories from a series of contests. See the updated edition listed under Miliani.

**W 15** Dorante, Carlos, ed. and intro. Los mejores cuentos venezolanos I. Biblioteca Básica de Cultura Latinoamericana, 47. Lima: Primer Festival del Libro Popular Venezolano, 1958. 223 pp.

Rufino Blanco Fombona, El Catire. Manuel Díaz Rodríguez, Música bárbara. Pedro Emilio Coll, El diente roto. Rómulo Gallegos, La rebelión. José Rafael Pocaterra, Do cómo Panchito Mandefuá cenó con el Niño Jesús. Leoncio Martínez, Los Pierrots negros. André Eloy Blanco, La gloria de Mamporal. Joaquín González Eiris, La bolita de pan. Julio Garmendia, Manzanita. Jesús Enrique Lossada, La máquina de la felicidad. Mariano Picón Salas, Los batracios. Antonio Arráiz, La cucharita Martínez y Ratón Pérez. Arturo Uslar Pietri, La lluvia. Carlos Eduardo Frías, Canícula. Ramón Díaz Sánchez, La Virgen no tiene cara. Guillermo Meneses, La balandra "Isabel" llegó esta tarde. Raúl Valera, "Mañana sí será." Gustavo Díaz Solís, Llueve sobre el mar. Oscar Guaramato, Vecindad. Antonio Márquez Salas, El hombre y su verde caballo. Alfredo Armas Alfonzo, La hora y punto. Carlos Dorante, Giamis ha matado al sueño.

According to the editor, the stories reveal "la estrecha ligazón que fundamenta una misma historia y un mismo esperanzado destino." A second vol. is announced.

**W 16** Fabbiani Ruiz, José, ed. and notes. Antología personal del cuento venezolano. Caracas: Ediciones de la Facultad de Humanidades y Educación, 1977. 493 pp.

Guillermo Meneses, La balandra "Isabel" llegó esta tarde, Luna, La mano junto al muro. Humberto Rivas Mijares, El murado, Cansancio, El barranco. Gustavo Díaz Solís, Llueve sobre el mar, Ophidia, Cachalo. Andrés Mariño Palacio, Cuatro rostros en un espejo, Este turbio amor, Abigaíl Pulgar. Oscar Guaramato, Biografía de un escarabajo, Caballito blanco, La niña vegetal. Antonio Márquez Salas, Cumpleaños, ¡Cómo Dios! El hombre y su verde caballo. Alfredo Armas Alfonzo, Los cielo de la muerte, El único ojo de la noche, La orden del general. Antonio Stempel París, Las manos atadas, Ciudad deshabitada, El regreso. Carlos Dorante, Danú esperaba, El encuentro, Balada del hombre que encontró la luz. Héctor Mujica, El anciano, El grito, Las tres ventanas. Oswaldo Trejo, Escuchando al idiota, Aspasia tiene nombre de corneta,. Las islas. Enrique Izaguirre, Lázaro Andújar, el que olvidó su nombre, El suburbio, Un día de asueto. Héctor Malavé Mata, La metamorfosis, Como brasa hundida en el espjo, Los fuegos circulares. Adriano González León, Los invisibles fuegos, Las voces lejanas, Hombre que daba sed. Gustavo Luis Carrera, Pobre de solemnidad, Ven, Nazareno, Almena de sal.

Brief intro.

**W 17** Fuentes, Cipriano, ed., intro. and notes. Nuevos narradores de Monagas-Bolívar-Delta Amacuro. Caracas: Fundarte, 1985. 106 pp.

José Gómez Zuloaga, La noche en llamas. Régulo Guerra Salcedo, Antier se pudrió Felipe Franco. Miguel Bruzual, Un pescador llamado Concho el Loco. Mercedes Franco, Al amanecer buscábamos estrellas. José Sánchez Negrón, Los hospitales del infierno. Virgilio Reyes, La noche, Dúo, Sueño interrumpido por el ruido de un tubo de escape, Mala memoria. José Adames, Historia que no se deja contar. Orlando González Moreno, No sé por qué continúo aquí. Cipriano Fuentes, Atmósfera Guri. Omer Quiaragua, Estancia de sueños numerados, Las agresoras. José Balza, Zapatos de gamuza azul. Humberto Mata, El regreso.

Useful collection of stories from less known regions of Venezuela.

**W 18** Galindo, Eli, and Luis Camilo Guevara, eds., intro. and notes. Nuevos narradores de Venezuela. Caracas: Ediciones Culturales INCE [Instituto Nacional de Cooperación Educativa], 1985. 113 pp.

Orlando Chirinos, Sitio de ella. Ednodio Quintero, 35 mms, El Zarpazo, Valdemar Lunes el inmortal. Sael Ybáñez, Carta a Ambrose Bierce, fundador del "Club de los Parricidas." Earle

Herrera, Cerote. Humberto Mata, Amphión. Asdrúbal Barrios, Los Cocuyos huyeron de la gran ciudad. Laura Antillano, Le dije--es la vida--y no la vi más. Gabriel Jiménez Emán, Qué aburrimiento. Benito Yradi, Para nombrar una mujer. José Napoleón Oropeza, Con el polvo vuelven todos los caminos. José Gregorio Bello Porras, La sombra aproxima un definitivo silencio, Hacer de su casa un castillo. Antonio López Ortega, Casa natal.

According to the editors, the selection includes examples of the "neo-rural," science fiction, black humor and the absurd, and the influence of popular culture genres such as the Western. Brief notes on authors.

**W 19** Gallegos, Rómulo, et al. Antología de cuentistas y pintores venezolanos 2. Caracas: Editorial Laude, 1975. 139 pp.

Rómulo Gallegos, El crepúsculo del diablo. Julio Rosales, El can de media noche. Joaquín González Eiris, La puntada. Rufino Blanco Fombona, El Catire. Guillermo Meneses, La mano junto al muro. Manuel Díaz Rodríguez, Las ovejas y las rosas del Padre Serafín. Horacio Cárdenas Becerra, El mugroso. Ramón Díaz Sánchez, La Virgen no tiene cara.

Part of a series of illustrated vols.

**W 20** Gaviria, Rafael H., ed. Venezuela. Colección Cuentistas Latinoamericanos, 2. Mexico City: Editorial Bogavante, 1969. 127 pp.

Salvador Garmendia, Maniquíes. Domingo Miliani, El pergeño. José Moreno, Prontuario. Adriano González León, Madán Clotilde. Efraín Hurtado, Linda. Alfredo Chacón, Recuerdos. Alfredo Aguirre, La carcoma. David Alizo, Alarma general. Mary Ferrero, El primer hombre se detiene.

No intro.

**W 21** Jiménez Emán, Gabriel, ed. and intro. Relatos venezolanos del siglo XX. Caracas: Biblioteca Ayacucho, 1989. xxvii + 495 pp.

Tulio Febres Cordero, Un remedio ingenioso. Manuel Díaz Rodríguez, Cuento negro. Pedro Emilio Coll, Opoponax. Luis Manuel Urbaneja Achelpohl, Ovejón. Rufino Blanco Fombona, El cnalla San Antonio. Rómulo Gallegos, Pataruco. Julio Rosales, La casa del pasado. José Rafael Pocaterra, Los pequeños monstruos. Leoncio Martínez, Marcucho, el modelo. Teresa de la Parra, El ermitaño del reloj. Jesús Enrique Lossada, La muerte de Fontegró. Enrique Bernardo Núñez, La perla. Andrés Eloy Blanco, La gloria de Mamporal. Julio Garmendia, El médico de los muertos. Pablo Domínguez, Demasiado humano. Mariano Picón Salas, Historia de una nochebuena triste. Blas Millán, La radiografía. Pedro Sotillo, Los caminos nocturnos. Antonio Arraiz, No son blancas las Bejarano. Ramón Díaz Sánchez, Nocturno de los tres ladrones. Carlos Eduardo Frías, El camarote. Arturo Uslar Pietri, Maichak, Arturo Croce, Extraña compañía. Nelson Himiob, La gata, el espejo y yo. Antonio Palacios, La calle de las librerías. Julián Padrón, Penélope. Guillermo Meneses, La mano junto al muro. José Fabbiani Ruiz, Caín. Eduardo Arcila Farías, Sudor. Pedro Berroeta, El bumerang. Oscar Guaramato, La niña vegetal. Antonio Márquez Salas, El hombre y su verde caballo. Baica Dávalos, Gambito de cadáver. Gustavo Díaz Solís, Ophidia. Alfredo Armas Alfonzo, El osario de Dios. Manuel Trujillo, La muerte de algunos vecinos. Hernando Track, Mis parientes. Andrés Mariño Palacio, Muerte en el callejón. Héctor Mujica, Los tres testimonios. Oswaldo Trejo, Horas escondido en las palabras. Orlando Araujo, ¿Qué cantan las aves? Liberación, Sin posible relato, Compañero de viaje. Salvador Garmendia, Mr. Boland. Rafael Zárraga, Juantopocho. Jonuel Brigué, Sa. Esdras Parra, El insurgente. Héctor Malavé Mata, La única voz en la caída. Adriano González León, El enviado. Gustavo Luis Carrera, Ven, Nazareno. Argenis Rodríguez, Entre las breñas. Denzil Romero, LLegar a Marigot. Antonieta Madrid, El down. José Balza, La sombra de oro. Luis Britto García, La foto, Libros, Primer manifiesto del arte realista. Eduardo Liendo, El sintetizador. Jorge Nuñes, El domador de pulgas y el circo mágico, Julián y el nuevo reino de Sodoma. Igor Delgado Senior, Tiempo profundo. Matilde Daviu, El juego infinito. Oscar Díaz Punceles, Suerte de ángel. Francisco Massiani, Había una vez un tigre. Orlando Chirinos, Segundo nombre. Eduardo Sifontes, Rituales. Ednodio Quintero, Volveré con mis perros. Sael Ibáñez, La línea y el dolor. Ben-ami Fihman, Bar B-Q. Earle Herrera, Cerote. Laura Antillano, El traje blanco con bordes azules. Gabriel

Giménez Oropeza, Ningún espacio para muerte próxima. Edilio Peña, El último regalo. Román Leonardo Picón, Hombre. Alberto Jiménez-Ure, Regresión. Antonio López Ortega, Casa natal.

Extensive intro., "Una lectura aluvional del relato venezolano." Biblio.

**W 22** López Ortega, Antonio, et al. Voces nuevas: narrativa. Caracas: Centro de Estudios Latinoamericanos Rómulo Gallegos, 1982. 172 pp.

Antonio López Ortega, Casa natal, Giro del paisaje, Tiempo último noche desnuda, Simultaneidad de una mujer a la deriva, Las horas verdes, A(r)mar los cuerpos, Elaboración de un zapato, La tarde necesaria, Registro, Lapso. Miguel Angel Piñero, Alguna sombra en la luna o la luz de la luciérnaga, Truculencia, Metamórfosis, Con la ventana y la puerta, Baños de luna, El rostro, Te traigo tu figura, Arco de otoño. Blanca Strepponi, Hacia el árbol más bajo, Alalia, Tres deseos, Un día off, Versiones, Homo sapiens, Abuela querida, Himenópteros, Adela tiene el pelo rojo y cree en los espíritus, Piedrasplumas, Seis, La gran serpiente, Aseos, Conspiraciones, Final, Quietud, Costumbres, Despertar, Liliput, Querétaro a las seis de la tarde, Dos soles negros, Papeles.

Stories by participants in the Taller de Narrativa for 1977-78.

**W 23** Maggi, María Elena, ed. and intro. Nuestros cuentos de Navidad: Antología de cuentos navideños venezolanos. Caracas: Fondo Editorial Aravenei, Ford Motor de Venezuela, 1985. 112 pp.

José Rafael Pocaterra, De cómo Panchito Mandefuá cenó con el niño Jesús. Andrés Eloy Blanco, Noche de Reyes. Mariano Picón Salas, Nochebuenas, allá lejos, Historia de una Nochebuena triste. Antonio Arráiz, Oswaldo. Arturo Uslar Pietri, La Misa de Gallo. Oscar Guaramato, Jesús, José y María, Diciembre, Nochebuena, Mañanabuena. Aquiles Nazoa, La niña, el pozo, el gato, el cojín bailador y las siete piedritas. Oswaldo Trejo, Aspasia tiene nombre de corneta. Rafael Zárraga, La Navidad del niño campesino. Efraín Subero, Había una vez un niño y tres cabritos.

Stories about Christmas.

**W 24** Malavé Mata, Héctor, et al. Ficción 67. Intro. Pedro Beroes. Caracas: Imprenta Universitaria de Caracas, 1967. 111 pp.

Héctor Malavé Mata, La noche ingrima. Gustavo Luis Carrera, Los brazos al cielo. Adriano González León, Ruido de tablas. Enrique Izaguirre, La noche y el sumario. Héctor Mujica, Los tres testimonios.

From the intro.: "Los cinco relatos que contiene este pequeño volumen han nacido a la vida literaria bajo el signo de la responsabilidad intelectual. Esto es, como expresión de noble, y a la vez grave compromiso, con el medio y con la época que les han dado origen."

**W 25** Mata, Humberto, ed. and intro. Distracciones: Antología del relato venezolano 1960-1974. Caracas: Monte Avila, 1974. 194 pp.

David Alizo, Largos hilos de felicidad. Mariela Alvarez, Chatarra. Laura Antillano, La zona. José Balza, Un libro de Rodolfo Iliackwood. Luis Britto García, Helena. Yolanda Capriles, En el umbral del invierno. Marina Castro, El marqués. José Moreno Colmenares, Deterioro. Héctor de Lima, Discothèque. Eduardo Gasca, Un viejo soldado. José Gómez Zuloaga, La noche en llamas. Mary Guerrero, La habitación, sus habitantes. Sael Ibáñez, El lugar del placer. Jesús Alberto León, La sombra de tu sonrisa. Francisco Massiani, Cambio de suertes. Humberto Mata, Amphión. Carlos Noguera, Imagen con variaciones. Jorge Nunes, La trapecista. José Napoleón Oropeza, Con el polvo vuelven todos los caminos. Esdras Parra, Por el norte el mar de Las Antillas. Ednodio Quintero, La puerta. Francisco Riquelme, Eleonora. Argenis Rodríguez, Entre las Breñas. Eduardo Sifontes, Rituales.

According to the intro., the anthology "tiene como única meta--o pretensión--dar a conocer al lector esporádico aquellos narradores que el autor supone interesantes."

**W 26**  Medina, José Ramón, ed. and intro. <u>Antología venezolana: Prosa</u>. Madrid: Editorial Gredos, 1962. 331 pp.

> Manuel Díaz Rodríguez, Mi alma era una mina abondanada, La colonia siria. Pedro Emilio Coll, El diente roto. Luis M. Urbaneja Achelpohl, ¡Ovejón! Rufino Blanco Fombona, El catire. Rómulo Gallegos, Canaimá, Cantaclaro. Julio Rosales, El mejor rábula. José Rafael Pocaterra, Patria, la mestiza. Teresa de la Parra, Vicente Cochocho. Enrique Bernardo Núñez, Vocchi, La galera de Tiberio. Julio Garmendia, Eladia. Mariano Picón Salas, Josefita. Antonio Arráiz, El mar es como un potro vigoroso. Ramón Díaz Sánchez, Poderes de la más alta valía. Isaac J. Pardo, El domador de potros. Arturo Uslar Pietri, X (Las lanzas coloradas). Arturo Croce, Angustia apagada. Miguel Otero Silva, Fiebre, Entrada y salida de aguas. Julián Padrón, II (Primavera nocturna). Guillermo Meneses, El compañero Juan Ruiz. Lucila Palacios, Cap. XX (Cubil), VIII (El cárcel de las crines albas). José Fabbiani Ruiz, A orillas del viejo río, Todos los días, a la misma hora. Gloria Stolk, Cap. I (Amargo fondo). Humberto Rivas Mijares, El murado, Cansancio. Antonio Márquez Salas, ¡Como Dios! Gustavo Díaz Solís, La efigie. Oscar Guaramato, Vecindad. Alfredo Armas Alfonzo, La hora y punto. Héctor Mujica, Las tres ventanas.

Some of the selections are fragments of novels. Rather dry intro. Good notes on authors.

**W 27**  Medina, José Ramón, ed. and intro. <u>Narrativa venezolana</u>. Caracas: Fundación de Promoción Cultural de Venezuela, 1984. 276 pp.

> Manuel Díaz Rodríguez, Egloga de verano. Pedro Emilio Coll, El diente roto. Luis M. Urbaneja Achelpohl, ¡Ovejón! Rufino Blanco Fombona, El Catire. Rómulo Gallegos, Canaima, Cantaclaro. Julio Rosales, El mejor rábula. José Rafael Pocaterra, Patria, la mestiza. Teresa de la Parra, Vicente Cochocho. José Antonio Ramos Sucre, Farándula, Fragmento apócrifo de Pausanias, El presidiario, Bajo el ascendiente de Shakespeare. Ramón Hurtado, La hija de Boyacá. Enrique Bernardo Núñez, Vocchi, La galera de Tiberio. Julio Garmendia, Eladia. Mariano Picón Salas, Josefita. Antonio Arráiz, El mar es como un potro vigoroso. Ramón Díaz Sánchez, Poderes de la más alta valía. Isaac J. Pardo, El domador de potros. Arturo Uslar Pietri, X (Las lanzas coloradas). Arturo Croce, Angustia apagada. Miguel Otero Silva, Fiebre, Entrada y salida de aguas. Julián Padrón, II (Primavera nocturna). Guillermo Meneses, El compañero Juan Ruiz.

Some of the selections are fragments of novels. Contents are largely the same as the previous item. Same intro.

**W 28**  Meneses, Guillermo, ed. and intro. <u>Antología del cuento venezolano</u>. 1st ed. 1955. 2nd ed. Caracas: Monte Avila Editores, 1984. 420 pp.

> Pedro Emilio Coll, El diente roto. Manuel Díaz Rodríguez, Las ovejas y las rosas del Padre Serafín. Luis M. Urbaneja Achelpohl, ¡Ovejón! Rufino Blanco Fombona, El Catire. Rómulo Gallegos, El crepúsculo del diablo. Julio Rosales, El can de media noche. José Rafael Pocaterra, La i latina. Leoncio Martínez, Marcucho, el modelo. Ramón Hurtado, Las violetas del Padre Luis. Julio Garmendia, Las dos Chelitas. Joaquín González Eiris, La puntada. Manuel Guillermo Díaz, La radiografía. Pablo Domínguez, Ponzoñas. Mariano Picón Salas, Los batracios. Pedro Sotillo, Los caminos nocturnos. José Salazar Domínguez, Por la hermosa costa del mar. Antonio Arráiz, La cucarachita Martínez y Ratón Pérez. Ramón Díaz Sánchez, La Virgen no tiene cara. Gabriel Bracho Montiel, Odio. Carlos Eduardo Frías, Agonía al fondo. Arturo Uslar Pietri, El gallo. Nelson Himiob, La gata, el espejo y yo. Arturo Croce, Los ojos salvajes. Juan Pablo Sojo, Hereque. Julián Padrón, Penélope. José Fabbiani Ruiz, Una historia vulgar. Guillermo Meneses, La mano junto al muro. Raúl Valera, Mañana sí será. Eduardo Arcila Farías, Sudor. Pedro Berroeta, Demetrio y el niño. Oscar Guaramato, Biografía de un escarabajo. Humberto Rivas Mijares, El murado. Antonio Márquez Salas, El hombre y su verde caballo. Gustavo Díaz Solís, Arco secreto. Alfredo Armas Alfonzo, Los cielos de la muerte. Horacio Cárdenas Becerra, El mugroso. Manuel Trujillo, Mira la puerta y dice. Ramón González Paredes, Primeras impresiones. Héctor Mujica, Las tres ventanas. Oswaldo Trejo, Aspasia tenía nombre de corneta.

Includes an afterword by José Balza.  There are no women included in the forty authors chosen.

**W 29**   Meneses, Guillermo, ed. and intro.   El cuento venezolano 1900-1940.   Buenos Aires: Editorial Universitaria de Buenos Aires, 1966.   107 pp.
> Manuel Díaz Rodríguez, Las ovejas y las rosas del padre Serafín.   Pedro Emilio Coll, El diente roto.   Luis M. Urbaneja Achelpohl, ¡Ovejón!   Rómulo Gallegos, El crepúsculo del diablo.   Julio Rosales, El can de medianoche.   José Rafael Pocaterra, La i latina.   Leoncio Martínez, Marcucho, el modelo.   Julio Garmendia, La tienda de muñecos.   Joaquín González Eiris, La puntada.

Thoughtful intro. and notes.

**W 30**   Miliani, Domingo, ed. and intro.   El cuento venezolano en El Nacional: Premio del concurso anual 1943-1973.   Caracas: Editorial Tiempo Nuevo, 1973.   502 pp.
> Ramón Díaz Sánchez, La virgen no tiene cara.   Alejo Carpentier, Los fugitivos.   Antonio Márquez Salas, Solo en campo descubierto, ¡Como Dios! El hombre y su verde caballo, Solo, en campo descubierto.   Gustavo Díaz Solís, Arco secreto.   Arturo Croce, Un negro a la luz de la luna.   Juan Chabás, Suceso.   Pedro Berroeta, Instantes de una fuga.   Arturo Uslar Pietri, Baile de tambor.   Alfredo Armas Alfonzo, Los cielos de la muerte.   Mariano Picón Salas, Peste en la nave.   Héctor Santaella, Dulce Jacinta.   Oscar Guaramato, La niña vegetal.   Guillermo Meneses, La mano junto al muro.   Miguel de los Santos Reyero, El tic-tac de la paz.   González Eiris, La puntada.   Raúl Valera, Mañana sí será.   César Dávila Andrade, El hombre que limpió su arma.   Manuel Trujillo, Mira la puerte y dice.   Manuel Mejía Vallejo, Al pie de la ciudad, La guitarra.   Alfonso Cuesta y Cuesta, El caballero.   Alfredo Armas Alfonzo, El único ojo de la noche.   Martín de Ugalde O., Un real de sueño sobre un andamio.   Héctor Malavé Mata, La metamórfosis, Como brasa hundida en el espejo.   Enrique Izaguirre, Lázaro Andújar, el que olvidó su nombre.   Rafael Zárraga, Nubarrón.   Hernando Track Pino, Las tardes juntas.   Arturo Croce, La luz se quebró en el árbol.   Luis Carrera, Las cuatro falacias.   Rafael Zárraga, La brasa duerme bajo la ceniza.   Orlando Araujo, Un muerto que no era el suyo.   Gustavo Luis Carrera, Viaje inverso.   Carlos Noguera, Altagracia y otras cosas.   David Alizo, Yo no sé cuántas cervezas en una noche.   José Napoleón Oropeza, La muerte se muere con la tierra encima.   Jorge Nunes, La trapecista.

Excellent intro., "Espacio histórico del cuento venezolano."  Earlier ed. listed under Díaz Sánchez.

**W 31**   Moreno Colmenares, José, et al.   Seis cuentos premiados.   Caracas: Ateneo de Boconó, Colección Los Inéditos, 1967.   63 pp.
> José Moreno Colmenares, Sábado Junio 26, Prontuario.   José Balza, La longitud, Relación de caja.   José Santos Urriola, El judío errante, Escritorios.

Stories from the "Concurso de Cuentos para Autores Inéditos" held by the Ateneo de Boconó in 1965.

**W 32**   Oropeza, José Napoleón, et al.   Cuento.   Maracaibo: Editorial Universitaria de la Universidad del Zulia, 1972.   78 pp.
> José Napoleón Oropeza, El vuelo de ayer o el sueño de los sueños.   Oscar Díaz Punceles, Circunstancias.   Camilo Balza Donatti, Relámpago Sur.

Winners of a contest sponsored by the Universidad del Zulia.

**W 33**   Oropeza, José Napoleón, ed. and intro.   Quicios y desquicios: Antología de jóvenes narradores: Aragua/Carabobo/Miranda.   Caracas: FUNDARTE, 1978.   92 pp.
> Simón Barreto Ramos, Las guirnaldas, Acto recíproco.   Claudio Castillo, Cuando éramos gente.   Orlando Chirinos, Carmen de Adentro.   Julio Jáuregui, Crucial.   Ramón Lameda, El cuchillo de acero.   Jesús Alberto León, Otra memoria.   Elio Alberto Meléndez, El último verano.   Noris

Ojeda, La mantequilla. Agustina Ramos, El fondo del espejo. Omar Rivero Torrealba, La mujer que sepulté en la arena.

Brief intro.

**W 34** Padrón, Julián, ed. and intro. <u>Cuentistas modernos: Antología</u>. Biblioteca Popular Venezolana, 3. Caracas: Dirección de Cultura, Ministerio de Educación Nacional de Venezuela, 1945. 233 pp.

Valmore Rodríguez, El mayo. Lucila Palacios, Se la compró por cien bolívares. Graciela Rincón Calcaño, Los parias. Ada Pérez Guevara, El hijo. Arturo Croce, Taladro. Juan Pablo Sojo, Hereque. Antonio Simón Calcaño, Veranito. Lourdes Morales, El general. Eduardo Arcila Farías, El rompe-huelga. Blanca Rosas López, "Polvenil." Raúl Valera, La alcancía de barro negro. Manuel Rodríguez Cárdenas, Desamparo. Dinorah Ramos, Don Carlos tiene una querida. Rafael Calderón, La güirita. Pedro Berroeta, El bumerang. Oscar Guaramato, Luna llena. Humberto Rivas Mijares, La mujer. Antonio Márquez Salas, El central. Gustavo Díaz Solís, Llueve sobre el mar. Horacio Cárdenas, El mugroso.

Important early anthology.

**W 35** Pedro, Valentín de, ed., intro. and notes. <u>Los mejores cuentos venezolanos</u>. Barcelona: Editorial Cervantes, 1923. 344 pp.

Manuel Díaz Rodríguez, Cuento blanco, Cuento gris. Pedro Emilio Coll, Opóponax, Borracho criollo. Rufino Blanco Fombona, El campo, Los redentores de la patria, El pueblos, Juanito, La ciudad, El cadáver de Don Juan. Alejandro Fernández García, La bandera, Joya negra, Los náufragos. L. M. Urbaneja Achelpohl, Los abuelos, ¡Ovejón! José Rafael Pocaterra, La llave, El chubasco. Enrique Soublette, El pocito en el monte, La fajina. Julio Planchart, El hombre de porvenir, La familia de la Marca del Valle. Carlos Paz García, La daga de oro, Andanzas de un guerrillero. Carlos Elías Villanueva, Complicidad, El desconocido. Ramón Hurtado, Leyenda áurea, El eclipse. Marcial Hernández, La garza muerta, La flecha guajira.

Intro., which focuses mostly on Venezuelan novelists, states: "Desgraciadamente, las figuras literarias de Venezuela se nos aparecen con frecuencia aisladas y fragmentarias, porque otros problemas más perentorios que el arte ocupan su inteligencia y la atención del público."

**W 36** Pérez, Max Efraín, ed. and notes. <u>Cuentos apureños (Antología)</u>. Intro. Argenis Méndez Echenique. San Fernando de Apure: Asociación de Escritores de Venezuela, Seccional Apure, 1984. 119 pp.

Wilfredo Rivero, Los fantasmas de mi imaginación. Elisur Emilio Lares Bolívar, La rosa encantada. Pedro Pablo Olivares, El profeta político. Argenis Méndez Echenique, Relatos de llano adentro. Luis Sosa Caro, El sitio. José Demóstenes Pérez, Entre la nostalgia y la esperanza. José Gregorio Rivas, El crimen de los caribes. Edwin Madrigal, ¡Aló . . . Caracas! Max Efraín Pérez, El mundo de Ramón Matías.

Regional stories.

**W 37** Picón Salas, Mariano, ed. <u>Antología de costumbristas venezolanos</u>. Caracas: Ministerio de Educación, 1964.

Unable to annotate.

**W 38** Quintero, Ednodio, ed. and intro. <u>Narradores andinos contemporáneos</u>. Serie Presencia Cultura de los Estados, 5. Caracas: Fundarte, 1979. 133 pp.

David Alizo, Largos hilos de felicidad. Orlando Araujo, La mula de Vergara. Emilio Briceño Ramos, Sesgo. Mary Guerrero, El pájaro dentro del alambre. Adriano González León, Los gallos de metal. Alberto Giménez Ure, La fórmula 56, Incisión. José Gregorio Lobo, Ríos de arena hacia la playa seca, Desde y hacia Marte, El grito desesperado de un grillo, Un jurado inverso, Largo vuelo. Antonieta Madrid, Los perros arrastran más harapos. Antonio Márquez Salas, La infancia de Judas. Esdras Parra, Sentado allí en la fragante penumbra del balcón.

Ednodio Quintero, María.  Freddy Sánchez, Gram Sem.  Oswaldo Trejo, Las garzas negras,
Escuchando al idiota, Ellos llegaron con sombrero de copa.

Stories by writers from the states of Trujillo, Barinas, Zulia and Mérida.  Very brief
intro. and notes on authors.

**W 39**  Rodríguez, Teófilo, ed. and intro.  Tradiciones populares: Colección de
crónicas y leyendas nacionales narradas por varios escritores patrios.  Caracas:
Imprenta Nacional, 1885. 343 + viii pp.

Teófilo Rodríguez, Fundación de Santiago de León de Caracas, El Cerrito del Diablo, El Santo
Niño de Belén, Las dos eremitas, Nuestra Señora del Socorro, El Nazareno, La Divina Pastora,
El regalo imaginario.  Juan Vicente Camacho ["Terepaima"], La Virgen de la Soledad,
Recuerdos de antaño.  Angel M. Alamo, Certámenes y vejámenes.  Ramón Díaz, La Virgen
de Belén.  Juan Vicente González, Bolívar en Casacoima.  Ramón I. Montes, Dos épocas de
Boves.  Julio Calcaño, Las lavanderas nocturnas.  Andrés A. Level, Las fiestas de la virgen del
Valle.  General José Antonio Páez, El ejército de las ánimas.  Andrés A. Silva, Combate de
Matasiete.  Pedro Ezequiel Rojas, Historia de un Niño Jesús.  Cristóbal L. Mendoza, Tradición.
F. C. Ventacourt Vigas, El naufragio de Sucre.  José Gil Fortoul, El ceibo de Carvajal.  Simón
Camacho, Iturbe.  Miguel J. Romero, El baile de Boves, Santa Ana y su degüello.  J. A. Ramos
Martínez, Un matrimonio singular.  Arístides Rojas, El Cují de Casquero, El cuadrilátero
histórico, El escudo de armas.  N. Bolet Peraza, Iglesia de la Santísima Trinidad.  Miguel J.
Romero, Tradiciones bacelonesas, El sargento D. Ramos.  Francisco Tosta García, No
Miguelacho, El puente de los suspiros.  Z., El moderno Régulo.  T. R., Nota (un matrimonio
singular).  Andrés A. Silva, Los de chaqueta al sudario.  Teófilo Rodríguez, Visiones de la
noche, Los espantos y los tesoros.

Though these tradiciones include many works of non-fiction as well as of fiction, it
is included because of its early date and intrinsic interest.

**W 40**  Rodríguez Ortiz, Oscar, ed. and intro.  La nueva narrativa del Distrito Federal.
Caracas: Miguel Angel García e Hijo, 1985.

Laura Antillano, La compañera, El fauno.  Gabriel Jiménez Emán, Ultimas consecuencias del
sufrimiento de los ciudadanos, Autorretrato.  Iliana Gómez Berbesi, Aunque la vida no esté en
los libros, La calle que nunca duerme.  Armando José Sequera, Tan vieja que tiene el color de
las cosas que la rodean, A partir del día siguiente.  José Gregorio Porras, Góndola del Maestro
Alterio, A velocidad de marcha, Vestida de olor a polvo y naftalina.  Thomas Richter, El
hombre es una fantasía primaveral.  John Petrizzelli, Cortado por un incendio, Espectáculo.
Gustavo Guerrero, La sombra de otros sueños.  Alejandro Salas, De un texto mientras es
narrado, La estafa, Ensambles, Simbiosis, Simulacro, En esta esquina, Diversidades, El álbum
familiar.  Alejandro Varderi, Para repetir una mujer.  Lourdes Sifontes, Ergástula.

Stories about Caracas.

**W 41**  Sambrano Urdaneta, ed.  Tradiciones venezolanas.  Caracas: Ministerio de
Educación, Dirección de Cultura y Bellas Artes, Departamento de Publicaciones,
1964. 291 pp.

Juan Vicente Camacho, Una página de Homero, Recuerdos de antaño, La Virgen de la
Soledad.  Arístides Rojas, La primera taza de café en el Valle de Caracas, El cují de Ño
Casquero, El carnaval del Obispo.  F. Tosta-García, Ño Miguelacho, El puente de los suspiros.
Tulio Ferres Cordero, El perro Nevado, La silla de suela.  F. González Guinan, Un recluta, Los
restos mortales de Cedeño y de Plaza, Yo soy Miguel Peña.  Eduardo Blanco, Manuelote.
Juan Vicente González, Bolívar en Casacoima.  Teófilo Rodríguez, El Nazareno de Caracas.
S. Key Ayala, Escenas de Bayardía, Cuatro episodios.  Lisandro Alvarado, Una leyenda.  M.
Figuera Montes de Oca, Tomasote.  Carlos B. Figueredo, Desde cuándo se usa bastón en
Caracas.  Pbro. J. M. Guevara Carrera, El palomo.  Celestino Peraza, El trono de Amalivac.
Angel M. Alamo, Certámenes y vejámenes.

No intro.

**W 42**  Sojo, Juan Pablo, et al.  Antología de cuentistas y pintores venezolanos 4. Caracas: Editorial Laude, 1976.  143 pp.

> Juan Pablo Sojo, Hereque.  Antonio Márquez Salas, El hombre y su caballo verde.  Humberto Rivas Mijares, El murado.  Luis M. Urbaneja Achelpohl, Ovejón.  Antonio Arráiz, La Cucharita Martínez y Ratón Pérez.  Nelson Himiob, La gata, el espejo y yo.  Eduardo Arcila Farías, Sudor.  José Salazar Domínguez, Por la hermosa costa del mar.

Part of series of illustrated vols.

**W 43**  Sosa-Michelena, Juan B, ed. and notes.  Cuentistas venezolanos 1.  Ciudad Trujillo: Representación Diplomática de Venezuela en la República Dominicana, 1953.  79 pp.

> Rufino Blanco-Fombona, El Catire.  José Rafael Pocaterra, La i latina.  Leoncio Martínez, Marcucho, el modelo.  Jesús Enrique Lossada, La máquina de la felicidad.  Ramón Díaz Sánchez, Fuga de paisajes.  Antonio Arráiz, El pobre cucarachero.  Arturo Uslar Pietri, El gallo.

According to the intro., this is the first of three short vols., but I have not been able to trace the others.

**W 44**  Sosa-Michelena, Juan B., ed. and notes.  Diez cuentos venezolanos.  Bogotá: Editorial Iqueima, 1951.  123 pp.

> Luis Manuel Urbaneja Achelpohl, ¡Ovejón!  Rómulo Gallegos, La rebelión.  José Rafael Pocaterra, De cómo Panchito Mandefua cenó con el Niño Jesús.  Leoncio Martínez ["Leo"], Marcucho el Modelo.  Ramón Díaz Sánchez, Fuga de paisajes.  Arturo Uslar Pietri, El gallo.  Guillermo Meneses, La balandra "Isabel" llegó esta tarde.  Juan Pablo Sojo, Hereque.  Humberto Rivas Mijares, El murado.  Gustavo Díaz Solís, Ophidia.

Frequently anthologized stories.

**W 45**  Uslar Pietri, Arturo, et al.  Antología de cuentistas y pintores venezolanos 3. Caracas: Editorial Laude, 1976.  131 pp.

> Arturo Uslar Pietri, El gallo.  José Fabbiani Ruiz, Una historia vulgar.  Gustavo Díaz Solís, Arco secreto.  Ramón González Paredes, Primeras impresiones.  Mariano Picón Salas, Los batracios.  Oscar Arango Cadavid, La otra vida.  Héctor Mujica, Las tres ventanas.  Oswald Trejo, Aspasia tenía nombre de corneta.

Part of series of illustrated vols.

**W 46**  Uslar Pietri, Arturo, and Julián Padrón, eds.  Antología del cuento moderno venezolano (1895-1935).  Intro. Arturo Uslar Pietri.  Caracas: Biblioteca Venezolana de Cultura, 1940.  2 vols.  352 + 207 pp.

> Vol. 1: Manuel Díaz Rodríguez, Música bárbara.  Luis M. Urbaneja Achelpohl, ¡Ovejón!  Pedro Emilio Coll, Las divinas personas.  Rufino Blanco Fombona, El Catire.  Alejandro Fernández García, Los náufragos.  Rómulo Gallegos, La rebelión.  Enrique Soublette, La fajina.  Carlos Paz García, Andanzas de un guerrillero.  Julio Rosales, El mútilo.  José Rafael Pocaterra, Patria, la mestiza.  Leoncio Martínez, Marcucho, el modelo.  Andrés Eloy Blanco, La gloria de Mamporal.  Jesús Enrique Lossada, La máquina de la felicidad.  Julio Garmendia, La tienda de muñecos.  Vicente Fuentes, Evasión.  Angel Miguel Queremel, Yo, pecador.  Pedro Sotillo, Los carminos nocturnos.  Casto Fulgencio López, Madrugada.  Blas Milán, La radiografía.  Mariano Picón Salas, Los hombres en la guerra.  Joaquín González Eiris, Los Caribes.  Antonio Arráiz, Oswaldo.
> Vol. 2: Arturo Uslar Pietri, La lluvia.  Carlos Eduardo Frías, Agua sorda.  José Salazar Domínguez, Santelmo.  Ramón Díaz Sánchez, Veintiuno.  Nelson Himiob, Alarma.  Gabriel Angel Bracho Montiel, Odio.  Pablo Domínguez, Todo un valiente.  Julián Padrón, Candelas de verano.  Arturo Briceño, Conuco.  Guillermo Meneses, La balandra "Isabel" llegó esta tarde.  Luis Peraza, La Güara.  José Fabbiani Ruiz, Una historia vulgar.  J. A. Gonzalo Patrizi, Queniquea.

The anthology is divided into a curious series of generations including those of 1920, 1928 and 1930 (?!).  According to Uslar Pietri's intro., "la historia del cuento, la historia de nuestra literatura narrativa, se confunde casi por completo con el nacimiento y evolución del criollismo en Venezuela."

**W 47**  Yradi, Benito, ed. and intro.  <u>Jóvenes narradores de Anzoátegui-Sucre-Nueva Esparta</u>.  Caracas: Fundarte.
Unable to annotate.

# SECONDARY
# MATERIALS:
# CRITICISM

# AA. Short Story Theory

**AA 1**  Anderson Imbert, Enrique. <u>Teoría y técnica del cuento</u>. Buenos Aires: Marymar, 1979. 406 pp.
An ambitious survey of questions of genre, literary history, narrative structure and technique. Anderson Imbert as structuralist.

**AA 2**  Anderson Imbert, Enrique, and Mario Lancelotti. "El cuento y sus artífices (coloquio)." <u>La Nación</u> (22 September 1974).
Unable to annotate.

**AA 3**  Baquero Goyanes, Mariano. <u>¿Qué es el cuento?</u> Colección Esquemas, 83. 1967. 2nd ed. Buenos Aires: Columba, 1974. 72 pp.
Focuses on questions of definition. A general study, with few references to examples of the genre in Spanish America.

**AA 4**  Borges, Jorge Luis. "El cuento policial." <u>Borges, oral</u>. Buenos Aires: Emecé Editores/Editorial de Belgrano, 1979. 65-80.
The text of a talk given by Borges at the Universidad de Belgrano in June 1978.

**AA 5**  Borges, Jorge Luis. "Los laberintos policiales y Chesterton." <u>Sur</u> 10 (1935): 92-94.
Most important of Borges's discussions of the detective story.

**AA 6**  Bosch, Juan. "Apuntes sobre el arte de escribir cuentos." <u>Cuentos escritos en el exilio</u>. Santo Domingo: Librería Dominicana, 1962. 7-33.
This item also appears in the anthology edited by Margarita Vallejo de Paredes.

**AA 7**  Bosch, Juan. 'La forma en el cuento.' <u>Revista Nacional de Cultura</u> 23.144 (1966): 40-48.

The Dominican writer argues that the short story is ruled by two essential laws: that there must be constant action, and that the writer should choose only those words that are indispensable for expressing that action. He does not discuss the role of description in the short story.

**AA 8**  Bosch, Juan. Teoría del cuento. Mérida, Venezuela: Universidad de los Andes, 1967.
Unable to annotate.

**AA 9**  Bullrich, Silvina. Carta a un joven cuentista. Buenos Aires: Rueda, 1968. 95 pp.
A mixture of personal experience and earnest advice by the bestselling Argentine writer, loosely modeled on Rilke's Letters to a Young Poet.

**AA 10**  Carilla, Emilio. El cuento fantástico. Buenos Aires: Editorial Nova, 1968. 77 pp.
General discussion of the fantastic story, using Spanish American as well as European and North American examples. Useful biblio.

**AA 11**  Castagnino, Raúl H. "Cuento-artefacto" y artificios del cuento. Buenos Aires: Editorial Nova, 1977. 130 pp.
An introductory survey of narratology, with extended discussion of Roa Bastos's "El baldío."

**AA 12**  Chertudi, Susana. El cuento folklórico. Enciclopedia Literaria, 1005. Buenos Aires: Centro Editor de América Latina, 1967. 58 pp.
Intro. to the study of folktales by noted Argentine folklorist.

**AA 13**  Cortázar, Julio. "Algunos aspectos del cuento." Revista Casa de las Américas 15-16 (1963). [Also included in Literatura y arte nuevo en Cuba (Barcelona: Editorial Estela, 1971).]
Famous Cortázar speech, originally presented in Havana in 1962.

**AA 14**  Cortázar, Julio. "Del cuento breve y sus alrededores." Ultimo Round. Mexico City: Siglo XXI, 1969. 35-45.
Important discussion of short story technique by the Argentine writer.

**AA 15**  Cortázar, Julio. "Para una poética." La Torre 7 (1954). 121-38.
Though this article appears in many bibliographies of narrative theory, it is actually about poetry.

**AA 16**  Cortázar, Julio. "Poe as Poet and Story-writer." Review 17 (1976): 42-46.
This essay served as Cortázar's introduction to his 1956 volume of translations of Poe's prose works, and provides a sympathetic discussion of Poe's theory of short narrative.

**AA 17**  Cortázar, Julio. "Some Aspects of the Short Story." Trans. Naomi Lindstrom. Review of Contemporary Fiction 3.3 (1983): 24-33.

Another trans. of the famous Cortázar speech by Aden Hayes appeared in <u>Arizona Quarterly</u> 38.1 (1982): 5-18.

**AA 18**  Coulson, Graciela.  "El texto ausente: Notas a propósito de algunos relatos hispanoamericanos." <u>Cuadernos Americanos</u> 223 (1979): 111-21.
Interesting article on use of ellipsis in genre, with examples from Cortázar, Arreola, Borges and others.

**AA 19**  D'Halmar, Augusto.  "Cuento cómo cuento un cuento." <u>Atenea</u> 25.279-80 (1948): 8-19.
This practical essay by the Chilean writer forms part of a large special issue of <u>Atenea</u> dedicated to the short story in Chile.

**AA 20**  Durán-Cerda, Julio.  "Sobre el concepto de cuento moderno." <u>Explicación de Textos Literarios</u> 5.2 (1976): 119-32.
Choppy article on questions of definition of short story.

**AA 21**  Flores Ramírez, Antonio.  "Teoría del cuento." <u>Revista Veracruz</u> (Mexico City), March-April 1948.
Unable to annotate.

**AA 22**  Frederick, Bonnie K.  "The Conventional Structure of the Fantastic Short Story." <u>Hispanic Journal</u> 9.2 (1988): 119-28.
Consideration of Argentine and Uruguayan examples of the fantastic.

**AA 23**  Gotlib, Nádia Battella.  <u>Teoria do conto</u>. Série Princípios, 2. 5th ed.  São Paulo: Editora Atica, 1990. 95 pp.  Fine introduction to short story theory.  Includes discussion of Quiroga and Cortázar as well as of Brazilian and other authors.

**AA 24**  Guerrero Estrella, Guillermo.  "La acción en el cuento." <u>La vida literaria</u> (June 1929).
Unable to annotate.

**AA 25**  Guerrero Estrella, Guillermo.  "Teoría y práctica del cuento." <u>La Nación</u> (Buenos Aires), 27 July 1941.
Unable to annotate.

**AA 26**  Lancelotti, Mario.  "Cuento y novela." <u>La Nación</u>, 9 March 1969.
Unable to annotate.

**AA 27**  Lancelotti, Mario.  <u>De Poe a Kafka.  Para una teoría del cuento</u>.  Buenos Aires: Editorial Universitaria de Buenos Aires, 1965. 61 pp.
Consists of seven chapters: "El problema," "Sociología y naturaleza del cuento," "La teoría de Poe," "El cuento como pasado activo," "Los límites del cuento," "Kafka y el cuento. Conclusiones," and "El tiempo en la obra novelística de Kafka."

**AA 28**  Lancelotti, Mario.  <u>Teoría del cuento</u>.  Buenos Aires: Ediciones Culturales Argentinas, 1973. 153 pp.

As is also the case with Lancelotti's other seemingly theoretical book on the short story, De Poe a Kafka, this one is much less systematic than the title suggests. The work is actually a collection of 32 brief essays on Mallea, Hawthorne, Poe, Maupassant and other practitioners of the genre, as well as on the difference between story and novel, the reader, narrative time and other topics.

**AA 29** Laurens, N. C. El cuento en la literatura contemporánea. Rosario, 1944. Unable to annotate.

**AA 30** Mastrángelo, Carlos. "Contribuciones para una teoría del cuento." La Nación, 14 May 1967. Unable to annotate.

**AA 31** Mejía Nieto, Arturo. "Miseria y grandeza del cuento corto." La Nación, 22 November 1959. Unable to annotate.

**AA 32** Mora, Gabriela. En torno al cuento: De la teoría general y de su práctica en Hispanoamérica. Madrid: José Porrúa Turanzas, 1985. 257 pp. Important study. The first part includes discussions of definitions of the genre since Poe, a survey of Spanish American theoretical statements on the genre from Spanish America (Quiroga, Cortázar, Mastrángelo, Lancelotti, Castagnino, Serra and Anderson Imbert), and a summary of current narratological approaches to the genre. The second part consists of analyses of stories by Felisberto Hernández, García Márquez, Brunet, Bombal and Cortázar.

**AA 33** Mora, Gabriela. "Horacio Quiroga y Julio Cortázar: teóricos del cuento." Revista Canadiense de Estudios Hispánicos 11.3 (1987): 559-72. Also included in Mora's book on the short story, listed above.

**AA 34** Omil, Alba, and Raúl A. Piérola. El cuento y sus claves. Buenos Aires: Editorial Nova, 1967. 112 pp. First three chapters focus on questions of definition of the genre. Next four chapters trace a history of the short story from the fourteenth to the twentieth century. Ninth chapter discusses on the short story in Argentina.

**AA 35** Parodi, Roberto A. Los límites del cuento y la novela. Concepción del Uruguay (Argentina): Ediciones de la Revista Ser, 1971. General survey of the literature on definitions of the short story and novel.

**AA 36** Pavón, Alfredo. El universo del relato literario (El sentido narrativo de Polvos de arroz). Colección Maciel, 3. Tuxtla Gutiérrez, Universidad Autónoma de Chiapas, 1984. 221 pp. A general study of narratology (13-120) followed by an analysis of a volume of stories by the Mexican author Sergio Galindo (125-212). Theoretical bibliography.

**AA 37** Perus, Françoise. "Algunas consideraciones histórico-teóricas para el estudio del cuento." Plural 16.9 (1987): 37-39. Unable to annotate.

**AA 38**  Pezzoni, Enrique. "Transgresión y normalización en la narrativa." <u>Revista de Occidente</u> 100 (1971): 172-91.  Rpt. in Pezzoni, <u>El texto y sus voces</u> (Buenos Aires: Editorial Sudamericana, 1986), 9-27.
Interesting study of the "tradition of rupture" in Argentine narrative, focusing on the processes of auto-exegesis in Borges, Marechal and Cortázar.

**AA 39**  Picón Salas, Mariano. "Cuento de cuentos." <u>Asomante</u> 2.1 (1946): 44-49.
Unable to annotate.

**AA 40**  Piglia, Ricardo. "El jugador de Chejov: Tesis sobre el cuento." <u>Clarín: Cultura y Nación</u> 6 November 1986: 1-2.
Interesting consideration of "Chinese box" structure in the short story, with examples from Chehov, Poe, Hemingway and Borges.

**AA 41**  Pupo-Walker, Enrique. "El cuadro de costumbres, el cuento y la posibilidad de un deslinde." <u>Revista Iberoamericana</u> 44.102-03 (1978): 1-15.
Important article on questions of definition in early history of the genre in Spanish America.

**AA 42**  Quiroga, Horacio. "Decálogo del perfecto cuentista." "La retórica del cuento." <u>Cuentos</u>.  Ed. Emir Rodríguez Monegal.  Caracas: Biblioteca Ayacucho, 1981.  307-310.
Influential writings on the genre by the Uruguayan master.

**AA 43**  Rest, Jaime. "Diagnóstico de la novela policial." <u>Crisis</u> 15 (1974).
Unable to annotate.

**AA 44**  Rest, Jaime. <u>Novela, cuento, teatro: apogeo y crisis</u>. Buenos Aires: Centro Editor de América Latina, 1971.  108 pp.
A learned consideration of questions of definition of the genre, place of oral narrative, development of the genre from the medieval story to the modern short story.  Oddly, almost no mention is made of the Spanish American short story.

**AA 45**  Reyes, Graciela. <u>Polifonía textual: La citación en el relato literario</u>. Estudios y ensayos, 340. Madrid: Gredos, 1984.  290 pp.
Sophisticated discussion of narratological functions of quotation, polyphony and indirect free style, with most examples from Borges, Cortázar and García Márquez, by the Argentine critic.

**AA 46**  Sáenz, Dalmiro. <u>El oficio de escribir cuentos</u>. Buenos Aires: Emecé, 1968. 203 pp.
Commentary by the Argentine writer on a number of his own stories, with observations on short story technique.

**AA 47**  Selva, Pedro. "La novela y el cuento." <u>Atenea</u> 23.252 (1946): 311-18.
Discussion of question of definition of the short story as opposed to the novel. Selva emphasizes the importance of condension, surprise endings and plot construction.

**AA 48** Serra, Edelweis. <u>Estructura y análisis del cuento</u>. Santa Fe: Universidad del Litoral, 1966. 199-232.
Thirty page essay.    Stylistic and structural analysis of stories by Quiroga ("La insolación") and Borges ("El Sur").

**AA 49** Serra, Edelweis. <u>Tipología del cuento literario: Textos hispanoamericanos</u>. Madrid: Cupsa Editorial, 1978.  199 pp.
Excellent introduction to questions of short story technique and theory, with examples drawn from Spanish American authors from Arévalo Martínez and Quiroga to the present.

# BB. General Criticism, Literary History, Bibliography

**BB 1** Adoum, Jorge Enrique. "Los cuentos de hadas y su transplante a América Latina." <u>Casa de las Américas</u> 175 (1989): 73-81.
On fairy tales.

**BB 2** Aponte, Barbara B. "El rito de la iniciación en el cuento hispanoamericano." <u>Hispanic Review</u> 51.2 (1983): 129-46.
A rather thin article on images of children in the genre, following the molds of archetypal criticism. Discussion of stories by Donoso, García Márquez and Roa Bastos.

**BB 3** Aronne Amestoy, Lida. <u>América en la encrucijada de mito y razón: introducción al cuento epifánico latinoamericano.</u> Buenos Aires: Fernando García Cambeiro, 1976.
A study of Borges and others, using structuralist and archetypal criticism.

**BB 4** Barbagelata, Hugo D., ed. and intro. <u>La novela y el cuento en Hispanoamérica</u>. Montevideo: Enrique Miguez, 1947. 319 pp. Organized by groupings of countries: 1) Chile, Peru, Bolivia, 2) Argentina, Uruguay, Paraguay, 3) Colombia, Venezuela, Ecuador, 4) Mexico, 5) Cuba, Santo Domingo, Puerto Rico, and 6) Central America. A cursory overview of literary history.

**BB 5** Bazán, Juan F. <u>Narrativa paraguaya y latinoamericana</u>. Asunción: Casa América, 1976. 642 pp.
Miscellaneous essays on the novel and the short story. The first quarter of the book focuses on Paraguayan authors (including Casaccia and Roa Bastos), while the rest takes up a great variety of Spanish American and Brazilian authors.

**BB 6** Brushwood, John. "The Spanish American Short Story from Quiroga to Borges." <u>The Latin American Short Story: A Critical History</u>. Ed. Margaret Sayers

Peden. Twayne's Critical History of the Short Story. Boston: G. K. Hall, 1973. 71-96.

**BB 7**  Bueno, Salvador. "El cuento actual en la América hispana." La letra como testigo. Santa Clara (Cuba): Universidad Central de Las Villas, 1957. 127-43.
A 1953 article in which the Cuban critic and anthologist surveys the 'criollista' and the 'subjective' or 'psychological' tendencies in the Spanish American short story since Quiroga.

**BB 8**  Bueno, Salvador. "El cuento en Hispano-América." Cultura (El Salvador) 7 (1956): 137-44.
Brief history of the genre from Quiroga to Labrador Ruiz.

**BB 9**  Campos, Jorge.  "Divagaciones desde España en torno al cuento hispanoamericano." El cuento hispanoamericano ante la crítica. Ed. Enrique Pupo-Walker. Madrid: Editorial Castalia, 1973. 371-83.
General discussion of the importance of Spanish American experiments with the fantastic and other techniques leading to the "superación del realismo."

**BB 10**  Coddou, Marcelo.  "Del cuento naturalista al superrealista en Hispanoamérica." Nueva Narrativa Hispanoamericana 2.1 (1972): 196-98.
Brief review essay on Mario Rodríguez's anthology, Cuentos hispanoamericanos (1970).

**BB 11**  Earle, Peter G.  "Dreams of Creation: Short Fiction in Spanish America." University of Denver Quarterly 12.3 (1977): 67-79.
General survey from "El matadero" to García Márquez, directed to non-specialist audience.

**BB 12**  Escobar, Alberto. "Incisiones en el arte del cuento modernista." Patio de letras. Caracas: Monte Avila, 1971. 167-209.
Discussion of stories by Clemente Palma, Manuel Beingolea and Ventura García Calderón. There is also a Peruvian edition published by Caballo de Troya, in which a shorter version of this essay appears on 236-42.

**BB 13**  Fleak, Kenneth. "Latin American Short Fiction." Studies in Short Fiction 20.4 (1983): 297-306.
Unable to annotate.

**BB 14**  Flores, Angel. "Los cuentos de hoy." Américas (1956): 36-37.
Brief review article on nine volumes including, oddly enough, Pedro Páramo, which Flores here considers a short story ("el cuento Pedro Páramo, que la mayoría de los críticos ha dado en llamar novela"), although he does not explain his reasons for classifying it as such. The authors of the other collections are Oscar Castro, Enrique Bunster, Mauricio Magdaleno, Eduardo Mallea, Manuel Peyrou, Alberto Girri and Ezequiel Vieta.

**BB 15**  Flores, Angel. "Magic Realism in Spanish American Fiction." Hispania 38.2 (1955): 187-192.

Influential essay introduced this much debated concept.

**BB 16** Flores, Angel, ed. El realismo mágico en el cuento hispanoamericano. La Red de Jonás, Estudios, 18. Tlahuapan, Mexico: Premiá, 1985. 274 pp.
This collection includes Flores's important essay on magic realism (1955) as well as essays by Ghiano, Bratosevich, Yurkievich, Jitrik, Ruffinelli and others. Also includes texts of stories by Lugones, Quiroga, Onetti and others, considered by Flores to be examples of this current in Spanish American short fiction.

**BB 17** Foster, David William. Studies in the Contemporary Spanish-American Short Story. Columbia: University of Missouri Press, 1979. 126 pp.
A study of narrative écriture, with chapters on Borges, Rulfo, García Márquez, Cortázar, Benedetti and Cabrera Infante.

**BB 18** Foster, Jerald. "Towards a Bibliography of Latin American Short Story Anthologies." Latin American Research Review 12.2 (1977): 103-8.
Annotated list of more than fifty anthologies.

**BB 19** Fraser, Howard M. "The Structure of Violence in Contemporary Spanish-American Short Fiction." Critical Survey of Short Fiction. Englewood Cliffs: Salem, 1981. 2: 690-705.
Considers use of violence in climactic moments of stories, from "El matadero" to Quiroga to García Márquez.

**BB 20** Garavito, Julián. "América en Europa: Un coloquio en la Sorbona sobre el cuento latinoamericano actual." Boletín Cultural y Bibliográfico (Bogotá) 18.1 (1981): 182-87.
Report on a conference in Paris in 1980 where papers were read by Sicard, Menton, Pollmann, Rodríguez Monegal, Elena Araujo and others.

**BB 21** Gilgen, Read G. "Absurdist Humor in the Spanish American Short Story." Perspectives on Contemporary Literature 7 (1981): 81-87.
Brief article that uses Bergson, Jarry and others to talk about the function of laughter and of black humor in such writers as Piñera, Arreola and Cortázar.

**BB 22** Gilgen, Read G. "The Short Story of the Absurd: Spanish America's Contribution to Absurdist Literature." Romance Notes 18 (1977): 164-68.
Brief note, nearly identical to the previous item but with fewer examples.

**BB 23** Harss, Luis. "The Story as Poem." The Contemporary Latin American Short Story. Ed. Rose S. Minc. New York: Senda Nueva de Ediciones, 1979. 11-20.
Discussion of "poetic radiance," tension and concentration in the short story, with examples from Felisberto Hernández, Borges, Cortázar and Fuentes.

**BB 24** Iznaga, Alcides. "Notas sobre el cuento." Islas (Santa Clara, Cuba) 2 (1959).
Unable to annotate.

**BB 25** Jiménez, José Olivio. Estudios críticos sobre la prosa modernista hispanoamericana. New York: Eliseo Torres, 1975.

Unable to annotate.

**BB 26**  König, Irmtrud.  La formación de la narrativa fantástica hispanoamericana en la época moderna.  Frankfurt am Main: Peter Lang, 1984.  327 pp.
A discussion of the fantastic, largely though not exclusively focusing on the short story.  Deals with romantic, pre-modernist and modernist writers, ending with Quiroga.

**BB 27**  Lagmanovich, David.  "Images of Reality: Latin American Short Stories of Today."  Dispositio 9.24-26 (1984): 53-63.
Disjointed comments on stories by Quiroga, Borges, García Márquez, Cortázar and Pacheco, with brief comment at the end on the ways in which these stories violate readers' expectations with regard to story plots and characters.

**BB 28**  Lastra, Pedro.  El cuento hispanoamericano del siglo XIX: Notas y documentos.  Garden City: Helmy Giacoman, 1972.  76 pp.
Consists of four essays: "El cuadro de costumbres y el cuento durante el romanticismo," "La iniciación realista," "Ricardo Palma y las Tradiciones peruanas" and "Primeras manifestaciones del naturalismo."

**BB 29**  Leal, Luis.  El cuento hispanoamericano.  Enciclopedia Literaria, 8.  Buenos Aires: Centro Editor de América Latina, 1967.  58 pp.
The first three chapters discuss questions of definition, and the relation of the genre to the costumbrista sketch.  A brief chapter is devoted to Ricardo Palma, and another to Horacio Quiroga.  The remaining ten chapters discuss different periods, tendencies and subgenres such as modernismo, criollismo, the avant garde, social realism, magic realism and neo-realism.  Biblio.

**BB 30**  Leal, Luis.  Historia del cuento hispanoamericano.  Historia Literaria de Hispanoamérica, 2.  Mexico City: Ediciones de Andrea, 1966.  175 pp.
This book, like others in the Ediciones de Andrea series, consists largely of lists of authors and works, but is the only traditional literary history of the genre with such broad scope.

**BB 31**  Lida de Malkiel, María Rosa.  El cuento popular hispanoamericano y otros ensayos.  Buenos Aires: Facultad de Filosofía y Letras de la Universidad de Buenos Aires, 1941.
Though the title of the main essay makes it sound like this is a study of the short story in Spanish America, this is really a study of the roots of Spanish oral narrative in the classical and medieval traditions, with a few observations about the appearance of motifs of oral narrative in such Spanish American works as Sarmiento's Facundo.  There is no consideration of the modern genre of the short story as such.

**BB 32**  Lindstrom, Naomi.  "The Spanish American Short Story from Echeverría to Quiroga."  The Latin American Short Story: A Critical History.  Ed. Margaret Sayers Peden.  Twayne's Critical History of the Short Story.  Boston: G. K. Hall, 1973.  35-70.
Useful survey.

**BB 33** Liscano, Juan. "El cuento hispano-americano." <u>Revista Nacional de Cultura</u> 20 (1958): 7-14.
Comments on the importance of the short story genre in Spanish America and its relative lack of importance in Europe. Overly general comments on numerous Spanish American authors.

**BB 34** Martínez, Juana. "El cuento hispanoamericano del siglo XIX." <u>Historia de la literatura hispanoamericana. Vol. 2: Del neoclasicismo al modernismo.</u> Ed. Luis Iñigo Madrigal. Madrid: Cátedra, 1987. 229-243.
Consideration of "el cuento sentimental," "el cuento fantástico" and "el cuento social." See also the following articles on Jotabeche, Guillermo Prieto, Palma and Fray Mocho.

**BB 35** Matlowsky, Bernice D. <u>Antologías del cuento hispanoamericano: guías bibliográficas.</u> Intro. Ermilo Abreu Gómez. Monografías Bibliográficas 3. Washington: Unión Panamericana, División de Filosofía, Letras y Ciencias, 1950. 47 pp.
A brief bibliographical guide, now very out of date.

**BB 36** McMurray, George R. "The Spanish American Short Story from Borges to the Present." <u>The Latin American Short Story: A Critical History.</u> Ed. Margaret Sayers Peden. Twayne's Critical History of the Short Story. Boston: G. K. Hall, 1973. 97-137.
Useful survey.

**BB 37** Minc, Rose, ed. <u>The Contemporary Latin American Short Story.</u> New York: Senda Nueva de Ediciones, 1979. 157 pp.
Proceedings of a conference held in New Jersey in 1978. Most of the articles are studies of specific authors or stories (e. g. Diana Sorensen Goodrich on <u>Octaedro</u> and María Luisa Bastos on Elvira Orphée). The general essays by Luis Harss, José Sanchez-Boudy and John Beverley are listed separated in this bibliography.

**BB 38** Moncada, Adriana. "El cuento ideal es el que no tiene palabras de sobra: Edmundo Valadés." <u>Unomásuno,</u> 22 February 1990, 26.
Interview with the editor of <u>El cuento</u> on the occasion of his seventy-fifth birthday. Includes discussion of the history of the magazine and hints on how to write short stories.

**BB 39** Monsiváis, Carlos. "Ustedes que nunca han sido asesinados." <u>Revista de la Universidad de México.</u> (March 1973)
A study of the genre of the detective story, with comments on Spanish American examples.

**BB 40** Muñoz, Antonio. "Notas sobre los rasgos formales del cuento modernista." <u>El cuento hispanoamericano ante la crítica.</u> Ed. Enrique Pupo-Walker. Madrid: Castalia, 1973. 50-63.
Useful survey of the short stories of Darío and his contemporaries, though not as formalist as the title implies.

**BB 41**  Peden, Margaret Sayers. "The Arduous Journey." <u>Symposium on the Short Story</u>. Lubbock: Texas Tech University Press, 1981.
Unable to annotate.

**BB 42**  Peden, Margaret Sayers, ed. <u>The Latin American Short Story: A Critical History</u>. Twayne's Critical History of the Short Story. Boston: G. K. Hall, 1973.
Includes articles by David William Foster, Naomi Lindstrom, John Brushwood and George McMurray. Useful survey.

**BB 43**  Pérez, Janet, and Genaro J. Pérez, eds. and intro. "Hispanic Short Story." Special issue of the <u>Monographic Review/Revista Monográfica</u> 4 (1988). 229 pp.
Includes articles on a variety of Spanish and Spanish American writers, including Rulfo, Arreola, Arévalo Martínez, Garro, Galindo, Valenzuela, Brunet, Ocampo, Castellanos and Bioy Casares.

**BB 44**  Pollman, Leo. "Función del cuento latinoamericano." <u>Revista Iberoamericana</u> 48.118-19 (1982): 207-15.
Confused discussion of questions of definition of genre, of the Latin American identity of Latin American literature, of Palma, Borges, Roa Bastos and others, of the relation between the novel and the short story.

**BB 45**  Polo García, Victorino. "La formalización del cuento hispanoamericano." <u>Cuadernos para Investigación de la Literatura Hispánica</u> 1 (1978): 99-119.
Thin formalist study of stories by Agustín, Arreola, Bombal and others.

**BB 46**  Portuondo, José Antonio. "Lino Novás Calvo y el cuento hispanoamericano." <u>Cuadernos Americanos</u> 6.5 (1947): 245-63.
Important article by the Cuban critic, the first half of which is a general consideration of the genre from Quiroga to Borges and Piñera; the discussion of Novás Calvo focuses on questions of technique.

**BB 47**  Portuondo, José Antonio. "Whodunits en América." <u>Américas</u> 6.8 (19 August 1954).
Brief note on crime fiction.

**BB 48**  Prenz, Juan Octavio. "Apuntes para una tipología del cuento hispanoamericano." <u>Palinure</u> 3 (1987): 62-69.
Unable to annotate.

**BB 49**  Pupo-Walker, Enrique. "The Contemporary Short Fiction of Spanish America: An Introductory Note." <u>Studies in Short Fiction</u> 8.1 (1971): 1-8.
Good intro. to history of the genre in Spanish America.

**BB 50**  Pupo-Walker, Enrique, ed. and intro. <u>El cuento hispanoamericano ante la crítica</u>. Madrid: Editorial Castalia, 1973. 383 pp.
Includes articles by Arrom, Pupo-Walker, Alazraki, Anderson Imbert, Rodríguez Monegal and numerous others. Those contributions not dealing with single authors are listed separately here. Widely consulted collection.

**BB 51**    Pupo-Walker, Enrique.    "El cuento modernista: su evolución y características."    Historia de la literatura hispanoamericana.    Vol. 2: Del neoclasicismo al modernismo. Ed. Luis Iñigo Madrigal. Madrid: Castalia, 1987. 515-22.
Excellent survey.

**BB 52**    Pupo-Walker, Enrique.    "Mutaciones de la relación ocasional en el siglo XIX: Precisiones conceptuales sobre el cuadro de costumbres y el cuento literario." La vocación literaria del pensamiento histórico en América: Desarrollo de la prosa de ficción: Siglos XVI, XVII, XVIII y XIX. Madrid: Editorial Gredos, 1982. 191-212.
Useful discussion of early history of the genre in Spanish America.

**BB 53**    Pupo-Walker, Enrique.    "Prólogo: Notas sobre la trayectoria y significación del cuento hispanoamericano." El cuento hispanoamericano ante la crítica.    Ed. Enrique Pupo-Walker. Madrid: Editorial Castalia, 1973. 9-21.
Succinct discussion of history of genre in Spanish America, principal authors, tendencies and subgenres.

**BB 54**    Pupo-Walker, Enrique, ed. Studies in Short Fiction 8.1 (1971).
Issue on modern Latin American short story.    Later appeared in somewhat different Spanish version as El cuento hispanoamericano ante la crítica.

**BB 55**    Rueda, Ana.    'El cuento hispanoamericano actual: operaciones de desmantelamiento.' Insula 512-13 (1989): 29-30.
Focuses on technical innovations in the genre, with reference made to Bareiro Saguier, Peri Rossi, Valenzuela and others.

**BB 56**    Samayoa Chinchilla, Carlos.    "Pequeño viaje por el país del cuento." Estudios Centro Americanos 4 (1949): 1273-79.
Wide-ranging survey of the genre, including discussion of ancient and medieval traditions.    Last three pages consist of series of paragraphs devoted to Spanish American authors from Ricardo Palma to Alfonso Hernández Catá.

**BB 57** Sánchez, José. "El cuento hispanoamericano." Revista Iberoamericana 16.31 (1950): 101-22.
Very poorly written survey of genre from Palma to Espínola, in which author asserts that short stories serve as barometers to help us get acquainted with a country and its people.

**BB 58**    Undurraga, Antonio de.    "Aportación de Latinoamérica al cuento de Occidente." Cuadernos del Congreso por la Libertad de la Cultura (Paris) 53 (1961): 159-65.
Largely consists of lists of writers, titles and dates.

**BB 59**    Wheelock, Carter.    "Fantastic Symbolism in the Spanish American Short Story. Hispanic Review 48.4 (1980): 415-34.

Discussion of what is here termed the "primal fantastic" in short stories of Montalvo, Darío, Quiroga, Murena and Fuentes.  Borges and Cortázar are excluded from consideration.

**BB 60**  Yates, Donald A.  "The Spanish American Detective Story."  <u>Modern Language Journal</u> 40.5 (1956): 228-32.
A brief overview of the detective story in Mexico, Chile, Uruguay and Argentina.

# CC. Regions of Latin America: Secondary Literature

**CC 1** Echeverría, Evelio. "El nuevo cuento hispanoamericano: Bolivia y Uruguay." Revista de Estudios Hispánicos 7 (1973): 97-104.
A review of two anthologies, one of the national tradition in each of the countries: Mariano Baptista Gumucio's Narradores bolivianos and Rubén Cotelo's Narradores uruguayos. No attempt is made to bridge the gap between the two traditions.

**CC 2** Lindo, Hugo. "Tres cuentistas centroamericanos." Revista ECA (San Salvador) 5.45 (1950): 18-24.
Discussion of Samayoa Chinchilla, Salarrué and Salazar Herrera.

**CC 3** Meléndez, Concha. "El cuento en Cuba y Puerto Rico: Estudio sobre dos antologías." Revista Hispánica Moderna 24.2-3 (1958): 201-12.
A review article on two anthologies, with discussion of the Cuban writers organized by thematic content (prisoners, blacks, independence, revolution etc.), while discussion of the Puerto Rican writers is organized by generations.

**CC 4** Orantes, Alfonso. "El cuento en Centroamérica." Cultura (San Salvador) 32 (1964): 42-50; 33 (1964): 40-49.
Survey of history of the genre in the Central American republics since nineteenth century costumbrismo. Little space is devoted to discussion of each writer.

**CC 5** Piñeiro de Rivera, Flor, and Isabel Freire de Matos. Literatura infantil caribeña: Puerto Rico, República Dominicana y Cuba. Hato Rey: Boriken Libros, 1983. 123 pp.
Contains extensive biblio. and brief critical discussion of childen's literature from the three countries.

**CC 6** Villalpando Gutiérrez, Jorge. El cuento centroamericano contemporáneo. Mexico City: Universidad Iberoamericana, 1961. 154 pp.
Discussion of history of the genre, social realism, the fantastic and humor.

# DD. Argentina:
# Secondary Literature

**DD 1** Braceras, Elena, Cristina Leytour, and Susana Pittella. <u>El cuento policial argentino: Una propuesta de lectura productiva para la escuela secundaria</u>. Buenos Aires: Editorial Plus Ultra, 1986. 245 pp.
Fascinating discussion of the how crime fiction (and other popular genres) can be used in secondary schools. Includes an anthology of detective stories: Norberto Firpo's "El suicidio perfecto," Isaac Aisemberg's "Jaque mate en dos jugadas," Juan C. Brusasca's "Aguardando el ladrón," Velmiro Ayala Gauna's "La justicia de don Frutos," Manuel Peyrou's "La Delfina," Rodolfo Walsh's "Simbiosis," Alberto Vanasco's "Sombra para los párpados," Adolfo Pérez Zelaschi's "El misterio de la muerte del capitán Robles" and "Fuga." Also includes discussion of two of the stories, and suggestions for creative writing classes in crime fiction.

**DD 2** Burguín, Miguel. "El relato policial argentino." <u>La Razón</u>, 29 July 1961.
Unable to annotate.

**DD 3** Bustos, Marta. "El cuento. 1930-1959: 2." <u>Historia de la literatura argentina</u>. Ed. Susana Zanetti. Buenos Aires: Centro Editor de América Latina, 1982. 4: 241-64.
Emphasis on folkloric and regionalist stories by Canal Feijóo, Ovejero, Echagüe, Rojas Paz and others.

**DD 4** Castellanos, Luis Arturo. <u>El cuento en la Argentina</u>. Santa Fe: Editorial Colmegna/ Rosario: Instituto Argentino de Cultura Hispánica de Rosario, 1967. 68 pp.
Discussion of social realism, the fantastic, and other tendencies, with focus on younger writers: Heker, Poletti, Costantini and others.

**DD 5** Dellepiane, Angela B. "Narrativa argentina de ciencia ficción: Tentativas liminares y desarrollo posterior." <u>Actas del IX Congreso de la Asociación</u>

Internacional de Hispanistas. Ed. Sebastián Neumeister. Frankfurt: Vervuert, 1989.
2: 515-25.
Discussion of science fiction.

**DD 6** Estrella Gutiérrez, Fermín. "El cuento." Panorama sintético de la literatura argentina. Santiago de Chile, 1938. 69-76.
Brief and very superficial essay, mostly consisting of lists of works, themes and authors.

**DD 7** García, Germán. "El cuento." La novela argentina. Un itinerario. Buenos Aires: Editorial Sudamericana, 1952. 269-94.
Though a bit out of a place in a book on the novel, García's essay is a good survey of the short story from Echeverría to Martínez Estrada, organized by theme.

**DD 8** Giusti, Roberto F. "La novela y el cuento argentinos." Nosotros 57.219-220 (1927): 78-99.
Mostly focuses on the novel, though stories by Güiraldes and others are mentioned.

**DD 9** Kleins, Pablo. "Die argentinische Kurzgeschichte." Die Neuren Sprachen 13 (1964): 249-52.
Brief discussion of Quiroga, Lugones, Borges, Bioy Casares and Cortázar.

**DD 10** Lafforgue, Jorge, and Jorge B. Rivera. "La narrativa policial en la Argentina." Historia de la literatura argentina. Ed. Susana Zanetti. Buenos Aires: Centro Editor de América Latina, 1982. 5: 337-60.
Discussion of crime fiction from Holmberg and Quiroga to Piglia, Soriano and Walsh. Good biblio.

**DD 11** Latcham, Ricardo A. "Apuntaciones sobre el relato argentino." BIN 44 (1952): 7-9.
Unable to annotate.

**DD 12** Mastrángelo, Carlos. El cuento argentino, contribución al conocimiento de su historia, teoría y práctica. Buenos Aires: Editorial Nova, 1963. 190 pp. [2nd. ed., 1975, 190 pp.]
A poorly written, extraordinarily belligerent study, which won a prize in 1961 from the Sociedad Argentina de Escritores. Disjointed essays on various short story anthologies, on questions of definition, on short story theory, and on the avant garde short story.

**DD 13** Mazzei, Angel. "Algunos rasgos del cuento en la literatura argentina." Comentario 48 (1966): 94-98.
Brief discussion of genre in Argentina including Echeverría's "El matadero," the "regionalismo inteligente" or Joaquín V. González, Fray Mocho, Lucio V. López and others, and ending with Payró and Quiroga.

**DD 14** Pesante, Edgardo A. El cuento en la literatura argentina. Santa Fe: Universidad Nacional del Litoral, 1968. 195-218.

Brief essay on definition of the genre, place of genre in literary history, history of genre in Spanish America and specifically in Argentina, general comments on a few major authors.

**DD 15** Pesante, Edgardo A. El cuento literario en Santa Fe. Santa Fe: Dirección de Cultura, 1969.
Unable to annotate.

**DD 16** Ramírez, Rodolfo J. "Diez años y diez cuentos policiales." El Búho 5 (1963).
Unable to annotate.

**DD 17** Revol, E. L. "La literatura fantástica argentina." Sur 348 (1981): 35-40.
Though there is reference in the article to the work of Borges, Bioy Casares and Wilcock (and more briefly to Cortázar and Silvina Ocampo), about half the article is a discussion of Anderson Imbert.

**DD 18** Rojas, Elena M. "Lenguaje y realidad regional en los cuentos del noroeste argentino." Estudios Filológicos 18 (1983): 85-95.
Lexical and stylistic analysis of stories by writers from the region including Foguet, Juan José Hernández and Lagmanovich.

**DD 19** Romano, Eduardo. "El cuento. 1900-30." Historia de la literatura argentina. Ed. Susana Zanetti. Buenos Aires: Centro Editor de América Latina, 1981. 3: 457-80.
Emphasis on "nativismo." Discussion of Payró, Lynch, Güiraldes, Lugones, Enrique González Tuñón and others.

**DD 20** Romano, Eduardo. "El cuento. 1930-1959: 1." Historia de la literatura argentina. Ed. Susana Zanetti. Buenos Aires: Centro Editor de América Latina, 1982. 4: 217-40.
Discussion of "cuento pampeano" and "cuento realista y de denuncia social": Eandi, Amorim, Agosti, Barletta, Verbitsky and others.

**DD 21** Romano, Eduardo. "El cuento. 1930-1959: 3." Historia de la literatura argentina. Ed. Susana Zanetti. Buenos Aires: Centro Editor de América Latina, 1982. 4: 265-88.
Discussion of expressionism (Arlt, Onetti, Kordon), "la línea impresionista, rilkeana, neorromántica" (Wilcock, Delfino, Pérez Zelaschi), the Sur group (Borges, Bioy Casares, Mallea, Anderson Imbert, Mujica Láinez) and Cortázar.

**DD 22** Sarlo, Beatriz. "Panorama del cuento." Historia de la literatura argentina. Ed. Susana Zanetti. Buenos Aires: Centro Editor de América Latina, 1980. 1: 25-48.
Excellent overview of the genre in Argentina. The third, fourth and fifth volumes of the same collection contain more detailed articles by Eduardo Romano, Marta Bustos and others on the history of the genre in the twentieth century.

**DD 23** Seminario de crítica literaria Raúl Scalabrini Ortiz. "El cuento. 1959-1970." Historia de la literatura argentina. Ed. Susana Zanetti. Buenos Aires: Centro Editor de América Latina, 1982. 5: 265-312.
Discussion of the Boom, social and political fiction, regionalist fiction, crime fiction and science fiction from the period, including such authors as Saer, Blaisten, Heker, Walsh, Conti, Piglia and Orphee. The group that wrote the essays consisted of Eduardo Romano, Marta Bustos, Graciela Mantinian, Patricia Terrero, Roberto Di Benedetto, Amelia Phillips and Silvia Andryseca de Seitz.

**DD 24** Soto, Luis Emilio. "El cuento." Historia de la literatura argentina. Ed. Rafael Alberto Arrieta. Buenos Aires: Peuser, 1959. 4: 285-450.
Book length essay on history of genre in Argentina from Fray Mocho to Mujica Lainez and Verbitsky.

**DD 25** Suárez Calimano, Emilio. "Directrices de la novela y el cuento argentino (1920-1932)." Nosotros 27.295 (1933): 337-70.
Mostly focuses on the novel. Last five pages contain brief discussions of short stories by Arlt, Cancela, Mariani and others.

**DD 26** Tijeras, Eduardo. Relato breve en Argentina. Madrid: Ediciones Cultura Hispánica, 1973. 169 pp.
A general survey focusing on the period since the 1920s. Well-informed traditional literary history.

**DD 27** Trevia Paz, Susana N. Contribución a la bibliografía del cuento fantástico argentino en el siglo XX. Compilaciones Especiales, 29-30. Buenos Aires: Bibliografía Argentina de Artes y Letras, Fondo Nacional de las Artes, 1966. 49 pp.
Biblio. focuses on the following authors: Enrique Anderson Imbert, Adolfo Bioy Casares, Jorge Luis Borges, Julio Cortázar, Santiago Dabove, Macedonio Fernández, Alberto Girri, Leopoldo Lugones, Silvina Ocampo, Manuel Peyrou, Juan Pinto and Horacio Quiroga. The biblio. on each author includes a list of books including fantastic stories, stories included in various anthologies of the fantastic, stories published in newspapers and magazines and a biblio. of criticism on the author.

# EE. Bolivia:
# Secondary Literature

**EE 1** Alcázar V., Reinaldo M. <u>El cuento social boliviano.</u> La Paz: Editorial e Imprenta Alenkar, 1981. 378 pp.
Very useful discussion of the short story in Bolivia since 1935, focusing on the themes of the Chaco War, the Revolution and its aftermath.

**EE 2** Castañón Barrientos, Carlos. <u>Cuento y realidad (Literatura boliviana).</u> La Paz: Empresa Editora Universo, 1986. 150 pp.
Discussion of stories is organized around the following themes: "Presencia de mitos locales," "Carácter fatídico de la chola," "La Naturaleza, elemento hostil," "Villa Miseria boliviana," "Rebeldía estudiantil," "El indio en la ciudad, en la selva chaqueña y en el Altiplano," "Visión realista del medio popular" and "Tradiciones y relatos de brujerías."

**EE 3** Guzmán, Augusto. "El cuento." <u>Panorama de la literatura boliviana del siglo XX.</u> Cochabama: Editorial Los Amigos del Libro, 1967. 20-23.
Superficial and very brief discussion.

**EE 4** Medinaceli, Carlos. "El cuento en Bolivia." <u>Kollasuyo</u> 32 (1942): 11-32.
Review of an anthology (Raúl Botelho Gosálvez's <u>Cuentos bolivianos</u>), followed by a short essay on the evolution of the genre in Bolivia.

**EE 5** Meza, Jorge E. <u>Novelistas y cuentistas bolivianos.</u> Intro. Carlos Castañón Barrientos. La Paz: José Camarlinghi, 1970. 161 pp.
The section on short story writers includes brief discussions of Alcides Arguedas, Oscar Alfaro, Juan Francisco Bedregal, Raúl Botelho Gosálvez, Adolfo Costa Du Rels, Oscar Cerruto, Porfirio Díaz Machicao, Alvaro Pinedo Antezana and Gastón Suárez.

**EE 6** Ortega, José. <u>Narrativa boliviana del siglo XX.</u> La Paz: Editorial Los Amigos del Libro/Werner Guttentag, 1984. 125 pp.

Discussion of Renato Prada Oropeza and others (novelists as well as writers of short stories), with particular attention to the theme of the miner.

**EE 7**  Pastor Poppe, Ricardo.  Escritores bolivianos contemporáneos.  La Paz: Editorial Los Amigos del Libro, 1980.  197 pp.
Includes brief discussions of 11 short story writers.

**EE 8**  Prada, Ana Rebeca.  "El cuento contemporáneo de la represión en Bolivia." Tendencias actuales en la literatura boliviana.  Ed. Javier Sanjinés C.  Minneapolis: Institute for the Study of Ideologies and Literatures, 1985.  55-74.
Useful discussion of stories about torture and repression.

**EE 9**  Rivera-Rodas, Oscar.  La nueva narrativa boliviana: aproximación a sus aspectos formales.  La Paz: Ediciones Camarlingi, 1972.  228 pp.
A study of both the novel and the short story in Bolivia in the late sixties and early seventies, focusing on style, content and structure.

**EE 10**  Siles, Juan Ignacio.  "El cuento y la difícil coexistencia boliviana."  Ensayistas 20-21 (1986): 161-73.
Thematic study of representation of social conflict in the short story, organized around topics: 'El indigenismo,' 'El Oriente,' 'El cuento minero,' 'La guerrilla,' 'La cuentística urbana.'

**EE 11**  Torrico Arroyo, Wilma, and Rubén Vargas Portugal.  "Indice bibliográfico de libros de cuentos bolivianos publicados entre 1960-1980."  Tendencias actuales en la literatura boliviana.  Ed. Javier Sanjinés C.  Minneapolis: Institute for the Study of Ideologies and Literatures, 1985.  265-73.
Bibliography lists 128 collections of short stories.  Not annotated.

# FF. Brazil:
# Secondary Literature

**FF 1** Andrade, Euclides Marques. "Retrato tres por quatro do conto brasileiro via Varginha." <u>Minas Gerais, Suplemento Literário</u> 14.769 (27 June 1981): 2. Unable to annotate.

**FF 2** Antonio, João. "Situação do conto brasileiro moderno, IV." <u>Minas Gerais, Suplemento Literário</u> 14.758 (11 April 1981): 1-2. Unable to annotate.

**FF 3** Brasil, Francisco de Assis. "Situação do conto brasileiro moderno, VI." <u>Minas Gerais, Suplemento Literário</u> 14.765 (30 May 1981): 1-2. Unable to annotate.

**FF 4** Carneiro, Caio Porfirio. "Situação do conto brasileiro moderno, II." <u>Minas Gerais, Suplemento Literário</u> 14.754 (14 March 1981): 1. Unable to annotate.

**FF 5** Cavalheiro, Edgard. <u>Evolução do conto brasileiro</u>. Rio de Janeiro: Ministério da Educação e Cultura, Serviço de Documentação, 1954. 47 pp. Much less general than the title suggests, this consists mostly of an essay on Valdomiro Silveira, "pai do conto regional brasileiro."

**FF 6** Coelho, Nelly Novaes, et al. <u>Seminario João Alphonsus: A ficção mineira de Bernardo Guimarães aos primeiros modernistas</u>. Belo Horizonte: Conselho Estadual de Cultura de Minas Gerais/Imprenta Oficial, 1982. 194 pp. Contains the following essays: Nelly Novaes Coelho, Sertanismo e regionalismo: Bernardo Guimarães. Letícia Malard, O conto regional: Afonso Arinos. Fábio Lucas, O realismo-naturalismo de Júlio Ribeiro. Wander Melo Miranda, Ficção poética e de atmosfera: Cornelio Pena e Lúcio Cardoso. Fernando Correia Dias, O romance urbano em Belo Horizonte: primeiros tempos. Also includes discussion of the various papers.

**FF 7** Coutinho, Edilberto. "Situação do conto brasileiro moderno, XII." Minas Gerais, Suplemento Literário 14.781 (19 September 1981): 1-2.
Unable to annotate.

**FF 8** D'Onofrio, Salvatore, et al. Conto brasileiro: quatro leituras (Machado de Assis, Graciliano Ramos, Guimarães Rosa, Osman Lins). Petrópolis: Editora Vozes, 1979. 124 pp.
Brief collective intro., followed by these essays: Salvatore D'Onofrio, A ironia do destino no conto machadiano. Antonio Manoel dos Santos Silva, As antecipações num conto de Graciliano Ramos. Tieko Yamaguchi Miyazaki, A antecipação e a sua significação simbólica em "São Marcos," de Guimarães Rosa. Ismael A. Cintra, O texto movediço: a propósito de "Conto barroco ou unidade tripartita," de Osman Lins.

**FF 9** Elias, José. "Situação do conto brasileiro moderno, XV." Minas Gerais, Suplemento Literário 14.788 (7 November 1981): 1-2.
Unable to annotate.

**FF 10** Ferreira, Jurandir. "Situação do conto brasileiro moderno, III." Minas Gerais, Suplemento Literário 14.756 (28 March 1981): 1.
Unable to annotate.

**FF 11** Fischer, Almeida. "Situação do conto brasileiro moderno, IX." Minas Gerais, Suplemento Literário 14.773 (25 July 1981): 1.
Unable to annotate.

**FF 12** Fonseca, Pedro Carlos L. "O fantástico no conto brasileiro contemporâneo: Moacyr Scliar e o reducionismo fantástico." Minas Gerais, Suplemento Literário 14.765 (30 May 1981): 6-7.
Unable to annotate.

**FF 13** Fonseca, Pedro Carlos L. "O fantástico no conto brasileiro contemporâneo: Murilo Rubião e a equação fantástica do relacionamento humano." Minas Gerais, Suplemento Literário 14.763-64 (16 May 1981, 23 May 1981): 6-8, 6-7.
Unable to annotate.

**FF 14** Giudice, Victor. "Situação do conto brasileiro moderno." Minas Gerais, Suplemento Literário 15.6 (13 March 1982): 3.
Unable to annotate.

**FF 15** Gomes, Celuta Moreira. O Conto Brasileiro e Sua Crítica. Bibliografia (1841-1974). Rio de Janeiro: Biblioteca Nacional, Coleção Rodolfo Garcia, 1977. 2 vols. xxi + 652 pp. [Continuous pagination.]
Excellent bibliography, by far the best of the national bibliographies included here.

**FF 16** Gomes, Danilo. "Situação do conto brasileiro moderno, XII." Minas Gerais, Suplemento Literário 14.777 (22 August 1981): 1.
Unable to annotate.

**FF 17**  Hohlfeldt, Antonio Carlos.  Conto brasileiro contemporâneo.  Porto Alegre: Mercado Aberto, 1981.  230 pp.
Discussion of definition of genre, its history in Brazil from the "precursores" to the "modernistas," then discussion of the following types of stories: rural, allegorical, psychological, atmosphere, customs, social realism.

**FF 18**  Jorge, Miguel.  "Situação do conto brasileiro moderno, XIV."  Minas Gerais, Suplemento Literário 14.784 (10 October 1981): 1.
Unable to annotate.

**FF 19**  Linhares, Temístocles.  22 diálogos sobre o conto brasileiro atual.  Rio de Janeiro: Livraria José Olympio Editora, 1973.  178 pp.
Curious dialogues on questions of definition of genre, its history, specific Brazilian writers such as Luiz Vilela and Maria Cecília Caldeira, "o conto do bicho," crime fiction, Guimarães Rosa, etc.

**FF 20**  Lispector, Elisa.  "Situação do conto moderno brasileiro, VII."  Minas Gerais, Suplemento Literário 14.768 (20 June 1981): 1.
Unable to annotate.

**FF 21**  Lobato, Manoel.  "Situação do conto brasileiro moderno, V."  Minas Gerais, Suplemento Literário 14.761 (2 May 1981): 1.
Unable to annotate.

**FF 22**  Moraes, Herculano.  A nova literatura piauiense.  Rio de Janeiro: Editora Artenova, 1975.  174 pp.
Impressionist discussion of the short story of the northern state (49-58) focuses on Fontes Ibiapina, Magalhães da Costa and Pedro Celestino.

**FF 23**  Moser, Gerald M.  "The 'Crônica': A New Genre in Brazilian Literature."  Studies in Short Fiction 8.1 (1971): 217-29.
Useful survey of genre or subgenre of the crônica.

**FF 24**  Nunes, Benedito, et al.  Seminário de ficção mineira II: De Guimarães Rosa aos nossos dias.  Belo Horizonte: Conselho Estadual de Cultura de Minas Gerais, 1983.  258 pp.
Contains the following essays: Benedito Nunes, A matéria vertente.  Davi Arrigucci Jr., Minas, assombro e anedotas (os contos fantásticos de Murilo Rubião).  Antônio Arnoni Prado, Sobre a situação do conto en Minas.  Fábio Lucas, A ficção de Fernando Sabino e Autran Dourado.   João Luiz Lafetá, O romance atual (considerações sobre Oswaldo França Jr., Rui Mourão e Ivan Angelo).  Also includes discussion of the papers.  For previous vol., see listing above under Coelho.

**FF 25**  Seixas, Cid.  "Situação do conto brasileiro moderno, VIII."  Minas Gerais, Suplemento Literário 14.770 (4 July 1981): 1-2.
Unable to annotate.

**FF 26**  Severino, Alexander E.  "Tendencias principales del desarrollo del cuento brasileño."  El cuento hispanoamericano ante la crítica.  Ed. Enrique Pupo-Walker.  Madrid: Editorial Castalia, 1973.  359-70.

Brief survey of the genre from Machado de Assis to Fonseca and other contemporary writers. Included in an appendix due to its falling outside the scope of the vol. as announced in the title.

**FF 27**     Teles, Gilberto Mendonça.     O conto brasileiro em Goiás.     Goiânia: Departamento Estadual de Cultura, 1969. 155 pp.
General discussion of history of the genre in Brazil, followed by a discussion of its evolution in the interior state of Goiás.

**FF 28** Xavier, Elódia.  O conto brasileiro e sua trajetória: A modalidades urbana dos anos 20 aos anos 70. Rio de Janeiro: Padrão Livraria Editora, 1987. 158 pp.
Published form of a doctoral dissertation written at the Federal University of Rio de Janeiro.  Initial discussion of definitions of genre, followed by studies of "pre-modernismo," "modernismo" and "pós-modernismo" in Adelino Magalhães, Lima Barreto, Mário de Andrade, Alcântara Machado, Aníbal Machado, Murilo Rubião, Clarice Lispector, Samuel Rawet, Rubem Fonseca and Dalton Trevisan.

# GG. Chile:
# Secondary Literature

**GG 1** Acevedo Alvarez, Raúl, et al. <u>Primer Seminario Nacional en torno al cuento y la narrativa breve en Chile</u>. Valparaíso: Ediciones Universitarias de Valparaíso, n. d. 108 pp.
Proceedings of a conference held on 30-31 August 1984. Contents: Raúl Acevedo Alvarez, El tiempo medida esencial del cuento. Adolfo de Nordenflycht Breky, Tensión de identidad en "El coreano" de M. Wacquez. Mario Rodríguez Fernández, Coloane, narrador de la periferia. Carlos Díaz Amigo and Sergio Holas Véliz, La espacialidad en el cuento a propósito de "El parque" de A. Couve. Mauricio Ostria González, Un desafío a la competencia textual del lector (a propósito de las "Tres inmensas novelas" de Vicente Huidobro). Sergio Pereira Poza, La reductibilización dramática del cuento. Luis Muñoz G., Héctor Barreto, el héroe olvidado. Manuel Espinoza Orellana, Aproximaciones a la presencia de la narración corta en Chile. Eduardo Barraza Jara, "Adiós, Luisa. . . ": un discurso testimonial. Norman Cortés Larrieu, El relato breve en la visión de Jolles, Todorov, Barthes.

**GG 2** Arteche, Miguel. "El nuevo cuento chileno." <u>Mercurio</u> (Santiago), 26 September 1954.
Unable to annotate.

**GG 3** Concha, Jaime. <u>Novelistas y cuentistas chilenos</u>. Santiago de Chile: Editorial Nacional Quimantú, 1973.
Unable to annotate.

**GG 4** Cruz, Pedro Nolasco. "Nuestra literatura a principios del siglo XX. Los cuentos." <u>Revista chilena</u> 8 (1919): 225-31.
Unable to annotate.

**GG 5** Droguett C., Iván. "La configuración simbólica en el cuento mundonovista." <u>RSV</u> 4.1 (1970): 87-102.
Unable to annotate.

**GG 6** Durán-Cerda, Julio. "El cuento chileno contemporáneo." Studies in Short Fiction 8.1 (1971): 44-63.
Same as next item.

**GG 7** Durán-Cerda, Julio. "Esquema de la evolución del cuento en Chile." El cuento hispanoamericano ante la crítica. Ed. Enrique Pupo-Walker. Madrid: Editorial Castalia, 1973. 296-321.
Discussion of the history of the genre in Chile from Lastarria and Jotabeche to Poli Délano.

**GG 8** Durand, Luis. "Algo sobre el cuento y los cuentistas chilenos." Atenea 100 (1933): 162-75.
Unable to annotate.

**GG 9** Durand, Luis. "El cuento chileno." Atenea 279-80 (1948): 1-7.
Intro. to special issue on the Chilean short story. A number of the other essays are listed separately here, and the anthology is listed in the section of the bibliography devoted to Chilean anthologies.

**GG 10** Dussuel, Francisco. Historia de la literatura chilena. Santiago: Ediciones Paulinas, 1954. 253 pp.
Contains several sections on the short story. Impressionist criticism.

**GG 11** Fleak, Kenneth. The Chilean Short Story: Writers from the Generation of 1950. New York: Peter Lang, 1989. x + 251 pp.
A useful study of the Chilean short story, focusing on Lafourcade, Giaconi, Donoso, Edwards and Guillermo Blanco (the "generación de 1950"). Excellent bibliographies.

**GG 12** Hozven, Roberto. "Un modelo estructural y tres relatos orales chilenos." Estudios Filológicos 13 (1978): 113-54.
Structuralist study grounded in Lévi-Strauss, Greimas and others of 'Los tres chanchitos,' 'El cuentos de las adivinanzas' and 'El cuento de la adivinanza.'

**GG 13** Illanes Adaro, Graciela. "Rasgos psicológicos del primitivo en el cuento chileno." Atenea 279-80 (1948): 90-98.
Discussion of ghosts, spirits, witches, omens and so forth in Chilean stories.

**GG 14** Koenenkampf, Guillermo. "Visión del cuento chileno del siglo XX." Atenea 279-80 (1948): 63-81.
Useful survey, from Gana and Lillo to Latorre and D'Halmar.

**GG 15** Lastra, Pedro. "Registro bibliográfico de antologías del cuento chileno: 1876-1976." Revista de Crítica Literaria Latinoamericana 3.5 (1977): 89-111.
Useful intro. Anthologies are listed in order of publication.

**GG 16** Latorre, Mariano. "Génesis y evolución del cuento chileno." Anales de la Universidad de Santiago de Chile 95 (1937): 11-13.
Brief summary of a talk. The entire text was said to be forthcoming in vol. 13 of the Biblioteca de Escritores de Chile.

**GG 17**  Montes, Hugo, and Julio Orlandi.  Historia y antología de la literatura chilena.  Santiago: Editorial del Pacífico, 1955.  671 pp.
The literary history, which fills half of the volume, contains discussions of the short stories of Lillo, Gana, Latorre and many others.  The anthology, which includes authors from Valdivia and Ercilla to the early twentieth century, contains few short stories.

**GG 18**  Moretic, Yerko.  El relato de la pampa salitrera.  N. p.: Ediciones del Litoral, 1962.  94 pp.
Discussion of short story of northern desert region of Chile.  Won the first prize in the essay category of the Concurso Gabriela Mistral in Santiago in 1960.

**GG 19**  Muñoz G., Luis.  "'El verdadero cuento en Chile': Hacia la determinación de una generación."  Acta Literaria 8 (1983): 53-65.
Discussion of critical debate around the so-called "generation of 1940" (or "generation of 1938") in Chile.

**GG 20**  Osses, Mario.  "Sobre siete cuentos maestros de la literatura chilena."  Atenea 279-80 (1948): 34-62.
Text of a lecture given at the University of Chile in 1948.  Authors discusssed are Federico Gana, Baldomero Lillo, Augusto D'Halmar, Eduardo Barrios, Mariano Latorre, Luis Durand and Manuel Rojas.

**GG 21**  Peralta Peralta, Jaime.  Cuentistas chilenos de la generación de 1950.  Madrid: Insula, 1963.  69 pp.
A brief study of Giaconi, Espinosa, Blanco, Edwards and Donoso.  Fleak provides a more recent and more thorough account of the same material.

**GG 22**  Poblete Veras, Hernán.  "El cuento en Chile."  Journal of Inter-American Studies 4.4 (1962): 463-501.
Disorganized discussion of the 'generation of 1950' and previous groups of Chilean writers.

**GG 23**  Poblete Veras, Hernán.  "Novelistas y cuentistas de las nuevas promociones."  Revista Literaria de la Sociedad de Escritores (Santiago) 8 (1960): 14-25.
Discussion of Enrique Lafourcade, Guillermo Blanco and others.

**GG 24**  Rojas Carrasco, Guillermo.  "Cuentistas chilenos."  Cuentistas chilenos y otros ensayos (Estudios críticos).  Santiago: Imprenta Cultura, 1936.  11-95.
Useful survey of the genre in the nineteenth and early twentieth centuries, with discussions of Edwards Bello, Rojas and many others.

**GG 25**  Santana, Francisco.  "Los cuentistas."  La nueva generación de prosistas chilenos: Ensayo, Biografía y referencias críticas.  Santiago: Editorial Nascimento, 1949.  7-33.
Brief discussions of Mario Bahamonde, Oscar Castro, Gonzalo Drago, Miguel Serrano, Luis Merino Reyes, Francisco A. Coloane and a dozen others.

**GG 26**  Santana, Francisco.  "La nueva generación de cuentistas."  Atenea 279-80 (1948): 99-125.
Poorly organized descriptive essay on 'generation of 1940.'

**GG 27**  Santiván, Fernando.  "El cuento chileno en medio siglo."  La Prensa (Osorno), 24 October 1954.
Unable to annotate.

**GG 28**  Sepúlveda Durán, Germán.  "Esquema del cuento rural chileno."  Atenea 279-80 (1948): 126-36.
Brief discussion of stories with rural settings by Lillo, Latorre, Maluenda and Rojas.

**GG 29**  Silva Castro, Raúl.  "Cuentistas chilenos del siglo XIX."  Anales de la Universidad de Chile 1 (1936): 116-73.
Unable to annotate.

**GG 30**  Silva Castro, Raúl.  "El cuento."  Panorama literario de Chile.  Santiago, 1961.  346-93.
Useful lists of authors and titles.  Little critical analysis.

**GG 31**  Silva Castro, Raúl.  "Lastarria, nuestro primer cuentista."  Atenea 279-80 (1948): 20-26.
Useful discussion of early history of the genre in Chile.

**GG 32**  Valenzuela, Víctor M.  "A New Generation of Chilean Novelists and Short Story Writers."  Hispania 37 (1954): 440-42.
Extremely brief article, mostly consisting of bio-bibliographical notes on Fernando Alegría, Bombal, Coloane, Drago and others.

**GG 33**  Yankas, Lautaro.  "Cuentistas y novelistas del mar chileno."  Atenea (1961): 240-54.
Unable to annotate.

# HH. Colombia:
# Secondary Literature

**HH 1** Alvarez Gardeazábal, Gustavo. "The Short Story in Colombia." Trans. Naida Harrington. <u>Review</u> 24 (1979): 70-72.
Brief note on Colombian writers, with emphasis on those less known than García Márquez, followed by four short stories (pp. 73-80): Marco Tulio Aguilera Garramuño's "Central Mongolia," Leopoldo Berdella de la Espriella's "Here and There," Juan Alberto Gutiérrez Moros's "At Minstrel Intersection" and David Sánchez Juliao's "Kitty Viloria."

**HH 2** Andrade, Ramiro. "Apuntes sobre la nueva cuentística nacional." <u>Bolívar</u> 13.55-58 (1960): 175-80.
Discussion of Colombian short story, focusing on García Márquez, Cardona Jaramillo and Truque.

**HH 3** Bronx, Humberto. <u>La novela y el cuento en Antioquia</u>. Colección Academia Antioqueña de Historia, 33. N. pub, n. d. (1975?). 109 pp.
Unable to annotate.

**HH 4** López Gómez, Adel. <u>El costumbrismo: Visión panorámica del cuento costumbrista en la raza antioqueña</u>. Manizales: Biblioteca de Escritores Caldenses (2a época), vol. 3, 1959. 77 pp.
Discussion of Carrasquilla, Arango Villegas and others.

**HH 5** Mujica, Elisa. "Raíces del cuento popular en Colombia." <u>Boletín de la Academia Colombiana</u> 34.146 (1984): 303-17.
Discussion of Colombian folktales and fairy tales in relation to European tradition.

**HH 6** Pachón Padilla, Eduardo. "Cuento." <u>Enciclopedia de Colombia</u>, 5. San Sebastián: Nueva Granada, 1977. 117-44.
Unable to annotate.

**HH 7** Pachón Padilla, Eduardo. "El nuevo cuento colombiano: Generación de 1970, nacidos de 1940 a 1954." Revista Iberoamericana 50.128-129 (1984): 883-901.
Useful survey by compiler of numerous anthologies of Colombian short stories.

**HH 8**    Peña Gutiérrez, Isaías.    La narrativa del Frente Nacional (génesis y contratiempos). Bogotá: Fundación Universidad Central, 1982.  460 pp.
Contains a variety of notes, interviews and letters on the Colombian short story. Literary polemics.

**HH 9**    Pérez Rodríguez, Rafael.    "Panorama de los cuentistas colombianos." Universidad de Antioquia 61-62 (1944): 115-21.
Brief intro. to work of Tulio González, "un cuentista de alcurnia vernácula."

# II. Costa Rica: Secondary Literature

**II 1**  Dobles Segreda, Luis. "Novela, cuento y artículo literario." <u>Indice bibliográfico de Costa Rica</u>. San José: Librería e Imprenta Lehmann, 1930.  4: 3-378.
Chaotic bibliography includes a little of everything.

**II 2**  Miranda Hevia, Alicia. "El cuento contemporáneo en Costa Rica." <u>Káñina</u> 5.1 (1981): 35-38.
General survey from 1948 to 1977, with mention of such writers as Naranjo, Dobles and Duncan.

# JJ. Cuba:
# Secondary Literature

**JJ 1** Bueno, Salvador. "Cuentos cubanos del siglo XX." <u>De Merlín a Carpentier: Nuevos temas y personajes de la literatura cubana</u>. Havana: UNEAC, 1977. 153-71. The same essay also appears as an intro. to Bueno's anthology of the twentieth century Cuban short story.

**JJ 2** Bueno, Salvador. "Tendencias del cuento en Cuba." <u>Cuadernos</u> 15 (1955): 62-66.
Unable to annotate.

**JJ 3** Chang-Rodríguez, Raquel. "La experiencia revolucionaria en la cuentística cubana actual: <u>Los años duros</u> y <u>Tute de reyes</u>." <u>Cuadernos Americanos</u> 222 (1979): 59-75.
Focus on collections of short stories by Antonio Benítez Rojo and Jesús Díaz, with emphasis on intellectuals' engagement in revolutionary struggle.

**JJ 4** Chevalier, Maxime. "De los cuentos populares cubanos a los cuentos folklóricos del Siglo de Oro." <u>Hommage des hispanistes français a Noël Salomon</u>. Ed. Henry Bonneville. Barcelona: Laia, 1979. 155-68.
Unable to annotate.

**JJ 5** Fernández Cabrera, Carlos. <u>La novela y el cuento en Cuba</u>. Havana, 1952.
Unable to annotate.

**JJ 6** Hasson, Liliane. "Le Conte cubain de la Révolution." <u>Cuba: Les Etapes d'une libération: Hommage à Juan Marinello et Noël Salomon</u>. Intro. Robert Jammes. Toulouse: Université de Toulouse-Le Mirail, 1979-1980. 1:291-305.
Unable to annotate. May be the same as next item.

**JJ 7** Hasson, Liliane. "Le Conte cubain de la Révolution." <u>Europe</u> 666 (1984): 21-28.

Survey of Cuban writing during the revolutionary period, with mention of such ideologically diverse figures as Lydia Cabrera, Onelio Jorge Cardoso, Piñera, Casey and Benítez Rojo.

**JJ 8**  Hiriart, Rosario. "La experiencia viva en la ficción: Lydia Cabrera e Hilda Perera." Círculo: Revista de Cultura 8 (1979): 125-31.
Discussion of two women writers, both in exile.

**JJ 9**  Martí, Agenor. Sobre acusados y testigos. Havana: Editorial Letras Cubanas, 1980. 260 pp.
A collection on Cuban crime fiction, with comments by writers and critics including Luis Rogelio Nogueras, Salvador Bueno, Onelio Jorge Cardoso and others.

**JJ 10**  Martí, Dolores. "El ensayo, la novela y el cuento durante la República." Revista Carteles (1952).
Unable to annotate.

**JJ 11**  Menton, Seymour. "The Short Story of the Cuban Revolution, 1959-1969." Studies in Short Fiction 8.1 (1971): 32-43.
English version of following item.

**JJ 12**  Menton, Seymour. "El cuento de la revolución cubana: una visión antológica y algo más." El cuento hispanoamericano ante la crítica. Ed. Enrique Pupo-Walker. Madrid: Editorial Castalia, 1973. 338-55.
Survey of fifteen anthologies of the Cuban short story published since 1959, with emphasis on revolutionary writing but with mention of some exile writers.

**JJ 13**  Menton, Seymour. La narrativa de la revolución cubana. Colección Nova Scholar. Madrid: Editorial Playor.
Spanish version of following item.

**JJ 14**  Menton, Seymour. Prose Fiction of the Cuban Revolution. Latin American Monographs, 37. Austin: University of Texas Press, 1975. 344 pp.
Discussion of the prose fiction of the revolutionary period, including works written both for and against the revolution, and by foreign as well as Cuban authors. Part three and a chapter of part four are specifically on the short story.

**JJ 15**  Sánchez-Boudy, José. "El cuento cubano en el extranjero: Innovación y perspectiva." The Contemporary Latin American Short Story. Ed. Rose S. Minc. New York: Senda Nueva de Ediciones, 1979. 88-92.

**JJ 16**  Trayectoria del cuento y la narración breve en Cuba. Havana, 1952.
Unable to annotate.

# KK. Dominican Republic: Secondary Literature

**KK 1**  Veloz Maggiolo, Marcio.  "Aspectos y raíces sociales del cuento dominicano actual."  <u>Cultura, teatro y relatos en Santo Domingo</u>.  Santiago de los Caballeros: Universidad Católica Madre y Maestra, 1972.  238-51.
Brief discussion in very miscellaneous collection.

# LL. Ecuador:
# Secondary Literature

**LL 1** Ansaldo, Cecilia. "El cuento ecuatoriano de los últimos treinta años." La literatura ecuatoriana en los últimos 30 años (1950-1980). Hernán Rodríguez Castelo, Cecilia Ansaldo, Diego Araujo and Alejandro Moreano. Quito: Editorial El Conejo, 1983. 41-68.
Good survey. The other chapters in the book discuss poetry, the novel, and the relations of writing to society and power.

**LL 2** Carrión, Benjamín. El nuevo relato ecuatoriano: Crítica y antología. Quito: Casa de la Cultura Ecuatoriana, 1950. 2 vols.
The first volume of 408 pp. is the critical study. It is divided in three parts: part one (9-101) is a general survey of Ecuadoran and Spanish American literature from romanticism to 1930; part two (103-287) deals with the Guayaquil group of 1930; part three (291-387) is largely miscellaneous. The book is very disorganized, and is not as tightly focused on the short story as the title implies.

**LL 3** Carrión, Carlos. "El cuento ecuatoriano contemporáneo: visión técnico-formal-temática." Revista Cultura (Quito) 3 (1979). Unable to annotate.

**LL 4** Corrales Pascual, Manuel, ed. and intro. Situación del relato ecuatoriano: Cincuenta opiniones y una discusión. Quito: Pontificia Universidad Católica del Ecuador, 1977. 357 pp.
Brief comments by Wilfrido Acosta Yépez, Nelson Estupiñán Bass, Adalberto Ortiz and numerous others, and the transcript of a discussion of the genre.

**LL 5** Corrales Pascual, Manuel, ed. and intro. Situación del relato ecuatoriano: Nueve estudios. Quito: Pontificia Universidad Católica del Ecuador, 1977. 380 pp.
Essays included: Susana Aguinaga Z. on Jorge Icaza, María de Lubensky on Adalberto Ortiz, Luis Montoya Andrade on Rafael Díaz Ycaza, Gonzalo Pérez Terán on Nelson Estupiñán Bass, Gonzalo Sigfrido Pullas T. on León Vieira, Juan Manuel Rodríguez L. on Raúl Pérez Torres, Jaime Romo Narváez on Vladimiro

Rivas, Enrique Vázquez López on Pedro Jorge Vera, and Elisabeth Wolffsohn on Alicia Yáñez Cossío.

**LL 6** Graetzer, Margarita. "El cuento en el Ecuador: Panorama de su desarrollo." Dactylus (Austin, Texas) 5 (1986): 36-38.
Unable to annotate.

**LL 7** Handelsman, Michael H. "El cuento." Amazonas y artistas: Un estudio de la prosa de la mujer ecuatoriana. Guayaquil: Casa de la Cultura Ecuatoriana, Núcleo del Guayas, 1978. 2: 53-95.
Discussion of stories by women writers since 1889. Rather unsophisticated analysis of the stories.

**LL 8** Iñiguez Arteaga, Julio. Rectificación a "El nuevo relato." Cuenca: n. pub., 1951. 34 pp.
A furious reply to Benjamín Carrión's anthology and critical study for having slighted the writers of Cuenca, including Julio Iñiguez Vintimilla.

**LL 9** Valdano Morejón, Juan. "Panorama del cuento ecuatoriano: etapas, tendencias, estructuras y procedimientos." Revista Cultura (Quito) 3 (1979).
Unable to annotate.

**LL 10** Viteri, Atanasio. El cuento ecuatoriano moderno. Quito: Talleres Tipográficos Nacionales, n. d. 32 pp.
Brief discussions of Pablo Palacio, Joaquín Gallegos Lara, Demetrio Aguilera Malta, Enrique Gil Gilbert, José de la Cuadra, Jorge Icaza and others.

# MM. Guatemala: Secondary Literature

**MM 1**  Barrientos, Alfonso Enrique.  "El cuento guatamalteco."  El Imparcial
(Guatemala) 4 June 1949: 9.
Unable to annotate.

**MM 2**  López Valdizón, José María.  "Panorama del cuento guatemalteco
contemporáneo."  La Gaceta del Fondo de Cultura Económica 6.79 (1961): 4.
Brief note on Monteforte Toledo, Monterroso, Samayoa Chinchilla and several
others, with emphasis on indigenismo, pintoresquismo and regionalist writing.

**MM 3**  Serrano Limón, María Isabel.  Tres cuentistas guatemaltecos: Rafael Arévalo
Martínez, Mario Monteforte Toledo y Augusto Monterroso.  Mexico City:
Universidad Nacional Autónoma de México, 1967.  106 pp.
A thesis.  Consideration of animals, characters, the absurd, the fantastic, irony and
so forth.

# NN. Honduras:
# Secondary Literature

**NN 1** Becerra, Longino. "Cinco problemas sobre el nuevo cuento hondureño." Presente (segunda etapa) 1 (1976): 38-43.
Unable to annotate.

**NN 2** Salinas Paguada, Manuel. "Breve reseña del cuento moderno hondureño." Cahiers du Monde Hispanique et Luso-Brésilien/Caravelle 36 (1981): 63-74.
Presumably the same as the next item.

**NN 3** Salinas Paguada, Manuel. "Breve reseña del cuento moderno hondureño." Cuadernos Hispanoamericanos 371 (1981): 385-96.
Good survey of evolution of genre in Honduras since the 1920s, with discussion of seven authors.

**NN 4** Salinas Paguada, Manuel. "Breve reseña del cuento moderno hondureño." Literatura hondureña (Selección de estudios críticos sobre su proceso formativo). Eds. Rigoberto Paredes and Manuel Salinas Paguada. Tegucigalpa: Editores Unidos, 1987. 220-240.
Same as previous item.

# OO. Mexico: Secondary Literature

**OO 1** Acker, Bertie. El cuento mexicano contemporáneo: Rulfo, Arreola y Fuentes: Temas y cosmovisión. Colección Nova Scholar. Madrid: Editorial Playor, 1984. 178 pp.
Thematic studies of the three authors, focusing on themes such as women, society, art, free will, nostalgia, life, liberty and the pursuit of happiness.

**OO 2** Alarcón, Norma. "Making Familia from Scratch: Split Subjectivities in the Work of Helena María Viranontes and Cherrie Moraga." Chicana Creativity and Criticism: Charting New Frontiers in American Literature. Ed. María Herrera-Sebok and Helena María Viranontes. Houston: Arte Público Press, 1988. 147-59.
Excellent discussion of Chicana writing.

**OO 3** Alvarado, José. "El cuento mexicano." Romance (Mexico City) 1.3 (1 March 1940): 18.
Very brief note focusing on "Micrós."

**OO 4** Barrientos, Alfonso Enrique. "Evolución del cuento mexicano." Studium (Mexico City) 1 (1950).
Unable to annotate.

**OO 5** Campo, Xorge del. "La narrativa joven de México." Studies in Short Fiction 8.1 (1971): 180-198.
Useful survey of the "Onda" writers. See also his anthology of the same material, in section devoted to Mexican anthologies.

**OO 6** Campos, Jorge. "Narradores mejicanos. De Rubén Darío a Luis Spota." Insula 24.266 (1969): 11.
Brief discussions of novels and short stories by Rulfo, Castellanos, Spota, Arreola and others.

**OO 7** Carballo, Emmanuel. "Arreola y Rulfo cuentistas." Revista de la Universidad de México 8.7 (1954): 28-29, 32.
Important for early critical recognition of the two authors.

**OO 8**    Carballo, Emmanuel. Bibliografía del cuento mexicano del siglo XX. Material de Extensión Universitaria, Serie Textos, 3. Mexico City: Coordinación de Difusión Cultural, UNAM, 1988.  267 pp.
The book consists of an initial essay on the Mexican short story in the twentieth century (focusing on Torri, Efrén Hernández, Revueltas, Arreola, Rulfo and Fuentes), a listing of books of short stories (including a few anthologies) by year of publication, and a listing of books by author. Very useful, despite lack of annotations and occasional errors.

**OO 9** Carballo, Emmanuel. "La narrativa mexicana de hoy." Sur 320 (1969): 1-14.
The authors are grouped by "sexenio," the six year terms of the presidents of Mexico.

**OO 10**  Carreño, Franco. "Novela corta y noveladores en México." Biblos (2a época) 1.1 (May 1925) and 1.2 (June 1925).
Unable to annotate.

**OO 11**, Cluff, Russell M. Siete acercamientos al relato mexicano actual. Mexico City: UNAM, 1987.  160 pp.
Unable to annotate.

**OO 12**    Cruz Castelón, Charlotte Abbott.    Vista general del cuento-corto contemporáneo de México y de los Estados Unidos de Norteamérica. Mexico City: Universidad Nacional Autónoma de Mexico, 1956.
Unable to annotate.

**OO 13**  Fernández-Arias Campoamor, J.  "El cuento."  Novelistas de México. Madrid: Ediciones Cultura Hispánica, 1952.  137-40.
Brief chapter surveys genre from Roa Bárcena to Luis Urbina.

**OO 14**  Girault Díaz Lombardo, María.  Consideraciones críticas sobre algunos cuentistas mexicanos. Mexico City: Universidad Iberoamericana, 1957.  132 pp.
A master's thesis. Discussion of theme, style, characters and ideology in the "cuento romántico," "cuento romántico-modernista," "costumbrismo: la corriente popular" and "costumbrismo" la corriente regional realista."

**OO 15**  Herz, Theda M. "Artistic Iconoclasm in Mexico: Countertexts of Arreola, Agustín, Aviles and Hiriart." Chasqui 18.1 (1981): 17-25.
Unable to annotate.

**OO 16**  Ibarra, Alfredo. "El cuento en México." Revista Hispánica Moderna 8.1-2 (1942): 109-14.
Focuses mostly on folktales.

**OO 17** Koch, Dolores M. "El micro-relato en México: Torri, Arreola, Monterroso." De la crónica a la nueva narrativa: Coloquio sobre literatura mexicana. Eds. Merlin H. Forster and Julio Ortega. Mexico City: Editorial Oasis, 1986. 161-77.

Consideration of what Anglo-American critics call the 'short short story.'

**OO 18**  Koch, Dolores M.  "El micro-relato en México: Torri, Arreola, Monterroso y Avilés Fabila."  Hispamérica 10.30 (1981): 123-30.
Discussion of "short short stories."  Monterroso, though born in Guatemala, has lived in Mexico for many years.  Compare to previous item.

**OO 19**  Kress, Dorothy Margaret.  "Some Tendencies in the Mexican Short Story Today."  Hispania 20 (1937): 226-30.
Very brief impressionist account.  "We may criticize the modern storyteller in Mexico for having no gift in disinterestedly portraying living, human, imaginary figures.  We may note his utter lack of affirmation of any cold discipline growing from practical certidues that would develop into a healthy moral conclusion."

**OO 20**  Langford, Walter M.  "The Short Story in Mexico."  Kentucky Foreign Language Quarterly 1.2 (1954): 52-59.
Brief survey of evolution of genre in Mexico, from Roa Bárcena to Rafael Muñoz.

**OO 21**  Leal, Luis.  Bibliografía del cuento mexicano.  Colección Studium, 21. Mexico City: Ediciones de Andrea, 1958.  164 pp.
Bibliographical volume to complement Leal's anthology and history of the Mexican short story.  Lacks annotations.

**OO 22**  Leal, Luis.  Breve historia del cuento mexicano.  Manuales Studium, 2. Mexico City: Ediciones de Andrea, 1956.  166 pp.
As with Leal's history of the Spanish American short story, consists largely of lists of authors and titles, though the critical judgments are well-informed.  Broad scope, from pre-Hispanic tales to literary expressionism.

**OO 23**  Leal, Luis.  "The New Mexican Short Story."  Studies in Short Fiction 8.1 (1971): 9-19.
Also in Spanish (next item).

**OO 24**  Leal, Luis.  "El nuevo cuento mexicano."  El cuento hispanoamericano ante la crítica.  Ed. Enrique Pupo-Walker.  Madrid: Editorial Castalia, 1973.  280-95.
Survey of the genre since the Mexican revolution, with emphasis on Efrén Hernández, Rulfo, Arreola and Fuentes.

**OO 25**  Leal, Luis.  'La revolución mexicana y el cuento.'  La revolución y las letras: 2 estudios sobre la novela y el cuento de la Revolución Mexicana.  Edmundo Valadés and Luis Leal.  Mexico City: Instituto Nacional de Bellas Artes, 1960.  97-133.
A useful survey complements the more numerous studies of the novel of the Mexican Revolution.

**OO 26**  Mancisidor, José.  "Realidad del cuento mexicano."  Revista de Guatemala 2.2 (1946): 87-93.
Interesting discussion of the representation of the Mexican revolution in the short story; the critic holds that the Mexican short story has tended to be overly realistic or photographic.

**OO 27**  Mancisidor, José.  Veracruz en el cuento y la novela de la Revolución.
Unable to annotate.

**OO 28**  Menton, Seymour.  "Arreola and the Twentieth Century Short Story."
Hispania 42.3 (1959): 295-308.
Discussion is largely limited to Arreola's Confabulario, with only general comments
on the twentieth century short story.

**OO 29**  Menton, Seymour.  "'Sin embargo': La nueva cuentística femenina en
México."  Tinta 1.5 (1987): 35-37.
Unable to annotate.

**OO 30**  Michel, Ignatus Joseph.  Un siglo de cuento-corto en la literatura mexicana.
Mexico City, 1952.
Unable to annotate.

**OO 31**  Quiroz Hernández, Alberto.  "De Roa Bárcena a Campos Alatorre."  El libro
y el pueblo (Mexico City) 12.1 (1943): 27-31.
Brief history of the genre in Mexico, followed by a discussion of Campos Alatorre's
Los fusilados.

**OO 32**  Rodríguez, Juan.  "El desarrollo del cuento chicano: del folklore al tenebroso
mundo del yo."  The Identification and Analysis of Chicano Literature.  Ed. Francisco
Jiménez.  New York: Bilingual Press/Editorial Bilingüe, 1979.  58-67.
Useful survey of a new literature, with emphasis on Tomás Rivera.  First published
in 1973 in Mester 4.1 (1973): 7-12.  Also published in Fomento Literario 1.3 (1973):
19-30.

**OO 33**  Rojas González, Francisco.  "El cuento mexicano."  Tiras de colores (Mexico
City) 34-35 (1944).
Unable to annotate.

**OO 34**  Rojas González, Francisco.  "Por la ruta del cuento mexicano."  México en
el Arte 10-11 (1950): 9.
Unable to annotate.

**OO 35**  Sarfati-Arnaud, Monique, and Gaston Lillo.  "El cuento mexicano a través
del título: Apuntes sobre la ideología de los años 1940 hasta 1958."  Imprévue 1
(1983): 7-46.
Fascinating semiotic study of short story titles.

**OO 36**  Schneider, Luis Mario.  "Nueva generación del cuento mexicano."  Américas
14.7 (1962): 28-31.
Brief intro. by Schneider, followed by autobiographical notes by José de la Colina,
Amparo Dávila, Tomás Mojarro and Arturo Souto Alabarce.

**OO 37**  Simmen, Edward.  "'We Must Make This Beginning': The Chicano Leader
Image in the Short Story."  Southwest Review 57 (1972): 126-33.
Unable to annotate.

**OO 38**  Tatum, Charles M.  "Contemporary Chicano Prose Fiction: Its Ties to Mexican Literature."  The Identification and Analysis of Chicano Literature.  Ed. Francisco Jiménez.  New York: Bilingual Press/Editorial Bilingüe, 1979.  47-57.
Useful discussion of the relations between Chicano writing and Mexican literature.

**OO 39**  Teutli Tayessier, M.  Aportación al estudio de los cuentistas de la revolución mexicana.  Mexico City: Universidad Nacional Autónoma de México, 1956.
Unable to annotate.

**OO 40**  Yates, Donald A.  "The Mexican Detective Story."  Kentucky Foreign Language Quarterly 8 (1961): 42-47.
A chatty article on the recent history of the detective story in Mexico, focusing particularly on an anthology of crime fiction edited by María Elvira Bermúdez.

**OO 41**  Zavala A., Lauro.  "El nuevo cuento mexicano, 1979-1988."  Revista Iberoamericana 55.148-49 (1989): 771-82.
Useful survey of current writing.

# PP. Nicaragua: Secondary Literature

No books or articles found.

# QQ. Panama:
# Secondary Literature

**QQ 1** Miró, Rodrigo. "El cuento." <u>La literatura panameña de la República</u>. Panama City, 1960. 47-52.
Unable to annotate.

**QQ 2** Miró, Rodrigo. "El cuento y la novela." <u>La literatura panameña (Origen y proceso)</u>. Panama City: n. pub., 1970. 181-99.
Consists of brief comments on a great variety of authors.

**QQ 3** Ruiz Vernacci, Enrique. "Introducción al cuento panameño." <u>Introducción al cuento panameño y cuentos de Salomón Ponce Aguilera, Darío Herrera y Ricardo Miró</u>. Note by Adolfo Sánchez Vázquez. Biblioteca Selecta, 1. Panama City, 1946. 11-32.
Useful survey of the early history of the genre in Panama. The intro. by Sánchez Vázquez is entitled "Perfil del cuento en América."

# RR. Paraguay:
# Secondary Literature

**RR 1**  Plá, Josefina, and Francisco Pérez Maricevich.  "Narrativa paraguaya (Recuento de una problemática)." <u>Cuadernos Americanos</u> 159.4 (1968): 181-96. A useful survey of Paraguayan prose narrative, with emphasis on the novel.

# SS. Peru:
# Secondary Literature

**SS 1** Ahern, Maureen. El mar en tres cuentistas inéditos de nuestro siglo. Lima: Universidad de San Marcos, 1960.
Unable to annotate.

**SS 2** Aldrich, Earl M., Jr. "Aspectos del cuento contemporáneo peruano." El cuento hispanoamericano ante la crítica. Ed. Enrique Pupo-Walker. Madrid: Editorial Castalia, 1973. 322-37.
Survey of treatment of themes of alienation and violence in Ribeyro, Congrains Martín, Zavaleta and Vargas Llosa. Also in Spanish (listed below, "Recent Trends in the Peruvian Short Story").

**SS 3** Aldrich, Earl M., Jr. The Modern Short Story in Peru. Madison: University of Wisconsin Press, 1966. 212 pp.
Important study of the development of the genre of the modern short story in Peru, focusing on the questions of national identity, local color and social protest. Includes useful studies of Arguedas, Ciro Alegría and others. The analysis of the texts, however, is rather unsophisticated.

**SS 4** Aldrich, Earl M., Jr. "Observations on the Contemporary Peruvian Short Story." Journal of Inter-American Studies 5.4 (1963): 451-60.
Brief survey focuses on stories of urban life, especially those by Congrains Martín, Ribeyro and Salazar Bondy.

**SS 5** Aldrich, Earl M., Jr. "Recent Trends in the Peruvian Short Story." Studies in Short Fiction 8.1 (1971): 20-31.
Useful brief survey. Also in Spanish, "Aspectos del cuento contemporáneo" (listed above).

**SS 6** Cornejo Polar, Antonio. "Hipótesis sobre la narrativa peruana última." Hueso Húmero 3 (1979): 45-64.
Unable to annotate.

**SS 7** Escajadillo, Tomás G. Narradores peruanos del siglo XX. Havana: Casa de las Américas, 1985. 195 pp.
A series of essays on individual authors, mostly concerned with their novels. The first chapter on López Albújar focuses on Cuentos andinos.

**SS 8** Escobar, Alberto. "El cuento peruano." Estudios Americanos 9.43 (1955): 289-312.
Useful survey of evolution of genre from costumbrista sketch and tradiciones to modern short stories of Ciro Alegría and José María Arguedas.

**SS 9** Fox-Lockert, Lucía. "Evolución ideológica del cuento peruano." El rostro de la patria en la literatura peruana. Buenos Aires: Continente, 1970. 52-64.
Unable to annotate.

**SS 10** González Vigil, Ricardo. "Poesía y narración en el Perú 1960-1977." Runa 5 (1977): 7-11.
Unable to annotate.

**SS 11** González Vigil, Ricardo. "La narrativa peruana después de 1950." Lexis 8.2 (1984): 227-48.
Unable to annotate.

**SS 12** Llaque Minguillo, Paul. "Tres nuevas antologías del cuento peruano." Revista de Crítica Literaria Latinoamericana 11.21-22 (1985): 225-34.
Review essay on anthologies by Luis Fernando Vidal, Ricardo González Vigil and Antonio Cornejo Polar.

**SS 13** Mantero, Manuel. "Literatura narrativa en el Perú." Estudios Americanos 14 (1957): 41-49.
Review essay on Alberto Escobar's La narración en el Perú (1957).

**SS 14** Núñez, Estuardo. "El cuento peruano contemporáneo." Revista Nacional de Cultura (Caracas) 24 (1962): 68-90.
Useful survey of evolution of genre from Clemente Palma to Ribeyro, though categories used in classification are questionable.

**SS 15** Rodríguez Rea, Miguel Angel. "El cuento peruano contemporáneo: Indice bibliográfico, I: 1900-1930." Lexis 7.2 (1983): 287-309.
Bibliographical indexes to volumes of short stories published in the period. Give tables of contents but no annotations.

**SS 16** Rodríguez Rea, Miguel Angel. "El cuento peruano contemporáneo: Indice bibliográfico, II: 1931-1945." Lexis 8.2 (1984): 249-73.
Bibliographical indexes to volumes of short stories published in the period. Give tables of contents but no annotations.

**SS 17** Romero, Emilio. "La decadencia del cuento en el Perú." Letras 8 (1937): 365-70.
Unable to annotate.

**SS 18** Suárez Miraval, Manuel. "Cuentos andinos: páginas siempre legibles." Ideas 8 (1950): 10.
Unable to annotate.

**SS 19** Tamayo Vargas, Augusto. "Narrativa peruana contemporánea." Cielo Abierto 5.13-14 (1981): 3-23.
Unable to annotate.

**SS 20** Tenorio García, Víctor. Siete estudios del cuento peruano. Intro. Ricardo González Vigil. Lima: Consejo Nacional de Ciencia y Tecnología, 1988. 120 pp.
Contains essays on Abraham Valdelomar, Ciro Alegría, José María Arguedas, José Diez Canseco, Julio Ramón Ribeyro, Enrique Congrains and Mario Vargas Llosa.

**SS 21** Vidal, Luis Fernando. "Las antologías del cuento en el Perú." Revista de Crítica Literaria Latinoamericana 1.2 (1975): 121-38.
Brief intro., extensive biblio. The anthologies are listed by year of publication, from 1908 to 1975. No annotations.

**SS 22** Vidal, Luis Fernando. "Nuevos narradores peruanos." Lluvia 2.5 (1979): 15-20.
Unable to annotate.

**SS 23** Watson-Espener, Maida Isabel. El cuadro de costumbres en el Perú decimonónico. Lima: Pontificia Universidad Católica del Perú, 1979. 161 pp.
General discussion of sources and forms of the genre of costumbrismo, followed by stylistic analysis of four Peruvian writers: Felipe Pardo y Aliaga, Manuel Ascencio Segura, Ramón Rojas y Cañas and Manuel Atanasio Fuentes.

# TT. Puerto Rico: Secondary Literature

**TT 1** Acosta-Belén, Edna. "En torno a la nueva cuentística puertorriqueña." <u>Latin American Research Review</u> 21.2 (1986): 220-27.
Review article on anthologies by Efraín Barradas and José Luis Vega.

**TT 2** Arrigoitía, Luis de, ed. <u>El cuento puertorriqueño en el siglo XX</u>. Río Piedras: Editorial Universitaria, 1963. 151 pp.
A collection of four essays: Lydia Rivera Malavé on Laguerre, Zayda M. Arrillaga on Tomás Blanco, Arcadio Díaz Quiñones on Marqués, and Rosa Szaritza Ayala Gómez on José Luis Vivas Maldonado.

**TT 3** Barradas, Efraín. "La figura en la alfombra: Nota sobre dos generaciones de narradores puertorriqueños." <u>Insula</u> 31.356-57 (1976): 5.
Useful discussion of innovations in narrative technique.

**TT 4** Cannizzo, Mary. "The Article of Manners and Customs in Puerto Rico." <u>Hispania</u> 38 (1955): 472-75.
Discussion of <u>costumbrismo</u> in Puerto Rico.

**TT 5** Díaz Valcárcel, Emilio. "Apuntes sobre el desarrollo histórico del cuento literario puertorriqueño y la generación del 40." <u>Revista del Instituto de Cultura Puertorriqueña</u> 44 (1969).
Unable to annotate.

**TT 6** Fernández Olmos, Margarite. "From a Woman's Perspective: The Short Stories of Rosario Ferré and Ana Lydia Vega." <u>Contemporary Women Authors of Latin America: Introductory Essays</u>. Eds. Doris Meyer and Margarite Fernández Olmos. Brooklyn: Brooklyn College Press, 1983. 78-90.
Discussion of two major women writers.

**TT 7**  García Ramis, Magali. "Women's Tales." <u>Images and Identities: The Puerto Rican in Two World Contexts</u>. Ed. Asela Rodríguez de Laguna. New Brunswick: Transaction, 1987. 109-15.
Brief account of writing on Puerto Rican women (by male as well as female authors) by a leading figure in the 'generation of 1970.'

**TT 8**  Gelpí, Juan. "Desorden frente a purismo: La nueva narrativa frente a René Marqués." <u>Literatures in Transition: The Many Voices of the Caribbean Area: A Symposium</u>. Ed. Rose S. Minc. Gaithersburg: Hispamérica, 1981. 177-87.
Excellent discussion of the theme of contamination in recent writing, with focus on language and technique.

**TT 9**  Gómez Lance, Betty R. "¿Existe una 'Promoción del Cuarenta' en el cuento puertorriqueño?" <u>Revista Iberoamericana</u> 30.58 (1964): 283-92.
Useful introduction to Díaz Alfaro, Marqués, González and others, though the question asked in title is not answered in an interesting way.

**TT 10**  Laguerre, Enrique A. "Resumen histórico del relato en Puerto Rico." <u>Revista del Instituto de Cultura Puertorriqueña</u> 1.1 (1958): 12-14.
Brief account of evolution of genre from <u>Aguinaldo puertorriqueño</u> of 1843 to the 'generation of 1940.'

**TT 11**  Meléndez, Concha. "Le Conte contemporain à Porto Rico." Trans. Juan Marey. <u>Europe</u> 592-93 (1978): 76-89.
Brief survey of writing from Tomás Blanco to Manuel Ramos Otero and Magali García Ramis.

**TT 12**  Meléndez, Concha. "El cuento en la edad de Asomante: 1945-1955." <u>Asomante</u> 11 (1955): 39-68.
Useful account of evolution of genre in Puerto Rico, followed by survey of contemporary writers such as Blanco, Belaval, Díaz Alfaro, González and Marqués.

**TT 13**  Meléndez, Concha. <u>La generación del treinta: cuento y novela</u>. San Juan: Instituto de Cultura Puertorriqueña, 1960. 36 pp.
The text of a lecture presented by the Puerto Rican critic in 1958 at the University of Puerto Rico. Authors discussed include Blanco, Belaval and Laguerre.

**TT 14**  Meléndez, Concha. 'La literatura de ficción en Puerto Rico (1955-1963).' <u>Asomante</u> 20.3 (1964): 7-23.
Updated account, supplementing Meléndez's 1955 article, focusing on recent works by Soto, Luis Rafael Sánchez, Díaz Valcárcel and others.

**TT 15**  Mullen, Edward. "Interpreting Puerto Rico's Cultural Myths: Rosario Ferré and Manuel Ramos Otero." <u>The Americas Review</u> 17.3-4 (1989): 88-97.
Unable to annotate.

**TT 16**  Quiles de la Luz, Lillian. <u>El cuento en la literatura puertorriqueña</u>. Río Piedras: Editorial Universitaria de Puerto Rico, 1968. 293 pp.
Initial essay begins with general questions of definition and history of the genre, then provides thumbnail sketches of more than fifty authors. The latter half of the book

consists of a bibliographical index of the short story in Puerto Rico from 1843 to 1963.

**TT 17**    Rodríguez, Rafael.    "Apunte sobre el último decenio de narrativa puertorriqueña: El cuento." <u>Nueva Narrativa Hispanoamericana</u> 2.1 (1972): 179-91. Focuses on developments subsequent to publication of René Marqués's important 1960 anthology, with emphasis on Edwin Figueroa, Luis Rafael Sánchez and Emilio Díaz Valcárcel.

# UU. El Salvador: Secondary Literature

**UU 1** Barraza Meléndez, Martín. <u>Trayectoria del cuento salvadoreño: Antología y principales modalidades</u>. Bogotá: Facultad de Filosofía y Letras, Pontificia Universidad Católica Javeriana, 1961. 124 pp.

Despite the title, this is a critical study, not an anthology. Old fashioned biographical sketches of authors, lists of instances of regional lexicon, summaries of critical comments. Discussion of Arturo Ambrogi, Salarrué, Francisco Herrera Velado, Manuel Aguilar Chávez, Alberto Rivas Bonilla, José María Peralta Lagos, Rolando Velásquez and Hugo Lindo.

**UU 2** Gallegos Valdés, Luis. <u>Panorama de la literatura salvadoreña</u>. San Salvador: Universidad Centroamericana José Simeón Cañas, 1981. 489 pp.

Of particular interest are the chapters on Salarrué (ch. 25) and on the short story (ch. 33).

**UU 3** Landarech, Alfonso María. "Itinerario del cuento salvadoreño." <u>Estudios literarios</u>. San Salvador: Ministro de Cultura, 1959: 22-32.

Unable to annotate.

**UU 4** Lindo, Hugo. "Ambiente, cuentistas y cuentos." <u>Síntesis</u> (San Salvador) 5: 109-15.

A brief article by the Salvadoran writer on the development of the genre in El Salvador, especially in the works of Ambrogi and Salarrué.

**UU 5** Lindo, Hugo. "El cuento salvadoreño." <u>Revista América</u> (Unión Panamericana). Rpt. in <u>Boletín de la Embajada de El Salvador</u> (Santiago de Chile) 7 (1952).

Unable to annotate.

**UU 6** Lindo, Hugo. "Una generación de cuentistas salvadoreños." <u>Atenea</u> 124.369 (1956): 297-30.

A survey of Salvadoran short story writers born in the second decade of the twentieth century.

# VV. Uruguay: Secondary Literature

**VV 1** Englekirk, John E., and Margaret M. Ramos. <u>La narrativa uruguaya: estudio crítico-bibliográfico</u>. Berkeley: University of California Press, 1967. 338 pp.
Long (80 pp.) intro. on history of the genre in Uruguay since Romanticism, with particular attention to Acevedo Díaz, the generation of 1900 and the nativist writers of the 1920s; brief discussion of Onetti and Felisberto Hernández at the end of the essay. Extensive annotated bibliography.

**VV 2** Quiroga, Horacio. "La crisis del cuento nacional." <u>Idilio y otros cuentos</u>. La Bolsa de los Libros, 13. Montevideo: Claudio García, 1945.
Unable to annotate.

**VV 3** Ricci, Julio. "La obra de L. S. Garini en el contexto de la cuentística uruguaya actual." <u>The Contemporary Latin American Short Story</u>. Ed. Rose S. Minc. New York: Senda Nueva de Ediciones, 1979. 21-27.
Brief survey of the current situation of the genre in Uruguay, followed by discussion of Garini's <u>Equilibrio</u> (1966).

# WW. Venezuela: Secondary Literature

**WW 1** Angell, Luis Felipe. "Sobre la cuentística venezolana." <u>Revista Nacional de Cultura</u> 145-46 (1961): 89-93.
The title is deceptive, as this article is little concerned with the short story in Venezuela; instead, it is an argument for the social commitments of the writer.

**WW 2** Araujo, Orlando. <u>Narrativa venezolana contemporánea: Ensayo</u>. Caracas: Editorial Tiempo Nuevo, 1972. 359 pp.
Includes discussion of the short story as well as the novel.
Disjointed impressionist survey.

**WW 3** Beverley, John. "Form and Ideology in Modern Venezuelan Narrative." <u>The Contemporary Latin American Short Story</u>. Ed. Rose S. Minc. New York: Senda Nueva de Ediciones, 1979. 126-35.
Good survey.

**WW 4** Congrains Martín, Enrique. "Evolución del cuento venezolano." <u>Imagen</u> 13 (1967): 4-5.
Useful brief survey of the genre from Díaz Rodríguez to González León.

**WW 5** Cortés, Pastor. <u>Contribución al estudio del cuento moderno venezolano</u>. Caracas: Cuadernos de la Asociación de Escritores Venezolanos, 1945. 58 pp.
Brief discussion of authors, organized by generations.

**WW 6** Croce, Arturo. <u>El cuento en Venezuela</u>. Caracas: Tipografía Leganitos, 1960.
Unable to annotate.

**WW 7** Fabbiani Ruiz, José. <u>El cuento en Venezuela</u>. Caracas: Ediciones Pensamiento Vivo, 1953. 24 pp.

Brief and rather disconnected discussion of the genre in Venezuela from Díaz Rodríguez to Díaz Solís. Biblio.

**WW 8**  Fabbiani Ruiz, José. Cuentos y cuentistas. Literatura venezolana. Caracas: Librería Cruz del Sur, 1951. 202 pp.
Series of impressionist essays on the genre in Venezuela from modernismo to Díaz Solís.

**WW 9**  Freilich de Segal, Alicia. "El niño en el cuento venezolano." Revista Nacional de Cultura 24 (1962): 126-63.
Sentimental exploration of the theme in works of Blanco Fombona, Pocaterra, Díaz Solís and others.

**WW 10**  Larrazábal Henríquez, Oswaldo, Amaya Llebot and Gustavo Luis Carrera. Bibliografía del cuento venezolano. Caracas: Universidad Central de Venezuela, Facultad de Humanidades y Educación, 1975.

**WW 11**  Liscano, Juan. "Panorama de la nueva narrativa." Letras Nuevas 9 (1971): 7-12.
Discussion of the works of Salvador Garmendia, Adriano González León, Argenis Rodríguez, José Balza, Francisco Massiani and others.

**WW 12**  Lovera de Sola, R. J. "Antecedentes de la nueva narrativa venezolana." Letras Nuevas 9 (1971): 3-5.
Brief discussion of "precursors" of the new narrative (both the novel and the short story) in Venezuela, including Uslar Pietri, Meneses and Armas Alfonzo.

**WW 13**  Mancera Galletti, Angel. Quiénes narran y cuentan en Venezuela: Fichero bibliográfico para una historia de la novela y del cuento venezolanos. Caracas: Ediciones Caribe, 1958. 654 pp.
Chaotic collection of essays on novel and short story in Venezuela, with discussions of 143 writers.

**WW 14**  Miliani, Domingo. "Diez años de narrativa venezolana (1960-70)." Nueva Narrativa Hispanoamericana 2.1 (1972): 131-43.
Important analysis of appearance of new narrative in Venezuela in the 1960s, with emphasis on social context.

**WW 15**  Miranda, Julio E. "La búsqueda de identidad en la más joven narrativa venezolana." Anales de Literatura Hispanoamericana 1 (1972): 107-26.
Focuses on novels and collections of short stories published between 1957 and 1969. Authors discussed include Argenis Rodríguez, Luis Britto García, José Balza, David Alizo, Jesús Alberto León, Francisco Massiani, Laura Antillano and Humberto Mata.

**WW 16**  Navarro, Armando. Narradores venezolanos de la nueva generación. Caracas: Monte Avila, 1970. 175 pp.
Discussion of 27 works published between 1959 and 1969. The authors discussed are Adriano González León, Salvador Garmendia, Argenis Rodríguez, Jesús Alberto

León, José Balza, Rodolfo Izaguirre, David Alizo, Esdras Parra and Francisco Massiani.

**WW 17**    Pla y Beltrán, Pascual.    "Cinco cuentistas venezolanos."    Cuadernos Americanos 18 (1959): 210-19.
Discussion of Guaramato, Márquez Salas, Armas Alfonzo, Dorante and González León.    Pla y Beltrán's solution to the problem of definition of the genre: 'Para mí, valga la paradoja, un cuento es un cuento.    No creo en teorías.'

**WW 18**    Ramos, Elías A.    El cuento venezolano (1950-1970): Estudio temático y estilístico.    Colección Nova Scholar.    Madrid: Editorial Playor, 1979.    198 pp.
The following aspects of the modern Venezuelan short story are considered: the short story as portrait and critique of society, the representation of violence and existential anguish, short story technique.    Includes extensive final bibliography.

**WW 19**    Ratcliff, Dillwyn F.    Venezuelan Prose Fiction.    New York: Instituto de Las Españas en los Estados Unidos, 1933.    286 pp.
Of interest here are the sixth chapter on the criollo short story and the twelfth chapter on the modernista short story.

**WW 20**    Rivera Silvestrini, José.    El cuento moderno venezolano.    Río Piedras: Colección Prometeo, 1967.    186 pp.
Broad literary history of short story in Venezuela since modernismo, with brief discussions of 58 writers as well as cursory accounts of major movements and literary magazines.

**WW 21**    Sucre, Guillermo.    "Nuevos narradores venezolanos en la línea más cercana."    Imagen 24 (1968): 7.
Unable to annotate.

**WW 22**    Tedesco, Italo.    Julio Garmendia y José Rafael Pocaterra: Dos modalidades del cuento en Venezuela.    Caracas: Academia Nacional de la Historia, 1982.    130 pp.
Focuses on the representation of reality (and "evasions" into fantasy) in the two authors.

**WW 23**    Uslar Pietri, Arturo.    "El cuento venezolano."    Letras y hombres de Venezuela.    Mexico City: Fondo de Cultura Económica, 1948.    154-63.    [Rpt. in Obras selectas.    Madrid: Ediciones Edime, 1956.    1065-72.]
Brief survey of evolution of genre since 1896 by one of Venezuela's best known writers.

# Index of Authors

# Index of Critics

# Index of Titles

# Index of Themes

**About the Compiler**

DANIEL BALDERSTON is Associate Professor of Spanish at Tulane University. A specialist on Jorge Luis Borges, he has published books and articles on him in Spanish and English, including *The Literary Universe of Jorge Luis Borges: An Index to References and Allusions to Persons, Titles, and Places in His Writings* (Greenwood Press, 1986). Other books, book chapters, and publications in English- and Spanish-language academic journals focus on aspects of modern Latin American fiction and poetry and the relationship between literature and history and literature and society. Dr. Balderston has also published translations of works by José Bianco, Silvina Ocampo, Sylvia Molloy, and Juan Carlos Onetti.